Bernd Greiner/Christian Th. Müller/Claudia Weber (Hg.)

Ökonomie im Kalten Krieg

Studien zum Kalten Krieg
Band 4

Hamburger Edition

Hamburger Edition HIS Verlagsges. mbH
Mittelweg 36
20148 Hamburg
www.Hamburger-Edition.de

Redaktion: Jörg Später
Umschlaggestaltung: Wilfried Gandras
Typografie und Herstellung: Jan und Elke Enns
Satz aus Sabon von Dörlemann Satz, Lemförde
Druck und Bindung: CPI – Clausen & Bosse, Leck
Printed in Germany
ISBN: 978-3-86854-225-7
1. Auflage September 2010

Inhalt

Bernd Greiner

Wirtschaft im Kalten Krieg. Bilanz und Ausblick

> »Die Verbindung einer immensen Militärbürokratie mit einer großen Rüstungsindustrie ist neu in unserer Geschichte. Die Auswirkungen sind in jeder Stadt, jeder Landesregierung und in jeder Abteilung der Bundesregierung zu spüren – wirtschaftlich, politisch, selbst geistig. Wir verstehen die unhintergehbare Notwendigkeit hinter dieser Entwicklung. Und zugleich dürfen wir nicht die Augen vor den schwerwiegenden Folgen verschließen. Wie wir arbeiten, wie wir mit unseren Ressourcen umgehen, wie wir unseren Lebensunterhalt verdienen, all dies hängt damit zusammen.«
> Präsident Dwight D. Eisenhower, Abschiedsrede an die Nation, 17. Januar 1961

> »It's the economy, stupid!«
> Bill Clinton im amerikanischen Präsidentschaftswahlkampf 1992

Gegen Zukunftsangst und Alltagspanik im Kalten Krieg hielten Amerikaner wie Sowjets eine gemeinsame Rezeptur bereit: *permanent preparedness*. »Allzeit bereit« klingt gefälliger als »totale Mobilisierung«, meint aber dasselbe – nämlich eine umfassende Indienstnahme wirtschaftlicher, wissenschaftlicher und technologischer Ressourcen zum Zwecke der Abschreckung und des Aufbaus einer kriegstauglichen, sprich überlegenen Militärmaschinerie. Deren Wert wurde nicht mehr mit Infanteriedivisionen angegeben, sondern an der Stückzahl und Sprengkraft von Atom- und Wasserstoffbomben samt ihrer Trägersysteme bemessen. Mit der Folge, dass militärische Auftraggeber ein nie gekanntes Interesse an Forschung und Technologie entwickelten und eine dauerhafte Allianz mit industriellen Anbietern auf den Weg brachten.

Im Grunde handelte es sich um das wirtschafts- und rüstungspolitische Pendant zur Diplomatie des *brinkmanship*. Sah sich Letztere dazu aufgerufen, in Krisen bis zum Rande des Abgrunds zu gehen und dennoch schwindelfrei das Äußerste zu verhindern, musste Erstere die prekäre Balance zwischen einer Akkumulation und Vernichtung gesellschaftlichen Reichtums halten. So wenig am Ziel optimal ausgestatteter Streitkräfte gezweifelt wurde, so sehr mussten die gesamtwirtschaftlichen Belastungen von Rüstungsbudgets im Auge behalten werden. Sie zu überdehnen, war nur um den Preis politischer Instabilität und mithin schwerer Rückschläge im Ringen mit dem Systemkonkurrenten möglich.

Die schieren Daten übersteigen das Vorstellungsvermögen eines Laien. Oder wer kann schon etwas mit der Zahl 7,2 Billionen Dollar anfangen? So viel, gerechnet in konstanten Dollars des Jahres 1982, haben die USA angeblich zwischen 1947 und 1989 für ihren Kalten Krieg ausgegeben. Man muss nur einen anderen Dollarkurs als Fixwert zugrunde legen, die Rentenfonds für pensionierte Soldaten und Offiziere mit einbeziehen sowie die »schwarzen Kassen« von Pentagon und Energieministerium grob taxieren, und schon stehen zweistellige Billionensummen zu Buche.

In der UdSSR dürfte es kaum anders gewesen sein. Der Konjunktiv verweist auf eines der zahllosen Probleme bei der Buchführung zum Kalten Krieg. Im sowjetischen Fall liegen schlicht keine verlässlichen Zahlen vor. Entweder wurden nur Stückmengen oder aber Preise protokolliert, die administrativen Vorgaben entsprachen und folglich mit den realen Kosten kaum etwas zu tun hatten. Schätzungen über den Anteil der Rüstungs- und Militärausgaben am sowjetischen Staatshaushalt gehen dementsprechend weit auseinander: Der unterste Wert liegt bei 19, der oberste bei 33 Prozent. Dass die Aufwendungen, inflationsbereinigt, zwischen 1965 und 1988 verdoppelt wurden, steht indes fest (Christopher M. Davis, Paul Gregory).[1]

Soll und Haben in den Zentren

Wie diese Zahlen zu deuten sind, ist unter Ökonomen und Wirtschaftshistorikern umstritten. Man hat es mit einer Ressourcenvernichtung gigantischen Ausmaßes – mindestens in der Größenordnung der beiden Weltkriege des 20. Jahrhunderts – zu tun, argumentiert die eine Seite. Und fühlt sich durch zahlreiche Untersuchungen bestätigt, denen zufolge militärische Forschung und Entwicklung keinen Gewinn für die Gesamtwirtschaft abwerfen. In der Tat: Der viel beschworene Spin-off ist selbst auf der Mikroebene nicht nachweisbar. Denn Unternehmen, die sowohl den militärischen als auch den zivilen Markt bedienen, sind zur Geheimhaltung

1 Siehe auch Petra Opitz/Peter Lock, »Deferred Costs of Military Defence: An Underestimated Economic Burden«, in: Manas Chatterji/Jacques Fontanel/Akira Hattori (Hg.), Arms Spending, Development and Security, New Delhi 1996, S. 253–266, hier S. 258.

und mithin dazu verpflichtet, ihre Abteilungen rigoros voneinander abzuschotten.

Gleichwohl, so der Einwand, bescherte der Kalte Krieg eine Vielzahl positiver Impulse. Man denke etwa an die Aufstockung des Bildungsetats um jährlich zwei Milliarden Dollar, die mit dem National Defense Education Act von 1958 beschlossen wurde und eine nie gekannte Expansion des amerikanischen Bildungswesens auf den Weg brachte; oder an die Entscheidung des Pentagon, die Spitzenuniversitäten mit üppigen Fonds für militärische Forschung auszustatten – allein 1964 waren es 200 Millionen Dollar. Als der Kongress 1956 den »Federal Highway Act« verabschiedete und die Bundesregierung 90 Prozent der Kosten für den Ausbau des Fernstraßennetzes übernahm, wurden 40000 Straßenkilometer neu gebaut. Eine Maßnahme, die auf Drängen des Militärs zustande kam und dem Wunsch Rechnung trug, im Notfall möglichst viele Truppen möglichst schnell verlegen zu können; dass die zivile Wirtschaft ebenfalls und möglicherweise in noch höherem Maße davon profitierte, liegt auf der Hand.

Und war die technologische Revolution in der Kommunikationstechnik, beim Bau von Computern und in der Werkstoffentwicklung nicht dem Raumfahrtprogramm geschuldet, dem für beide Seiten wichtigsten Projekt im Wettlauf um Prestige und Anerkennung? Möglicherweise, entgegnen Skeptiker, aber dergleichen Modernisierungs- und Wachstumseffekte hätten sich auch ohne den Kalten Krieg eingestellt, nämlich im Gefolge der Globalisierung, des Bevölkerungswachstums, erweiterter Märkte und einer im Wesentlichen »denationalisierten« Weltwirtschaft. Andererseits steht die These im Raum, dass die neue Wirtschaftsordnung des Westens, von der europäischen Integration bis zur Einbeziehung Japans, erst unter dem Handlungs- und Konkurrenzdruck des Kalten Krieges zustande kam. Ganz zu schweigen von der Vormachtstellung der USA und den wirtschaftlichen Vorteilen, die Washington aus seiner Position als militärische Schutzmacht zu schlagen wusste.

Für jedes Argument liegt also ein scheinbar schlagendes Gegenargument parat. Mit welchen Ergebnissen die zeithistorische Forschung künftig auch immer aufwarten mag, das grundsätzliche Problem wird kaum aus der Welt zu schaffen sein: Was geschah während des Kalten Krieges? Und was geschah wegen des Kalten Krieges? Die Kontroverse wird weitergehen und auch in Zukunft zu Gedankenexperimenten im Sinne einer *counterfactual history* einladen.

Apropos kontrafaktisch: Gesetzt den Fall, es hätte keinen Kalten Krieg und keine »Überrüstung« beider Seiten gegeben, wären die für Raketen und Panzer verpulverten Milliarden dann zum Nährboden zivilwirtschaftlichen Wachstums oder einer stabilen Grundversorgung mit Gütern des

Gemeinwohls geworden? Bei aller Sympathie für dieses Szenario, dass es im Bereich des Möglichen lag, weisen die hier versammelten Autoren unisono zurück.

Im Falle der Vereinigten Staaten kann man mit guten Gründen von schier unüberwindbaren politischen Hürden sprechen. Wenn es nämlich eine Konstante im dortigen politischen Leben gibt, dann ist es das Misstrauen gegen einen starken Staat, genauer gesagt, gegen einen in das soziale und wirtschaftliche Leben intervenierenden Staat. Wer als Politiker Steuern für die nationale Sicherheit erheben will, kann mit der Gunst der Wähler rechnen; wer stattdessen einer fürsorglichen Umverteilung das Wort redet, zieht sich verlässlich ihren Zorn zu. So gesehen ist es auch wenig plausibel, das Scheitern von Lyndon B. Johnsons *Great Society* in erster Linie mit dem Vietnamkrieg in Verbindung zu bringen. Wahrscheinlicher ist, dass dieser Entwurf eines modernen Wohlfahrtsstaates ohnehin zum Scheitern verurteilt war – wie auch alle nachgängigen Bemühungen, in Zeiten rückläufiger Militärausgaben die Mittel für Sozialetats aufzustocken (Benjamin O. Fordham).

Die sowjetischen Kommunisten hätten mit einer derartigen Umwidmung von Ressourcen ideologisch keine Probleme gehabt. Im Gegenteil. Aber ihnen stand die Eigengesetzlichkeit sozialistischen Wirtschaftens im Weg. Selbst massive Investitionen trugen wenig zur Erhöhung der Arbeitsproduktivität und des Güterausstoßes bei; dafür sorgte die administrative Kommandowirtschaft mit ihrer endemischen Vergeudung von Kapital, Arbeit und Rohstoffen. In anderen Worten: Dieses System, in dem es obendrein für Betriebsleiter keinerlei Anreize für die Erhöhung von Effizienz gab, weil der Gewinn weder vom Verkauf der Produkte noch von der Zufriedenheit der Käufer abhing, konnte sich nur auf niedrigem Niveau durchwursteln. Zusätzliche Gelder in Milliardenhöhe hätten daran nichts geändert; sie wären vermutlich ebenso unmerklich versickert wie die in der Spätphase des Kalten Krieges aufgenommenen Auslandskredite.

Jenseits aller Spekulation und auf empirisch solidem Grund bewegen sich die Studien über das sogenannte *military remapping* der Vereinigten Staaten. Auch wenn der Kalte Krieg die dortige Volkswirtschaft nicht über Gebühr strapazierte und – gemessen am Bruttosozialprodukt – im Laufe der Jahre mit stets geringeren Belastungen einherging, hinterließ er doch dauerhafte Spuren in der industriellen Geografie des Landes. Von einem neuen Zeitalter der politischen Ökonomie in den USA (David C. Engerman) zu sprechen, scheint nicht übertrieben.

Military remapping steht erstens für die Staatsabhängigkeit ganzer industrieller Branchen. Bis Mitte der 1950er Jahre konnte davon noch keine Rede sein. Zwar zählten die Marktführer der Schwerindustrie und des

Maschinenbaus wie auch der Automobil-, Chemie- und Petroindustrie allesamt zu den Großkunden des Militärs; aber nur ein kleiner Teil ihres Umsatzes resultierte aus Rüstungsgeschäften. Selbst im Bereich der Mikroelektronik bedienen alteingesessene Konzerne wie General Electric, Westinghouse oder IBM den militärischen Markt lediglich als Zusatzgeschäft. Die Luft- und Raumfahrtindustrie hingegen, erst recht aber die seit den 1950er Jahren gegründeten und auf Halbleiter sowie integrierte Schaltkreise spezialisierten Unternehmen sind auf Gedeih und Verderb von militärischen Aufträgen abhängig. Zwischen 33 und 80 Prozent ihrer Produkte werden vom Pentagon gekauft, im Flugzeugbau verfügen die Anbieter mit Ausnahme von Boeing weder über hinreichende Kapitalressourcen noch über angemessene Forschungs- und Entwicklungsetats, um sich auf dem zivilen Markt zu behaupten – wie die gescheiterten Diversifikationsstrategien von Fairchild, Martin, Northrop, General Dynamics, Douglas und Lockheed eindrücklich demonstrieren. Selbst bei der Auswahl von Subunternehmern und bei der Ausgestaltung von Tarifverträgen redet das Pentagon mit.

Zweitens beschreibt *military remapping* die räumliche Umverteilung industrieller Zentren. Der Nordosten und Mittlere Westen büßten im Verlauf des Kalten Krieges ihre Vormachtstellung ein. Die Westküste, der Süden und Südwesten des Landes hingegen – Regionen, die bis zum Zweiten Weltkrieg ein ökonomisches Schattendasein geführt hatten und zu Recht als Armenhäuser der Nation galten – entwickelten sich zu Lokomotiven der Binnenwirtschaft.[2] Die märchenhafte Erfolgsgeschichte von »Silicon Valley« oder der Aufstieg von Seattle, Los Angeles und San Diego sind vielfach beschrieben worden. Weniger bekannt sind die verschlungenen Wege, auf denen viele Regionen des tiefen Südens ihre Strukturkrise lösten. Für über drei Millionen Menschen, die während des Zweiten Weltkrieges eine besser dotierte Arbeit beim Militär und in Rüstungsfabriken angenommen hatten, war der Kalte Krieg geradezu ein Glücksfall. Andernfalls hätten sie in eine Landwirtschaft zurückkehren müssen, der seit Jahrzehnten ein Überangebot an Arbeitsplätzen zur Verfügung stand und die im Zeichen fortschreitender Mechanisierung immer weniger Hände benötigte (Monica R. Gisolfi). Unter diesem Gesichtspunkt erhält die Rede vom *bootcamp* der Nation, vom Süden als militäri-

---

2 Siehe u.v.a.: Anne Markusen et al., The Rise of the Gunbelt. The Military Remapping of Industrial America, New York 1991; Donald A. MacKenzie, Inventing Accuracy. A Historical Sociology of Nuclear Missile Guidance, Cambridge, Mass. 1990; Roger W. Lotchin, Fortress California 1910–1961. From Warfare to Welfare, New York 1992.

schem Ausbildungslager, eine zusätzliche Bedeutung: Sie verweist auf die sozial attraktiven und damit integrativen Effekte der Wirtschaft im und für den Kalten Krieg.

Ähnlich positive Auswirkungen sind in der Sowjetunion zu beobachten. Zusammen mit dem Verkauf von Erdöl und Erdgas spülten die weltweiten Waffenexporte erhebliche Devisenreserven in die Staatskassen. Nicht zuletzt diese Gelder ermöglichten in den 1970er Jahren den Kauf erheblicher Mengen Getreides und sonstiger Konsumgüter, vor allem aus den USA. Dass sich – wie aus einschlägigen Befragungen hervorgeht – die Mehrheit der Bevölkerung nicht als Verlierer des Kalten Krieges sah und die Jahre von 1960 bis 1990 als »Konsumrevolution« erlebte (Stephan Merl), kann also unmittelbar mit der Rüstungsökonomie in Verbindung gebracht werden. Übersehen wird gemeinhin auch, in welchem Umfang Militär und Rüstungsbetriebe für die Bedürfnisse der Zivilwirtschaft in Anspruch genommen wurden. Uniformierte halfen beim Bau von Straßen, Dämmen und Kanälen, aus Militärdepots konnten Konsumartikel und Nahrungsmittel bezogen werden, Rüstungsbetriebe produzierten langlebige Güter des täglichen Bedarfs: Fernseher und Kühlschränke für Privatkunden, Computer und Eisenbahnwaggons für staatliche Abnehmer. Zusammengenommen handelt es sich um Dienste und Leistungen, die aus der volkswirtschaftlichen Gesamtrechnung nicht wegzudenken sind (Christopher M. Davis).

Gleichwohl hält sich hartnäckig der Verdacht, dass die UdSSR am Ende unter der Last ihrer Rüstungsausgaben zusammenbrach. Dass sie, in anderen Worten, vom Westen »totgerüstet« wurde. Indizien gibt es scheinbar zuhauf. Auch wenn infolge der extremen Geheimhaltung und gegenseitigen Täuschung – die so weit getrieben wurden, dass selbst die Führung des Landes über den Gesamtumfang der Rüstungsausgaben nicht im Bilde war – genaue Daten fehlen, so kann es keinen Zweifel am enormen Gefälle gegenüber den westlichen Staaten geben. Vermutlich verschwendete die Sowjetunion Jahr für Jahr 15 Prozent ihres Bruttoinlandsproduktes für das Militär; in den USA waren es 6 Prozent, in der Bundesrepublik 3 Prozent und in Japan 1 Prozent. Obgleich die Privilegierung der Schwerindustrie bis in die 1920er Jahre zurückreicht und nicht originär mit dem Kalten Krieg in Verbindung zu bringen ist, geriet die Wirtschaft seit den 1950er Jahren infolge der Rüstungsinvestitionen immer mehr in Schieflage. Je länger der Kalte Krieg dauerte, desto mehr Ressourcen wurden der zivilen Produktion sowie dem staatlichen Sozial- und Gesundheitswesen entzogen. Am Ende entfiel jeder zehnte Arbeitsplatz auf die Rüstungsindustrie – eine Entwicklung, die im Vergleich zu den USA offenbar umgekehrt proportional verlief (Christopher M. Davis).

Man wird die Militärausgaben zusammen mit den exorbitanten Transferzahlungen an die Verbündeten in Osteuropa – die zwischen 1975 und 1981 von 5,3 auf 18,6 Milliarden Dollar anschwollen – folglich bei einer Erklärung der sowjetischen Malaise in Rechnung stellen müssen. Aber »totgerüstet« wurde die Sowjetunion mitnichten, wie Stephan Merl und Paul Gregory mit Nachdruck betonen. Zum einen ist nicht der Rüstungssektor, sondern vielmehr die administrative Kommandowirtschaft für die Unterversorgung mit Konsumgütern verantwortlich zu machen. Zum andern blieb das System trotz dieses Mangels politisch bemerkenswert stabil; korrupte und illegale Alltagspraktiken, vom Staat aus guten Gründen toleriert, wenn nicht gar mit Vorsatz gefördert, glichen die eklatanten Defizite offenkundig aus. In anderen Worten: Auf dem gewohnt defizitären Niveau für Jahrzehnte weiterzumachen, lag Mitte der 1980er Jahre durchaus im Bereich des Möglichen. Nicht die Schwäche der Ökonomie versetzte dem System den Todesstoß, sondern Michail Gorbatschow, der wirtschaftliche Teilsysteme reformieren wollte, aber dabei zu Mitteln griff, die am Ende das System als Ganzes lahmlegten.

Aus wirtschaftshistorischer Perspektive vermag Paul Gregorys These vom »politischen Selbstmord« der Sowjetunion zu überzeugen. Doch wird sie der komplexen internationalen Konstellation in der Spätphase des Kalten Krieges gerecht? Was trieb Gorbatschow zu ebenso unüberlegten wie überhasteten Reformen? Hatte er möglicherweise auch den Konkurrenten China mit seinen zweistelligen Wachstumsraten im Auge? Wollte er einem wirtschaftlichen Zangengriff – hier die übermächtigen USA, dort die bedrohlich aufstrebenden Chinesen – vorbeugen? Begab sich ausgerechnet Gorbatschow, der den Kalten Krieg gedanklich überwinden wollte, in die Bahnen des alten, von Einkreisungsängsten durchdrungenen Denkens? Darüber wird noch geraume Zeit zu diskutieren sein.

Dass der Kalte Krieg trotz des Zusammenbruchs der UdSSR weit in die Gegenwart hineinragt, zeigt die Enttäuschung über die ausbleibende »Friedensdividende«. Wenn weltweit alle Länder, so eine Prognose aus den frühen 1990er Jahren, ihre Rüstungsausgaben um mindestens 3 Prozent reduzieren, wird binnen eines Jahrzehnts eine »Dividende« von 1,5 Billionen Dollar zur Verfügung stehen – vier Fünftel in den industrialisierten Ländern, der Rest in der Dritten Welt.[3] Stattdessen griff ein neuerliches Wettrüsten um sich. Zwischen 2001 und 2006 stiegen die Militärausgaben weltweit um inflationsbereinigte 30 Prozent, China ist hinter Großbritannien bereits auf den dritten Platz vorgerückt, auch Russland

3 United Nations Development Programme, Human Development Report 1992, New York/Oxford 1992, S. 9.

macht zunehmend wieder Boden gut. Fast die Hälfte aller Aufwendungen entfällt auf die USA, Investitionen, die in keinem erkennbaren Zusammenhang mit Terrorbekämpfung stehen, sondern verlässlich den im Kalten Krieg planierten Pfaden folgen: Innovation um der Überlegenheit willen, Überlegenheit zum Zwecke einer vermeintlichen Unverwundbarkeit.[4]

Immer wieder scheitern korrigierende Eingriffe an den Erblasten der Hochrüstungspolitik. Selbst Staaten, die ihre Streitkräfte abbauen und weniger Gerätschaft ordern, können nicht automatisch mit niedrigeren Kosten rechnen. Insbesondere im Hightech-Bereich sind hohe Stückzahlen mit einer Kostendegression verbunden; umgekehrt treibt ein niedrigeres Beschaffungsvolumen die Preise für komplexe Waffensysteme in die Höhe. Wer beispielsweise, so eine gängige Überschlagsrechnung, den Etat für Kampfflugzeuge um die Hälfte reduziert, erhält als Gegenwert nur ein Viertel der ursprünglichen Stückzahl.[5] Von dieser stofflichen Seite abgesehen, scheinen auch soziale Interessen an Rüstung eine erhebliche Rolle zu spielen. Darin nämlich liegt eine weitere Pointe der *permanent preparedness*: im Aufstieg und Behauptungswillen professioneller Eliten wie sozialer Milieus, die sich – sei es wegen höherer Löhne, krisenfester Arbeitsplätze oder attraktiver Herausforderungen für Spezialisten – eigenständig für den Erhalt rüstungsgeleiteter Investitionen engagieren. Man könnte auch von einer Verschränkung staatlicher »Mobilisierung« und privater »Selbstmobilisierung« sprechen oder einem *unmilitaristic militarism*, wie es in der amerikanischen Fachliteratur heißt. In anderen Worten: Wer die politische Ökonomie des Kalten Krieges ergründen will, wird den Blick von Wirtschaftshistorikern um kulturwissenschaftliche Perspektiven erweitern müssen – ein bislang noch unbestelltes Feld (Benjamin O. Fordham).

Seit den 1960er Jahren ist in den USA eine stetige Dynamisierung des privaten Engagements für Rüstung zu beobachten – parallel zu der Umschichtung von Investitionen für militärische Forschung und Entwicklung. Kamen bis zu diesem Zeitpunkt noch gut 60 Prozent der zur Verfügung gestellten Gelder aus der Staatskasse, so kehrten sich die Verhältnisse in den 1970er Jahren um. Seither bestimmen die von Unternehmen und Universitäten akquirierten Mittel das Entwicklungstempo militärisch relevanter Hochtechnologie. Auch in der UdSSR ist im Laufe des Kalten Krieges eine deutliche Statusaufwertung von Wissenschaftlern und Technikern zu be-

---

4 Vgl. Helen Caldicott, Atomgefahr USA. Die nukleare Aufrüstung der Supermacht, München 2003.

5 Opitz, Lock, »Deferred Costs«, S. 253–266.

obachten. Aus ihrer Mitte, der »Breschnew-Generation«, machten viele in Verwaltung und Politik Karriere. Wie ihre amerikanischen Kollegen mussten sie zur Kooperation nicht angehalten oder gar zwangsverpflichtet werden. Im Gegenteil. Von Aufstiegserwartungen und Machtinteressen motiviert, effektivierten sie eine Rüstungswirtschaft von robuster Eigendynamik und zäher Nachhaltigkeit, eine gegen politische Korrekturen widerborstige Parallelwelt.[6]

Zu den unabgegoltenen Hypotheken des Kalten Krieges gehört nicht zuletzt die großflächige Verwüstung der Umwelt – ein Flurschaden, der untrennbar mit der Herstellung, Lagerung und dem Test von Waffen verbunden ist. Und mit der Mentalität der Waffenproduzenten: Sie hatten sich das Denken ihrer Auftraggeber, die Logik der *permanent preparedness*, zu eigen gemacht, produzierten ohne Rücksicht auf menschliche Arbeitskraft und natürliche Ressourcen, geschützt von staatlichen Behörden, denen die Geheimhaltung über alles ging. Was ein US-Offizier noch Mitte der 1980er Jahre öffentlich zum Besten gab, hätte auch aus der Presseabteilung einschlägiger Unternehmen kommen können: »Unser Geschäft ist der Schutz der Nation, nicht der Umwelt.« Der Zweck heiligte alle Mittel, im Grunde kopierte man im Westen jenen Krieg gegen die Natur, den Stalin bereits in den 1930er Jahren erklärt und während des Kalten Krieges auf die Spitze getrieben hatte (Seth Shulman, Paul Josephson). Berüchtigt sind die »geschlossenen Städte« in der UdSSR, die ausschließlich für die Rüstungsindustrie reserviert waren, sowie riesige Flächen in Sibirien und der arktischen Region – exterritoriale Gebiete, in denen unvorstellbare Mengen von Schwermetallen und radioaktiver Abfälle bedenkenlos »entsorgt« wurden. In den USA ist von 20000 verseuchten Orten die Rede, Waffenlabore, Stützpunkte und Fertigungsanlagen, von denen sehr viele vermutlich für alle Zeit kontaminiert bleiben werden.

Mindestens 200 Milliarden Dollar werden in den Vereinigten Staaten allein für die Beseitigung des Gröbsten veranschlagt. Dabei ist noch nicht berücksichtigt, dass für die radioaktive Hinterlassenschaft vieler Nuklearanlagen bislang keine technischen Lösungen gefunden sind. Ebenso wenig hat man eine Vorstellung von den wirtschaftlichen Belastungen, die auf das Gesundheitswesen wegen der Behandlung einschlägiger Erkrankungen weiterhin zukommen werden. Für die Nachfolgestaaten

---

6 Vgl. Aaron L. Friedberg, »The United States and the Cold War Arms Race«, in: Odd Arne Westad (Hg.), Reviewing the Cold War. Approaches, Interpretations, Theory, London/Portland 2000, S. 207–231; Dietrich Beyrau, Intelligenz und Dissens. Die russischen Bildungsschichten in der Sowjetunion 1917 bis 1985, Göttingen 1993.

der ehemaligen Sowjetunion – die bekanntlich bis in die 1980er Jahre mit katastrophalen Nuklearunfällen zu kämpfen hatten – fehlen selbst grobe Überschlagsrechnungen.

Krieger und Händler

So wichtig die Rüstungsproduktion auch war – der kalte Wirtschaftskrieg drehte sich keineswegs nur darum, wer die besten und die meisten Waffen auf den Markt brachte. Beide Blöcke wollten sich auch auf dem Gebiet des Konsums und Lebensstandards gegenseitig übertreffen. In der martialischen Rhetorik des Ostblocks war von »Überholen, ohne einzuholen« die Rede und vom »Beerdigen« der anderen Seite während des Überholvorgangs. Ganz in diesem Sinn riet der amerikanische Soziologe David Riesman zu einem »Nylonkrieg« – nämlich die UdSSR so lange mit Konsumgütern zu überschütten, bis das Regime unter den nicht mehr zu kontrollierenden Begehrlichkeiten seiner Bürger zusammenbrach. Die Resonanz auf Riesmans Idee blieb bescheiden. Wesentlich populärer war hingegen der Vorschlag, dem Osten durch Boykott und Embargo den Konsumhahn zuzudrehen. Wie auch immer: Im Wettbewerb um das überlegene Modell und die klügere Philosophie nahm man in Kauf, die Prioritäten ökonomischen Denkens infrage zu stellen: Der Schaden des anderen wog schwerer als der eigene Nutzen.

Dass blumige Rhetorik, mit den Realitäten des Alltags konfrontiert, oft zu blutleerem Gestammel gerinnt, ist hinlänglich bekannt. Der Kalte Krieg fügt dieser Geschichte der Peinlichkeiten ein weiteres Kapitel hinzu, eine Endlosschleife aus Pleiten, Pech und Pannen und das langsame Erwachen aus einem ideologischen Delirium. In erster Linie aber kommt die Rede von der »politischen Ökonomie« zu sich selbst. Zu beobachten ist, wie Politik fortwährend der Ökonomie im Wege steht; und wie, allem planerischen Kalkül zum Hohn, unerwünschte Effekte am Ende den Gang der Dinge bestimmen.

Besonders aufschlussreich ist das Scheitern einer wirtschaftlichen Integration des Ostblocks. Mit der Gründung des Rates für gegenseitige Wirtschaftshilfe (RGW) im Januar 1949 wollte man den innersozialistischen Handel beleben, den Technologie- und Wissenschaftstransfer verbessern, die Arbeitskräftemobilität erhöhen, kurz: dem wirtschaftlich kooperierenden Westen mit gleichen Mitteln Paroli bieten. Soweit zur deklaratorischen Politik. Stalin indes war an multilateralen Kontakten innerhalb seines osteuropäischen Machtbereichs nicht gelegen; wie üblich von paranoiden Unterstellungen getrieben, fürchtete er eine unkontrollierbare

Eigendynamik, zumal Absprachen hinter dem Rücken oder auf Kosten Moskaus. Von diesem Fluch der frühen Jahre sollte sich der RGW nie wieder erholen. Chruschtschows Korrekturversuche liefen ebenso in die Leere wie Gorbatschows Appelle – mittlerweile waren nämlich die vergleichsweise starken Mitglieder nicht mehr von den Vorteilen einer sozialistischen Arbeitsteilung mit den schwächeren »Brudernationen« überzeugt. Im Gegenteil: Beziehungen zum kapitalistischen Ausland erschienen ihnen bei Weitem attraktiver (Martin Dangerfield).[7]

Merkwürdigerweise ist die Wirtschaftskooperation über Block- und Bündnisgrenzen hinweg noch immer ein Stiefkind zeithistorischer Forschung. Dass der »Eiserne Vorhang« alles andere als undurchlässig war und von einer wirtschaftlichen Bipolarität im Laufe der Jahre immer weniger die Rede sein konnte, lässt sich gleichwohl festhalten. Seit Mitte der 1960er Jahre importierten die UdSSR und ihre Partner im großen Stil westliche Technologie, Maschinen und Ausrüstung, in der folgenden Dekade kauften sie Patentlizenzen und warben erfolgreich Kredite ein, in den 1980er Jahren erlaubte man gar Direktinvestitionen aus den EG-Staaten. Wer den Kalten Krieg vornehmlich als Geschichte der Konfrontation liest, wird die Beharrlichkeit und den Einfallsreichtum staunend zur Kenntnis nehmen, mit dem Länder wie Polen oder die ČSSR ihre Westkontakte ausbauten – zum Teil unabhängig von der UdSSR, bisweilen auch gegen sie. Aber dergleichen lag in der Natur der Sache. Historische Verflechtungen – in diesem Fall ein über Jahrhunderte gewachsener, allen Europäern gemeinsamer Wirtschaftsraum – und habitueller Pragmatismus vertragen sich nicht nur schlecht mit politischem Dogmatismus; sie können sich in der Regel auch neben ihm behaupten (Dagmara Jajeśniak-Quast).

Darin bereits die Vorboten von 1989 zu sehen, wäre gewiss übertrieben. »Wandel durch Annäherung« trifft den Kern der Sache ebenso wenig, zumindest aus Sicht des Ostens. Von einer richtungslosen Annäherung zu sprechen, scheint angemessener – so paradox diese Formel klingen mag. In jedem Fall war es auch, vielleicht sogar gerade der Initiative osteuropäischer Staaten zuzuschreiben, dass der Prozess in Gang gehalten wurde. Patrick Gutmann unterstreicht diese Beobachtung am Beispiel der »Tripartite

7 Siehe auch: Randall W. Stone, Satellites and Commissars: Strategy and Conflict in the Politics of the Soviet Bloc, Princeton 1996; Ralf Ahrens, Gegenseitige Wirtschaftshilfe? Die DDR im RGW – Strukturen und handelspolitische Strategien 1963–1976, Köln 2000; Lee Kendall Metcalf, The Council of Mutual Economic Assistance: The Failure of Reform, Boulder, Co. 1997; David Stone, »CMEA's International Investment Bank and the Crisis of Developed Socialism«, in: *Journal of Cold War Studies* 10 (2008), Heft 3, S. 48–77.

Industrial Cooperation«. Gemeint ist eine Form der Kooperation, die auf ideologische Puristen wie der größte anzunehmende Unfall wirken musste. In den 1970er Jahren schlossen Außenhandelsorganisationen des RGW, westliche Firmen und lokale Betreiber aus der Dritten Welt Konsortialabkommen zum Bau von Fabriken und Infrastrukturanlagen in den Entwicklungsländern. 1982 hatte man 40 »TIC«-Projekte auf den Weg gebracht und gut 80 westliche Firmen als Partner gewonnen. So bescheiden der materielle Rahmen war, die politische Sogwirkung blieb nicht aus. Alsbald zeigte auch die UdSSR, wie eh und je um eine Aufstockung ihrer westlichen Devisenfonds bemüht, Interesse – Jahre, bevor Michail Gorbatschow zu einer Abkehr vom erstarrten Denken mahnte.

Erst recht voller unerwarteter Überraschungen steckt die Geschichte westlicher Boykott- und Embargopolitik (Hanns-Dieter Jacobsen, Frank Cain, Christian Th. Müller). Mittels des 1949 gegründeten »Coordinating Committee on Multilateral Export Controls«, kurz »CoCom«, wollten die NATO und Japan den Export sicherheitsrelevanter Güter und Technologien in den Ostblock unterbinden. An rhetorischer Entschiedenheit mangelte es ebenso wenig wie an publicityträchtigen Kampagnen, die den Weltuntergang für den Fall voraussagten, dass militärisch Nutzbares in die falschen Hände geriet. In der Kulturindustrie, Abteilung Spionageroman und Agentenfilm, lebte man über Jahre einträglich von diesem Sujet. Wo aber verlief die Grenze zwischen technologisch relevant und unbedenklich? Waren moderne Hightech-Produkte nicht von Haus aus für zivile wie auch für militärische Zwecke brauchbar?

1954 mussten die USA einräumen, dass man im ideologischen Übereifer zu weit gegangen war. Auf Druck ihrer Bündnispartner wurden die »CoCom«-Beschränkungen gelockert, 1958 folgte eine neuerliche Revision. Von Beginn an hatten westeuropäische Behörden die Bestimmungen auffällig lax gehandhabt, wenn nicht vorsätzlich hintergangen. Gelistete Güter gelangten in stetigem Fluss über Drittländer wie Österreich, Südafrika und die Schweiz oder durch die noch offene Grenze in Berlin in den Osten. An Mangelwirtschaft gewöhnt, hatte man sich dort bereits Mittel und Wege zur forcierten Entwicklung eigener Technologie ausgedacht. Anfang der 1960er Jahre bestätigten interne Studien der US-Regierung das Offensichtliche. Das Embargo war ein Fehlschlag, selbst die Rüstung des Warschauer Paktes wurde nicht geschädigt.

Wie man dem Westen mit dessen Waffen Einhalt gebietet, hatte die Volksrepublik China bereits in den frühen 1950er Jahren vorgeführt. Mit raffinierten Devisengeschäften und Anlagestrategien, die Wall Street zur Brokerehre gereicht hätten, hebelte man den zu Beginn des Koreakrieges verhängten Boykott aus. Mit Wissen und Duldung Londons florierte auch die Umleitung des Handels über die britischen Kolonien Hongkong und Malaya. Je länger die Repressalien währten, desto besser wusste die Volksrepublik schließlich ihre eigenen Ressourcen zu nutzen. Alsbald waren Schlüsselbranchen vom Ausland unabhängig, ein erster sichtbarer Erfolg der Zentralregierung, die sich den Ausnahmezustand zunutze gemacht und die bis dahin starken Provinzgewalten entmachtet hatte. Politisch und wirtschaftlich intensivierte Beziehungen zur UdSSR taten ein Übriges, dass China ausgerechnet zur Zeit des Embargos eine blendende Bilanz vorlegen konnte: Man exportierte und importierte mehr denn je zuvor (Shu Guang Zhang).

Innerhalb der NATO sorgte die Boykottstrategie verlässlich für Streit. Viele westeuropäische Regierungen verwahrten sich gegen den Rigorismus Washingtons, insbesondere gegen das Ansinnen, die Kontrollen auf nicht strategische Güter auszuweiten. Mit guten Gründen mutmaßten sie, dass den USA nicht allein aus sicherheitspolitischen Gründen an einer Schwächung der sowjetischen Wirtschaft gelegen war; offenbar ging es auch darum, sich einen potenziell lästigen Handelskonkurrenten in der Dritten Welt vom Leib zu halten. Obendrein war noch in frischer Erinnerung, wie bedenkenlos die Regierung Truman wirtschaftliche Druckmittel zur politischen Disziplinierung ihrer Partner eingesetzt hatte. Wer Gelder aus dem Marshallplan in Anspruch nehmen wollte, musste seine Ostgeschäfte drosseln, wenn nicht gar kappen; im März 1949 drohte man den Niederlanden mit dem sofortigen Entzug der Hilfe, sollten sie der amerikanischen Verhandlungsstrategie zur Lösung der Konflikte in Indonesien nicht zustimmen.

Auch mit Blick auf die »CoCom«-Liste sprachen Kritiker abwechselnd von einer Gängelung Westeuropas oder einem neurotisierten Politikstil. Tatsächlich konnten sich in amerikanischen Wahlkämpfen der 1950er Jahre nur Politiker Chancen ausrechnen, die alle Klischees eines unnachgiebigen Auftretens gegenüber dem Kommunismus bedienten – egal, welcher Art ihre feilgebotenen Heilmittel waren. Das Londoner Foreign Office jedenfalls riet Premierminister Harold Wilson in ungewöhnlich deutlichen Worten zur Distanz gegenüber Washington. In Sachen »CoCom« war den Amerikanern, so die Mehrheitsmeinung britischer Diplomaten Ende der 1960er Jahre, mit rationalen Argumenten nicht beizukommen (Hanns-Dieter Jacobsen).[8]

---

8 Zu bundesdeutschen Positionen siehe Karsten Rudolph, Wirtschaftsdiplomatie im Kalten Krieg: Die Ostpolitik der westdeutschen Großindustrie 1945–1991, Frankfurt am Main/New York 2004.

Zum Eklat kam es wegen des westeuropäischen Interesses an sowjetischem Erdöl und Erdgas. 1962 hatten bundesdeutsche Stahlkonzerne bereits vertraglich vereinbart, im Gegenzug die zum Pipelinebau benötigten Röhren zu liefern. Unter Berufung auf die »CoCom«-Liste stellten sich die USA quer – ein durchsichtiger Versuch zur Verteidigung ihrer eigenen Ölgesellschaften, die verstärkt den europäischen Markt bedienen wollten. Die Bonner Regierung beugte sich aus Rücksicht auf das transatlantische Bündnis; deutsche Unternehmen mussten in der Folge zusehen, wie Firmen aus Großbritannien, Italien, Schweden und Japan ihren Part übernahmen. Am Ende verzögerte sich der Bau der sowjetischen Pipeline nur um ein paar Monate (Christian Th. Müller).

Genau 20 Jahre später verschärfte Ronald Reagan die Gangart. Um ein neuerlich anstehendes Erdgas-Röhren-Geschäft zu blockieren, verhängten die USA im Herbst 1982 Sanktionen gegen europäische Lizenznehmer und Tochtergesellschaften amerikanischer Firmen – eine zu Recht als »völkerrechtswidrig« kritisierte Ausweitung der landeseigenen Rechtsprechung über die Grenzen der USA hinaus. Das Gegenangebot: Die USA erhöhen den Kohleexport nach Europa, ihre Atomindustrie greift den Europäern beim Bau neuer Kernkraftwerke unter die Arme. Mitten in der überhitzten Debatte hob Präsident Reagan das von seinem Vorgänger Jimmy Carter wegen der sowjetischen Invasion in Afghanistan verhängte Getreideembargo wieder auf – ob mehr aus Rücksicht auf die Einkommen oder eher wegen des Wahlverhaltens amerikanischer Farmer, ist eine müßige Frage. Frankreich, Großbritannien und Italien reagierten ungehalten, selbst die Bundesregierung gab die gewohnte Zurückhaltung auf und stärkte deutschen Firmen demonstrativ den Rücken. Im Herbst 1982 musste die Reaganadministration klein beigeben.

Fazit: Außer Streit im eigenen Haus und einem bündnispolitischen Flurschaden von beträchtlichem Ausmaß hatte die Embargopolitik nichts zuwege gebracht – sieht man davon ab, dass der Ostblock enger zusammenrückte. Im Wirtschaftskrieg des Kalten Krieges kämpfte der Westen über weite Strecken mit stumpfen Waffen.

Auf amerikanischer Seite zogen nur Richard Nixon und Henry Kissinger die naheliegende Konsequenz. Sie lockerten zahlreiche »CoCom«-Regularien und wiesen zuständige Ministerien, allen voran das Verteidigungsministerium, wegen bocksbeiniger Sturheit in die Schranken. In den frühen 1970er Jahren wurden ehemals indizierte Güter für den Export nach China, Polen und Rumänien freigegeben, im Oktober 1972 unterschrieben Nixon und Leonid Breschnew ein Wirtschaftsabkommen von bis dato unbekanntem Umfang. Kurz davor hatten sich beiden Seiten auf ein gigantisches Agrargeschäft geeinigt: Für den Zeitraum von drei Jahren sollte die UdSSR zu Vorzugszinsen amerikanisches Getreide im Wert von 750 Millionen Dollar beziehen. Die Sowjets versprachen sich eine Erhöhung des Konsumniveaus, insbesondere eine bessere Versorgung mit Fleisch, Milchprodukten und Eiern – Ziele, die im damaligen Fünfjahrplan vorgegeben und für die politische Stabilität offenbar unerlässlich waren. Die USA wollten, neben der Unterstützung einkommensschwacher Farmer, auf diesem Wege wirtschaftlich belastende Effekte des Krieges in Vietnam abfedern und vorweg ihre Handelsbilanz sanieren.

Sosehr Ost und West am Ende von dem Geschäft profitierten, so hoch waren die Kosten für unbeteiligte Dritte. Bedingt durch das amerikanisch-sowjetische Abkommen, wurde der Weltgetreidemarkt leer gefegt, die Preise stiegen auf Rekordniveau, arme, importabhängige Länder konnten sich das Nötigste nicht mehr leisten – die Welternährungskrise der 1970er Jahre nahm ihren Lauf. In anderen Worten: Der neue »Wirtschaftsfrieden« in den Zentren kam einer wirtschaftlichen Kriegserklärung an die Dritte Welt gleich (Christian Gerlach).

Soll und Haben in der Dritten Welt

»Wenn man sich den Kalten Krieg wegdenkt«, schreibt der Historiker Odd Arne Westad, »wären Afrika, Asien und wahrscheinlich auch Lateinamerika heutzutage gänzlich andere Regionen.«[9] In der Tat: Die Entwicklungsländer wurden zum Schauplatz einer weltumspannenden Auseinandersetzung, weil Moskau und Washington einen Alleinvertretungsanspruch auf die Moderne angemeldet hatten. Der paternalistischen Tradition des Kolonialismus verpflichtet, drängten sie sich als Patrone auf, die ihre Schutzbefohlenen auf den richtigen Weg bringen, genauer gesagt zur Nachahmung des eigenen Gesellschaftsmodells motivieren wollten. Andererseits ließen sich bemerkenswert viele Adressaten aus freien Stücken auf diesen Wettbewerb ein, nicht zuletzt, weil sie sich ihrerseits dem Fortschrittsideal verschrieben hatten. Diese vielfach verschränkte Geschichte zu entwirren und insbesondere den Folgen auf die Spur zu kommen, gehört zu den größten Herausforderungen der zeithistorischen Forschung.

Die amerikanische »Modernisierungspolitik« im Kalten Krieg gründet in der nationalen Meistererzählung der Republik. Das Recht auf Privateigentum gilt als Garant der Freiheit, die Wahrung von Freiheit wird mit

9 Odd Arne Westad, The Global Cold War. Third World Interventions and the Making of Our Times, Cambridge 2007, S. 3.

der Verbreitung privater Eigentumsrechte verkoppelt. Der universelle Anspruch und die teleologische Grundierung dieser Weltsicht standen nie infrage. Strittig war allein, wie das »Vorbild USA« am wirkungsvollsten zum Tragen komme – passiv, durch das beispielgebende Wirken im Hintergrund; oder aktiv, forciert durch eine Politik der Parteinahme und Einmischung. Bereits im Zweiten Weltkrieg galt Letzteres, verbunden mit dem Anspruch, ab sofort nicht mehr nur für sich selbst zu sprechen, sondern als globale Garantiemacht des Kapitalismus aufzutreten. Und spätestens seit Beginn des Kalten Krieges gesellte sich ein hypertrophes Verständnis von Sicherheit hinzu. Amerika schien auf Dauer nur sicher, wenn möglichst viele Staaten den amerikanischen Weg einschlugen. In diesem Sinne wurde die ganze Welt zum Laboratorium kapitalistischer Modernisierung.

»Laboratorium« ist durchaus im Wortsinn zu verstehen. Wie Jason Pribilsky im Detail erläutert, betrieb die Cornell University zusammen mit einheimischen Behörden auf einer Hazienda im Hochland Perus von 1952 bis 1966 ein riesiges Sozialexperiment mit 2300 Indios: Welche Mittel und Methoden waren geeignet, die Bauern aus ihren traditionellen Lebenswelten herauszuführen, mit der modernen Landwirtschaft vertraut zu machen und zugleich gegen sozialrevolutionäre Agitation zu immunisieren? Die Gründe für das absehbare Scheitern sind nicht weiter der Rede wert; wohl aber die gedanklichen Voraussetzungen des Projekts. Getragen von einer ebenso naiven wie überzogenen Wissenschafts- und Fortschrittsgläubigkeit, waren amerikanische Mentoren – neben Cornell eine Reihe weiterer Universitäten sowie die Stiftungen von Ford, Rockefeller und Carnegie – allen Ernstes auf der Suche nach einem weltweit adaptierbaren Modell. Die Feinsteuerung des historischen Fortschritts war zu einer intellektuellen »Industrie«, vor allem aber zum Lieblingskind akademischer Politikberater geworden.

Die Sowjetunion huldigte verblüffend ähnlichen Visionen. Bereits zu Zarenzeiten – ob schon unter Peter dem Großen oder erst seit Katharina der Großen, sei dahingestellt – war ein Missionsgedanke aufgekommen, der wie eine Kopie der amerikanischen *Manifest Destiny* anmutet. Auch Russland sah sich in der Rolle einer *redeemer nation*, dazu auserkoren, den Rest des Kontinents vor Dekadenz und Verfall zu bewahren. »Modernisieren« hieß »russifizieren« und umgekehrt. Im Insistieren auf dem Kommunismus als höchster Form der Modernität trieben die Bolschewiki diese Tradition auf die Spitze: Moskau als neues Rom und Zentrum einer höheren, weil gerechten Weltordnung. Ausgerechnet Stalin bremste die Euphorie und die Zurichtung der Kommunistischen Internationale zum Katalysator universeller Neuordnung. Wie es scheint, traute er den Völkern der Dritten Welt weder die Mittel noch den Willen zum Sozialismus zu; selbst Mao wollte er den sozialistischen Umbau Chinas ausreden. Erst Nikita Chruschtschow verknüpfte die Tradition mit den besonderen Umständen des Kalten Krieges, suchte umgehend China, Indien, Burma und Afghanistan auf und unterstrich auch bei anderen Gelegenheiten die überragende Bedeutung der Entwicklungsländer. Obwohl Chruschtschow im Unterschied zu den USA überall und stets von »Sozialismus« und »antiimperialistischer Befreiung« sprach, teilte er mit dem Klassenfeind eine grundlegende politische Prämisse: Die nationale Sicherheit des eigenen Landes wurde in der Dritten Welt verteidigt.[10]

Dass die UdSSR und die USA in der Praxis ebenfalls wie politische Zwillinge auftraten, ist vor diesem Hintergrund wenig überraschend. Erstaunlich ist vielmehr, wie kurzsichtig und einseitig sie ihren Interessen nachgingen, fixiert auf den schnellen Erfolg und den propagandistischen Mehrwert (Roger Kanet, Earl Conteh-Morgan). Das südliche Asien sowie der Nahe und Mittlere Osten waren für Amerikaner und Sowjets von hauptsächlichem Interesse, Afrika und Lateinamerika spielten stets eine untergeordnete Rolle. Nicht die wirtschaftliche oder soziale Bedürftigkeit eines Landes gab den Ausschlag dafür, ob und wie viel wirtschaftliche Unterstützung gewährt wurde. Im Mittelpunkt standen strategische Erwägungen: Die geopolitische Lage eines Landes, Art und Umfang seiner militärisch relevanten Rohstoffvorkommen, schließlich das Kalkül, die konkurrierende Hegemonialmacht verdrängen oder zumindest auf Abstand halten zu können. Oder Hilfsdienste wurden zur politischen Waffe im Alltagsgeschäft – wie 1967, als nach einer zweijährigen Hungersnot in Indien Lyndon B. Johnson die *Food for Peace*-Hilfe vom außenpolitischen Wohlwollen der Regierung in Neu-Delhi abhängig machte. Überdies wurde der größte Teil der Auslandshilfe für Waffenlieferungen oder andere militärische Projekte aufgewendet – wobei die USA mit 95 Prozent im Jahr 1954 einen Spitzenwert verbuchten, der von den Sowjets zu keiner Zeit auch nur annähernd erreicht wurde. Nach dem Ende des Kalten Krieges kürzten beide Seiten ihre einschlägigen Etats drastisch – Russland, weil der Staat pleite war, die USA, weil sie von einem bankrotten Russland nichts mehr zu befürchten hatten.

Sosehr sich die Großmächte als *Masters of the Universe* gefielen, so wenig wurde der Kalte Krieg von ihnen allein bestimmt. Die Vorstellung von Herrschaft und Unterwerfung – von übermächtigen Befehlsgebern in den Zentren und ohnmächtigen Befehlsempfängern an der Peripherie – erscheint bei näherer Betrachtung wie eine Verweigerung gegenüber dem Of-

10 Westad, Global Cold War, S. 41, S. 72.

fensichtlichen. In Schlüsselregionen der Dritten Welt gaben selbstbewusste Eliten mit einem ausgeprägten Willen zur Macht den Ton an. Nach Jahrhunderten kolonialer Herrschaft waren sie wenig geneigt, alte gegen neue Abhängigkeiten einzutauschen. Im Gegenteil. Sie fühlten sich historisch im Aufwind, dazu berufen, anstelle der verbrauchten Kolonialmächte und ihrer Nachlassverwalter in Moskau und Washington die Zukunft zu gestalten – daher auch die Neigung, nationale Souveränität im Zweifel mit nationalistischen Übersteigerungen zu behaupten.

Vertrauen in die eigene Stärke, Optimismus und Missionsbewusstsein bildeten die Grundlage ihrer ebenso robusten wie durchsetzungsfähigen Politik. In anderen Worten: Wirtschafts- und ordnungspolitische Optionen wurden nicht nach ideologischen Kriterien sortiert, sondern an ihrem Nutzen für eine schnelle und radikale Modernisierung gemessen. Wie Thomas Scheben am Beispiel des Nahen Ostens zeigt, war der ökonomische Spielraum der Supermächte auch und gerade an Drehkreuzen des Kalten Krieges sehr begrenzt. Auf keinen Fall sollte die von Kairo bis Damaskus gepflegte Vorliebe für eine staatsgelenkte Kommandowirtschaft mit einem Faible für den sowjetischen Weg verwechselt werden; vielmehr gaben landestypische Traditionen den Ausschlag. Gleiches gilt auch für andere Regionen und Zeiten. Nirgendwo kann die Rede davon sein, dass wirtschaftliche Investitionen automatisch das politische Kapital von Ost oder West mehrten; Verlustabschreibungen kamen wesentlich öfter vor.

Gerade Verbündete oder Umworbene in der Dritten Welt, die über strategische Rohstoffe verfügten oder von geopolitischem Interesse waren, verstanden sich auf ein virtuoses Nutzen von Handlungsspielräumen (Robert J. McMahon). Indira Gandhi führt die Reihe berühmter Beispiele an, dicht gefolgt von Gamal Abdel Nasser, der seinen Großmachtfantasien umso näher kam, je gewiefter er Ost und West gegeneinander ausspielte. Und Mengistu Haile Mariam in Äthiopien und Zia ul-Haq in Pakistan demonstrierten noch in den letzten Jahren des Kalten Krieges, wie einfach es war, den Antagonismus der Supermächte zum eigenen Vorteil auszubeuten. In der Regel reichten Solidaritäts- und Treueschwüre, um in den Genuss großzügiger Wirtschafts- oder Militärhilfe zu kommen. Auch die Drohung der vermeintlich »Schwachen«, ein ideologisches Lager zu verlassen oder die Schutzmacht als unzuverlässig bloßzustellen, konnte verlässlich zur Erpressung der »starken Seite« eingesetzt werden. Angola, Mosambik, Somalia, Äthiopien und der Südjemen piesackten damit den Kreml, ausgerechnet in den 1970er Jahren und auf dem Höhepunkt sowjetischer Macht in Afrika. Eben weil die »Starken« in vielfältiger Weise manipulierbar waren, ist eine »Tyrannei der Schwachen« zu beobachten.

In einem wenig schmeichelhaften, aber zutreffenden Bild gesprochen: Überraschend oft wedelte der Schwanz mit dem Hund.

Die Bilanz schließt im Soll. Zweifellos wurden wirtschaftliche Erfolgsgeschichten in der Dritten Welt geschrieben. Man denke etwa an den Aufstieg Taiwans oder Südkoreas. Nicht zu vergessen die Lebensmittellieferungen in das subsaharische Afrika, die von den meisten Empfängern zum nackten Überleben benötigt wurden. Aber die für zivile Projekte investierten Gelder versickerten gemeinhin – teils in wirtschaftlich nutzlosen Prestigeobjekten, teils in den Privatfonds lokaler Potentaten. Und stets, weil man sich mit atemberaubender Ignoranz über die wirtschaftlichen Bedürfnisse und das kulturelle Umfeld in den Empfängerländern hinwegsetzte, wie Ragna Boden am Beispiel Indonesiens und seines Sponsors Moskau darlegt. Dass die USA in den 1980er Jahren beispielsweise drei Milliarden Dollar Wirtschaftshilfe an El Salvador gaben, hinterließ ebenfalls keinerlei Spuren; vorher wie nachher lebten über 90 Prozent der Bevölkerung in Armut. Aufs Ganze gesehen bleibt also festzuhalten: Die von Ost wie West gewährte Entwicklungs- und Wirtschaftshilfe war ein Desaster. Manche Gesellschaften blieben im Ringen um den »richtigen Weg« buchstäblich verwüstet auf der Strecke.[11]

Dafür ausschließlich die Umstände und Politik des Kalten Krieges verantwortlich zu machen, wäre gewiss übertrieben. Unabhängig von der politischen Großwetterlage forderte ein seit den frühen Tagen des Kolonialismus etabliertes Welthandelssystem seinen Preis: Rohstoffe werden billig, Fertigprodukte teuer gehandelt. Aus dieser Falle der *Terms of Trade* konnten sich nur wenige Entwicklungsländer befreien. Die Mehrheit war entweder von der technologischen Entwicklung – die bekanntlich mit einem steten Preisverfall bei Rohstoffen einherging – überfordert; oder rannte mit kontraproduktiven Mitteln dagegen an. Sich neue Einnahmequellen durch einen forcierten Abbau von Rohstoffen zu erschließen, führte in der Regel zum Raubbau an natürlichen und sozialen Lebensgrundlagen: Entwaldung und großflächige Bodenerosion im ersten, Landflucht und Massenelend in den Städten im letzten Schritt. Ob die Handelspartner aus dem kapitalistischen oder sozialistischen Lager kamen, spielte keine Rolle. Keine Industrienation, Ost wie West, war an einer Änderung der *Terms of Trade* interessiert. Als das bettelarme Mosambik, in den 1980er Jahren mehr denn je im Hintertreffen, in Ost-Berlin um eine weitere Staatshilfe nachsuchte, gewährte die DDR den Kredit – aber zu höheren Zinssätzen als bei westlichen Gläubigern üblich (Brigitte H. Schulz).

---

11 Vgl. Westad, Global Cold War, S. 347, S. 404.

Auch sozialistische Partner hatten Gefallen an den wölfischen Gesetzen des Weltmarktes gefunden.[12]

Zur Überwindung ihrer Strukturdefizite hatten viele Entwicklungsländer, ermutigt durch die Niedrigzinspolitik der Zeit, in den frühen 1970er Jahren zum Teil enorme Anleihen aufgenommen; andere stabilisierten auf diesem Weg korrupte Clans und marode Herrscherhäuser. Zehn Jahre später sollte sich zeigen, dass man weniger in die wirtschaftliche Zukunft investiert als diese Zukunft vielmehr verpfändet hatte. Infolge einer weltweiten Rezession fielen die Weltmarktpreise für Rohstoffe zwischen 1980 und 1982 im Schnitt um 40 Prozent, viele Rohstoffexporteure büßten in jenen Jahren die Hälfte ihres Staatsaufkommens ein. Das von Washington und London in der internationalen Finanzwelt durchgesetzte Diktat des Monetarismus verschärfte die Krise in der Dritten Welt auf seine Weise. Um Schulden stornieren, geschweige denn neues Geld aufnehmen zu können, mussten ausgerechnet die von der Krise am meisten betroffenen Staaten ihre »Markttauglichkeit« unter Beweis stellen: Haushalte sanieren, öffentliche Dienstleistungen privatisieren und den Kreditgebern eine rasche Tilgung in Aussicht stellen. Dass dergleichen auf dem Rücken einer bedürftigen Bevölkerung ausgetragen wurde, ist hinlänglich bekannt.[13]

Andererseits wird am Beispiel dieser Schuldenkrise auch deutlich, dass ein Gutteil der Malaise in der Dritten Welt unmittelbar auf das Konto des Kalten Krieges ging. Genauer gesagt: der massiven Aufrüstungspolitik unter Ronald Reagan geschuldet war. Weil die USA die Grenzen ihrer Neuverschuldung erreicht hatten und Reagan obendrein mit dem Versprechen von Steuersenkungen bei seinen Wählern im Wort stand, kamen zur Finanzierung neuer Waffensysteme nur die internationalen Finanz- und Kapitalmärkte infrage. Auf diesen bediente sich die US-Regierung ohne Rücksicht auf Dritte, sie fegte den weltweiten Kreditmarkt faktisch leer. Mit dem Ergebnis, dass die Zinsen nach oben schossen und von vielen Entwicklungsländern nicht mehr bedient werden konnten. 1978 belief sich die Schuldenlast aller Entwicklungsländer einer Schätzung der OECD zufolge auf 340 Milliarden Dollar; vier Jahre später waren es 626 Milliarden Dollar. Sich um alternative Finanzierungsquellen zu kümmern war sinnlos. Internationale Finanzinstitutionen wie die Weltbank oder der Internationale Währungsfonds, von großen Privatbanken gar nicht zu reden, hatten das Geld noch teurer gemacht als jede Staatsbank (Earl Conteh-Morgan). In Mali, das sich auf Druck seiner Gläubiger einen drastischen Sparkurs

---

12 Vgl. David C. Engerman u.a. (Hg.), Staging Growth: Modernization, Development, and the Global Cold War, Amherst 2003.

13 Westad, Global Cold War, S. 358–363.

verordnet hatte, stieg die Kindersterblichkeit in der ersten Hälfte der 1980er Jahre um mehr als 25 Prozent.[14] An weiteren Beispielen dieser Art fehlt es nicht; im Gegenteil.

Noch mehr schlugen die in der Dritten Welt »hausgemachten« Katastrophen zu Buch. Grundsätzlich wurde jede Politik forcierter Modernisierung teuer bezahlt. Als Gamal Abdel Nasser 1970 starb, stand Ägypten mit fünf Milliarden Dollar Schulden am Rande des Zusammenbruchs; sein Mitstreiter und Nachbar Hafiz al-Assad bürdete Syrien mit seiner fehlgeleiteten Industrialisierungspolitik eine Schuldenlast in Höhe des Bruttoinlandsproduktes auf (Thomas Scheben). Am höchsten war der Preis jedoch dort, wo Wirtschaftspolitik in den Dienst des Kalten Krieges gestellt und mithin für ideologische Zwecke in Anspruch genommen wurde.

In Nordvietnam und Tansania führte die Kollektivierung der Landwirtschaft zur massenhaften Abwanderung beziehungsweise Umsiedlung von Bauern. Die von Schah Reza Pahlavi im Iran dekretierte »Grüne Revolution« steigerte anfänglich, wie auch in Indien und Indonesien, den landwirtschaftlichen Ertrag; freilich war das neue Saatgut derart dünger- und wasserbedürftig, dass nur die ohnehin wohlhabenden Bauern auf Dauer damit wirtschaften konnten. Als Mengistu Haile Mariam versuchte, Äthiopiens Weg in die Moderne mit sozialistischen Mitteln abzukürzen, ruinierte er zunächst die Böden des Landes. Danach brach die Versorgung mit Nahrungsmitteln zusammen, am Ende verhungerten zwischen 1984 und 1986 weit über eine Million Menschen.[15] Wirtschaftlicher Dilettantismus trug in hohem Maße auch zu den Bürgerkriegen im Lateinamerika der 1980er Jahre bei. 70000 Tote hatte El Salvador zu beklagen, Nicaragua 30000 – gemessen an Zahl seiner Einwohner zahlte Nicaragua einen höheren Blutzoll als die USA in allen ihren Kriegen zwischen 1861 und 1975.[16]

In welcher Weise und mit welchen Folgen die Umwelt in Mitleidenschaft gezogen wurde, ist am Beispiel Chinas vergleichsweise gut erforscht (Judith Shapiro). Wiederholt führte Mao wirtschaftspolitische Beschlüsse herbei, die ohne den Kalten Krieg schwer vorstellbar sind. Zum Teil ging es ihm darum, den Westen in Schlüsselbereichen der Industrie, insbesondere bei der Stahlproduktion, binnen einer Dekade zu überholen; zum Teil wollte er das Land mittels eines ökonomischen Crashprogramms für einen vermeintlich unabwendbaren Krieg gegen die USA oder die UdSSR wapp-

---

14 Ebenda, S. 361.

15 Ebenda, S. 287, S. 335.

16 Vgl. Lynn Horton, Peasants in Arms: War and Peace in the Mountains of Nicaragua, 1979–1994, Athens 1998.

nen. Ein heißer Krieg blieb bekanntlich aus; stattdessen führte Mao unablässig Krieg gegen die Natur. Ohne volkswirtschaftlichen Sinn und Verstand wurden Wälder gerodet, Sümpfe trockengelegt, Flüsse gestaut, Großbetriebe demontiert und Hunderte Kilometer entfernt in unterirdischen Stollen neu errichtet. Ernteausfälle, Versalzung und Versteppung zählen zu den relativ harmlosen Folgen, gemessen an der Hungersnot, die zwischen 1958 und 1961 an die 30 Millionen Menschen dahinraffte. Auch nach dem »Großen Sprung« wurden Ressourcen in einem Maße vernichtet, das in der Geschichte zivilisierter Nationen ohne Beispiel ist: *permanent preparedness* auf Chinesisch.[17]

Dieser Teil der Wirtschaftsgeschichte des Kalten Krieges ist zugleich als Anregung zu verstehen – nämlich sich auch anderen Regionen und Ländern zuzuwenden und die »politische Ökologie« in der Dritten Welt zu kartografieren.

17 Jung Chang, Jon Halliday, Mao. The Unknown Story, London 2007, S. 465, S. 481ff., S. 498, S. 521ff., S. 526, S. 531, S. 534, S. 584ff., S. 588.

Soll und Haben in der Dritten Welt

Robert J. McMahon
Die Macht der Schwachen

Die erste Generation von Wissenschaftlern, die sich mit dem Kalten Krieg befasste, war weitgehend eurozentrisch. Sie konzentrierte sich auf die sowjetisch-amerikanische Konfrontation im Herzen Europas und widmete den meisten Regionen der Dritten Welt allenfalls beiläufig Aufmerksamkeit. Hielt die frühe Geschichtsschreibung des Kalten Krieges jedoch einmal inne und untersuchte den sowjetisch-amerikanischen Wettstreit und Konflikt außerhalb Europas, dann tendierte sie dazu, die Bedeutung der Entwicklungsländer herunterzuspielen; so wie sie auch dazu tendierte, die Handlungsfähigkeit von Akteuren in der Dritten Welt außer Acht zu lassen. Bis weit in die 1980er Jahre hinein zeichneten die meisten Standardwerke über den Kalten Krieg ein schlichtes – und stark vereinfachtes – Bild, in dem die Supermächte agierten und die Dritte Welt reagierte. Dieses Bild lehnte sich insofern an das alte imperiale Modell von Dominanz und Unterwerfung an, als es die Länder der Dritten Welt implizit zu einer Gruppe von Marionetten erklärte, die gewöhnlich von ihren Herren in Washington und Moskau manipuliert worden seien.

In diesem Licht ließen sich die wirtschaftlichen Dimensionen des Kalten Krieges auf eine einfache Erzählung reduzieren, in der die Vereinigten Staaten und die Sowjetunion vermittels Wirtschafts- und Entwicklungshilfe Einfluss ausübten, Verbündete gewannen und sich ihren Zugang zu Ressourcen, Investitionsmöglichkeiten und militärisch-strategischen Einrichtungen sicherten. In der jüngeren Geschichtsschreibung stellt sich die Rolle der Dritten Welt im Kalten Krieg jedoch komplizierter dar; das Paradigma von Dominanz und Unterwerfung ist weitgehend umgestürzt worden. Die meisten Wissenschaftler erkennen inzwischen an, dass der Kalte Krieg beinahe von Beginn an ein tatsächlich globales Phänomen darstellte. Nicht nur war die Dritte Welt ein wichtiger Schauplatz des Konflikts, vor allem hatten nicht westliche Akteure selbst einen erheblichen Einfluss auf seinen Verlauf.

Im Folgenden werde ich einige der vielfältigen Weisen skizzieren, wie Staatsführer in den Entwicklungsländern geschickt den Hebel nutzten, den ihnen ein bipolarer globaler Wettstreit plötzlich in die Hand gab. Einige waren sehr an einem Bündnis mit dem Westen interessiert, von dem sie sich erhebliche, vor allem wirtschaftliche Vorteile versprachen. Andere, die nationale, Gruppen- und persönliche Interessen anders gewichteten, entschieden sich für ein Bündnis mit dem Osten. Wieder andere verfolgten einen Mittelweg und optierten für die Strategie einer bewussten Neutralität, um beide Seiten gleichzeitig zu Entwicklungshilfe zu bewegen. In allen drei Fällen jedoch versuchten die Staatsführer, die Möglichkeiten auszuschöpfen, die ihnen ein weitestgehend vom Kalten Krieg bestimmtes internationales System insofern eröffnete, als Sowjets wie Amerikaner in sämtlichen Entwicklungsregionen Einfluss und Verbündete suchten. Ich werde argumentieren, dass die oft raffinierten Manöver, mit denen Dritte-Welt-Führer die Hebelkraft ihrer Staaten gegenüber den Supermächten zu vergrößern suchten, als ein zentrales Thema des wirtschaftlichen Kalten Krieges anerkannt werden müssen. Die Schwachen hatten tatsächlich Macht – und wo immer möglich, machten sie von ihr Gebrauch, um die Starken für ihre eigenen Zwecke einzuspannen.

»Man strapaziert die Wahrheit nur ein wenig«, so Henry W. Brands, »wenn man die Nachkriegsära als Zeitalter der Dritten Welt beschreibt.«[1] In der Tat zählt der Sturz der westlichen Kolonialreiche in den anderthalb Jahrzehnten nach dem Zweiten Weltkrieg, der mit der Geburt von etwa 40 unabhängigen Nationen einherging, zu den folgenreichsten historischen Entwicklungen der Moderne. Das zeitliche Zusammenfallen der Entstehung des Trikont mit der Verschärfung des globalen Machtkampfes zwischen den USA und der UdSSR bildet daher eine entscheidende Kulisse für sämtliche Dimensionen des wirtschaftlichen Kalten Krieges. Der Kampf zwischen Ost und West bot Dritte-Welt-Führern Möglichkeiten, ausländische Hilfe anzuziehen, um ihre ehrgeizigen Pläne für den Aufbau von Staat und Wirtschaft zu verfolgen. So wurden die Entwicklungsländer zum Gegenstand eines lang andauernden Wettstreits, den sie zugunsten ihrer eigenen Interessen zu beeinflussen suchten. Da beide Supermächte darauf aus waren, Freunde zu gewinnen und gleichzeitig die Überlegenheit ihres jeweiligen Entwicklungsmodells zu demonstrieren, strömten schließlich Dollar und Rubel in die Dritte Welt. »Ohne den Kalten Krieg«, so das Fazit von Odd Arne Westad, »wären Afrika, Asien und möglicherweise auch Lateinamerika heute vollkommen andere Regionen.«[2]

---

1 Henry W. Brands, The Specter of Neutralism: The United States and the Emergence of the Third World, 1947–1960, New York 1989, S. 1.

2 Odd Arne Westad, The Global Cold War: Third World Interventions and the Making of Our Times, New York 2005, S. 3.

Die amerikanische Suche nach Verbündeten

Ein zentrales Anliegen der US-Außenpolitik zu Beginn des Kalten Krieges war die Suche nach Verbündeten. Von den späten 1940er Jahren bis zur Mitte der 1950er Jahre festigten die Vereinigten Staaten daher ihre sicherheitspolitischen Beziehungen zu zahlreichen Ländern in Europa, Lateinamerika, dem Nahen Osten und dem Asien-Pazifik-Raum. Dabei maßen die Regierungen Harry S. Trumans und Dwight D. Eisenhowers bilateralen und multilateralen Sicherheitsabkommen große Bedeutung bei. Da die direkte Macht der US-Regierung aus finanziellen Gründen nicht unbegrenzt war – eine Erwägung, die insbesondere unter der auf den Staatshaushalt bedachten Regierung Eisenhower eine Rolle spielte –, bemühten sich beide Administrationen mit Nachdruck um neue Partner und versuchten, ein Netz von regionalen Bündnissystemen aufzubauen. Über mehr Verbündete für eine gemeinsame Sicherheitspolitik zu verfügen, diente aus Sicht Trumans, Eisenhowers und ihrer Berater gleich mehreren außenpolitischen Zielen. Es erlaubte den USA, die Sowjetunion und China durch Staaten einzukreisen, die sich offiziell dem Westen verpflichtet hatten; gewährleistete ihnen im Falle eines globalen oder regionalen Krieges den Rückgriff auf ausländische Streitkräfte, was zugleich das Leben amerikanischer Bürger zu schonen versprach; und es bot den Verbündeten einen amerikanischen Schutzschirm, der die UdSSR und China vermutlich von Aggressionen abschrecken würde. Außerdem sollten solche Bündnisbeziehungen die Länder, die bereits zum Westen tendierten, darin politisch und psychologisch bestärken. Eisenhowers Außenminister John Foster Dulles erklärte häufig, dass die Nationen nun Farbe bekennen müssten. Für ihn wie für die meisten amerikanischen Staatsmänner seiner Generation ging es im Kalten Krieg um Fragen von enormem historischen und moralischen Gewicht; Neutralismus konnte nicht geduldet werden.[3]

Washingtons Entschlossenheit, Partnerschaften zu entwickeln und seinen Einfluss in den Entwicklungsregionen Asiens, Afrikas, des Nahen Ostens und Lateinamerikas auszubauen, verschaffte den peripheren Nationalstaaten beträchtliche Verhandlungsmacht. Wenn sie ihre Trümpfe geschickt ausspielten, konnten die Dritte-Welt-Länder Amerikas Angewiesenheit auf Verbündete in einen warmen Geldregen verwandeln. Da die Vereinigten Staaten zuverlässige Partner in der Dritten Welt als unverzichtbaren Bestandteil ihrer Gesamtstrategie im Kalten Krieg betrachteten,

---

3 Robert J. McMahon, »US National Security Policy from Eisenhower and Kennedy«, in: Melvyn P. Leffler/Odd Arne Westad (Hg.), The Cambridge History of the Cold War, Bd. 1, Cambridge 2010, S. 288–311.

würden sie sicherlich jeden, der an der Seite des Westens zu stehen bereit war, mit umfangreichen Hilfsprogrammen belohnen – so etwa lautete die Überlegung vieler opportunistischer Staatsmänner der Dritten Welt. Und solche Hilfe wurde von den Entwicklungsländern der frühen Phase des Kalten Krieges, die sich häufig gerade erst aus langer kolonialer Unterwerfung erhoben, dringend benötigt, um wichtige Entwicklungsziele zu erreichen. Kluge Diplomaten der Dritten Welt spekulierten daher häufig darauf, dass ihnen ein offizielles Bekenntnis zum Westen dabei helfen würde, nach dem klassischen Muster des Quidproquo von den Vereinigten Staaten umfangreiche Wirtschaftshilfe zu bekommen. Diese Überlegung erwies sich als begründet; das Bündnis mit dem Westen brachte in der Tat fast immer erhebliche ökonomische Vorteile mit sich. Darin bestand eine wesentliche Dimension des wirtschaftlichen Kalten Krieges.

Bereits ein kurzer Blick auf vier Fälle – Thailand, Pakistan, Südkorea und Iran – bietet eine Illustration dieses allgemeinen Musters. Thailand, das einzige südostasiatische Land, das auch während der Hochphase des Kolonialismus seine Unabhängigkeit hatte wahren können, suchte von sich aus – und mit Geschick – das Bündnis mit den Vereinigten Staaten. Unmittelbar nach dem Zweiten Weltkrieg stand die thailändische Regierung innen- wie außenpolitisch vor einer Reihe großer Herausforderungen. Zur Finanzierung von Entwicklungsprojekten sowie zur Verteidigung gegen China, den bedrohlichen Nachbarn im Norden, benötigte sie eine starke Schutzmacht. Der Kalte Krieg bot den thailändischen Eliten eine gute Begründung für beide Anliegen, die sich nun gleichsam durch eine glückliche Fügung mit dem amerikanischen Interesse an Verbündeten in der Dritten Welt überschnitten. Ein Bündnis lag somit im unmittelbaren Interesse beider Länder. »Thailand hat seine Beziehungen zu den kommunistischen Staaten unwiderruflich gelöst und sich eindeutig zur Sache der freien Nationen bekannt«, hieß es zuversichtlich in einer Einschätzung des amerikanischen Außenministeriums vom Oktober 1950.[4]

Auch Pakistan bemühte sich um ein Bündnis mit den Vereinigten Staaten und ging dabei ähnlich umsichtig und geschickt vor. Mit Blick auf den feindlichen Nachbarn Indien ebenfalls um die eigene Sicherheit besorgt, hoffte die Regierung der jungen Nation, dass ihre festen Bekenntnisse zum Antikommunismus sich in Gestalt eines amerikanischen Bündnisangebots auszahlen würden. Denn die Vereinigten Staaten waren die Macht, die den

---

4 US-Außenministerium zur Politik in Thailand, 15. 10. 1950, Foreign Relations of the United States (FRUS), 1950: 6, pt. 1, S. 42f.; Daniel Fineman, A Special Relationship: The United States and Military Government in Thailand, 1947–1958, Honolulu 1997, S. 88–125.

zwei vordringlichen Interessen Pakistans am ehesten Genüge tun konnte: vor äußeren Feinden geschützt zu werden sowie finanzielle und technische Unterstützung für den Aufbau von Staat und Wirtschaft zu bekommen, der eine schwindelerregende Herausforderung darstellte. Diese Strategie ging glänzend auf – wenigstens für eine Zeit. Durch ein bilaterales Sicherheitsabkommen mit Washington und den Beitritt zu zwei multilateralen Bündnissen – der Southeast Asia Treaty Organization (SEATO) und dem Bagdadpakt – wurde Pakistan Mitte der 1950er Jahre ein offizieller Verbündeter der Vereinigten Staaten. Die Bündnisbeziehungen ermöglichten es dem Land, die 1950er Jahre hindurch bis zur Mitte der 1960er Jahre zu einem der wichtigsten Empfängerstaaten amerikanischer Hilfe zu werden.[5]

Die diplomatischen Manöver des südkoreanischen Präsidenten Syngman Rhee sind ein weiterer Beleg für die Macht der Schwachen, den Ost-West-Konflikt für ihre eigenen Zwecke auszunutzen. 1948 zogen die Vereinigten Staaten ihre Truppen aus Südkorea ab und gaben damit ihre Verantwortung als Besatzungsmacht auf, die sie gegen Ende des Pazifikkrieges für die ehemalige japanische Kolonie übernommen hatten. Zwei Jahre später kehrten sie in Reaktion auf den sowjetisch unterstützten Einmarsch Nordkoreas in voller Stärke zurück. Nur äußerst widerwillig ging Washington jedoch schließlich ein Sicherheitsabkommen mit Seoul ein. Auf hartnäckiges Drängen Rhees wurde im letzten Jahr des blutigen Konflikts auf der koreanischen Halbinsel ein Vertrag ausgehandelt. Rhee hatte unmissverständlich klargemacht, dass eine offizielle Sicherheitsverpflichtung Washingtons das Mindeste war, was er für die Zustimmung zu einem Waffenstillstand verlangte, der zu den wichtigsten außenpolitischen Zielen von Präsident Eisenhower zählte. Der Hebel, über den die schwächere Seite hierbei verfügte, resultierte aus dem Unwillen der stärkeren Seite, einen offenen Bruch mit jener Nation zu riskieren, deren Rettung sie drei Jahre, mehrere Milliarden Dollar und Zehntausende Menschenleben gekostet hatte. In vertraulichen Gesprächen empörte sich Eisenhower über Rhees »Erpressungsversuche«, während der Generalstabschef der Armee, General J. Lawton Collins, die Befürchtung äußerte, die Unterzeichnung eines Verteidigungspaktes sei gleichbedeutend mit »einem offenen Eingeständnis unsererseits, dass Rhee am längeren Hebel sitzt«. So war es tatsächlich – und die Amerikaner wussten das. Eisenhower gab seinen Widerstand bald auf; Rhee bekam das geforderte Abkommen und willigte im Gegenzug ein, den bevorstehenden Waffenstillstand zu respektieren. Damit hatten die Südkoreaner die entscheidende Grundlage für ein langfris-

5 Ausführlich hierzu: Robert J. McMahon, Cold War on the Periphery: The United States, India, and Pakistan, New York 1994.

tiges Bündnis mit den USA geschaffen, das ihnen in den folgenden Jahrzehnten Millionen von Dollar an Entwicklungshilfe einbringen sollte.[6]

Der Iran wurde 1953 zu einem treuen Verbündeten der Vereinigten Staaten, nachdem das zur Neutralität tendierende Regime von Mohammad Mossadegh auf Betreiben der USA und Großbritanniens gestürzt und der Erbmonarch Reza Schah Pahlavi wieder eingesetzt worden war. Im Laufe der Zeit wurde der Iran des Schahs zu einer tragenden Säule der US-Strategie in der Region am Persischen Golf – und einer der größten Empfänger amerikanischer Hilfe weltweit. Als geschickter und überaus ehrgeiziger Herrscher nutzte der persische Regent die geopolitische und wirtschaftliche Bedeutung seines Landes im Kalten Krieg, um seine Schutzherren in Washington zu immer umfangreicherer Entwicklungshilfe zu bewegen. Seine harten Verhandlungstaktiken sind emblematisch für ein allgemeines Muster: Der Ost-West-Konflikt diente Akteuren in der Dritten Welt als ein Vehikel, um nationale oder auch persönliche Ziele zu erreichen.[7]

Die Option der Neutralität

Der indische Premierminister Jawaharlal Nehru ist eine paradigmatische Figur für jene Staatsführer der Dritten Welt, die offizielle Bündnisse vermieden und den alternativen Weg der Neutralität im Kalten Krieg beschritten. Bereits lange Zeit bevor Indien im August 1947 seine Unabhängigkeit von Großbritannien feierte, hatte der stolze und zutiefst nationalistische Nehru darauf beharrt, dass seine Nation einen eigenständigen diplomatischen Kurs verfolgen und sich folglich keinem der Machtblöcke anschließen würde. Neutralität, so hatte Nehru seinen Landsleuten versprochen und der Welt verkündet, werde das außenpolitische Leitprinzip des unabhängigen Indien sein. In einer Radioansprache vom 7. September 1946 gab der Vorsitzende der Kongresspartei, der damals der provisorischen Regierung Indiens als Vizepräsident und Außenminister angehörte, einen Einblick in seine außenpolitischen Pläne: »Wir treten dafür ein, dass wir uns so

---

6 Treffen des US-Außenministeriums mit dem Generalstab, 29. 5. 1953, FRUS, 1952–1954, 15: S. 1114–1119; Edward C. Keefer, »President Dwight D. Eisenhower and the End of the Korean War«, in: *Diplomatic History* 10 (1986), Heft 3, S. 282–289. Eine hervorragende Untersuchung der amerikanischen Rolle bei der wirtschaftlichen Entwicklung Südkoreas bietet Gregg Brazinski, Nation Building in South Korea: Koreans, Americans, and the Making of a Democracy, Chapel Hill 2007.

7 Vgl. ausführlicher hierzu James A. Bill, The Eagle and the Lion: The Tragedy of American-Iranian Relations, New Haven, CT 1988.

weit wie möglich aus der Machtpolitik gegeneinander verbündeter Gruppen heraushalten, die bereits zu zwei Weltkriegen geführt hat und zu weiteren Katastrophen noch größeren Ausmaßes führen kann.« Auf einer Pressekonferenz bekräftigte er einige Wochen später: »Auf dem Gebiet der Außenpolitik wird Indien unabhängig agieren und sich aus der Machtpolitik gegeneinander verbündeter Gruppen heraushalten.«[8]

Indien, so Nehrus feste Überzeugung, durfte nie wieder zu einer »Schachfigur«, einem »Spielzeug« fremder Mächte werden. »Wir gedenken, auf eigenen Füßen zu stehen«, betonte der indische Politiker in einer Rede vor der Unabhängigkeit. »Wir gedenken nicht, das Spielzeug anderer zu sein.« In einer weiteren Rede erklärte er, dass Indien und andere Länder Asiens »nicht länger als Schachfiguren benutzt werden können; sie werden zwangsläufig eine eigenständige Rolle in der Weltpolitik spielen«.[9]

In diesen frühen öffentlichen Erklärungen machte Nehru deutlich, dass Frieden, Unabhängigkeit und Neutralität aus seiner Sicht untrennbar miteinander verbunden waren. Bündnissysteme verschärften internationale Spannungen und führten schließlich zum Krieg; sie waren daher sorgsam zu vermeiden. Die Freiheit – ein kostbares Gut für den, der für sie gekämpft, gelitten und im Gefängnis gesessen hatte – musste beständig geschützt werden. Nachdem Indien eben erst ein zwei Jahrhunderte andauerndes ausländisches Joch abgeworfen hatte, würde es keinen Millimeter seiner hart erkämpften Unabhängigkeit zugunsten eines anderen Staates aufgeben. Und der »Prüfstein der Unabhängigkeit« waren Nehru zufolge die außenpolitischen Beziehungen eines Landes. »In dem Maße, wie man seine außenpolitischen Beziehungen aus der Hand gibt«, warnte er, »ist man nicht mehr unabhängig.«[10]

Nehrus Konzept der Neutralität genoss von Anfang an breite Unterstützung im Land, vor allem weil seine zentralen Prinzipien moralische und kulturelle Werte Indiens auf brillante Weise mit praktischen Erfordernissen verbanden. Die Vorstellung, dass Indien konsequent »eine ethische Haltung zu weltpolitischen Fragen« einnehmen würde, wie ein hochrangiger Diplomat formulierte, sprach den Nationalstolz und das moralische Überlegenheitsgefühl an, die zur kulturellen Identität vieler gebildeter Inder zählten. Dass sich das Land dabei weder dem Osten noch dem Westen

---

8 Sarvepalli Gopal (Hg.), Selected Works of Jawaharlal Nehru, Second Series, Bd. 1, New Delhi 1984, S. 405, S. 492.

9 Sarvepalli Gopal (Hg.), Jawaharlal Nehru: An Anthology, New Delhi 1980, S. 362; Dennis Merrill, Bread and the Ballot: The United States and India's Economic Development, 1947–1963, Chapel Hill 1991, S. 15.

10 Gopal (Hg.), Nehru: An Anthology, S. 367.

anschließen müsse, sondern die Rolle einer dritten Kraft oder gar eines ausgleichenden Elements in der internationalen Politik spielen könne, war wiederum für jene Inder eine attraktive Vorstellung, die nach einer pragmatischen Strategie suchten, um Indiens Rang auf der Weltbühne und seinen Einfluss in internationalen Gremien zu steigern. Hinzu kam die Kalkulation, gleich von beiden Lagern die benötigte Entwicklungshilfe beziehen zu können, wenn Indien außerhalb der amerikanischen und der sowjetischen Einflusssphäre verbleiben würde. »Auch wenn man Wirtschaftshilfe annimmt«, vertraute Nehru einem Mitarbeiter an, »ist es keine kluge Politik, alles auf eine Karte zu setzen.«[11]

Der Vater der Unabhängigkeit Indonesiens und erste Präsident des Landes, der ebenso stolze und nationalistische Sukarno, hätte dem uneingeschränkt zugestimmt. Er verfolgte für sein junges Land denselben Weg, den Nehru eingeschlagen hatte – und zwar weitgehend aus denselben Gründen. Während des antikolonialen Kampfes hatten sich Sukarno, Mohammed Hatta, Sutan Sjahrir und andere nationalistische Führungsfiguren zwar um die diplomatische Unterstützung der USA bemüht. Doch mit dem Erlangen der Unabhängigkeit im Dezember 1949 erklärten praktisch alle führenden indonesischen Politiker feierlich, dass ihr junger Staat wie das Indien Nehrus eine aktive, von Unabhängigkeit und Neutralität bestimmte Außenpolitik betreiben werde. Im Juli 1950, kurz nach dem Ausbruch des Koreakrieges, wies das amerikanische Außenministerium Botschafter H. Merle Cochran an, der indonesischen Regierung klarzumachen, wie außerordentlich wichtig eine Entscheidung zwischen der »Freien Welt« und dem kommunistischen Block sei, ähnlich wie bereits Botschafter Loy W. Henderson Nehru bekniet hatte. Doch die amerikanischen Versuche, den Indonesiern und Indern eine solche Entscheidung aufzuzwingen, erwiesen sich als Bumerang. Als Premierminister Sukiman Anfang 1952 zögerlich in ein gegenseitiges Sicherheitsabkommen mit Washington einwilligte, das den Weg für mehr Wirtschafts- und Militärhilfe der USA freigemacht hätte, wurde er von der Opposition dafür angegriffen, Indonesiens hart erkämpfte Freiheit aufs Spiel zu setzen. Dies löste einen nationalen Aufschrei aus, der zur Auflösung des Abkommens und dem Rücktritt der Regierung Sukiman führte.[12]

Von diesem Zeitpunkt an bekräftigten die nationalen Führer die Blockfreiheit Indonesiens, während sie von beiden Seiten Wirtschaftshilfe an-

---

11 Zit. n. Jayantanuja Bandyopadhyaya, »Nehru and Non-alignment«, in: Bal R. Nanda (Hg.), Indian Foreign Policy: The Nehru Years, Honolulu 1976, S. 173.

12 Andrew Roadnight, United States Policy Towards Indonesia in the Truman and Eisenhower Years, Houndmills, Eng. 2002, S. 95–99.

nahmen. »Die indonesische Außenpolitik«, hieß es in einem Lagebericht der CIA vom Juni 1953 treffend, »folgt vor allem dem Drang, eine unabhängige Position in der Weltpolitik aufrechtzuerhalten, sowie einer neutralen Haltung im Ost-West-Konflikt.«[13]

Im April 1955 war Sukarno Gastgeber der ersten internationalen Konferenz der asiatischen und afrikanischen Nationen, der sogenannten Bandungkonferenz in der Provinzhauptstadt Javas. Obwohl die Teilnahme nicht auf blockfreie Staaten beschränkt war, ging von Bandung der Ruf nach einem unabhängigen Zusammenschluss der Dritte-Welt-Länder jenseits der Kontrolle durch die zwei Machtblöcke aus. In einer bewegenden Eröffnungsrede vor den versammelten Delegierten fing Sukarno den idealistischen und trikontinental-solidarischen Geist ein, der die Bewegung animierte. »Wir, die Völker Asiens und Afrikas, 1,4 Milliarden Menschen an der Zahl«, verkündete er, seien »die Hälfte der Weltbevölkerung. [...] Wir können der auf den anderen Kontinenten lebenden Minderheit zeigen, dass wir, die Mehrheit, für den Frieden sind und nicht für den Krieg, und dass alle Kraft, die wir haben, stets auf der Seite des Friedens sein wird.«[14]

Gamal Abdel Nasser, der charismatische Oberst, der 1952 den Staatsstreich gegen Ägyptens schwachen und korrupten König Faruk angeführt hatte und seit 1954 ägyptischer Staatspräsident war, genoss den Beifall, den er in Bandung erhielt. Seine Außenpolitik der »positiven Neutralität« erinnerte an die Politik Nehrus und Sukarnos, von der sie auch direkt beeinflusst war. In Bandung brachte Nasser einen Resolutionsentwurf ein, der jegliche Machtpolitik offiziell als »ein Übel« verurteilte. Wenig später betonte der ägyptische Staatspräsident gegenüber dem sowjetischen Botschafter Daniil S. Solod, dass »Ägypten weder den Osten noch den Westen vorzieht«. Allerdings unterstrich er auch, wie dringend sein Land Wirtschaftshilfe benötige, und äußerte den Wunsch, die wirtschaftlichen Beziehungen mit der UdSSR auszubauen, da sich Ägypten der angloamerikanischen Einflusssphäre entziehen wolle. Da eine Annäherung an die Sowjetunion jedoch »ernsthafte Komplikationen in den Beziehungen zu den USA und Großbritannien« hervorrufen könne, fügte Nasser hinzu, dass er dabei mit großer Umsicht vorgehen werde.[15]

---

13 National Intelligence Estimate-77, Probable Developments in Indonesia, 11. 6. 1953, FRUS, 1952–1954, 12, pt. 2, S. 362.

14 Nachgedruckt in: George McT. Kahin, The Asian-African Conference, Bandung, Indonesia, April 1955, Port Washington, NY 1956, S. 39–51.

15 Bericht über das Gespräch zwischen Nasser und Solod, 9. 8. 1955, The Cold War and the Middle East Collection, Cold War International History Project (CWIHP), im Internet unter http://www.wilsoncenter.org (8. 2. 2010).

Nasser schmiedete bald einen Bund mit Nehru, Sukarno und dem jugoslawischen Ministerpräsidenten Josip Broz Tito, die es bereits zum Prinzip ihrer Politik gemacht hatten, im Westen und Osten gleichzeitig um Wirtschaftshilfe zu werben. »Gute Beziehungen zu beiden Seiten zu pflegen, ist die einzig richtige Politik, um die Unabhängigkeit zu wahren«, meinte Tito im Dezember 1955 in einem privaten Gespräch mit Nasser, der ihm zustimmte. »Für kleine Länder ist es sehr gefährlich, sich nur auf eine Seite zu stützen.«[16]

In der arabischen Welt, in der Nasser als eloquente und einflussreiche Stimme des arabischen Nationalismus nach dem Zweiten Weltkrieg großen Respekt genoss, fand Ägyptens diplomatischer Kurs der »positiven Neutralität« breiten Anklang. Die Neutralität wurde von Nasser und seinen Anhängern mit grundlegenden Werten und zugleich mit praktischen Erwägungen begründet. Nicht nur sollte sie den Stolz und die Einheit der arabischen Welt stärken, sondern auch die Unterstützung durch beide Machtblöcke des Kalten Krieges sicherstellen, um die ehrgeizigen Projekte zum Aufbau von Staat und Wirtschaft in der Region voranzubringen. Zudem hielt Nasser die Politik der Neutralität für »das beste Mittel, um der Sache des Friedens zu dienen und den Kalten Krieg zu beenden«.[17] In einer Rede vor amerikanischen Zuhörern gab er seiner Position eine ironische Wendung: »Unsere Politik basiert auf einem positiven Neutralismus, oder anders formuliert: auf vollständiger Blockfreiheit im gegenwärtigen internationalen Konflikt. Sie erinnern sich vielleicht daran, dass diese Politik von George Washington [...] in seiner sogenannten ›Abschiedsrede‹ verkündet wurde.«[18]

In den späten 1950er Jahren nahm die Regierung Eisenhower allmählich ihren schwindenden Einfluss in Kairo zur Kenntnis. Die Einschätzung des Außenministeriums war ernüchternd: »Es scheint, dass Ägypten noch wenigstens einige Jahre lang die Rolle eines schwachen neutralen Staates einnehmen wird, der die Fiktion seiner internationalen Bedeutung aufrechterhält und seine Staatskunst dazu einsetzt, die beiden Hauptantagonisten im globalen Konflikt zu seinem größtmöglichen Vorteil gegeneinander auszuspielen.«[19]

---

16 Zit. n. Jovan Cavoski, Marshal and the Sphinx: Tito, Nasser, and the Emergence of the Strategy of Nonalignment in the Middle East, 1953–1956, unveröffentlichtes Manuskript im Besitz des Autors, S. 39.

17 Salim Yaqub, Containing Arab Nationalism: The Eisenhower Doctrine and the Middle East, Chapel Hill 2004, S. 20f.

18 Zit. n. ebenda, S. 281.

19 Zit. n. Brands, Specter of Neutralism, S. 258.

Auch das subsaharische Afrika, das mit einer gewissen Verzögerung von der Welle der Entkolonisierung erfasst wurde, brachte eine Reihe von neutral eingestellten Staatsmännern hervor, von denen der ghanaische Premierminister Kwame Nkrumah, Guineas Präsident Ahmed Sékou Touré sowie Julius Nyerere, der Staatspräsident Tanganjikas und später Tansanias, die Bekanntesten waren. Nkrumah entwickelte sich rasch zum gewandten und energischen Fürsprecher der Bildung einer »dritten Kraft« im unabhängig gewordenen Afrika. Nach Staatsbesuchen in Ägypten und Indien erklärte er im Juli 1958 vor dem angesehenen Council on Foreign Relations in New York, er sei der Überzeugung, »dass internationale Blöcke Rivalitäten und Streitigkeiten nur verschlimmern, aber nicht klären, und wir frei sein müssen, Probleme unvoreingenommen zu betrachten und nach Lösungen zu suchen, die friedlich und gerecht sind, ganz gleich, welche Mächte davon betroffen werden«. Nkrumah betonte das »Verlangen, Afrika frei und unabhängig zu sehen«, die »Entschlossenheit, eine Außenpolitik zu verfolgen, die auf Blockfreiheit beruht«, und den dringenden »Bedarf an wirtschaftlicher Entwicklung« als die drei Leitprinzipien der neuen Staaten Afrikas. Seinen strikten Neutralismus begründete er dabei auch mit dem naheliegenden Bedürfnis, im Atomzeitalter nicht in einen globalen Konflikt hineingezogen zu werden: »Es gibt ein weises afrikanisches Sprichwort: ›Wenn die Elefantenbullen kämpfen, wird das Gras niedergetrampelt.‹«[20]

Nkrumah bemühte sich bei den Vereinigten Staaten um finanzielle Unterstützung beim Bau des gigantischen Volta-Staudamms, eines 600 Millionen Dollar teuren Projekts, das er als eine entscheidende Voraussetzung für die Elektrifizierung und industrielle Entwicklung Ghanas vorstellte. »Wir müssen die Modernisierung vorantreiben«, betonte er in einem Artikel für *Foreign Affairs*. »Sollten uns dabei das Interesse und die Unterstützung des Westens versagt bleiben, werden wir gezwungen sein, uns bei anderen um Unterstützung zu bemühen.«[21] US-Präsident John F. Kennedy, der gerade sein Amt angetreten hatte und entschlossen war, den Wettbewerb um die Sympathie und Unterstützung der blockfreien Staaten energischer zu führen, sicherte Nkrumah im März 1961 bei einem Treffen im Weißen Haus finanzielle Unterstützung für den Bau des Staudamms zu. Als Nkrumah kurz darauf eine ausgedehnte Reise nach China, Russland und Osteuropa unternahm, war Kennedy jedoch äußerst verärgert und fror die entsprechenden Mittel zeitweilig ein. Doch Nkrumah, ein eigen-

---

20 Kwame Nkrumah, Sprung über zwei Jahrtausende. Unser Weg in die Freiheit, Düsseldorf/Wien 1963, S. 148f.

21 Zit. n. Richard D. Mahoney, JFK: Ordeal in Africa, New York 1983, S. 162.

williger und unabhängiger Kopf, ließ nicht locker. »Ich bin sicher, dass Sie weiterhin verstehen und anerkennen, dass wir Afrikaner unseren eigenen Entwicklungsweg gehen müssen«, ließ er Kennedy wissen. »Wir werden uns nicht zwangsläufig nur an den Osten oder den Westen binden.«[22] Diese Worte können auch als Leitsatz der Bewegung der blockfreien Staaten insgesamt gelesen werden, eines Phänomens, das dem Kalten Krieg seinen Stempel aufprägte und ihn komplizierter machte.

Bei seinem Amtsantritt hatte Kennedy die Beziehungen zu den wichtigsten neutralen Staaten, insbesondere zu Indien, Ägypten und Indonesien, zu einer seiner obersten außenpolitischen Prioritäten erklärt. In einem zu Beginn seiner Regierungszeit vom Planungsstab des Außenministeriums vorgelegten Papier hieß es, dass Washington die genannten Länder und andere blockfreie Staaten in ihrem Streben nach Unabhängigkeit und Entwicklung aktiv unterstützen solle. Denn trotz ihrer deutlichen Neigung zu antiwestlichen und antikapitalistischen Positionen sowie ihrer »irrationalen Einstellungen und extremistischen Tendenzen« könne der »entschiedene Nationalismus« der neutralen Staaten als »Barriere gegen eine kommunistische Durchdringung« wirken.[23] Ähnlich äußerte sich Kennedy Anfang 1963 vor dem Nationalen Sicherheitsrat: »Wir können es nicht zulassen, dass sich all die Staaten, die sich als neutral bezeichnen, dem kommunistischen Block anschließen.« Sollten die Vereinigten Staaten die blockfreien Länder »verlieren«, dann könne sich »das Kräftegleichgewicht zu unseren Ungunsten verschieben«. Folgerichtig nahm Kennedy eine deutliche Erhöhung der US-Hilfe für Indien, Ägypten und Indonesien vor – eine Politik, die zusammen mit der ehrgeizigen »Allianz für den Fortschritt« in Lateinamerika zum Kern seines neuen Kurses gegenüber der Dritten Welt wurde. Amerikaner wie Sowjets sahen in der Frage, welche Orientierung sich bei den blockfreien Staaten letztendlich durchsetzen würde, einen Schlüsselfaktor für das globale Kräfteverhältnis; und beide Seiten erkannten in der Entwicklungshilfe, sei es durch Dollar oder Rubel, einen entscheidenden Hebel in diesem Wettstreit.[24]

---

22 Ebenda, S. 171–176; Protokoll des Gesprächs zwischen Nkrumah und Tito, 4. 8. 1961, Archiv von Josip Broz Tito, Belgrad. Das Dokument wurde für eine Konferenz in Montenegro im Mai 2005 ins Englische übersetzt.

23 Zit. n. Robert Rakove, The United States and the Non-Aligned Movement, 1961–1968, unveröffentlichtes Manuskript im Besitz des Autors, Kapitel 3.

24 Kennedy vor dem NSC, 22. 1. 1963, NSC files, National Security Files, John F. Kennedy Library, Boston, MA.

Die sowjetische Suche nach Verbündeten

In einer langen Rede führte der sowjetische Ministerpräsident Nikita S. Chruschtschow am 6. Januar 1961 aus, dass historische und ideologische Gemeinsamkeiten ein unzertrennliches Band zwischen dem Kreml und den Entwicklungsländern der Dritten Welt geschaffen hätten. »Die Bewegung der nationalen Befreiung versetzt dem Imperialismus immer heftigere Schläge und trägt so dazu bei, den Frieden zu stärken und den gesellschaftlichen Fortschritt der Menschheit zu beschleunigen«, rief er aus. »Gegenwärtig sind Asien, Afrika und Lateinamerika die wichtigsten Zentren des revolutionären Kampfes gegen den Imperialismus [...] Die Niederlage, die die Bewegung der nationalen Befreiung dem System der kolonialen Sklaverei zugefügt hat, wird in ihrer historischen Bedeutung nur vom Aufstieg des sozialistischen Weltsystems übertroffen.« Mit der ihm eigenen Neigung zur Prahlerei erklärte Chruschtschow: »Ein großartiges neues Kapitel in der Geschichte der Menschheit hat begonnen.«[25]

Die Solidaritätserklärung des sowjetischen Führers für die nationalen Befreiungsbewegungen in Asien, Afrika und Lateinamerika war für die neue Regierung Kennedy äußerst beunruhigend, da sie einen weiteren Beleg für die zunehmend offensive sowjetische Politik in den Entwicklungsregionen bot. Chruschtschows Zuversicht und Kennedys Besorgnis entsprangen auch der Tatsache, dass die UdSSR kürzlich ein Abkommen mit dem revolutionären Kuba unterzeichnet hatte. »Der Donner der siegreichen kubanischen Revolution hat in der ganzen Welt einen Widerhall gefunden«, verkündete der sowjetische Staatschef stolz. »Die Solidarität mit dem revolutionären Kuba ist die Pflicht nicht nur der lateinamerikanischen Völker, sondern auch der sozialistischen Länder, der gesamten kommunistischen Weltbewegung und des Proletariats in der ganzen Welt.«[26]

Die sowjetische Führung war von den Regimen und Befreiungsbewegungen im Süden außerordentlich ermutigt, die sich wie Fidel Castros Kuba aus freien Stücken zu den Prinzipien des Marxismus-Leninismus bekannten, dem sowjetischen Entwicklungsmodell folgen wollten und die Sowjetunion als Führung des sozialistischen Lagers verehrten. Dass Fidel Castro, sein Bruder Raúl und Che Guevara – die kubanische Führungstroika – von sich aus das Bündnis mit Moskau gesucht hatten, bestärkte Chruschtschow und seinen Kreis von Vertrauten in ihrer Überzeugung,

---

25 Rede Chruschtschows vom 6. 1. 1961, dokumentiert in: Jussi M. Hanhimäki/Odd Arne Westad (Hg.), The Cold War: A History in Documents and Eyewitness Accounts, New York 2003, S. 358–360.

26 Ebenda.

dass sich die Geschichte tatsächlich in die Richtung des sozialistischen und nicht des kapitalistischen Lagers bewegte.[27]

Chruschtschows offene Bemühungen um Einfluss und Verbündete in der Dritten Welt ab Mitte der 1950er Jahre bedeuteten eine deutliche Abkehr von der eher zurückhaltenden Politik Josef Stalins. So sprachen die Amerikaner von einer sowjetischen »Wirtschaftsoffensive«, als Moskau dazu überging, zahlreichen Ländern in Asien und dem Nahen Osten, darunter vielen blockfreien Staaten, verlockende Hilfsprogramme und Handelsbeziehungen anzubieten. Mit solchen großzügigen Angeboten wollte Chruschtschow Freunde in der Dritten Welt gewinnen und die neutralistischen Tendenzen vieler Entwicklungsländer fördern, um den Stellenwert der amerikanischen Verbündeten in der Dritten Welt zu schmälern und die militärische wie wirtschaftliche Stärke des Westens zu untergraben. Darüber hinaus boten engere Beziehungen zu den Entwicklungsländern der Sowjetunion selbst potenziell eine Reihe von strategischen und wirtschaftlichen Vorteilen. Auf einer geschlossenen Sitzung des Zentralkomitees der KPdSU erklärte Chruschtschow 1955 daher, dass die Entwicklungsländer nun die Hauptarena des Ost-West-Konflikts seien.[28]

Von den 1960er bis zu den frühen 1980er Jahren schöpften Nikita Chruschtschow und Leonid Breschnew sowie ihre Nachfolger enorme Zuversicht aus der großen Zahl von Entwicklungsländern, die sich freiwillig für ein Bündnis mit der Sowjetunion entschieden. Der »revolutionäre Kampf der arbeitenden Menschen hatte noch nie eine solche Reichweite«, meinte Breschnew als Generalsekretär der KPdSU in einer typischen Erklärung. »Die sozialistischen Ideen erobern mehr und mehr die Köpfe der befreiten Völker. Viele Staaten in Asien und Afrika beschreiten den Weg sozialistischer Reformen. [...] Sie erkennen, dass die Kommunisten die Vorhut des revolutionären Kampfes sind.«[29] Die Sowjets waren selbst dann nicht bereit, ihre Geländegewinne in der Dritten Welt und ihre aktionistische Politik aufzugeben, wenn dies den Entspannungsprozess mit den Vereinigten Staaten beeinträchtigte. Tatsächlich lässt sich das Ende

---

27 Zu den sowjetisch-kubanischen Beziehungen, vgl. Alexandr Furchenko/Timothy Naftali, »One Hell of a Gamble«: Khrushchev, Castro, and Kennedy, 1958–1964, New York 1997.

28 Robert J. McMahon, »The Illusion of Vulnerability: American Reassessments of the Soviet Threat, 1955–1956«, in: *International History Review* 18 (1996), Heft 3, S. 591–619; Alexandr Fursenko/Timothy Naftali, Khrushchev's Cold War: The Inside Story of an American Adversary, New York 2006.

29 Zit. n. Melvyn P. Leffler, For the Soul of Mankind: The United States, the Soviet Union, and the Cold War, New York 2007, S. 233.

der Entspannung in den späten 1970er Jahren in hohem Maße auf den sowjetisch-amerikanischen Konflikt in der Dritten Welt zurückführen.

Von Vietnam über Äthiopien, Angola und Afghanistan bis Nicaragua gelangten neue Führer an die Macht, die sich stolz zum Sozialismus bekannten und auf die Hilfe und Unterstützung der Sowjetunion setzten. So etwa Mohammed Siad Barre, der 1974 mit einer radikalen Gruppe selbsternannter marxistisch-leninistischer Offiziere den langjährigen äthiopischen Kaiser Haile Selassie stürzte. Unmittelbar nach dem Staatsstreich baten sie die Sowjetunion um Hilfe.[30] Auch das 1979 an die Macht gelangte revolutionäre Regime der Sandinisten in Nicaragua war seinem Verteidigungsminister und Chefideologen Humberto Ortega zufolge »von der wissenschaftlichen Lehre der Revolution, dem Marxismus-Leninismus, geleitet«. Sein Bruder, Präsident Daniel Ortega, teilte einem sowjetischen Staatsfunktionär bei dessen Aufenthalt in Nicaragua vertraulich mit, dass die Sandinisten »die UdSSR als strategischen Verbündeten betrachten [...] und die Geschichte der Sowjetunion [...] als lehrreiches Vorbild studieren«.[31]

Nicht einmal die offene Rivalität mit China innerhalb des sozialistischen Lagers konnte den Enthusiasmus der sowjetischen Führung dämpfen, die davon überzeugt war, dass sich die Welt unaufhaltsam in ihre Richtung bewegte – selbst während der Jahre, die wir heute als letzte Phase des Kalten Krieges kennen. Erst als Michail Gorbatschow 1985 an die Spitze der KPdSU trat und sich sein »neues Denken« durchsetzte, begann sich Moskau aus der Dritten Welt zurückzuziehen, da die finanzielle Unterstützung mittelloser Verbündeter nicht mehr als strategischer Vorteil, sondern als Belastung gesehen wurde.

In Zukunft werden Wissenschaftler zweifellos immer genauer zu bestimmen versuchen, welchen Einfluss die Länder der Dritten Welt jeweils auf die Intensität, das Ausmaß und die Dauer sowie schließlich das Ende des Kalten Krieges hatten. Zu welchen Ergebnissen sie dabei auch gelangen mögen, die zwei Themen des vorliegenden Beitrags – die Handlungsmacht von Akteuren in der Dritten Welt sowie die zentrale Bedeutung der Entwicklungsländer für die wirtschaftlichen Dimensionen des Kalten Krieges – dürften mit aller Wahrscheinlichkeit wichtige Aspekte ihrer Untersuchungen darstellen.

Aus dem Englischen von Felix Kurz

---

30 Vgl. zu diesen Entwicklungen insbesondere Westad, Global Cold War.

31 Zit. n. Michael Grow, U.S. Presidents and Latin American Interventions: Pursuing Regime Change in the Cold War, Lawrence 2008, S. 114, S. 117.

Roger E. Kanet

Vier Jahrzehnte sowjetische Wirtschaftshilfe

Mehr als vier Jahrzehnte lang standen die Sowjetunion und die Vereinigten Staaten in einer globalen Konkurrenz um Macht und Einfluss. Das Arsenal, aus dem sich beide Länder in dieser Konfrontation bedienten, umfasste Militärbündnisse und Hochrüstung, Spionage und Propaganda, Waffenlieferungen an Verbündete, Klientenstaaten und ihnen genehme Bewegungen, die Unterstützung revolutionärer und konterrevolutionärer Gruppen sowie Wirtschaftshilfe und Entwicklungsprojekte. Für die Sowjetunion wie die Vereinigten Staaten lautete das Ziel unter anderem, eine Weltordnung durchzusetzen, die ihre Position stärkte und sich an ihrem Modell orientierte. Der vorliegende Aufsatz befasst sich mit einem der dazu eingesetzten Instrumente: der Wirtschafts- und Entwicklungshilfe, die einer der beiden Protagonisten, die Sowjetunion, von der Phase unmittelbar nach Stalins Tod bis zu ihrem eigenen Zerfall im Dezember 1991 in jenen Regionen betrieb, die damals als Länder der »Dritten Welt« bezeichnet wurden. Der Zweck der Untersuchung besteht darin, die Entwicklung und Veränderungen dieser Programme im Verlauf des Kalten Krieges nachzuzeichnen und zu erklären, um ihren Stellenwert im globalen Machtkampf zwischen der Sowjetunion und den Vereinigten Staaten zu bestimmen.[1]

---

1 Die Rolle der Militärhilfe für die sowjetische Politik in den Entwicklungsländern erörtert Roger E. Kanet, »Sowjetische Militärhilfe für nationale Befreiungskriege«, in: Bernd Greiner/Christian Th. Müller/Dierk Walter (Hg.), Heiße Kriege im Kalten Krieg, Hamburg 2006, S. 61–83. Eine interessante Untersuchung über das sowjetische Engagement in der Dritten Welt, die einige Schlaglichter auf diese Politik wirft und viele historische Vignetten enthält, haben Christopher Andrew und Vasili Mitrokhin vorgelegt. Sie stützt sich auf die ausführlichen Exzerpte von KGB-Dokumenten, die Mitrokhin im Laufe von mehr als einem Jahrzehnt angefertigt hat. Vgl. Christopher Andrew/Vasili Mitrokhin, The World Was Going Our Way: The KGB and the Battle for the Third World, New York 2005. Einen hervorragenden Überblick über die amerikanisch-sowjetische Rivalität in den Entwicklungsländern, die sich teilweise auf sowjetische Archive stützt, bietet Odd Arne Westad, The Global Cold War. Third World Interventions and the Making of Our Times, Cambridge/New York 2005. Hilfreiche Zusammenfassungen dieser Arbeit sowie Repliken auf sie finden sich in Jeremi Suri, »The Cold War, Decolonization, and Global Social Awakenings:

Ihren Höhepunkt erreichte diese Rivalität in den 1970er Jahren, als der sowjetische Führer Leonid Breschnew die allmähliche Ablösung des bislang dominierenden internationalen kapitalistischen Systems durch das expandierende sozialistische Weltsystem verkündete.[2] Die Wende vieler Dritte-Welt-Regierungen zu einer aus Sicht Moskaus »progressiven« Innen- und Außenpolitik, die sie auf den »nicht kapitalistischen Entwicklungspfad« führen würde, galt als klarer Beleg für die Fortschritte der sozialistischen Gemeinschaft in ihrem weltweiten Kampf mit dem imperialistischen Kapitalismus.[3] Diese Phase des Optimismus war indes kurzlebig. Es dauerte nicht einmal ein Jahrzehnt, bis Moskau zur Kenntnis nehmen musste, dass seine Klientenstaaten unter wachsendem Druck standen und sich das sowjetische System selbst in einem besorgniserregenden Niedergang befand – der schließlich eine dramatische Veränderung seiner gesamten Beziehungen zur Außenwelt, einschließlich der Verbündeten und Klientenstaaten in der unterentwickelten Welt, nach sich zog. Die sowjetische Führung konzentrierte sich nun auf Reformen in der UdSSR und riet ihren Klientenstaaten in der Dritten Welt, sich an die kapitalistische Weltwirtschaft anzupassen, um in der globalen Konkurrenz besser bestehen zu können.

Die sowjetische Hinwendung zu den Entwicklungsländern

Beinahe unmittelbar nach dem Tod Stalins im Jahr 1953 setzte sich bei der neuen sowjetischen Führung unter Nikita Chruschtschow die Überzeugung durch, dass der antikoloniale Kampf und die Entstehung neuer Staaten im globalen Süden der Sowjetunion in ihrem Kampf gegen den Kapi-

---

Historical Intersections«, in: *Cold War History* 6 (2006), Heft 2, S. 353–363, und William Wohlforth, »Superpowers, Interventions and the Third World«, in: *Cold War History* 6 (2006), Heft 3, S. 365–371.

2 Zum Begriff des »sich verändernden internationalen Kräfteverhältnisses« vgl. Vernon V. Aspaturian, »Soviet Global Power and the Correlation of Forces«, in: *Problems of Communism* 29 (1980), Heft 1, S. 1–18; Andrew Bennett, Condemned to Repetition?, Cambridge, MA, 1999, S. 132–137; Georgij Shakhnazarov, »On the Problem of Correlation of Forces in the World«, in: *Kommunist* (1974), Heft 3, S. 77–89.

3 Den Begriff der nicht kapitalistischen Entwicklung erörtert R. Ul'yanovskii, »Nekotorye voprosy nekapitalisticheskogo razvitiya osvobodivshikhsya stran«, in: *Kommunist* (1966), Heft 1; vgl. auch Roger E. Kanet, »Soviet Attitudes Toward Developing Nations Since Stalin«, in: ders. (Hg.), The Soviet Union and the Developing Nations, Baltimore 1974, S. 27–50.

talismus ein Terrain eröffneten, auf dem sie gegenüber dem Westen im Vorteil sei. Zur Rechtfertigung dieser politischen Verschiebung wurde die in den späten 1940er Jahren von Stalins Chefideologen Andrej Schdanow entwickelte Theorie der zwei Lager, die sich in der Losung »Wer nicht mit uns ist, ist gegen uns« zusammenfassen ließ,[4] zugunsten der Vorstellung von »Zonen des Friedens« aufgegeben, die einen Bestandteil von Chruschtschows »Politik der friedlichen Koexistenz« bildete und sich neben den sozialistischen Ländern auch auf neutrale Staaten bezog, die keinem westlichen Militärbündnis angehörten.[5] Außerdem war den Regierungen in Moskau und Washington bis zur Mitte der 1950er Jahre – insbesondere nach dem Aufstand in Ungarn – klar geworden, dass eine Fortsetzung ihres Machtkampfes in Mitteleuropa wahrscheinlich in einer verheerenden nuklearen Konfrontation enden würde.[6] Vor diesem Hintergrund wurde die Entwicklungshilfe – und in zunehmendem Maße auch die militärische Unterstützung – für Länder in Asien, Afrika und Lateinamerika zu einem wichtigen Moment ihres weltweiten Ringens um Einfluss.[7]

Die sowjetische Wirtschaftshilfe begann 1954 mit der Unterstützung Ägyptens beim Bau des Assuanstaudamms,[8] auf die wenig später Hilfsleistungen an Syrien und nach dem Sturz der Monarchie im Jahr 1958 an den Irak sowie zahlreiche weitere Länder folgten. In den späten 1950er Jahren

---

4 Vgl. Andrej Schdanow, Über die internationale Lage, Berlin 1951.

5 Nikita S. Khrushchev, On Peaceful Coexistence, Moskau 1961, S. 247. Vgl. B. Ponomarev, »O gosudarstve natsional'noi demokratii«, in: *Kommunist* (1961), Heft 8, S. 45ff.

6 Kanet, Sowjetische Militärhilfe, S. 61–68.

7 Unter Rekurs auf sowjetische Archive merkt Ragna Boden an, dass während der Regierungszeit Sukarnos beinahe 90 Prozent der sowjetischen Hilfe für Indonesien für militärische Zwecke verwendet wurden – ein wesentlich höherer Anteil, als frühere Analysen, die sich nicht auf sowjetische Daten stützen konnten, geschätzt hatten. Vgl. Ragna Boden, »Cold War Economics: Soviet Aid to Indonesia«, in: *Journal of Cold War Studies* 10 (2008), Heft 1, S. 118f., sowie dies., »Fortsetzung des Klassenkampfes mit anderen Mitteln? Sowjetische Militärhilfepolitik gegenüber Entwicklungsländern am Beispiel der Republik Indonesien«, in: *Militärgeschichtliche Zeitschrift* 65 (2006), Heft 2, S. 463–483.

8 Die genaue Berechnung des Umfangs der sowjetischen Entwicklungshilfe ist äußerst schwierig. Die hier verwendeten Zahlen stützen sich auf westliche Quellen, die offizielle sowjetische Angaben über die Vergabe von Darlehen und Krediten zusammenfassen. Subventionen, die nicht zurückgezahlt werden mussten, waren eher eine Ausnahme. Ein hervorragender Versuch, den Anteil solcher Subventionen an der sowjetischen Entwicklungshilfe in der Spätphase der UdSSR zu berechnen, ist Quintin V.S. Bach, »A Note on Soviet Statistics on Their Economic Aid«, in: *Soviet Studies* 37 (1985), Heft 2, S. 269–275.

unterstützte die Sowjetunion eine wachsende Zahl von Ländern im Nahen Osten, Asien und Afrika mit Entwicklungshilfe und Wirtschaftsberatern, zugleich wurden immer mehr ausländische Studenten an sowjetischen Universitäten und anderen Einrichtungen ausgebildet.[9] Dabei konzentrierte sich die UdSSR zunächst auf Staaten und Befreiungsbewegungen, deren Führung in einem direkten Konflikt mit dem Westen stand – sei es im Zuge eines antikolonialen Kampfes oder, im Fall der arabischen Staaten, durch die Konfrontation mit dem Staat Israel. Die Wirtschaftshilfe nahm gewöhnlich die Gestalt industrieller Entwicklungsprojekte an und bildete einen wichtigen Bestandteil der sowjetischen Politik, wenngleich Waffenlieferungen und militärische Unterstützung für »nationale Befreiungskriege« im Laufe der Zeit noch rascher zunahmen und sie in ihrer Bedeutung übertrafen.[10] Sie erfolgte in Form von niedrig verzinsten Krediten, mit denen sowjetische Investitionsgüter und technische Hilfe bezahlt wurden. Im Unterschied zu den USA und westeuropäischen Staaten vergab die UdSSR im Rahmen ihrer Hilfsprogramme gewöhnlich keine Subventionen.[11]

In der frühen Phase ihrer Entwicklungshilfe erwartete die führende kommunistische Macht von den Empfängerländern, dass sie dem sowjetischen Modell folgten. Dies umfasste die staatliche Kontrolle über die »Kommandohöhen« der Wirtschaft, die Entwicklung der Schwerindustrie, Importsubstitution, die Ablösung vom kapitalistischen Westen und eine engere Integration mit den sozialistischen Staaten. In den frühen 1970er Jahren flossen beispielsweise 75 Prozent der sowjetischen Wirtschaftshilfe für Afrika in die Entwicklung des Energiesektors und der Schwerindustrie.[12]

---

9 Zu Wirtschaftshilfe und Bildungsprogrammen der Sowjetunion für Afrika vgl. Roger E. Kanet, »Soviet Economic Policy in Sub-Saharan Africa«, in: *Canadian Slavic Studies* (1967), Heft 1, S. 566–586, sowie ders., »African Youth: The Target of Soviet African Policy«, in: *The Russian Review* 27 (1968), S. 161–175.

10 Roger E. Kanet/Rajan Menon, »Soviet Policy Toward the Third World«, in: Donald R. Kelley (Hg.), Soviet Politics in the Brezhnev Era, New York 1980, S. 235–247, hier: S. 244.

11 Zudem hatte der in der sowjetischen Wirtschaft herrschende chronische Ersatzteilmangel in den Ländern, die von sowjetischen Entwicklungsprojekten abhängig waren, gravierende Probleme und hohe Kosten zur Folge. Zum Ersatzteilmangel vgl. Once again the Spare Parts, RFE/RL Background Reports, 64–3–393, 9. 5. 1968. Im Internet unter http://www.osaarchivum.org/files/holdings/300/8/3/text/64-3-393. shtml [25. 1. 2010]

12 Vgl. Elizabeth Kridl Valkenier, The Soviet Union and the Third World: An Economic Bind, New York 1983; Petr Ivanovich Polshikov, Kontinent v dvishenii, Moskau 1976.

Im Lauf der 1960er Jahre nahmen Engagement und Einfluss der UdSSR in den Entwicklungsländern sichtbar zu, da mehr und mehr Staaten nach erbitterten Kämpfen mit den westlichen Kolonialmächten unabhängig wurden, während in den Ländern, die bereits früher Souveränität erlangt hatten, immer häufiger radikale Führer die Macht übernahmen.[13] Ein regelrechter Glücksfall für Moskau war hierbei die Entwicklung auf Kuba, wo Fidel Castro und seine Regierung nach der Machtübernahme eine Wende zum Marxismus-Leninismus vollzogen und bis Ende der 1960er Jahre enge Beziehungen zur UdSSR aufgebaut hatten. Im Nahen Osten unterstützte die Sowjetunion bereits seit Mitte der 1950er Jahre zum einen die arabischen Staaten in ihrer anhaltenden Konfrontation mit Israel und seinen westlichen Verbündeten, zum anderen die radikaleren arabischen Länder in ihren Konflikten mit den traditionellen Monarchien, die sich meist an die Vereinigten Staaten anlehnten.

Ein wichtiger Aspekt der sowjetischen Politik in Asien, Afrika und Lateinamerika bestand darin, die Betriebsanlagen für Infrastruktur- und industrielle Entwicklungsprojekte wie den Assuanstaudamm in Ägypten, das Stahlwerk im indischen Bihar und einige kleinere Projekte im Nahen Osten und Afrika bereitzustellen und durch technische Hilfe und Ausbildung die Grundlage für moderne Industrie- und Landwirtschaftsunternehmen zu schaffen. Auf diese Weise sollten die politischen und wirtschaftlichen Beziehungen zwischen Moskau und den Entwicklungsländern gefestigt werden. Bis zu den frühen 1970er Jahren hatten die Sowjets ein weitreichendes Netz an Beziehungen geknüpft, wobei sie sich anfangs stärker auf linke Regierungen stützten, die sie bereits auf dem Weg zum Sozialismus wähnten, später hingegen auch Länder einbezogen, die nicht notwendigerweise einen Sozialismus sowjetischen Typs anstrebten.

---

13 Allerdings sollte nicht vergessen werden, dass sich die politische Orientierung der Entwicklungsländer auch in die entgegengesetzte Richtung entwickeln konnte. In Ghana, Mali und Guinea beispielsweise, die als erste afrikanische Länder sowjetische Unterstützung erhielten, wurden die Linksregierungen bald gestürzt und die Beziehungen zur UdSSR beendet. In Indonesien wurde Sukarno mit einem blutigen Staatsstreich abgesetzt, bei dem auch die Linke einschließlich der Kommunistischen Partei dezimiert wurde. Vgl. Boden, Cold War Economics. In Ägypten wiederum vollzog Nassers Nachfolger Anwar Sadat zu Beginn der 1970er Jahre einen Bruch mit Moskau. Die beste allgemeine Darstellung der sowjetisch-ägyptischen Beziehungen in dieser Phase bietet noch immer Alvin Z. Rubinstein, Red Star on the Nile: The Soviet-Influence Relationship Since the June War, Princeton 1977. Vgl. auch Galia Golan, »The Soviet Union and the Outbreak of the June 1967 Six-Day War«, in: *Journal of Cold War Studies* 8 (2006), Heft 1, S. 3–19.

Obwohl die militärische Unterstützung im Lauf der Zeit meist zur größeren Komponente wurde, blieb die Wirtschaftshilfe ein wichtiger Bestandteil der sowjetischen Politik. Die niedrigen Zinsraten und langen Laufzeiten der sowjetischen Kredite erwiesen sich als durchaus attraktiv. Außerdem halfen sie den Empfängerländern bei der Bewältigung von Zahlungsbilanzproblemen, da sie häufig in der nationalen Währung getilgt werden durften und den Exportsektor stärkten. Zudem floss die sowjetische Hilfe fast immer in staatliche Großprojekte, die die produktiven Kapazitäten des Empfängerlandes steigern und so seine Abhängigkeit vom kapitalistischen Westen verringern sollten. Bei den Entwicklungsländern hatten die Sowjets einen Imagevorteil gegenüber dem Westen: Während westliche Privatinvestitionen weithin als neokoloniales Engagement interpretiert wurden, erhob die UdSSR keine Eigentumsansprüche auf die von ihnen geförderten Unternehmen. Die sowjetische Entwicklungshilfe war zwar geringer als die der Vereinigten Staaten und anderer westlicher Länder, doch konzentrierte sie sich dabei auf auffallende Großprojekte in geostrategischen Schlüsselregionen, vor allem im Nahen Osten und Südasien, die für die Sicherheitsinteressen der UdSSR besonders wichtig waren.[14]

Nachdem Chruschtschow kurze Zeit nach Stalins Tod die Grundlage für diese Beziehungen geschaffen hatte, wurden sie nach seinem Sturz im Jahr 1964 von Breschnew deutlich ausgebaut. Bis Anfang der 1970er Jahre fand zudem eine starke Ausdifferenzierung der sowjetischen Dritte-Welt-Politik statt. Im Mittelpunkt standen die Länder, die ein integraler Bestandteil der sozialistischen Weltgemeinschaft waren, etwa Kuba, die Mongolei, Nordkorea und Nordvietnam. Danach kam eine wachsende Zahl von Staaten, die als »Länder auf dem nicht kapitalistischen Entwicklungsweg« oder »sozialistisch orientierte Länder« bezeichnet wurden; in Afrika waren dies Angola, Äthiopien und Mosambik, im Nahen Osten Ägypten (bis zum Bruch mit der UdSSR im Jahr 1972), Irak, Syrien und die Volksdemokratische Republik Jemen und schließlich in Lateinamerika Ni-

---

14 Es gibt keinen überzeugenden Beleg dafür, dass die Sowjets und Amerikaner von den Entwicklungshilfeprogrammen der jeweiligen Gegenseite »gelernt« oder direkt auf sie reagiert hätten – dies war nur in dem Sinne der Fall, dass Entwicklungshilfe für beide Seiten ein wichtiges Instrument war, um politische und militärische Beziehungen zu strategisch gelegenen Klientenstaaten aufzubauen und zu stärken. Eine neuere quantitative Analyse der Entwicklungshilfe der Sowjetunion und anderer kommunistischer Staaten konnte kaum statistische Unterschiede zu der des Westens feststellen. Vgl. Charles R. Dannehl/Roger Rose, »Explaining Economic Assistance by Non-Democratic Regimes: A Statistical Analysis of Authoritarian Aid to Less Developed Countries«, in: *Southeastern Political Review* 27 (2007), Heft 3, S. 491–524.

caragua. Von ihnen wurde erwartet, dass sie dem Entwicklungsmodell der Sowjetunion und der anderen marxistisch-leninistischen Länder Europas nacheiferten. Und schließlich unterhielt die UdSSR enge wirtschaftliche, politische und sogar militärische Beziehungen zu großen Ländern wie Indien, die in keine der beiden Kategorien passten, aber immer wichtiger für die sowjetische Politik wurden. Die anhaltende Konfrontation der Sowjets mit der Volksrepublik China war dabei allerdings ein Faktor, der ihre Beziehungen zu kommunistischen wie nicht kommunistischen Kräften in den Entwicklungsländern komplizierter gestaltete.

Die Rolle der Vereinigten Staaten im Vietnamkrieg, der in den 1960er und frühen 1970er Jahren eskalierte, bot den Sowjets eine zusätzliche Gelegenheit, um den kapitalistischen Westen als Gegner wirklicher Unabhängigkeit und Entwicklung der Völker des Südens darzustellen, während die Mitglieder des expandierenden internationalen sozialistischen Systems als ihre wahren Freunde und Vorbilder gezeichnet wurden.

Die entstehende internationale sozialistische Arbeitsteilung

Zu Beginn und Mitte der 1970er Jahre sprachen die Sowjets zuversichtlich von einem »sich verändernden internationalen Kräfteverhältnis«, das aus dem Niedergang des kapitalistischen Westens und der erfolgreichen Erweiterung der sozialistischen Staatengemeinschaft resultiere. Kurz gesagt, gingen sie davon aus, dass die UdSSR den militärischen Vorsprung der Vereinigten Staaten eingeholt habe, deren Drohung mit einem Nuklearwaffeneinsatz folglich nicht mehr realistisch sei. Ebenso schien es der sowjetischen Führung nach der Niederlage der Amerikaner in Vietnam unwahrscheinlich, wenn nicht gar unmöglich, dass die US-Regierung mit weiteren Militärinterventionen versuchen würde, die Entstehung progressiver und sozialistischer Staaten in den Entwicklungsländern zu verhindern – ein Aspekt, den sowjetische Kommentatoren regelmäßig betonten.[15] Ein zweites wesentliches Moment des sich wandelnden globalen Kräfteverhältnisses sahen die Sowjets in der raschen Erweiterung der sozialistischen Staatengemeinschaft, die Mitte der 1970er Jahre die UdSSR, die Volksdemokratien in Osteuropa, Vietnam und Kuba sowie etliche Staaten in Afrika und Nahost umfasste, die sich als marxistisch-leninistisch und

---

15 Vgl. Michael J. Deane, »The Correlation of World Forces«, in: *Orbis* (1976), Heft 20, S. 625–637, sowie Shalva Sanakoyev, »The World Today: Problems of the Correlation of Forces«, in: *International Affairs* (Moskau) 20 (1974), Heft 11, S. 40–50.

progressiv bezeichneten. Zu dieser Zeit waren Breschnew und andere sowjetische Führungsfiguren davon überzeugt, dass die entstehende internationale sozialistische Arbeitsteilung allmählich an die Stelle des internationalen kapitalistischen Systems trete. Die sozialistischen Staaten und die zum Sozialismus strebenden Entwicklungsländer waren demnach nicht länger gezwungen, innerhalb des internationalen kapitalistischen Wirtschaftssystems und der von den imperialistischen Mächten diktierten Finanz- und Handelsregeln zu operieren. Vielmehr schienen sie den Sowjets aufgrund der wachsenden Stärke der internationalen sozialistischen Gemeinschaft zunehmend in der Lage zu sein, untereinander Beziehungen aufzubauen und den Rahmen des existierenden, aber im Niedergang befindlichen internationalen kapitalistischen Systems hinter sich zu lassen.[16]

Ein wichtiger Aspekt dieser neuen theoretischen Konstruktion über die positiven Veränderungen des internationalen Systems bestand darin, dass den anderen sozialistischen Staaten, insbesondere den Mitgliedern des Rats für gegenseitige Wirtschaftshilfe (RGW), nun eine größere Rolle bei der Unterstützung jener Länder zufiel, die aus Sicht der Sowjets einen fortschrittlichen Entwicklungsweg beschritten hatten. Dabei war das wichtigste Kriterium zur Beurteilung der politischen Orientierung eines Landes der Charakter seiner Beziehungen zur UdSSR und dem Westen, nicht aber seines politisch-ökonomischen Systems oder der Regierungspolitik im Inland.

In den 1970er Jahren hatte die Entwicklungshilfe, die Staaten wie die Deutsche Demokratische Republik und Polen zusätzlich zu den Mitteln der Sowjetunion für »Verbündete« in der Dritten Welt aufbrachten, einen erheblichen Umfang erreicht, während Kuba einigen afrikanischen Staaten, vor allem Angola, Somalia und später auch Äthiopien, direkte militärische Unterstützung bot.[17] Vermutlich bestärkt durch ihre Annahme

---

16 Allerdings begannen sich sowjetische Experten bereits in den frühen 1980er Jahren, noch vor den ideologischen und politischen Verschiebungen unter Michail Gorbatschow, von dieser Position zu distanzieren; mitunter plädierten sie dafür, dass die Entwicklungsländer ihre Pläne auf eine effiziente Nutzung der bestehenden internationalen Arbeitsteilung ausrichteten. Vgl. etwa Karen N. Brutents u.a., Sotsialisticheskaya orientatsiya osvobodivshikhsya stran: Nekotorye voprosy teorii i praktiki, Moskau 1982, S. 35f., und Evgenij Primakov u.a., Vostok: rubezh 80-kh godov, Moskau 1983, S. 195f.

17 Die kubanisch-sowjetischen Beziehungen unterschieden sich in vieler Hinsicht von denen zwischen der UdSSR und den osteuropäischen Staaten. So ergriff Kuba in Afrika häufig selbst die Initiative für Operationen, anstatt lediglich der Bitte der Sowjets um Unterstützung nachzukommen. Zur Rolle Osteuropas in den Entwicklungsländern vgl. Michael Radu (Hg.), Eastern Europe and the Third World: East vs. South, New York 1981. Zum Verhältnis zwischen der

eines unausweichlichen geschichtlichen Fortschritts sowie die amerikanische Niederlage in Vietnam, agierte die Sowjetunion unterdessen immer offensiver – zunächst durch umfangreiche Waffenlieferungen und logistische Unterstützung für ihre Stellvertreter in Angola und Äthiopien und schließlich im Herbst 1979 mit einer direkten Militärintervention in Afghanistan.

Aus der offiziellen Sicht Moskaus war das erste Vierteljahrhundert des sowjetischen Engagements in der Dritten Welt, in dem die wirtschaftliche Entwicklungshilfe eine wichtige Rolle gespielt hatte, insgesamt überaus erfolgreich gewesen. Als Chruschtschow 1954 in Ägypten das erste sowjetische Entwicklungshilfeprojekt auf den Weg brachte, verfügte die UdSSR praktisch über keinerlei effektive politische, wirtschaftliche oder militärische Präsenz in den postkolonialen Ländern Asiens und Afrikas und auch ihre Beziehungen zu Lateinamerika waren begrenzt. In den späten Jahren der Ära Stalin hatte Moskau den Kommunisten in Entwicklungsländern wie Indonesien sogar die Anweisung erteilt, keine von nicht kommunistischen Gruppen angeführten antikolonialen Bewegungen zu unterstützen.[18]

Anfang der 1980er Jahre war die UdSSR zu einem bedeutenden globalen Akteur geworden, der offenbar enge Beziehungen zu einer großen und überdies wachsenden Zahl neuer Staaten unterhielt. Tatsächlich lag Ronald Reagans Präsidentschaftswahlkampf im Jahr 1980 nicht zuletzt die Einschätzung zugrunde, dass die von den Sowjets behauptete Verschiebung im internationalen Kräfteverhältnis durchaus real sei und die Vereinigten Staaten ihre Interessen in den Entwicklungsländern entschiedener zur Geltung bringen müssten, um eine sowjetische Dominanz im globalen Süden zu verhindern.

Allerdings sollte der starke Optimismus, mit dem die Sowjetunion ihre Perspektiven in der Dritten Welt sowie die ihrer Stellvertreter und Bündnispartner beurteilte, nicht lange anhalten – tatsächlich war er bereits im Schwinden begriffen, und zwar unabhängig von dem politischen Kurswechsel der USA, den Präsident Jimmy Carter in seinem letzten Amtsjahr

---

UdSSR und Kuba im Hinblick auf Afrika sind zahlreiche Studien erschienen, vgl. etwa William M. LeoGrande, Cuba's Policy in Africa, 1959–1980, Berkeley 1980; Peter Shearman, The Soviet Union and Cuba, London 1987; und insbesondere Piero Gleijeses, Conflicting Missions: Havana, Washington, and Africa, 1959–1976, Chapel Hill, NC 2002, sowie ders., »Moscow's Proxy? Cuba and Africa 1975–1988«, in: *Journal of Cold War Studies* 8 (2006), Heft 2, S. 3–51.

18 Vgl. Charles B. McLane, Soviet Strategies in Southeast Asia, Princeton 1966, S. 401–407, und Ruth T. McVey, The Calcutta Conference and the Southeast Asian Uprisings, Ithaca, NY 1958, 58ff.

initiierte und sein Nachfolger Reagan mit Hochdruck vorantrieb. Denn zum einen traten nun die Probleme der sowjetischen Wirtschaft immer offener zutage, während der Versuch, das angeblich im Niedergang befindliche kapitalistische System durch eine internationale sozialistische Arbeitsteilung zu ersetzen, mit ausufernden Kosten verbunden war. Es gab bereits klare Anzeichen für nachlassende Wachstumsraten der sowjetischen Ökonomie, die mangelhafte Qualität ihrer Erzeugnisse und die geringe Leistungsfähigkeit der Landwirtschaft, was wenige Jahre später Gorbatschows Reformanstrengungen unterstreichen sollte und schließlich zum Niedergang und Fall des sowjetischen Staats beitrug. Vor dem Hintergrund dieser wirtschaftlichen Schwierigkeiten wurde zunehmend deutlich, welche »Kosten des Imperiums« die UdSSR schulterte, indem sie die sozialistischen Staaten in Europa sowie die zunehmende Zahl angeblich sozialistischer oder protosozialistischer Länder im Süden unterstützte.[19]

Hinzu kam, dass sowjetische Entwicklungsexperten bereits in den frühen 1980er Jahren – also noch vor der Ära Gorbatschow und ihren politisch folgenreichen Debatten – beunruhigt waren, da sie in den sowjetischen Klientenstaaten im Süden ein niedriges Entwicklungstempo, hohe Korruption und wenig Einsatz für eine tatsächlich sozialistische Entwicklung beobachteten.[20] Dabei zählten gerade Regime wie in Äthiopien und Südjemen, die das politisch-ökonomische System der Sowjetunion weitgehend übernommen hatten, zu den am wenigsten entwickelten Ländern, die folglich am meisten Entwicklungshilfe von der UdSSR und anderen RGW-Staaten benötigten[21] – Entwicklungshilfe, die sich die Sowjetunion auf-

---

19 Eine Gruppe von US-Analysten schätzte in den frühen 1980er Jahren, dass die sowjetischen Subventionen für ihre Klientenstaaten einschließlich Osteuropa, Kuba und Vietnam am Ende der Ära Breschnew auf jährlich 35 bis 46 Milliarden US-Dollar gestiegen waren. Vgl. Charles Wolf Jr. u.a., The Costs of Soviet Empire, Santa Monica, CA, 1984. Sowjetische Analysten und Politiker verwendeten zwar nie Paul Kennedys Begriff der »imperialen Überdehnung«, ihre Einschätzungen wiesen jedoch große Überschneidungen mit seiner Argumentation auf, der zufolge es der Fall sein kann, dass ein Land seine Verpflichtungen über die zu ihrer Erfüllung erforderlichen Ressourcen hinaus ausdehnt. Vgl. Paul Kennedy, Aufstieg und Fall der großen Mächte. Ökonomischer Wandel und militärischer Konflikt von 1500 bis 2000, Frankfurt am Main 1987.

20 Einen Überblick über die sowjetische Neubewertung der Situation in den Entwicklungsländern bietet Elizabeth Kridl Valkenier, »Revolutionary Change in the Third World: Recent Soviet Reassessments«, in: Roger E. Kanet (Hg.), The Soviet Union, Eastern Europe and the Third World, Cambridge/New York 1987, S. 23–41.

21 Roger E. Kanet, »Patterns of Eastern European Economic Involvement in the Third World«, in: Radu, Eastern Europe and the Third World, S. 303–332.

grund ihrer eigenen wirtschaftlichen Misere immer weniger leisten konnte. Andere Entwicklungsländer, die von den Sowjets gewöhnlich als »progressiv« eingestuft wurden und geostrategische Bedeutung für sie besaßen, waren in Wahrheit stark antikommunistisch orientiert. Außerdem war ihre industrielle Entwicklung weiter fortgeschritten, weshalb sie komplexere Maschinerie und Ausrüstungsgüter benötigten, an denen es der UdSSR selbst mangelte.

Verschärft wurden diese Probleme durch die Tatsache, dass viele sowjetische Entwicklungshilfeprogramme aufgrund mangelhafter Umsetzung kaum zu der erhofften Art von Wachstum beigetragen hatten. Von den Erfahrungen der UdSSR ausgehend, förderten die Sowjets vor allem industrielle Großprojekte, die häufig an den Bedürfnissen der Empfängerländer vorbeigingen. Nur in wenigen Fällen wie dem Assuanstaudamm in Ägypten und dem Stahlwerk im indischen Bhilai erfüllten ihre Auswirkungen auf die lokale Wirtschaft die Erwartungen.[22]

Wer Einblick in die wirtschaftliche Situation der UdSSR und die Entwicklung ihrer Klientenstaaten besaß, für den war somit bereits zu Beginn der 1980er Jahre erkennbar, dass sich die Aussichten für eine globale sozialistische Arbeitsteilung, die das kapitalistische System infrage stellen und schließlich ersetzen könnte, verschlechterten.[23] Die UdSSR und praktisch sämtliche RGW-Mitglieder hatten mit ernsthaften wirtschaftlichen Problemen zu kämpfen, die es immer schwieriger machten, eine wachsende Zahl von Klientenstaaten militärisch und wirtschaftlich zu unterstützen.

Zu dieser ökonomischen Realität kam die globale Offensive der Regierung Reagan hinzu, die auf die sowjetischen Klientenstaaten zielte. Einer der Vorteile, den die Sowjets zu Beginn des Kalten Krieges im Wettstreit um Einfluss in der Dritten Welt besaßen, war die Tatsache, dass die lokalen politischen Eliten den kapitalistischen Westen häufig als Feind betrachteten – sei es, weil sie von einer westlichen Kolonialmacht unabhängig werden wollten, oder sei es, weil der Westen insgesamt als ein globales politisch-ökonomisches System mit neokolonialen Zügen galt. Doch in den

---

22 Vgl. zu diesen Projekten Robert C. Horn, Soviet-Indian Relations, New Haven 1983, und Louis T. Wells, Third World Multinationals, Cambridge, MA 1983.

23 Der zunehmende Pessimismus sowjetischer Analysten im Hinblick auf die Entwicklung ihrer Klientenstaaten wird umfassend dargestellt in Jerry F. Hough, The Struggle for the Third World: Soviet Debates and American Options, Washington 1986; vgl. Aleksandr Bovin, »Difficult Roads of Freedom«, in: *Iswestija,* 12. 11. 1984, S. 5; auf Englisch in: *Current Digest of the Soviet Press* 36 (1984), Heft 48, S. 48.

1980er Jahren wurden die sowjetisch gestützten autoritären Regime selbst von Bewegungen im eigenen Land bekämpft. Von Nicaragua über Angola bis Afghanistan hatten die marxistischen Regierungen die Erwartungen der Bevölkerung enttäuscht und wurden nun von amerikanisch unterstützten Gruppen angegriffen. So gerieten sie zusammen mit ihren sowjetischen Förderern unter immer stärkeren Druck, während sich die wirtschaftliche Lage in der UdSSR weiter verschlechterte. Damit hatten die Supermächte in ihrem Kampf um Einfluss in gewisser Weise die Rollen getauscht: In marxistisch orientierten Ländern waren es nun die Vereinigten Staaten, die oppositionelle Bewegungen unterstützten.

Vor diesem Hintergrund änderte die UdSSR bereits in den frühen 1980er Jahren ihre Wirtschaftspolitik gegenüber den Entwicklungsländern: In der Unterstützung von Klientenstaaten wurde sie allmählich zurückhaltender. Ihre oberste Priorität bestand nun darin, die Produktivität der eigenen Wirtschaft zu steigern, und sie war immer weniger zu Wirtschaftsbeziehungen mit Entwicklungsländern bereit, die nicht »zum wechselseitigen Nutzen« waren. Während sie in den 1950er und 1960er Jahren mit den Dritte-Welt-Ländern meist langfristige Wirtschaftsabkommen traf, die einen Austausch von Gütern zu festen Preisen und in nicht konvertierbaren Währungen festgelegt hatten, wurden in den 1980er Jahren drei Viertel der sowjetischen Handelsströme in konvertierbaren Währungen abgewickelt – ein Ausdruck der Tatsache, dass die Sowjetunion Devisen für den Import von westlichen Industriegütern benötigte. Juri Andropow meldete während seiner kurzen Amtszeit als Generalsekretär der KPdSU wiederholt Zweifel daran an, ob die ausgedehnten Beziehungen zu den Entwicklungsländern tatsächlich zum Nutzen der UdSSR seien. Vor allem stellte er klar, dass sie ihre Entwicklungshilfe nicht ausweiten würde: »Im Rahmen unserer Möglichkeiten tragen wir auch zur wirtschaftlichen Entwicklung bei. Doch insgesamt kann die wirtschaftliche Entwicklung wie auch der gesellschaftliche Fortschritt in diesen Ländern selbstverständlich nur das Resultat der Arbeit ihrer Völker und einer richtigen Politik der Führung sein.«[24]

Als Michail Gorbatschow im Frühjahr 1985 zum neuen Generalsekretär der KPdSU ernannt wurde, war die sowjetische Politik gegenüber der Dritten Welt einschließlich Entwicklungshilfe und Handel bereits eine an-

---

24 Juri Andropow, »Speech of the General Secretary of the Central Committee of the CPSU Comrade Iu.V. Andropov«, in: *Kommunist* (1983), Heft 9, zit. n. H. de V. Du Toit, »The U.S.S.R. and Conflict in Southern Africa: Angola and Namibia«, in: Jiri Valenta/Frank Cibulka (Hg.), Gorbachev's New Thinking and Third World Conflicts, New Brunswick, NJ 1990, S. 175.

dere als noch ein Jahrzehnt zuvor, als Breschnew de facto die Entstehung eines sozialistischen Weltsystems unter Führung der UdSSR verkündet hatte, das bereits den kapitalistischen Westen zurückdränge. An die Stelle von Breschnews Prahlereien war Zurückhaltung getreten; den marxistischen Klientenstaaten wurde nun der Rat erteilt, ihre wirtschaftlichen Ressourcen im Rahmen des internationalen kapitalistischen Systems effektiver zu nutzen.

Gorbatschow, das »neue Denken« und das Ende der sowjetischen Entwicklungspolitik

Mit der Wahl Gorbatschows zum Generalsekretär der KPdSU am 11. März 1985 begann eine sechseinhalb Jahre dauernde Phase stürmischer Veränderungen, die schließlich zur Auflösung der Sowjetunion und der Entstehung 15 neuer Staaten führte. Fast unverzüglich wies Gorbatschow auf die katastrophale wirtschaftliche – und politische – Lage des Landes hin und forderte eine Perestroika – einschneidende ökonomische und politische Reformen, die zu einer Wiederbelebung der sowjetischen Wirtschaft führen sollten. Ein integraler Bestandteil seines Plans zur Erneuerung der UdSSR war das »neue Denken« in der Außenpolitik, das auch die Entwicklungsländer betraf. Gorbatschow kam, gestützt auf die Beobachtungen zahlreicher sowjetischer Analysten und Politiker, zu folgenden Schlussfolgerungen: erstens, dass Moskau seine Politik der Konfrontation mit dem Westen aufgeben müsse, da sie die gesamte Menschheit mit der Vernichtung bedrohte; zweitens, dass Sicherheit nur zu gewährleisten sei, wenn sich auch der Gegner sicher fühle; drittens, dass die Kosten der Außen- und Sicherheitspolitik nicht mehr tragbar seien und sie ohnehin nicht wirklich zur Sicherheit der UdSSR beigetragen hätten; viertens, dass die sowjetische Wirtschaft nur durch umfangreiche neue Investitionen wiederaufgebaut werden könne, was auch eine engere wirtschaftliche Zusammenarbeit mit dem Westen einschloss; und schließlich fünftens, dass es von zentraler Bedeutung sei, die Konflikte mit dem Westen in der Dritten Welt abzubauen, um die Kosten der Außenpolitik zu senken und die Beziehungen zum Westen zu verbessern.[25] Die Unterstützung von Klienten-

25 Zur Rolle der Entwicklungsregionen in Gorbatschows Neuinterpretation der sowjetischen Außenpolitik vgl. Roger E. Kanet, »Reassessing Soviet Doctrine: New Priorities and Perspectives«, in: ders./Edward A. Kolodziej (Hg.), The Limits of Soviet Power in the Developing World: Thermidor in the Revolutionary Struggle, Houndmills 1989, S. 297–425.

staaten galt somit als kostspielig und zugleich weitgehend ineffektiv. Eine anhaltende Konfrontation mit westlichen Interessen in der Dritten Welt hätte der Sowjetunion außerdem den Zugang zu Technologie und Kapital aus dem Westen erschwert, auf die sie zur Wiederbelebung ihrer Wirtschaft angewiesen war.

Für die sowjetischen Verbündeten und Klientenstaaten in der Dritten Welt bedeutete dieser politische Kurswechsel, dass das Interesse und Engagement Moskaus stetig zurückging. Die Sowjets hatten bereits vor Gorbatschows Amtsantritt damit begonnen, den Umfang ihrer Unterstützung südlicher Klientenstaaten, die von ihrer Militär- und Entwicklungshilfe abhängig waren, auf den Prüfstand zu stellen. Nun ging es vor allem darum, die globale Konfrontation mit den Vereinigten Staaten zu entschärfen und die Kosten der Außen- und Sicherheitspolitik deutlich zu reduzieren – durch eine geringere militärische und wirtschaftliche Unterstützung von Verbündeten und Klientenstaaten. Nach einer anfänglichen Ausweitung ihres Militäreinsatzes in Afghanistan, durch die sie den Krieg gegen die Rebellen zu gewinnen hoffte, kündigte die sowjetische Regierung beispielsweise Anfang 1988 an, sich binnen eines Jahres aus dem Land zurückzuziehen und die Verantwortung für seine Sicherheit der afghanischen Regierung zu übertragen. Wie einschneidend dieser Kurswechsel war, zeigte sich in den Jahren 1987 bis 1989, als die UdSSR zur Entspannung in Europa dem Abbau von nuklearen Mittelstreckenraketen zustimmte, die zehn Jahre lang ihre Beziehungen zum Westen vergiftet hatten, den einseitigen Abzug von 100000 Soldaten und 10000 Panzern aus Mitteleuropa ankündigte und die Unterstützung ihrer Klienten in Dritte-Welt-Konflikten wie in Afghanistan verringerte.[26]

Ein zentrales Element des »neuen Denkens« betraf die Frage, ob und zu welchen Kosten die Sowjetunion ihre politischen Ziele in den Entwicklungsländern erreichen konnte und wie diese sich in der Vergangenheit auf ihre Beziehungen zum Westen ausgewirkt hatten, der nun als Quelle von Technologie und Kapital gesehen wurde, ohne die eine wirtschaftliche Genesung unmöglich sei. Das Resultat war ein gradueller, aber zunehmend entschiedener Rückzug aus der Dritten Welt, der 1991 darin mündete, dass die Sowjetunion radikalen Bewegungen und Klientenstaaten wie Afghanistan, Kuba und Kambodscha die bisherige wirtschaftliche und militärische Unterstützung praktisch entzog und ihr Engagement in den Entwick-

26 Vgl. Roger E. Kanet/Garth T. Katner, »From New Thinking to the Fragmentation of Consensus in Soviet Foreign Policy: The USSR and the Developing World«, in: Roger E. Kanet u.a. (Hg.), Soviet Foreign Policy in Transition, Cambridge 1994, S. 121–144.

lungsländern insgesamt deutlich reduzierte, sofern es nicht eindeutig und unmittelbar ihren wirtschaftlichen Interessen diente.[27]

Die wirtschaftlichen und politischen Auswirkungen dieser Veränderungen wurden rasch sichtbar. So sank beispielsweise der sowjetische Handel mit Kuba, der aus politischen Gründen überwiegend auf Vorzugsbasis erfolgt war, von 1988 bis 1991 um 94 Prozent. Gleichzeitig stellte Moskau seine Militärhilfe für das sandinistische Regime in Nicaragua ein und entzog 1991 auch den Regime in Angola und Äthiopien die Unterstützung.[28] In Südostasien wurden Vietnam, Laos und Kambodscha dazu gezwungen, angesichts der bevorstehenden Kürzung der Wirtschaftshilfe einen ökonomischen Reformprozess zu initiieren und nach anderen Ressourcen zu suchen.

Somit hatte die Sowjetunion schon vor ihrer Implosion im Dezember 1991 de facto ihre vier Jahrzehnte währenden Anstrengungen aufgegeben, im Zuge der globalen Konfrontation mit dem kapitalistischen Westen ein alternatives ökonomisches und politisches System unter Einschluss der Entwicklungsländer aufzubauen. Tatsächlich hatte sie bereits diese Konfrontation selbst aufgegeben und befand sich in einem Anpassungsprozess an das bestehende internationale kapitalistische System. Erst in den letzten Jahren hat die Russische Föderation, ein Nachfolgestaat der UdSSR, in begrenztem Maß versucht, die Beziehungen zu Entwicklungsländern zu erneuern – im Allgemeinen aufgrund pragmatischer wirtschaftlicher Erwägungen, mitunter aber auch als Teil ihrer Bemühungen, die globale Vormachtstellung der USA erneut infrage zu stellen.

Abschließende Lehren

Mehr als vier Jahrzehnte lang standen Moskau und Washington in einer globalen Konkurrenz um Präsenz, Einfluss und Kontrolle. Ein wichtiger Schauplatz dieser Konfrontation waren über weite Phasen die postkolonialen Entwicklungsländer. Die militärische und sicherheitspolitische Unterstützung von Klientenstaaten sowie der weltweite Zugang zu militäri-

---

27 Vgl. hierzu und zu der folgenden Erörterung Roger E. Kanet/Alexander V. Kozhemiakin/Susanne M. Birgerson, »The Third World in Russian Policy«, in: Roger E. Kanet/A.V. Kozhemiakin (Hg.), The Foreign Policy of the Russian Federation, Houndmills 1997, S. 159–191.

28 Ein sowjetischer Afrikaexperte kommentierte damals, unter dem Vorsitz Gorbatschows sei das Ende der Afrikapolitik der UdSSR herbeigeführt worden. A. Kiva, Afrika i zdes zanovo?, in: *Literaturnaya gazeta*, 29. 5. 1991.

schen Einrichtungen wurden zwar bald wichtiger als wirtschaftliche Hilfe, die gleichwohl als Mittel zur Gewinnung von Klientenstaaten und Verbündeten ein integraler Bestandteil der globalen Konkurrenz blieb – von der Mitte der 1950er bis zum Ende der 1980er Jahre, als die Sowjets aus dieser Konkurrenz plötzlich ausschieden.

Der Faktor, welcher der sowjetischen Dritte-Welt-Politik hierbei die engsten Grenzen zog, waren ihre eigenen wirtschaftlichen Probleme. Antikolonialen Bewegungen, die unmittelbar nach dem Zweiten Weltkrieg in großen Teilen der kolonialen Welt existierten, hatte die UdSSR zwar durchaus etwas anzubieten – beispielsweise politische Unterstützung, militärische Ausbildung und Waffenlieferungen. Auch für Regierungen, die inneren und äußeren Bedrohungen gegenüberstanden, und für autoritäre Regime, die mit der eigenen Bevölkerung zu kämpfen hatten, erwies sich die UdSSR fast bis zu ihrem Ende als eine recht zuverlässige Quelle von Unterstützung. Doch ihr relatives Unvermögen, effektive wirtschaftliche Entwicklungshilfe zu leisten, bedeutete, dass westliche Märkte, Investitionen und Entwicklungshilfeprogramme selbst für sozialistisch orientierte Regierungen ein wichtiger politischer Faktor waren, blieben oder wurden. Während die Sowjets insbesondere Mitte der 1970er Jahre lauthals verkündeten, dass das kapitalistische System bereits von einem neuen internationalen sozialistischen System verdrängt werde, waren sie in Wirklichkeit außerstande, ihrer wachsenden Zahl von Klientenstaaten jene Art von Unterstützung zukommen zu lassen, die ihnen einen wirklichen ökonomischen Fortschritt erlaubt hätte. Zusammen mit der Tatsache, dass das sowjetische System die wirtschaftliche Entwicklung der kapitalistischen Welt nicht einzuholen vermochte, bedeutete dies, dass die gesamte Anstrengung, ein alternatives und expandierendes internationales System zu schaffen, zum Scheitern verurteilt war.

Eine wichtige Frage lautet, welche Auswirkungen das noch vor Auflösung der UdSSR eintretende Ende der sowjetischen Wirtschafts- und Militärhilfe auf die Entwicklungsländer hatte. Für Länder wie Kuba bedeutete der Verlust umfangreicher sowjetischer Subventionen anfangs einen erheblichen Rückgang des Volkseinkommens. In Staaten wie Nicaragua, Äthiopien und Afghanistan bewegte die Sowjetunion ihre Verbündeten mit der Beendigung von Wirtschafts- und Militärhilfe dazu, die bewaffneten Konflikte mit Oppositionsgruppen durch Verhandlungen beizulegen, was das Ende der marxistischen Regime und die Machtübernahme der Opposition zur Folge hatte. Zu bedenken ist jedoch vor allem, dass das Ende des Kalten Krieges weitaus umfassendere Auswirkungen auf die Entwicklungsländer hatte als lediglich ein Auslaufen der wichtigen sowjetischen Unterstützung. Denn auch das Interesse der Vereinigten Staaten an großen Teilen der Dritten Welt ließ deutlich nach, als sie sich nicht mehr in jenem Konflikt mit der Sowjetunion befanden, der gewöhnlich als Nullsummenspiel um Macht und Einfluss gesehen wurde. Am deutlichsten war dies wohl in Afghanistan, wo die USA nach dem Abzug der sowjetischen Truppen keinerlei Anstrengungen unternahmen, die für den Wiederaufbau der afghanischen Gesellschaft so dringend benötigte Hilfe zu leisten.

Die vielleicht wichtigste Auswirkung der sowjetischen Hilfe auf die Empfängerländer bestand darin, dass die Prioritäten ihrer Entwicklung oftmals in eine Schieflage gerieten. Indem die Sowjetunion wie die Vereinigten Staaten der militärischen Unterstützung mehr und mehr den Vorrang vor Entwicklungsprojekten gaben, begünstigten sie in den politischen Machtkämpfen innerhalb ihrer Klientenstaaten in der Dritten Welt die Militär- und Sicherheitseliten.[29] Dies bedeutete zugleich, dass knappe Ressourcen eher in militärische Projekte als in die wirtschaftliche Entwicklung investiert wurden. Im Fall der sowjetischen Entwicklungshilfe kamen jedoch die Probleme hinzu, die durch die Konzentration auf oftmals untaugliche industrielle Großprojekte entstanden – Großprojekte, die wie in Osteuropa und der UdSSR selbst nicht der Weltmarktkonkurrenz standhalten konnten, als die Planwirtschaften kollabierten.

Abschließend ist über die Entwicklungshilfe der UdSSR daher festzuhalten, dass den von ihr geförderten Großprojekten mit wenigen Ausnahmen langfristig kein Erfolg beschieden war. Da ihre Entwicklungsprogramme primär politischen Gesichtspunkten folgten, spielten Kosten-Nutzen-Analysen, die Ertragssteigerung durch Massenproduktion und ähnliche Erwägungen nur eine untergeordnete Rolle, obwohl sie wahrscheinlich mehr Anreize zu wirtschaftlicher Effizienz gegeben hätten.

---

29 Roger E. Kanet, »The Superpower Quest for Empire: The Cold War and Soviet Support for Wars of ›National Liberation‹«, in: *Cold War History* 6 (2006), Heft 3, S. 343.

Tabelle 1: Sowjetische und osteuropäische Wirtschaftshilfe für Entwicklungsländer, 1954–1989
(in Millionen US-Dollar)

	Gesamtbetrag		UdSSR		Osteuropa	
	Vergabe	Rückfluss	Vergabe	Rückfluss	Vergabe	Rückfluss
Gesamtbetrag	68105	32685	49670	22825	18435	9860
1954–1979	30635	12375	20415	8535	10220	3840
1980	3940	1270	2605	935	1335	335
1981	1750	1445	855	925	895	520
1982	2125	1990	1400	1300	725	690
1983	3595	2370	3185	1645	410	725
1984	5535	2270	3410	1510	2125	760
1985	3900	2095	3085	1460	815	635
1986	4030	1995	3160	1310	870	685
1987	2955	2125	2440	1480	515	645
1988	7505	2135	7255	1560	250	575
1989	2075	2535	1800	2145	275	450

Tabelle 2: Sowjetische (bzw. russische) Wirtschaftshilfe für Entwicklungsländer nach Regionen, 1954–1989
(in Millionen US-Dollar)

	1954–1989	1988	1999
Gesamtbetrag	49669	7256	1862
Afrika	10518	187	255
Ostasien	261	negl.	0
Europa	440	0	0
Lateinamerika	4872	1497	60
Nahost & Südasien	33578	5572	1457
Andere	2325	836	0

Quelle für beide Tabellen: Alan P. Pollard (Hg.), USSR Facts & Figures Annual, 1991, Gulf Breeze, FL, 1991, S. 361 f. Die Angaben stützen sich auf Daten der Central Intelligence Agency. Da es sich um gerundete Werte handelt, kann ihre Summe von den angegebenen Gesamtbeträgen geringfügig abweichen.

Aus dem Englischen von Felix Kurz

Earl Conteh-Morgan

Die US-Entwicklungshilfe während des Kalten Krieges

Die Entwicklungen, die zur Institutionalisierung der Auslandshilfe als Eckpfeiler der US-amerikanischen Außenpolitik führten, haben ihren Ursprung am Ende des Zweiten Weltkrieges und Beginn des Kalten Krieges. Nach der Niederlage des Faschismus in Europa und Asien ging die kurz- wie langfristige Bedrohung der USA und Westeuropas vom kommunistischen Block aus, insbesondere von der Sowjetunion. Hinzu kam, dass sich mit der Beschleunigung der Dekolonisierungsprozesse in den späten 1950er und frühen 1960er Jahren der Schauplatz der Rivalität zwischen den USA und der Sowjetunion von Europa in die Regionen der Dritten Welt verlagerte – nach Asien, Afrika, Lateinamerika und in den Nahen Osten. Diese Verschiebung machte die Sicherheitslage komplexer, da die amerikanischen Interessen seitens der Sowjetunion nun indirekt durch Stellvertreterstaaten infrage gestellt wurden, etwa in den 1950er Jahren durch Kuba und ab Mitte der 1960er Jahre durch Vietnam.

Regionale Konflikte, in denen externe Faktoren ursprünglich keine Rolle gespielt hatten, wurden früher oder später vom Ost-West-Gegensatz überlagert und durchdrungen.[1] Bis zur Mitte der 1970er Jahre hatte die anhaltende Rivalität der Supermächte die regionalen Konflikte am Horn von Afrika, in Südafrika, Zentralamerika, dem Nahen Osten sowie Südostasien erfasst. Die sich im Kalten Krieg manifestierende veränderte internationale Konstellation sowie die Entstehung der Dritten Welt mit ihrem starken Bedürfnis nach wirtschaftlicher und militärischer Unterstützung legitimierten den Einsatz von Auslandshilfe als Mittel zur Eindämmung des Kommunismus. Ausgehend von der Einschätzung, dass die Zerbrechlichkeit vieler Dritte-Welt-Regime ein Nährboden für kommunistische Subversionsbestrebungen sei, begannen die USA unverzüglich Militär- und Entwicklungshilfeabkommen abzuschließen.

Mit dem Gesetz über die Auslandshilfe wurde 1961 die US Agency for International Development (US AID) gegründet, die vor allem für drei eigenständige Programme verantwortlich war: Entwicklungshilfe (Deve-

1 Zu den Einzelheiten der amerikanisch-sowjetischen Rivalität in der Dritten Welt vgl. Regional Conflict Working Group submitted to The Commission on Integrated Longterm Strategy, Commitment to Freedom: Security Assistance as a US Policy Instrument, Washington 1988.

lopment Assistance, DA), in deren Rahmen Zuschüsse und günstige Kredite für Entwicklungsprojekte vergeben wurden; den Fonds für Wirtschaftshilfe (Economic Support Fund, ESF), der öffentliche Haushalte mit direkten Zahlungen stützte; sowie Food Aid, das für den verbilligten Verkauf von Agrarüberschüssen zuständig war.[2] Dieses Entwicklungshilfeprogramm war mit dem Ziel konzipiert worden, die nationale Sicherheit der Vereinigten Staaten zu stärken und zugleich im Ausland das Wirtschaftswachstum zu fördern, die Armut zu bekämpfen und humanitäre Hilfe zu leisten. So wurde auch der Marshallplan, in dessen Rahmen das Programm entstand, gleichermaßen als nationale Sicherheitsmaßnahme, humanitäre Hilfe und Mittel zur Öffnung von Märkten für amerikanische Exporte begründet. Im vorliegenden Beitrag soll erstens die US-Entwicklungshilfe während des Kalten Krieges unter besonderer Berücksichtigung der sie leitenden Strategien und Ziele untersucht werden; zweitens sollen ihre regionale Umsetzung sowie die Auswirkungen auf die Empfängerländer kritisch erörtert werden; und drittens sollen spezifische Aspekte der Entwicklungshilfe und ihre wirtschaftlichen Folgen für die betroffenen Länder analysiert werden. Anders formuliert: In welchem Zusammenhang stand die US-Entwicklungshilfe mit den amerikanischen Sicherheitsinteressen und den Bedürfnissen der Länder der Dritten Welt? Welche Folgen hatten die amerikanischen Transferleistungen an andere Staaten? Und bestand zwischen den erklärten Zielen und den Ergebnissen eine Diskrepanz?

Begriffsklärungen

»Entwicklungshilfe« ist eine recht breite Kategorie zur Beschreibung von Ressourcentransfers, zu denen in unserem Falle Nahrungsmittelhilfe im Rahmen des PL-480-Programms, der ESF sowie DA zählen.[3] Das *PL-*

---

2 Die konkrete Praxis der Hilfeleistung durch US AID wurde im Laufe der Jahre den lokalen Bedingungen und den Entwicklungsbedürfnissen der jeweiligen Länder oder Subregionen angepasst. Vgl. etwa Francis Adams, US AID's Democracy Initiative: Recipient Needs or Donor Interests?, in: *International Studies Notes* 23 (1998), Heft 3.

3 In manchen Darstellungen der amerikanischen Entwicklungshilfepolitik wird der ESF der Kategorie der Militärhilfe zugeordnet. Die Mittel des Fonds dürfen jedoch nicht für Rüstungsgüter oder militärische Dienste verwendet werden. Vgl. Andrew K. Semmel, Evolving Patterns of US Security Assistance 1950–1980, in: Charles W. Kegley/Eugene R. Wittkopf (Hg.), Perspectives on American Foreign Policy: Selected Readings, New York 1983, S. 79–95.

480-Programm beinhaltet den Transfer von Naturalgütern von den USA in Empfängerländer. Es wurde 1954 verabschiedet und entwickelte sich zu einer wichtigen Komponente der bilateralen Wirtschaftshilfeprogramme. Das Gesetz umfasste drei Abschnitte: Der erste über die »Förderung von Handel und Entwicklung« sah den Verkauf von amerikanischen Landwirtschaftserzeugnissen an Entwicklungsländer vor, der auf Regierungsebene und mithilfe von Krediten oder Zuschüssen erfolgen sollte. Der zweite Abschnitt über »Nothilfe und private Unterstützung« regelte die kostenlose Lieferung der Nahrungsprodukte in Notsituationen, aber auch in anderen Fällen, und schloss die Förderung der Ernährungssicherheit ein. Der dritte Abschnitt über »Nahrung für Entwicklung« empfahl Nahrungsmittellieferungen an die Regierungen der am wenigsten entwickelten Länder, um langfristig Wachstum zu fördern. Dabei wurden die gespendeten Güter im Empfängerland verkauft und die Erlöse für wirtschaftliche Entwicklungsprogramme verwendet.

Der *ESF*, eine weitere tragende Säule der Wirtschaftshilfe, stellte Mittel zur Förderung der wirtschaftlichen oder politischen Stabilität von Ländern bereit, in denen die USA besonders starke Interessen verfolgten. 1975 umfasste er 1,2 Milliarden Dollar, 1982 waren es 2,8 Milliarden Dollar. In den späten 1980er Jahren entfielen mehr als 50 Prozent der US-Wirtschaftshilfe auf den Fonds. Die wesentliche Aufgabe des ESF, der bis 1978 Security Support Assistance hieß, bestand darin, mit projektgebundener wie allgemeiner Hilfe fragilen Staaten zur Seite zu stehen, denen eine Bedeutung für die außenpolitischen Interessen der USA beigemessen wurde.

DA schließlich wurde mit dem Ziel geleistet, durch einzelne Projekte oder allgemeine Programme Entwicklung zu fördern. Im ersten Fall wurden Mittel für spezifische Aufgaben wie den Bau von Fabriken, Staudämmen und Ölraffinerien bereitgestellt. Die allgemeinen Programme hatten dagegen einen breiteren Fokus und verfolgten Entwicklungsziele wie Inflationsbekämpfung, finanzpolitische Reformen, Haushaltskonsolidierung oder Bekämpfung der Arbeitslosigkeit.

Motive und Strategien der amerikanischen Entwicklungshilfe

Die neuen Sicherheitsinteressen der USA im Kalten Krieg artikulierten sich in den Motiven für Entwicklungshilfe. Meist erhielten solche Länder der Dritten Welt Unterstützung, in denen eine kommunistische Machtübernahme befürchtet wurde oder die als besonders wichtig für die nationale Sicherheit galten. Der Wandel in den Tendenzen und Mustern der US-Entwicklungshilfe während des Kalten Krieges lässt sich besser begreifen, wenn er in den Kontext der Motive und spezifischen Umstände ihrer Außenpolitik gerückt wird. Denn die Vergabe von Entwicklungshilfe erfolgte in der Erwartung, dadurch auf kurze oder lange Sicht bestimmte außenpolitische Ziele zu erreichen.

Neben vielen anderen Motiven folgte die politische Ökonomie der US-Entwicklungshilfe im Kalten Krieg vier grundlegenden nationalen Interessen: die Ausweitung von Macht und Einfluss der Sowjetunion in Regionen der Dritten Welt zu verhindern; der Verpflichtung auf die Unabhängigkeit und Sicherheit befreundeter Staaten nachzukommen; im Sinne der nationalen Sicherheit die internationale wirtschaftliche und politische Zusammenarbeit zu entwickeln und zu stärken; und den freien Zugang zu wichtigen Rohstoffen und Seewegen aufrechtzuerhalten. Die amerikanische Entwicklungshilfe im Kalten Krieg wurde somit von einer Kombination politischer, strategischer, ökonomischer und entwicklungspolitischer Faktoren bestimmt und strukturiert. Da die USA eine Reihe von außenpolitischen Interessen verfolgten, war die Verteilung der Entwicklungshilfe auch von dem Erfordernis einer effektiven Außenpolitik bestimmt. Angesichts begrenzter Mittel wurden jene Länder unterstützt, die in geostrategischer und wirtschaftlicher Hinsicht am wichtigsten waren. Die amerikanische Entwicklungshilfe folgte dabei zwei Strategien: erstens Selektion und zweitens Durchdringung.[4] Ein selektives Muster der Verteilung von Entwicklungshilfe bedeutet, dass das Empfängerland Mittel bekommt, weil es enge Beziehungen zum Geberland unterhält. So war für die amerikanische Vergabepraxis häufig entscheidend, dass die Empfängerländer proamerikanisch und antisowjetisch waren. In vielen Fällen sahen sie sich zudem einer inneren oder äußeren kommunistischen Bedrohung gegenüber, oder sie grenzten an ein kommunistisches Land. Das selektive Muster der Entwicklungshilfe betraf unter anderem Ägypten, Israel, Südkorea und die Philippinen. Ein Element dieser Strategie bestand darin, dass eine geringe Zahl von Ländern aufgrund ihrer geostrategischen Lage oder einer tatsächlichen oder potenziellen Bedrohung durch andere Staaten erhebliche Mittel auf sich vereinen konnte. Im Fiskaljahr 1983 flossen 52 Prozent des ESF-Budgets nach Ägypten und Israel. Die übrigen Mittel entfielen auf acht weitere Staaten: Pakistan, die Türkei, Libanon, Sudan, Simbabwe, Costa Rica, El Salvador und Jamaika.[5] Der ESF zielte mit seiner Mittelvergabe vor allem auf die wirtschaftliche und politische Stabilität von Re-

---

4 Vgl. zu dieser Unterscheidung: Earl Conteh-Morgan, American Foreign Aid and Global Power Projection: The Geopolitics of Resource Allocation, Aldershot 1990, S. 44f.

5 Congressional Presentation, Security Assistance Programs, Fiskaljahr 1984.

gionen, in denen die USA starke Interessen hatten. 1982 flossen 59 Prozent der ESF-Mittel beziehungsweise 1,6 Milliarden Dollar in den Nahen Osten. Und schließlich bedeutete selektive Entwicklungspolitik, dass die Hauptempfängerländer meist von Jahr zu Jahr dieselben waren.

Die Strategie der Durchdringung besteht hingegen darin, dass das Geberland freundliche Beziehungen zu einem bestimmten Staat zu entwickeln versucht, um sich neues außenpolitisches Terrain zu erschließen. In diesem Fall dient die Entwicklungshilfe als Wegbereiterin diplomatischer Beziehungen. Zunächst lautet das Ziel, bessere Beziehungen zu einem Land herzustellen, das für politische Einflussnahme empfänglich sein könnte – etwa zu einem prowestlichen Land, das jedoch außenpolitisch strikt auf Neutralität bedacht ist. Ebenso kann die Strategie der Durchdringung einem Land gelten, das einer konkurrierenden politischen Ideologie anhängt. Im Falle Chinas beispielsweise mündete die amerikanische Entwicklungshilfe während des Kalten Krieges schließlich in Handelsbeziehungen. Anfang 1980 räumten die USA der Volksrepublik China zunächst den Meistbegünstigungsstatus ein, worauf später ein Waffenlieferungsabkommen folgte. Von 1978 bis 1985 verzeichnete der Handel zwischen den beiden Staaten ein stetiges Wachstum, um bis zum Ende des Kalten Krieges das sowjetisch-chinesische Handelsvolumen einzuholen oder sogar zu übertreffen.[6]

Geopolitische Faktoren spielten für die Strategie der Selektion eine wichtige Rolle. Mangelte es dem Empfängerland an einer strategischen Lage oder wichtigen Rohstoffen, dann wurde die Beziehung stärker von den USA bestimmt. Nahm es hingegen eine geostrategisch wichtige Lage ein, verfügte es über schwer zu ersetzende Rohstoffe oder neigte es dazu, das Geberland ungeachtet seiner politischen Ideologie zu wechseln, dann konnte das Empfängerland mehr Druck ausüben. Strategisch wichtige mineralische Rohstoffe wie Chrom, Vanadium, Uran oder Öl waren für den regionalen Fokus der amerikanischen Außenpolitik von zentraler Bedeutung. Im Kalten Krieg gewannen sie zusätzlich an Gewicht, da Theorien über einen »Rohstoffkrieg« kursierten, wonach rivalisierende Mächte einander Ressourcen streitig machen würden, die für ihre militärische wie zivile Industrie unverzichtbar seien – sei es durch den direkten Entzug von Ressourcen oder die Blockade strategischer Seewege, über die sie transportiert werden.[7] Die Straße von Hormus, das Kap der Guten Hoffnung, der

---

6 Vgl. US International Trade Commission, 1978–1985, sowie US Bureau of the Census, 1985: Tabellen 5 und 8.

7 Vgl. näher hierzu: Offensive and Defensive Operations, unter http://www.globalsecurity.org/military/library/policy/army/fm/319-1/ch10.htm [15. 12. 2009].

Suezkanal und vergleichbare wichtige Seewege spielten daher eine zentrale Rolle für die geopolitischen Rivalitäten zwischen den USA und der Sowjetunion.

Der regionale Fokus der Außenpolitik wurde zusätzlich durch die Präsenz amerikanischer multinationaler Konzerne in der Dritten Welt verstärkt. Obwohl sie in der Regel unabhängig von der amerikanischen Außenpolitik agierten, bedurften sie gelegentlich des Schutzes und der Intervention. Da sie amerikanische Werte und Produkte verbreiteten, stellten sie einen integralen Bestandteil der langfristigen US-Außenpolitik dar. Noch wichtiger waren multinationale Konzerne für die kurzfristigen Ziele amerikanischer Regierungen, da sie die nationale Rüstungsindustrie mit Rohstoffen versorgten. Die Vereinigten Staaten hatten zudem in allen Regionen befreundete Staaten, wenngleich sie in unterschiedlichem Maße Verbündete waren. In Afrika verfügten die USA über weniger enge Beziehungen als in anderen Regionen, da in vielen Staaten eine instabile politische Situation bestand. Südafrika hätte zwar ein stabiler Verbündeter sein können, sein Apartheidssystem stempelte es jedoch zu einem Pariastaat. Andere Regionen waren dagegen vielversprechender. Im benachbarten Lateinamerika existierte eine Vielzahl proamerikanischer Militärregime wie ziviler Regierungen. Im Nahen Osten war und ist Israel bis heute ein hervorragender Verbündeter. Obwohl der jüdische Staat in hohem Maße von der amerikanischen Wirtschafts- und Militärhilfe abhängig ist, hat sich im amerikanisch-israelischen Verhältnis in geopolitischer wie militärischer Hinsicht zugleich eine wechselseitige Abhängigkeit herausgebildet. In Asien nimmt Südkorea eine ähnliche Rolle ein. Es entwickelte sich zu einem strategisch wichtigen Verbündeten, auf den über 2 Prozent der Rüstungsexporte und rund 10 Prozent der Militärhilfe der USA seit 1950 entfielen. Tabelle 1 zeigt die US-Entwicklungshilfe nach Subregionen im Zeitraum von 1948 bis 1980. Die Summen drücken aus, welche relative Bedeutung den Subregionen in geopolitischer, militärischer und wirtschaftlicher Hinsicht für die nationale Sicherheit der USA und ihre Außenpolitik insgesamt zukam. Vorliegende Statistiken zeigen zudem, dass die amerikanische Entwicklungshilfe mit der Einführung von Glasnost und Perestroika durch Generalsekretär Gorbatschow im Jahr 1985 einen gewissen Rückgang erfuhr. Mitte der 1980er Jahre deuteten der Niedergang des Sowjetkommunismus und Veränderungen der US-Politik in den verschiedenen Regionen das Ende des Kalten Krieges an. So fiel beispielsweise die Wirtschaftshilfe für das subsaharische Afrika von 1985 bis 1987 von 1,45 Milliarden Dollar auf 944 Millionen Dollar und bis 1990 nochmals auf 936 Millionen Dollar. Im Nahen Osten und Nordafrika fiel sie im gleichen Zeitraum von 3,58 auf 2,56 und schließlich

2,54 Milliarden Dollar. Die Wirtschaftshilfe für Lateinamerika und die Karibik betrug 1985 1,89 Milliarden Dollar, sank in den Jahren 1987, 1988 und 1989, stieg aber 1990 wieder.[8] Mit anderen Worten: In absoluten Summen betrachtet, verlor die Wirtschaftshilfe gegen Ende des Kalten Krieges als Mittel im Kampf gegen die Ausbreitung des Kommunismus an Bedeutung.

Tabelle 1
Wirtschaftshilfe: Zuschüsse und Kredite der USA, 1948–1980

Land	**Betrag**	
Naher Osten und Südasien:	**35,1**	**Milliarden**
Ägypten	7921,6	Millionen
Israel	6369,7	
Indien	5777,2	
Pakistan	4158,8	
Türkei	2654,0	
Bangladesch	1698,2	
Griechenland	1566,4	
Jordanien	1412,9	
Syrien	544,8	
Iran	440,6	
Andere Länder	2560,7	
Afrika:	**9,0**	**Milliarden**
Marokko	778,9	Millionen
Tunesien	752,1	
Zaire	606,2	
Sudan	489,9	
Liberia	405,1	
Nigeria	382,5	
Kenia	372,1	
Äthiopien	328,8	
Somalia	313,8	
Tansania	306,7	
Ghana	301,1	
Libyen	204,1	
Andere Länder	3740,5	

8 Vgl. näher hierzu: U.S. Overseas Loans and Grants: Standard Country Report.

Land	Betrag	
Fernost:	**24,4**	**Milliarden**
Südvietnam	6457,4	Millionen
Südkorea	5540,5	
Indonesien	2448,6	
Philippinen	2034,6	
Taiwan	1879,6	
Japan	1684,4	
Laos	902,6	
Kambodscha	822,9	
Thailand	716,5	
Burma	66,4	
Andere Länder	1834,1	
Lateinamerika:	**10,9**	**Milliarden**
Brasilien	1807,7	Millionen
Kolumbien	963,4	
Bolivien	730,5	
Chile	725,3	
Dominikanische Republik	629,3	
Peru	587,6	
El Salvador	524,5	
Guatemala	429,8	
Panama	375,4	
Nicaragua	358,6	
Andere Länder	3733,1	

Quelle: US News and World Report, 13. 12. 1982.

Entwicklungshilfe und Schuldenlast

Als sich in den 1980er Jahren der internationale Kontext im Hinblick auf die Vielfalt und Komplexität nationaler und regionaler Probleme änderte, wandelten sich auch Art, Umfang und Zielrichtung der amerikanischen Entwicklungshilfe. So begründete beispielsweise das US-Außenministerium die von ihm beantragten Entwicklungshilfemittel für das Fiskaljahr 1984 mit mehreren Zielen, darunter erstens, den Frieden im Nahen Osten zu fördern, insbesondere den Friedensprozess zwischen Israel und den arabischen Staaten; zweitens den Zugang zur Region Südwestasien zu sichern, zu der Marokko, Tunesien, Sudan, Oman, die Arabische Republik

Jemen und Pakistan zählen; drittens die Stabilität und Entwicklung der Karibik zu fördern; viertens die US-Interessen in der pazifischen Region um Südkorea, die Philippinen, Thailand, Indonesien und Malaysia zu sichern; fünftens das strategische Gleichgewicht im Indischen Ozean zu verbessern; sechstens den Friedensprozess im südlichen Afrika, insbesondere in Zaire voranzubringen; und siebtens den Frieden in Westafrika zu sichern.[9] Die Ziele, die in den 1980er Jahren durch Entwicklungshilfe erreicht werden sollten, waren weitaus breiter gefächert als in den 1950er Jahren und schlossen unter anderem militärische Sicherheit und wirtschaftliche Entwicklung ein.

Eine Region wird unter anderem deshalb zu einem Brennpunkt der Weltpolitik, weil die Staaten in ihr in geostrategischer, politischer und wirtschaftlicher Hinsicht wichtiger sind als die Staaten anderer Regionen. In der Vergangenheit waren bestimmte Subregionen Afrikas bedeutende Empfänger der amerikanischen Auslandshilfe. So erhielt Äthiopien als strategisch wichtigster Staat am Horn von Afrika von 1953 bis 1977 rund 279 Millionen Dollar Militärhilfe, beinahe 4000 Angehörige des äthiopischen Militärs wurden im Rahmen des Programms International Military and Education Training (IMET) ausgebildet.[10] Im Gegenzug durften die USA bei Asmara den Militärstützpunkt Kagnew Station errichten, der eine zentrale Funktion für die Kommunikation des US-Militärs hatte. Durch die amerikanische Präsenz im Indischen Ozean und die Entwicklung der Satellitenkommunikation verlor er allerdings allmählich an Bedeutung.

Ein signifikanter Anteil der US-Direktinvestitionen in Afrika entfiel während des Kalten Krieges – nicht anders als heute – auf die mineralische Rohstoffindustrie. Folglich hatte auch ein beträchtlicher Teil der amerikanischen Auslandshilfe den Zweck, neue Bergwerke zu entwickeln und bestehende Anlagen zu konsolidieren. Die außerordentliche Bedeutung Afrikas als Lieferant strategischer Mineralien für die USA hatte folgende Gründe: Die Vereinigten Staaten bezogen 78 Prozent ihres Chromerzes aus Südafrika und Simbabwe, die zusammen über 98 Prozent der bekannten Vorkommen außerhalb kommunistischer Staaten verfügten, 40 Prozent ihres Mangans aus Gabun, 42 Prozent ihres Kobalts aus Zaire und ihr Pla-

9 US Department of State, International Security and Development Cooperation, Special Report 108, 4. 4. 1983.

10 US Department of Defense, Foreign Military Sales, Foreign Military Construction, and Military Assistance as of 1981, Washington 1981.

tin aus Südafrika.[11] Die meisten dieser mineralischen Rohstoffe kamen auch in der Sowjetunion vor, aber aus politischen und strategischen Gründen bevorzugten es die USA, sie aus Afrika zu beziehen.

Die Militär- und Entwicklungshilfe der USA wurde als ungenügende Reaktion auf die sowjetischen Expansionsbestrebungen in Afrika betrachtet. Dass die Vereinigten Staaten nicht entschiedener reagierten, lag an dem geringen geopolitischen und wirtschaftlichen Stellenwert, den Afrika für sie wie auch für die Sowjetunion im Vergleich zu anderen Regionen einnahm. Afrika wurde – und wird bis heute – im Wesentlichen als zweitrangige Quelle militärischer Ressourcen und als Sprungbrett in die wichtigeren Regionen des Nahen Ostens, Indischen Ozeans und Asiens gesehen. Seinem niedrigen geopolitischen Stellenwert entsprach ein niedriger Stellenwert in der amerikanischen Wirtschaftshilfe von 1946 bis 1977. Unter den zehn Staaten, die in diesem Zeitraum am meisten Entwicklungshilfe erhielten, fand sich kein einziges afrikanisches Land, nur sieben von ihnen waren im oberen Mittelfeld vertreten. Die übrigen afrikanischen Länder landeten im unteren Mittelfeld zwischen den Rängen 69 bis 108 von 135 Staaten. Im genannten Zeitraum summierte sich die amerikanische Wirtschaftshilfe für alle Regionen zu einem Gesamtbetrag von 100,56 Milliarden Dollar. Afrika erhielt mit 5,58 Milliarden Dollar die geringste Summe unter den größeren Regionen.

Nach Asien floss dagegen aufgrund der geopolitischen Bedeutung des Kontinents ein erheblicher Anteil der amerikanischen Auslandshilfe nach dem Zweiten Weltkrieg. Unter den zehn Staaten, die im Zeitraum von 1946 bis 1977 aus einer Gesamtheit von 135 Empfängerländern die höchste amerikanische Wirtschaftshilfe erhielten, war Asien mit Südvietnam, Südkorea, Indien und Pakistan gleich viermal vertreten. Von den genannten 100,56 Milliarden Dollar erhielt allein die Subregion Ostasien 23,08 Milliarden. Die meisten anderen Staaten der Region fielen in das obere Mittelfeld der Empfängerländer.

Lateinamerika war im Allgemeinen kein mit dem Nahen Osten oder Asien vergleichbarer Schauplatz der geopolitischen Konkurrenz zwischen Ost und West. Überdies galt es seit der Verkündung der Monroedoktrin im Jahr 1823 stets als Einflusssphäre der Vereinigten Staaten. Diese Faktoren hatten zur Folge, dass ein Wettstreit auf dem Gebiet der Auslandshilfe in der Region ausblieb. Im Unterschied zum Nahen Osten und Asien war Lateinamerika im Zeitraum von 1946 bis 1977 nicht unter den zehn wich-

11 Vgl. näher hierzu: Rae Weston, Strategic Materials: A World Survey, London 1984; US Department of the Interior, Bureau of Mines, Minerals Yearbook Washington.

tigsten Empfängerländern vertreten. Von den 100,56 Milliarden Dollar Auslandshilfe, die von den USA in dieser Phase verteilt wurden, erhielt die Region lediglich 12,74 Milliarden Dollar, etwa halb so viel wie Asien und der Nahe Osten. In der Rangliste der Empfängerländer befanden sich 17 lateinamerikanische Staaten im oberen Mittelfeld.

Im Nahen Osten stellten die USA aufgrund der hohen Priorität des arabisch-israelischen Konfliktes für ihre Außenpolitik erhebliche Mittel bereit, um Frieden und Stabilität zu sichern. Ägypten und Israel befanden sich wegen ihrer Bedeutung für die US-Außenpolitik in der Region unter den zehn Ländern, die von 1946 bis 1977 am meisten Wirtschaftshilfe erhielten. Auf den Nahen Osten und einige vor allem südasiatische Nachbarländer entfiel mit 23,76 Milliarden Dollar der höchste Anteil unter allen Regionen.[12] Allerdings lagen viele Staaten nicht im oberen Mittelfeld der Empfängerländer. Dies zeigt an, dass sich die amerikanische Wirtschaftshilfe für die Region auf wenige Staaten konzentrierte.

Eine gravierende Folge der US-Entwicklungshilfe während des Kalten Krieges bestand in der Verschuldung der Entwicklungsländer. Ab den 1970er Jahren wurde dies zu einem wichtigen Thema, da der Anteil der Kredite an der Entwicklungshilfe drastisch anstieg. Vor allem die Art der Hilfe und ihre Vergabekonditionen wurden von den Empfängerländern daher zunehmend kritisch gesehen. Der frühere Präsident Tansanias, Julius Nyerere, stellte fest, dass zinslose oder sehr niedrig verzinste Kredite einen hohen Anteil Hilfe enthielten – insbesondere in Zeiten weltweiter Inflation. Doch dieser Anteil verschwinde oder werde verringert, wenn ein solcher »weicher Kredit« der Lieferbindung unterliege und die Produkte des Gläubigerlandes teuer seien: »Tatsächlich hat uns die Erfahrung gelehrt, dass ein ›weicher Kredit‹ mit Lieferbindung im Falle einiger Länder beinahe so teuer ist wie ein kommerzieller Kredit.«[13]

Viele Empfängerstaaten bewerteten deshalb den tatsächlichen Nutzen der Entwicklungshilfe letztendlich negativ. Ihre Bedenken galten der Lieferbindung, den Laufzeiten und Zinsraten der Kredite sowie der Rendite, die sie abwerfen sollten. Die Reaktion der Empfängerstaaten verdeutlicht, dass sie wie die Geberländer bestimmte Ziele durch die Entwicklungshilfe erreichen wollten. So hatte ihre kritische Haltung meist den Grund, dass sie eine rasche Entwicklung und Zugang zu Industrieerzeugnissen anstrebten, ohne dafür eine drückende Schuldenlast auf sich nehmen zu müssen.

---

12 George Thomas Kurian, The Book of World Rankings, London 1976, S. 64f.

13 Julius Nyerere, Aid and Development: The Recipients's Point of View, Wellington 1974, S. 10.

Die Entwicklungshilfe war für viele Empfängerstaaten mit einer hohen Zinsbelastung verbunden, da sie häufig nur zu geringen Anteilen staatlich finanziert wurde. Die in den späteren Jahren des Kalten Krieges vergebene Entwicklungshilfe wurde weitgehend von internationalen Finanzinstitutionen und privaten Banken finanziert. So beliefen sich die US-Exporte in die Entwicklungsländer 1986 auf insgesamt 74 Milliarden Dollar, von denen nur 3 Prozent (2,2 Milliarden Dollar) staatlich finanziert wurden. Zudem lag die Zinsrate für staatlich verbürgte Exportkredite zwischen 6,6 und 8,6 Prozent. Für private Exportkredite war sie noch höher und bewegte sich oftmals zwischen 9 und 13 Prozent. Dies war ein deutlicher Kontrast zu den Zinsraten der staatlichen Entwicklungshilfe, die unter 3 Prozent lagen. Das Problem bestand darin, dass der Großteil der Hilfe privat und nur ein geringer Teil staatlich finanziert wurde. Privat finanzierte Entwicklungshilfe wiederum unterlag meist der Lieferbindung. Nach Angaben der OECD galt dies beispielsweise in den Jahren 1970, 1980 und 1986 für 78, 73 und 44 Prozent der amerikanischen Entwicklungshilfe.[14] In einigen Fällen bestand die Hilfe mit Lieferbindung zu großen Teilen aus Nahrungsmittelhilfe, wovon die amerikanischen Landwirte unmittelbar profitierten. Ferner schloss sie im Allgemeinen den Export von Investitionsgütern für die Bereiche Energieerzeugung, Verkehr und Telekommunikation ein.

Die Schuldenlast wurde zu einem zentralen Problem der Entwicklungshilfe, das Geber wie Empfänger betraf. Am Anfang standen die Ölkrisen von 1973/74 und 1979, die mit globalen Rezessionen und hohen Zinsraten einhergingen und eine drastische Schwächung der Volkswirtschaften in der Dritten Welt zur Folge hatten. Diese Entwicklungen kulminierten schließlich in der Schuldenkrise. Während die OECD die langfristigen Schulden aller Entwicklungsländer 1978 auf lediglich 340 Milliarden Dollar schätzte, lautete der entsprechende Betrag 1982 bereits 626 Milliarden Dollar – ein signifikanter Anstieg in nur vier Jahren.[15] Entwicklungshilfe schien zwangsläufig mit einer Akkumulation von Schulden einherzugehen. Hinzu kam, dass die amerikanische Militärhilfe steil anstieg, während ihre Wirtschaftshilfe abnahm. Diese Militärhilfe verursachte Schulden, die das Verschuldungsproblem weiter verschärften. Dabei nahmen die Mittelflüsse aus den USA eine Doppelrolle ein: Sie waren zugleich Teil

---

14 Vgl. etwa OECD, OECD Financing and External Debt of Developing Countries: 1986 Survey, Paris 1986.

15 OECD, Development Cooperation: Efforts and Policies of the Members of the Development Assistance Committee, 1978–1982 reviews.

des Problems und Teil der Lösung. Die diversen Programme der amerikanischen Auslandshilfe zeichneten sich durch unterschiedliche Finanzierungskonditionen aus; teils wurden die Zinsraten bewusst niedrig gehalten, teils entsprachen sie den Finanzierungskosten des US-Finanzministeriums. Während durch das PL-480-Programm und den ESF traditionell sehr günstige Kredite vergeben wurden, verlangte die Federal Financing Bank für die Kredite des militärischen Finanzierungsprogramms Foreign Military Sales (FMS) Zinssätze, die beinahe auf dem Niveau kommerzieller Kredite lagen und das Verschuldungsproblem einiger Dritte-Welt-Länder entsprechend vergrößerten. Doch als sich die Schuldenkrise abzeichnete, vergab der ESF bereitwillig Mittel aus seinem allgemeinen Programm, um Empfängerstaaten mit ernsthaften Zahlungsschwierigkeiten zu Hilfe zu eilen. Dies betraf in erster Linie Staaten, die für die nationale Sicherheit der Vereinigten Staaten als zentral galten oder von besonderer Bedeutung für sie waren.

Die Last des Schuldendienstes hatte einen erheblichen Einfluss auf die Haltung der Empfängerstaaten zur Entwicklungshilfe. Ihre Desillusionierung wurde dadurch verstärkt, dass es an jeglichen Anzeichen für ein wirkliches Wirtschaftswachstum fehlte. Die Auffassung, dass die Konditionen der Entwicklungshilfe ihnen beständig zum Nachteil gereichten und sogar eine Bedrohung ihrer Souveränität darstellten, ließ bei den Empfängerstaaten Misstrauen und Ablehnung zutage treten. Prägnant formuliert wurde diese Position von Nyerere: »Wir armen Nationen bestehen darauf, dass Hilfe ein Ausdruck von Partnerschaft sein sollte, folglich nicht an politische Auflagen geknüpft werden darf. Armut kennt keine Ideologie. Wir sind arm, egal, ob wir sozialistisch, kapitalistisch oder kommunistisch sind. Zu dieser Frage haben wir eine entschiedene Haltung: Unsere Unabhängigkeit ist nicht verkäuflich.«[16]

Nahrungsmittelhilfe und Abhängigkeit

Um den neuen Anforderungen der Zeit gerecht zu werden, wurde das Programm Security Supporting Assistance 1978 mit dem Gesetz über internationale Sicherheitshilfe in Economic Support Fund (ESF) umbenannt. Die Namensänderung verdeutlichte die wirtschaftliche Zielsetzung des Programms in Abgrenzung zur Militärhilfe. In einer Phase globaler ökonomischer Schwierigkeiten hatte der ESF eine wichtige Funktion, da er über

16 Nyerere, Aid and Development, S. 12.

die Mittel zur Stützung wirtschaftlicher und politischer Institutionen der Empfängerstaaten verfügte, die in eine gefährliche Schieflage geraten waren. Wesentlich für den Fonds war unter anderem die Flexibilität, mit der er Ländern, die für die außenpolitischen Interessen der USA zentral waren, mit projektbezogenen und frei verfügbaren Mitteln half. Zahlungsschwierigkeiten und andere strukturelle Probleme vieler wirtschaftlich schwacher Dritte-Welt-Staaten wurden kurzfristig durch freie Mittel abgefedert, die generell für schnelle Reaktionen geeignet waren. Der überwiegende Teil der Entwicklungshilfe erfolgte indes in Form von projektgebundenen Mitteln. Die Verbindung beider Formen von Hilfe steigerte den Nutzen des ESF. Zu seinen wichtigen Funktionen zählten unter anderem die Finanzierung von Warenimporten und bestimmten Projekten sowie die Reduzierung von Haushaltsdefiziten. In den 1980er Jahren vergab er einen wachsenden Anteil seiner Mittel an die ärmeren Länder. Die Überwindung kurzfristiger Probleme durch die ungebundenen Mittel des ESF war von entscheidender Bedeutung für die langfristige Aufrechterhaltung der bestehenden Weltwirtschaftsordnung.

In einer Phase, die von den Rivalitäten des Kalten Krieges geprägt war, stellte die Auslandshilfe ein wichtiges Mittel dar, um die Handels- und Investitionsbeziehungen zwischen den USA und der Dritten Welt zu stärken. Diese Entwicklung der 1970er und 1980er Jahre hatte jedoch eine Abhängigkeit der Dritten Welt insbesondere von den USA zur Folge. Das PL-480-Programm galt als wichtigstes Vehikel der globalen Nahrungsmittelhilfe. In Regionen wie dem subsaharischen Afrika, wo die Grundversorgung großer Teile der Bevölkerung in vielen Ländern schon seit geraumer Zeit nicht mehr gewährleistet war, spielten die Hilfslieferungen eine positive Rolle. Die Lebensmittelhilfe stillte hier nicht nur menschliche Grundbedürfnisse, sondern gewährleistete auch ein Mindestmaß an sozialer Wohlfahrt. Gleichzeitig verweisen Kritiker jedoch gerade unter Verweis auf das PL-480-Programm auf die zunehmende Abhängigkeit der Empfängerländer von den USA. Dieser Argumentation zufolge führt Nahrungsmittelhilfe zu einem Preisverfall der lokalen Landwirtschaftserzeugnisse und hält die Regierung des Empfängerlandes davon ab, die einheimische Produktion zu fördern; sie wird von den Erlösen aus dem Verkauf der gespendeten Nahrungsmittel abhängig und fordert die Verlängerung des Hilfsprogramms. Ein zweiter Aspekt der Nahrungsmittelhilfe, der zur Abhängigkeit des Empfängerlandes führt, ist dann gegeben, wenn sie die Konsumgewohnheiten verändert und so eine Nachfrage erzeugt, die von der lokalen Wirtschaft nicht gedeckt werden kann. Drittens schließlich kann sie die Regierung des Empfängerlandes zu einem wichtigen Akteur im Bereich von Import und Vermarktung machen und dadurch privatwirtschaftliche Initiativen untergraben.[17] So wird langfristig der Versuch behindert, das westliche Wirtschaftssystem auszubreiten, aber auch der wirtschaftlichen Gesamtentwicklung des Empfängerlandes geschadet. Aufgrund ihrer Auswirkungen auf die Entwicklung der Landwirtschaft, des Binnenmarktes und des Außenhandels des Empfängerlandes konnte die Nahrungsmittelhilfe somit durchaus als wirtschaftliches Hindernis für die betroffenen Staaten gesehen werden. Dabei spielten insbesondere vier Aspekte der US-Entwicklungspolitik eine Rolle: erstens die Erfordernis, die Preise der amerikanischen Landwirtschaftserzeugnisse zu subventionieren oder anderweitig zu stützen; zweitens die Förderung kommerzieller Landwirtschaftsexporte; drittens der anhaltende Versuch, geostrategische und geopolitische Ziele zu erreichen; und viertens das Interesse an einer florierenden Schifffahrtsindustrie. Mit anderen Worten: Wie der Großteil der Auslandshilfe wurde auch die amerikanische Nahrungsmittelhilfe während des Kalten Krieges ungeachtet ihrer erklärten guten Absichten in den Dienst geostrategischer Ziele und nationaler Interessen gestellt, wodurch sie als Mittel zur Förderung von Entwicklung und humanitärer Hilfe an Effektivität verlor. Wie die meisten Formen von Wirtschaftshilfe richtete sie sich zudem nicht direkt an die Betroffenen, insbesondere dort nicht, wo die Nahrungsmittel auf dem freien Markt verkauft wurden.

Unter den Mitteln zur Handelsförderung besaß das PL-480-Programm einen hohen Stellenwert. Dies galt besonders für die Maßnahmen, die unter Abschnitt I fielen, da sie unter anderem die Funktion hatten, Märkte für amerikanische Agrarprodukte zu erschließen. Zu diesem Zweck erhielten die Empfängerländer langfristige Kredite zu niedrigen Zinssätzen. Nahrungsmittelhilfe nach Abschnitt I und III wurde in großem Umfang in die Regionen Asien und Afrika geliefert. Im Jahr 1981 erhielten insgesamt 17 Länder Hilfe im Wert von 183,4 Millionen Dollar.[18]

Den Anstoß für das PL-480-Programm gab ursprünglich nicht etwa Anteilnahme am Los der Dritten Welt, sondern ein Problem in den Vereinigten Staaten: 1954 hatte die Regierung in staatlichen Lagern überschüssige Agrarprodukte im Wert von rund 5,8 Milliarden Dollar aufge-

---

17 Ausführlicher mit den negativen Folgen von Nahrungsmittelhilfe befasst sich Kapitel 10 in Frances Moore Lappé u.a., World Hunger: Twelve Myths, New York 1998, S. 129–146. Das Kapitel mit dem Titel »Myth: More US Aid Will Help the Hungry« ist auch im Internet abrufbar unter http://www.globalissues.org/article/11/myth-more-us-aid-will-help-the-hungry [17. 12. 2009].

18 US Department of State, Composition of US Economic Cooperation Programs, 1975–1981.

häuft.[19] Abschnitt I des PL-480-Programms diente dem Zweck, sich dieser Überschüsse zu entledigen, wobei die Empfängerstaaten in eigener Währung zahlen durften. Zudem sollten Zuschüsse und Kredite vergeben werden und die Erlöse in wirtschaftliche Entwicklungsprogramme fließen. Seit 1975 lauteten die Ziele des Programms, »[...] den internationalen Handel auszuweiten; Märkte für landwirtschaftliche Produkte der Vereinigten Staaten zu erschließen und auszudehnen; Hunger und Mangelernährung zu bekämpfen und die wirtschaftliche Entwicklung der Entwicklungsländer zu fördern [...]; und auf anderen Wegen die Außenpolitik der Vereinigten Staaten zu fördern«.[20]

Als Mittel zur Handelsförderung verfolgte das PL-480-Programm den Zweck, in Phasen landwirtschaftlicher Überproduktion, niedriger Warenpreise und sinkender Einkommen der Farmer den Überschuss an Agrarprodukten abzubauen. So stieg der Wert der Agrarexporte von 1961 bis 1970 um jährlich 17 Prozent; das Nettoeinkommen der Farmer nahm im selben Zeitraum um durchschnittlich mehr als 12 Prozent pro Jahr zu. 1981 betrug der Handelsüberschuss bei Agrarprodukten 26,6 Milliarden Dollar, während er von 1961 bis 1970 noch bei durchschnittlich 1,6 Milliarden Dollar pro Jahr gelegen hatte.[21] So beeinflusste das PL-480-Programm die Marktentwicklung zugunsten des amerikanischen Außenhandels.

Die amerikanische Auslandshilfe diente weitgehend als Waffe, um den Sowjetkommunismus einzudämmen, Einfluss in den Entwicklungsländern zu kaufen und insbesondere der sowjetischen Wirtschaftshilfe entgegenzuwirken. Dabei wies die Entwicklungspolitik der USA und der UdSSR ungeachtet ihrer Konkurrenz eine Reihe gemeinsamer Faktoren auf: erstens wurden Hilfsleistungen von beiden Supermächten als Mittel eingesetzt, um ihre Beziehungen zu Staaten zu verbessern, die außenpolitisch strikt auf Neutralität bedacht waren; zweitens gingen sie zu einer flexibleren Praxis über, indem sie ihre Ziele und Motive den sich wandelnden Zeiten und Bedingungen innerhalb wie außerhalb der Empfängerländer anpassten; drittens förderte ihre Entwicklungshilfe staatliche Institutionen und Unternehmen in den Empfängerländern zulasten privater Initiativen –

19 US Congress, Senate, Agricultural Trade Development and Assistance Act, April 1955.

20 US House of Representatives, Foreign Assistance Legislation for Fiscal Year Year 1975: Hearings Before the Committee on Foreign Affairs, First Session, Part 1, S. 6.

21 US Department of State, Composition of US Economic Cooperation Programs from 1968 to 1984.

auch die US-Politik in proamerikanischen Ländern förderte nicht die Entwicklung des privatwirtschaftlichen Sektors oder der liberalen Demokratie; und viertens setzten beide Staaten in ihren wichtigsten Empfängerländern in hohem Maße auf Direktinvestitionen, während die Entwicklungshilfe und insbesondere die Direktinvestitionen in den strategisch unbedeutenden Ländern lediglich auf den Abbau von Rohstoffen zielten.[22] Letzteres war besonders in den afrikanischen Ländern der Fall. Wahrscheinlich wäre die Entwicklung der Empfängerländer insgesamt weitaus besser verlaufen, wenn beide Geberstaaten ihre Hilfe zu einem früheren Zeitpunkt dazu eingesetzt hätten, eine verantwortungsbewusste Regierungsführung zu unterstützen, Privatisierungen voranzutreiben und ausländische Direktinvestitionen nicht nur in der Rohstoffindustrie, sondern auch im herstellenden Gewerbe zu fördern.

Schlussfolgerungen

Ab der Mitte der 1950er Jahre wurde der Großteil der amerikanischen Auslandshilfe in Regionen der Dritten Welt vergeben. Die US-Hilfsprogramme waren durchgehend davon geprägt, dass sie fast vollständig dem geopolitischen Kalkül des Kalten Krieges untergeordnet waren. Die politische Entscheidung, riesige Summen für die Militärhilfe bereitzustellen, verdrängte entwicklungspolitische Initiativen, die beispielsweise die langfristige Entwicklung der Landwirtschaft, die Stärkung von Demokratie und Menschenrechten oder die Förderung der Industrie zum Ziel hatten. Vor allem stellte die amerikanische Entwicklungshilfe selbst eine weiche, aber überaus wirkungsvolle Form von Macht dar – die sich jedoch nicht mit Fragen wie der Einhaltung der Menschenrechte, der Förderung von Demokratie oder auch nur grundlegenden entwicklungspolitischen Zielen wie der Befriedigung der menschlichen Grundbedürfnisse oder der Entwicklung der Infrastruktur befasste. Die amerikanische Entwicklungshilfe während des Kalten Krieges diente vielmehr dazu, befreundete Regime zu stützen und gegen die Opposition im jeweiligen Land an der Macht zu halten; sie war nicht darauf ausgerichtet, Armut und Korruption zu bekämpfen oder Probleme im Bereich der Infrastruktur zu lösen. Mit anderen Worten: Im Mittelpunkt standen nicht bestimmte karitative Ziele oder Programme, die messbare Effekte wie sauberes Trinkwasser oder Kran-

---

22 Vgl. ausführlicher hierzu Richard Feinberg/Ratchik M. Avakov (Hg.), US and Soviet Aid to Developing Countries – From Confrontation to Cooperation, New Brunswick 1991.

kenhäuser für bestimmte gesellschaftliche Segmente oder Gruppen gehabt hätten, sondern sicherheitspolitische und kommerzielle Interessen.

Eine kritische Auswertung der amerikanischen Entwicklungshilfe während des Kalten Krieges führt zu dem Ergebnis, dass sie weitestgehend auf bilateraler Regierungsebene erfolgte und entsprechend wirkungslos blieb, denn dergestalt bedeutete sie letztlich nichts weiter als eine Unterstützung despotischer Staatschefs, die strategisch wichtig waren. Machthaber wie Mobutu in Zaire (heute Demokratische Republik Kongo), Moi in Kenia, Siad Barre in Somalia und viele andere konnten sich durch die amerikanische Auslandshilfe in einem solchen Maße persönlich bereichern, dass ihre Auslandskonten oftmals mehr als ausreichend gewesen wären, um die gesamten Schulden ihres Landes zu begleichen. In vielen Fällen war die amerikanische Entwicklungshilfe gleichbedeutend damit, dem jeweiligen Präsidenten und seiner treuen Gefolgschaft ohne jede Auflage Gelder zur persönlichen Verwendung zu überweisen. Es lagen ihr zwar Gedanken wie die Linderung der Armut und die allgemeine Förderung der wirtschaftlichen Entwicklung zugrunde, doch die tiefe Angst vor dem Kommunismus unterminierte solche hehren Motive. Mit Blick auf die Förderung wirtschaftlicher Entwicklung folgten die USA einer eher inkohärenten, halbherzigen Verpflichtung auf materielle Verbesserungen und die Befriedigung von Grundbedürfnissen in den Entwicklungsländern. Zudem wurde die Entwicklungshilfe zunehmend politisiert und vor allem als ein Mittel gesehen, um die geostrategischen und politischen Interessen der USA in Konkurrenz zum Sowjetkommunismus zu verfolgen.

Die amerikanische Auslandshilfe, die im Wesentlichen einer selektiven Orientierung folgte, nahm drei Formen an: erstens wurde sie auf bestimmte Länder wie Ägypten und Israel ausgerichtet; zweitens konnte sie einen regionalen Fokus haben, etwa auf die Karibik oder, im Falle der sogenannten Allianz für den Fortschritt, Lateinamerika; und drittens konzentrierte sie sich auf nicht staatliche Akteure wie Befreiungsbewegungen und Guerillaorganisationen.

Waren auf dem Höhepunkt des Kalten Krieges tatsächliche Hilfe und Vergünstigungen das vorherrschende Element in den amerikanischen Entwicklungsprogrammen, so setzte sich ab den 1970er Jahren infolge der globalen Rezessionen, des neu entdeckten Reichtums der Staaten mit großen Ölvorkommen sowie der zunehmenden regionalen Konflikte, die das Verhältnis von Angebot und Nachfrage in der Entwicklungshilfe verschärften, immer stärker eine kommerzielle Orientierung durch. Zudem wurde insbesondere bei der Vergabe von Militärhilfe potenziellen und tatsächlichen Konfliktregionen die höchste Priorität beigemessen, sodass das Gros der US-Hilfe seit den 1950er Jahren vor allem auf die zwei konfliktreichsten Regionen Asien und Naher Osten entfiel. Neben Krisensituationen waren die geostrategische Lage von Staaten und ihr Reichtum an strategisch wichtigen Rohstoffen Schlüsselelemente in der Konkurrenz der Supermächte um Einfluss, die in hohem Maße durch den Transfer von Ressourcen ausgetragen wurde.

Und schließlich wurden die unterschiedlichen Niveaus und Zielrichtungen der Entwicklungshilfe von einer Reihe von Motiven strukturiert. Hierzu zählten erstens die traditionellen Beziehungen zwischen den USA und der jeweiligen Region oder Nation der Dritten Welt; zweitens die Bedeutung des Empfängerlandes für Handel und Investitionen; drittens die geostrategischen und wirtschaftlichen Verpflichtungen und Interessen der USA in der jeweiligen Region; sowie viertens die Einschätzung der Auslandshilfe im Hinblick auf die Durchsetzung amerikanischer Ziele. Auslandshilfe hatte im Allgemeinen den Effekt, eine direkte Intervention der USA in instabilen oder umkämpften Regionen überflüssig zu machen. Die bilaterale Hilfe der USA richtete sich daher erstens an proamerikanische Regime, die im Inneren von antiamerikanischen Gruppen bedroht waren, etwa El Salvador; zweitens an Regime wie jenes in Zaire, die aufgrund äußerer Faktoren instabil waren; sowie drittens an befreundete Regime, die durch destabilisierende Faktoren im Inneren wie von außen bedroht waren, wie es etwa in Südkorea der Fall war.

Aus dem Englischen von Felix Kurz

Jason C. Pribilsky

»Indianerproblem«, Agrarreform und der Kalte Krieg in den Anden

> »[Eine] Regierung kann […] die Lebensbedingungen auf dem Land signifikant verändern, um die Neigung der Bauern zur Rebellion zu verringern. Während Reformen in der Stadt ein Katalysator der Revolution sein können, können sie auf dem Land ein Ersatz für die Revolution sein […] Wo eine gerechte Landverteilung herrscht, die dem Bauern eine Lebensgrundlage bietet, ist eine Revolution unwahrscheinlich. Wo sie hingegen ungerecht ist und der Bauer in Armut und Not lebt, ist eine Revolution wahrscheinlich, wenn nicht unvermeidlich […] Keine soziale Gruppe ist konservativer als eine landbesitzende Bauernschaft und keine revolutionärer als eine Bauernschaft, die zu wenig Land besitzt oder eine zu hohe Pacht bezahlt.«
>
> Samuel Huntington[1]

Im Lateinamerika der frühen Jahre des Kalten Krieges bestand das dringlichste politische Problem – aus Sicht von nordamerikanischen Regierungsoffiziellen, Regionalexperten und Wissenschaftlern – in der Frage der Agrarreform. Mit gewissen Schwankungen von Staat zu Staat herrschte in der gesamten Region eine höchst ungleiche Landverteilung: Rund 90 Prozent des Bodens waren im Besitz von 10 Prozent der Bevölkerung, und daran änderte sich bis zum Ende der 1960er Jahre nur wenig.[2] Landreformen sollten nicht nur Bauern Eigentum geben, sondern waren auch mit der Hoffnung verbunden, die Landwirtschaft zu mechanisieren und umfassende technologische Innovationen zum Einsatz zu bringen. Höhere Erträge und größere Profite versprachen zudem eine wissenschaftliche Lösung neomalthusianischer Problemstellungen einer vermeintlich globalen

---

1 Samuel Huntington, Political Order in Changing Societies, New Haven 1968, S. 375.

2 Merilee S. Grindle, State and Countryside: Development Policy and Agrarian Politics in Latin America, Baltimore/London 1986; Rodolfo Stavenhagen (Hg.), Agrarian Problems and Peasant Movements in Latin America, Garden City, NJ 1970.

Nahrungsmittelknappheit bei wachsender Population.[3] In der Andenregion verliefen die Agrarreformen allerdings zunächst keineswegs reibungslos. Eine der ersten Landreformen, die bolivianische Revolution von 1952, wurde zu einem Debakel – es gelang ihr nicht, die Agrarverhältnisse wirklich zu reformieren, und für die USA erwies sie sich als diplomatische Fehlleistung. Überraschenderweise von der Regierung Truman unterstützt, mussten die »widerwilligen Revolutionäre« der Movimiento Nacional Revolucionario (MNR – Nationalrevolutionäre Bewegung), eines demokratischen populistischen Bündnisses von städtischen Intellektuellen, Bergarbeitern und Bauern, angesichts einer hervorragend bewaffneten Bevölkerung, zahlreicher Stadt- und Landguerillas sowie schwacher Polizeikräfte dringend Reformen auf den Weg bringen. Ihre Agrarreform sah die Enteignung sämtlicher *haciendas* (Plantagen) vor, deren Eigentümer über einen Zeitraum von 25 Jahren entschädigt werden sollten – ein Versprechen, das nie eingelöst wurde. Die Aufteilung des Landes bewirkte binnen kurzer Zeit ein Ende der kapitalintensiven Landwirtschaft, was Profite und Nahrungsmittelproduktion sinken ließ und neue Wellen der Gewalt und des Protests auslöste. Um eine Krise abzuwenden, stellten die USA fünf Millionen Dollar für Nahrungsmittelhilfe bereit; bis 1960 erhielt Bolivien 100 Millionen Dollar und war damit der wichtigste Hilfsempfänger in Lateinamerika und, gemessen an der Bevölkerungsgröße, sogar in der ganzen Welt. Auch unter der konservativen Regierung Eisenhower flossen weiterhin Hilfsgelder nach Bolivien, wo aus Sicht der USA nur die Wahl zwischen zwei Übeln bestand: Um eine mögliche kommunistische Machtübernahme zu verhindern, musste die autoritäre MNR unterstützt werden. Zudem entsprach die Stabilisierung Boliviens dem »Punkt-Vier-Programm« Trumans, das vom US-amerikanischen Präsidenten in seiner Antrittsrede 1949 verkündete Leitprogramm für die Wirtschaftshilfe an »unterentwickelte Staaten«.[4]

Der Fall Bolivien, der sich durch wirtschaftliche Ineffizienz, exzessive Gewalt und enttäuschende Ergebnisse auszeichnete, wurde im Lateinamerika des Kalten Krieges rasch zu einem Beispiel dafür, wie eine Modernisierung nicht durchgeführt werden sollte. Mag es sich dabei aus der Per-

---

3 Eric B. Ross, The Malthus Factor: Poverty, Politics, and Population in Capitalist Development, London 1998; vgl. auch Matthew Connelly, Fatal Misconception: The Struggle to Control World Population, Cambridge 2008.

4 Stephen Zunes, The United States and Bolivia: The Taming of a Revolution, 1952–1957, in: *Latin American Perspectives* 28 (2001), Heft 5, S. 33–49; Herbert S. Klein, A Concise History of Bolivia, New York 2003; Kenneth D. Lehman, Bolivia and the United States: A Limited Partnership, Athens, GA 1999.

spektive Washingtons insofern um einen politischen Erfolg gehandelt haben, als die MNR auf einem rechten Kurs und in vollständiger Abhängigkeit von den USA gehalten werden konnte, so war der Versuch, eine langfristige Strategie zur Bekämpfung der ländlichen Armut und Modernisierung der Landwirtschaft zu entwickeln, gleich in mehrerer Hinsicht eindeutig gescheitert. Während die geplanten landwirtschaftlichen Kooperativen keine breite Unterstützung der Bauern fanden und sich schnell wieder auflösten, waren die an die einzelnen bäuerlichen Haushalte vergebenen Grundstücke (*minifundio*) zu klein, um ihren Lebensunterhalt zu sichern. Recht bald war nicht zu übersehen, dass die Revolution von 1952 die Saat von Gewalt und Unruhen gesät hatte, die Bolivien in den folgenden Jahrzehnten plagen sollten.

Der Fall Bolivien ähnelte den Fällen zahlreicher anderer Länder wie Ägypten und Indien, in denen die Rolle der Bauern bei Agrarreformen und ländlicher Modernisierung nach einer eingehenden Analyse verlangte. So entstand aus den Trümmerhaufen dieser Projekte eine neue Wissenschaft vom Bauern – ein interdisziplinäres Forschungsunternehmen, welches das Verhalten der Bauern gegenüber Agrarreformen erklären und vorhersagen sollte. Die Vorstellung von »ländlichen Gegenden« als eigenständigen Räumen, die spezifischen ökonomischen Logiken unterworfen sind, gewann in der Nachkriegsära an Auftrieb.[5] Wie die eingangs zitierten Bemerkungen Samuel Huntingtons deutlich machen, konnten Bauern tatsächlich als Bevölkerungsgruppe mit einer eigenen Rationalität verstanden werden – und Heerscharen von Entwicklungshelfern und Sozialwissenschaftlern hatten die Aufgabe, diese Rationalität genauer zu ergründen.

Der vorliegende Beitrag konzentriert sich auf die Modelle für Agrarreformen in den Anden ab den 1950er Jahren, die wichtige Momente der frühen Geschichte des Kalten Krieges enthalten. Die Zerschlagung und Aufteilung großer Plantagen an bäuerliche und indigene Gemeinschaften dürfte zwar eines der meisterforschten Kapitel der lateinamerikanischen Geschichte des 20. Jahrhunderts sein, doch bislang wurden die Agrarreformen kaum im Kontext des Kalten Krieges betrachtet, in dem sie doch zuerst entworfen wurden. Während John F. Kennedys »Allianz für den Fortschritt« Landreformen zu einem Zeitpunkt einforderte, der offenkundig vom Kalten Krieg geprägt war, ist die davorliegende Geschichte weni-

---

5 Arturo Escobar, Encountering Development: The Making and Unmaking of the Third World, Princeton 1995; Michael Kearney, Reconceptualizing the Peasantry, Boulder 1986; Timothy Mitchell, Rule of Experts: Egypt, Techno-politics, Modernity, Berkeley 2002.

ger bekannt.[6] Sie verdeutlicht insbesondere, wie bestimmte Modelle für Agrarreformen auf unterschiedlichen Deutungen der spezifischen Rationalität von Bauern basierten. Im Falle der Anden betraf dies unter anderem die Frage, ob Bauern von Natur aus als »rationale Akteure« Träger eines Wirtschaftsliberalismus seien, deren natürliche Neigung zum Kapitalismus jedoch unterdrückt werde, oder ob eine gemeinschaftliche Orientierung in ihrer Natur liege, wie ihre Praktiken gegenseitiger Hilfe – das Erbe einer romantisierten Inkavergangenheit – zeigten. Von Anthropologen aufgeworfen, wurden diese Fragen bald auch außerhalb akademischer Debatten erörtert, wo sie im Kontext des Kalten Krieges einen politischeren Beiklang gewannen.

Bei dem hier untersuchten Fall handelt es sich um einen der ersten nordamerikanischen Versuche, unter Rückgriff auf die Methoden und Feldforschung der Anthropologie ein Modell für die Agrarreform in den Anden zu entwickeln. Das Cornell-Peru-Project (CPP) – in Peru als Proyecto Perú-Cornell bekannt – empfahl sich als Experiment für Modernisierung und angewandtem sozialen Wandel; als Forschungsobjekt dienten ihm 2250 *indígenas*, sein Laboratorium war eine unproduktive Hochlandplantage acht Stunden nordwestlich von Lima. Das Einzigartige des Projekts – das seinerzeit häufig als das »kühnste [*más audaz*] soziale Experiment im Land« gefeiert wurde – war zugleich Grund für viele Kontroversen:[7] Anstatt sich darauf zu beschränken, sozialen Wandel zu dokumentieren und analysieren, rief es diesen Wandel selbst hervor. Durch einen Pachtvertrag übernahm die Cornell University die vollständige Verantwortung für die Hacienda Vicos, sodass sie faktisch zum *patrón* des Anwesens und somit der vertraglich an das Land gebundenen Bauern wurde. Doch anstatt die Plantage einfach weiterzuführen, bot das CPP den Bewohnern technische und materielle Hilfe auf drei wichtigen Gebieten des Dorflebens: »moderne« Gesundheitsversorgung, Bildung und Landwirtschaft. Durch diese Veränderungen, so die Überzeugung der Projektplaner, könnten die ländlichen *indígenas* aus dem Stillstand ihrer traditionellen Lebensweise direkt in den Modernisierungsprozess der peruanischen Nation gehievt werden. Zehn Jahre vor der peruanischen Landreform hofften die Anthropologen der Cornell University in Vicos ein Modell für beschleunigten kulturellen Wandel zu entwickeln, das als Leitfaden für vergleichbare Gemeinschaften

6 Zu den Landreformkonzepten zur Zeit der »Allianz für den Fortschritt« vgl. Michael E. Latham, Modernization as Ideology: American Social Science and »Nation Building« in the Kennedy Era, Chapel Hill 2000.

7 Fernando Gonzalez, ¿Quienes se oponen a Vicos?, *La Tribuna* (Lima), 11. 7. 1961, S. 4.

in den Anden und anderen unterentwickelten Regionen dienen könne, für deren langsame soziale und wirtschaftliche Entwicklung das Beharrungsvermögen »rückständiger Völker« verantwortlich gemacht wurde. Tatsächlich wurde Vicos während der Laufzeit des Projekts sowie nach seinem Abschluss von so unterschiedlichen Organisationen wie US AID, den Vereinten Nationen und der Ford Foundation genauestens ausgewertet.[8]

Im Sinne einer Konkretisierung dessen, was der Historiker Gilbert Joseph als »Kontaktzonen« des Kalten Krieges bezeichnet hat, analysiert der vorliegende Beitrag die wissenschaftlichen Diskurse der damals noch im Entstehen begriffenen Subdisziplin der angewandten Anthropologie in ihrem Verhältnis zu den US-amerikanischen Geldgebern, deren Prioritäten zunehmend den strategischen Zielen des Kalten Krieges folgten, sowie den Debatten und politischen Entwicklungen in Peru selbst.[9] Mit Blick auf die nationalen Kontexte untersuche ich, wie die Agenda des CPP und insbesondere seine modernisierungstheoretischen Grundlagen auf oftmals widersprüchliche Weise Eingang in die intellektuellen Strömungen in Peru und die Debatten über das »Indianerproblem« [*problema indígena*] fanden – das seit Langem beklagte Problem also, wie Peru seine in einer langjährigen Geschichte von Eroberung und Kolonialismus entstandene Trägheit abschütteln und Millionen von armen Indigenen in das Gewebe der Nation integrieren könne. Das CPP nahm dabei seine Arbeit in einer Zeit der starken Politisierung des »Indianerproblems« auf, die auch in einer Neuauflage des *indigenismo* – eines oftmals verworrenen Bündels ideologischer Projekte, in deren Mittelpunkt die Glorifizierung und Revitalisierung der Ureinwohner Perus stand – zum Ausdruck kam. Angesichts der Herausforderung durch konkurrierende Meinungen über die Lösung des »Indianerproblems« musste das CPP seinen sterilen wissenschaftlichen Zugang zu sozialem Wandel im Laufe der Jahre korrigieren. Als Politiker und Intellektuelle jeglicher Couleur in den 1950er Jahren immer lauter die

---

8 James Himes, The Utilization of Research for Development: Two Case Studies in Rural Modernization and Agriculture in Peru, Dissertation an der Princeton University 1972; James R. Himes, The Impact of Peru in the Vicos Project, in: *Research in Economic Anthropology* (1981), Heft 4, S. 141–213; Barbara Lynch, The Vicos Experiment: A Study of the Impacts of the Cornell-Peru Project in a Highland Community. AID Evaluation Special Study No. 7, US AID, Washington 1982.

9 Gilbert M. Joseph, What We Know and Should Know: Bringing Latin America More Meaningfully into Cold War Studies, in: ders./Daniela Spenser (Hg.), In From the Cold: Latin America's New Encounter with the Cold War, Durham/London 2008, S. 3–46.

Forderung nach einer Landreform erhoben, fand sich das CPP in einer schwierigen politischen Situation wieder, die seine Ziele schließlich untergrub. Doch was genau war das CPP?

Das »Indianerproblem« im Peru des Kalten Krieges

»Das Indianerproblem besteht aus einem ganzen Bündel von Problemen, das ausnahmslos jeden Aspekt des Lebens des peruanischen Indianers berührt, ein riesiger struktureller Komplex, der den Einsatz zahlreicher Spezialisten unter der unverzichtbaren und grundlegenden Leitung des Anthropologen erfordert. Wenn der Wille zur Lösung dieses Problems besteht, müssen daher viele Mittel des Staates ins Spiel gebracht werden, wie das Cornell-Peru-Projekt in der Gemeinde von Vicos – das wichtigste nationale Experiment in angewandter Anthropologie – zeigt.«[10]

Bis zum Ende der 1970er Jahre – vor dem Aufstand der maoistischen Gruppe Sendero Luminoso (Leuchtender Pfad), der das Land in einem beinahe zwei Jahrzehnte währenden Guerillakrieg verwüstete – war Peru kein wichtiger Schauplatz des Kalten Krieges in Lateinamerika. Unmittelbar nach dem Zweiten Weltkrieg hatte das Land keine nennenswerte sicherheitspolitische Bedeutung für USA. Aufgrund seiner relativen politischen Stabilität unterhielt Peru allerdings enge wirtschaftliche und diplomatische Beziehungen zu den Nordamerikanern. Während des Zweiten Weltkrieges sicherte es den USA den Verkauf seiner Kautschuküberschüsse zu, unterband Lufttransporte durch Unternehmen der Achsenmächte und erklärte sich zur Enteignung und Verteilung japanischen Grundbesitzes bereit. Im Gegenzug flossen in den folgenden Jahren mehr als 18 Millionen Dollar aus den Vereinigten Staaten nach Peru.[11] Ein weiterer Schub an ausländischen Investitionen setzte 1948 mit dem Putsch von General Manuel Odría ein, der starke Unterstützung durch konservative Großgrundbesitzer erhielt und die Aufgabe übernahm, linke sozialdemokratische Parteien zu verbieten, die sich einer ausgeprägten antiimperialistischen Rhetorik

---

10 Peru Integral Bulletin, Instituto Indigenista Peruano, September 1958, Nr. 4. Reactions in Peru to the Cornell-Peru-Project: A Report prepared by the Social Science Research Center, Cornell University, 10. 2. 1959, Cornell-Peru-Project Vicos Collection (Carl A. Kroch Literary, Cornell University, Division of Rare and Manuscript Collections), Box 26.

11 Nigel Haworth, Peru, in: Leslie Bethell/Ian Roxborough (Hg.), Latin America Between the Second World War and The Cold War, Cambridge 1992, S. 176; Julio Cotler, Clases, Estado y Nación en el Perú, Lima 1978.

bedienten.[12] In den folgenden sechs Jahren erließ Odría eine ganze Reihe von Gesetzen, die ausländische Investitionen begünstigten, insbesondere in den Bereichen Bergbau, Ölförderung und Elektrifizierung.

Während die Industrialisierung voranschritt, lautete die wichtigste Frage aus Sicht der USA, was mit der gewaltigen indianischen Bevölkerungsgruppe der Andennation geschehen solle, die als größtes Hindernis für die Modernisierung des Landes gesehen wurde. Die Tatsache, dass beinahe die Hälfte der Bevölkerung in extremer Armut lebte und Bürger zweiter Klasse war, bedeutete, dass Peru seine Modernisierungsziele letztendlich nur erreichen konnte, wenn realistische Lösungen für das »Indianerproblem« gefunden würden. Das bei Weitem dringlichste Thema war die Landverteilung; in den frühen 1950er Jahren besaßen 1,1 Prozent der Bevölkerung 82 Prozent des bebaubaren Landes.[13] Forderungen nach einer Landreform waren zwar bereits seit den Präsidentschaftswahlkämpfen der frühen 1920er Jahre zu einem Gemeinplatz geworden, der geradezu erwartet wurde, doch nach der bolivianischen Revolution gewannen sie erheblich an Dringlichkeit. Kritiker des bolivianischen Experiments griffen die ungleiche Verteilung des Landes auf, bei der große Teile der indianischen Bevölkerung entweder leer ausgingen oder nur kleine Grundstücke erhielten, die ihnen keine Lebensgrundlage boten. Die Landflucht, die Städte wie La Paz anschwellen ließ, galt als Symptom, das den verfehlten Ansatz zur Lösung des »Indianerproblems« verdeutlichte. Nach Auffassung der USA entstand dadurch auch ein Nährboden für kommunistische Ideologien. Peru müsse der Tatsache ins Auge sehen, dass es keine Alternative zur Integration der indigenen Völker in den Staat gebe, bei der jedoch behutsam vorzugehen sei, um soziale Unruhen zu vermeiden. Mit welcher Beunruhigung die nahe Zukunft gesehen wurde, machte eine Beilage des Wirtschaftsmagazins *Business Week* über die Investitionspotenziale und Probleme der Andenrepubliken deutlich: »Hunger und Bevölkerungsexplosion treiben den Andenindianer von seinem kleinen Stück Land

---

12 Die APRA (Alianza Popular Revolucionaria Americana) nahm in ihrer frühen Phase eine schwankende Position gegenüber den USA und ausländischen Investitionen in Peru ein. Obwohl ihr Gründer Haya de la Torre der peruanischen Kommunistischen Partei ideologisch verbunden war, unterstützte die APRA nie den Sozialismus. So soll sich Haya de la Torre auch während des Kalten Krieges mit der Losung in Szene gesetzt haben: »¡Ni con Washington ni con Moscú!« – »Weder mit Washington noch mit Moskau!« Zur Ideologie der APRA vgl. Peter F. Klaren, Modernization, Dislocation, and Aprismo: Origin of the Peruvian Aprista Party, 1870–1932, Austin 1973.

13 Thomas E. Skidmore/Peter H. Smith, Modern Latin America, Oxford 1984, S. 340f.

in die Städte, wo er Zuflucht in den Slums sucht. In drei Staaten, in denen Wahlen bevorstehen – in Ecuador, Peru und Bolivien –, stellen diese nicht assimilierten Einwohner ein Pulverfass von potenziell revolutionärer Sprengkraft dar.«[14]

Die Debatten über die Lösung des *problema indígena* im Peru der 1940er Jahre hatten bereits eine längere Vorgeschichte, die von der Politik des *indigenismo* geprägt war. Denn die Bedingungen, die eine auf sozialistischen Ideologien basierende radikale indianische Programmatik zum Gegenspieler eines »staatlichen *indigenismo*« machten, der für eine stärkere Orientierung an der nationalen Wirtschaftspolitik eintrat, wurden nicht erst durch die Spannungen des Kalten Krieges geschaffen. Bereits seit den frühen 1920er Jahren verschmolzen Perus führende *indigenistas* sozialistische Ideen und Rhetorik zu Theorien über die angeborenen Eigenschaften der indianischen Völker sowie den »Urkommunismus« ihrer Wirtschaftsformen und legten historische (Neu-)Interpretationen präkolumbischer Gesellschaften vor. Doch aufgrund der stärkeren Internationalisierung der peruanischen Wirtschaft und des Wachstums der städtischen Mittelschicht konnten diese Ideen mühelos von proamerikanischen Regierungen kooptiert werden. Dies war der intellektuelle Kontext, in dem das CPP entstand.

Der »offizielle *indigenismo*« – die Verknüpfung staatlicher Interessen und indigenistischer Programmatiken – lässt sich bis in die frühen 1920er Jahre zurückverfolgen, als die zunehmende Verstädterung und eine Diversifizierung der Wirtschaft die Angewiesenheit auf die Arbeit der Indianer immerhin so weit verringerten, dass ein Bruch mit der bisherigen staatlichen Politik ihrer Ausbeutung möglich wurde. Im Präsidentschaftswahlkampf von 1920 rückte Augusto Leguía, dessen Programm auf die städtische Wählerschaft ausgerichtet war, das »Indianerproblem« in den Mittelpunkt, um in Limas wachsender Mittelschicht auf Stimmenfang zu gehen. Nach der Wahl machte Leguía die nationale Integration des Indianers zu einer der Prioritäten seiner Regierung, die er populistisch *la Patría Nueva* (Neues Vaterland) nannte. In starker Anlehnung an die mexikanische Revolution und ihre liberal-positivistische Herangehensweise an die Landreform des *ejido*,[15] wurde der *indigenismo* erstmals offizielle Staats-

14 An Old Civilization Stirs Up Political Problems, *Business Week*, 1. 6. 1956.

15 François Chevelier, Official Indigenismo in Peru in 1920: Origins, Significance, and Socioeconomic Scope, in: Magnus Mörner (Hg.), Race and Class in Latin America, New York/London 1970; María Elena García, Indigenous Citizens: Identity, Development, and Multicultural Activism in Peru, Stanford 2005.

politik. Die unter Leguía entworfene Verfassung von 1921 sah die rechtliche Anerkennung der Indianer vor – wenn auch nur auf dem Papier –, während das neu gegründete Amt für indianische Angelegenheiten (*La Sección de Asuntos Indígenas*) Themen wie Schulbildung, Landreform und Wahlrechte für Indigene auf die Tagesordnung setzte. Wie die meisten Versuche zur Lösung des »Indianerproblems« blieb jedoch auch Leguías Hinwendung zu indigenen Fragen widersprüchlich und umstritten. Seine Bemühungen liefen seinen Maßnahmen zur Förderung ausländischer Investitionen entgegen. Vor allem liberale *indigenistas*, die sich für die Emanzipation indianischer Arbeiter eingesetzt hatten, um ein exportbasiertes Wachstum zu fördern, warfen Leguía politischen Opportunismus vor.

Als im Laufe von Leguías elfjähriger Präsidentschaft deutlich wurde, wie substanzlos bestimmte Aspekte seiner Indianerpolitik waren, kam es zu einer Annäherung zwischen indigenistischen Programmatiken und dem wachsenden Zweig der peruanischen Sozialwissenschaften, zu dem auch die Anthropologie zählte.[16] Bis zu den 1920er Jahren war die akademische Kultur Perus, die weitgehend von der Universität von San Marcos geprägt wurde, positivistisch und kosmopolitisch orientiert. Die Wissenschaften brachten wenig Eigenständiges hervor, da sie überwiegend ausländischen Modellen nacheiferten oder sie kurzerhand kopierten.[17] Hinsichtlich des Indianerproblems begnügten sich die meisten positivistischen Wissenschaftler damit, eine von zwei Positionen einzunehmen: eine paternalistische, die die Indianer als hoffnungslose schutzbedürftige Pfleglinge des Staates sah, oder eine rassistische, die die sozialen und wirtschaftlichen Lebensbedingungen der Indianer als Ausdruck ihrer rassischen Minderwertigkeit deutete. Die entstehenden Formen des *indigenismo*, die von nationalistischem Eifer, der wachsenden Rolle von Provinzhauptstädten – insbesondere der Stadt Cuzco – und der Neuausrichtung von Forschungsprioritäten auf die »Behebung« nationaler Probleme angetrieben wurden, waren darum bemüht, bestimmte Aspekte des »Indianerproblems« neu zu thematisieren. Allerdings taten sie dies meist mit einer sozialistischen Tendenz.

---

16 César Fonseca/Efraín Franco/Orlando Plaza, Contribución de las Ciencas Sociales al Análisis del Desarrollo Rural, in: Luis Soberón (Hg.), Las Ciencas Sociales y el Desarrollo Rural en Perú, Lima 1986, S. 19–65. Vgl. auch Carlos Iván Degregori (Hg.), Indigenismo, clases sociales y problema nacional, Lima 1980.

17 Marcos Cueto, Andean Biology in Peru: Scientific Styles on the Periphery, in: *Isis* 80 (1989), Heft 4, S. 640–658, hier: S. 646.

Die sozialistischen Wurzeln des peruanischen *indigenismo* gehen auf José Carlos Mariátegui zurück, eine bedeutende Figur der peruanischen Literatur der 1920er Jahre. (In den späten 1970er Jahren wurden Mariáteguis Schriften übrigens wichtig für Abimael Guzmán, den Führer der maoistisch-marxistischen Gruppe Leuchtender Pfad.) Mariáteguis Herangehensweise an das »Indianerproblem« stützte sich nicht auf kulturelle, sondern ökonomische Betrachtungen, worin ein signifikanter Bruch mit den damals vorherrschenden, auf der Kategorie der Rasse basierenden Ansätzen bestand. Sein Denken war stark geprägt von der Glorifizierung des Inkareiches als eines glückseligen sozialistischen Staates und des Kommunismus als »einzige Verteidigungsmöglichkeit« des Indianers gegen die kapitalistische Bedrängung: »Der Mensch des ›Tawantinsuyo‹ [des Inkareichs, J. P.] verspürte nicht das geringste Bedürfnis nach individueller Freiheit. So wie er zum Beispiel auch kein Verlangen danach hatte, seine Meinung schriftlich frei zu äußern und zu verbreiten [...] die Indios konnten glücklich sein, ohne diese Freiheit zu kennen, ja ohne sie sich vorstellen zu können. Ebenso wenig unterlagen sie der Notwendigkeit, Handel zu treiben oder Verträge zu schließen. Wozu also sollte dem Indio diese Freiheit nützen, die unsere Zivilisation erfunden hat?«[18]

Interessanterweise war Mariátegui jedoch entschieden dagegen, den indianischen Gemeinschaften ein sowjetisches Modell des Kommunismus zu empfehlen. Aus seiner Sicht waren importierte Sozialismen »degenerierte« Versionen eines »wahren« Sozialismus, der in einer reinen Form in präkolumbischen Zeiten praktiziert worden sei. Mariátegui und andere argumentierten dabei vor allem, dass der *ayllu* – der erweiterte Familienverband der Andengemeinschaften – mit der Bauerngemeinschaft des sowjetischen *mir* vergleichbar sei, aber nicht durch ein solches Modell ersetzt werden könne. So wie der *mir* dem russischen Charakter entspreche, müsse für die Andenvölker der *ayllu* bewahrt und wiederhergestellt werden, um ein »indigenes Wiederaufleben« (*resurgimiento indígena*) herbeizuführen.[19] Mariátegui schrieb zwar leidenschaftlich über die Bedeutung des indianischen Charakters, wollte dabei aber kulturelle in politische Ideen verwandeln: »Indigenen Ansprüchen mangelt es an historischer Konkretheit, solange sie auf einer philosophischen oder kulturellen Ebene

---

18 José Carlos Mariátegui, Sieben Versuche, die peruanische Wirklichkeit zu verstehen [1928], Berlin/Fribourg 1986, S. 72, Anm. 15.

19 José Carlos Mariátegui, Prólogo, in: Luís Valcárcel, Tempestad en los Andes, Lima 1927. Vgl. auch Mariátegui, Sieben Versuche.

verbleiben. Um [Veränderung] zu bewirken, müssen sie in ökonomische und politische Forderungen verwandelt werden.«[20]

In den 1930er und 1940er Jahren, als sich die nationalen Interessen Perus denen der USA annäherten und das Bedürfnis nach Förderung ausländischer Investitionen stärker wurde, erwies sich die Klassenrhetorik Mariáteguis und anderer *indigenistas* aus mehreren Gründen als gefährlich. Zum einen stieß jeder Integrationsplan zwangsläufig auf den Protest der Großgrundbesitzer, deren wirtschaftliches Überleben von der unbezahlten Arbeit der *colonos*, der Leibeigenen auf den Haciendas, abhing. Zum anderen waren viele halbherzige Pro-*indigenistas* angesichts des Beispiels Boliviens vorsichtig geworden, da sie fürchteten, dass die Bewegung rasch außer Kontrolle geraten könne.

Die sich schließlich herausbildende konservativere Bewegung orientierte sich, wie kaum überraschen dürfte, stärker an einer Entwicklungsperspektive und den politischen und wirtschaftlichen Interessen der USA. Am deutlichsten zeigte sich diese Verbindung vermutlich in der Entwicklung des Instituto Indigenista Peruano (IIP), das später zum wichtigsten Geldgeber des CPP wurde und als Verbündeter der Regierung agierte. Das IIP, das seine Arbeit 1947 offiziell aufnahm, war lediglich einer von vielen regionalen Ablegern des Inter-American Indigenous Institute, eines von den USA geförderten Projektes der Panamerikanischen Union, das den Auftrag hatte, »Forschungen über ›Indianerprobleme‹ in den Ländern der westlichen Hemisphäre durchzuführen«.[21] In Peru wurde das IIP vom Kongress beauftragt, Forschungen über die indigenen Bevölkerungsgruppen und ihre Lebensbedingungen zu unternehmen und »bei der Untersuchung dieser Themen mit inländischen und ausländischen Institutionen zusammenzuarbeiten, bei Gesetzen und Wohlfahrtsmaßnahmen beratend tätig zu sein und eine Zeitschrift zu publizieren«.[22] Was diese entscheidende Verbindung nationaler und internationaler (US-amerikanischer) Interessen mit dem *indigenismo* betraf, lief Mariáteguis Beharren darauf, aus der Urbevölkerung heraus eine Klassenavantgarde zu bilden, den konservativeren

---

20 Mariátegui, Prólogo, S. 12.

21 Thomas Patterson, A Social History of Anthropology in the United States, Berg 2001, S. 95. Vgl. auch Marisol de la Cadena, The Production of Other Knowledges and its Tensions: From Andeanist Anthropology to Interculturalidad?, in: Gustavo Lins Ribeiro/Arturo Escobar (Hg.), World Anthropologies: Disciplinary Transformations in Systems of Power, Berg 2006, S. 201–224.

22 Jorge P. Osterling/Héctor Martínez, Notes for a History of Peruvian Social Anthropology, 1940–80, in: *Current Anthropology* 24 (1983), Heft 3, S. 343–350, hier: S. 245.

»kulturalistischen« oder, wie er sie nannte, »indianistischen« Formen des *indigenismo* zuwider. Doch wenngleich die neuen *indigenistas* die Rechte der Indianer nicht in Begriffen der Klasse formulierten, hielten sie an idyllischen Vorstellungen vom Urkommunismus ebenso fest wie an einer entschiedenen Ablehnung der als *mestizaje* bezeichneten Akkulturation.

Diese Auffassungen prägten auch die Positionen von Luis Valcárcel und Carlos Monge, den zwei ersten Direktoren des IIP und späteren Hauptberatern des Vicos-Projektes. Das »Indianerproblem« stellte sich ihnen theoretisch weniger als die immense Herausforderung dar, die indigenen Völker in die Nationen zu integrieren, sondern als Suche nach Wegen, wie die »verlorene« Seele der einstmals großen Rasse der Inkas zu neuem Leben erweckt werden könne. Ihre Ideen, die in den 1940er Jahren große Verbreitung unter *indigenistas* fanden, konkurrierten mit einer anderen Vision, die Integration vermittels *mestizaje* herstellen wollte – durch eine rassische und kulturelle »Vermischung«, die aus Indianern *mestizos* machen sollte. Die Politik des *mestizaje*, die im postkolonialen Lateinamerika anhaltende Bedeutung für die Nationenbildung besaß, versprach eine Lösung des »Indianerproblems«, indem indianische Identitäten durch eine harmonische Verbindung spanischer und präkolumbischer Kulturen vollständig ausgelöscht werden sollten. Denker wie Valcárcel und Monge betonten dagegen die Einzigartigkeit des Andenindianers. In seinem hochgelobten anthropologischen Werk »Tempestad en los Andes« erklärte Valcárcel: »Jede Persönlichkeit, jede Gruppe wird in eine Kultur hineingeboren, in der allein sie leben kann.« Anders formuliert, Individuen oder auch ganze Kulturen verlieren ihre Einzigartigkeit und Kraft, wenn sie ihre Heimat verlassen. So gelangte Valcárcel zu dem Schluss: »Kulturelle Rassenmischung bringt nur Missbildungen hervor.«[23] Statt des *mestizaje* hielt Valcárcel es für notwendig, die Indianer als »Rasse von Landwirten« wiederzubeleben und in dieser Rolle zu würdigen. Anstatt die Indianer durch eine verstädternde Bildung zu zivilisieren (sie also in *mestizos* zu verwandeln), waren *indigenistas* somit der Überzeugung, dass sie einer Erneuerung an ihrem eigentlichen rassischen Ort bedürften, nämlich in den landwirtschaftlichen *ayllus*.[24]

Valcárcels Nachfolger am IIP, Carlos Monge, der zugleich ein wichtiges Bindeglied zwischen der peruanischen Regierung und der Cornell Univer-

---

23 Valcárcel, zit. n. Marisol de la Cadena, Indigenous Mestizos: The Politics of Race and Culture in Cuzco, Peru, 1919–1991, Durham, NC 2000, S. 24.

24 Cadena, Indigenous Mestizos, S. 66. Mit dem Beitrag der Geografie zur Vorstellung von ortsgebundenen indigenen Identitäten befasst sich Benjamin S. Orlove, Putting Race in its Place: Order in Colonial and Postcolonial Peruvian Geography, in: *Social Research* 60 (1993), Heft 2, S. 301–336.

sity war, hegte ähnlich entschiedene Ansichten über das »Indianerproblem«. Er übernahm die Leitung des Instituts im Jahr 1949, nachdem er sich international einen Ruf als auf Höhengebiete spezialisierter Humanbiologe erworben hatte. Es gelang ihm, Valcárels eher romantisch als empirisch orientiertem *indigenismo* eine wissenschaftliche Prägung zu verleihen, die zum Zustandekommen der Kooperation mit Allan Holmberg in Vicos beitrug. Durch seine physiologischen Studien über Hochlandindianer und ihre Fähigkeit, in extremen Höhenlagen zu leben, war Monge zu der Auffassung gelangt, dass die Andenvölker eine eigenständige Rasse seien, und zwar eine »klimatische Art der menschlichen Rassen«, die evolutionär gut an ihre spezifische Umgebung angepasst sei.[25] Entsprechend teilte er die entscheidende Überzeugung Valcárcels, dass der Ausgangspunkt für eine Lösung des *problema indígena* nur darin bestehen könne, die Indianer an ihrem gewohnten und ihnen gemäßen Ort zu belassen, anstatt *mestizaje*, Migration oder andere Formen der Akkulturation zu fördern.

Die Architekten des CPP unterschieden sich ideologisch von den *indigenstas* des IIP und der Universität von San Marcos: Das Projekt stützte sich auf ein Modell der Akkulturation, die durch gezielte Eingriffe vorangetrieben werden sollte. Während *indigenistas* wie Valcárcel und Monge meinten, dass die Indianer nur »auf dem Land« überleben konnten, befürwortete das CPP Integrationsmaßnahmen wie Spanischunterricht, die Erfüllung der Wehrpflicht durch die Männer und die Beteiligung an der regionalen – überwiegend mestizischen – Zivilgesellschaft. Doch wichtiger als solche Differenzen, die in der Korrespondenz des Projekts kaum thematisiert wurden, waren der gemeinsame Dienst an der Wissenschaft und das Prestige, die (Sozial-)Wissenschaften an die vorderste Front von Nationenbildung und Entwicklung zu rücken. In seiner Unterstützung des CPP lobte Valcárcel die Ziele des Projekts und insbesondere die Tatsache, dass es die Macht der Wissenschaft zur Lösung des Indianerproblems demonstrieren werde: »Der von Ihnen vorgestellte Plan […] scheint mir plausibel. Er entspricht auch einem zunehmenden Interesse meinerseits, nämlich unsere ethnologischen Studien sinnvoll anzuwenden.« Und er fügte hinzu: »Ich bin zuversichtlich, dass die erste Phase der Arbeit, mit der wir nun beginnen, der Regierung wie dem gemeinen Bürger zeigen wird, dass unsere wissenschaftliche Tätigkeit nicht irgendeine Extravaganz ohne erwiesenen praktischen Nutzen für Handel, Industrie, Bildung oder Politik ist.«[26]

---

25 Cueto, Andean Biology.

26 Brief an Holmberg, 19. 11. 1948, Cornell-Peru-Project Vicos Collection (Carl A. Kroch Literary, Cornell University, Division of Rare and Manuscript Collections), Box 1.

Auch Monge bekannte sich zu den Zielen des CPP. In einer Rede anlässlich der Gründung des Comite Tecnico, eines neuen Entwicklungszweigs des IIP, der auch mit dem Ziel ins Leben gerufen wurde, eine praktische Lösung für die Enteignung der Hacienda Vicos zu finden, begrüßte er Holmbergs Vermählung von Wissenschaft und Entwicklung. Gleichzeitig mahnte er jedoch, die »Tugenden« der indianischen »Rasse« zu bewahren: »Wir sind [durch das Vicos-Projekt] zu der Erkenntnis gekommen, dass wir künftig nicht mehr nur Theorien produzieren können. Es müssen auch spezifische Ziele verfolgt werden, die ihre unmittelbare Anwendbarkeit betreffen, nämlich die Struktur der nationalen Integration zu kennen, allgemeine Richtlinien für die Hebung des Lebensstandards der Teilnehmer der Untersuchung zu entwickeln und aus den Studien zum sozialen Wandel Erkenntnisse darüber abzuleiten, welches die geeigneten Mittel sind, um die westliche Kultur in die indigene Kultur einzuführen, dabei die Tugenden ihrer Rasse zu nutzen und die Probleme zu vermeiden, die unsere gesellschaftliche Ordnung befallen. Es wird keine annehmbare Lösung geben, wenn wir unserem *indígena* nicht die Möglichkeit bieten, entsprechend seinen eigenen Bedürfnissen nach Bildung und Fortschritt in einem Klima wirtschaftlicher und sozialer Sicherheit zu handeln [...] Anhand der Realitäten unserer Forschung, im Lichte wissenschaftlicher Erkenntnis, kann das [indianische] Problem als eines betrachtet werden, bei dem jede Gefahr von Diskriminierung, Privilegierung und falschen Verhaltensweisen vermieden werden kann.«[27]

Vicos – ein kurzer Überblick

Das Projekt in Vicos entstand unter anderem durch Begegnungen zwischen Holmberg, der gerade eine Anstellung als Assistant Professor an der gemeinsamen Fakultät für Soziologie und Anthropologie der Cornell University gefunden hatte, und akademischen Forschern und Regierungsoffiziellen, die mit dem IIP in Verbindung standen, in den späten 1940er Jahren. Auf dem ersten Kongress des IIP im Jahr 1951 warb Holmberg bei Monge und Valcárcel für sein Modell des geplanten Wandels. Die ungewöhnlichen Besitzverhältnisse in Vicos trugen dazu bei, dass die Übernahme der Hacienda durch die Cornell University auf keine großen Hin-

---

27 Discurso del Dr. Carlos Monge M., Pronunciado en la Inauguración del Comite Tecnico del IIP, 12. 11. 1956, Cornell-Peru-Project Vicos Collection (Carl A. Kroch Literary, Cornell University, Division of Rare and Manuscript Collections), Box 22.

dernisse stieß. Vicos befand sich seit Jahrzehnten im Besitz der Sociedad Pública de Beneficiencia de Huaraz, der regionalen Zweigstelle einer staatlichen Wohlfahrtsstiftung, die mit den Gewinnen aus ihren Haciendas einige Krankenhäuser unterstützte. Etwa alle zehn Jahre wurde die Verpachtung von Vicos durch eine Auktion geregelt. Zu dem Zeitpunkt, als die Cornell University als potenzieller Bieter auftrat, hatte die Hacienda schwere Zeiten hinter sich und war so unprofitabel geworden, dass lokale Investoren nur wenig Interesse an ihr zeigten. Als Pächter musste das CPP die vertraglichen Verpflichtungen der staatlichen Wohlfahrtsstiftung übernehmen, zu denen es zählte, Vicos als Hacienda weiterzuführen – also die traditionellen grundherrschaftlichen Arbeitsbeziehungen aufrechtzuerhalten –, den Bauern Land zur Eigennutzung zu überlassen und die Stiftung an den Gewinnen zu beteiligen. Mit dem Pachtvertrag gingen zugleich Holmberg und die Cornell University vertragliche Verpflichtungen gegenüber dem IIP ein; Monge wurde neben Holmberg Kodirektor des Vicos-Projekts. Laut den Vorgaben des IIP musste sich die Cornell University an der Ausbildung peruanischer Forscher beteiligen, regelmäßige Treffen mit den Führern der Bauern abhalten, um »Hypothesen und Schlussfolgerungen über verschiedene Aspekte des Indianerproblems wie etwa Alkohol und Koka zu verifizieren«, und »den Lebensstandard der Einwohner von Vicos so lange verbessern, bis der Moment erreicht ist, an dem sie eine fortschrittliche Rolle in der modernen Welt einnehmen können«. Diese letzte Klausel bezog sich auf eine mögliche Enteignung der Hacienda nach Abschluss des Projekts.[28]

Am 1. Januar 1952 nahm das CPP seine Arbeit mit einem in sich geschlossenen Programm auf, das sich »auf drei wesentliche Entwicklungsfelder konzentrierte: erstens Wirtschaft und Technologie, zweitens Ernährung und Gesundheit sowie drittens Bildung«.[29] Nachdem die Forscher durch allgemeine ethnografische Feldstudien und Beobachtungen die sozioökonomische Ausgangssituation der Gemeinde bestimmt hatten, gingen sie zu einer Reihe von gezielten Entwicklungsinitiativen über. Das Herzstück des wirtschaftlichen Entwicklungsprogramms bildete die Modernisierung der Landwirtschaft, die vor allem eine Steigerung der Kartoffelernte durch höherwertiges Saatgut, bessere Anbaumethoden und den

---

28 Plan de Antropología y Ciencias Sociales en la zona de Vicos, Cornell-Peru-Project Vicos Collection (Carl A. Kroch Literary, Cornell University, Division of Rare and Manuscript Collections), Box 1.

29 Allan R. Holmberg, Changing Community Attitudes and Values in Peru: A Case Study in Guided Change, in: Richard N. Adams (Hg.), Social Change in Latin America Today, New York 1960, S. 82.

Einsatz von Düngemitteln vorsah. Auf dem Gebiet der Gesundheitsversorgung gelang es dem Projekt, in Zusammenarbeit mit dem peruanischen Ministerium für Gesundheit und Wohlfahrt sowie panamerikanischen Gesundheitsorganisationen eine Klinik in Vicos zu errichten, um die Einwohner vom Besuch indigener Heiler abzubringen und Vertrauen in die westliche Biomedizin zu schaffen.[30] Zur Verbesserung der Bildung schließlich wurde eine neue Schule gegründet, wodurch die Zahl der Schüler in Vicos von 14 im Jahr 1951 auf 250 im Jahr 1957 kletterte.

Das CPP bestand von 1952 bis 1966, doch der Rahmen des Projekts veränderte sich in diesem Zeitraum erheblich. Bereits kurz nach seinem Beginn kam die Forderung nach Enteignung der Hacienda auf. Aus Sicht der Regierung hing der Erfolg von Vicos letztlich davon ab, ein Modell für eine reibungslose Übertragung von Haciendas in den kollektiven Besitz der Gemeinden zu entwickeln. Von Anfang an ging es nicht darum, ob, sondern wann und wie die Enteignung stattfinden würde. Holmberg hatte zunächst einen allmählichen Rückzug der Cornell University im Sinn (durch den die Gemeinde autonom werden sollte, die Universität aber weiterhin Forschungen betreiben könnte), doch als einkalkulierte Mittel der Carnegie und der Ford Foundation nicht bewilligt wurden, mussten hastig andere Pläne entworfen werden. 1956 erteilte die peruanische Regierung auf Empfehlung des IIP die Anweisung, die Hacienda binnen zwei Jahren zu enteignen. Diese Anweisung löste einen Sturm von Protesten aus, sowohl seitens mächtiger lokaler Grundeigentümer, *gamonales*, aus deren Sicht die Regierung bei der Landreform zu schnell vorging, wie auch seitens des CPP, das ein abruptes Ende seines Experiments geplanten Wandels befürchtete. Diese Beschwerden sowie der Widerstand der Wohlfahrtsstiftung, die nach wie vor Eigentümerin der Hacienda war, blockierten die Enteignung sechs Jahre lang. Schließlich wurde die Hacienda mit Unterstützung der US-Botschaft und auf Druck des jüngeren Bruders von Präsident Kennedy – Edward Kennedy, der zu diesem Zeitpunkt noch kein öffentliches Amt bekleidete – im Juli 1962 an die Gemeinde von Vicos verkauft. Mit Gewinnen aus der Landwirtschaft zahlten die Bewohner ein Drittel des Kaufpreises an und bekamen für den restlichen Betrag einen zinsfreien Kredit der peruanischen Regierung.

Nach der Enteignung übernahm die Cornell University in der Gemeinde weitgehend eine forschende Rolle. Viele der Programme für »geplante Eingriffe« waren inzwischen in die Hände der Peruaner übergegangen und

30 Zu den panamerikanischen Organisationen zählten SCIPA (Servicio Cooperativo Inter-Americano de Producción de Alimentos) und SCISP (Servicio Cooperativa Inter-Americano de Salud Pública).

wurden meist von der Entwicklungsbehörde PNIPA (Nationaler Plan für die Integration der indigenen Bevölkerung) betreut. Gleichwohl hatte das CPP weiterhin starkes Interesse daran, ein Modell für eine konservative Landreform vorzuführen, das nicht dem sowjetischen Entwicklungsweg nacheiferte.

Zur Zeit der Enteignung wurde Vicos als Erfolg im Kalten Krieg gefeiert. Einige Reaktionen der Presse sind es wert, ausführlicher zitiert zu werden:

Christian Science Monitor (1.8.1963): Das »Peru-Cornell-Experiment hat zweifelsfrei bewiesen, dass eine Gemeinschaft, wie rückständig sie auch sein mag, friedlich und zügig (in diesem Fall binnen zehn Jahren) »auf der demokratischen Seite des Zauns« in das 20. Jahrhundert eintreten kann, wenn ihr Führung geboten wird.«

Reader's Digest (April 1963): »Aufgrund des Wunders von Vicos verbreitet sich heute in ganz Südamerika die elektrisierende Botschaft, dass Demokratie und freies Unternehmertum jene Menschenwürde verwirklichen können, die im Falle des Kommunismus nur ein Lippenbekenntnis ist [...] Während die Sowjets davon redeten, das Los der unterentwickelten Völker zu verbessern, [...] haben die *Vicosinos* binnen eines Jahrzehnts das Joch des Feudalismus abgeschüttelt.«

Saturday Review (Leitartikel Wissenschaft, 3.11.1962): »Die sowjetische Revolution in Russland hat Millionen von Menschen in ihren Bann gezogen, indem sie ein isoliertes und verarmtes Bauernvolk in weniger als einem halben Jahrhundert in eine mächtige Nation verwandelt hat [...] Es ist merkwürdig, dass die Geopolitiker der amerikanischen Demokratie, die nach einem Gegengewicht zum Einfluss dieser Errungenschaft suchen, entweder übersehen oder ignorieren, dass sich gleich nebenan ein Experiment findet, das den menschlichen Geist innerhalb eines Jahrzehnts um 400 Jahre vorangebracht hat. Die Rede ist von Vicos.«

Laboratorium der Modernisierung

Das CPP teilte zwar partiell den Konservatismus der Indigenisten Limas, insofern es die Bindung der Indianer an ihr Land aufrechterhalten wollte und einer »sozialistischen« Inkavergangenheit keine Perspektiven abgewinnen konnte, doch seine spezifische Herangehensweise an die »Indianerfrage« trat im Gewande blinder Wissenschaftsgläubigkeit auf. Wenngleich die politischen Ziele wichtig blieben, wurde vor allem der streng wissenschaftliche Charakter der ihnen entsprechenden Mittel verteidigt. Als Mario Vásquez, der leitende peruanische Anthropologe vor Ort, einen überschwänglichen Bericht über die emanzipatorischen Aktivitäten in Vicos verfasste, ermahnte Holmberg seinen Schüler und Kollegen: »Vergessen Sie vor allem nicht, dass wir die wissenschaftliche Seite mindestens ebenso sehr bedenken müssen wie die praktische.«[31] Der Szientismus verlieh dem Modernisierungsprojekt in Vicos eine bestimmte Atmosphäre, in der die Indianer weniger als Radikale, sondern eher wie Forschungsobjekte in einer Petrischale betrachtet wurden. Selbst als sich die Forderungen nach Landreform im peruanischen Hochland zuspitzten und immer mehr Gemeinden auf die Enteignung von Haciendas drängten, nahm das CPP eine konservativ-abwartende Haltung ein, die sich in die Sprache des unbeteiligten Wissenschaftlers kleidete.

Dies war auch das Ergebnis von Auseinandersetzungen zwischen dem CPP und seinen wichtigsten Geldgebern.[32] Bei seiner Gründung war das CPP eine von fünf Forschungsstationen für eine von der Carnegie Corporation finanzierte Studie über interkulturellen sozialen Wandel. An diesen meist bevölkerungsreichen ländlichen Orten konnte es jederzeit zu Unruhen kommen. In einem Brief an Lauriston Sharp, der als Dekan der anthropologischen Fakultät an der Cornell University für die fünf Forschungsstationen zuständig war, betonte der Vizepräsident der Carnegie Corporation, John Gardener, dass man bei einem solchen Unternehmen vorsichtig agieren müsse: »Vermutlich sind wir uns einig, dass die Förderung eingeborener Völker mit dem Ziel, ihnen eine aktivere Rolle bei der Verbesserung ihrer Lage zu ermöglichen, im Falle eines Erfolgs das allgemeine politische und gesellschaftliche Bewusstsein der betroffenen Menschen stärkt.« Daran schlossen sich einige bohrende Fragen an: »Welche politischen Konsequenzen sind zu erwarten, wenn das Programm erfolgreich verläuft (oder scheitert)? Mit welchen politischen Auswirkungen muss man rechnen, welche Interessen werden gefährdet sein, welches neue politische Kräfteverhältnis wird dadurch hergestellt? Die Geschichte von

31 Brief an Mario Vásquez, 24. 10. 1953, Cornell-Peru-Project Vicos Collection (Carl A. Kroch Literary, Cornell University, Division of Rare and Manuscript Collections), Box 22.

32 Die Rolle von Stiftungen und anderen Geldgebern für die Entwicklungspolitik während des Kalten Krieges sowie insbesondere ihr Einfluss auf anthropologische Forschungen können im vorliegenden Beitrag nicht im Einzelnen dargestellt werden. Meine Untersuchung zu Vicos stützt sich unter anderem auf David Price, Subtle Means and Enticing Carrots, in: *Critique of Anthropology* 23 (2003), Heft 4, S. 373–401, und Mark Solovey, Project Camelot and the 1960s Epistemological Revolution: Rethinking the Politics-Patronage-Social Science Nexus, in: *Social Studies of Science* 31 (2001), Heft 2, S. 171–206.

Jimmy Yen[33] und anderen spricht dafür, dass es nahezu unmöglich ist, vor Ort Gesundheitsaufklärung, Alphabetisierung und wirtschaftliche Ausbildung zu fördern, ohne zugleich eine Schulung in lokaler Selbstverwaltung zu leisten. Kann es sein, dass Sie diese Frage relativ wenig bedacht haben?«

Seine Antwort – wohl eher eine Anweisung – fiel deutlich aus: »Wenn eingeborene Völker lernen sollen, ihr Schicksal in die eigenen Hände zu nehmen, dann sollte man sie besser auch darüber aufklären, wie sie von skrupellosen Führern übertölpelt werden können. Dies bedeutet meines Erachtens eine recht intensive Indoktrination über lokale Formen ›demokratischen‹ Gruppenhandelns mit einer starken Betonung aktiver und realistischer politischer Partizipation. Andernfalls könnte das gesamte Bemühen, den Status rückständiger Völker zu verbessern, das machtvollste Mittel aller Zeiten sein, um skrupellosen Demagogen in die Hände zu spielen.«

Um die Bauern über »lokale« Modelle von »Demokratie« zu indoktrinieren, hielten Holmberg und die Cornell University ein wissenschaftliches Vorgehen für wegweisend. Die Revolution in den Griff zu bekommen, hieß Variablen in den Griff zu bekommen.

Für die Anthropologen der Cornell University stellte Vicos den bislang beispiellosen Versuch dar, der Feldforschung Arbeitsbedingungen wie in einem naturwissenschaftlichen Labor zu bieten. Sie versuchten kontaminierende Variablen auszuschalten, die die Daten verzerren konnten, um Faktoren des Wandels zu isolieren, die sie selbst ins Spiel gebracht hatten. So erklärte Holmberg, dass die Wissenschaftler bei der Untersuchung in Vicos »zugleich Faktoren und Erforscher des Wandels« seien. Dadurch könnten sie »die Variablen etwas besser steuern, als es normalerweise der Fall ist, und so Einblicke in den soziokulturellen Prozess gewinnen«.[34] In einer noch euphorischeren Darstellung wurde das Laboratorium Vicos folgendermaßen beschrieben: »Erstmals wird es möglich sein, in einem gegebenen empirischen Kontext alle Beschränkungen des Gegenstandsbereichs und der Methode aufzuheben, in sämtliche Richtungen zu gehen

---

33 YC James ›Jimmy‹ Yen wird hier vermutlich erwähnt, weil er an der chinesischen Bewegung der Volksbildung beteiligt war und sein viel gelobtes Dingxiang-Experiment, zu dessen Innovationen die Kreuzung von Schweinerassen, wirtschaftliche Kooperativen, Dorftheater und Gesundheitsfürsorge zählten, in vieler Hinsicht dem CPP geähnelt haben muss. Gardener mag zudem bekannt gewesen sein, dass Mao Zedong seine Jugend als freiwilliger Lehrer in der Volksbildungsbewegung verbrachte.

34 Allan Holmberg, Participant Intervention in the Field, in: *Human Organization* 14 (1955), Heft 1, S. 23–26.

und somit zum ersten Mal den Versuch einer Analyse zu unternehmen, die so vollständig ist, wie Mensch und Geld erlauben.«[35]

Während Holmberg sehr bemüht war, die Rückständigkeit von Vicos zu belegen, schaltete er alle kontaminierenden Faktoren aus, die einen Hinweis darauf hätten liefern können, dass die Gemeinde bereits »lokale« demokratische Werte teilte (wie Gardener meinte) oder über irgendeine politische Organisationsform verfügte. In seinem ersten Bericht für das IIP und die Geldgeber des Projekts beschrieb er die Situation, die er in Vicos vorfand: »Als Resultat dieser Bedingungen bestand bei den Indianern selbst keinerlei Gruppenzusammenhalt und hatte die Lage der Hacienda einen so kläglichen Zustand erreicht, dass ausnahmslos jeder nur die eigenen Interessen im Kopf hatte, ohne auf irgendjemanden Rücksicht zu nehmen, der kein engerer Verwandter war. Die Stimmung war im Allgemeinen gedrückt und der Widerstand gegen äußere Einflüsse groß.«[36]

Den Vicosinos ihren Ort in der modernen Geschichte oder innerhalb der zahlreichen Bauernaufstände abzusprechen, die die Region vor den 1940er Jahren erschüttert hatten, entsprach auch der Versicherung seitens des CPP, dass Vicos jeder Gedanke an einen radikalsozialistischen *ayllu*, der für Limas *indigenistas* so zentral war, fernliege. In einem für den Council on Foreign Relations erstellten Sammelband über Sozialpolitik in Lateinamerika warnte Holmberg, wenn man der indianischen Bevölkerung Perus nicht »Möglichkeiten und Hilfe bietet, um ihre Lebensweise zu verändern und ihre Lage spürbar zu verbessern«, könne das Ergebnis in »weiteren blutigen Revolutionen wie in Bolivien bestehen, oder wenigstens darin, dass ihr Anpassungsprozess an das moderne Leben zu extremen und andauernden Konflikten führt«. Holmberg warnte insbesondere vor Boliviens »panindianischen« und »panbäuerlichen« Bewegungen, wobei er auf die ähnlichen Wurzeln von Kommunismus und Indigenität sowie den indigenistischen Gedanken sozialistischer *ayllus* hinwies, der Vicos jedoch fremd sei. »Es ist bezeichnend, dass die Hochburg kommunistischer Umtriebe in Peru Cuzco ist, die ehemalige Hauptstadt des Inka-Reiches.« Die Vicosinos hingegen waren laut Holmberg keine inkaischen Sozialisten.

Ähnliche Auffassungen kamen in einer Reihe von Feldberichten des jungen Forschers Richard Patch zum Ausdruck, der im ersten Jahr des Pro-

35 Experimental Research in the Behavioral Sciences and Regional Development, Cornell-Peru-Project Vicos Collection (Carl A. Kroch Literary, Cornell University, Division of Rare and Manuscript Collections), Box 22.

36 Proposal '55 and First Progress Report, Cornell-Peru-Project, Cornell-Peru-Project Vicos Collection (Carl A. Kroch Literary, Cornell University, Division of Rare and Manuscript Collections), Box 1.

jekts in Vicos arbeitete und später eine Dissertation über die Auswirkungen der Agrarreform in Bolivien verfasste. Patch blieb auch nach seinem Ausscheiden ein entschiedener Befürworter des Experiments in Vicos und ein glühender Anhänger der US-Politik in den Anden. In einem Bericht aus den Anden mit dem Titel »How Communal are the Communities?« unternahm Patch einen Frontalangriff auf die indigenistische These eines »Urkommunismus« und kritisierte insbesondere »die Bedeutung dieser Annahme für die jüngere Gesetzgebung«:[37] »Das Problem der Zukunft der indianischen Gemeinden ist das Problem der Zukunft Perus. Es kann ohne Übertreibung gesagt werden, dass der Tag, an dem Peru seine unhaltbare Situation realistisch betrachtet, den Beginn seiner Reifung zu wirklicher Nationalstaatlichkeit markieren wird [...] Noch bleibt Peru Zeit, sich zwischen der von Wunschdenken getriebenen Projektion einer rousseauschen Utopie und den harten Realitäten zu entscheiden. [...] Deuter der Geschichte, die dafür eintreten, dass autarke Gemeinden ihr inkaisches und präinkaisches Erbe gemeinschaftlicher Strukturen unter dem wohltätigen Schutz der Regierung bewahren, erweisen sich selbst einen Bärendienst.«[38]

Kommunistisches Experiment oder Allianz für den Fortschritt?

Bis zu den späten 1950er Jahren hatte das Vicos-Experiment vor allem durch seine beständige Eigenwerbung, aber auch aufgrund der Gerüchte über eine Enteignung der Hacienda große Bekanntheit in Peru erlangt. Doch an diesem Punkt fiel Holmbergs Wunsch, ein Laboratorium zur Erforschung von Indianern zu schaffen, den nationalen Plänen für eine Landreform zum Opfer. In einem Brief an William Mangin, einen langjährigen Mitarbeiter des Projekts, bedauerte Holmberg: »Es tut mir aufrichtig leid, zu hören, dass Vicos zu einem solchen Spielball politischer Interessen geworden ist.«[39] Zwei Jahre später hatte selbst Monge realisiert, dass Vicos nicht länger als abgeschiedene Insel bestehen konnte und man dem politischen Druck von unten nachgeben musste: »Die Heftigkeit der indigenen

37 Richard W. Patch, How Communal are the Communities?, American Universities Field Staff Reports, 12. 6. 1959. Bezüglich der Gesetzgebung meinte Patch die Polemiken einiger sozialistischer Senatoren. Vgl. etwa Hildebrando Castro Pozo, Del Ayllu a Cooperativa Socialista [1936], Lima 1969.

38 Patch, How Communal are the Communities?, S. 17f.

39 Brief an William Mangin, 15. 10. 1958, Cornell-Peru-Project Vicos Collection (Carl A. Kroch Literary, Cornell University, Division of Rare and Manuscript Collections), Box 2.

Bewegungen macht effektivere Maßnahmen erforderlich, genauer gesagt: sie erzwingt sie geradezu.«[40]

Die effektiven Maßnahmen, die in den folgenden zwei Jahren ergriffen wurden – allen voran die Enteignung der Hacienda –, wurden von peruanischen *indigenistas*, den Mitarbeitern des CPP und den US-amerikanischen Institutionen, die das Projekt genauestens beobachteten, auf unterschiedliche Weise gedeutet. Die Mitarbeiter des CPP gaben sich alle Mühe, die Enteignung als letzte Übergangsstufe und Abschluss des Experiments in Vicos darzustellen. Die Idee eines exportierbaren »Modell Vicos« jedoch, das ungeachtet kultureller Differenzen Vorhersagen über die Rationalitäten von Bauern erlauben würde, fand am Ende keine allgemeine Akzeptanz. Allerdings waren viele der peruanischen Anthropologen, die in Vicos gearbeitet hatten, später an der Ausarbeitung der Gesetze für eine Agrarreform in Peru beteiligt, die Ende der 1960er Jahre verabschiedet wurden.

Aus dem Englischen von Felix Kurz

40 Brief an Allan R. Holmberg, 4. 11. 1960, Cornell-Peru-Project Vicos Collection (Carl A. Kroch Literary, Cornell University, Division of Rare and Manuscript Collections), Box 23.

Ragna Boden

Das Scheitern der sowjetischen Modernisierungsoffensive in Indonesien

Seit Chruschtschows Amtsantritt als Erster Sekretär des Zentralkomitees der KPdSU 1953 gewährte die UdSSR Entwicklungsländern massive Hilfe, um diese zu »modernisieren«. Auf diese Weise hoffte Moskau, den vermeintlichen antikapitalistischen Reflex der ehemaligen Kolonien zu verstärken und die jetzt selbstständigen Staaten ins sozialistische Lager ziehen zu können. In diesem Kontext nahm die Republik Indonesien einen besonderen Platz ein: Während der ersten Nachkriegsperiode (1945–1965) unterstützte die Sowjetunion Jakarta stärker als jedes andere Entwicklungsland mit Ausnahme Ägyptens – selbst mehr als das kommunistische Vietnam. Dennoch fiel das Ergebnis für Moskau in nahezu allen Bereichen enttäuschend aus: wirtschaftlich, militärisch wie auch politisch. Der vorliegende Beitrag soll klären, woran die sowjetischen Bemühungen um Entwicklungsländer wie Indonesien scheiterten. Wesentliche These dabei ist, dass die sowjetische Modernisierungsoffensive fehlschlug, weil es an Strategien und Taktiken mangelte, die den Bedürfnissen der Zielländer angemessen waren. So erwies sich die sowjetische Führung ähnlich wie die meisten westlichen Staaten als zu unflexibel, um die Bedeutung vielfältiger Wege in die Moderne zu erkennen. In diesem Zusammenhang werden hier einige Hauptideen über die Merkmale sowjetischer Moderne sowie ihre Interpretation im Ausland und der UdSSR selbst vorgestellt. Danach ist zu zeigen, was das sowjetische Modell für Indonesien attraktiv machte, welche Formen die sowjetischen Modernisierungsbemühungen dort annahmen und weshalb die meisten von ihnen hinter den Erwartungen eklatant zurückblieben.

Die UdSSR und die Modernisierung

Der Blick von außen

Eines der Hauptinteressengebiete der Kommunismusforschung war die Verbindung von Kommunismus und Moderne. Innerhalb dieses Diskurses war es keine Frage, ob die sowjetische Variante im Kontext der Moderne interpretiert werden sollte.[1] Doch je nach dem Standpunkt des Betrachters wurde der Sowjetkommunismus entweder als besondere Spielart, ja sogar als Inbegriff von Moderne charakterisiert oder aber als »Anti-Moderne«.[2] Doch selbst wenn die UdSSR heute als »gescheitertes Imperium« bezeichnet wird,[3] ist es wichtig festzuhalten, dass dies für die Zeitgenossen keineswegs offensichtlich war. In der Nachkriegsperiode waren zwei parallel laufende Entwicklungen entscheidend für das hier behandelte Thema: erstens der Dekolonisierungsprozess, der einen Schub neuer unabhängiger Staaten auf der Suche nach Staatsmodellen auf die internationale Bühne brachte; zweitens die massive technologische, ökonomische und militärische Innovation, die wesentlich vom Kontext des Kalten Krieges bestimmt war und diesen selbst wiederum beeinflusste.

Für viele der neuen Regierungen in Asien, Afrika und Lateinamerika verkörperte die sowjetische »beschleunigte Modernisierung« nicht nur eine mächtige und im Zweifel passendere Alternative zu westlichen, kapitalistischen Modellen.[4] Die Existenz der UdSSR schien zu beweisen, dass es möglich war, große und heterogene Gesellschaften innerhalb recht kurzer Zeit zu transformieren. Eine wirtschaftliche Modernisierung solchen Ausmaßes und in dieser Geschwindigkeit war für die jungen Staaten und ihre Regierungen sehr attraktiv, spürten sie doch den Druck, möglichst rasch positive Ergebnisse zu erzielen. Da in den 1950er und 1960er Jahren

---

1 Die philosophischen Argumente über den Stalinismus als utopische Moderne, wie sie Habermas und Bataille vorbringen, werden hier nicht behandelt. Siehe dazu Jürgen Habermas, Der philosophische Diskurs der Moderne. Zwölf Vorlesungen, Frankfurt am Main 1985, besonders S. 266f. Für die Sicht eines Historikers vgl. Stephen Kotkin, Magnetic Mountain. Stalinism as a Civilization, Berkeley/Los Angeles/London 1995, S. 358. Zur sowjetischen Moderne generell vgl. zuletzt Stefan Plaggenborg, Experiment Moderne: Der sowjetische Weg, Frankfurt am Main/New York 2006.

2 Wolfgang Hardtwig, Alltagsgeschichte heute. Eine kritische Bilanz, in: Winfried Schulze (Hg.), Sozialgeschichte, Alltagsgeschichte, Mikro-Historie. Eine Diskussion, Göttingen 1994, S. 19–32, 24; mit Bezug zum Sozialismus: Peter Wagner, Soziologie der Moderne. Freiheit und Disziplin, Frankfurt am Main/New York 1995, S. 161; Pierre Clermont, Le communisme à contre-modernité, Paris 1993, hier zit. n. Johann Arnason, Communism and Modernity, in: Shmuel N. Eisenstadt (Hg.), Multiple Modernities, New Brunswick/London 2002, S. 61–90, hier S. 61.

3 Vladislav Zubok, Failed Empire: The Soviet Union in the Cold War from Stalin to Gorbachev, Chapel Hill 2007.

4 Für eine Diskussion der Unterschiede zwischen europäischer und amerikanischer politischer Modernisierung vgl. Samuel P. Huntington, Political Modernization: America vs. Europe, in: *World Politics* 18 (1966), Heft 3, S. 378–414.

die Konvergenztheorie weithin akzeptiert war,[5] schien die Sowjetunion ein imposantes Beispiel einer »nachholenden Entwicklung« zu sein, die auch auf Entwicklungsländer übertragbar schien.[6] Andererseits zeigte der sowjetische Fall ebenso, dass selbst mit den größten Anstrengungen Hilfe von außen unerlässlich war. Hier trafen sich die Interessen der UdSSR und die der Entwicklungsländer.

Die Moskauer Perspektive

Um die sowjetischen Modernisierungsprogramme für Entwicklungsländer zu verstehen, muss auch der sowjetische Standpunkt mit einbezogen werden. Lenins Ansatz lässt sich am besten mit seinem bekannten Diktum *»Kommunismus – das ist Sowjetmacht plus Elektrifizierung des ganzen Landes«*[7] verdeutlichen. In diesem Schlagwort bündelte er die Verflechtung politischen Wandels und technischen Fortschritts. Doch dies war nur die bekannteste Facette. Viel wichtiger war, dass er das marxsche Modell der Entwicklung menschlicher Gesellschaften modifizierte. Gemäß der marxschen Theorie folgten alle Gesellschaften, einem Naturgesetz vergleichbar, demselben Geschichtsverlauf von der Ur- über die Sklavenhaltergesellschaft, den Feudalismus und Kapitalismus bis hin zum Sozialismus und Kommunismus.[8] Lenin orientierte sich im Prinzip an diesem Modell, sah aber die Möglichkeit, Stadien zu überspringen[9] und etwa vom Feudalismus direkt zum Sozialismus überzugehen. Diese Änderung war im Hinblick auf die Kolonien wichtig, da ihre Gesellschaften als feudalistisch oder sogar präfeudalistisch galten. Gemäß Lenins Modifikation war es also für sie nicht notwendig, das Stadium des Kapitalismus zu durchlaufen, sofern das Proletariat der fortschrittlichen (das hieß: der sozialisti-

5 Vgl. für eine Diskussion Andreas Langenohl, Tradition und Gesellschaftskritik. Eine Rekonstruktion der Modernisierungstheorie, Frankfurt am Main/New York 2007, besonders S. 9–16.

6 Kotkin, Magnetic Mountain, S. 358, spricht vom Stalinismus als einer »Enlightment utopia« mit einem »prospect of a quick leap […] into […] a superior form of modernity […]«. Vgl. auch Manfred Hildermeier, Geschichte der Sowjetunion 1917–1991: Entstehung und Niedergang des ersten sozialistischen Staates, München 1998, S. 28.

7 W. I. Lenin, Werke, Bd. 31, Berlin 1970, S. 513 (Kursivsetzung wie im Original).

8 Grundlagen des Marxismus-Leninismus. Lehrbuch. Nach der zweiten, überarbeiteten und ergänzten russischen Auflage, Berlin 1964, S. 147–157.

9 W. I. Lenin, Der Imperialismus als höchstes Stadium des Kapitalismus. Gemeinverständlicher Abriß [1916/17], in: ders., Werke, Bd. 22, Berlin 1960, S. 191–309.

schen) Länder sie unterstützte. Auf diese Weise legitimierte die UdSSR ihre Hilfe an Entwicklungsländer.

Obwohl Lenin die »Selbstzivilisierung« rückständiger Gesellschaften propagierte,[10] bedeutete dies nicht, dass die UdSSR nicht willens war, ihnen zu helfen. Im sowjetischen Modernisierungskonzept waren die politische und die ökonomische Entwicklung miteinander gekoppelt. Wirtschaftshilfe war demnach ein Mittel, um die politische Entwicklung zu fördern. Eine solche Tendenz lässt sich am besten an der Begrifflichkeit festmachen, etwa beim sowjetischen Gebrauch des Terminus »fortschrittlich« (im Russischen: *progressivnyj*). Während das Substantiv »Fortschritt« (*progress*) eine stark ökonomische Konnotation aufweist, bezeichnet das Adjektiv *progressivnyj* eine soziopolitische Kategorie, nämlich die Neigung zum Sozialismus. »Fortschrittliche Staaten« waren in sowjetischer Terminologie Länder mit einem Hang zum Kommunismus.[11]

Für die weitere Klassifizierung erwies sich der Dekolonisierungsprozess als entscheidend. Angesichts der Vielzahl an unabhängigen Staaten, die aus den Trümmern der Kolonialreiche hervorgingen, war Lenins Modifizierung des marxschen Modells wichtiger denn je, wenn auch nicht ausreichend. Auch Andrej Schdanows simplifizierende »Zwei-Lager-Theorie«, in der er ein streng dichotomisches Weltbild propagierte, bot keine wirkliche Alternative.[12] Schdanows einflussreiches Konzept von 1947 propagierte eine statische Perspektive und war auf die dynamischen Dekolonisierungsprozesse kaum anwendbar. Sein Schema versuchte, die gleichzeitige Existenz unterschiedlicher Entwicklungsstadien nach Marx' Schema zu erklären.

Erst acht Jahre später und nach der Bandung-Konferenz von 1955 kam ein neues, integrierendes Modell zum Tragen.[13] Dieses Schema war auf theoretischer Ebene nicht sehr weit entwickelt, sondern folgte einer eher pragmatischen Linie. Im Prinzip erweiterte es Schdanows Konzept um zwei Kategorien, sodass es vier Gruppen von Ländern danach definierte, in welchem Ausmaß sie mit der westlichen oder sozialistischen Welt ko-

---

10 W. I. Lenin, Lieber weniger, aber besser [2. 3. 1923], in: ders., Werke, Bd. 33, Berlin 1962, S. 474–490, S. 488.

11 Bezüglich des Terminus in »westlichen« Gesellschaften haben die Begriffe Modernisierung und Fortschritt ebenfalls eine positive, wenn auch andere Konnotation. Die bekannteste Interpretation und das kapitalistische Alternativmodell zu Marx findet sich bei Walt Rostow, The Stages of Economic Growth: a Noncommunist Manifesto, Cambridge 1960.

12 A. Shdanow, Über die internationale Lage, Stuttgart 1952.

13 V. Micheev, Novaja Azija, in: *Kommunist* (1955), Heft 12, S. 80–94.

operierten. So wurden die Entwicklungsländer wie folgt eingeteilt: erstens sozialistische Länder; zweitens politisch unabhängig, aber in wirtschaftlicher Abhängigkeit befindlich; drittens formal unabhängig, aber tatsächlich Mitglied eines »aggressiven« (das heißt antisowjetischen) Militärbündnisses; viertens Kolonien. Auf diese Weise wurden die Entwicklungsländer zuvörderst nach ihrer soziopolitischen Neigung in das neue System eingeordnet, obwohl sie sich vorwiegend noch im Zustand von feudalistischen oder sogar Stammesgesellschaften befanden.

Chruschtschow nutzte dieses Schema 1956 als Grundlage, um die komplexe Weltkonstellation wiederum in zwei Kategorien zu unterteilen: das kapitalistische Lager und die sogenannte »Friedenszone«.[14] Dies war, verglichen mit der ansatzweisen Differenzierung von 1955, ein theoretischer Rückschritt und teilte alle Entwicklungsländer einem der beiden Blöcke zu. Somit verstetigte Chruschtschow die zentralistische Perspektive und unterschätzte den starken Willen der neuen Staaten zur Selbstbestimmung. Sein Modell verfiel insofern wieder in das marxsche Schema, da das kapitalistische Lager nicht als Alternative zum sozialistischen betrachtet wurde, sondern als auf einer niedrigeren historischen Entwicklungsstufe stehend. Zudem verweigerte das Modell den jungen Staaten eine oder gar mehrere eigene Kategorien, die ihre Spezifika berücksichtigten, und vernachlässigte somit auch die erstarkende Bewegung der Blockfreien. Dieses eindimensionale Konzept negierte jeden Ansatz multipler Modernität.[15]

Im Zuge der Bewertung von Modernisierung lohnt ein Blick auf die sowjetische Terminologie, mit der die neuen Staaten Asiens, Afrikas und Lateinamerikas belegt wurden, da sich in ihnen die Moskauer Sichtweise widerspiegelt. Am weitesten verbreitet war der Begriff »Entwicklungsländer« (*razvivajuščiesja strany*), der wie sein englisches Pendant (*developing countries*) die Dynamik betont. Häufig wurde er in Verbindung mit weiteren Attributen verwendet, etwa »wirtschaftlich/industriell schwach entwickelte Länder«.[16] Als Gemeinsamkeiten dieser Staaten galten folgende ökonomische, politische und historische Komponenten: eine koloniale Vergangenheit, ein niedriger Lebensstandard, ein geringer Industrialisierungsgrad und niedrige Produktivität sowie die Abhängigkeit vom »kapi-

---

14 N. S. Chruschtschow, Rechenschaftsbericht des Zentralkomitees der KPdSU an den XX. Parteitag (14.–25. Februar 1956), Berlin 1956, S. 21.

15 Für eine Theoriekritik aus soziologischer Perspektive vgl. Langenohl, Tradition.

16 Rossijskij Gosudarstvennyj Archiv Ėkonomiki (RGAĖ), f. 4372, op. 81, d. 411, l. 17.

talistischen Weltwirtschaftssystem«.[17] Von westlichen Ideen unterschied sich dieses Schema vorwiegend darin, dass es die sozialistischen Länder wie Vietnam und Kuba davon ausnahm und unter die »fortschrittlichen Kräfte« einreihte, sie also nach politischen, nicht nach wirtschaftlichen Kriterien bewertete.

Indonesien wurde in diesem Zusammenhang als politisch unabhängiger Staat eingestuft, der jedoch wirtschaftlich von den kapitalistischen Mächten abhängig war.[18] Fünf Jahre später hielt man noch immer am Zwei-Lager-Modell fest, das ohnehin offiziell nie aufgegeben wurde. Auch die Moskauer Erklärung von 1960 präsentierte kein neues Konzept, das der aktuellen Weltlage angepasst gewesen wäre, sondern führte lediglich eine einzige weitere Kategorie ein, die »Staaten der nationalen Demokratie«. Indonesien wurde gegen den Willen seiner Kommunistischen Partei, der PKI (*Partai Komunis Indonesia*), zu dieser Gruppe gezählt.[19] Für die 1964 eingeführte nächste Stufe, die Staaten der »revolutionären Demokratie«, konnte Indonesien sich nicht qualifizieren, da seine sozialistische Ausrichtung nicht überzeugte.

Was bedeutete nun die Kategorisierung Indonesiens für die sowjetische Modernisierungspolitik, und wie beeinflussten sich beide Faktoren gegenseitig?

Hindernisse für die Modernisierungsoffensive

Im Gegensatz zu den rigiden und schematischen Länderzuordnungen der Modelle Moskaus fühlten sich die Führungen der Entwicklungsländer frei, zwischen verschiedenen Varianten der Moderne, östlichen wie westlichen, zu wählen, sie zu erproben und zu kombinieren. Dies galt auch für den in-

---

17 S. I. Tjulpanow, Politische Ökonomie und ihre Anwendung in den Entwicklungsländern, Frankfurt am Main 1972, S. 21–24.

18 Micheev, Azija, S. 85–89.

19 Für die Klassifikation vgl.: Die Moskauer Erklärung von 1960, in: *Ost-Probleme* 13 (1961), Heft 3, S. 66–83, S. 77; für die Zurückweisung durch die PKI: Memorandum von Radde an die ZK-Abteilung für Auswärtige Angelegenheiten und internationale Beziehungen, 19. 4. 1961, über seine Gespräche mit PKI-Mitgliedern, Stiftung Archiv Parteien und Massenorganisationen der DDR, Bundesarchiv (SAPMO-BArch), DY 30/IV 2/20, 324, 2. Bl. Für die spätere Akzeptanz seitens der PKI vgl. Ruth T. McVey, Indonesian Communism and the Transition to Guided Democracy, in: Arthur Doak Barnett (Hg.), Communist Strategies in Asia: A Comparative Analysis of Government and Parties, New York/London 1963, S. 148–195 und S. 373, Anm. 25.

donesischen Präsidenten Sukarno. Auf seiner ersten Auslandsreise 1956 besuchte er die USA, West- und Osteuropa sowie die Volksrepublik China. Dabei sammelte er Informationen und Hilfszusagen, unabhängig von der politischen Ausrichtung des Gebers. Als Eisenhowers Regierung ihm die angefragte Wirtschaftshilfe versagte, wandte er sich an die UdSSR, von der er prompt die Zusage über einen 100-Millionen-Dollar-Kredit erhielt. Dieses großzügig bemessene Darlehen war das erste in einer ganzen Reihe weiterer, deren höchstes sich auf 250 Millionen Dollar belief. Insgesamt summierten sich die Kredite bis 1965 auf insgesamt knapp 720 Millionen Dollar.[20] Gemäß den Abkommen sollten diese Leihgaben für Modernisierungsprojekte im Bereich der Industrialisierung, der Agrartechnologie, Wissenschaft, Energieversorgung und Infrastruktur genutzt werden.

Diese Politik stand im Einklang mit der sowjetischen Propaganda, die besagte, dass die UdSSR Entwicklungsländern half, indem sie ihnen die Mittel zur Verfügung stellte, mit denen diese selbst effiziente Firmen und Objekte aufbauen könnten, die eine rasche Entwicklung der Produktionsmittel gewährleisten sollten.[21] In sowjetischer Perspektive brauchte Modernisierung unbedingt eine industrielle Basis, wohingegen das chinesische Konzept sich mehr auf die Bauern als revolutionäre Kraft konzentrierte. In jedem Fall war die Notwendigkeit einer Industrialisierung in Moskau, Peking und Jakarta unbestritten. Sukarno kleidete dies in drastische Worte: »Industrialisierung [...] ist für das indonesische Volk eine Frage von Leben und Tod.«[22] Chruschtschows Argumentation stimmte mit Sukarnos überein, als er den indonesischen Botschafter Subandrio informierte: »Die Sowjetunion ist daran interessiert, dass Länder wie Indonesien, Indien, Birma ihre Industrie entwickeln, weil ihnen dies Freiheit und Unabhängigkeit verschaffen und ihnen die Möglichkeit geben würde, den Kolonisatoren entschiedenen Widerstand zu leisten.«[23]

---

20 Für die Wirtschaftshilfe vgl. auch Ragna Boden, Cold War Economics: Soviet Aid to Indonesia, in: *Journal of Cold War Studies* 10 (2008), S. 110–128.

21 W.W. Rymalow, Die UdSSR und die wirtschaftlich schwach entwickelten Länder, Berlin 1964 (zuerst Moskau 1963), S. 58.

22 Vizit družby, in: *Meždunarodnaja Žizn'* (1960), Heft 2, S. 9–13, hier S. 12. Auslassung wie im Original.

23 22. 3. 1955, Archiv Vnešnej Politiki Rossijskoj Federacii (AVP), f. 091, op. 11, pap. 8, d. 3, ll. 14–30, hier l. 23.

Indonesische Wirtschaftspolitik

Aller Rhetorik zum Trotz stellte sich das sowjetische Engagement in Indonesien in vielerlei Hinsicht als Fehlschlag heraus: Erstens wurde das Gros der sowjetischen Hilfe nicht für ökonomische Modernisierungsprojekte, sondern für militärische Zwecke verwendet; zweitens war der indonesische Präsident Sukarno mehr daran interessiert, Prestigeprojekte zu verwirklichen, als eine postkoloniale Industrie aufzubauen; drittens verpasste Moskau seine größte Chance in ideologischer Hinsicht, als nämlich während der chinesisch-sowjetischen Konfrontation die indonesische Kommunistische Partei zu Peking tendierte; viertens musste die UdSSR sich mit dem Faktor Religion arrangieren, der nicht nur in Indonesien, sondern in Dritte-Welt-Ländern generell eine große Rolle spielte.

In Wirtschaftsfragen gab es Anzeichen für eine sozialistische Orientierung. Zwar gingen sowjetische Spezialisten nie so weit, indonesische Besonderheiten wie das System der gegenseitigen Hilfe (*gotong royong*) mit einer Art Kollektivwirtschaft zu verwechseln. Doch waren andere, offensichtlichere Parallelen zu sowjetischen Modellen zu verzeichnen wie Sukarnos Interesse an der Planwirtschaft, die Nationalisierung ausländischer Unternehmen und die Einführung der sogenannten gelenkten Demokratie (*ekonomi terpimpin*).[24]

In Moskau hatte man bereits 1948 eine indonesische Neigung zum Sozialismus festgestellt, als eine sowjetische Südostasien-Spezialistin auf die sozialistischen Aspekte der indonesischen Regierungserklärungen hingewiesen hatte. Diese sahen eine Umwandlung privaten Landeigentums in Nationaleigentum sowie die Einführung staatlicher Aufsicht über bestimmte Produktionsprozesse vor. Zudem berichteten sowjetische Experten von Aufrufen, eine Planwirtschaft einzuführen und die Industrie weiterzuentwickeln.[25]

Sukarnos erster Versuch in dieser Hinsicht war der Fünfjahrplan von 1956, der große Investitionen im Staatssektor vorsah. Obwohl der Plan offensichtlich wegen überzogener Erwartungen an das Wirtschaftswachs-

---

24 J. A. C. Mackie, The Indonesian Economy, 1950–1963, in: Bruce Glassburner (Hg.), The Economy of Indonesia. Selected Readings, Ithaca, NY 1971, S. 16–69; Bernhard Dahm, History of Indonesia in the Twentieth Century, London/New York/Washington 1971, S. 189–196; D. S. Paauw, From Colonial to Guided Economy, in: Ruth T. McVey (Hg.), Indonesia, 2. Aufl., New Haven, Conn. 1967, S. 155–247; Daniel S. Lev, Transition to Guided Democracy: Indonesian Politics, 1957–1959, Ithaca, NY 1966.

25 V. Vasil'eva, Bor'ba za demokratičeskoe razvitie Indonezijskoi respubliki, in: *Voprosy Ėkonomiki* (1948), Heft 1, S. 71–85, besonders S. 73 und 79.

tum scheiterte,[26] machten zeitgenössische Verlautbarungen aus der UdSSR die indonesischen Aufstände von 1958 dafür verantwortlich.[27] Im Jahr 1961 war Sukarno erneut bereit, von Moskau zu lernen. Nachdem er die Einführung eines weiteren, eines Achtjahrplanes verkündet hatte, der Indonesien zum Sozialismus führen sollte,[28] entsandte er eine Delegation des indonesischen nationalen Planungsrates in die UdSSR. Doch auch diesmal funktionierte das sozialistische Modernisierungskonzept nicht. Erneut basierte der Plan auf unrealistischen Annahmen. Dies war so offensichtlich, dass der sowjetische Außenhandelsminister Patolitschew schon ein Jahr nach Einführung des Plans dessen Scheitern voraussagte.[29] Hingegen wurde der Plan offiziell, etwa in sowjetischen Publikationen, noch immer als beispielhaft gepriesen.[30] So unterstützte Moskau zuweilen selbst recht hoffnungslose Projekte, solange sie nur als sozialistisch deklariert wurden.

Das Gleiche galt, als die indonesische Regierung niederländisches Eigentum in der Republik Indonesien konfiszierte und niederländische Unternehmen 1957 nationalisierte.[31] Bis dahin hatte der Investitionsanteil der ehemaligen Kolonialmacht an den indonesischen Kautschukplantagen, dem wichtigsten Wirtschaftszweig, 11 Prozent betragen. Kautschuk spielte auch in den sowjetisch-indonesischen Beziehungen eine bedeutende Rolle; es war während der Hochzeit der bilateralen Wirtschaftsbeziehungen das wichtigste Exportprodukt in die UdSSR im Austausch für den Technikimport.[32]

---

26 Vgl. Mackie, Economy, S. 48f.; V. Ja. Archipov, Indonezija v bor'be za ėkonomičeskuju samostojatel'nost', Moskau 1963, S. 48.

27 Jurij Alešin, Sovetsko-indonezijskie otnošenija v 1945–1962 godach, Moskau 1963, S. 92; Archipov, Indonezija, S. 48. Für den Ereignisverlauf und die Diskussion um die Rolle der USA vgl. Andrew Roadnight, United States Policy towards Indonesia in the Truman and Eisenhower Years, Basingstoke 2002; Audrey R. Kahin/George McT. Kahin, Subversion as Foreign Policy. The Secret Eisenhower and Dulles Debacle in Indonesia, New York 1995.

28 »Bericht über den Aufenthalt der Regierungsgesandtschaft Indonesiens unter Leitung von Muhammad Yamin«, Feb. 1961, AVP, f. 91, op. 14, pap. 15, d. 10, l. 29. Vgl. auch Dahm, History, S. 196; Mackie, Economy, S. 52–58; Feith, Symbols, S. 83, D. D. Humphrey, Indonesia's Plan for National Development, in: *Asian Survey* (1962), Heft 2, S. 12–21.

29 Patolitschew an das ZK der KPdSU, 12. 4. 1962, RGAĖ, f. 4372sč, op. 80, d. 240, l. 143ff.

30 Archipov, Indonezija, S. 48f.; Alešin, Otnošenija, S. 91.

31 Alešin, Otnošenija, S. 91; Mackie, Economy, S. 50ff., 11; für eine niederländische Perspektive vgl. Vincent Houben, Van kolonie tot eenheidsstaat. Indonesië in de negentiende en de twintigste eeuw, Leiden 1996, S. 170–173.

32 Vgl. Vnešnjaja torgovlja SSSR za 1918–66 gg. Statističeskij sbornik, Moskau 1967, S. 118f., S. 152f.

Die Konfiskation niederländischen Eigentums hatte eindeutig politische Gründe. Hintergrund war die indonesische Reaktion auf niederländische Proteste gegen die Vereinnahmung Westneuguineas durch Jakarta und das Scheitern einer indonesischen Petition darüber in den Vereinten Nationen.

Auch wenn solche Enteignungen zunächst deutlich negative Auswirkungen auf die indonesische Wirtschaft hatten, stießen sie bei den sowjetischen Medien auf Zustimmung.[33] Sie lobten die Aktionen als Zeichen indonesischer Befreiung vom schädlichen Einfluss westlicher Investitionen, die eine unabhängige Entwicklung der indonesischen Wirtschaft und Gesellschaft behinderten.[34] Daher war Moskau bereit, Indonesien bei der Überwindung der anfänglich negativen Auswirkungen der Nationalisierungskampagne zu helfen.

Seine Motivation bei diesen Maßnahmen fasste Sukarno in die Formel des »indonesischen Sozialismus«. Nach seinen Reisen in die USA und Westeuropa sowie nach Osteuropa und China resümierte er: »Kapitalismus erzeugt Armut.«[35] Daher optierte er für eine sozialistische Version der Modernisierung.[36] Solche Tendenzen wurden in Moskau verständlicherweise begrüßt. Doch wie bereits gezeigt, gab es schwerwiegende Hindernisse für eine Modernisierung nach sowjetischer Lesart. Und selbst wenn sowjetische Politiker intern einige der Mängel benannten, äußerten sie öffentlich stets Zustimmung zur indonesischen Wirtschaftspolitik.

---

33 A. Baturin, Neues in Indonesiens Wirtschaftsentwicklung, in: *Neue Zeit* (1956), Heft 37, S. 10ff.; Alešin, Otnošenija, S. 91; Nelli Michailovna Chrjaščeva, Vnešnjaja torgovlja Respubliki Indonezij. (1950–1968), Moskau 1970, S. 18–31; D. Vasilyev/K. Lvov, Soviet Trade with South-East Asia, Moskau 1959, S. 31–39.

34 Alešin, Otnošenija, S. 101; Tjulpanow, Ökonomie, Kap. 9; Rymalow, UdSSR, S. 60.

35 Sukarno, Capitalism creates poverty. Lecture by President Sukarno before Students of Padjadjaran University in Bandung on May 2nd, 1958, o.O. O.J. Für Sukarnos frühere Überzeugung, die Islam, Sozialismus und Nationalismus verband, vgl. Bernhard Dahm, Sukarnos Kampf um Indonesiens Unabhängigkeit. Werdegang und Ideen eines asiatischen Nationalisten, Berlin 1966; John Legge (Hg.), Sukarno, Clayton 2002; Lambert Giebels, Soekarno. President. Biografie 1950–1970, Amsterdam 2001; C.L.M. Penders, The Life and Times of Sukarno, London 1972.

36 Vgl. zur sowjetischen Sichtweise A. M. Mel'nova, Učebnoe posobie po speckursu »Istorija ėkonomičeskich učenij« dlja prepodavatelej i studentov ėkonomičeskogo fakul'teta zaočnogo, večernego i dnevnogo otdelenij. Sukarno o sovremennom Imperializme i ego politike, Sverdlovsk 1964.

Waffen und Stadien

Ähnliche Tendenzen sind bei der Verwendung sowjetischer Entwicklungshilfe zu beobachten. Zwar sahen die sowjetisch-indonesischen Abkommen eine Reihe von Projekten vor, welche die Industrialisierung, Landwirtschaft und anderes fördern sollten, doch wurden nur 10 Prozent davon fertiggestellt und in Betrieb genommen. Dies widersprach nicht nur den sowjetischen Intentionen, sondern bedeutete auch im Vergleich mit anderen asiatischen Empfängern ein mageres Ergebnis: Die asiatischen Staaten vollendeten im Durchschnitt immerhin 30 Prozent der mit sowjetischer Hilfe finanzierten Projekte.[37]

Insgesamt investierte die UdSSR fast 800 Millionen Rubel im Archipel. Wofür wurden diese Kredite also genutzt, wenn nicht für die in den Abkommen vereinbarten Projekte? Das Gros sowjetischer Hilfe, nämlich 89 Prozent, floss in »Verteidigungsausgaben«, wie die sowjetische Statistik ausweist, nur 11 Prozent wurden tatsächlich in zivile Projekte investiert.[38] Verglichen mit den anderen Entwicklungsländern waren Indonesiens Militärausgaben im Verhältnis zu seinen Wirtschaftsinvestitionen also außergewöhnlich hoch. Diese Aufwendungen für Wehrtechnik und -beratung finanzierten vor allem die indonesischen Militäraktionen, um Westneuguinea an die Republik Indonesien anzugliedern (1960 bis 1962/63) sowie die Konfrontation mit Malaysia (1963 bis 1965).[39] Chruschtschow ließ sich dabei von Sukarno überzeugen, dass moderne Streitkräfte einschließlich der dazugehörigen technischen Ausstattung unerlässlich seien, um die »indonesische Revolution«, also den Kampf gegen die Überreste des Kolonialismus, fortzuführen. Dennoch war ihm wie auch sowjetischen Experten nicht wohl dabei, ökonomischen Fortschritt gegenüber solchen Plänen hintanzustellen. Wenn Moskau dennoch zustimmte, so vornehmlich aus ideologischen Gründen und deshalb, weil der Westen sich einer

37 Boden, Cold War Economics, S. 116.

38 Ebenda, S. 119. Zur sowjetischen Militärhilfe für Entwicklungsländer vgl. auch Roger E. Kanet, Sowjetische Militärhilfe für nationale Befreiungskriege, in: Bernd Greiner/Christian Th. Müller/Dierk Walter (Hg.), Heiße Kriege im Kalten Krieg, Hamburg 2006, S. 61–83.

39 C.L.M. Penders, The West New Guinea Debacle. Dutch Decolonisation and Indonesia 1945–1962, Leiden 2002; J. Soedjati Djiwandono, Konfrontasi Revisited. Indonesia's Foreign Policy under Soekarno, Jakarta 1996; Ragna Boden, Die Grenzen der Weltmacht: Sowjetische Indonesienpolitik von Stalin bis Brežnev, Stuttgart 2006, Kap. 2.4; William Henderson, West New Guinea: The Dispute and its Settlement, Seton Hall 1973.

solchen Aufrüstung zunächst verweigerte. Chruschtschow begründete dies gegenüber Außenminister Subandrio wie folgt: »Die Sowjetunion möchte, dass Indonesien stark wird. Wenn die Imperialisten das Erstarken der asiatischen Staaten fürchten, dann ist die Sowjetunion im Gegenteil in jeder Hinsicht bereit, ihr Erstarken zu fördern.«[40]

Abgesehen von Militäraktionen wurden sowjetische Mittel auch für Prestigeprojekte verausgabt. Deren Flagschiff war die gewaltige Sportanlage in Jakarta, die für die *Asian Games*, die Asienspiele, von 1962 gebaut worden war. Dieses 12,5 Millionen Dollar teure Objekt konnte mit einigem guten Willen als Symbol der Modernisierung gedeutet werden, indem es die Leistungsfähigkeit der neu entstandenen Staaten unter Beweis stellte und ihren Willen demonstrierte, ein Großsportereignis zu organisieren und sich untereinander zu messen statt mit den ehemaligen Kolonialherren. Andererseits wäre ein solches Projekt wesentlich eindrucksvoller gewesen, wäre es auf der Basis einer funktionierenden Volkswirtschaft entstanden statt auf deren Kosten. Auch Chruschtschow betrachtete den Sportkomplex daher anfänglich als »Geldverschwendung«.[41] Eine rein symbolische Modernisierung war keineswegs in sowjetischem Interesse, da sie die Chancen auf eine Rückzahlung der Kredite erheblich minderte. Die Unzufriedenheit wuchs noch, als sich herausstellte, dass Moskaus Beitrag zum Bau nicht einmal angemessen gewürdigt wurde.[42]

Deutliche Hindernisse der sowjetischen Modernisierungsoffensive in Indonesien traten bei der Art der Kooperation in Form von Verwaltungsproblemen zutage. 1963 beschwerten sich sowjetische Experten über die Schwierigkeiten bei der Zusammenarbeit: über chronische Materialknappheit auf den Baustellen, Verzögerungen bei Entscheidungsprozessen sowie bei der Unterzeichnung von Verträgen.[43] Zudem beschuldigten sie die indonesische Regierung grober Verstöße gegen die Prinzipien der Ge-

---

40 Chruschtschow im Gespräch mit Botschafter Subandrio, 22. 5. 1955, AVP, f. 091, f. 091, op. 11, pap. 8, d. 3, l. 29.

41 Nikita S. Chruschtschow, Vremja. Ljudi. Vlast'. (Vospominajija v 4-ch kn.), Moskau 1999, Bd. 3, S. 371.

42 »Bericht über den Stand der kulturellen Zusammenarbeit zwischen der Sowjetunion und Indonesien (Stand Dezember 1962)«, vom Inspektor der Abteilung der Länder Südostasiens und des Fernen Ostens, D. Dubrovskij, Gosudarstvennyj Archiv Rossijskoj Federacii (GARF), f. 9576-R, op. 15, d. 210, ll. 42–57, hier l. 52.

43 »Bericht des Staatskomitees des Ministerrates der UdSSR über die Außenhandelsbeziehungen 1962«, vom Vorsitzenden des Staatskomitees, S. Skačkov, an den Ministerrat der UdSSR, 4. 4. 1963, RGAĖ, f. 4372, op. 81s, d. 411, l. 19.

genseitigkeit.[44] Während die sowjetischen Bemühungen sich auf konventionelle Objekte wie Straßenbau, Energieversorgung, Schwerindustrie und Landwirtschaft konzentrierten, interpretierte Sukarno Modernisierung vorwiegend als militärisch gestützte Expansion. Die meisten anderen bilateralen Projekte wie Stahlwerke, Düngemittelfabriken, Wärmekraftwerke, der Bau von Bildungseinrichtungen für Schiffsbau und Ozeanografie wurden nicht beendet, manche nicht einmal begonnen. Erst nach Sukarnos Sturz war es in sowjetischen Publikationen möglich, seine Wirtschaftspolitik offen zu kritisieren. Nun wurde er persönlich für die fehlgeschlagenen Versuche verantwortlich gemacht.[45]

Mentale Modernisierung

Neben wirtschaftlichem Fortschritt und der Militärhilfe bestand das sowjetische Engagement in einem rudimentären Kultur-, Bildungs- und Propagandaprogramm, mithin in dem Versuch, die Mentalität der Indonesier zu modernisieren. Ähnlich wie westliche Staaten organisierten die sowjetischen Verantwortlichen Ausstellungen, Lesungen und richteten Büchereien in diversen Regionen des Inselstaates ein. Zudem nahmen sie an indonesischen Handelsmessen teil, um den sowjetischen Lebensstil zu propagieren. Während der intensivsten Phase der bilateralen Beziehungen fand außerdem ein reger Austausch von Parlaments-, Kommunal-, Kultur-, Frauen-, Jugend- und selbst Delegationen religiöser Würdenträger statt.

Institutionell verankert waren die sowjetischen Bemühungen in Freundschaftsorganisationen, in denen die indonesische Bevölkerung mit der Politik und Kultur der UdSSR bekannt gemacht werden sollte. Diese können als typische Einrichtungen des Kalten Krieges gelten und waren seit der Chruschtschowzeit fester Bestandteil sowjetischer Außenpolitik. Üblicherweise gab es einen Zweig in jedem der beiden Partnerländer. Die indonesische Seite war spätestens seit 1957 aktiv, die sowjetische seit 1958.[46] Zu ihren Mitgliedern zählten Akademiker, Studenten, Schulen, sowjetische Arbeiter aus der Gummiindustrie und Kolchosbauern, Politiker, Diplomaten, Ökonomen – das heißt, ein grober Querschnitt durch die Bevöl-

---

44 Der sowjetische Botschafter in Indonesien, N. Michajlov, an das ZK der KPdSU, 29. 5. 1964, Rossijskij Gosudarstvennyj Archiv Novejšej Istorii (RGANI), f. 5, op. 55, d. 116, ll. 160–188, hier l. 176.

45 N. Volžin, Sovetsko-indonezijskie otnošenija (1960–1970g.g.), in: Ju.V. Borisov (Hg.), Učebnie zapiski. Aktual'nye problemy istorii stran Evropy i Ameriki, Moskau 1972, S. 88–105, hier S. 98.

46 Boden, Grenzen, Kap. 2.5.3.

kerung. Diese Gruppen knüpften bilaterale Beziehungen im politisch abgesteckten Rahmen, gründeten Büchereien und organisierten Lesungen und Sprachkurse. Aus den Aktivitäten und Berichten geht hervor, dass die Organisationen zu dem Zweck gegründet wurden, Informationen über die UdSSR beziehungsweise Indonesien im jeweils anderen Land zu propagieren. Tatsächlich aber schaffte es die sowjetische Seite, weit mehr Informationen über die UdSSR im Archipel zu platzieren als umgekehrt, was ihrer Propagandastrategie entsprach, während der indonesische Zweig in der Sowjetunion häufig vor allem beim Empfang von Staatsbesuchern aktiviert wurde.[47] Die Aufgabe dieser Organisationen wurde von sowjetischer Seite – wie oben dargelegt – sehr einseitig gesehen, nämlich darin, die Grundlagen für eine mentale Modernisierung, einen »Fortschritt« im sowjetischen Sinne zu legen. Problematisch waren die sowjetischen Kulturaktivitäten, wo sie mit indonesischen Verordnungen zur Eindämmung kommunistischer Propaganda in Konflikt gerieten, wie etwa 1962,[48] und seit den 1960er Jahren zunehmend auch dort, wo sie durch die chinesische Gegenpropaganda beeinträchtigt wurden, die bis hin zur Unterwanderung der sowjetischen Institutionen reichte. Daher waren die Möglichkeiten, die Vorzüge des Kommunismus und der hervorragenden sowjetisch-indonesischen Beziehungen zu verbreiten, auf eine recht kleine Personengruppe beschränkt.

Da Bildung neben der Industrialisierung als ein Schlüssel zur Modernisierung galt, unternahm Moskau auf diesem Gebiet ebenfalls einige Anstrengungen. Die sowjetische Propaganda versprach exzellente Chancen für ein Studium in der UdSSR und verwies dabei insbesondere auf die Alphabetisierungserfolge in Zentralasien und im Kaukasus. Indonesien entsandte tatsächlich mehrere hundert Studenten und einige Wissenschaftler, über deren politischen Hintergrund die Akten jedoch keine Auskunft geben.[49] Gemäß diesen Dokumenten studierten 1962 rund 700 indonesische Studenten in verschiedenen Regionen der UdSSR, darunter mehr als 200 an der neu eingerichteten und unter dem Namen Lumumba-Universität bekannt gewordenen »Universität der Völkerfreundschaft«.[50] Zusätzlich

---

47 Ebenda, S. 262.

48 Vgl. ebenda, S. 266.

49 Kulturminister N. Michajlow an Chruschtschow, 9. 3. 1960, RGANI, f. 5, op. 30, d. 300, l. 48. »Bericht über die Aufnahme ausländischer Staatsbürger für eine Ausbildung an den sowjetischen höheren und mittleren Bildungseinrichtungen im Jahr 1962«, RGANI, f. 5, op. 55, d. 55, l. 30.

50 GARF, f. 9576-R, op. 15, d. 210, l. 48; I. O. Farizov, Sovetsko-indonezijskoe ėkonomičeskoe sotrudničestvo, Moskau 1964, S. 48.

wurden indonesische Wissenschaftler in die UdSSR eingeladen. Auch hier finden sich kaum einmal Angaben über die politischen Hintergründe ihrer Auswahl oder ihrer Aktivitäten.

Ein Beispiel mag die Problematik der Interessenkollision illustrieren. Es handelt sich dabei um den Bericht über zwei indonesische Botaniker und ihre Arbeit in der Sowjetunion. Um eine Stellungnahme zur politischen Situation im Gastland gebeten, verweigerten sie die Aussage für die Rundfunksendung mit der Begründung, sie konzentrierten sich ganz auf die Wissenschaft. Dies war für die Gastgeber eine herbe Enttäuschung,[51] hatten sie doch nicht damit gerechnet, dass sich die Gäste ausschließlich für die fachliche Seite interessieren würden, nicht für das System, das die Forschungsergebnisse hervorbrachte.

Wegen des sowjetischen Entwicklungsvorsprungs immatrikulierten sich umgekehrt nur wenige sowjetische Studenten in Indonesien. Einige von ihnen nahmen die Gelegenheit wahr, von der Hochschule hinaus in die Regionen zu ziehen und für ihre Heimat zu werben.[52] Der entsprechende sowjetische Bericht lässt vermuten, dass dies Einzelaktionen waren. Eher als Studenten wurden sowjetische Experten nach Indonesien geschickt. Einer ihrer Aufträge bestand darin, Vorträge über das Leben in der UdSSR zu halten und vor allem über solche Regionen zu berichten, die gewisse Anknüpfungsmöglichkeiten mit den indonesischen Kulturen boten. Dies galt im Wesentlichen für die zentralasiatischen Republiken und den Kaukasus, wo die Parallelen augenfällig waren: Die Gebiete waren rückständig und islamisch beeinflusst. So konnte die UdSSR diese Regionen als Modelle für eine Modernisierung im Hinblick auf Industrialisierung, Alphabetisierungsprogramme und Frauenemanzipation präsentieren – trotz der hohen Umwelt- und sozialen Kosten.[53] Die lebhafte Diskussion im Anschluss an Vorträge über Usbekistan bestätigten das Interesse des größtenteils jungen indonesischen Publikums an den Lebensbedingungen in Zentralasien.[54] Ein noch breiteres Interesse zeichnete sich an allgemeinem

---

51 Archiv der RAN (Archiv Rossijskoj Akademii Nauk/Russländische Akademie der Wissenschaften), f. 579, op. 1/2003, d. 434: Indonesien.

52 N. Michajlov an das ZK der KPdSU, 29. 5. 1964, RGANI, f. 5, op. 55, d. 116, l. 469.

53 Vgl. Jörg Baberowski, Der Feind ist überall: Stalinismus im Kaukasus, München 2003.

54 Die sowjetisch-indonesische Freundschaftsgesellschaft unterhielt einen eigenen Zweig in Usbekistan, vgl. »Gesellschaft für sowjetisch-indonesische Freundschaft, kollektive Mitglieder der Gesellschaft«, GARF, f. 9576-R, op. 15, d. 250, ll. 229–232.

Informationsmaterial über die UdSSR ab. Hunderte von Briefen gingen bei den sowjetischen Vertretungen ein, allein die Botschaft zählte täglich fünfzehn bis zwanzig solcher Anfragen nach Informationsbroschüren, Sprachkursen und Literatur zur Sowjetunion.[55]

Andererseits gab es auch Bemühungen, sowjetische Propaganda einzudämmen. Grund dafür war unter anderem eines der Hauptmerkmale einer modernen Gesellschaft, ihre säkulare, im sowjetischen Fall sogar antireligiöse Ausrichtung.[56] Sie lief dem traditionellen Wertesystem in Indonesien zuwider und blieb ein problematischer Faktor der bilateralen Beziehungen. Während die sowjetische Führung sich an Marx' und Lenins Prinzipien des Atheismus als Grundkomponente des Kommunismus orientierte, waren diese für Indonesien keine Option. Die aus traditional ausgerichteten Kulturen bestehende indonesische Bevölkerung, von der sich 87 Prozent zum Islam bekannte, fand in dieser Ausrichtung ihren Widerhall in der Staatsphilosophie des *Pancasila*, der fünf Prinzipien, in denen auch der Glaube an Gott seinen zentralen Platz hatte.[57] Um die wichtigsten Religionen der indonesischen Völker einzubinden, war kein Bekenntnis explizit in der Verfassung erwähnt, im Gegensatz zum Atheismus. Die sowjetische Verfassung hingegen bevorzugte Letzteren gegenüber jeder Religion: Die Ausübung religiöser Kulte war zwar ausdrücklich erlaubt, doch nur der Atheismus durfte auch verbreitet werden.[58] Somit gehörten religiöse Bekenntnisse in die Privatsphäre, während im Namen des Atheismus auch missioniert werden konnte. Gerade das wurde von vielen indonesischen Politikern als Bedrohung empfunden. Insbesondere religiös ausgerichtete Parteien wie die islamisch geprägten *Masyumi* und *Nahdatul Ulama*, aber auch christliche, warnten vor sowjetischer Hilfe, da sie eine ideologische, insbesondere atheistische Indoktrination befürchteten. Sowjetische Diplomaten mussten in dieser Hinsicht Kompromisse eingehen,

---

55 GARF, f. 5283-R, op. 22, d. 506, ll. 4–11, hier l. 4.

56 Nina Degele/Christian Dries, Modernisierungstheorie. Eine Einführung, München 2005, S. 17. Zu Details vgl. auch Ragna Boden: Religioznyj faktor vo vnešnej politike SSSR i sovetsko-indonezijskie otnošenija, in: *Rossijskaja istorija* (2009), Heft 2, S. 68–78; für Entwicklungsländer generell: dies., Sowjetische Außenpolitik und Islam, in: *Jahrbuch für historische Kommunismusforschung* (2009), S. 149–162.

57 Charles Wolf, Jr., The Indonesian Story: The Birth, Growth and Structure of the Indonesian Republic. [New York 1948] Nachdruck Westport, Conn. 1973, S. 165–171.

58 Verfassung (Grundgesetz) der UdSSR, Moskau 1961, S. 106f. Diese Verfassung war von 1937 bis 1977 in Kraft.

um die Beziehungen zu verbessern. So bemühten sie sich, andere Aspekte der sowjetischen Spielart von Modernisierung herauszustellen, wie die Industrialisierung und den Antiimperialismus. Solche Maßnahmen sollten es sowohl der PKI als auch dem Präsidenten erleichtern, die Beziehungen zu Moskau gegenüber indonesischen Skeptikern zu legitimieren.

Religion erwies sich somit als ernst zu nehmendes Hindernis für die atheistische Supermacht, um als Partner der indonesischen Politiker (Sukarno ausgenommen) und der Bevölkerung akzeptiert zu werden. Auf diesem Gebiet kollidierte die sowjetische Variante von Moderne mit den traditionalen Religionsstrukturen der außereuropäischen Kulturen, für die eine antireligiöse Moderne undenkbar war.

Multiple Modernitäten

Bisher war von solchen Hindernissen für eine sowjetische Modernisierung die Rede, die vor allem in der indonesischen Politik begründet waren. Nun sind noch externe Faktoren zu berücksichtigen wie der Ost-West-Konflikt und der Dekolonisierungsprozess, mithin Phänomene, die zusammen mit der wachsenden Moskauer Rivalität mit China die sowjetischen Bemühungen um eine Modernisierung Indonesiens unterliefen.

Die Entwicklung der sowjetisch-indonesischen Beziehungen war von zwei gegenläufigen Tendenzen gekennzeichnet. Einerseits verbreiteten sich sozialistische Ideen in der Republik Indonesien von der Mitte der 1950er Jahre bis 1965. Ablesbar war dies an der wechselnden Zusammensetzung der Regierung sowie an Sukarnos Wirtschafts- und Sozialpolitik. Insbesondere die PKI erhielt mehr Einfluss im Parlament und erhöhte ihre Mitgliederzahl beträchtlich. Für das Jahr 1963 gab ihr Generalsekretär Aidit eine Zahl von 3,5 Millionen Parteimitgliedern und 20 Millionen Anhängern in deren Massenorganisationen an.[59] Andererseits spielte der chinesische Kommunismus eine immer größere Rolle. Die PKI war die drittgrößte kommunistische Partei weltweit, und ihr Potenzial wurde sowohl von Moskau als auch von Peking erkannt, sodass sich beide um gute Beziehungen zur PKI bemühten. Die indonesischen Genossen hatten vergeblich versucht, im sino-sowjetischen Streit zwischen den Kontrahenten zu vermitteln und weigerten sich lange, sich für eine Seite zu entscheiden. Doch der wachsende chinesische Einfluss im Archipel war unübersehbar, wie sich an sowjetischen Berichten über eine chinesische Infiltrierung der indonesisch-

59 »Aidits Ausführungen am 10. 8. 1963 gegenüber Gen. Hager«, SAPMO-BArch, DY/30/IV A 2/20, 667, o.P., 1. Bl.

sowjetischen »Freundschaftsgesellschaft« zeigte.[60] Mit diesem unfreundlichen Akt emanzipierten sich die Chinesen nicht nur von der Rolle eines Mediators zwischen der KPdSU und der PKI, die sie Anfang der 1950er Jahre eingenommen hatten, sondern nutzten ihre so gewonnenen Kontakte zum Schaden der UdSSR. Auch wenn die Leistungsfähigkeit ihrer Wirtschaft und Industrie sich keinesfalls mit jener der Sowjetunion messen konnte, so war doch der chinesische Modernisierungsansatz für Entwicklungsländer durchaus interessant. Maos Revolutionskonzept berücksichtigte gerade die Situation in agrarisch geprägten Gesellschaften und schien daher für postkoloniale Gesellschaften wie Indonesien besonders geeignet zu sein. Diese Diversifizierung kommunistischer Modernisierung, die unter dem Begriff des »Polyzentrismus« gefasst wurde, erwies sich als eines von Moskaus Hauptproblemen beim Umgang mit Entwicklungsländern.

Die sowjetischen Unternehmungen in Indonesien wurden jedoch nicht nur von Pekings Einflussnahme unterminiert. Nach den Erfahrungen mit ausländischer Herrschaft waren die Indonesier generell vorsichtig gegenüber fremdem Einfluss, um künftige »oktroyierte« Modernisierungsarten zu verhindern.[61] Stattdessen engagierten sie sich aktiv in der Blockfreienbewegung und richteten 1955 die Bandungkonferenz aus. Gewissermaßen im Vorgriff auf die Dependenztheorie gründete sich diese Bewegung, um die Interessen der Entwicklungsländer zu vertreten. Nach Jahrhunderten der Kolonialherrschaft waren die meisten dieser Staaten nicht bereit, ihre gerade gewonnene politische Unabhängigkeit zugunsten einer ökonomischen oder politischen Dominanz ausländischer Mächte aufzugeben. Selbst wenn die Interessen ihrer Mitgliedsstaaten sehr unterschiedlich waren, so propagierte die Bewegung doch als gemeinsames Ziel die Suche nach einem Modernisierungsprozess, der ihren Gesellschaften eher angemessen war als die Optionen, welche die beiden Blöcke boten. Sowjetische Politiker und Experten erkannten die Möglichkeiten und die Bedeutung der Blockfreien und ersuchten um die Aufnahme der UdSSR als reguläres Mitglied. Doch sie bemühten sich vergeblich um ausreichende Unterstützung, und das selbst in Indonesien, wohingegen China die Aufnahme gelang. Moskaus Vision einer sozialistischen Moderne konkurrierte auf diese Weise nicht nur

60 GARF, f. 9576-R, op. 15, d. 250, ll. 182–185. Vgl. zum sino-sowjetischen Bruch Lorenz Lüthi, The Sino-Soviet Split: Cold War in the Communist World, Princeton 2008; Sergey Radchenko, Two Suns in the Heavens: the Sino-Soviet Struggle for Supremacy, 1962–1967, Washington, DC 2009.

61 Vgl. für die Verwendung des Argumentes in postmodernen und postkolonialen Modernedebatten: Langenohl, Tradition, S. 381.

mit westlichen Modellen, wie die sowjetische Propaganda oft suggerierte. In internen Diskussionen finden sich auch Beschwerden über die chinesische Rivalität und die mangelnde indonesische Unterstützung.

Resümee

Das Engagement der UdSSR in Entwicklungsländern war in hohem Maße von der vereinfachten sowjetischen Sichtweise von Moderne und Modernisierung geprägt. So sah die sowjetische Theorie im Prinzip nur eine gültige Variante der Moderne, den Kommunismus, und eine begrenzte Anzahl an Wegen dahin als möglich an, nämlich das Durchlaufen aller oder nur einiger Stadien. Im Einklang mit Lenins Forderung nach Autonomie für sich entwickelnde Länder und ihrer Eigenverantwortung für ihren Fortschritt war die sowjetische Führung bereit, Sukarnos Bitte nach wirtschaftlicher und militärischer Hilfe nachzukommen.

Vom sowjetischen Standpunkt aus schien Indonesien unter Sukarno, sobald er mit sozialistischen Wirtschaftsmodellen experimentierte, ein vielversprechender Kandidat für das »fortschrittliche« Lager zu sein. Daher desillusionierten auch die sich abzeichnenden Schwierigkeiten bei der Umsetzung zunächst das Moskauer Engagement nicht. In internen Stellungnahmen benannten sowjetische Experten jedoch Hindernisse der Modernisierung wie unzureichende Infrastruktur und Organisation von indonesischer Seite. Dies lag vor allem an den Präferenzen des indonesischen Präsidenten – wie auch den Führungen anderer Entwicklungsländer –, sein Land eher mit Modernisierungssymbolen wie Sportstätten auszustatten und gleichzeitig den Militärapparat erheblich auszuweiten, als es Schritt für Schritt ökonomisch zu entwickeln. Doch solche Missstände wurden von sowjetischen Politikern, Diplomaten, Länderexperten, Akademikern, Journalisten und Parteifunktionären nur intern und vorsichtig angesprochen. Der Modernisierungsdiskurs war somit weder ausgefeilt, noch mündete er in einer schlüssigen Strategie.

Das Gleiche gilt für das informelle kommunistische Netzwerk. Bezüglich der gesellschaftlichen Modernisierung wurde die wachsende Stärke der PKI von Moskau begrüßt, da die PKI-Führung unter Generalsekretär Aidit den Klassenkampf als probates Mittel zur Modernisierung des Landes betrachtete.[62] Deckten sich die Pläne der PKI mit denen der KPdSU

---

62 Ruth McVey, Nationalism, Revolution, and Organization in Indonesian Communism, in: Daniel S. Lev/Ruth McVey (Hg.), Making Indonesia, Ithaca, NY 1996, S. 96–117, hier S. 107.

auch zu einem Teil, so war doch das nationale Element stark genug, um eine komplette Übernahme der sowjetischen Prinzipien zu verhindern. Chruschtschow unterstützte die indonesischen Propagandapläne, wohingegen die Indonesier ihrerseits häufig sowjetische Ansinnen in dieser Frage zurückwiesen, auch wenn ihr Staat sehr von der materiellen Hilfe der UdSSR profitierte.

Zusammenfassend lässt sich festhalten, dass die Modernisierungsbemühungen im Bereich der Innenpolitik auf gesellschaftliche und politische Hindernisse stießen, auf Vorbehalte der Bevölkerung gegenüber der atheistischen Ideologie, auf die indonesische Unerfahrenheit im Umgang mit sozialistischen Wirtschaftsmodellen sowie auf Sukarnos Vorliebe für militärische Projekte und Prestigebauten. Während der indonesische Präsident und die Kommunistische Partei einerseits als Partner der sowjetischen Projekte fungierten, behinderten sie die Modernisierung sowjetischen Stils, da sie zunehmend der chinesischen Spielart der sozialistischen Entwicklung zuneigten. So beeinflusste im Bereich der äußeren Faktoren die Rivalität mit dem Westen und mit China wie auch die Blockfreienbewegung die sowjetische Modernisierungsoffensive in Indonesien. Das simplifizierende Zwei-Lager-Schema in schdanowscher oder chruschtschowscher Prägung hatte damit ganz offensichtlich an Erklärungskraft verloren, sofern es jemals die Komplexität der internationalen Lage überhaupt abgebildet hatte.

Aus den internen sowjetischen Dokumenten wird deutlich, dass die Hindernisse weder in den vielfältigen Rivalitäten zu suchen sind, denen die sowjetischen Interessen in Indonesien ausgesetzt waren, noch allein in den überambitionierten indonesischen Experimenten mit sozialistischen Elementen. Das Hauptproblem bestand in der unzureichenden sowjetischen Kommunikation und Anpassung der sowjetischen Modernisierungsvariante an die Bedürfnisse einer postkolonialen asiatischen Gesellschaft wie Indonesien.

Thomas Scheben

Wachstumsstrategien im Nahen Osten während des Kalten Krieges

Die Ein- und Zuordnung insbesondere wirtschaftspolitischer Entscheidungen und Programme im Nahen Osten in den Kontext des Kalten Krieges erfordert eine differenzierte Betrachtung, wie bereits der Blick auf die klassische Periodisierung zeigt, die den Kalten Krieg 1945/47 beginnen und 1991 enden lässt.[1] Zu Beginn des Kalten Krieges standen die meisten arabischen Länder unter Fremdherrschaft; Israel gab es noch nicht. Nur wenige Staaten wie die Türkei oder Saudi-Arabien waren wirklich souverän. Die übrigen wie Ägypten, Jordanien oder der Irak lösten sich in den 1950er Jahren nach der Entkolonialisierung gerade aus der Bevormundung durch die Mandatsmacht oder erlangten wie 1971 – als letzte – die Vereinigten Arabischen Emirate auf friedlichem Wege ihre Unabhängigkeit; die Palästinenser warten bis heute auf ihre politische und ökonomische Selbstbestimmung.

Eine gemeinsame »Stunde null« bedeutete das Ende des Zweiten Weltkrieges im Nahen Osten somit nicht, und auch während des Kalten Krieges waren die historischen Landmarken an der nahöstlichen Peripherie nicht identisch mit denen seiner Zentren: Das Jahr 1967 mit dem Sechstagekrieg hatte nach Auffassung der meisten Beobachter den Nahen Osten entscheidender geprägt als 1948, das Jahr 1979 mit dem ägyptisch-israelischen Friedensvertrag und der Islamischen Revolution im Iran den Nahen Osten stärker verändert als 1989.[2]

Auf der Suche nach Stabilität und Wachstum

Im Vordergrund stand zunächst die Gewinnung der nationalen Souveränität. Wirtschafts- und Gesellschaftspolitik dienten hier meist gleichzeitig höchst unterschiedlichen, oft kaum miteinander zu vereinbarenden Zie-

---

1 Vgl. dazu Bernd Stöver, Der Kalte Krieg 1947–1991, Bonn 2007, S. 14–27.

2 Beispielhaft für diese Auffassung stehen Arbeiten wie Helmut Mejcher, Sinai, 5. Juni 1967. Krisenherd Naher und Mittlerer Osten, München 1998, oder David W. Lesch, 1979. The Year that Shaped the Middle East, Boulder 2001.

len. Zum einen sollten sie die Entmachtung der traditionellen »kolonialen« Eliten fördern, die gleichermaßen als Agenten der Kolonialmächte angesehen und für das Ausbleiben des gesellschaftlichen Fortschritts sowohl des urbanen Kleinbürgertums als auch der Landbevölkerung verantwortlich gemacht wurden. Im gleichen Atemzug mussten die neuen Machthaber die Loyalität ihrer Klientel sicherstellen. Schließlich sollte eine möglichst uneingeschränkte politische Handlungsfähigkeit durch ein Höchstmaß an wirtschaftlicher Autarkie gestützt werden. Die Auswahl der wirtschaftspolitischen Strategien wurde dabei vor dem Hintergrund der kolonialen Erfahrung getroffen und nicht etwa aus ideologischen Erwägungen im Hinblick auf die Lagerbildung des Kalten Krieges. Vorbilder dafür fanden die arabischen Revolutionäre in der Türkei oder im Mexiko der 1930er Jahre, deren etatistische Entwicklungsmodelle durchaus ohne sozialistische Einsprengsel auskamen;[3] Wirtschaftslenkung und staatliche Industriepolitik waren schließlich auch westlichen Industrienationen wie Schweden oder Frankreich keineswegs fremd.

Eine gewisse Abneigung gegenüber einer Wirtschaftsordnung des britischen Typs war durchaus zu beobachten, wurde er doch mit der Kolonialherrschaft identifiziert und galt als Machtinstrument der einheimischen »Kollaborateure«, die beispielsweise als Agrarproduzenten, Händler und Finanziers davon profitierten. Mit diesem Vorbehalt korrespondierte freilich keine Hinwendung breiter Schichten zum Sozialismus sowjetischer Ausprägung. Mit Atheismus, Materialismus, Klassenkampf und Abschaffung des Privateigentums hätte man gerade diejenigen Schichten verprellt, in deren Namen man die Gesellschaft reformieren wollte – mit der islamisch geprägten Glaubens- und Lebenswelt der Kleinbürger und Bauern waren derlei Prinzipien und Programme unvereinbar. Etatistische Ansätze unter Beibehaltung von Privateigentum an Boden und Kapital hingegen ließen sich problemlos mit den gesellschaftspolitischen Vorstellungen des islamischen Mainstreams vereinbaren und sogar aus der Frühgeschichte des Islam ableiten. Entsprechend liefen diese Konzepte unter dem Begriff »Arabischer Sozialismus«[4].

---

3 Eine Analyse der entwicklungspolitischen Probleme der MENA-Region am Ende der Kolonialzeit findet sich bei Dieter Nohlen/Franz Nuscheler, Handbuch der Dritten Welt, Bd. 6: Nordafrika und Naher Osten, Bonn 1993, S. 16–121.

4 Einen Überblick über die Publikationsflut zum Thema »Islam und Sozialismus« in den 1960er und 1970er Jahren gibt Johannes Reissner, »Die innerislamische Diskussion zur modernen Wirtschafts- und Sozialordnung«, in: Werner Ende/Udo Steinbach (Hg.), Der Islam in der Gegenwart, München 1996, S. 151–163.

In Unterschied zu den regionalen Akteuren verstanden die wettstreitenden Machtblöcke ihre internationale Wirtschaftspolitik von Anfang an als Teil der globalen Auseinandersetzung, in der ökonomisch-soziale und politische Ziele eng miteinander verbunden waren.[5] Die US-Wirtschaftshilfe an die Türkei im Rahmen der Trumandoktrin war erklärter Bestandteil der Containmentpolitik,[6] und die spektakuläre sowjetische Förderung des Assuanstaudammes galt als Leuchtturm, der das Licht sowjetischer Entwicklungspolitik weit über das Niltal hinaus in die Dritte Welt erstrahlen lassen sollte; Chruschtschow selbst erschien propagandawirksam zur Übergabe des ersten Bauabschnitts im Mai 1964. Insofern kann im Hinblick auf die Wirtschaftspolitik die Verlagerung des Kalten Krieges in diesen Teil der Dritten Welt keineswegs erst für das Jahr 1961 angesetzt werden, wie dies in der gängigen Periodisierung zumeist angenommen wird.[7] Sie reicht wirtschaftspolitisch vielmehr bereits in die frühen 1950er Jahre zurück, und den Beginn des regionalen »Arabischen Kalten Krieges«[8] kann man in der Zeit unmittelbar nach der ägyptischen Revolution verorten, als die Freien Offiziere um Nasser auf einen Konflikt mit der probritischen Monarchie im Irak um den Führungsanspruch innerhalb der Arabischen Liga zusteuerten.

Ebenso wie sein Beginn erscheint im Rückblick über zwei Jahrzehnte hinweg das Ende des Kalten Krieges in den Jahren 1989/1991 kaum als die ökonomische Zäsur, die zunächst alle Beteiligten darin sehen wollten. Lediglich Israel und die Türkei, die bereits in den 1980er Jahren unter ganz anderen Vorzeichen eine grundlegende Umsteuerung ihrer Wirtschaftsverfassung eingeleitet hatten, behielten ihr Reformtempo bei. Die Ölstaaten sahen strukturell noch ziemlich genauso aus wie 30 Jahre zuvor. Längst nicht alle der Emirate hatten ihre Wirtschaftspolitik konsequent auf das Nachölzeitalter hin orientiert, Saudi-Arabien unternimmt erst jetzt zaghafte Schritte in Richtung einer gesellschaftspolitischen Öffnung. Nach einer kurzen Schrecksekunde, in der der Druck von Weltbank und IWF in Richtung Strukturanpassung intensive Diskussionen über grundlegende Reformen auslöste, konnten die Staatsklassen ihre Position wieder festigen: In Ägypten bewegt sich die Strukturanpassung bis heute im Schneckentempo, Syrien hat nicht einmal wirklich damit begonnen, der wiedervereinigte Jemen steckt in einer Dauerkrise und der Irak ist den

---

5 Stöver, Der Kalte Krieg 1947–1991, S. 78f.
6 Wilfried Loth, Die Teilung der Welt 1941–1955, München 1980, S. 158ff.
7 So z.B. auch bei Stöver, Der Kalte Krieg 1947–1991, S. 19f.
8 So der Titel eines zeitgenössischen Buches: Malcolm Kerr, The Arab Cold War, London 1971.

Fehleinschätzungen seines Diktators zum Opfer gefallen. Als Drohkulisse für die unveränderte Unterstützung der aktuellen Regime durch bi- und multilaterale Geber hat der islamische Extremismus kommunistische Insurgenten und imperialistische Agenten als Popanz abgelöst.

Ausnahmezustand als Normalität

Der Nahe Osten war während des gesamten 20. Jahrhunderts ein Aktionsfeld der Weltgeschichte, und seine Bewohner hatten eine Vielzahl von Kriegen und Konflikten aushalten müssen: zwei Weltkriege, die Unabhängigkeitskriege der Türkei und – sieben lange Jahre – Algeriens; vier Kriege zwischen Israel und seinen Nachbarn, hinzu kamen Revolten und Bürgerkriege im Irak, Sudan und Libanon, in Jordanien und Syrien sowie der jahrzehntelange Konflikt zwischen Israel und den Palästinensern, der so ziemlich alle bekannten Formen von Gewalt durchdeklinierte. Zwischen Iran und Irak tobte der zweitlängste konventionelle Krieg des Jahrhunderts.[9] Seit dem Ende des Kalten Krieges verlagerte der Bürgerkrieg im Sudan seinen Schwerpunkt, wurden zwei weitere Golfkriege ausgefochten, trieben Invasion und Bürgerkrieg den Irak an den Rand des Zerfalls, bekämpfte die Türkei eine weitere kurdische Insurrektion, leisteten sich die Teilstaaten des wiedervereinigten Jemen einen kurzen, aber heftigen Bürgerkrieg. Militärregierungen, Kriegführung, Vorbereitungen dafür oder doch die Furcht davor haben mancherorts die Lebenswirklichkeit ganzer Generationen bestimmt.

Die Region war insbesondere ein Brennpunkt des Ost-West-Konflikts. Lagerplatz von zwei Dritteln aller bekannten Erdölvorräte, Knotenpunkt der wichtigsten Verbindungslinien zwischen dem Mittelmeerbecken und Asien, Scharnier dreier Kontinente – in dieser Region konnte keiner der ursprünglich lokalen Konflikte ohne Beteiligung der Großmächte ausgetragen werden.

Innerhalb dieser Spannungen und Konflikte mussten schnell wachsende Bevölkerungen ernährt, ausgebildet und beschäftigt werden, galt es natürliche Ressourcen zu entwickeln, die Industrialisierung voranzutreiben, Armeen aufzustellen, ein Minimum an sozialen Leistungen sicherzustellen und wenigstens den Schein von Recht und Ordnung zu wahren. Das Wohlstandsgefälle reichte von bitterarmen Staaten wie Jemen und Sudan bis hin zu sehr reichen wie Kuwait und Saudi Arabien, wobei allerdings ausge-

9 Den längsten trugen Japan und China zwischen 1937 und 1945 aus.

rechnet das von allen bekämpfte Israel heute den insgesamt höchsten Lebensstandard aufweist. Analog dazu war die Vielfalt der Staats- und Regierungsformen strukturiert: von autoritären Regime, geprägt von Cliquen oder Staatsklassen, bis hin zu Demokratien wie Israel und der Türkei, wobei die Ausprägungen und Entwicklungslinien sich im Laufe der Epoche durchaus wandeln konnten; so büßte der Libanon im Bürgerkrieg nach 1975 seine demokratische Regierungsform weitgehend ein. Schließlich tauchte als transnationaler Akteur sui generis der politische Islam auf, dessen Wurzeln bereits in der Zeit vor dem Kalten Krieg liegen, der aber während des Konflikts im lokalen und regionalen Kontext wirkmächtig wurde.

Entsprechend unterlag die Region ständigen Wandlungsprozessen, jede Situation war potenziell instabil, und schon deshalb entzieht sie sich generalisierenden Betrachtungen. Dies gilt sowohl für die machtpolitische als auch für die ökonomische Situation, die in einem intensiven Wechselverhältnis standen und stehen; ebenso für die ökonomischen Ressourcen der einzelnen Länder und die Zugriffswege, vermittels derer die innergesellschaftlichen Kräfte deren Allokation zu beeinflussen suchen. Es besteht ein stetem Wandel unterliegendes Verhältnis zwischen staatlichen Akteuren und verschiedenen Segmenten der Gesellschaften und infolgedessen ein immer dynamisches, nie statisches Gleichgewicht.[10]

Entwicklungsstrategien: Königswege oder Sackgassen?

Gegen Ende der 1940er Jahre waren die meisten der gerade entstehenden Ökonomien des Nahen Ostens vorwiegend ländlich geprägt; einige wie Ägypten, Syrien und der Libanon verfügten über eine sich differenzierende Agrarindustrie in der Baumwoll- und Lederverarbeitung, Zucker- und Speiseölproduktion, die vom kriegsbedingten Nachfrageanstieg stark profitiert hatte; Ägyptens Baumwolltextilproduktion hatte zwischen 1937 und 1945 um über 60 Prozent zugelegt.[11]

Andere hingen vollständig vom Export des wichtigsten regionalen Rohstoffs Erdöl ab. Die Bedeutung des nahöstlichen Öls für die Weltwirtschaft nahm zwar rapide zu, aber es sollte noch eine geraume Zeit vergehen, bis der Nahe Osten die USA als Produzenten überflügelt hatte. Der Irak för-

10 So Alan Richards/John Waterbury, A Political Economy of the Middle East, Boulder 1998, S. 3.

11 Vgl. Helmut Mejcher, Die Politik und das Öl im Nahen Osten, Bd. II: Die Teilung der Welt 1938–1950, Stuttgart 1990, S. 215.

derte 1950 13,5 Millionen Tonnen, fünf Jahre später waren es 20 Millionen Tonnen. Die Steigerungsraten lagen für andere Produzenten in ähnlichen Größenordnungen. Zur selben Zeit lieferten die Ölquellen der USA noch um die 250 Millionen Tonnen pro Jahr, allerdings mit abnehmender Tendenz, während die Entdeckung neuer Reserven das Gewicht der künftigen Förderung zunehmend in den Nahen Osten verschob.[12] Der Westen war vom Nahostöl deutlich abhängiger als die UdSSR, die infolgedessen ohne größere Rücksichtnahme auf die Ölmonarchien agieren konnte. Die Sowjetunion war selbst der größte Ölproduzent der Welt und der zweitgrößte Exporteur hinter Saudi-Arabien. Sie bestritt einen großen Teil der Energieversorgung ihrer osteuropäischen Satelliten, belieferte zeitweise sogar ihre nahöstlichen Klienten Ägypten, Jemen und Syrien, oftmals in Dreiecksgeschäften über OPEC-Staaten, und verdiente einen guten Teil ihrer Devisen durch Öl- und Gasexporte in Industrieländer. Insofern war die Sowjetführung durchaus nicht nur unter machtpolitischen Gesichtspunkten am Erfolg des Ölboykotts von 1973 interessiert – am anschließenden rasanten Ölpreisanstieg verdiente sie zunächst mit, musste dann aber die vom Preisschock gebeutelten RGW-Satelliten mit Milliardenbeträgen stützen[13] und litt am Ende selbst unter dem Ölpreisverfall der 1980er Jahre, als der Westen durch die Erschließung alternativer Energiequellen und -einsparungen auf den Kostendruck reagierte.[14]

Hinsichtlich der Entwicklungsoptionen hatten die Eliten der meisten Länder ziemlich genaue Vorstellungen davon, in welche Richtungen sich ihre Gesellschaften bewegen sollten. Dabei setzten alle ein substanzielles Wirtschaftswachstum voraus, und in jedem Falle stellte sich die Frage, mit welcher Entwicklungsstrategie man dieses Ziel erreichen und wer diese in welchen Schritten implementieren sollte. Den im Folgenden dargestellten idealtypischen Wegen, die von der ländlich-agrarischen in eine urban-industrielle Wirtschaft führen sollten,[15] war gemeinsam, dass sie mangels

12 Detaillierte Zahlenangaben bei Mejcher, Die Politik und das Öl, S. 298ff.

13 Stöver, Der Kalte Krieg 1947–1991, S. 335.

14 Vgl. Daniel Yergin, Der Preis, Frankfurt am Main 1993, S. 958ff.; Galia Golan, Soviet Politics in the Middle East, Cambridge 1990, S. 15–19.

15 Neben dem erwähnten Werk von Richards und Waterbury kann die Arbeit von Richard Owen/Şevket Pamuk, A History Middle East Economy in the Twentieth Century, London 1998, als Standardwerk für Wirtschaft und Wirtschaftspolitik in der Region gelten. Einen grundlegenden Überblick über entwicklungspolitischen Ansätze insgesamt bieten Lehrwerke wie Franz Nuscheler, Lern- und Arbeitsbuch Entwicklungspolitik, Bonn 1996, oder Michael P. Todaro, Economic Development, London/NewYork 1997. Beide Werke liegen in neueren Auflagen vor, die aber aufgrund ihres Charakters als aktuelle Lehr-

einer breit aufgestellten Binnenwirtschaft von der Finanzierung der wirtschaftlichen Entwicklung durch Exporterlöse ausgingen. Dabei waren sie sowohl hinsichtlich der Abnahme ihrer Erzeugnisse als auch der Deckung ihres Importbedarfs weitgehend auf die Industrieländer angewiesen; die regionale Integration bewegt sich bis heute im einstelligen Prozentbereich. Die Abhängigkeit vom Ausland zeigt sich unter anderem darin, dass der Anteil des Außenhandels am BIP der arabischen Volkswirtschaften in den 1970er Jahren durchschnittlich bei über 80 Prozent lag.[16]

Exportgetriebene Wachstumsstrategien

Wachstum durch Agrarexporte

Durch die Nutzung brachliegender oder unternutzter Flächen sowie die Intensivierung und Modernisierung des Anbaus sollten größere Erträge erzielt werden, als der lokale Markt aufnehmen konnte. Dabei waren solche Erzeugnisse zu bevorzugen, bei denen ein Land komparative Vorteile aufwies; so beispielsweise Baumwollerzeugung in den Tälern von Euphrat, Tigris und Nil. Der Überschuss sollte exportiert, ein Teil der Erlöse in die weitere Optimierung der Landwirtschaft, ein weiterer in die Industrialisierung investiert werden, die Devisen für Importe erwirtschaften würden. Durch die steigenden Einkommen der Landbevölkerung und neue Arbeitsplätze in der Industrie wäre zugleich die Binnennachfrage angekurbelt, und es entstünde der Theorie nach ein sich selbst tragender Aufschwung.

Tatsächlich wurde diese Strategie in Ägypten und dem Sudan in den 1920er und 1930er Jahren verfolgt. Sie war damit politisch vorbelastet. Landbau zu Exportzwecken war die vorherrschende Wirtschaftsform der Kolonialzeit und wurde mit dieser assoziiert; überdies stand sie – wie jede Entwicklungsstrategie – im Verdacht, bestimmte Schichten zu bevorzugen. Die Grundbesitzer und die mit ihnen oft auch familiär verflochtenen Finanz- und Handelsunternehmer galten als Kollaborateure der Besatzungsmacht. Ihnen wurde später von den Freien Offizieren um Nasser vor-

---

werke auf zurückliegende Aspekte nicht mehr eingehen. Daher empfiehlt sich Verwendung älterer Auflagen aus den 1990er Jahren. Relevante Zahlenwerke stellen Weltbank und IWF ebenso zur Verfügung wie die OPEC, die UN und ihre Unterorganisationen.

16 Aziz Alkazaz, »Außenwirtschaftsbeziehungen«, in: Udo Steinbach/Rüdiger Robert, Der Nahe und Mittlere Osten, Bd. 1: Grundlagen, Strukturen und Problemfelder, Opladen 1988, S. 433–465, S. 434.

gehalten, sie hätten ihr Kapital »egoistisch« und »unpatriotisch« nicht für Industrialisierungsprojekte »im nationalen Interesse« verwendet. Der Vorwurf hält zwar keiner historischen Überprüfung stand,[17] diente aber dennoch zur propagandistischen Rechtfertigung für die Landreformen und Enteignungswellen der 1950er und 1960er Jahre.[18] Tatsache freilich war, dass es dieser »kolonialen« Führungsschicht nicht gelang, die zahlreichen drängenden politischen, wirtschaftlichen und sozialen Probleme Ägyptens zu lösen und vor allem das Ende der britischen Bevormundung herbeizuführen.

Ökonomische Risiken einer solchen – und jeder anderen ähnlich gelagerten – Strategie liegen in den vom Erzeuger kaum zu beeinflussenden Schwankungen internationaler Marktpreise für das jeweilige Produkt sowie der jederzeit möglichen Verschlechterung der Terms of Trade.[19] Derartige unerwartete Schwankungen können angesichts der langen Planungs- und Realisierungsfristen industrieller Großprojekte jedweder Industrialisierungspolitik zum Verhängnis werden. Läuft das Agrargeschäft hingegen gut, besteht die Gefahr, dass die Regierung durch Steuern und Marktregulierung zu viel abschöpft und so die Bauern – meist das schwächste Glied in der Kette – zum Ausweichen auf andere Produkte oder in den Schmuggel treibt.

Wachstum durch Mineralexporte

Auch diese Strategie basiert auf dem Export natürlicher Rohstoffe. Für Länder wie Jordanien und Marokko – sie halten etwa zwei Drittel der Weltreserven – spielen Phosphate zur Herstellung von Düngemitteln eine herausragende Rolle. In Jordanien deckten Einnahmen aus den Pottasche-Exporten zwischen 1950 und 1966 dennoch nur 11 bis 15 Prozent der notwendigen Importe ab,[20] womit auch die Grenzen einer solchen Wachs-

---

17 Eine ausführliche Darstellung der Epoche gibt Robert Tignor, State, Private Enterprise, and Economic Change in Egypt, 1918–1952, Princeton 1984.

18 Anouar Abdel-Malek, Ägypten: Militärgesellschaft. Das Armeeregime, die Linke und der soziale Wandel, Frankfurt am Main 1971, S. 147–151, 203–211.

19 Vereinfacht gesagt errechnen sich die Terms of Trade (ToT) aus dem Verhältnis von Exportgüterpreisniveau und Importgüterpreisniveau. Sie zeigen an, welchen Nutzen eine Volkswirtschaft aus dem internationalen Warenaustausch zieht. Steigen zum Beispiel die Ausfuhrpreise bei konstanten oder sinkenden Einfuhrpreisen, verbessern sich die ToT, weil für die gleiche Exportmenge mehr Importgüter eingeführt werden können. Umgekehrt verschlechtern sich die ToT, wenn die Preise der Importgüter schneller als die der Exportgüter steigen.

20 Zahlen bei Owen/Pamuk, A History Middle East Economy, S. 188.

tumsstrategie beschrieben sind. Der Sechstagekrieg mit der Besetzung des Westjordanlandes kostete das Land den größten und ertragreichsten Teil seiner Landwirtschaft und mit Jerusalem und Bethlehem seine attraktivsten Touristenziele. Der Krieg und die folgenden weiteren Kämpfe und Unruhen, die 1970/71 im »Schwarzen September«, der Zerschlagung der PLO, endeten, ließen wenig Raum für eine wirtschaftliche Erholung. Diese setzte erst in den 1970er und 1980er Jahren ein. Der Ausbau der Landwirtschaft im Ostjordangebiet und die Entwicklung einer Zement- und Düngemittelindustrie, die ein rundes Fünftel zum BIP beitrug, blieben zwar hinter den Vorgaben der Wirtschaftspläne zurück. Dafür aber profitierte Jordanien in mehrerer Hinsicht vom Boom der Ölstaaten. Arabische und westliche Finanzhilfen, Gastarbeiterüberweisungen, Obst- und Gemüseexporte in die Golfstaaten und der Transithandel durch den Hafen von Akaba vor allem in den Irak – der während des Ersten Golfkrieges noch an Bedeutung gewann – trugen dazu bei, dass trotz des hohen Handelsbilanzdefizits die Zahlungsbilanz bis 1980 positiv blieb und Wachstumsraten von durchschnittlich 11,7 Prozent im Jahr erzielt wurden. Die jordanische Wirtschaft erwies sich als so anpassungsfähig, dass sie auch das Abebben des Ölbooms und den Schock des Zweiten Golfkrieges 1990/91 verkraftete, als wegen der proirakischen Haltung König Husseins II. über 300 000 jordanische Ölarbeiter heimkehren mussten, arabische Hilfszahlungen eingestellt wurden und der Irak kriegsbedingt vorübergehend als Haupthandelspartner ausfiel.[21]

Der wichtigste und trotz aller Preisschwankungen zugleich einträglichste mineralische Rohstoff ist Erdöl. Bezogen auf die Erdöl exportierenden Länder lassen sich dabei zwei Gruppen unterscheiden. Die eine verfügte neben dem Öl noch über weitere Ressourcen beispielsweise in der Landwirtschaft oder im Tourismus. Die Länder dieser Gruppe hatten eine kopfstarke Bevölkerung. Zu ihr zählen Irak und Iran, aber auch Syrien und Ägypten. Die zweite Gruppe war ausschließlich von Erdöl abhängig. Dazu gehörten die Golfstaaten und Libyen. Saudi-Arabien hatte wegen der immensen Größe seiner Reserven eine Sonderposition.[22] Die Entwick-

21 Später sorgten Embargoumgehungen sowie die Ansiedlung zahlreicher wohlhabender Iraker hier wieder für einen Ausgleich. Zu Jordanien siehe auch Graeme M. Bannermann, »Hashimite Kingdom of Jordan«, in: David Long/Bernard Reich, The Government and Politics of the Middle East and North Africa, Boulder 1995, S. 220–239, bes. S. 226f., sowie Thomas Koszinowski, »Jordanien«, in: Udo Steinbach/Rüdiger Robert, Der Nahe und Mittlere Osten, Bd. 2: Länderanalysen, Opladen 1988, S. 197–213, bes. S. 202ff.

22 So z.B. Richards/Waterbury, A Political Economy of the Middle East, S. 23.

lungsstrategie funktionierte nicht viel anders als bei den Phosphaten, wobei einer der Unterschiede in der Möglichkeit des Anbieterkartells lag, durch seine Förderpolitik die Preise und damit seine Erlöse bis zu einem gewissen Grad zu beeinflussen – dies geschah in den letzten beiden Jahrzehnten des Kalten Krieges. Der zweite liegt in der Endlichkeit der Ressource, die zumindest einige der OPEC-Staaten nicht nur zu Lippenbekenntnissen, sondern zu tatsächlichen Anstrengungen veranlassten, die Öleinnahmen in dem Aufbau einer Zukunft jenseits des Schwarzen Goldes zu investieren. In der Zeit des Kalten Krieges wurden vor allem in Saudi-Arabien immer wieder neue Vorkommen entdeckt, sodass das Land gegenwärtig immer noch über etwa 25 Prozent der Welterdölreserven verfügt, die je nach Fördermengen noch 50 bis 250 Jahre ausreichen. An Bedeutung gewannen die Gasreserven, früher als lästiges Nebenprodukt der Ölförderung einfach abgefackelt. Zwischen 1970 und 1990 stieg die Förderung von 1,6 auf 33,5 Milliarden Kubikmeter, wobei der Preis allerdings an den des Öls gekoppelt war; das Königreich hielt konstant etwa 4 Prozent der Weltreserven.

Das änderte freilich nichts daran, dass auch die Öleinnahmen extremen Schwankungen ausgesetzt waren. Als die große Zeit der Petrodollars noch in der Zukunft lag, schwankten die Erdöleinnahmen Saudi-Arabiens, die seit Abschluss der graduellen Nationalisierung im Jahre 1980 vollständig dem Staat zuflossen, extrem zwischen 110 und 348 Millionen Dollar jährlich. Sie explodierten von 4,3 Milliarden im Jahre 1973 auf 33,5 Milliarden Dollar 1976. Von den Rekordhöhen von 106 und 116 Milliarden in den beiden Folgejahren nach dem zweiten Ölpreisschock von 1979 gingen sie wieder zurück und sanken in der Rezession Ende der 1980er Jahre zeitweise unter 17 Milliarden Dollar im Jahr ab.[23]

Außerhalb der notwendigerweise auf dem jeweils neuesten Stand gehaltenen Petrolindustrie blieb Saudi-Arabien bis weit in die 1970er Jahre hinein eines der am wenigsten entwickelten Länder; Ende der 1960er Jahre lag der Anteil des industriellen Sektors jenseits des Erdölgeschäfts bei gerade einmal 2 Prozent des BIP. Angesichts ihrer hohen Ölreserven geht die saudische Entwicklungspolitik auch weiterhin nicht von einer Zukunft

---

23 Tabellarische Übersicht in Alexei Vassiliev, The History of Saudi Arabia, London 1998, S. 319f. (Fördermengen), S. 401 (Erlöse). Inflationsbereinigt zeigt sich indes, dass die Realpreise weitaus weniger gestiegen und zeitweise sogar bei steigenden Nominalpreisen real gesunken waren; vgl. Owen/Pamuk, A History Middle East Economy, S. 203, 267, und Daryl Champion, The Paradoxical Kingdom. Saudi-Arabia and the Momentum of Reform, New York 2003, S. 80.

ohne Öl aus. Vielmehr sind die meisten Industrialisierungsprojekte darauf gerichtet, die Verarbeitungstiefe des Rohstoffs zu erhöhen, indem auch Düngemittel, petrochemische Grundstoffe und Vorprodukte erzeugt werden. Zwar gelten die Erzeugnisse der petrochemischen Industrie als ausgesprochen wettbewerbsfähig, aber der Anteil am BIP pendelte in den 1970er und 1980er Jahren relativ konstant um lediglich 4 Prozent. Energieintensiv sind auch die erdgasbetriebene Stahl- und Aluminiumproduktion und sogar die Landwirtschaft. Sie beruht auf Wasser aus fossilen und damit endlichen Wasservorkommen oder aus – ebenfalls Energie verschlingenden – Meerwasserentsalzungsanlagen. Bei einigen Agrarprodukten ist Saudi-Arabien Selbstversorger, Weizen wurde zeitweise sogar exportiert. Zu den Nachteilen einer solchen »gekauften Entwicklung«[24] zählen auch eine erhebliche Technologieabhängigkeit vom Ausland und ein immenser Subventionsbedarf – entsprechend gilt die saudische Agrarproduktion als »kostspieligstes Fiasko in der Landwirtschaftsgeschichte des späten 20. Jahrhunderts«.[25]

In diesen Zahlen spiegelt sich ein Aspekt der saudischen Ökonomie, der allerdings einen gewissen Reform- und Entwicklungsdruck erzeugt. Die Bevölkerung des Wüstenkönigreiches wuchs zwischen 1960 und 1990 von 4,1 auf 14,9 Millionen Menschen an und war entsprechend jung. Gleichzeitig beschäftigten sowohl die Ölindustrie als auch der Bausektor, der dem forcierten Infrastrukturausbau der 1970er und 1980er Jahre einen gewaltigen Boom verdankte, zu einem hohen Prozentsatz ausländische Arbeitskräfte. Die reine Erdölförderung kam zwar mit etwa 20000 Arbeitskräften aus, benötigte aber zum Teil hoch qualifizierte Arbeitskräfte. Nämliches galt für die petrochemische Industrie, für qualifizierte Dienstleistungen in den während des Ölbooms emporschießenden öffentlichen Einrichtungen vom Kraftwerk über den Flughafen bis zur Klinik. Der Bau solcher Großprojekte brauchte gleichzeitig unzählige kräftige Hände. Die Zahl der Arbeitsmigranten vornehmlich aus der arabischen Welt schnellte von 76000 registrierten Personen im Jahre 1963 auf 700000 im Jahr 1972 hoch. In Bereichen wie der Telekommunikation stellten Ägypter, Libanesen und Jordanier bis zu 60 Prozent der Ingenieure. Der Zensus von 1992 wies schließlich 4,62 Millionen ausländische Arbeiter bei einer Gesamtbevölkerung von 16,92 Millionen aus. Schätzungen setzen diese Zahl noch

---

24 Johannes Reissner, »Saudi-Arabien«, in: Nohlen/Nuscheler, Handbuch der Dritten Welt, S. 470–488, S. 481.

25 Kiren Aziz Chaudry, The Prize of Wealth. Economies and Institutions in the Middle East, Ithaca, NY 1997, S. 183.

höher an; danach sollten bis zu 90 Prozent der Beschäftigten im Privatsektor Ausländer sein, davon sehr viele illegale.[26]

Vor allem die Arbeiter aus den arabischen Nachbarländern stellten aus Sicht der Regierung durchaus auch ein Risiko dar: Soziale Unruhen wurden ebenso befürchtet wie »fünfte Kolonnen« im Falle von Spannungen mit den Herkunftsländern – immerhin war die Zahl dieser Ausländer lange höher als die der gesamten arbeitsfähigen männlichen einheimischen Bevölkerung. Gleichzeitig wurde das Bevölkerungswachstum als potenzielles Stabilitätsrisiko identifiziert: Verbunden mit stagnierenden oder sinkenden Öleinnahmen konnten immer größere Jahrgänge nicht mehr alimentiert werden. Vor allem junge Männer beduinischer Herkunft lehnten – im Gegensatz zu den »niedrigeren« Stämmen an der Küste des Golfs – körperliche Arbeit als würdelos ab: Sie betrachteten nur eine Position als ehrenhaft, die mit Status, Respekt und Autorität verbunden war. Das »Mudir-Syndrom«[27] trug erheblich dazu bei, dass den jahrzehntelangen Bemühungen um eine »Saudisierung« der Arbeitswelt nur geringer Erfolg beschieden war, zumal die anspruchsvollen jungen Herrschaften auch in der Privatwirtschaft wenig geschätzt waren. Erwartet wurde, dass eine solche Position ihren Inhaber idealerweise in die Lage versetzte, für erteilte Genehmigungen, Aufträge oder Jobs Kommissionen einzufordern, ebenso wie man selbst in irgendeiner Weise die Beziehungen entlohnen musste, die einen in diese Stellung gebracht hatten. Diese Verflechtung von Patronage, Nepotismus, Kommissionen kostete die saudische Wirtschaft Milliarden; bis zu 30 Prozent mancher Projektkosten gingen in diese nahostspezifische Form der Korruption, und mancher »Weiße Elefant« erblickte nur das Licht der Welt, um den Inhabern der entsprechenden Schaltstellen derartige Einnahmen zu ermöglichen. An der Spitze dieser Pyramide standen die Dynastie der Saudis mit ihren rund 20000 Prinzen und die mit ihnen eng verbundenen Großclans aus der Ursprungsprovinz Nadschd, die vermittels dieses Beziehungssystems unerwünschte Clans leicht außen vor halten können.[28] Die massive Kritik aus den eher unbedeutenden linken Exilzirkeln, vor allem aber aus dem konservativ-islamisch geprägten städtischen Schichten entzündete sich nicht zuletzt an diesem engmaschigen Korruptionsnetz – und daran, dass das saudische Königshaus sich zwecks Entwick-

---

26 Zahlen bei Champion, The Paradoxical Kingdom, S. 193ff.; Alexei Vasiliev The History of Saudi Arabia, London 1998, S. 428f., Ramon Knauerhase, »Saudi-Arabien«, in: Steinbach/Robert, Der Nahe und Mittlere Osten, Bd. 2, S. 329–355, S. 344f.

27 Vom arab. مدير = Direktor. Vgl. Champion, The Paradoxical Kingdom, S. 200ff.

28 Ebenda, S. 97–110.

lung der Ölindustrie, vor allem aber zur Absicherung gegen mögliche äußere Feinde und innere Umsturzversuche, auf das Engste – weil alternativlos – an die Inkarnation des westlichen Imperialismus, die USA, und den Westen gebunden hat: Die Besetzung des Heiligen Bezirkes in Mekka durch sunnitische Extremisten im November 1979, die den Sturz des Königshauses zum Ziel hatte, konnte nur mithilfe französischer Antiterrorspezialisten beendet werden, und schließlich musste die konservative Monarchie – gemeinsam mit den USA – selbst mit dem Ba'th-Regime[29] gemeinsame Sache machen, um dem Aufstieg der Islamischen Republik Iran zur potenziell feindseligen Regionalmacht im Ersten Golfkrieg entgegenzutreten – nur um sich unmittelbar darauf ebendiesen gefürchteten Verbündeten, wiederum an der Seite Washingtons, vom Leibe halten zu müssen; seine völlige Vernichtung konnte es dabei aber dennoch nicht wünschen.

Die gesellschaftlichen und wirtschaftlichen Schieflagen, die die innere Stabilität der Herrschaftsverhältnisse in den Ölmonarchien absicherten, sie gleichzeitig aber auch angreifbar und fragil machten, werden der Rentenökonomie zugeschrieben, die in ihren Grundzügen in weiten Bereichen des Nahen Ostens anzutreffen ist und sich auf der arabischen Halbinsel zum regelrechten Rentierstaat ausgebildet hat.[30] Die Einnahmen aus dem Erdölgeschäft stellten eine immense externe Rente zur Verfügung, das heißt ein Einkommen, das nicht aus eigener produktiver wirtschaftlicher Tätigkeit erzeugt wird – vor allem, als sie sich im Jahr 1973 vervierfachten und rund 2 Prozent des Weltsozialproduktes in die OPEC fließen ließen. Ein Rentierstaat ist dadurch gekennzeichnet, dass nur eine relativ kleine Gruppe, aus der sich zugleich die Regierung rekrutiert, mit der Erzeugung dieser Rente befasst ist und auch deren Zuweisung an den Rest der Bevölkerung kontrolliert. In den Ölstaaten machten während des Kalten Krieges Öleinnahmen oft 90 Prozent des Etats und 95 Prozent der Exporte aus. Ein verschwindender Anteil der Bevölkerung, oft konzentriert in einem Großclan, kontrollierte die Erzeugung der Rente. So genügten maximal 2 bis 3 Prozent der Bevölkerung, um 60 bis 80 Prozent des BIP zu erwirtschaften, zumal die unmittelbare Ölförderung mit etwa 20000 Beschäftigten auskam. Damit wurde der Staat zum zentralen Verteiler der Rente. Um

---

29 Arab. حزب البعث العربي الإشتراكي = Arabische Sozialistische Partei der Auferweckung.

30 Grundlegend dazu: Hazem Beblawi, »The Rentier State in the Arab World«, in: Giacomo Luciani (Hg.), The Arab State, Berkeley 1990, S. 85–98; Martin Beck, Die Erdöl-Rentier-Staaten des Nahen und Mittleren Ostens, Münster/Hamburg 1993.

die Staatsbürokratie herum wuchs eine Rentiershierarchie, in der der Zugriff auf die Rente durch Stammes-, Verwandtschafts-, Klientel- oder sonstige Beziehungen zur Staatsbürokratie bestimmt wurde.

Daraus wiederum entwickelte sich eine Rentiersmentalität, die das für die meisten Volkswirtschaften kennzeichnende Verhältnis zwischen Arbeit oder unternehmerischem Risiko und Ertrag ebenso aufhob wie die Beziehung zwischen Besteuerung und politischer Teilhabe. Hatte die Herrscherfamilie in den 1950er Jahren noch das meiste Geld selbst verbraucht und verteilt,[31] entwickelten sich mit der Zeit komplexere Institutionen und soziale differenzierte Dienstleistungen, sodass man von einem distributiven Rentenwohlfahrtsstaat sprechen kann.[32]

Als Urtyp des Rentierstaates gilt im Übrigen das Emirat Kuwait, das viele Züge einer solchen Ökonomie früher und konturierter ausprägte.[33] Aufgrund seiner begrenzten Ölvorräte hatte es allerdings auch schon in den 1970er und 1980er Jahren begonnen, nach alternativen Einkommensquellen Ausschau zu halten, die Gesellschaft zu modernisieren und durch die profitable Anlage der Petromilliarden im Ausland ein Polster dafür zu schaffen – rund 800 Milliarden Dollar erbrachten 1988 etwa 5 Milliarden Dollar Ertrag.[34] Die große und durchaus sicherheitsrelevante Abhängigkeit von ausländischen, zumeist aus anderen arabischen Ländern stammenden Arbeits-, vor allem Fachkräften, die die Kuwaitis 1988 zu einer Minderheit von 41,5 Prozent[35] im eigenen Land gemacht hatte, und die strategisch überaus verwundbare Situation des Landes trugen gemeinsam mit den übrigen Ölstaaten in vergleichbarer Lage zum Export dieser Rentenmentalität und damit zu deren Verbreitung auch in den Nichtölstaaten bei. Der Zugang zu Arbeitserlaubnissen und damit zur Rücksendung von Gastarbeiterüberweisungen in die volkreichen, aber ressourcenarmen Staaten der Region diente ebenso wie die Zahlung direkter Auslandshilfen dazu, verbündete Regime stabil zu halten und sich bei den weniger befreundeten Wohlverhalten zu erkaufen. Sie waren Teil der strategischen Renten, die zahlreiche Regime aufgrund ihrer strategischen Bedeutung in den Augen der Geber einstrichen: Israel als einer der größten nahöst-

31 Vasiliev, The History of Saudi Arabia, S. 402.

32 Champion, The Paradoxical Kingdom, S. 83.

33 Beblawi, The Rentier State in the Arab World, S. 90.

34 Jacqueline T. Ismael, Kuwait. Dependency and Class in a Rentier State, Gainesville 1993, S. 163. Allerdings haben die Zerstörungen während der irakischen Besatzung und die Kosten des Zweiten Golfkrieges diese Rücklagen stark angegriffen.

35 Ismael, Kuwait, S. 117, S. 133.

lichen Empfänger von US-Hilfen bezog zwischen 1981 und 1990 pro Kopf 695 Dollar, während Jordanien als größter arabischer Empfänger 336 und Ägypten in derselben Zeit 29 Dollar per Capita erhielten; das vordergründige Missverhältnis relativiert sich beim Blick auf Kaufkraftparitäten und Pro-Kopf-Einkommen von 12000 Dollar in Israel und 650 Dollar in Ägypten im fraglichen Zeitraum.[36] Der Zugang zu diesen Renten innerhalb der Empfängerländer wurde in der Regel durch die jeweiligen Staatsklassen kanalisiert. In Ägypten belief sich in den 1980er Jahren der Rentenanteil aus Öl und Gas, den Einnahmen aus dem Suezkanal, Tourismus, Auslandshilfen und Gastarbeiterüberweisungen auf runde 45 Prozent des BIP.[37] Die Suche nach den Renten konnte sich darüber hinaus auch auf interne Renten erstrecken, das heißt, Einkünfte aus der produzierenden Wirtschaft, vor allem im Falle eines dominanten öffentlichen Sektors. In diesem Falle ging es dann um strategische Privilegien auf dem Binnenmarkt, die durch – exklusive – Importlizenzen, gezielte Schutzzölle, Zugriff auf zinsgünstige Kredite und Steuervergünstigungen exorbitante Profite nicht durch Effizienz und Produktivität, sondern durch die Freistellung von Konkurrenz ermöglichten. Ebenso wie in Saudi-Arabien findet man bis heute in Ägypten in bestimmten Importsektoren oder Wirtschaftsfeldern immer dieselben Familiennamen – das ist ein Erbe von Sadats Öffnungspolitik (*infitah*).[38] Aus der Sicht der Staatsführung ging es in beiden Fällen darum, auf diese Weise wichtige Klientel an das herrschende Regime zu binden. Dieses war zwar dank des exklusiven Erstzugriffs auf die Renten innergesellschaftlich weitgehend autonom, musste aber wegen der fehlenden anderweitigen Verankerung zur Sicherung von Privilegien seine Herrschaft um jeden Preis sichern – ein Gutteil der Erdölpolitik war somit auch immer unter dem Aspekt der Machtsicherung zu verstehen.[39]

Im Irak der 1950er Jahre, noch zu Zeiten der Monarchie, ging man einen anderen Weg. Hier sollten 70 Prozent der Öltantiemen, die im Revolutionsjahr 1958 immerhin 224 Mio. Dollar einbrachten, primär in die Entwicklung der Landwirtschaft fließen. Ziel war die Anbauflächenausweitung durch ehrgeizige Bewässerungsprojekte und die Revitalisierung versalzener Böden. Das Programm krankte indes daran, dass Dämme und Kanäle zur Be- und vor allem Entwässerung Jahrzehnte brauchen würden, um ein nachhaltiges Wirtschaftswachstum in Gang zu setzen.

---

36 Richards/Waterbury, A Political Economy of the Middle East, S. 17.

37 Beblawi, Kuwait, S. 97.

38 Durch die stärker marktorientierten Reformen der Mubarak-Epoche inzwischen allerdings rückläufig.

39 Beck, Die Erdöl-Rentier-Staaten, S. 46.

Kurzfristig bot es keinerlei Lösungen für über eine halbe Million Familien ohne Land. Eine Landreform gegen die Großgrundbesitzer wagte die Regierung nicht, und mangels einer flankierenden Industrialisierung fanden die landflüchtigen Bauern in den Städten – vor allem Bagdad – weder Arbeitsplätze noch irgendeine Form sozialer Absicherung. Sie waren es, die König und Premierminister erschlugen, als die Armee im Juli 1958 in Bagdad einrückte, um das Regime zu stürzen. Bezeichnenderweise gehörte neben der Verstaatlichung der Erdölindustrie eine Landreform durch Enteignung des Großgrundbesitzes zu den ersten Maßnahmen der Revolutionsregierung, die im Übrigen auch die durchaus weitsichtig begonnenen Maßnahmen zur Agrarentwicklung fortführte, wenn auch mit durchaus überschaubarem Erfolg.[40] Nämliches gilt auch für die Industrialisierungsprojekte der Ba'th-Ära ab 1968. Eine größere Unabhängigkeit von den Ölpreisschwankungen wäre indes schon deshalb notwendig gewesen, weil die Erdölrente selbst bei Höchstpreisen zur wohlfahrtsstaatlichen Alimentierung der Gesamtbevölkerung nicht ausreichte – ein Grund, warum die Staatsklasse trotz brutaler Gewaltanwendung immer wieder Umsturzversuche fürchten und Verteilungskämpfe, meist entlang ethnischer Linien, auskämpfen musste. Der Krieg gegen den Iran verwandelte das trotz der Misswirtschaft der Saddamherrschaft potenziell wohlhabende Land schließlich selbst in einen Empfänger von Finanzhilfen.[41]

Importsubstituierende Industrialisierung

Das Konzept der Importsubstituierenden Industrialisierung (ISI)[42] gehört zu den meistverbreiteten Entwicklungsstrategien – allerdings deshalb nicht notwendigerweise auch zu den erfolgreichsten. Sein Ziel ist es, Volkswirtschaften durch Industrialisierung aus der Abhängigkeit von Agrar- und Rohstoffexporten zu befreien. Dazu sollen diese Industrien gleichzeitig die vorhandenen Rohstoffe zu höherwertigen Fertigprodukten

---

40 Details dazu bei Thomas Koszinowksi, »Irak«, in: Steinbach/Robert, Der Nahe und Mittlere Osten, Bd. 2, S. 93–113, S. 98; Ferhad Ibrahim, »Irak«, in: Nohlen/Nuscheler, Handbuch der Dritten Welt, S. 310–339, S. 329ff.

41 Einen knappen Abriss der Wirtschaftsgeschichte bietet Abbas Alnasrawi, Iraq's Burdens. Oil, Sanctions and Underdevelopment, Westport/London 2002 S. 19–60.

42 Eine generelle Diskussion der ISI in der Dritten Welt findet sich z.B. bei Nuscheler, Lern- und Arbeitsbuch Entwicklungspolitik, S. 48, oder Todaro, Economic Development, S. 465–478.

verarbeiten und Waren erzeugen, die bisher importiert wurden. Am Ende stünde dann eine diversifizierte Wirtschaft mit gleichermaßen verringerter Abhängigkeit von den Preisschwankungen auf den Rohstoffmärkten und von teuren Importen.

Der Weg dorthin führt in der Theorie zunächst über die Aktivierung des Binnenmarktes, wo die einmal begonnene Industrialisierung Einkommen für eine wachsende Zahl von Arbeitskräften und damit weitere Nachfrage generiert und so die heimischen Märkte vergrößert. Auf ihnen können sich weitere Anbieter etablieren und dadurch die industriellen Kerne so expandieren, dass sie größer, mithin auch profitabler und wettbewerbsfähiger werden. Bis dahin galt es, sie durch Sektormonopole und Zollschranken vor zu viel Wettbewerb abzuschirmen. Für die politische Klasse bot diese Strategie über die Kontrolle der Wirtschaft selbst und Steigerung ihrer Popularität durch Wohlstandsmehrung Möglichkeiten zur Absicherung des Machterhalts. Üblicherweise wurde durch Allokation eines Teils der öffentlichen Ausgaben in Rüstungsvorhaben die Verwirklichung politischer Ziele angestrebt oder zumindest ein systemstabilisierendes Sicherheitsempfinden erzeugt, wobei die Überforderung der finanziellen Leistungskraft durch Hochrüstung in Ländern mit Regionalmachtambitionen wie Ägypten schon einen eigenständigen Risikofaktor bildete.[43]

Im Nahen Osten war es besonders die Türkei, die unter Atatürk beispielgebend für eine ISI-Strategie wurde, die sich vor allem für die sonstigen ressourcenarmen, volkreichen und überwiegend agrarischen Volkswirtschaften Ägyptens, Syriens und einiger nordafrikanischer Staaten als Vorbild anbot. Sektoral und phasenweise haben auch Staaten wie Iran und Irak, ebenso Israel – vorwiegend auf dem Rüstungssektor – Elemente der ISI umgesetzt. Zwar brachte die staatliche Wirtschaftslenkung bisweilen eine gewisse Nähe zu sozialistischen Entwicklungsmodellen mit sich, in die Länder wie Syrien oder Ägypten mit unterschiedlicher Konsequenz auch einstiegen, einen zwangsläufigen Weg in den Marxismus zeichneten sie indessen nicht vor.

---

43 Die Rolle der ISI für Ägyptens Weg in den wirtschaftlichen Zusammenbruch habe ich in einem früheren Band dieser Reihe skizziert: Thomas Scheben, »Ein Bündnis mit begrenzter Haftung. Ägypten im Kalten Krieg«, in: Bernd Greiner/Christian Th. Müller/Dierk Walter (Hg.), Heiße Kriege im Kalten Krieg (= Studien zum Kalten Krieg Band 1), Hamburg 2006, S. 408–441, S. 425–428; weiterführend sind John Waterbury, The Egypt of Nasser and Sadat. The Political Economy of two Regimes, Princeton 1983, S. 6–12, und neuerdings Khalid Ikram, The Egyptian Economy 1952–2000. Performance, Policies and Issues, London/New York 2006, S. 1–23.

In den meisten Fällen erzeugte ISI einen Importsog von Investitionsgütern und Rohmaterialien. Deren Kosten konnten in aller Regel nicht durch Exporterlöse gedeckt werden, da zum einen das Wachstum der Im- und Exporte asymmetrisch verlief und zum anderen die Terms of Trade beim Tausch von Gütern des primären gegen solche des sekundären und tertiären Sektors häufig ungünstig waren. Die kostenintensive Produktion für den Binnenmarkt mit beschränkter Kaufkraft wiederum erzwang hohe Schutzzölle. Deren Raten, die beispielsweise in Ägypten für Leder nach 1962 bis zu 900 Prozent erreichten,[44] verringerten die internationale Wettbewerbsfähigkeit und damit die Möglichkeit, durch Exporte Devisen für weitere Importe zu verdienen. Infolgedessen mündete eine anfängliche Wachstumsphase in eine Produktions- und Wachstumskrise, zu der sich sehr bald auch eine Schuldenkrise gesellte. Diese Abläufe unterminierten irgendwann das gesamte Modell einer staatsgetriebenen Wirtschaftsentwicklung und damit auch das mit ihr identifizierte Regime. Mit oder ohne Regimewechsel wurden Strukturanpassungsprogramme unvermeidlich, die im Nahen Osten zumeist in den 1980er Jahren eingeleitet und mit unterschiedlichem Tempo und Erfolg vorangetrieben wurden.

Zwischen der Revolution von 1952 und 1974, dem Beginn der Westorientierung unter Präsident Sadat, bewegte sich Ägypten sukzessive hin zu einem sozialistischen Wirtschafts- und Gesellschaftsmodell. Dabei spielten allerdings ökonomische Zwänge und Entscheidungen zunächst eine weitaus stärkere Rolle als die Verfolgung eines ideologisch bestimmten Leitbildes. Als die Freien Offiziere die Macht übernahmen, verfügten sie zunächst über kein fest gefügtes Wirtschaftsprogramm. Priorität hatte für sie die Erlangung einer umfassenden politischen Souveränität, und für die meisten der Offiziere hatte die Wirtschaftspolitik diesem Ziel zu dienen. Die dominierende Rolle des Staates wurde für notwendig gehalten, da weder Auslandsinvestoren noch die Privatwirtschaft die Mittel für industrielle Megaprojekte bereitstellen konnten und wollten.

Der Fall Türkei

Die Türkei[45] hatte zu diesem Zweck bereits in den 1920er Jahren eine Anzahl von Banken gegründet, die sich bankbetrieblich nicht universell betä-

44 Waterbury, The Egypt of Nasser and Sadat, S. 93.

45 Vgl. William Hale, The Political and Economic Development of Modern Turkey, New York 1981, sowie Werner Gumpel, Wirtschaftssystem und Entwicklung, S. 327–345, und Zvi Yehuda Hershlag, »Economic Policies«, in: Klaus-

tigten, sondern deren Namen in der Regel schon auf den Wirtschaftssektor hinwiesen, den sie zu fördern hatten. Ähnliche Institute wurden später auch in vielen arabischen Staaten eingerichtet.[46] Im Mittelpunkt einer eher liberalen, marktorientierten Politik standen zunächst die Förderung der Landwirtschaft und der Ausbau der Infrastruktur. Vor allem die Entwicklung des Agrarsektors entsprach, teilweise infolge einer katastrophalen Dürre, nicht den Erwartungen. Ähnliches galt für die Industrialisierung; immerhin hatte die Importsubstituierung einige Fortschritte erzielt. Betrug der Exportanteil der Landwirtschaft Ende der 1920er Jahre immer noch um die 90 Prozent, konnte die Importabhängigkeit auf einigen Sektoren verringert werden. So stieg der Selbstversorgungsgrad von Zucker zwischen 1927 und 1932 von 8 auf 35 Prozent.[47] Gegenüber den klimatisch weniger begünstigten Nachbarn im Nahen Osten wies die Türkei generell einen erheblich höheren landwirtschaftlichen Selbstversorgungsgrad auf.

Mit dem Jahr 1927 begann die türkische Industrialisierung mit einem Gesetz zur aktiven Wirtschaftsförderung. Quantitative Importbeschränkungen förderten das kräftige Wachstum des verarbeitenden Gewerbes. Die dominante Rolle des türkischen Staates in der Wirtschaftsentwicklung ergab sich nahezu zwangsläufig aus dem fast völligen Fehlen eines Wirtschaftsbürgertums.[48] Mit dem Ende der Weltwirtschaftskrise erfolgte der Kurswechsel hin zu einer binnenorientierten, staatsgetriebenen Wachstumsstrategie; ein auch andernorts verbreiteter Trend nach dem Desaster. Im Jahr 1932 wurden ein Staatliches Industrieamt und weitere Banken gegründet, die tatsächlich mit Staatskapital ausgestattete Holdings waren. Diverse sektorale Staatsmonopole, geschützt durch Subventionen und Zollschranken, dienten als Instrumentarium zur Schaffung eines Staatssektors, im Jahr 1931 programmatisch untermauert durch die Verankerung des »Etatismus« als eines der sechs Leitprinzipien der Republikani-

---

Detlev Grothusen, Türkei (= Südosteuropa-Handbuch Bd. IV), Göttingen 1985, S. 347–369; Bent Hansen, The Political Economy of Poverty, Equity, and Growth. Egypt and Turkey, Oxford 1991; Nas Tevfik, Tracing the Transformation of Turkey from the 1920s to EU-Accession, Leiden/Boston 2008, S. 9–154.

46 Einen Überblick gibt Aziz Alkazaz, »Geld und Kreditwesen«, in: Steinbach/Robert, Der Nahe und Mittlere Osten, S. 405–432, S. 425ff. Inzwischen wurden viele dieser Institute universalisiert und privatisiert, tragen aber vielfach noch ihre alten Namen.

47 Hale, The Political and Economic Development of Modern Turkey, S. 47ff.

48 Einige Berechnungen bzw. Schätzungen dazu hat Çağlar Keyder, State and Class in Turkey. A Study in Capitalist Development, London/New York 1987, S. 78ff.

schen Volkspartei CHP.[49] Zwar ließ man sich für das konkrete Vorgehen, namentlich die Aufstellung der Wirtschaftspläne, sowohl von amerikanischen wie von sowjetischen Experten beraten, akzeptierte auch – als erste Auslandshilfe überhaupt – eine sowjetische Anleihe, ging aber dennoch eigene Wege. So waren die türkischen Wirtschaftspläne durchgängig Entwicklungs- und keine Produktionspläne, die den Privatsektor, der je nach Sektor Ende der 1930er Jahre nach wie vor bis zu 65 Prozent der Produktion leistete,[50] ausdrücklich einbezogen, den Investitionsschwerpunkt zunächst nicht auf die Schwer-, sondern vielmehr auf die Textilindustrie und die Ausweitung der Konsumgüterproduktion legten. Auch stand eine Verstaatlichung der meist kleinen, familienbetriebenen Privatunternehmen nie ernsthaft zur Debatte. Aufgrund dieser Größenunterschiede standen die durchaus erfolgreichen Industriegründungen lange Zeit recht unverbunden in der Wirtschaftslandschaft. Der Verzicht auf eine Landreform, die unzureichende Förderung des Agrarsektors und der ländlichen Infrastruktur sowie die innenpolitisch motivierte Vernachlässigung des kurdisch dominierten Ostanatolien verstärkten ein Stadt-Land-Gefälle, mit dessen Nebenwirkungen die Türkei bis heute zu kämpfen hat.

Im Zweiten Weltkrieg blieb das Land von Kampfhandlungen zwar verschont. Verstärkte Rüstungsanstrengungen und gestörte Handelsbeziehungen – Deutschland, Frankreich und Großbritannien waren die wichtigsten Handelspartner – zehrten jedoch einen beträchtlichen Teil der Wohlstandsgewinne der 1930er Jahre auf. Der Staat verstärkte seine Interventionen, versuchte, die Wirtschaft per Geldmengenwachstum anzukurbeln und gleichzeitig die selbst erzeugte Inflation durch strikte Preiskontrollen niedrig zu halten. Neben dem aggressiven Auftreten der UdSSR in den Nachkriegsjahren[51] waren es auch wirtschaftliche Gründe, die die Türkei zur Aufgabe ihrer Neutralität und zur Eingliederung in die NATO und die entstehenden ökonomischen Zusammenschlüsse der westlichen Welt veranlassten. Sie wurde unter anderem im Rahmen des Marshallplanes gefördert, gehörte zu den Gründern der späteren OECD und bean-

49 Cumhuriyet Halk Partisi, die Einheitspartei Atatürks; die sechs Leitprinzipien des Kemalismus, bis heute eine Art Staatszielbestimmung, sind Republikanismus, Nationalismus, Populismus, Laizismus, Revolutionismus und eben Etatismus; die Übersetzung der türkischen Begriffe ist indes durchaus erläuterungsbedürftig, vgl. z.B. Rainer Herrmann, Wohin geht die türkische Gesellschaft?, München 2008, S. 72–90. Speziell zum Etatismus siehe Nas, Tracing the Transformation of Turkey, S. 13f.

50 Hale, The Political and Economic Development of Modern Turkey, S. 59.

51 Stöver, Der Kalte Krieg 1947–1991, S. 55f.

tragte 1959 die Aufnahme in die EWG. Präsident Harry S. Trumans Ankündigung militärischer und ziviler Hilfe für die Türkei und Griechenland zur Eindämmung des sowjetischen Einflusses am 12. März 1947 gilt als eine der ersten verbalen Salven des Kalten Krieges.

Die Einführung des Mehrparteiensystems und der Wahlsieg der Demokratischen Partei 1950 zogen zwar keinen grundsätzlichen Kurswechsel nach sich. Sie bedeuteten aber zumindest für die ersten drei Jahre, auch beeinflusst vom Marshallplan, eine wirtschaftspolitische Liberalisierung, der freilich keine konsistente Entwicklungsstrategie zugrunde lag. Das Wachstum zog bei weiter expansiver Geldpolitik wieder an, und die Industrialisierung schritt vor allem bei Grundstoffen wie Kohle, Eisen und Erdöl voran. Dabei wuchs die Produktion in den übrigen Industrie- und Gewerbezweigen, die zumeist dem wachsenden – freilich stark gegängelten – Privatsektor angehörten, im Jahrzehnt der DP-Regierung doppelt so schnell wie die Landwirtschaft, die um 1950 noch rund 85 Prozent der Arbeitskräfte beschäftigte und besonders von den Programmen der DP, beispielsweise durch bevorzugte Vergabe von Lizenzen für den Maschinenimport, profitierte. Eine der Folgen der Mechanisierung war eine beschleunigte Landflucht, zumal die Zahl der Arbeitskräfte in der Dekade um 21 Prozent zunahm, von der der Agrarsektor mit etwa 768000 Personen nur ein rundes Drittel aufnehmen konnte. Der Preis für dieses Wachstum waren eine hohe Inflationsrate mit entsprechender – allerdings viel zu lange hinausgezögerter – Abwertung der Türkischen Lira und Versorgungsengpässe, da das Angebot mit der rasch wachsenden Nachfrage nicht Schritt halten konnte. Hinzu kamen Fehlsteuerungen und Verluste staatlicher Unternehmen und ein krisenhaftes Zahlungsbilanzdefizit.[52] Die Wachstumsraten, die von 1947 bis 1953 noch im Schnitt bei 8,7 Prozent lagen, brachen bis 1962 auf 4 Prozent ein, wovon pro Kopf statt 6 Prozent nur noch 1,3 Prozent Wachstum ankamen.[53] Die Folgen dieser wirtschaftspolitischen Verwerfungen infolge einer letztlich populistischen, kurzatmigen Expansionspolitik waren mit ursächlich für den Sturz der Regierung Adnan Menderes durch das Militär im Mai 1960.[54]

In der Politik hatte sich die Auffassung durchgesetzt, sowohl die gegenwärtige Krise als auch die langfristige Entwicklung des Landes seien nur

---

52 Zahlen bei Hale, The Political and Economic Development of Modern Turkey, S. 91, 102, 105f.

53 Owen/Pamuk, A History Middle East Economy, S. 250.

54 Menderes (1899–1961) wurde nach dem Putsch wegen Verletzung der Verfassung verurteilt und hingerichtet. Gumpel, Wirtschaftssystem und Entwicklung, S. 333; Owen/Pamuk, A History Middle East Economy, S. 110.

über eine umfassende makroökonomische Wirtschaftslenkung in den Griff zu bekommen. Dieser Auffassung schlossen sich die Offiziere des Komitees der Nationalen Einheit an und riefen eine Staatliche Planungsorganisation ins Leben, die umfangreiche Vollmachten erhielt.[55] Dabei sollte der Privatsektor fortbestehen, allerdings unter Einbindung in die Wirtschaftsplanung, während ein großer Teil der Staatsbetriebe direkt an den Staatshaushalt gekoppelt wurde. Deren Anteil an der Wirtschaftsleistung war sektoral recht unterschiedlich, am höchsten mit etwa 50 Prozent in der Konsumgüterindustrie. Ziel der drei Fünfjahrespläne zwischen 1963 und 1977 war die beschleunigte Industrialisierung, deren Anteil am Wachstum auch ständig zunahm. Durch die Überbewertung der TL bis 1970, Zollschranken, Subventionen, verordnete Zinssätze und Preiskontrollen sowie die Steuerung von Investitionen in die davor vorgesehenen Industriezweige wurde die Importsubstituierung konsequent fortgesetzt. Sie konzentrierte sich im Wesentlichen auf Schwerindustrie, Chemie, Pharmazie und zentrale Bereiche der Konsumgüterindustrie. In einigen davon wurde nicht nur die Importsubstituierung erreicht, sondern sogar Exporte getätigt.[56] Unausweichlich stiegen jedoch auch die Importe an, nämlich bei komplexen Investitionsgütern, die für die weitere Industrialisierung nötig waren, aber auf dem heimischen Markt nicht oder in unzureichenden Mengen erzeugt wurden. Zum Importsog trugen steigende Exporteinnahmen nach der TL-Abwertung ebenso bei wie die steigenden Gastarbeiterüberweisungen.

Die Türkei verzeichnete während der gesamten Epoche ein rasantes Bevölkerungswachstum. Lebten 1927 noch 13,7 Millionen Menschen in der Türkei, waren es 1990 bereits über 56 Millionen. Bis zu 4 Prozent der türkischen Arbeitskräfte arbeiteten im Ausland; deren Überweisungen stellten eine der wichtigsten Devisenquellen dar. Insofern kann die Akzeptanz dieser Gastarbeiter in Europa, vor allem in der Bundesrepublik, durchaus als strategische Rente angesehen werden, denn der Export eines Teils der heimischen Arbeitsmarktprobleme und die damit verdienten Devisen waren ein Beitrag zu Stabilisierung eines wichtigen NATO-Partners.[57]

---

55 Gumpel, Wirtschaftssystem und Entwicklung, S. 335ff.

56 Vgl. Hansen, The Political Economy of Poverty, S. 360–382, der eine Berechnungsmethode zur Bestimmung des Substituierungsgrades vorschlägt und die Entwicklung insgesamt kritischer betrachtet als Nas, Tracing the Transformation of Turkey, S. 21–28.

57 So die Kernthese von Heike Knortz, Diplomatische Tauschgeschäfte. »Gastarbeiter« in der westdeutschen Diplomatie und Beschäftigungspolitik 1953–1973,

Die ISI-Strategie türkischer Bauart hatte bis etwa 1970 durchaus ihre Meriten. Sie ermöglichte die nötige Akkumulation und Konzentration zum Aufbau von Industriebetrieben und schuf über vier Jahrzehnte hinweg eine einzigartige Partnerschaft zwischen dem privaten und dem öffentlichen Sektor, die die Importabhängigkeit signifikant verringerte und zu eindrucksvollen Wachstumsraten weit über denen vergleichbarer Länder führte.[58] Sie betrugen in den 1950er Jahren 6,7 Prozent, in den 1960er Jahren 5,6 Prozent und in den 1970er Jahren 4,1 Prozent, reichten damit allerdings nicht aus, die Lücke zu den Industrienationen zu schließen. Die Entwicklung kam Ende der 1970er Jahre zum Stillstand, als die gestiegenen Öl- und sonstigen Importpreise infolge verspäteter Reaktionen eine handfeste hausgemachte Krise auslösten: Hohe Inflation durch laxe Geldpolitik, immer teurere und kurzfristigere Auslandsanleihen, chronische Devisenknappheit, Produktionseinbrüche, sinkende Pro-Kopf-Einkommen und schließlich wachsende Haushalts- und Handelsbilanzdefizite machten eine Generalüberholung der türkischen Wirtschaftspolitik unausweichlich.

Begleitet wurde die ökonomische von politischer Instabilität. Nachdem 1971 die Generale ein weiteres Mal die Macht an sich gerissen hatten, regierten sie über zivile Marionettenkabinette bis 1973. Die Rückkehr zur Zivilregierung mündete schnell in eine Phase ständiger Koalitions- und Regierungswechsel, deren freizügige Verteilung von Wohltaten an die jeweilige Klientel die Inflation 1980 auf 86,1 Prozent hochtrieb. Unruhen und Streiks, Reaktionen auf steigende Arbeitslosigkeit und Warenknappheit sogar in der Grundversorgung, begleiteten das Aufkommen extremer Parteien und Gruppierungen von rechts und links. Deren Auseinandersetzungen wurden bisweilen mit brutaler Gewalt und Terror ausgetragen und nahmen vor allem in den Städten vielfach bürgerkriegsähnliche Züge an, während die Regierungen sich unfähig zeigten, wirtschaftliche Stabilisierungsprogramme zu implementieren. Mit Erleichterung reagierten deshalb im September 1980 große Teile der türkischen Öffentlichkeit zunächst auf die dritte, diesmal indes sehr viel längere Machtübernahme der türkischen Generalität in der Nachkriegszeit.

Ab 1982 vollzog sich eine radikale wirtschaftspolitische Wende in der Türkei hin zu einer Liberalisierung, bei der ISI durch eine exportorientierte

---

Köln 2008; vgl. auch die Rezension von Martin Kröger in der *Frankfurter Allgemeinen Zeitung* vom 23. 8. 2008.

58 Dazu Statistiken bei Nas, Tracing the Transformation of Turkey, S. 11, 21; Owen/Pamuk, A History Middle East Economy, S. 250; Hansen, The Political Economy of Poverty, S. 362, 372, 379.

Industrialisierung abgelöst wurde. Dieser Wandel ist mit dem vom Militär installierten Ministerpräsidenten und späteren Staatsoberhaupt Turgut Özal verbunden. Die Geld-, Finanz, vor allem Steuer-, Außenhandels- und Devisenpolitik wurden völlig neu ausgerichtet. Um die türkische Wirtschaft konkurrenzfähiger zu machen, wurden Importverbote und -beschränkungen abgebaut und der Export gefördert. Damit ging ein Abbau der Bürokratie einher, vor allem um die bislang verpönten ausländischen Investitionen zu erleichtern, die sich aber dennoch unbefriedigend entwickelten. Zwar stieg in dieser Zeit der Anteil der privaten Wirtschaft, auch durch Privatisierungen von Staatsunternehmen, an, insgesamt blieben die Privatinvestitionen indes hinter den Erwartungen zurück. Tatsächlich konnten die Exporte zwischen 1980 und 1984 um jährlich 27 Prozent gesteigert werden, wozu auch die Umleitung von Handelsströmen durch den Irak-Iran-Krieg beitrug. Besonders in Saudi-Arabien waren viele türkische Bauunternehmen aktiv, die Ende der 1980er Jahre in zahlreichen Joint Ventures rund 100000 Arbeitsplätze bereitstellten. Das durchschnittliche, regional allerdings stark ungleichgewichtige Wirtschaftswachstum in den 1980er Jahren betrug 4,8 Prozent. Die zunehmende Senkung der Importbarrieren erhöhte den Konkurrenz- und Modernisierungsdruck auf die Betriebe. Den Höhepunkt dieser Entwicklung bildete 1996 der Beitritt zur europäischen Zollunion. Der befürchtete Zusammenbruch der türkischen Wirtschaft trat jedoch nicht ein; insgesamt hatte das Jahrzehnt der Stabilisierung und Liberalisierung die Wirtschaft wieder auf einen nachhaltigen Wachstumskurs gebracht. Als Risikofaktoren blieben eine hohe Arbeitslosigkeit von meist über 10 Prozent, eine dank ausländischer Kapitalzufuhr nur noch zwischen 40 und 70 Prozent pendelnde Inflationsrate und weiterhin hohe Handelsbilanz- und Haushaltsdefizite. Die Auslandsschulden kletterten 1987 über 40 Prozent des BIP, die Binnenverschuldung überstieg 100 Prozent.[59] In den 1990er Jahren wuchs die türkische Wirtschaft mit einer durchschnittlichen Wachstumsrate von über 5 Prozent, wobei es immer wieder zu schweren Wirtschaftskrisen und erneuter Hyperinflation kam.

Der Fall Ägypten

In Ägypten hatte Präsident Sadat die wirtschaftspolitische Reißleine bereits ein Jahrzehnt zuvor gezogen. Nachdem sich der Privatsektor nicht im gewünschten Maße an Nassers Industrialisierungsplänen beteiligt hatte,

---

59 Details bei Henry, Clement M., The Mediterranean Debt Crescent. Money in Algeria, Egypt, Morocco, Tunisia and Turkey, Gainesville u.a. 1996, S. 28–32.

wurden in mehreren Enteignungswellen – die massivste im Juli 1961 – praktisch alle größeren Wirtschaftsunternehmen in Staatsbesitz überführt, größere Vermögen enteignet und die Bildung neuer verhindert. Die verbleibenden Kleinbetriebe in Einzelhandel und Handwerk wurden in ihren Entwicklungsmöglichkeiten drastisch eingeschränkt.[60] Eine Landreform hatte schon zuvor die Flächengrößen in Privatbesitz beschränkt; von den frei werdenden Flächen hatte allerdings der Staat mit seinen rund 5000 Kooperativen mehr profitiert als die armen Fellachenfamilien. Das Ausmaß, in dem Ägypten den Privatsektor zurückschnitt, rechtfertigte nun durchaus die Verwendung des Begriffs »Sozialismus«[61] – wie es in der Charta der Arabischen Sozialistischen Union von 1962 ja auch geschah.

Der gegenüber dem marginalisierten Privatsektor nun völlig dominante öffentliche Sektor erreichte zwischen 1963 und 1965 seine größte Ausdehnung, gesteuert von einem gigantischen Planungsapparat mit zahlreichen, mehr neben- und gegen- als miteinander arbeitenden zentralen Organisationen und Komitees. Dergleichen hatte in der Zweiten Welt mit längerer Planungserfahrung und weit besser ausgebildeten Administratoren schon nicht wirklich funktioniert und tat es in Ägypten umso weniger. Die Schaffung einer Milchwirtschaft, deren Verarbeitungskapazitäten die verfügbare Milchmenge bei Weitem übertraf, war nur eine der zahlreichen – und kostspieligen! – Planungstorheiten jener Jahre.[62] Zu den wenigen wirtschaftlich erfolgreichen sowjetischen Projekten zählte das Aluminiumwerk von Nag Hammadi, das mit Strom aus dem eigenen Stauwerk sowie dem Assuanstaudamm betrieben wurde und zu Weltmarktpreisen produzieren konnte.

Für die ehrgeizigen Entwicklungsziele des 1. Fünfjahresplans 1959/60 bis 1964/65, der Wachstumsraten von 7 Prozent jährlich und die Verdopplung des BIP innerhalb eines Jahrzehnts vorsah, wurden dringend externe Finanzquellen benötigt.[63] Für seine wichtigsten Einzelprojekte hatte Nasser sich 1958 nach dem Scheitern entsprechender Avancen im Westen[64] bereits Kredite der UdSSR gesichert, je 97 Millionen Dollar für den Assuan-

---

60 Detailliert geschildert bei Abdel-Malek, Ägypten, S. 181–221.

61 Allerdings nicht den Marxismus-Leninismus, den Nasser in einer Rede ausdrücklich zurückwies.

62 Mourad M. Wahba, The Role of the State in the Egyptian Economy, Reading 1994, S. 95.

63 Das heißt nach dem 2. Fünfjahresplan, der zwar aufgestellt, aber nie umgesetzt wurde.

64 Siehe ausführlich dazu Jon Alterman, Egypt and American Foreign Assistance (Hopes Dashed), New York 2002.

staudamm und 170 Millionen für die Stahlwerke in Helwan mit einer Laufzeit von zwölf Jahren bei 2,5 Prozent Zinsen.[65] Neben den ohnehin schon beträchtlichen Belastungen der Industrialisierung[66] wurden dem Land zusätzlich auch noch die Kosten von Nassers Großmachtfantasien von der gescheiterten Union mit Syrien, Einmischung in zahlreiche afrikanische und nahöstliche Konflikte bis hin zu den verlorenen Kriegen im Jemen und gegen Israel aufgebürdet. Das durchaus vorzeigbare Wachstum der Industrieproduktion wurde im Wesentlichen durch ein klaffendes Zahlungsbilanzdefizit bezahlt, das im letzten Jahr des Plans 7,3 Prozent des BIP erreichte. Das meiste Geld streckte die Sowjetunion vor, einiges kam auch von anderen sozialistischen Ländern und Partnern im Westen,[67] unter denen die USA praktisch nicht mehr vertreten waren. Da Nasser weder zu Abstrichen bei seinen außen- oder wirtschaftspolitischen Zielen noch zu grundlegenden Reformen bereit war, blieb nur der Weg in immer neue, kurzfristige Kredite zu hohen Zinsen, um die täglichen Ausgaben zu decken. Als der *ra'is*[68] 1970 starb, hatte das Regime mittel- und langfristige zivile Schulden von 1,7 Milliarden Dollar angehäuft; zusammen mit etwa 3 Milliarden Dollar Militärschulden und kurzfristigen Verpflichtungen ergab das eine Gesamtlast von rund 5 Milliarden Dollar. Mittlerweile wurden die ersten Rückzahlungen fällig, und der Hauptgläubiger in Moskau ließ sich weder auf Stundungen noch gar auf neue Finanzspritzen ein, obwohl die Wirtschaft am Rande des Zusammenbruchs stand. Dadurch wurden die arabischen Staaten als Finanziers umso wichtiger, die 1968 spezielle Hilfsprogramme für die »Frontstaaten« gegen Israel aufgelegt hatten – den größten Teil dieser Mittel investierte Sadat in seine Armee, um sie für einen letzten Waffengang auf dem Sinai fit zu machen; im Jahr 1973 schlugen Waffen und Ausrüstung mit 90 Prozent aller Importe zu Buche, während die Inflation von über 20 Prozent die Realeinkommen vor allem der unzähligen Beschäftigten im Staatssektor kontinuierlich abschmelzen ließ. Längst war der gesamten Führung klar, dass nur grundlegende Reformen und der Zugang zu westlichen Märkten und Finanzhilfen noch einen Ausweg bieten könnten – mit seinem Schwenk isolierte sich Sadat zwar für begrenzte Zeit in der arabischen Welt, konnte aber für seine

65 Details bei Galal A. Amin, Egypt's Economic Predicament, Leiden 1995, S. 1; Waterbury, The Egypt of Nasser and Sadat, S. 70; Wahba, The Role of the State in the Egyptian Economy, S. 3f.

66 Ausführlich bei Hansen, The Political Economy of Poverty, S. 128–166.

67 Amin, Egypt's Economic Predicament, S. 3; Waterbury, The Egypt of Nasser and Sadat, S. 85f.

68 Vom arab. رئيس = Präsident.

neue Rolle als Partner des Westens und Friedensgarant gleich zwei Argumente für den Bezug einer strategischen Rente, diesmal aus Washington, liefern.

Mitte der 1980er Jahre erhielten Ägypten und Israel zusammen rund zwei Drittel der gesamten Auslandshilfe der USA, wobei Ägypten wiederum der zweitgrößte Hilfeempfänger nach Israel war – in Dollars ausgedrückt bedeutete das 10,8 Milliarden zwischen 1975 und 1985.[69] Zwar hatte Sadat im Rahmen seiner *infitah*[70]-Politik Einfuhrbeschränkungen gelockert und durch die Vergabe monopolartiger Lizenzen regimenahen Cliquen die Anhäufung immenser Vermögen ermöglicht. Anstatt Investitionsgüter wurden indes oft Luxus- und Konsumgüter importiert, die die Außenhandelsbilanz weiter verschlechterten. Was geschehen konnte, wenn man die seit dem Zweiten Weltkrieg nie angetasteten Subventionen auf Güter der Grundversorgung lockerte, zeigten beim ersten zaghaften Versuch die Brotunruhen von 1977.[71] Das zutiefst erschrockene Regime beeilte sich, die bedrängten Mittel- und Unterschichten wieder mit Konsumsubventionen ruhigzustellen; diese betrugen jährlich 3 Milliarden Dollar für Nahrungsmittel und etwa 4 Milliarden für Energie und verschlangen damit 1984 etwa ein Drittel des Staatshaushaltes.[72] Zu decken waren diese Defizite nur durch immer neue Schulden. Gegen Ende des Kalten Krieges überstiegen die langfristigen Auslandsverpflichtungen 120 Prozent des BIP, die das Land kaum noch bedienen konnte[73] – der Zweite Golfkrieg kam 1991 gerade rechtzeitig, damit Ägypten sich für seine unentbehrlichen Dienste mit Schuldenerlassen und Hilfspaketen entlohnen lassen konnte: Die USA 1991 erließen die Hälfte der Zivil- und sämtliche Militärschulden, zusammen etwa 7 Milliarden Dollar.

Der Fall Syrien

In Syrien hatte die dreijährige staatliche Vereinigung mit Ägypten ebenfalls eine stärkere Rolle des Staates in der Wirtschaft eingeleitet, die nach dem Scheitern der Union ebenso fortbestand wie die enge politische und wirtschaftliche Bindung an die UdSSR und den RGW. Bis 1958 wurde Wachs-

69 Marvin G. Weinbaum, Egypt and the Politics of US Economic Aid, Boulder/London 1986, S. 3.
70 Vom arab. إنفتاح = Öffnung.
71 Zur Preispolitik siehe Hansen, The Political Economy of Poverty, S. 167–177.
72 Weinbaum, Egypt and the Politics of US Economic Aid, S. 130.
73 Clement, The Mediterranean Debt Crescent, S. 28f.

tum im Wesentlichen durch die Extensivierung der Landwirtschaft erzielt, in dem neue Flächen erschlossen und die Bewässerungssysteme sowie die Transportinfrastruktur ausgebaut wurden. Dazu akzeptierte die Regierung zwar Rat von Experten der Weltbank, blieb aber aus Sorge um die 1946 gewonnene nationale Unabhängigkeit gegenüber Kapitalzuflüssen aus dem Ausland zurückhaltend.

Jenseits aller Regimewechsel und Flügelkämpfe blieb die Entwicklung der Landwirtschaft in dem fruchtbaren Land einer der wesentlichen Entwicklungsschwerpunkte. Wichtigstes Exporterzeugnis waren bis Mitte der 1970er Jahre Baumwolle und Textilien. Syrien gehörte sowohl von der Menge als auch den Hektarerträgen zu den bedeutendsten Baumwollerzeugern. Größte Abnehmer waren in den 1980er Jahren die Sowjetunion und Italien. Der größte Teil der übrigen Agrarerzeugnisse diente der Importsubstitution. Trotz der beträchtlichen Entwicklungserfolge konnte der Anbau den Bedarf nicht decken. In jenem Jahrzehnt wurde das Land vom Exporteur zum Nettoimporteur von Getreide. Das rapide Bevölkerungswachstum von jährlich um 3,5 Prozent bedeutete einen Anstieg von 4,6 Millionen Einwohnern im Jahre 1960 auf 12,4 Millionen 30 Jahre später, von denen Mitte der 1980er Jahre noch rund die Hälfte als »ländlich« bezeichnet wurde. Allerdings sank der Anteil der in der Landwirtschaft Beschäftigten von 50 Prozent in den 1970er Jahren innerhalb einer Dekade auf etwa 30 Prozent herab, ebenso vergleichbar sank ihr Anteil am BIP von 22,5 auf 16,5 Prozent.[74]

Die Industrialisierung konzentrierte sich zunächst auf die Weiterverarbeitung von Agrarerzeugnissen, um Nahrungsmittel und Konsumgüter im eigenen Land zu erzeugen. Hier übernahm der Staat nach der Vereinigung mit Ägypten eine Führungsrolle. Mit dem Eintritt in die Vereinigte Arabische Republik entkam Damaskus zwar der fortschreitenden Isolation, aber der gesellschafts- und wirtschaftspolitische Preis erschien angesichts des »einnehmenden« Wesens der ägyptischen Partner zu hoch. Diese drängten das Land in Richtung Sozialismus, setzten 1961 eine Welle von Nationalisierungen in der Industrie in Gang und initiierten eine Landreform nach ägyptischem Vorbild. Nicht zuletzt der Widerstand der Agrarbourgeoisie brachte daher die Union mit Ägypten 1961 durch einen Militärputsch zu Fall; ein kurzlebiger Sieg, denn anderthalb Jahre später

---

74 Dazu kurz, aber faktenreich: Thomas Koszinowski, »Syrien«, in: Steinbach/Robert, Der Nahe und Mittlere Osten, Bd 2, S. 385–404, S. 390; ausführlich Raymond Hinnebush, Peasant and Bureaucracy in Bathist Syria: The Political Economy of Rural Development, Boulder 1989.

übernahm im März 1963 die zwar ebenfalls panarabisch, gesellschaftspolitisch aber sozialistisch orientierte Ba'th-Partei das Ruder.

Damit etablierte sich eine neue Machtelite, die zum einen aus gesellschaftspolitischer Überzeugung, zum anderen zwecks Entmachtung ihrer Vorgänger – und somit weit mehr aus macht- denn aus wirtschaftspolitischen Motiven –[75] den eingeschlagenen Kurs von Landreform und Nationalisierung beschleunigte, sodass der öffentliche Sektor 1965 bereits ein Viertel aller Arbeitskräfte beschäftigte. Allerdings geschah dies ähnlich inkonsequent wie in Ägypten. Die radikale Haltung des Regimes entfremdete das Land dem Westen und den konservativen arabischen Regime gleichermaßen. Übrig blieb als strategischer Partner nur noch der Sowjetblock. Hier hatte Damaskus schon vor dem gescheiterten Vereinigungsexperiment Unterstützung gegen westlichen Druck zum Eintritt in den Bagdadpakt gesucht. Erste Waffenlieferungen trafen 1955 ein, Kredite von rund 98 Millionen Dollar hatte Moskau 1957 umso bereitwilliger gewährt, als man dort angesichts der starken kommunistischen Partei mit einem baldigen Übertritt ins kommunistische Lager rechnete. Nachdem sich das grundsätzlich zwar arabisch-sozialistisch, keineswegs aber kommunistisch ausgerichtete Ba'th-Regime nach heftigen Auseinandersetzungen stabilisiert hatte, wurde die Zusammenarbeit wieder intensiviert. Ein erstes umfangreiches Protokoll wurde 1964 unterzeichnet. Die größten Investitionssektoren dieser 88 Millionen Dollar und zahlreicher weiterer Abkommen zeigen zugleich die Schwerpunkte der Industrialisierungspolitik an: landwirtschaftlicher Anbau und Veredelung, Fischerei, Dämme und Bewässerung, Chemie und Düngemittelproduktion, Kommunikation über Schiene und Draht, Suche nach Öl- und Gasvorkommen.[76] War die Expansion des öffentlichen Sektors bis dahin überwiegend ein Resultat der Nationalisierung von Privatbetrieben, begann nach dem Putsch radikal linksorientierter Kräfte von 1966 ein ehrgeiziges Entwicklungsprogramm; rund 95 Prozent der industriellen und 70 Prozent aller Investitionen tätigte der Staat.[77] Mit dem Phosphatabbau wurde 1971, mit der Förderung nennenswerter Ölmengen 1969 begonnen, die durch die Exploration neuer Felder besonders in den 1980er Jahren kräftig expandierte. Seit 1981 wurde auch Gas gefördert und in der Energieversorgung der heimischen Industrie verwertet, die besonders in den mit sowjetischer Hilfe errichteten

---

75 Volker Perthes, The Political Economy of Syria under Asad, London/New York 1995, S. 38f.

76 Vgl. Golan, Soviet Politics in the Middle East, S. 142f.; Quintin V. S. Bach, Soviet Aid to the Third World, Lewes 2003, S. 107.

77 Perthes, The Political Economy of Syria under Asad, S. 40.

Stahlwerken bei Hama bis heute benötigt wird. Nettoexporteur von Öl ist Syrien seit 1986, gehört aber mengenmäßig gesehen eher zu den kleineren Exporteuren; diese Einnahmen machen indes den Löwenanteil der Exporterlöse aus.

Politisch folgte einer radikal linksorientierten Phase in den 1960er Jahren eine Konsolidierung nach der Machtübernahme durch Hafis al-Asad 1970 mit einer stärkeren Hinwendung zum Privatsektor, aber auch dem Ausbau eines sicherheitsorientierten autoritären Staates: stabil, aber auch lethargisch und wenig dynamisch. Diese »Korrektivbewegung« bedeutete wirtschaftspolitisch eine gewisse Liberalisierung mit dem Ziel, die schmale Basis des Regimes in der Bevölkerung zu verbreitern. Dieser syrischen Variante von *infitah* folgte nach 1983 notgedrungen eine zweite Welle, in der für Landwirtschaft und Tourismus gemischte öffentlich-private Unternehmen zugelassen wurden.[78] Nicht verbunden war damit eine Reduktion der Wirtschaftsbeziehungen mit der UdSSR. Diese wurden vielmehr intensiviert, Handelsabkommen regelten den Tausch syrischen Öls, von Wolle, Baumwolle und Textilien gegen Investitionsgüter aus dem Ostblock. Das Handelsvolumen mit der UdSSR nahm zwischen 1971 und 1985 von 87 auf 610,3 Millionen Dollar kontinuierlich zu, zumeist mit einem mäßigen Defizit auf syrischer Seite.[79]

Niederlage und Zerstörungen des Oktoberkrieges überstand Syrien durch große Zuflüsse vor allem arabischer Hilfe. Auch Moskau beteiligte sich mit einem großen ökonomischen und militärischen Programm am Wiederaufbau. Weitere Devisen strömten in den Jahren des Ölbooms 1978 bis 1981 sowohl aus den eigenen Quellen ins Land, als auch durch Ölarbeiterdevisen aus den Golfstaaten in Höhe von 600 bis 800 Millionen Dollar per annum.[80]

Diese direkte wie indirekte Abhängigkeit von den Ölpreisen stürzte das Land in den 1980er Jahren in eine schwere Wirtschaftskrise, die mit der allgemeinen Krise der ISI-Politik in etlichen anderen Ländern zeitlich zusammenfiel und sie noch verschärfte; das BIP pro Kopf sank zwischen

---

78 Zur Wirtschaftspolitik der Assad-Regierung siehe insbes. die o.a. Arbeit von Volker Perthes (The Political Economy of Syria under Asad, hier S. 49ff.). Kurz dazu auch sein Artikel »Syrien«, in: Nohlen/Nuscheler, Handbuch der Dritten Welt, S. 489–509. Details bei Sylvia Bölling, »Investment Law No. 10: Which Future for the Privat Sector«, in: Eberhard Kienle (Hg.), Contemporary Syria. Liberalization between Cold War and Cold Peace, London 1994, S. 14–25.

79 S. dazu Efraim Karsh, Soviet Policy towards Syria since 1970, London 1991, S. 52–62.

80 Perthes, The Political Economy of Syria under Asad, S. 33.

1982 und 1989 von 1790 auf 880 Dollar.[81] Auch die Gastarbeiterüberweisungen gingen um fast die Hälfte zurück, und 1986 stand Syrien knapp vor dem Devisenbankrott. Die Realeinkommen namentlich der Staatsbeschäftigten, also des größten Teils der Beschäftigten, wurden von Inflation und der Kürzung von Preissubventionen gleichermaßen aufgezehrt.[82] Die Führung reagierte darauf mit einem Sparkurs, der indes weniger aus einem konsistenten Programm denn einer Abfolge von Ad-hoc-Maßnahmen bestand. Erkennbar ist freilich die Tendenz zur Abkehr von der Importsubstitution. Stattdessen wurden die Betriebe aufgefordert, den Export gegenüber der Belieferung des heimischen Marktes den Vorzug zu geben oder gar Waren gegen Devisen statt gegen die eigene Währung zu verkaufen.[83] Erschwerend hinzu kamen politische Verwerfungen, namentlich der Aufstand der Muslimbrüder und der Libanonkrieg von 1982 sowie die regionale Isolation infolge der Parteinahme für den Iran während des Golfkrieges.

Im Ergebnis hat der von Asad angestrebte Übergang von einer agrar- zur industriebasierten Wirtschaft nicht stattgefunden,[84] obwohl in den Fünfjahresplänen zwischen 1971 und 1985 im Schnitt 45 Prozent der Investitionen dafür vorgesehen waren. Insbesondere die 1980er Jahre mussten entwicklungspolitisch als »verlorenes Jahrzehnt«[85] abgebucht werden. Obwohl Moskau sich zwischenzeitlich zur Abschreibung von Schulden bereit fand,[86] stand Damaskus gegen Ende des Kalten Krieges dort mit fast 1,1 Milliarden Dollar in der Kreide.[87] Insgesamt lag die Auslandsverschuldung mit 5 bis 6 Milliarden Dollar ziviler Schulden und rund 10 Milliarden Dollar Militärschulden, zumeist bei der UdSSR,[88] bei gut 100 Prozent des BIP.

Wie in einem Brennglas bündelten sich in Syriens Krise der 1980er Jahre die entwicklungspolitischen Fehlentwicklungen dieser Art von Industria-

---

81 Perthes, »Syrien«, in: Nohlen/Nuscheler, Handbuch der Dritten Welt, S. 497.

82 Perthes, The Political Economy of Syria under Asad, S. 28f.

83 Diese Art des legalisierten Devisenschwarzmarktes dürfte damaligen Ostblockbewohnern irgendwie bekannt vorkommen. Zur Krise und den möglichen Auswegen vgl. Nabil Sukkar, The Crisis of 1986 and Syria's Plan for Reform, in: Kienle (Hg.), Contemporary Syria, S. 26–43; Perthes, The Political Economy of Syria under Asad, S. 42–49.

84 Perthes, The Political Economy of Syria under Asad, S. 26ff.

85 Ebenda, S. 24. Das galt allerdings für große Teile der Dritten Welt insgesamt.

86 Karsh, Soviet Policy towards Syria, S. 54f.

87 Bach, Soviet Aid to the Third World, S. 107.

88 Perthes, The Political Economy of Syria under Asad, S. 35; Bach, Soviet Aid to the Third World, S. 107.

lisierungsstrategie. Der immense Kapitalzufluss nach Oktoberkrieg und Ölboom hatte eine klassische Fehlallokation von Projektmitteln zur Folge. Eine immer größere Planungsbürokratie ohne wirkliche Kontrolle plante sowohl am Angebot als auch an der Nachfrage vorbei. Für die schlüsselfertig bestellten Projekte musste zum Bau alles importiert werden, und für den laufenden Betrieb oft auch. Es fehlte an Humanressourcen ebenso wie an der Zulieferung von Vorprodukten oder Ersatzteilen, oft sogar an den benötigten Rohstoffen.[89] Die meisten Betriebe funktionierten schlecht, produzierten unwirtschaftlich und erwiesen sich als dauerhafte Kostenfaktoren, noch verschärft durch die verzerrende Wirkung der umfangreichen Preissubventionen.[90] Sie verschlangen so viele Mittel, dass für neue Projekte oder ein Umsteuern nichts mehr übrig blieb; tatsächlich wurden in den 1980er Jahren keine neuen Industrieanlagen mehr gebaut.

Wirtschaftshilfe ohne Wohlverhalten

Die Wirtschaftspolitik der Nahoststaaten öffnete auch ohne die hier unberücksichtigt gebliebenen Rüstungs- und Militärhilfen den Partnern auf den unterschiedlichen Seiten des Kalten Krieges Einflusskanäle in die Entscheidungszentren der Region. Außer den stramm prokommunistischen Machthabern in Aden wollte das keiner. Vielmehr sollten die Entwicklungsstrategien Prozesse in Gang setzen, die die wirtschaftliche Grundlage für souveräne politische Entscheidungen schaffen sollten.

Im Wettstreit der Systeme sollte die Überlegenheit des Sowjetsystems nach Maßgabe Chruschtschows unter anderem durch den Wohlstand der Sowjetmenschen demonstriert werden.[91] An diesem Anspruch musste sich letztlich auch die Entwicklungspolitik in den Moskau-orientierten Dritte-Welt-Staaten messen lassen. Ende der 1950er bis Mitte der 1960er Jahre ließ der technologische Vorsprung der UdSSR in der Weltraumtechnologie als der prestigereichsten Zukunftstechnologie überhaupt die Leistungsfähigkeit der sowjetischen Wirtschaft für die neuen Eliten der arabischen Welt durchaus überlegen erscheinen.[92]

89 Perthes, The Political Economy of Syria under Asad, S. 43.
90 Viktor Lavy/Eliezer Sheffer, Foreign Aid and Economic Development in the Middle East: Egypt, Syria and Jordan, Westport/London 1991, S. 50f.
91 Bach, Soviet Aid to the Third World, S. 21; Stöver, Der Kalte Krieg 1947–1991, S. 142.
92 Stöver, Der Kalte Krieg 1947–1991, S. 297–301.

Eine eher marginale Rolle spielte in der Systemkonkurrenz die Volksrepublik China.[93] In der Mao-Ära betrachtete sie den Nahen Osten fast ausschließlich durch die Brille ihrer Rivalität mit der UdSSR. Dieser einseitige Blick ging so weit, dass man sogar gute Beziehungen zum Schah im Iran aufbaute und auf die ebenso wenig »progressiven« Mullahs übertrug, da man beide als »Bollwerke« gegen den sowjetischen Einfluss am Golf und in Afghanistan ansah. Peking endete in dem Dilemma, während des Golfkriegs sowohl Teheran als auch Bagdad mit Waffen versorgen zu müssen, um den Sowjets in Bagdad nicht das Feld zu überlassen. Pekings Partnersuche für den antiimperialistischen Kampf führte es an die Seite von Guerillabewegungen vom Schlage der PLO. Wirtschaftlich selbst noch ein Entwicklungsland, konnte es mit den beiden Supermächten in Sachen Finanzhilfen nicht mithalten – es flossen summa summarum wahrscheinlich mehr Dollars gen Peking als von dort in die Region. Von sich aus suchte vor allem die Demokratische Republik Jemen den Kontakt. Sie akzeptierte schon kurz nach der Unabhängigkeit eine Anleihe von 12 Millionen Dollar, wurde zum Hauptempfänger chinesischer Hilfe und so zum Hauptkampffeld der chinesisch-sowjetischen Rivalität im Nahen Osten, die von der Führung in Aden weidlich ausgenutzt wurde.[94] Einen weichen 500-Millionen-Dollar-Kredit Saudi-Arabiens an die Volksrepublik darf man vermutlich auch auf das Schutzgeldkonto buchen, empfand doch das Königreich die chinesische Unterstützung für das radikale Regime in Aden und diverse extremistische Untergrundorganisationen in der Nachbarschaft als durchaus bedrohlich.[95] Eine trotz Beibehaltung der antisowjetischen Stoßrichtung differenziertere und gemäßigtere Nahostpolitik entwickelte sich erst nach dem Ende der Ära Mao Tse-tung, als wirtschafts- und handelspolitische Aspekte größere Bedeutung erlangten. Gegen Ende des Kalten Krieges galt die VR China in der Region als seriöser Partner und kooperierte semioffiziell sogar mit Israel, vornehmlich in Rüstungsprojekten.

---

93 Zur chinesischen Nahostpolitik sei summarisch verwiesen auf Yitzhak Shichor, The Middle East in China's Foreign Policy 1949–1977, Cambridge 1979; Lillian Craig Harris, China Considers the Middle East, London/New York 1993, sowie auf den Sammelband, hrsg. von P. R. Kumaraswami, China and the Middle East, New Delhi u.a. 1999, der indes eher die Zeit nach dem Kalten Krieg in den Mittelpunkt rückt.

94 Fred Halliday, Revolution and Foreign Policy. The Case of South Yemen 1967–1987, Cambridge 1990, S. 218–227; Craig Harris, China Considers the Middle East, S. 115f.

95 Craig Harris, China Considers the Middle East, S. 157.

Die Überforderung des Wirtschaftssystems im Ostblock durch die Expansion der sozialen Sicherungssysteme und die damit eng verknüpften Preissubventionen wurde erst am Ende der Ära Breschnew sichtbar.[96] Sie wirkte sich für die nahöstliche Entwicklungspolitik gleich in mehrfacher Hinsicht verhängnisvoll aus. Sie wurde in einigen Staaten der Region, namentlich in Ägypten und Syrien, nachgeahmt und diente ebenso wie im Ostblock zur Legitimierung des Systems. Schneller und härter noch als dort dampften Inflation und unzulängliche Wirtschaftsleistung die Ansprüche vor allem an die pekuniären Leistungen wie Altersversorgung auf pure Nominalposten ein. Die Krankenversorgung schrumpfte auf eine rudimentäre Grundsicherung zusammen – und selbst die war oft nur gegen »Bakschisch« zu haben. Damit bekam nicht nur die Legitimation strategisch wichtiger Partner Rostflecken, sondern auch die des großen sowjetischen Vorbildes gleich dazu. Und aufgrund seiner chronischen Devisenprobleme ließ die Bereitschaft nach, eine ganze Galerie entwicklungspolitischer Dauerpflegefälle zu alimentieren. Das knappste Gut auf der sowjetischen Geberseite war zugleich das gefragteste auf derjenigen der Nehmer: konvertible Devisen.[97] Je mehr die Nehmer in den 1980er Jahren in die Schuldenfalle gerieten, desto weniger konnte die UdSSR in dieser Phase eigener Schwäche mit den Angeboten westlicher Geber und der multilateralen Organisationen konkurrieren, um sie aus ihrer Klemme zu befreien.

Ihre wirtschaftspolitischen Grundsatzentscheidungen trafen die Eliten weitgehend autonom, nachdem sie – und sei es durch Revolutionen – sich dazu die nötigen Spielräume verschafft hatten. Sie taten dies indes in einer Zeit, in der der Kalte Krieg seinen Schwerpunkt von Europa in die Dritte Welt verlagerte und die Supermächte bereit waren, jede Möglichkeit zur Ausweitung der eigenen Einflusssphäre zu nutzen. Mögliche Partner waren hier nicht nur die Regierungen, sondern auch ethnische, soziale und ideologische Gruppierungen innerhalb der oft von zahlreichen einander kreuzenden Konfliktlinien durchzogenen Staaten, wofür wohl gerade der relativ kleine Libanon das prominenteste Beispiel liefert. Diese oft grenzüberschreitend agierenden Gruppen suchten innerhalb und außerhalb der eigenen Gesellschaft nach Verbündeten, während die Regierungen eben auch durch ihre Wirtschaftspolitik darum bemüht waren, die Unzufriedenheit unterhalb des jeweiligen Siedepunktes zu halten – wenn sie nicht zu blutigen Repressionsmaßnahmen griffen. Daher boten sich neben den quasioffiziellen Beziehungskanälen auch zahlreiche innenpolitisch wirksame Hebel und Druckmittel an, die von außen instrumentalisiert werden

96 Stöver, Der Kalte Krieg 1947–1991, S. 305.
97 Bach, Soviet Aid to the Third World, S. 21.

konnten und reichlich genutzt wurden; von Akteuren außerhalb der Region, noch mehr aber von den regionalen Kräften selbst.[98] Über Verbündete dieser Art verfügten die nahöstlichen Akteure in den Gesellschaften ihrer Patrone in aller Regel nicht. Eine Ausnahme bildet zweifellos die äußerst effiziente Israellobby in den USA, der die US-Araber nichts entgegenzusetzen hatten. Die in manchen westlichen Ländern operierenden linken antiimperialistischen Gruppen erlangten nur geringe politische Hebelwirkung; ihre häufige Nähe zu radikalen oder gewalttätigen Kräften erzeugte oft das Gegenteil von Sympathie.

Auf Regierungsebene dagegen erlebten die Staatslenker vom Präsidenten in Kairo bis zum König in Riad, dass ihre Wirtschaftspolitik die alten durch neue Abhängigkeiten ersetzte oder womöglich die alten noch verstärkte. Aber auch die Geber in Washington und Moskau lernten bald, dass sich Dollars und Rubel nicht ohne Weiteres in politischen Einfluss ummünzen ließen.

Die sowjetische Hilfe nahm anfänglich Rücksicht auf die nationalistischen Empfindungen der arabischen Partner und war nicht an explizit politische und militärische Bedingungen geknüpft – man wollte in den Augen der Dritten Welt nicht als Imperialist dastehen.[99] Das änderte sich erst nach der ägyptischen und syrischen Niederlage 1967. Die Sowjets konnten sich den Untergang ihrer arabischen Verbündeten zum einen aus Prestigegründen nicht leisten und nahmen sie politisch wie militärisch an eine kürzere Leine. Zum anderen machten der Ausbau der sowjetischen Marine und deren Vordringen ins Mittelmeer dort Basen nötig. Die fanden sie im östlichen Mittelmeer zunächst in Ägypten, nach ihrem Hinauswurf dann in Syrien. Damit wurden sie in gewisser Hinsicht dann auch von ihren Bündnispartnern abhängig, zumal in Ländern ohne direkte Grenzen zum sowjetischen Machtbereich und ohne eine ideologische Basis im Lande selbst. Der in ziviler und militärischer Hilfe zu entrichtende Preis versetzte die Empfänger gegebenenfalls in die Lage, Kriege – beispielsweise gegen Israel – zu führen, ohne dass der Geber imstande gewesen wäre, wirksam dagegen einzuschreiten. Diese Erfahrung musste auch Moskau machen.[100]

---

98 Einen Überblick gibt Mohamed Abdel-Salam, Intra – Arab State Conflicts, Kurasat Istratijiya no. 23 (English Series), Al-Ahram Center of Political and Strategic Studies, Kairo o.J., ca. 1995.

99 Weinbaum, Egypt and the Politics of US Economic Aid, S. 30; Golan, Soviet Politics in the Middle East, S. 13.

100 Golan, Soviet Politics in the Middle East, S. 14; William J. Burns, Economic Aid and American Policy toward Egypt, Albany 1985, S. XIII. Der Autor ist gegenwärtig Staatssekretär im US-Außenministerium.

Nicht, dass man sich bei passender Gelegenheit nicht auch einmal revanchiert hätte: 1982 sahen die Sowjets ungerührt zu, als Israel den syrischen Streitkräften im Libanon eine empfindliche Niederlage bereitete.

Wenig besser als mit Israel erging und ergeht es den Vereinigten Staaten mit Ägypten. Die maßlose politische Rhetorik Nassers und seine Kompromisslosigkeit einerseits, die seitens der Regierung Johnson zu eindeutige Verknüpfung von Hilfen mit politischem Wohlverhalten auf der Empfängerseite andererseits, ließen die bereits arg strapazierten Gesprächsfäden Anfang 1965 schließlich vollends abreißen. Selbst Getreidelieferungen mochte das von akuter Knappheit bedrohte Ägypten nicht mehr annehmen. Ebenso wie zehn Jahre zuvor die Eisenhoweradministration bei der gescheiterten Verknüpfung einer Finanzierung des Assuanstaudammes mit ägyptischen Zugeständnissen zu einem Frieden mit Israel mussten nun auch Lyndon B. Johnsons Außenpolitiker ihre Lektion über den »begrenzten politischen Wert von Wirtschaftshilfen« lernen.[101] Nach Sadats Schwenk hätte jede Reduktion der US-Hilfe als Anzeichen verringerter Unterstützung für das Regime oder Geringschätzung von Ägyptens Rolle in der Region gewertet werden können;[102] ohnehin glaubten viele Ägypter, es gebe eine Art Verpflichtung auswärtiger Geber, insbesondere der USA, zu Hilfszahlungen.[103] Neben dem Dauerbrenner des Friedensprozesses mit Israel waren es der Iran-Irak-Krieg, dann die Kuwaitkrise und schließlich die Bedrohung durch den islamischen Extremismus, die Sadat und sein Nachfolger Mubarak ins Feld führen konnten, um nicht nur die Höhe der strategischen Rente sicherzustellen, sondern vor allem auch den Druck von IWF und Weltbank zu substanziellen Reformen erheblich zu vermindern.[104]

Amerikanischen Hilfen lag allerdings oftmals keine konsistente Strategie zugrunde; sie sollten gleichzeitig unterschiedliche beziehungsweise sogar einander widersprechende Ziele verfolgen.[105] Schon von daher konnten Regierungen ernsthafte Reformen relativ leicht auf die lange Bank

---

101 Burns, Economic Aid, S. 160–170. Die letzten Hilfen aus noch bestehenden Abkommen liefen 1976 aus; Weinbaum, Egypt and the Politics of US Economic Aid, S. 31.

102 Weinbaum, Egypt and the Politics of US Economic Aid, S. 33.

103 Burns, Economic Aid, S. XV. Nach meiner Erfahrung hat dieser »Glaube« auch heute noch unzählige Anhänger.

104 Clement, The Mediterranean Debt Crescent, S. 37; zur Abhängigkeit Ägyptens von Auslandshilfen siehe Hansen, The Political Economy of Poverty, S. 204ff.

105 Weinbaum, Egypt and the Politics of US Economic Aid, S. 9ff.; Burns, Economic Aid, S. 3.

schieben, indem sie diese Ziele und die sie verkörpernden Träger gegeneinander ausspielten. Dass großzügige Auslandshilfe grundsätzlich systemstabilisierend wirkt und damit autoritäre Institutionen am Leben erhält, indem sie Regime zur Befriedigung relevanter Gesellschaftsgruppen und zur Stärkung ihrer Unterdrückungsapparate befähigt, gehört zu den Binsenweisheiten der Entwicklungszusammenarbeit.[106]

Als eindeutig politisches Instrument ohne entwicklungspolitische Zielsetzungen trat die arabische Wirtschaftshilfe auf den Plan. Sie wurde ausschließlich als Kapitalhilfe auf Regierungsebene gewährt. Da sie von den Empfängern in aller Regel zur Finanzierung des Importbedarfs eingesetzt wurde, landete sie zumeist am Ende auf den Konten westlicher Unternehmen.[107] Sie diente außerhalb der Region, vornehmlich in Afrika und Asien, der Mobilisierung von Solidarität und Unterstützung für die »arabische Sache«. Tatsächlich drohten diese in dem Maße zu schwinden, in dem die steigenden Ölpreise tiefe Löcher in die Zahlungsbilanzen gerade der armen Länder rissen. Nicht von ungefähr setzten die Zahlungen nebst Aufbau der nötigen Finanzinstitute um 1974 ein und stiegen unmittelbar auf 5,3 Milliarden Dollar von gerade einmal 700 Millionen Dollar zwei Jahre zuvor. Dieser Betrag war fast ausschließlich aus Kuwait, Saudi-Arabien und Libyen an die »Frontstaaten« Ägypten, Syrien und Jordanien geflossen.[108]

In den Tiefenschichten sowohl des panarabischen als auch des islamischen Denkens und Empfindens, durchaus auch in den Ölstaaten selbst, spielte als Auslöser dieser Hilfswelle eine Auffassung mit, nach der die Grenzen innerhalb der arabischen Welt von säkularen Panarabisten als Erbe der Kolonialzeit ebenso abgelehnt wurden wie von religiösen Muslimen, für die die Weltgemeinschaft der Muslime den Bezugsrahmen darstellt, in der die Reichen den Armen zur Solidarität verpflichtet sind. Hinzu kam die Stärkung der »Frontstaaten« nach dem verlorenen Oktoberkrieg. Dort herrschte das Gefühl, der plötzliche Petrodollarsegen sei nicht zuletzt mit dem Blut ägyptischer und syrischer Soldaten auf den Schlachtfeldern des Sinai und des Golan bezahlt worden, weshalb man nun einen Anspruch auf einen Anteil daran habe.

Im Übrigen spiegelte sich der rasante Einnahmenanstieg ebenfalls im Zahlungsbilanzproblem ärmerer arabischer Staaten und beschwor dort die unmittelbare Gefahr einer Destabilisierung und Radikalisierung von deren heimischer Bevölkerung nebst ihren Ablegern unter den Gastarbei-

106 Weinbaum, Egypt and the Politics of US Economic Aid, S. 25.
107 Andrè Simmons, Arab Foreign Aid, London u.a. 1981, S. 27.
108 Ebenda, S. 25.

tern herauf. Insofern hatte das, was bei den volkreichen, aber ölarmen Nationen als strategische Rente ankam, seitens der bevölkerungsschwachen, politisch fragilen Ölmonarchien, die ihre wirtschaftliche Stärke nicht in politische Macht umsetzen konnten, durchaus einen gewissen Schutzgeldcharakter.

Aus der politischen Natur der Hilfe erklärt sich auch, warum Ende der 1970er Jahre 73 Prozent den ärmsten Ländern der Subsahara gerade einmal 8 Prozent der arabischen Kapitalhilfen zuflossen, aber 73 Prozent innerhalb der Region verteilt wurden.[109] Auch ihr Entzug folgte vorwiegend politischen Motiven und erfolgte ebenso regelmäßig wie umgehend bei mangelhaftem Wohlverhalten. So hatte sich die bilaterale Hilfe für Ägypten zwischen 1973 und 1975 nahezu verdreifacht und sank unmittelbar nahe null, als Präsident Sadat 1977 seinen Friedenskurs einleitete. Dieser Schwund wurde durch die amerikanischen Zahlungen mehr als wettgemacht,[110] ebenso wie Teheran die Verluste in etwa ausglich, die Damaskus für sein Ausscheren aus der arabischen Solidarität durch seine Unterstützung Irans hinnehmen musste.[111]

Diese hatte zuvor Ägypten mit seiner Friedenspolitik gegenüber Israel aufgekündigt. Die übrigen Staaten beharrten allerdings auf ihren Wirtschaftsboykott gegenüber dem Judenstaat bis zum Ende des Kalten Krieges und darüber hinaus. Wegen dieser Isolation und seines auch dadurch erzwungenen sehr eigenen, von der Region losgelösten Entwicklungsweges blieb Israel in dieser Betrachtung unberücksichtigt. Umsonst war dieser Boykott für beide Seiten nicht, wenn auch Nachteile vielfach nur indirekter Natur waren und eher in nicht genutzten Möglichkeiten als effektiv bilanzierten Kosten bestanden.[112] Einzelnen israelischen Unternehmen mag er erhebliche Nachteile durch Zusatzkosten verursacht haben, gesamtwirtschaftlich scheint eher das Gegenteil richtig zu sein. Man könnte die Frage stellen, ob nicht die Herauslösung der israelischen Ökonomie aus dem nahöstlichen Umfeld und der massive Wettbewerbsdruck durch die insofern alternativlose Orientierung auf die Märkte der Industrielän-

---

109 Ebenda, S. 27.

110 Zur veränderten Zusammensetzung der ägyptischen Auslandsschulden siehe Wahba, The Role of the State in the Egyptian Economy, S. 154–157.

111 Perthes, The Political Economy of Syria under Asad, S. 35.

112 Siehe dazu Aaron J. Sarna, Boycott and Blacklist. A History of Arab Economic Warfare against Israel, Totowa 1986, bes. S. 70–78; weitere Berechnungen hat Jonathan Adelman, The Rise of Israel – A History of a Revolutionary State, London/New York 2008, S. 86–89. Einen Überblick gibt Mohamed Abdel-Salam, Intra – Arab State Conflicts, Kurasat Istratijiya no. 23 (English Series), Al-Ahram Center of Political and Strategic Studies, Kairo o.J., ca. 1995.

der ihr möglicherweise sogar noch Entwicklungsimpulse verliehen haben. Jedenfalls taucht der Topos »Boykott« in den zahlreichen oft voluminösen Analysen von Ursachen und Remedur der schweren Wirtschaftskrise der 1980er Jahre nicht auf.[113] Immerhin hat Israel, dessen sozialistisches Entwicklungsmodell zeitgleich mit den ISI-Strategien seiner Nachbarn an das Ende seiner Möglichkeiten gelangte, das Umsteuern zu einem semikapitalistischen System erheblich erfolgreicher gestaltet als diese. Ein Faktor dabei dürfte die Tatsache gewesen sein, dass es sich gleichzeitig auf den wichtigsten Märkten seiner westlichen Partner ein Umschwung zu mehr Markt und Deregulierung vollzog, dem sich Israel nicht entziehen konnte.[114]

Vor allem der ökonomische und soziale Erfolg Israels hat das Versagen der autoritären Führungen im Nahen Osten unterstrichen, zur alten südeuropäischen Peripherie, der neuen in Osteuropa und zu den neuen Mächten Asiens aufzuschließen; und deshalb musste der jüdische Staat gleichzeitig als Sündenbock für den eigenen Entwicklungsrückstand herhalten.[115] Daran hat sich bis heute nicht viel geändert, denn wenn schon nicht den Königsweg, dann doch eine Autobahn zu einer selbsttragenden Entwicklung haben mit Ausnahme Israels, der Türkei sowie einige der kleineren Golfemirate die Völker des Nahen Ostens auch zwei Jahrzehnte nach dem Ende des Ost-West-Konflikts noch nicht gefunden.[116]

---

113 Vgl. z.B. Yorani Ben-Porath (Hg.), The Israeli Economy – Maturing through Crises, Cambridge 1986.

114 So Avi Ben-Bassat, »The Obstacle Course to a Market Economy«, in: ders. (Hg.), The Israeli Economy. From Government Intervention to Market Economics, Cambridge/London 2002, S. 1–58, S. 1.

115 Adelman, The Rise of Israel, S. 15; dies stimmt mit meinen eigenen Beobachtungen in der Region überein.

116 Ein Dank geht einmal mehr an Dr. Matthias Zimmer, MdB, für seine kritische Durchsicht des Manuskripts.

Brigitte H. Schulz

Die zwei deutschen Staaten und das subsaharische Afrika

Der Kalte Krieg war eine Phase des extremen Antagonismus und globalen Wettstreits zwischen dem kapitalistischen Westen und dem kommunistischen Osten im 20. Jahrhundert. Nirgends war dieser Wettstreit ausgeprägter als in den Staaten des globalen Südens, jenen Ländern also, die eine gemeinsame Geschichte des europäischen Kolonialismus, wirtschaftliche Unterentwicklung und Diskriminierung aufgrund angeblicher rassischer und kultureller Minderwertigkeit teilten. Während des Kalten Krieges wurden Entwicklungshilfe und Handelsbeziehungen mit dem Süden zu wichtigen Instrumenten in der Rivalität zwischen Ost und West. Der vorliegende Beitrag untersucht dies anhand der Beziehungen der Bundesrepublik Deutschland und der Deutschen Demokratischen Republik zu den Ländern des subsaharischen Afrika. Von besonderem Interesse ist dabei die Frage, wie der Kalte Krieg den Charakter dieser Beziehungen beeinflusste.

Die meisten Historiker betrachten den Kalten Krieg vor allem durch das Prisma der Geopolitik und datieren seinen Anfang auf den Zeitpunkt nach dem Zweiten Weltkrieg, als sich die amerikanisch-sowjetischen Beziehungen verschlechterten.[1] Aus einer globalen wirtschaftlichen Perspektive betrachtet, fällt der Beginn des Kalten Krieges hingegen mit der Russischen Revolution vom Oktober 1917 zusammen.[2] Sie bedrohte den Kapitalismus nicht nur in den entwickelten Industrieländern, sondern – wichtiger noch – auch in den Kolonialreichen, welche die westlichen Mächte in den vorhergehenden Jahrhunderten geschaffen hatten: »Für viele, die sich in der Dritten Welt gegen die ausländische Herrschaft auflehnten, hatte die Russische Revolution einen Signalcharakter: Nicht nur wollten die Bolschewiki einen Staat aufbauen, der koloniale und ethnische Unterdrückung überwand, sondern sie versprachen auch, alle Bewegungen in der Welt zu unterstützen, die dasselbe Ziele verfolgten. Vor allem aber […]

1 Ralph B. Levering u.a. (Hg.), Debating the Origins of the Cold War: American and Russian Perspectives, Oxford 2002.

2 Vgl. etwa Melvyn P. Leffler, The Specter of Communism: The United States and the Origins of the Cold War, 1917–1953, New York 1994; Roger Kanet, »The Soviet Union and the Colonial Question, 1917–1953«, in: ders. (Hg.), The Soviet Union and the Developing Nations, Baltimore 1974, S. 1–26.

boten sie ein Modell sowohl für den Sturz des alten Regimes wie für einen neuen Staat, der zugleich gerecht und modern war«.[3]

Leo Trotzki ging 1937 sogar noch weiter, indem er die Kategorie der Klasse mit dem wichtigen rassischen Faktor verband: »Die Bewegung der farbigen Rassen gegen die imperialistischen Unterdrücker ist eine der mächtigsten und wichtigsten Bewegungen gegen die bestehenden Zustände und deshalb braucht sie die vollständige Unterstützung, ohne Vorbehalte, des Proletariats weißer Rasse.«[4]

Deutschland war nie eine bedeutende Kolonialmacht; als 1871 ein deutscher Territorialstaat entstand, hatten die anderen europäischen Mächte die Welt bereits weitgehend unter sich aufgeteilt. Auf der Berliner Afrikakonferenz von 1884 bekam zwar auch Deutschland ein kleines Stück vom kolonialen Kuchen, dieses verlor es jedoch wenige Jahrzehnte später mit dem Versailler Vertrag im Januar 1919 wieder. Als 1949 schließlich die beiden deutschen Staaten gegründet wurden, war bereits der antikoloniale Befreiungskampf in vollem Gange. Die beiden Staaten, selbst ein Ergebnis der Ost-West-Spaltung nach dem Zweiten Weltkrieg, legten Wert darauf, dass sie »neue Staaten« waren. Die Bundesrepublik verstand sich zum einen als Erbin des Deutschen Reiches, zum anderen sah sie sich den westlichen Idealen von Freiheit und Demokratie verpflichtet. Dagegen beanspruchte die DDR das revolutionäre Erbe des Marxismus-Leninismus, dem auch ihre außenpolitischen Leitprinzipien – insbesondere gegenüber der Dritten Welt – entsprechen sollten.[5]

Der Umstand, dass die zwei deutschen Staaten erst nach dem Zweiten Weltkrieg gegründet wurden, macht sie zu einem idealen Gegenstand für eine vergleichende Untersuchung der wirtschaftlichen Auswirkungen des Kalten Krieges auf die Dritte Welt. Wir beginnen mit einem kurzen Blick auf ihre jeweilige Außenpolitik und deren ideologischen Grundlagen, um danach ihre wirtschaftlichen und entwicklungspolitischen Beziehungen

---

3 Odd Arne Westad, The Global Cold War, Cambridge 2005, S. 52.

4 Leo Trotzki, »Neunzig Jahre ›Kommunistisches Manifest‹«, in: ders., Denkzettel. Politische Erfahrungen im Zeitalter der permanenten Revolution. Herausgegeben von Isaac Deutscher, Helmut Dahmer und George Novack, Frankfurt am Main 1981, S. 328–339, hier: S. 337f. Trotzki verfasste diesen Text als Vorwort zur ersten Ausgabe des Manifests der kommunistischen Partei in Afrikaans. Im Internet unter http://www.marxists.org/deutsch/archiv/trotzki/1937/10/90jahrekm.htm [10. 2. 2010].

5 Die Begriffe »Dritte Welt«, »Süden« und »globaler Süden« werden im vorliegenden Beitrag synonym verwendet, um die postkolonialen Länder in der südlichen Hemisphäre zu bezeichnen.

zum postkolonialen Süden zu analysieren. Da das subsaharische Afrika eine beherrschende Rolle in diesen Beziehungen spielte, dient es als geografischer Fokus der vorliegenden Studie.

Politische und ideologische Beziehungen

Die Bundesrepublik und die DDR sahen in ihren Beziehungen zum globalen Süden anfangs eine Gelegenheit, als neu gegründete Staaten Anerkennung zu finden. Dabei versuchte die DDR, die im Westen weithin als illegitimes Produkt des sowjetischen Expansionsstrebens galt, im Süden Legitimität zu erlangen, indem sie sich auf die revolutionären und antiimperialistischen Traditionen des Marxismus-Leninismus bezog. Die Bundesrepublik trat dagegen im Gewand der westlichen Demokratie und Freiheit auf. Ihr Alleinvertretungsanspruch für alle Deutschen – selbst diejenigen, die nun Bürger der DDR waren – wurde zu einem Grundpfeiler ihrer Politik gegenüber dem Süden. Mit der Hallstein-Doktrin versuchte sie, jeglichen diplomatischen Vorstoß der DDR in Richtung auf die unabhängig gewordenen Staaten zu blockieren: Jedes Land, das die DDR anerkannte, wurde automatisch von westdeutscher Hilfe und Handelsbeziehungen ausgeschlossen und büßte überdies seine diplomatischen Beziehungen mit der Bonner Regierung ein.[6] Die »deutsche Frage« war somit eine wichtige Komponente des Systemkonflikts zwischen den beiden deutschen Staaten. Für die Bundesrepublik war der Antikommunismus nicht einfach eine abstrakte ideologische Angelegenheit, sondern ein Ausdruck ihres konkreten Kampfs um Anerkennung als alleinige Vertreterin der nun geteilten deutschen Nation. Da die meisten postkolonialen Regierungen fest im westlichen Lager standen, traf die Bonner Regierung mit diesem Anspruch auf wenig Widerstand.

---

6 Sansibar nahm im Januar 1964 als einziges afrikanisches Land vollständige diplomatische Beziehungen zur DDR auf. Als sich der Inselstaat im April desselben Jahres mit dem auf dem Festland gelegenen Tanganjika zum Staat Tansania vereinigte, wies dessen Präsident Julius Nyerere die Forderung Bonns zurück, alle diplomatischen Beziehungen zur DDR zu beenden. Die Tatsache, dass die westdeutsche Regierung daraufhin nicht mit Tansania brach, gilt allgemein als faktisches Ende der Hallstein-Doktrin, die bis dahin zur westdeutschen Strategie von Zuckerbrot und Peitsche in den *querelles allemandes* gezählt hatte. Weitere Beispiele finden sich in Ulf Engel/Hans-Georg Schleicher, Die beiden deutschen Staaten in Afrika: Zwischen Konkurrenz und Koexistenz 1949–1990, Hamburg 1998.

Für die DDR war die Situation weitaus schwieriger. Die ehemaligen Kolonialmächte trieben skrupellos einen Entkolonisierungsprozess voran, der die politische Macht in die Hände prowestlicher Eliten legte. Wer die fortdauernde politische und ökonomische Hegemonie der ehemaligen Kolonialmächte infrage stellte, wurde meist eliminiert.[7] Die Erfolgsaussichten des Ostens hingen somit weitgehend an seiner offenen oder verdeckten Unterstützung der wenigen postkolonialen Staatschefs, die als »revolutionäre Demokraten« den Westen herauszufordern wagten, sowie der nationalen Befreiungsbewegungen, die gegen unnachgiebige Kolonialmächte wie Portugal oder weiße Minderheitsregime wie Südafrika und Rhodesien kämpften. Aus diesem Grund standen außenpolitische Erfolge der DDR stets in engem Zusammenhang mit Entwicklungen und Konstellationen *innerhalb* der postkolonialen Länder: Sie blieb auf radikale und progressive Kräfte in der Dritten Welt angewiesen, die zu einer engen Zusammenarbeit mit dem Osten bereit waren.

Kam es dazu, dann stellte die DDR-Führung dies als einen »Beweis« dafür dar, dass die Dialektik ihr Werk vollbringe und bereits im Begriff stehe, den Kapitalismus im Weltmaßstab durch den Sozialismus abzulösen. Die skeptische ostdeutsche Bevölkerung musste erst noch davon überzeugt werden, dass die DDR das fortschrittlichere und gerechtere Deutschland war, die Erbin nicht des Faschismus wie die Bundesrepublik, sondern des Antiimperialismus von Marx und Lenin. »Ex oriente lux« lautete die Losung, mit der die Ostdeutschen dazu ermuntert wurden, ihren Blick von der westlichen Konsumgesellschaft abzuwenden, ihn stattdessen auf die Errungenschaften des sowjetischen Sozialismus zu richten und einer Welt der wirtschaftlichen und sozialen Gerechtigkeit entgegenzusehen. Die »antiimperialistische Solidarität« war sogar in der DDR-Verfassung vom 7. Oktober 1974 verankert: »Die Deutsche Demokratische Republik unterstützt die Staaten und Völker, die gegen den Imperialismus und sein Kolonialregime, für nationale Freiheit und Unabhängigkeit kämpfen, in ihrem Ringen um gesellschaftlichen Fortschritt.«[8] Der »proletarische In-

---

7 Ein Beispiel hierfür ist das Schicksal Patrice Lumumbas. Mit Unterstützung der Eisenhoweradministration übernahm es die belgische Regierung, den ersten Führer des Kongo aus dem Weg zu schaffen und schließlich zu ermorden – ein Akt, für den sie sich im Jahr 2002 offiziell entschuldigte. Eine gründliche Darstellung der Umstände des Mords an Lumumba bietet Ludo de Witte, Regierungsauftrag Mord. Der Tod Lumumbas und die Kongo-Krise, Leipzig 2001.

8 Verfassung der Deutschen Demokratischen Republik, Fassung vom 7. 10. 1974, Art. 6, Abs. 3. Im Internet unter http://www.documentarchiv.de/ddr/verfddr.html [10. 2. 2010].

ternationalismus«[9] zog somit nicht nur die Verpflichtung nach sich, die antiimperialistischen Kämpfe im Süden politisch und materiell zu unterstützen, sondern erfüllte auch eine wichtige Legitimationsfunktion für die marxistisch-leninistische Herrschaft in der DDR selbst.

Unterdessen bot die Bonner Regierung als wichtige Juniorpartnerin ihres Mentors Amerika postkolonialen Staaten mit eindeutig antikommunistischer Orientierung Unterstützung. Nationale Befreiungsbewegungen galten dagegen als unvereinbar mit der Bonner »Friedenspolitik« und wurden folglich nicht unterstützt – nicht die Kräfte der Gewalt, sondern die der Mäßigung wollte Bonn nach eigener Auskunft fördern.[10] Praktisch bedeutete dies, dass beispielsweise das südafrikanische Apartheidregime in seinem Kampf mit dem rebellischen African National Congress (ANC) sowie das Minderheitsregime unter Ian Smith in Rhodesien umfangreiche Hilfe erhielten.[11] In scharfem Gegensatz hierzu bot die DDR Bewegungen wie dem ANC auf unterschiedlichen Ebenen große Unterstützung, in den Vereinten Nationen ebenso wie durch direkte materielle und technische Hilfe. Diese Hilfe wurde zu großen Teilen vom »Solidaritätskomitee der DDR« verteilt, das beispielsweise das Lager und das »Freedom College« des ANC im tansanischen Dakawa unterstützte. Etwa 500 ANC-Mitglieder erhielten zudem eine Hochschulbildung oder technische Ausbildung in der DDR.[12]

Der Kalte Krieg bildete somit einen integralen Bestandteil der politischen Beziehungen beider deutscher Staaten zum subsaharischen Afrika; beide waren treue Mitglieder ihres jeweiligen ideologischen Lagers. So be-

---

9 Ausführlicher erörtert wird dieser Begriff in Brigitte H. Schulz, Development Policy in the Cold War Era: The Two Germanies and Sub-Saharan Africa, 1960–1985, Münster 1995, S. 18–20.

10 Bundesministerium für wirtschaftliche Zusammenarbeit und Entwicklung (BMZ), Entwicklungspolitik. Jahresbericht 1985, S. 19.

11 Der Westen rechnete Südafrika der »Freien Welt« zu, und seine mineralischen Rohstoffe galten als unverzichtbar für die eigenen wirtschaftlichen Interessen. Jede Unterstützung des Anti-Apartheid-Kampfes des ANC wurde durch das Prisma des Kalten Krieges als »sowjetisches Expansionsstreben« gewertet und auf das Interesse des Ostens an den immensen natürlichen Ressourcen Südafrikas zurückgeführt. Ein hervorragendes Beispiel für dieses Denkmuster ist W. C. J. van Rensberg, »Political Changes in South Africa and the Importance of the Republic of South Africa as a Raw Materials Supplier«, in: *Analysen: Probleme der Rohstoffsicherung*, 92/93, Bonn 1981, S. 100. Dieser Text ist auch insofern aufschlussreich, als er zeigt, dass für diese Position quer durch das politische Spektrum der Bundesrepublik ein breiter Konsens bestand – veröffentlicht wurde er nämlich von der SPD-nahen Friedrich-Ebert-Stiftung.

12 Schulz, Development Policy, S. 72–76.

teiligte sich die Bundesrepublik an den westlichen Bemühungen, den postkolonialen Status quo aufrechtzuerhalten, während die DDR politisch und ideologisch der Unterstützung jener Kräfte verpflichtet war, die als historisch fortschrittlich galten oder schlicht den Mut besaßen, den ehemaligen Kolonialmächten die Stirn zu bieten. Die ostdeutsche Dritte-Welt-Politik war folglich stets Bündnispolitik, nicht nur mit der Sowjetunion und anderen sozialistischen Ländern, sondern auch mit »fortschrittlichen« Kräften im Süden. Wie noch zu zeigen sein wird, schloss sie indessen auch ein gehöriges Maß an *raison d'etat* ein, sodass die DDR zwischen »proletarischem Internationalismus« und Beziehungen zu »wechselseitigem Nutzen« – also der Wahrung ihrer eigenen Interessen – bequem hin- und herwechseln konnte.

Entwicklung und Hilfe

Das Ende des europäischen Kolonialismus brachte keine wesentliche Veränderung im Charakter der Nord-Süd-Beziehungen mit sich. Wie bereits erörtert, erwartete der Westen von den ehemaligen Kolonien, dass sie ihre enge politische Bindung an die ehemaligen Kolonialmächte aufrechterhielten. Eine besonders wichtige Frage betraf die wirtschaftliche Zukunft des globalen Südens. Das westliche Entwicklungsmodell versuchte, auf der Grundlage von »Modernisierung« und Industrialisierung eine kapitalistische Entwicklung zu gewährleisten. Henry Kissinger fasste die Position des Westens in dem Satz zusammen: »Das bestehende Wirtschaftssystem hat der Welt gute Dienste geleistet.«[13] Somit bestand die Aufgabe darin, die Industrialisierung und Entwicklung des Südens voranzutreiben, ohne das ungebrochene Interesse des Westens an lebenswichtigen Rohstoffen und anderen Primärgütern aus den ehemaligen Kolonien zu untergraben. Die vom Westen vertretene »Modernisierungstheorie«[14] berücksichtigte dabei stets den Ost-West-Gegensatz und stellte das sowjetische Entwicklungsmodell, das in vielen Teilen der postkolonialen Welt weiterhin Bewunderung fand, ausdrücklich infrage.[15] Was das sowjetische und das

---

13 Zit. n. Andre Gunder Frank, Crisis: In the World Economy, London 1980, S. 1.

14 Vgl. etwa Walt Rostow, Stadien wirtschaftlichen Wachstums. Eine Alternative zur marxistischen Entwicklungstheorie, Göttingen 1960. Den Marxismus-Leninismus bezeichnete Rostow als eine Art Krankheit, die einige entkolonisierte Länder befallen habe.

15 John Lewis Gaddis, We Now Know: Rethinking Cold War History, New York 1997, S. 191.

westliche Modell teilten, war eine Vision von Entwicklung, die vor allem Industrialisierung beinhaltete. Was sie hingegen radikal voneinander unterschied, war die Frage, welcher Weg dorthin führte und wie er finanziert werden sollte.

Die Antwort des Westens war klar: Das Modell, dem die Entwicklungsländer folgen sollten, basierte auf Marktmechanismen und der Finanzierung des industriellen Take-off durch eine Mischung von Zuschüssen und Krediten des Westens, die in Form von staatlicher Entwicklungshilfe vergeben wurden. Interessant ist hierbei, dass dieser spezifische Transfermechanismus auf das britische Gesetz über die Entwicklung der Kolonien von 1929 zurückgeht, das den Regierungen der Kolonien Zuschüsse und Kredite zur Finanzierung von Importen und Investitionen in die Infrastruktur bot.[16] Dass die offizielle Entwicklungshilfe stark auf die Interessen der Geberländer zugeschnitten war, versteht sich von selbst. Wenngleich als Beitrag zur Entwicklung etikettiert, wurden die entsprechenden Mittel vor allem mit Blick auf geopolitische Vorteile, die Aufrechterhaltung politischen Einflusses und den fortwährenden Zugang zu den Rohstoffen und Märkten der ehemaligen Kolonien vergeben. Da die Bundesrepublik keine Kolonien besaß, begannen ihre Entwicklungshilfeprogramme in den 1950er Jahren als Teil der »Allianzpolitik« zur Verteidigung der »freien Welt«, für welche die US-Regierung sie hatte gewinnen können.[17] Sie verstand ihre Hilfsprogramme somit anfänglich als einen wichtigen Ausdruck von Solidarität mit den westlichen Verbündeten, bei denen es sich nicht zufällig um ehemalige große Kolonialmächte handelte. Doch die westdeutsche Politik im Kalten Krieg war nicht nur von dieser wichtigen geopolitischen Komponente bestimmt; bei der Vergabe von Entwicklungshilfe spielte auch das Interesse an Rohstoffimporten und Exportmärkten eine zunehmende Rolle. Die »Entwicklung« der Dritten Welt war gegenüber den politischen und wirtschaftlichen Interessen der Bonner Regierung eindeutig von sekundärer Bedeutung.

An der Liste der wichtigsten Empfängerländer änderte sich während der Ära des Kalten Krieges bemerkenswert wenig; Sudan, Kenia, Tansania, Ghana, Kamerun, Zaire, Sambia, Mali, Somalia und die Elfenbeinküste standen regelmäßig an der Spitze.[18] Die sektoralen Prioritäten der west-

---

16 UNCTAD, Economic Development in Africa. Doubling Aid: Making the »Big Push« Work, New York/Genf 2006, S. 9.

17 Vgl. etwa Klaus Bodemer, Entwicklungshilfe: Politik für wen? Ideologie und Vergabepraxis der deutschen Entwicklungshilfe in der ersten Dekade, München 1974.

18 Schulz, Development Policy, S. 99.

deutschen Entwicklungshilfe waren Infrastruktur (etwa Straßenbau, Kommunikation, Wasser, Energie), Wissenschaft und Bildung (Berufsausbildung), die Lieferung von Hilfsgütern, Industrie und Bergbau, Land- und Forstwirtschaft sowie Fischfang und schließlich der Dienstleistungssektor (Bankwesen, Tourismus und Handel). Die Mittel für Gesundheit, Bevölkerungskontrolle und Familienplanung waren dagegen unbedeutend.[19] Dem neoliberalen Denken entsprechend verschoben sich die Schwerpunkte der Entwicklungshilfe ab Anfang der 1980er Jahre deutlich von Infrastrukturprojekten zu Fragen der »verantwortungsbewussten Regierungsführung«, politischer Dezentralisierung und der Förderung eines unternehmensfreundlichen Gesetzesrahmens.

Zu Beginn der 1980er Jahren geriet der Süden bei der Bedienung der Kredite, die er von Privatbanken oder als Entwicklungshilfe erhalten hatte, unter wachsenden Druck. Das weltwirtschaftliche Umfeld war unterdessen mehr und mehr von der neoliberalen Dreifaltigkeit der Deregulierung, Liberalisierung und Privatisierung bestimmt, die allesamt darauf abzielten, dem Markt den Vorrang einzuräumen und den Einfluss des Staates deutlich zu verringern. Dieser sogenannte Washingtonkonsens und die Strukturanpassungsprogramme des Internationalen Währungsfonds (IWF) reduzierten die finanziellen Spielräume der Dritte-Welt-Staaten für Sozialprogramme dramatisch – mit fatalen Folgen für Gesundheit, Bildung und Wohlfahrt. Gleichzeitig verschob sich die Politik der Geberländer von makroökonomischen Prioritäten wie der Finanzierung öffentlicher Infrastrukturprojekte zur mikroökonomischen Unterstützung von Bevölkerungen, deren Lebensumstände immer schwieriger wurden. Insgesamt kann festgehalten werden, dass die Entwicklungshilfe der Bundesrepublik und anderer westlicher Staaten weder ein nachhaltiges Wirtschaftswachstum erzeugte noch die Abhängigkeit des Südens von äußeren politischen und wirtschaftlichen Kräften verringerte.[20]

Während der Westen bei der wirtschaftlichen Entwicklung auf den Markt setzte, war das Entwicklungsmodell des Ostens, wie kaum überraschen kann, in hohem Maße etatistisch und zentralistisch: Durch langfristige Planung, Staatseigentum und die Kontrolle der Regierung über die Wirtschaft sollte dem Markt seine Rolle entzogen werden. Die »Hilfe« der DDR erfolgte überwiegend auf bilateraler Basis und hatte zum Ziel, das wirtschaftliche und politische System sowie den Sicherheitsapparat des je-

19 Ebenda, S. 108.

20 Eine scharfe Kritik der staatlichen Entwicklungshilfe bietet Dambisa Moyo, Dead Aid: Why Aid is Not Working and How There is a Better Way for Africa, New York 2009.

weiligen Dritte-Welt-Landes nach sowjetischem Modell aufzubauen. Dabei spielte die Jugendorganisation der DDR, die Freie Deutsche Jugend (FDJ), ebenso eine wichtige Rolle wie das 1960 gegründete Solidaritätskomitee, das bei »Massenorganisationen« wie Gewerkschaften, Frauen- und Jugendorganisationen sowie dem Journalistenverband jährlich Spenden in Höhe von 220 Millionen Ost-Mark sammelte, um praktische Solidarität zu finanzieren. Bis Mitte der 1980er Jahre hatte die DDR 60000 Lehrlinge und 16000 Studenten aus der Dritten Welt an ihren Lehreinrichtungen ausgebildet. Außerdem wurden von 1975 bis 1985 rund 5000 »verwundete Kämpfer« aus Asien, Afrika und Lateinamerika in Ostdeutschland medizinisch behandelt. Die wichtigsten Adressaten der Solidaritätsprogramme waren der ANC, die namibische Befreiungsbewegung SWAPO, Angola, Mosambik und Äthiopien, aber auch von »revolutionären Demokraten« geführte Staaten wie die Volksrepublik Kongo, Mali, Guinea-Bissau, Benin und Kap Verde.[21]

Die Entwicklungshilfe der DDR zielte darauf, alle gesellschaftlichen Sektoren für das Ziel einer Wirtschaft und Gesellschaft nach sowjetischem Vorbild zu mobilisieren. Wie Paul Collier angemerkt hat, bestand »Stalins grundlegender Beitrag zur sozialistischen Ökonomie darin, ein Wirtschaftssystem geschaffen zu haben, das die direkte Mobilisierung aller Produktionsfaktoren für ein rasantes Wachstum der Industrie erlaubte«.[22] Allerdings scheint der Osten wenig Hoffnung gehegt zu haben, dass der Aufbau eines Sozialismus nach marxistisch-leninistischen Prinzipien im postkolonialen Süden mehr war als ein sehnsuchtsvoller Traum – oder Wunschtraum? – von Radikalen in der Dritten Welt. Realistisch hoffen konnte man lediglich auf eine »sozialistische Orientierung« von Ländern, die »noch nicht sozialistisch sind, aber dennoch den Kapitalismus als System ablehnen und mit einer grundlegenden gesellschaftlichen Transformation begonnen haben, die ihren möglichen Übergang zum Sozialismus erleichtert und beschleunigt«.[23] Hier wird deutlich, mit welcher Ambivalenz und Skepsis der Osten die Entstehung des »Sozialismus« in der Dritten Welt betrachtete. Entgegen der Einschätzung westlicher konservativer Analysten war er weit eher ein Beobachter als ein aktiver Teilnehmer an revolutionären Prozessen in der Dritten Welt. Der Anstoß zu einer sozialis-

---

21 Schulz, Development Policy, S. 67–92.

22 Paul Collier, »Cost-Cutting and Macroeconomic Adjustments: The GDR«, in: Study Papers submitted to the Joint Economic Committee, Congress of the United States, 27. 10. 1989, S. 261.

23 So R. A. Uljanowski, ein führender sowjetischer Theoretiker, zit. n. Schulz, Development Policy, S. 34.

tischen Orientierung erfolgte in erster Linie durch Kräfte und Entwicklungen innerhalb des globalen Südens selbst. In vielen Fällen wurden die DDR und der übrige sowjetische Block ohne eigenes Zutun zu direkten Nutznießern des Umstandes, dass westliche Staaten gegen Regierungen und Bewegungen in der Dritten Welt vorgingen, die sich für eine gerechtere politische und wirtschaftliche Ordnung im eigenen Land oder auf internationaler Ebene einsetzten.

Ein Beispiel hierfür ist das lusophone Afrika. Als älteste und in vieler Hinsicht rückständigste und repressivste Kolonialmacht hielt Portugal an seinen Kolonien fest, die es 1951 nach orwellscher Manier in »überseeische Provinzen« umbenannte. In dem langen und grausamen Kampf um die Entkolonisierung stellte sich der Westen weitgehend auf die Seite des faschistischen Portugal, das ein verbündeter NATO-Staat war. Der Osten hingegen bot den Befreiungskämpfern wichtige materielle, militärische und politische Unterstützung. Wie die antikolonialen Bewegungen die Lage sahen, zeigt eine damals verbreitete Losung: »Die Kalaschnikow, nicht Coca-Cola, führt zu einem freien Angola!«

In Angola wie in Mosambik konnten sich schließlich die prosowjetischen Bewegungen durchsetzen. Die neuen unabhängigen Regierungen, die sich als sozialistisch bezeichneten, zählten auf weitere Unterstützung des Ostens beim Aufbau des Sozialismus und beantragten sogar die Mitgliedschaft im Rat für gegenseitige Wirtschaftshilfe (RGW), dem östlichen Gegenstück zur Europäischen Wirtschaftsgemeinschaft (EWG). Die Antwort machte deutlich, wie es um die Bereitschaft des Ostens bestellt war, ökonomisch schwache Länder in seinen Wirtschaftsklub aufzunehmen: Die Anträge wurden abgelehnt; stattdessen bot man den Ländern den eher unbedeutenden Status von »Beobachtern« an.[24] Allerdings leistete die DDR beim Aufbau dieser sozialistisch orientierten Länder umfangreiche Hilfe, insbesondere bei der Schaffung eines zentralen Planungssystems, der Bildung – einschließlich Erwachsenenbildung und Berufsausbildung – sowie dem Aufbau von Massenmedien. Bei der Koordinierung dieser Anstrengungen hielt sich die DDR stets an die Organisationsprinzipien und Ideologie ihres marxistisch-leninistischen Systems.

---

24 Die Mongolei, Kuba und Vietnam waren die einzigen Länder des Südens mit einer Vollmitgliedschaft im RGW, wofür offenkundig geopolitische Gründe ausschlaggebend waren. Dadurch unterlagen die europäischen RGW-Mitglieder der »internationalen Pflicht [...] zur Unterstützung« dieser drei Staaten – eine vergleichbare Unterstützung der proöstlichen afrikanischen Staaten hätte den sowjetischen Block hingegen eindeutig überfordert. Arie Bloed, The External Relations of the Council for Mutual Economic Assistance, Leiden 1988, S. 64.

Handel

Beide deutschen Staaten erhoben den Anspruch, durch ihren bilateralen Handel mit dem Süden einen wichtigen Beitrag zur Entwicklungshilfe zu leisten. Dies war jedoch nicht die einzige Ähnlichkeit. So bemerkte Andre Gunder Frank: »Was die Handelskonditionen und die internationale Arbeitsteilung insgesamt betrifft […] verhalten sich die sozialistischen Staaten nicht anders, und mitunter sogar schlimmer, als die imperialistischen.«[25] Als entwickelte Industriestaaten mit sehr begrenzten Rohstoffvorkommen versuchten beide deutsche Staaten, ihren entsprechenden Bedarf durch Importe zu decken. Ihr Handel wies folglich eine identische Struktur auf: Sie importierten Primärgüter und exportierten im Gegenzug Fertigerzeugnisse. Die westdeutsche Wirtschaft basierte in erheblichem Maß auf Exporten; tatsächlich war Deutschland bis vor Kurzem die führende Exportnation der Welt. Zwar entfielen 30 Prozent der westdeutschen Importe auf Vorprodukte und Fertigerzeugnisse, diese stammten jedoch aus lediglich sechs Schwellenländern, darunter kein einziger afrikanischer Staat. Ihren Bedarf an mineralischen Rohstoffen wie Kupfer und Eisenerz, tropischen Harthölzern und landwirtschaftlichen Erzeugnissen wie Kaffee, Tee und Kakao konnte die Bundesrepublik dagegen weitgehend durch Importe aus dem subsaharischen Afrika decken.[26]

Mit der zunehmenden europäischen Integration erfolgte ein Großteil des Handels der Bundesrepublik mit Afrika durch ehemalige Kolonialmächte wie Frankreich. Der genaue Umfang ihres Handels mit dem subsaharischen Afrika war schwer zu bestimmen, da die bilateralen Beziehungen nur noch einen Teil des Gesamtvolumens ausmachten. Der bilaterale Handel jedenfalls entfiel zu rund 75 Prozent auf lediglich zwei Länder: die Republik Südafrika sowie Nigeria, das vor allem aufgrund seiner Ölexporte von Interesse war. Südafrika dagegen war der wichtigste afrikanische Handelspartner der Bundesrepublik, von dem 130000 Arbeitsplätze in mehr als 7500 Unternehmen abhingen. Dabei erzielte sie zwar Handelsüberschüsse im Verhältnis von 3:1, doch aufgrund ihres Bedarfs an sogenannten strategischen Rohstoffen war Südafrika gleichwohl ein wichtiger Partner.[27] Nach Nigeria und Südafrika entfiel der westdeutsche Handel mit dem subsaharischen Afrika weitgehend auf die Staaten, die auch die wichtigsten Entwicklungshilfeempfänger waren. Wie bereits angemerkt, stimmte die Bundesrepublik ihre staatlichen Hilfsprogramme eng auf die

---

25 Frank, Crisis, S. 259f.
26 Schulz, Development Policy, S. 166f.
27 Ebenda, S. 157–164.

Handelsbeziehungen ab und diente die »Entwicklungshilfe« dazu, permanente Zahlungsbilanzschwierigkeiten ihrer südlichen Handelspartner auszugleichen. So wurden etwa die Hermeskredite, mit denen die Empfängerstaaten westdeutsche Exporte bezahlten, von der Bonner Regierung zur Entwicklungshilfe gerechnet.

Vieles von dem, was hier über die westdeutschen Wirtschaftsbeziehungen mit dem Süden ausgeführt wurde, gilt mutatis mutandis auch für den ostdeutschen Handel mit der Dritten Welt. Anfangs deckte die DDR ihren Rohstoffbedarf durch Importe aus der Sowjetunion. Doch als beide Länder versuchten, ihre Handelsstruktur zu diversifizieren und harte Devisen zu bekommen, blickte sie mehr und mehr auf den Westen sowie die Dritte Welt, um den Rohstoffhunger ihrer Industrien und der Verbraucher zu stillen.[28] Zwar betonte sie stolz, dass fast 40 Prozent ihrer Importe aus dem Süden Vorprodukte und Fertigerzeugnisse seien, doch in Wirklichkeit lag dieser Anteil unter 20 Prozent, während die übrigen Importe auf Rohöl und landwirtschaftliche Rohstoffe entfielen. Bei den Exporten der DDR handelte es sich dagegen fast durchweg um Fertigerzeugnisse.[29] Dabei erwies sich die niedrige Qualität ostdeutscher Industriegüter als Quelle beständiger Spannungen mit den Importländern. Den Abnehmern erschienen sie in der Regel überteuert und mangelhaft, weshalb sie auch häufiger repariert werden mussten als vergleichbare Produkte aus dem Westen. Außerdem fertigten die DDR-Betriebe gewöhnlich keine englischsprachigen Gebrauchsanweisungen für die von ihnen exportierte Maschinerie an, obwohl ihre Kunden in der Dritten Welt die deutschsprachigen häufig nicht lesen konnten.[30]

Der ostdeutsche Handel mit kapitalistischen Dritte-Welt-Ländern wies keine andere Struktur auf als der mit engen politischen Verbündeten wie Mosambik, Angola und Äthiopien. Da die SED-Führung sich auf einen Wettbewerb mit dem Westen an der Konsumfront eingelassen hatte, war sie beispielsweise bemüht, das starke Bedürfnis der Ostdeutschen nach tropischen Früchten zu befriedigen. Während Bananen für einen westlichen Konsumenten nichts Besonderes sein mochten, wurden

---

28 Eine eingehende Analyse des Außenhandels der DDR bietet Dorothy Cornelsen, »The GDR in a Period of Foreign Trade Difficulties: Development and Prospects for the 1980s«, in: Study Papers submitted to the Joint Economic Committee, Congress of the United States, 27. 2. 1981, S. 299–339.

29 Schulz, Development Policy, S. 135–140.

30 Vgl. etwa Haile Gabriel Dagne, Das entwicklungspolitische Engagement der DDR in Äthiopien. Eine Studie auf der Basis äthiopischer Quellen, Münster 2004.

sie in der DDR zu einem machtvollen Symbol für die Überlegenheit des Westens.

Bananen waren indessen nicht das einzige Objekt der Begierde im Osten. Ab den 1970er Jahren war die DDR-Führung gezwungen, eine zunehmende Menge an Gütern aus dem Westen zu importieren, nicht nur als Zugeständnis an die Geschmäcker einer verdrossenen Bevölkerung, sondern auch zur Modernisierung veralteter Fabriken und Anlagen. Dieser Handel wurde in harter Währung abgewickelt und durch Kredite und Exporte finanziert. Von 1975 bis 1979 schoss die Auslandsverschuldung der DDR in harten Währungen daher steil in die Höhe: Schuldete sie den westlichen Banken 1975 noch 2,36 Milliarden Dollar, so verdreifachte sich dieser Betrag binnen vier Jahren auf beinahe 7,1 Milliarden Dollar.[31] Das entsprach einem Verschuldungsgrad von kolossalen 55 Prozent der Handelsexporte gegenüber 18 Prozent im Jahr 1972 und 25 Prozent im Jahr 1975.[32] Bis Ende 1979 stieg die Verschuldung der DDR in harten Währungen auf 8,4 Milliarden Dollar,[33] konnte jedoch durch strenge Austeritätsmaßnahmen bis 1985 mit 3,4 Milliarden Dollar wieder annähernd auf das Niveau von 1975 gesenkt werden.[34]

Das bedeutete, dass sich die DDR in der schizophrenen Situation befand, in der Dritten Welt an der Schwächung ebenjenes kapitalistischen Weltsystems zu arbeiten, in das sie selbst integriert wurde. In den späten 1970er Jahren war die Schuldenkrise nicht nur für die finanzielle Verfasstheit und Stabilität der postkolonialen Gesellschaften eine wachsende Bedrohung, sondern fraglos auch für die sozialistischen Länder, insbesondere für Polen, das am höchsten verschuldet war, und die DDR. Vor diesem Hintergrund kann es kaum verwundern, dass die DDR zunehmend darauf bedacht war, ihren Handel mit dem Süden auf der Basis »wechselseitigen Nutzens« zu gestalten – weit entfernt von dem proletarischen Internationalismus, den sie auf rhetorischer Ebene weiterhin pflegte. Mitte der 1980er Jahre wurde schließlich auch in Moskau anerkannt, dass die wirtschaftliche Solidarität des sowjetischen Blocks mit dem Süden am Ende war: »Es wäre falsch, zu behaupten, dass die Beziehungen zwischen der sozialistischen Welt und den Entwicklungsländern auf dem Prinzip der so-

---

31 Joan Parpart Zoeter, »Eastern Europe: The Hard Currency Debt«, in: East European Economic Assessment, Part 2 – Regional Assessments, Study Papers submitted to the Joint Economic Committee, Congress of the United States, 10. 7. 1981, Appendix E, S. 729.

32 Ebenda, Appendix G, S. 729.

33 Ebenda, S. 720.

34 Collier, Cost-Cutting, S. 278.

zialistischen Solidarität beruhen. Nein. Wir haben es hier mit Staaten zu tun, die mehrheitlich einem kapitalistischen Entwicklungsweg folgen und nur in wenigen Fällen an einer ›sozialistischen Orientierung‹ festhalten. Deshalb kann man nicht von einer Klassensolidarität zwischen diesen Staaten und der sozialistischen Welt sprechen.«[35] Deutlich wird hier nicht nur, mit welcher Herablassung der Osten auf die Versuche im Süden blickte, einen sozialistischen Entwicklungspfad zu verfolgen, sondern auch sein Eingeständnis, dass dieser Pfad in eine Sackgasse geführt hatte.

Ein Blick auf die wichtigsten Handelspartner der DDR in der Dritten Welt bestätigt dies. Ab der Mitte der 1970er Jahre veröffentlichte die DDR keine separaten Export- und Importzahlen mehr, zweifellos zu dem Zweck, ihre enormen Handelsungleichgewichte und die extremen Schwankungen von Jahr zu Jahr zu verbergen. Der Versuch, herauszufinden, was die DDR aus den Ländern des Südens importiert und in sie exportiert hatte, geriet so zu einem verwirrenden Ratespiel, bei dem verschiedene in- und ausländische Quellen stark divergierende Zahlen angaben.[36] Unbestritten war indessen, dass die wirtschaftliche Situation der DDR einen wachsenden Bedarf an harter Währung erzeugte, der erhebliche Auswirkungen auf den Handel mit ihren armen sozialistischen Partnerländern in Afrika hatte. Die Preise der gehandelten Güter wurden nun auf Grundlage der internationalen Märkte in Dollar berechnet, womit jeglicher Unterschied zum Handel des Westens mit dem Süden nur noch eine rhetorische Behauptung war. Bis zur Mitte der 1980er Jahre war der Anteil des subsaharischen Afrika am ostdeutschen Dritte-Welt-Handel auf 14,2 Prozent gesunken. Davon entfiel deutlich mehr als die Hälfte auf das ölreiche Angola, während der Handel mit dem armen und vom Bürgerkrieg erschöpften Mosambik beinahe vollständig zum Erliegen kam. Insgesamt ging der Handel der DDR mit der Dritten Welt zurück, während der mit dem kapitalistischen Westen deutlich wuchs.[37]

---

35 Oleg Bogomolov, ein führender sowjetischer Akademiker, zit. n. Marie Lavigne, »Soviet Trade with LDCs«, in: Gorbachev's Economic Plans, Bd. 2, Study Papers submitted to the Joint Economic Committee, Congress of the United States, 23. 11. 1987, S. 506.

36 Marie Lavigne stützte sich beispielsweise für ihre umfassenden Untersuchungen des Ost-Süd-Handels auf Daten der UN, CRIES (Centre de Recherche International sur les Economies Socialistes) sowie die statistischen Jahrbücher der einzelnen RGW-Länder. Marie Lavigne, »CMEA Relations with the Third World«, in Pressures for Reform in the East European Economies, Bd. 2, Study Papers submitted to the Joint Economic Committee, Congress of the United States, 27. 10. 1989, S. 444–467.

37 Schulz, Development Policy, S. 125–131.

Einige Ostdeutsche, die zu dieser Zeit in staatlicher Funktion oder im Rahmen von Solidaritätsprogrammen in Mosambik waren, veröffentlichten kürzlich Reflexionen über ihre Erfahrungen.[38] Darin bestätigten sie, dass zwischen den aggressiven Handelsvertretern der DDR, die auf vorteilhafte Geschäfte aus waren, und den Solidaritätsaktivisten, denen es um den Aufbau des Sozialismus in Mosambik ging, durchaus Spannungen bestanden hatten. Mittlerweile ist klar, dass Mosambik zu arm war, als dass es mit der DDR auf Grundlage »wechselseitigen Nutzens« hätte Handel treiben können. Seine Schulden bei der DDR waren bis zum 31. Dezember 1989 auf 305,6 Millionen Dollar gestiegen, wobei die Zinsrate mit 6 Prozent deutlich höher lag als bei den westlichen Entwicklungshilfeprogrammen. Einen Teil dieser Schulden sollten die 16000 mosambikanischen Gastarbeiter in der DDR abarbeiten.[39]

Die Wirtschaftsbeziehungen der DDR mit den sozialistischen wie nicht sozialistischen Ländern des subsaharischen Afrika entsprachen somit den bekannten Strukturen des Nord-Süd-Handels: Primärgüter wurden gegen Fertigerzeugnisse getauscht, und zwar in harter Währung und zu Preisen, die sich am kapitalistischen Weltmarkt orientierten. Der Ost-Süd-Handel stellte gewiss keine Alternative dar, um die bestehenden kolonialen und postkolonialen Strukturen der Weltwirtschaft zu überwinden.

Schlussfolgerung

Im März 1947 schilderte US-Präsident Harry S. Truman den heraufziehenden Ost-West-Konflikt als einen Kampf zwischen den Kräften der Demokratie und denen der Tyrannei, zwischen Gut und Böse. Nirgends ist diese Darstellung problematischer als mit Blick auf die Geschichte des Kalten Krieges im globalen Süden, wo dieser Kampf mehr mit dem gewaltigen Rohstoffhunger der entwickelten Industriegesellschaften zu tun hatte als mit dem Anliegen, den dortigen Menschen zu einem Leben in Würde und Wohlstand zu verhelfen. Die gegen das bestehende System gerichtete Rhetorik und die Unterstützung des Ostens trugen zwar ohne Zweifel zum Ende des Kolonialismus bei, jedoch kaum zur Überwindung der postkolonialen Abhängigkeit des Südens. Ebenso unaufrichtig waren die westlichen Losungen von Demokratie und Freiheit, hinter denen sich die Bereitschaft zur rücksichtslosen Verteidigung eines globalen politischen und

---

38 Matthias Voss (Hg.), Wir haben Spuren hinterlassen! Die DDR in Mosambik: Erlebnisse, Erfahrungen und Erkenntnisse aus drei Jahrzehnten, Münster 2005.

39 Ebenda, S. 29, 22, 205.

wirtschaftlichen Status quo verbarg, von dem vor allem der Westen selbst profitierte.

Die folgenden Punkte stellen einen vorläufigen Versuch dar, die Auswirkungen und Hinterlassenschaften der Ost-West-Süd-Beziehungen in der Ära des Kalten Krieges (neu) zu bewerten.

1) Während der Westen den Kommunismus als eine omnipotente globale Kraft darstellte, zeigt die Geschichte der Ost-West-Süd-Beziehungen im Kalten Krieg, dass der Osten – um es in der unvergesslichen Sprache der chinesischen Kommunisten zu formulieren – nur ein »Papiertiger« war. Seine praktische Solidarität mit den Befreiungsbewegungen war zwar für den antikolonialen Kampf von unschätzbarem Wert, doch in der Ära der Unabhängigkeit richtete er seine Beziehungen zum Süden vor allem an den eigenen Wirtschaftsinteressen aus. Zudem war ein enges Bündnis mit dem Osten für Dritte-Welt-Länder nur mit geringen Vorteilen, aber einer ganzen Bandbreite von Nachteilen verbunden, insofern es verschärfte Angriffe des Westens nach sich zog, die bis zur Unterstützung oppositioneller Gruppierungen in Bürgerkriegen sowie von Staatsstreichen reichten.

2) Da in der Ära des Kalten Krieges jeder Versuch, im globalen Süden eine sozialistische Gesellschaft aufzubauen, systematisch durchkreuzt oder kurzerhand niedergeschlagen wurde, stellt sich die Frage, was ohne den Ost-West-Konflikt geschehen wäre. Sozialisten maßen beispielsweise dem Bildungssektor traditionell große Bedeutung bei, dessen zentrale Rolle für den Entwicklungsprozess allgemein anerkannt ist.[40] So verdankt sich der phänomenale wirtschaftliche Aufstieg der Volksrepublik China zweifellos auch ihren Bildungsprogrammen, die das für einen industriellen Take-off erforderliche Humankapital hervorbrachten. Die chinesischen Kommunisten übernahmen eine wirtschaftlich rückständige Agrargesellschaft, in der 70 Prozent der Männer und 99 Prozent der Frauen Analphabeten waren und ein westlich orientiertes Bildungssystem die Funktion hatte, (männliche) Intellektuelle zu produzieren. Da das kommunistische China qualifizierte Arbeitskräfte benötigte, übernahm es das sowjetische Bildungssystem, »das darauf ausgerichtet ist [...], dass seine Absolventen direkt die für den Aufbau der Wirtschaft erforderlichen spezialisierten technischen Arbeiten übernehmen können«.[41] In dieser Hinsicht wäre das sowjetisch-chinesische Entwicklungsmodell möglicherweise eine vielver-

---

40 Sam Laird, Aid for Trade: Cool Aid or Kool-Aid. UNCTAD G-24 Discussion Paper Series, 48, November 2007, S. 11f.

41 Roderick McFarquhar/John K. Fairbanks/Dennis Crispin Twitchett, »Education for the New Order«, in: The Cambridge History of China, Bd. 14: The People's Republic, Cambridge 1987, S. 199.

sprechende Option für die zügige industrielle Entwicklung des Südens gewesen.[42]

3) Die Beziehungen des sozialistischen Ostens mit dem Süden während des Kalten Krieges waren ephemer, da sie vom Schicksal radikaler postkolonialer Führer abhingen und nicht von den politischen, ökonomischen und kulturellen Strukturen, die von den westlichen Kolonialmächten über Jahrhunderte hinweg im Süden geschaffen wurden. Die dauerhaftesten Beziehungen zwischen der DDR und ihren Verbündeten im subsaharischen Afrika scheinen am Ende die menschlichen gewesen zu sein: Bis heute stellen die mehreren Zehntausend Angolaner, Mosambikaner und Äthiopier, die in der DDR ausgebildet oder beschäftigt wurden, das Rückgrat der politischen und kulturellen Beziehungen zwischen ihren Ländern und dem vereinigten Deutschland dar.[43]

4) Der Westen behauptete, dass sein Modell für den postkolonialen Süden auf einem Mehrparteiensystem, Privateigentum und Marktwirtschaft basiere. Doch immer wieder bewies er außerordentliche Flexibilität und arbeitete mit Diktaturen im Süden zusammen, solange sie antikommunistisch waren und seine wirtschaftlichen Interessen nicht gefährdeten. Dies schloss auch eine Akzeptanz verschiedener Kleptokratien ein, sofern sie dem Westen den freien Zugang zu Rohstoffen und Märkten gewährleisteten. Auch hierfür ist Kongo/Zaire ein Beispiel. Mobuto Sese Seko, der Nachfolger Patrice Lumumbas, konnte gigantische persönliche Reichtümer anhäufen, während sein Volk im Elend versank. Im Zuge des bis heute andauernden Kampfs um die großen mineralischen Rohstoffvorkommen des Landes wurden in den letzten 40 Jahren Millionen von Kongolesen getötet und vertrieben. Der Westen hat über diese mörderischen Lebensbedingungen weitgehend hinweggesehen und die Regierung in Kinshasa mit umfangreicher »Entwicklungshilfe« bedacht.[44]

---

42 Die zunehmende Kooperation zwischen der VR China und dem subsaharischen Afrika beruht in erheblichem Maß auf dieser Tatsache, und die chinesische Hilfe für Afrika konzentriert sich auf Infrastruktur, Bildung und Gesundheit sowie Nahrungsmittelproduktion und Ausbeutung von Rohstoffen. Vgl. China's Experience on Reducing Poverty Opens New Chapter in Sino-Africa Cooperation, *China News*, 10. 6. 2009. Eine prägnante westliche Analyse dieser Beziehungen bieten Serge Michel/Michel Beuret, China Safari: On the Trail of Beijing's Expansion in Africa, New York 2009.

43 Auswärtiges Amt, Beziehungen zu Deutschland, Angola, Mosambik and Äthiopien. Im Internet unter www.auswaertiges-amt/diplo/de/Laenderinformationen.html [10. 2. 2010].

44 Zur ungebrochenen Komplizenschaft westlicher Regierungen und multinationaler Konzerne mit dem kongolesischen Staat vgl. den Bericht der Nichtregie-

5) Bis zum Ausbruch der gegenwärtigen Wirtschafts- und Finanzkrise legte der Westen ein blindes Vertrauen in die Effizienz des Marktes an den Tag, das mit einer ausgeprägten Abneigung gegen jede Form von staatlicher Kontrolle einherging. So wurde auch kaum versucht, die historische Rolle und Effektivität des Staates im Industrialisierungsprozess zu verstehen, sei es in Europa oder in jüngster Zeit in China. Die Belege dafür, dass starke Regierungseingriffe einen Anteil an den wenigen erfolgreichen Fällen hatten, in denen postkoloniale Gesellschaften ein nachhaltiges industrielles Wachstum erreichen konnten, wurden weitgehend ignoriert. Wichtige Beispiele hierfür sind Südkorea, Taiwan und Singapur, Südkorea, wenngleich der überzeugendste Beleg im phänomenalen Aufstieg der Volksrepublik China in den letzten drei Jahrzehnten besteht. All diese Beispiele zeigen jedoch gleichermaßen, dass ein starkes Wirtschaftswachstum und eine starke Regierung im Entwicklungsprozess Hand in Hand gehen und die antietatistische neoliberale Position sich »eher auf ideologische Vorentscheidungen als auf eine sorgfältige Analyse der Rolle und Effektivität des Staates« gründete.[45]

Abschließend kann festgehalten werden, dass der Kalte Krieg einen außerordentlichen Einfluss auf den Charakter und die Entwicklung des Verhältnisses von Ost und West zum postkolonialen Süden hatte, wie anhand der DDR und der Bundesrepublik gezeigt wurde. Die Konfrontation zwischen den zwei radikal verschiedenen Systemen wurde vor allem im armen und unterentwickelten Süden ausgetragen, wobei keine der beiden Seiten zu Zugeständnissen bereit war, die den Entwicklungsländern wirtschaftliche Entwicklung und politische Stabilität hätten gewähren können. Beide deutschen Staaten versprachen Demokratie und Fortschritt, unternahmen aber letztendlich wenig, um das in den postkolonialen Gesellschaften insbesondere des subsaharischen Afrika vorherrschende Leid zu lindern.

---

rungsorganisation Global Witness, Faced with a Gun, What Can You Do? War and the Militarisation of Mining in Eastern Congo, London 2009, im Internet unter http://www.reliefweb.int/rw/rwb.nsf/db900sid/ASHU-7U64ZJ?OpenDocument [10. 2. 2010].

45 UNCTAD, Economic Development S. 46.

Judith Shapiro

Ökologische Folgen der chinesischen Wirtschaftspolitik im Kalten Krieg[1]

Im Kalten Krieg standen nicht nur die zwei Supermächte in harter militärischer und wirtschaftlicher Konkurrenz zueinander; daneben führte die Volksrepublik China einen erbitterten ideologischen und wirtschaftlichen Kampf gegen beide, die UdSSR und die USA. Die Spannungen erreichten ihren Höhepunkt kurz nach dem Beginn der Kulturrevolution von 1966 und ließen nach dem Staatsbesuch Richard Nixons im Jahr 1972 nach. China stellte sich darauf ein, dass es an der langen Grenze zur Sowjetunion, seinem ehemaligen »großen Bruder«, zu einem Krieg kommen würde, fürchtete aber insbesondere nach der amerikanischen Bombardierung Nordvietnams Mitte der 1960er Jahre zugleich einen Angriff der USA. Während der späten Jahre der Ära Mao wurde die chinesische Wirtschaftspolitik fast vollständig von der internationalen Situation bestimmt: Verteidigungsmaßnahmen gegen einen Einmarsch waren nun wichtiger als der Aufbau des Sozialismus. Da Krisensituationen Diktaturen begünstigen, wird mitunter die These vertreten, dass Mao die Spannungen mit den ausländischen Mächten vorsätzlich geschürt habe, um die »ständige Revolution« anzufachen und die uneingeschränkte Macht in den Händen zu behalten.[2] Diese Politik drückte sich auch in einer Militarisierung des chinesischen Alltagslebens aus: Nach dem anfänglichen Chaos der Kulturrevolution und dem Eingreifen des Militärs, das Ende 1967 die Ordnung wiederherstellen sollte, ähnelte China mehr und mehr einer Nation von Soldaten. Militäruniformen wurden zu einer Art Mode unter Zivilisten, Militärmanöver und Luftschutzübungen waren häufig an der Tagesordnung und öffentliche Bauprojekte wie Dämme, Luftschutzbunker oder Eisenbahntunnel erforderten die Lebenskraft und den freiwilligen Arbeitseinsatz der Nation. Überdies veranlasste die angespannte internationale Situation den chinesischen Staat zu einer massiven Umsiedlungskampa-

1 Einige Themen dieses Aufsatzes werden ausführlicher in meinem Buch behandelt: Mao's War against Nature: Politics and the Environment in Revolutionary China, Cambridge 2001.

2 Chen Jian, Mao's China and the Cold War, Chapel Hill 2000.

gne, die Millionen von Chinesen in den unterentwickelten Westen des Landes und die Grenzregionen zwang.

Im Zuge der chinesischen Verteidigungsstrategie wurden Kampagnen zur Verlagerung der Schwerindustrie in oftmals entlegene und ökologisch fragile Regionen durchgeführt, die als geschützt vor einem Angriff galten. Auch die zu Verteidigungszwecken durchgeführte Zwangsumsiedlung von Zivilisten in Grenzregionen war verbunden mit Landgewinnungsmaßnahmen, die zu Umweltschäden führten. Die Umsiedlungen und die damit verbundene Nutzung des Landes waren weder wirtschaftlich noch ökologisch sinnvoll, sondern folgten ausschließlich sicherheitspolitischen Gesichtspunkten.

Ein Leitspruch dieser Phase lautete: »Trefft Vorbereitung für den Krieg und die Hungersnot, tut alles für das Volk!« Die Annahme, unmittelbar vor einem Krieg zu stehen, hatte eine Konzentration auf die Landesverteidigung zur Folge, die sich in zwei politischen Kampagnen niederschlug: die »Dritte Front«-Kampagne, mit der die Schwerindustrie zum Schutz vor militärischen Angriffen in entlegene Bergregionen im Westen verlagert wurde, und die Kampagne zur Landverschickung der »gebildeten Jugend«, mit der Millionen Jugendliche – darunter viele ehemalige Rotgardisten – zu einem »freiwilligen« Eintritt in die Militärkorps der Grenzregionen bewegt wurden, wo sie sich auf den Krieg vorbereiten, Land urbar machen und sich einer ideologischen Erneuerung unterziehen sollten. Zu den unbeabsichtigten ökologischen Folgen dieser Politik zählten die Ausbeutung natürlicher Ressourcen und Umweltverschmutzung.

Der vorliegende Beitrag nähert sich dem Thema dieses Bandes – der Wirtschaftspolitik im Dienste des Kalten Krieges –, indem er einige ökologische Folgen der chinesischen Politik untersucht. Obwohl die von 1949 bis 1976 dauernde Ära Mao vollständig in die Zeit des Kalten Krieges fällt, lassen sich nur einige der größten Umweltschäden – vor allem der späteren Phase – direkt auf die damaligen internationalen Gegensätze zurückführen; frühere Entwicklungen sind eher im Kontext der internationalen Isolierung Chinas sowie seiner Konkurrenz mit Russland zu sehen, nicht jedoch als Ereignisse des Kalten Krieges oder als direkte Konsequenzen der weltpolitischen Lage.

Internationale Spannungen und Umweltzerstörung in der Ära Mao

Als sich in den späten 1950er Jahren der Bruch zwischen China und der UdSSR anbahnte, der schließlich 1961 offen zutage trat, drängte es Mao immer stärker zu einer Offensive im Alleingang. Er mochte nicht erst auf die Entstehung eines breiten städtischen Proletariats warten, wie es die sowjetische Doktrin und Geschichtsauffassung vorschrieben. Stattdessen befreite er sich von solchen ideologischen Fesseln, wies die Vorreiterrolle der UdSSR zurück und versuchte, den Kommunismus auf dem Land zu verwirklichen, indem er die Volkskommunen mit gemeinschaftlichen Schlafbaracken, Kantinen, Säuglingsheimen und Kinderkrippen ins Leben rief und die kollektive Landwirtschaft auf großen staatlichen Ländereien förderte. Der fehlgeleitete »Große Sprung nach vorn« von 1958 bis 1960, von Mao mit der Losung begleitet, dass jeder Mund zwei Hände habe, und dem Ziel verpflichtet, mit einer massiven Kampagne zur Förderung der Stahlproduktion sogar den britischen Jahresausstoß zu übertreffen, führte bekanntlich zu einer der größten von Menschen verursachten Hungersnöte der Geschichte, die 30 bis 50 Millionen Tote forderte. Diese Hungersnot kann zugleich als ökologische Katastrophe infolge landwirtschaftlicher Entwicklungsprojekte gesehen werden: Man hatte den Boden durch Tiefpflügen und dichte Bepflanzung unter organischem Material verrotten lassen. Man hatte die Sperlinge ausgerottet, sodass die Insektenpopulationen nicht mehr in Schach gehalten werden konnten. Und man hatte massiv abgeholzt, um jene »Hinterhof-Hochöfen« zu befeuern, in denen Haushaltsgegenstände zu »Stahl« eingeschmolzen wurden, um die Zielvorgaben der Industrieproduktion zu erfüllen. Ebenso lässt sich die Hungersnot als eine politisch herbeigeführte Katastrophe verstehen, insofern potenzielle Kritiker des »Großen Sprungs nach vorn« in der Anti-Rechts-Kampagne von 1957 zum Schweigen gebracht worden waren. Hätte Mao nicht im Geiste eines Heerführers darauf beharrt, dass eine große Bevölkerung nur von Vorteil für China sein könne, und nicht vor allem die Konkurrenz mit Russland und dem Westen im Auge gehabt, wäre Chinas frühe Entwicklung möglicherweise ohne einen solchen furchtbaren Verlust an Menschenleben und Natur verlaufen. Die Umweltzerstörung während der frühen Ära Mao kann zwar nicht direkt auf den Kalten Krieg zurückgeführt werden, sie war aber von einigen seiner Charakteristika wie politischer Unterdrückung, verzerrter Information der Öffentlichkeit, Geheimhaltung und oftmals Terror begleitet. Entsprechend wenig Möglichkeiten bestanden damals, der Naturzerstörung durch politische Partizipation, freie Meinungsäußerung und die Verbreitung von Informationen entgegenzuwirken.

Mit dem Beginn der Großen Proletarischen Kulturrevolution im Jahr 1966 sowie der beinahe vollständigen Isolation Chinas verschärften sich die chinesisch-sowjetischen Spannungen. Aus Sicht Maos stand China allein einer feindseligen Welt gegenüber und musste mit einem Angriff einer der beiden oder auch beider Supermächte rechnen – im Falle der USA von der vietnamesischen Front aus, im Falle der UdSSR an der gemeinsamen Grenze, die von der Provinz Xinjiang im äußersten Westen bis zur Insel Zhenbao in der nordöstlichen Provinz Heilonjiang immer wieder Schauplatz von Gefechten war. Binnen weniger Jahre spitzten sich die Spannungen zu. Entlang der Grenzen wurden Vorbereitungen auf einen Krieg getroffen, der nach Einschätzung gut informierter Beobachter angesichts häufiger Zusammenstöße, der Drohung mit Luftangriffen sowie der Angst vor einem nuklearen oder konventionellen Konflikt tatsächlich zu erwarten war. Die Krise löste sich erst nach Nixons Staatsbesuch im Jahr 1972 und der Verschiebung zu einem tripolaren Kräftegleichgewicht. Auf ihrem Höhepunkt hatten die Spannungen eine radikale Veränderung des wirtschaftlichen Entwicklungswegs Chinas zur Folge; und auch die Kulturrevolution steht in einem wirtschaftlichen und sozialen Zusammenhang mit den Verteidigungsausgaben in den Kommandowirtschaften während des Kalten Krieges.

Trefft Vorbereitung für den Krieg und die Hungersnot!

Als sich China in den späten 1960er Jahren auf einen Krieg mit der Sowjetunion und den Vereinigten Staaten vorbereitete, herrschten auch im Inland kriegsähnliche Zustände. Die Kulturrevolution war außer Kontrolle geraten, als die jungen Rotgardisten ihre Angriffe von Künstlern und Schriftstellern auf hochrangige Parteifunktionäre ausgeweitet hatten und sich schließlich gegenseitig bekämpften, was auch bewaffnete Auseinandersetzungen zwischen den verfeindeten Fraktionen in den Großstädten einschloss. 1967 setzte Mao das Militär ein, um die Lage in den städtischen Arbeitseinheiten wieder unter Kontrolle zu bringen; auch Universitäten, Regierungsabteilungen, Krankenhäuser und Fabriken wurden den Militärs unterstellt. So verschmolzen Innen- und Außenpolitik, während China praktisch eine Nation von Soldaten wurde.

Die Losung »Trefft Vorbereitung für den Krieg und die Hungersnot, tut alles für das Volk!« entstand ursprünglich während der Vorbereitung des 3. Fünfjahresplans (1966–1970) und erfuhr mit der Ausgabe der auch als »Mao-Bibel« bekannten »Worte des Vorsitzenden Mao Tse-tung« vom April 1967 landesweite Verbreitung. Während der Hintergrund des Aufrufs zur Kriegsvorbereitung auf der Hand liegt, soll die Rede von einer bevorstehenden Hungersnot kurz erläutert werden: In China war die Versorgung des Landes mit Getreide traditionell unsicher; ein unablässiger Zyklus von Dürre und Überschwemmungen führte zur beständigen Wiederkehr von Hungersnöten und bildete den Hintergrund, vor dem Yu der Große, der legendenumwobene erste Kaiser Chinas, durch seine Macht zur Bezwingung des Wassers Legitimität erlangen konnte. Bedenkt man zudem Chinas extreme Isolation während der Ära Mao, dann wird begreiflich, warum die Autarkie in der Getreideerzeugung zu einem zentralen politischen Ziel wurde, zumal sich die letzte furchtbare Hungersnot erst in den frühen 1960er Jahren ereignet hatte. Doch wie so vieles wurde auch die Direktive »Das Getreide als Hauptkettenglied anpacken!« in der Spätphase der Ära Mao stark überdehnt und der Getreideanbau auf Gegenden ausgeweitet, die dafür ungeeignet waren. So wurden etwa die Bauern der tibetischen Regionen, die normalerweise Gerste anbauten, zur Aussaat von Weizen gezwungen, der von den dort üblichen Hagelstürmen zerstört wurde. Auch die in den Grenzregionen angesiedelten Jugendlichen waren, sofern sie nicht Vorkehrungen für den Kriegsfall trafen, mit der Erschließung von Land für den Getreideanbau beschäftigt und richteten damit häufig Umweltschäden an.

Die Dritte-Front-Kampagne

In den Städten des gesamten Landes wurden Bautrupps für Tunnel aufgestellt, die als Luftschutzbunker dienen sollten – und heute teilweise als Läden genutzt werden. Unterdessen wurden vollständige Fabriken der Schwerindustrie, insbesondere der Rüstungsindustrie, von der Küste in die Bergregionen des inneren Westens verlagert, wo sie vor Luftangriffen geschützt sein sollten. Die Wahl fiel auf Yunnan, Guizhou, Sichuan sowie Teile der Provinzen West-Hunan, Hubei, Shaanxi, Gansu, Ningxia und Qinghai. Der ideale Standort war »in den Bergen, dezentral und in einer Höhle« (*shan, san, dong*) oder, in einer anderen Formulierung, »in den Bergen, dezentral und versteckt« (*kaoshan, fensan, yinbi*). Barry Naughton hat untersucht, welche enormen wirtschaftlichen Kosten die Dritte-Front-Kampagne verursacht hat. Ihm zufolge war sie die größte Investition, die je ein Land getätigt hat, um sich eine industrielle Basis zu schaffen, die einen langen Krieg überstehen kann; tatsächlich war die gesamte chinesische Industriepolitik der Jahre 1965 bis 1971 von der Kampagne bestimmt, mit Ausnahme der Petroleumindustrie, die selbstverständlich an der Küste bleiben musste.[3] Lorenz Lüthi hat kürzlich ge-

3 Barry Naughton, »Industrial Policy during the Cultural Revolution: Military Preparation, Decentralization, and Leaps Forward«, in: William A. Joseph/

öffnete Archive im Hinblick auf die Dritte-Front-Planungen ausgewertet, die vor der Kulturrevolution im Zusammenhang mit dem Vietnamkrieg unternommen wurden. Demnach fanden Industrieverlagerungen zunächst aufgrund eines möglichen Angriffs der USA von 1964 bis 1966 und danach erst wieder ab 1969 statt, als es zu Zusammenstößen mit der UdSSR kam. Aus Lüthis Forschungen geht auch hervor, dass Zhou Enlai die Politik der Dritten Front aufgrund ihrer negativen Auswirkungen auf die Landwirtschaft ablehnte, was allerdings weitgehend folgenlos blieb.[4]

In manchen Fällen wurden ganze Fabriken verlegt, in anderen nur Teile. Hunderte von Werken mit Tausenden von Arbeitern wurden abgebaut und in entlegene Gegenden transportiert – Auto-, Chemie- und Pharmafabriken, Berg- und Schmelzwerke für Eisen und Stahl sowie hochsensible Nuklearanlagen und Werke der Luft- und Raumfahrtindustrie (die Stadt Xichang im entlegenen Sichuan verdankt der Dritte-Front-Kampagne bis heute ihren Status als wichtiger Raketenstartplatz). Die Demontage der Werke erfolgte in ebenso großer Eile wie der Bau der erforderlichen Eisenbahnstrecken; Vorbereitung und Planung waren mangelhaft und bei Unfällen kamen zahlreiche Arbeiter ums Leben.

Da die Standorte nicht nach ökologischen, sondern strategischen Gesichtspunkten gewählt worden waren, verursachte diese massive Industrieverlagerung enorme Umweltschäden. Stark verschmutzende Industrien befanden sich nun in tiefen Tälern, in denen sich Smog bildete, da die Schornsteine nicht über die Bergketten hinausreichten. In einer der Städte, in denen ich Interviews geführt habe, in Panzhihua in der Provinz Sichuan, »trieben die vorherrschenden Winde die verschmutzte Luft tagsüber aus dem Tal hinaus und nachts wieder hinein [...] Bei Inversionswetterlagen blieben die Abgase unter warmen Luftmassen gefangen, sodass nicht einmal die höchsten Schornsteine ihre Emissionen aus der Gegend befördern konnten.«[5] Auch die Wasserverschmutzung war ein gravierendes Problem, zumal die mangelhafte Planung zur Folge hatte, dass Wohngebiete sich nun flussabwärts von giftigen Einleitungen befanden. Weitere Umweltprobleme waren die Bodenbelastung durch giftige Schwermetalle sowie die Abholzung in der Umgebung der Fabriken, die über keine andere Energiequelle verfügten. Ein hoher Beamter aus Panzhihua berichtete:

Christine P. W. Wong/David Zweig (Hg.), New Perspectives on the Cultural Revolution, Cambridge, MA 1991, S. 158.

4 Lorenz Lüthi, »The Vietnam War and China's Third-Line Defense Planning before the Cultural Revolution, 1964–1966«, in: *Journal of Cold War Studies* 10 (2008), Heft 1, S. 26–51.

5 Shapiro, Mao's War, S. 154.

»1965 stand alles im Dienst der Stahlproduktion. Eine Umweltbehörde gibt es in Panzhihua erst seit 1979. In den frühen Jahren waren wir von Feinden umzingelt. Der alles beherrschende Gedanke war die Vorbereitung auf einen Krieg.«[6] In China wurden Umweltprobleme zwar erstmals im Vorfeld der Stockholmer UN-Umweltkonferenz von 1972 thematisiert, doch selbst für eine von ökologischen Bedenken noch unbeschwerte Zeit war die Standortwahl für die Fabriken durchaus ungewöhnlich.

Die von den Fabriken aus der Zeit der Dritten Front verursachte Umweltverschmutzung ist bis heute ein Problem, so wie auch einige zwangsumgesiedelte Bewohner noch nach Jahrzehnten unter Heimweh leiden. Die Erschließung vormals unzugänglicher Gegenden durch Eisenbahnen und Straßen hatte zur Folge, dass fragile Ökosysteme den Eingriffen und der Zerstörung durch den Menschen ausgesetzt wurden. Trotz ihrer Ineffizienz ist heute noch immer die Hälfte der im Zuge der Dritte-Front-Kampagne errichteten Fabriken in Betrieb. Auch wenn China früher oder später einige der Regionen sicherlich ohnehin entwickelt hätte und gegenwärtig tatsächlich eine Kampagne zur »Entwicklung des Westens« durchführt, war die damalige Politik verfrüht und fehlgeleitet. Sie erfolgte außerdem zu einem Zeitpunkt in der Geschichte Chinas, an dem es dringlichere Probleme wie etwa den Aufruhr der beginnenden Kulturrevolution gab.

Die Kampagne zur Landverschickung der gebildeten Jugend

Die »gebildete Jugend« bestand aus städtischen Jugendlichen, die eine mittlere oder höhere Bildung durchlaufen hatten und nun dazu aufgefordert wurden, sich »freiwillig« dafür zu entscheiden, »hinab« aufs Land zu ziehen, um von den Bauern zu lernen. Viele von ihnen hatten den Roten Garden angehört. Als während der Kulturrevolution Chaos in den Städten ausbrach, benötigte Mao angesichts der zahlreichen Jugendlichen, für die es weder Schulen noch funktionierende »Einheiten« für Arbeitseinsätze gab, eine Art Sicherheitsventil. Inmitten der Vorbereitungen für die Verlagerung der Schwerindustrie ins Landesinnere rief er die Jugend der Nation daher auf, die Städte zu verlassen und in ländliche und grenznahe Gebiete zu ziehen. Millionen folgten diesem Appell; im Zuge einer der größten Zwangsumsiedlungen der Geschichte lebten viele von ihnen ein Jahrzehnt oder länger weit von ihrem Zuhause entfernt unter widrigsten Umständen.

---

6 Ebenda, S. 155.

In den Grenzgebieten schlossen sich die Jugendlichen den »Produktions- und Aufbaukorps« (*shengchan jianshe bingtuan*) an, einem quasimilitärischen Netzwerk, dessen Einheiten unter Führung der Volksbefreiungsarmee oder demobilisierter Soldaten standen. Das Korps war wie eine große Armee organisiert: Es umfasste Divisionen, Regimenter, Bataillone und sonstige Abteilungen, denen die jungen Zivilisten zugewiesen wurden. Neben dem Grenzschutz zählte es zu ihren Aufgaben, »Brachland« zu erschließen und Sumpfgebiete, Wüsten und Dschungel für die Landwirtschaft nutzbar zu machen. Im Namen der Revolution wurde von ihnen außerdem gefordert, durch harte körperliche Arbeit ihre bürgerliche Mentalität abzustreifen. Die Jugendlichen waren somit zugleich Soldaten, Bauern, Arbeiter sowie Objekte einer revolutionären »Stählung«. Als großer Bevölkerungszustrom in dünn besiedelte Gebiete ethnischer Minderheiten, bei denen die herrschenden Han-Chinesen traditionell nicht gern gesehen waren, bildeten sie zudem einen Bestandteil der Strategie der »Grenzbefestigung«, die sich bis zum Sieg der Kommunisten im Jahr 1949 und sogar noch weiter zurückverfolgen lässt. In mehreren Wellen hatten die Han-Chinesen seit langer Zeit versucht, den »rückständigen« ethnischen Minderheiten die Zivilisation zu bringen, und dabei zugleich die Staatsgrenzen zu befestigen und sich den Zugriff auf die reichhaltigen Ressourcen der Grenzgebiete zu sichern. Die Bewegung der »gebildeten Jugend« lässt sich somit einer langen Tradition zuordnen, die im Namen der wirtschaftlichen und sozialen Entwicklung den Aufbau des Staates vorantrieb.

Doch in den späten 1970er Jahren begannen die Jugendlichen zu rebellieren und ihre Rückkehr in die Städte zu fordern; mit Petitionen an die Regierung in Peking, Bummelstreiks und Arbeitsniederlegungen erreichten sie, dass die Versuche, sie auf dem Land zu halten, schließlich im Sande verliefen. Bis dahin mussten sie sich einer intensiven militärischen Ausbildung unterziehen und an Luftschutzübungen teilnehmen, wenn Truppenbewegungen an der Grenze gemeldet wurden. Ihre tägliche Arbeit bestand hingegen darin, zur Schaffung von Ackerland Bäume zu fällen, Sümpfe trockenzulegen, Weideland umzupflügen, Regenwälder für den Anbau von Kautschuk abzuholzen sowie in anderen Eingriffen in die Natur, die den lokalen Ökosystemen meist schadeten; alle Arbeiten hatten zum Ziel, Getreide für den Staat oder »strategische Kulturpflanzen« für die militärische Produktion zu erzeugen. Typische Losungen lauteten unter anderem: »Bezwingt den Sand, um Ackerland zu schaffen« oder »Wir sind die Armee der Landgewinnung und müssen die Wüste erobern, um 10000 *qing* Ackerland zu schaffen« oder »Kreist den See ein, um Land zu schaffen«. Die Professoren, Förster, Landwirtschaftsexperten und Biologen, die gegen diese Eingriffe in die Natur hätten protestieren können, waren allzu oft selbst in sogenannte Kaderschulen eingewiesen worden – in Besserungsanstalten also, in denen sie an Sitzungen zur Kritik und Selbstkritik teilnehmen und körperliche Arbeit leisten mussten.

In einigen Fällen schufen die Jugendlichen zwar zumindest zeitweilig bebaubares Land, in anderen hingegen verursachten sie erhebliche ökologische Schäden, die sich teilweise bis heute bemerkbar machen. In der Provinz Heilongjiang legten sie Sümpfe trocken, die wichtige ökologische Funktionen für die Reinigung des Wassers und als Lebensraum für seltene Tiere und Pflanzen erfüllt hatten; in der Provinz Yunnan holzten sie die Regenwälder ab; in der Provinz Xinjiang ließ der Anbau von Baumwolle und Getreide den Grundwasserspiegel so weit sinken, dass die Zufuhr versiegte. Als 1,25 Millionen Jugendliche zeitweilig in der Großen Nördlichen Wildnis unweit des sowjetischen Fernen Ostens angesiedelt wurden, zog dies die Trockenlegung von 310000 Hektar Sumpfgebiet nach sich, in denen sibirische Kraniche und Tiger gelebt hatten, aber es entstand nur wenig nutzbares Ackerland. Auf der Insel Hainan und in der Provinz Yunnan erwiesen sich die abgeholzten Hänge als zu steil für den Landbau, sodass es zu Bodenerosion kam und die Flussbetten von Schlamm verstopft wurden. In Xishuangbanna nahe Vietnam und Laos wurde kostbarer tropischer Regenwald zugunsten von Kautschuk abgeholzt, doch Jahr um Jahr starben die Pflanzen aufgrund des Frostes. In der Inneren Mongolei siedelten Viehzuchtbrigaden so viele Tiere an, dass es zur Überweidung und Wüstenbildung kam. Heute werden die Mongolen für die Ausbreitung der Wüste, die inzwischen nur noch vier Autostunden von Peking entfernt ist, mit ihren lähmenden Sandstürmen verantwortlich gemacht. Unterdessen zwingt der chinesische Staat Nomaden im Rahmen eines Programms der »ökologischen Migration« in städtische Siedlungen – das Etikett des Umweltschutzes dient der Verdrängung einer Lebensweise, die dem staatlichen Bedürfnis nach »Erfassbarkeit« seiner Einwohner zuwiderläuft.[7]

Die Kampagne zur Kriegsvorbereitung, die aus Gründen der nationalen Sicherheit erfolgte, führte somit durch massive und teilweise erzwungene Umsiedlungen zu einer räumlichen Verlagerung der Wirtschaft: Unwirtliche und entlegene Gegenden wurden der menschlichen Bearbeitung ausgesetzt, die tiefe Narben in der Landschaft hinterlassen hat. Die Arbeitseinsätze der »gebildeten Jugendlichen« in den Grenzregionen verursachten Umweltschäden, da im Zuge der Vorbereitung auf einen Krieg auch Getreidevorräte für eine länger andauernde Belagerung angelegt wer-

---

7 James C. Scott, Seeing Like a State: How Certain Schemes to Improve the Human Condition Have Failed, New Haven 1999.

den sollten, die meisten betroffenen Regionen jedoch für den Anbau von Getreide ebenso ungeeignet waren wie für die Produktion von Kautschuk. Die umgesiedelten Menschen hatten ihr Schicksal nicht gewählt, und viele von ihnen sehnten sich danach, heimzukehren; die Arbeiten, die zur Zerstörung von Ökosystemen führten, hatten sie sich weder ausgedacht noch freiwillig übernommen. Sie konnten aber auch nicht Widerspruch einlegen, die Teilnahme verweigern oder einfach weggehen, da dies im Rahmen der starken politischen Repression dieser Ära unweigerlich drakonische Strafen nach sich gezogen hätte. So wurden Menschen wie Natur zu Opfern der fehlgeleiteten Anweisungen von oben, die der Vorbereitung auf einen Krieg dienen sollten; das Leiden der Menschen und das Leiden der Natur waren unauflöslich miteinander verbunden.

Schlussfolgerung

Welche Erkenntnisse bietet die ökologische Perspektive auf die wirtschaftliche Entwicklung Chinas im Kalten Krieg? Wie stark ist der kausale Zusammenhang zwischen der Umweltzerstörung in der Ära Mao und dem Ost-West-Konflikt? Wäre sie im Zuge der Modernisierung nicht ohnehin unausweichlich gewesen? Und wenn ja, beeinflusste der Kalte Krieg den Charakter und die Geschwindigkeit dieser Zerstörung? Wie im vorliegenden Beitrag gezeigt wurde, diente die chinesische Wirtschaftspolitik während der Kulturrevolution weniger der Entwicklung oder Modernisierung, sondern den Zielen Chinas im Kalten Krieg. Schon aufgrund seiner anhaltenden Bevölkerungsexplosion wäre das Landesinnere sicherlich ohnehin zu einer Zielscheibe der staatlichen Entwicklungspolitik geworden, aber es ist sehr unwahrscheinlich, dass dies bereits so kurze Zeit nach Chinas Erholung von der großen Hungersnot der Jahre 1959 bis 1961 zu einer Priorität geworden wäre oder der Staat Millionen von Menschen unter Zwang umgesiedelt hätte, was erhebliches menschliches Leid und ökologische Schäden zur Folge hatte. Nachdem sich die Spannungen mit den Supermächten gelegt hatten, wurden diese Landesteile dann auch tatsächlich weitgehend vernachlässigt; erst in jüngster Zeit sind sie mit der staatlichen Kampagne zur »Entwicklung des Westens«, die den Abstand zwischen dem verarmten Landesinneren und den reichen Küstenregionen verringern soll, wieder in den wirtschaftspolitischen Fokus der Zentralregierung gerückt. Auch die gezielte Besiedlung der Grenzgebiete und die mit ihr verbundene Kampagne zur »Verwandlung der Erde« hätten aller Wahrscheinlichkeit nach nicht ein solches Gewicht erlangt, wäre China nicht tatsächlich mit der Gefahr eines Einmarschs konfrontiert gewesen. Gleichzeitig sollte jedoch nicht vergessen werden, dass die Umweltzerstörung in China keineswegs erst mit der Ära Mao einsetzte, sondern bereits seit Jahrhunderten im Gange war und sich nach Mao eher noch verschlimmert hat, da der heutige Wachstumskurs mit massiver Ressourcenausbeutung und Verschmutzung einhergeht. Für die im Ergebnis umweltzerstörerischen Kampagnen der frühen Ära Mao, etwa die Anti-Rechts-Bewegung und den »Großen Sprung nach vorn«, war der Kalte Krieg ein verstärkender, aber kein entscheidender Faktor.

Die Spannungen mit den Supermächten haben China dazu gedrängt, den Aufbau des Staates in peripheren Regionen schneller voranzutreiben, als es einer vernünftigen Wirtschaftspolitik entsprochen hätte. Die ökologischen Schäden und die politische Verbitterung aus dieser Zeit bestehen bis heute fort. Die Wüstenbildung, Entwaldung und Bodenerosion sowie der Verlust an Biodiversität in China lassen sich zu großen Teilen auf die Zeit der Kulturrevolution zurückführen, in der auch die tropischen Regenwälder, die bekanntlich nur unter großen Schwierigkeiten wieder aufgeforstet werden können, erheblichen Schaden nahmen. Auf politischer Ebene sind unterdessen die Spannungen mit ethnischen Minderheiten unvermindert hoch. In Xinjiang ist das Produktions- und Aufbaukorps bis heute eine starke politische Kraft; die Baumwollproduktion droht dort die begrenzten Wasservorräte aufzuzehren. In der Inneren Mongolei werden nomadische Hirten in Siedlungen gezwungen, um die Überweidung und Wüstenbildung einzudämmen. In Tibet führt der Zuzug von Han-Chinesen zu einem »kulturellen Genozid«, wie der Dalai Lama beklagte, während eine neue Eisenbahnlinie Ängste vor Ressourcenabbau und Umweltzerstörung auslöst. Nicht alle ökologischen und politischen Probleme Chinas lassen sich auf die Zeit der Kriegsvorbereitung und die Spannungen des Kalten Krieges zurückführen, doch zu ihrer Entstehung und Virulenz hat diese Phase der neueren Geschichte Chinas zweifellos erheblich beigetragen.

Aus dem Englischen von Felix Kurz

Soll und Haben in den Zentren

David C. Engerman

Die USA und die Ökonomie des Kalten Krieges

Mit der Behauptung, dass der Kalte Krieg im Kern ein ökonomischer Konflikt gewesen sei, begibt man sich auf ein heikles Terrain der historischen Deutung. Eine solche Debatte wurde unter amerikanischen Historikern bereits in den 1960er und 1970er Jahren geführt. Der Streit zwischen den sogenannten Traditionalisten und Revisionisten galt der Frage, welche Motive die USA dazu bewegten, die Sowjetunion in einem globalen Konflikt herauszufordern. Ging es im Kalten Krieg, wie die Traditionalisten behaupteten, um Politik – um die Anstrengung, die »Freie Welt« auszuweiten und vor einem kommunistischen Einmarsch zu beschützen? Oder waren vielmehr, wie die Revisionisten insistierten, wirtschaftliche Interessen der Vereinigten Staaten entscheidend – vor allem die Jagd nach Rohstoffen und Absatzmärkten? Zwei Jahrzehnte nach dem Ende des Kalten Krieges, in denen neue Generationen von Wissenschaftlern vormals unzugängliche Quellen auswerten konnten und dabei neuen Ansätzen gefolgt sind, erscheint diese Debatte ebenso begrenzt wie die »postrevisionistischen« Versuche, über sie hinauszugehen.[1]

Der Kalte Krieg war in drei wichtigen Aspekten – die in den Debatten zwischen Traditionalisten und Revisionisten ausgeblendet blieben – ein ökonomischer Konflikt. Erstens war die Ökonomie ein wichtiges *Terrain* des Kalten Krieges: Der amerikanisch-sowjetische Antagonismus der Nachkriegsdekaden hatte gegensätzliche ökonomische Konzepte und konkurrierende Wirtschaftssysteme zum Inhalt. Zweitens wurde die Ökonomie zu einer wichtigen *Waffe* im Kalten Krieg, vor allem aufseiten der Amerikaner. Zwar setzten auch die Sowjets wirtschaftliche Waffen ein – diese waren allerdings schwächer, in ihrer Reichweite begrenzter und auch weniger erfolgreich als die der Vereinigten Staaten. Drittens schließlich hatte der jahrzehntelange Konflikt mit der UdSSR erhebliche wirtschaftliche *Auswirkungen*. Der Kalte Krieg schuf eine neue politische Ökono-

1 Vgl. Warren F. Kimball, The Cold War Warmed Over, in: *American Historical Review* 79 (1974), Heft 4, S. 1119–1136, sowie John Lewis Gaddis, The Emerging Post-Revisionist Synthesis on the Origins of the Cold War, in: *Diplomatic History* 7 (1983), Heft 3, S. 171–190.

mie, die nicht nur Charakter und Ausmaß der außenwirtschaftlichen Beziehungen der Vereinigten Staaten, sondern auch ihre binnenökonomische Entwicklung prägte.

Die Ökonomie als Terrain des Kalten Krieges

Nach ihrer Machtübernahme im Jahr 1917 stellten die Bolschewiki auf viele Weise eine Herausforderung für Europa dar, doch hinter allem stand letztlich die Ökonomie. In ihren Erklärungen und Reden verurteilten sie den europäischen Imperialismus, die staatliche Repression und vieles mehr. Doch wie von einer Gruppe, die sich auf Karl Marx berief, nicht anders zu erwarten, handelte es sich ihnen zufolge bei all diesen Problemen nur um sichtbare Manifestationen tieferer ökonomischer Ursachen. Lenins berühmter Text von 1916 bezeichnete den Imperialismus als »das höchste Stadium des Kapitalismus« – und meinte damit das Stadium vor seinem Zusammenbruch. Im Anschluss an Marx erklärten Lenin und seine Genossen die politischen Institutionen zu einem bloßen Überbau, der die ökonomische Basis widerspiegele – der Staat war »nur ein Ausschuss, der die gemeinschaftlichen Geschäfte der ganzen Bourgeoisklasse verwaltet«. Der Rückgriff auf die marxistische Theorie machte deutlich, dass die Termini des ideologischen Konflikts in bestimmten ökonomischen Auffassungen gründeten.

Auch die Vereinigten Staaten verfügten über ein ideologisches System, das in bestimmten ökonomischen Auffassungen gründete.[2] Im Unterschied zur sowjetischen wurde die amerikanische Ideologie nicht an jeder Straßenecke oder in jeder offiziellen Stellungnahme verkündet. Gleichwohl existierte in der amerikanischen Politik eine breite Tradition, die auf einem Ensemble von unausgesprochenen Überzeugungen basierte. Die Ideologie der amerikanischen Außenpolitik war im Kern ein Liberalismus, der sich an die Ideen John Lockes anlehnte. Sie folgte einer Theorie der Freiheit, einer Theorie, die ausgehend vom Individuum in Recht und Eigentum die Grundlagen der Freiheit sah. Das lockesche Dreigestirn aus »Leben, Freiheit und Eigentum« gelangte sogar in die amerikanische Unabhängigkeitserklärung, die lediglich an die Stelle des Eigentums das

---

2 Vgl. Odd Arne Westad, The Global Cold War: Third World Interventions and the Making of Our Times, Cambridge 2005, sowie David C. Engerman, Ideology and the Origins of the Cold War, 1917–1962, in: Melvyn P. Leffler/Odd Arne Westad (Hg.), Cambridge History of the Cold War, Cambridge 2010, Bd. 1, S. 20–43.

»Streben nach Glück« setzte. Die Freiheit konnte demnach nur durch das Rechtssystem eines Gemeinwesens geschützt werden, das die Volkssouveränität garantierte. Zudem sollte die Regierung ausschließlich formale Freiheiten – das Recht auf Eigentum und politische Partizipation –, nicht aber substanzielle Freiheiten im Sinne einer Gleichheit der Lebenslagen gewähren.

Die Entwicklung des amerikanischen Liberalismus ging über die Ideen Lockes hinaus. Der amerikanische Liberalismus war progressiv, insofern er die Freiheit auf dem Vormarsch sah und die Ausbreitung des amerikanischen Einflusses mit der Ausbreitung der Freiheit gleichsetzte. Er verfügte über eine wichtige ökonomische Grundlage: Die Ausbreitung der Freiheit konnte an der Ausbreitung der Marktwirtschaft gemessen werden, die den freien Austausch von Gütern gewährleistete. In der expansiven globalen Vision, die Präsident Woodrow Wilson im Gefolge des Ersten Weltkrieges entwarf, fanden diese Überzeugungen einen ungeschmälerten Ausdruck. Wilson strebte eine liberale Weltordnung an, die in vieler Hinsicht seinem Bild der Amerikanischen Revolution ähnelte: Schritt für Schritt sollte ein Zustand geordneter Freiheit erreicht werden. Der Handel spielte in seiner Vision einer neuen Weltordnung eine bedeutende Rolle. So erklärte er den Teilnehmern des ersten Weltkongresses der Kaufleute im Jahr 1916, dass sie Träger einer neuen »Demokratie der Geschäftswelt« seien, die neben Musterwaren und Auftragsbüchern stets auch »Freiheit und Gerechtigkeit und die Prinzipien der Menschlichkeit« im Gepäck mit sich führten.[3]

Die antibolschewistische Stimmung in den Vereinigten Staaten nahm viele Formen an, für die jedoch stets eine Kritik der kommunistischen Ökonomie von zentraler Bedeutung war. Amerikaner, die in den 1920er Jahren in Sowjetrussland arbeiteten – etwa für Herbert Hoovers Hilfsorganisation American Relief Administration oder Henry Fords Automobilunternehmen –, waren davon überzeugt, dass der Kontakt mit kapitalistischen Institutionen Russland vom Kommunismus kurieren werde. »Langfristig«, so Ford, »werden Fakten entscheidend sein« – und mit »Fakten« meinte er wirtschaftliche Fakten. Auch Präsident Franklin D. Roosevelt wich keineswegs vom Wirtschaftsliberalismus ab, als er dem sowjetischen Regime 1933 die formale diplomatische Anerkennung anbot: Konstruktives wirtschaftliches Engagement schien der beste Weg zu sein,

---

3 Frank Ninkovich, The Wilsonian Century: U.S. Foreign Policy since 1900, Chicago, 1999; Victoria de Grazia, Irresistible Empire: America's Advance through Twentieth-Century Europe, Cambridge 2005, S. 1f.

um das sowjetische System zu verändern.[4] Doch bei Ende des Zweiten Weltkrieges war dieses konstruktive Engagement Vergangenheit. Fortan dominierten Konflikt und Konfrontation.

Als die zwei Staaten, die aus den Trümmern des Zweiten Weltkrieges am mächtigsten hervorgingen, gaben die Vereinigten Staaten und die Sowjetunion ihre bisherigen Versuche auf, die jeweils andere Seite mit politischen und ideologischen Mitteln zu verändern. Sie traten in eine internationale Konkurrenz – zunächst in Europa und ab Ende der 1950er Jahre auf globaler Ebene. Die wirtschaftliche Dimension der Systemkonkurrenz erstreckte sich auf drei Aspekte: Die Vereinigten Staaten und die Sowjetunion wetteiferten darum, die Schlacht um die höhere wirtschaftliche Leistungskraft für sich zu entscheiden; dies bedeutete zugleich eine Konkurrenz zwischen unterschiedlichen wirtschaftlichen Prioritäten; und die daraus folgenden Maßnahmen prägten wiederum den Wettstreit zwischen ihren Wirtschaftssystemen.[5]

Über die Maßstäbe ihres Wettstreits waren sich beide Seiten einig: Sie wurden im Volkseinkommen und der Industrieproduktion gesehen. Die Berechnung des Volkseinkommens war eine westliche Erfindung der 1930er Jahre, die sich während des Zweiten Weltkrieges als nützliche Methode erwies, um die Größe einer Volkswirtschaft zu quantifizieren und ihre Struktur zu analysieren. Allerdings folgten die amerikanischen und sowjetischen Behörden unterschiedlichen Berechnungsmethoden: Das sowjetische Materielle Nettoprodukt schloss Dienstleistungen (von der Gastronomie bis zur Bildung) aus, die von den im Westen üblichen Berechnungsgrößen des Bruttosozialprodukts (BSP) und Bruttoinlandsprodukts (BIP) berücksichtigt wurden. Als die sowjetische Propaganda in den 1950er Jahren beachtliche Wachstumsraten des Volkseinkommens und der Industrieproduktion feierte, wiesen amerikanische Amtsträger wie der CIA-Direktor Allen W. Dulles die sowjetischen Statistiken als aufgebläht zurück. Um das Ausmaß der wirtschaftlichen Bedrohung durch die UdSSR einschätzen zu können, widmeten sich Universitäten und Geheimdienste zunehmend dem neuen Forschungszweig der ökonomischen Sowjetologie. Dabei entstanden Studien, die unweigerlich an ideologische Fragen rührten – die Regierung des republikanischen Präsidenten Dwight D. Eisen-

---

4 Peter Filene, Americans and the Soviet Experiment, Cambridge 1967, S. 111ff.; David C. Engerman, Modernization from the Other Shore: American Intellectuals and the Romance of Russian Development, Cambridge 2003; Lloyd C. Gardner, Economic Aspects of New Deal Diplomacy, Madison 1964, S. 33ff.

5 David C. Engerman, The Romance of Economic Development and New Histories of the Cold War, in: *Diplomatic History* 28 (2004), Heft 5, S. 23–54.

hower wies beispielsweise Schätzungen ihrer eigenen Experten mit der Begründung zurück, es sei gar nicht möglich, dass Planwirtschaften wie die sowjetische leistungsfähiger seien als marktwirtschaftliche Systeme.[6]

Wie Eisenhowers Glaube an die Überlegenheit der Marktwirtschaft zeigt, ging der wirtschaftliche Leistungswettkampf nahtlos in eine Debatte über das bessere Wirtschaftssystem über. Während die sowjetischen Autoritäten selbstverständlich für staatliche Planung als Schlüssel zu raschem Wirtschaftswachstum warben, scheuten die amerikanischen Entwicklungsprogramme vor einer solchen Zentralisierung zurück. In Indien und deutlicher noch in Ägypten führten diese unterschiedlichen Ansätze zu einem Scheitern der amerikanischen Bemühungen, Wirtschaftshilfe zu leisten. Im ersten Fall konnten sich die Sowjets mit dem Angebot zum Bau eines Stahlwerks in Bhilai gegen die amerikanische Offerte zur Finanzierung eines privaten Projekts durchsetzen. Ähnlich verhielt es sich in Ägypten: Das Staatseigentum am Assuanstaudamm erwies sich als Hürde für das westliche Hilfsangebot, dessen plötzlicher und umstrittener Rückzug zur Folge hatte, dass Ägypten wenig später ein Entwicklungsabkommen mit der Sowjetunion unterzeichnete.[7] Staatliche Wirtschaftsplanung fand in den Entwicklungsländern breiten Anklang, da die jungen Nationalstaaten nach raschem wirtschaftlichem Fortschritt strebten und zugleich instabile politische Systeme im Griff behalten mussten. Wie Gunnar Myrdal zur Mitte der 1960er Jahre, dem »Jahrzehnt der Entwicklung«, zusammenfasste, wurde »*die Planung zur geistigen Matrix – zur allgemeinen Form – der Modernisierungsideologie*«, die in den Entwicklungsländern herrschte.[8] Die Begeisterung, auf die planwirtschaftliche Modelle in der Dritten Welt stießen, war ein gravierender Nachteil für die Vereinigten Staaten – auch wenn sie ungeachtet ihres Eintretens für die Marktwirtschaft in vielen Fällen bereit waren, mit zentralen Planungsbehörden in der Dritten Welt zusammenzuarbeiten. Der Wettstreit um die Organisation der Wirtschaft in der Dritten Welt betraf in erster Linie die Produktion. Doch in den späten 1950er Jahren verschob sich die Zielsetzung – oder wenigstens die Rhetorik – der Sowjets: Dem Konsum, zumindest dem Binnenkonsum, wurde nun mehr Gewicht beigemessen.

---

6 David C. Engerman, Know Your Enemy: The Rise and Fall of America's Soviet Experts, Oxford 2009.

7 Dennis Merrill, Bread and the Ballot: The United States and India's Economic Development, 1947–1963, Chapel Hill 1990; Diane B. Kunz, Butter and Guns: America's Cold War Economic Diplomacy, New York 1997.

8 Gunnar Myrdal, Asiatisches Drama. Eine Untersuchung über die Armut der Nationen, Frankfurt am Main 1973, S. 132. Hervorhebung im Original.

Tatsächlich schienen sich die amerikanische und die sowjetische Seite Ende der 1950er Jahre auf den Konsum als neuen Maßstab wirtschaftlichen Erfolgs geeinigt zu haben. Die sogenannte Küchendebatte zwischen Nikita Chruschtschow und Richard Nixon auf einer internationalen Ausstellung in Moskau 1959 mag zwar bisweilen in ihrer Bedeutung überschätzt worden sein, dennoch illustriert sie wesentliche Züge des wirtschaftlichen Wettstreits im Kalten Krieg und verdeutlicht Übereinstimmungen wie Differenzen zwischen den Kontrahenten. So bestand beispielsweise Einigkeit darüber, dass sich ein Wirtschaftssystem durch seine Leistungskraft beweisen müsse, die nicht an der Industrieproduktion, sondern am Konsumniveau zu messen sei – etwa daran, wie Nixon galant formulierte, welche Seite ihren Hausfrauen die besseren Haushaltsgüter bieten könne.[9] Diese Episode war indes nur das sichtbarste Anzeichen für einen fundamentalen Wandel der wirtschaftlichen Prioritäten der Sowjetunion, mit der sie – wenngleich mit erheblichem Rückstand – auf die Linie der Vereinigten Staaten einschwenkte. In der Ära Chruschtschow nahm Stalins Aufruf zum »Einholen und Überholen« der Vereinigten Staaten eine neue Bedeutung an: Der Wettlauf galt nicht länger der Industrieproduktion, sondern dem Binnenkonsum. Die Sowjetunion, so bekräftigte Chruschtschow, werde den Beweis ihres wirtschaftlichen Erfolgs durch die Produktion von Milch und Fleisch antreten; Stalins Beharren auf Opferbereitschaft im Namen der Zukunft wich der Produktion für das Hier und Jetzt.[10] Mit dieser Verlagerung verschob sich der Wettkampf endgültig zugunsten der amerikanischen Seite; der Vorsprung der Vereinigten Staaten war hier noch weitaus größer, als es bereits für die Produktion galt.

Doch auf dem wirtschaftlichen Terrain des Kalten Krieges ging es nicht allein um die Stärke der amerikanischen und sowjetischen Volkswirtschaft, sondern auch um unterschiedliche Prioritäten. Am deutlichsten wurde dies in den Bemühungen der Supermächte, die kurz zuvor unabhängig gewordenen Nationen Asiens und Afrikas sowie die sogenannten unterentwickelten Länder Lateinamerikas mit Entwicklungshilfeprogrammen zu umwerben. In den 1950er Jahren wetteiferten sie beispielsweise darum, die Herzen und Köpfe der indischen Führung zu gewinnen und insbesondere Ministerpräsident Jawaharlal Nehru auf ihre Seite zu ziehen. Die indische Wirtschaft wurde von staatlichen wie privaten Akteuren als ein Schlachtfeld des Kalten Krieges gesehen, dessen Bedeutung mit jedem mitteleuropäischen Staat vergleichbar war. So warnten amerikani-

9 Walter L. Hixson, Parting the Curtain: Propaganda, Culture, and the Cold War, 1945–1961, New York 1997.

10 Engerman, Romance of Economic Development, S. 41ff.

sche Entwicklungsökonomen, eine Übernahme des sowjetischen Wirtschaftsmodells durch Indien würde »dem totalitären Osten zu einem Sieg verhelfen, wie er in einem Krieg, ob heiß oder nicht, gar nicht entscheidender sein könnte«.[11]

Beide Lager im Kalten Krieg investierten beträchtliche finanzielle und geistige Ressourcen in den Nachweis, dass die ökonomische Transformation Indiens die Überlegenheit ihres jeweiligen Wirtschaftsmodells demonstriere. Die indischen Planungsversuche fanden die begeisterte Unterstützung der Sowjetunion, die neben Personal und technischer Expertise auch erhebliche finanzielle Mittel bereitstellte. Dabei betonten die sowjetischen Ökonomen, wie wichtig der Aufbau einer Schwerindustrie für Indien sei, und fanden damit durchaus Gehör. Die Schwerindustrie, so erklärten sie, biete nicht nur die besten Aussichten für die Akkumulation von Kapital, sondern werde auch zu raschen Produktivitätssteigerungen führen und dazu beitragen, die wirtschaftliche Unabhängigkeit des Landes sicherzustellen. Selbst als Indien Mitte der 1960er Jahren mit Nahrungsmittelengpässen konfrontiert war, argumentierten sowjetische Ökonomen vor Ort, dass umfangreiche Investitionen in die Landwirtschaft kontraproduktiv wären.[12]

Die Amerikaner hingegen hatten sich seit geraumer Zeit darum bemüht, Indiens landwirtschaftlichen Sektor zu stärken. In einem Bericht der Ford-Stiftung von 1959 hieß es beispielsweise, dass »der Entwicklung der Landwirtschaft die höchste Priorität unter allen Entwicklungszielen eingeräumt« werden müsse.[13] Bereits 1956 war ein staatliches Abkommen über den Export amerikanischer Nahrungsmittelüberschüsse nach Indien unterzeichnet worden. Die Lieferungen erfolgten im Rahmen des »Gesetzes über landwirtschaftliche Handelsentwicklung und Hilfe«, das den Zusammenbruch der Preise für amerikanische Landwirtschaftserzeugnisse verhindern sollte und unter dem Namen PL-480 bekannt war. Die nach Indien sowie in andere Länder verschifften Nahrungsmittelüberschüsse konnten mit Naturalien bezahlt werden, um das Gleichgewicht der Währungen zu bewahren.[14] Doch das amerikanische Interesse an der indischen Landwirt-

11 Wilfred Malenbaum, East and West in India's Development, Washington 1959, S. 8.

12 V. G. Rastiannikov, Prodovol'stvennaia problema v razvivaiushchikhsia stranakh Azii i Afriki, in: *Narody Azii i Afriki* (1967), Heft 1, S. 37ff.

13 Francine R. Frankel, India's Political Economy, 1947–1977: The Gradual Revolution, Princeton 1978, S. 180. George Rosen, Western Economists and Eastern Societies: Aspects of Change in South Asia, 1950–1970, Baltimore 1985.

14 Merrill, Bread and the Ballot.

schaft erschöpfte sich nicht darin, als Lieferant von Nahrungsmitteln aufzutreten.

Ein ambitionierteres Konzept für die amerikanische Entwicklungshilfe in Indien wurde von Walt Whitman Rostow und seinen Kollegen vom Center for International Studies (CENIS) am Massachusetts Institute of Technology (MIT) vertreten. In ihrer Lobby- und Öffentlichkeitsarbeit betonten die Vertreter des CENIS die Dringlichkeit amerikanischer Entwicklungshilfe, wobei sie in den späten 1950er und frühen 1960er Jahre vor allem Indien im Blick hatten. Da die Ökonomen vom MIT der Überzeugung waren, dass Indien zunächst seine Infrastruktur und Landwirtschaft entwickeln solle, beobachteten sie mit Sorge, wie das Land dem Aufbau der Schwerindustrie den Vorrang gab. Im Zuge seiner Wirtschaftsanalysen war Rostow zu der Auffassung gelangt, dass die Förderung der Landwirtschaft von wesentlicher Bedeutung sei, um einen stetigen und balancierten Fortschritt in die industrielle Moderne zu vollziehen. Als Wirtschaftshistoriker stützte er sich dabei auf seine Interpretation der Geschichte der Industriestaaten, die meist auf landwirtschaftliche Überschüsse gesetzt hatten, um die Versorgung wachsender Städte sicherzustellen und durch Nahrungsmittelexporte Einkommen und Kapital für Investitionen zu erzeugen.[15] Rostow war bei Weitem nicht der Einzige, der die Bedeutung der Landwirtschaft betonte; auch die Rockefeller-Stiftung unterstützte Programme zur Steigerung der landwirtschaftlichen Produktivität, die später als »Grüne Revolution« bekannt wurden.[16] In Gestalt der Landwirtschaft wurde die Ökonomie in einem fast buchstäblichen Sinne zum Terrain des Kalten Krieges.

---

15 Für den Westen hatte es klare Vorteile, Rostows Theorie einer stufenförmigen Entwicklung der Dritten Welt zu folgen: Die betreffenden Länder würden weiterhin Rohstoffe auf dem Weltmarkt verkaufen und auf den Import von Industriegütern aus dem Westen angewiesen sein. Dieser Einwand gegen die westlichen Modernisierungs- und Entwicklungstheorien wurde am nachdrücklichsten von Dependenztheoretikern wie Andre Gunder Frank und Celso Furtado vertreten. Eine knappe Zusammenfassung bietet Mark T. Berger, Under Northern Eyes: Latin American Studies and US Hegemony in the Americas, 1898–1990, Bloomington 1995, S. 106ff.

16 John H. Perkins, Geopolitics and the Green Revolution: Wheat, Genes, and the Cold War, Oxford 1997; Nick Cullather, Miracles of Modernization: The Green Revolution and the Apotheosis of Technology, in: *Diplomatic History* 28 (2004), Heft 2, S. 227–254.

Wirtschaftliche Waffen im Kalten Krieg

Angesichts der ökonomischen Aspekte des Kalten Krieges kann es kaum überraschen, dass beide Supermächte häufig wirtschaftliche Waffen einsetzten. Im Zentrum der amerikanischen Vision für eine internationale Nachkriegsordnung stand ein Wirtschaftssystem, das auf dem freien Verkehr von Rohstoffen, Industriegütern und Investitionen basieren sollte. Im Bretton-Woods-Abkommen von 1944 zeigte sich die amerikanische Handschrift in der Betonung des Freihandels, der als Mittel zum Wiederaufbau und zugleich als Maßnahme gegen neue Kriege verstanden wurde – zunehmender weltweiter Wohlstand und wechselseitige Abhängigkeit sollten den Frieden sichern. Freie Märkte, so hieß es in einem Memorandum des amerikanischen Außenministeriums, »würden den Anreiz zu militärischer Aggression verringern und der politischen Zusammenarbeit eine feste Grundlage verschaffen«.[17] Das im letzten Kriegsjahr ausgearbeitete Arrangement sah eine Aufgabenteilung zwischen drei Institutionen vor: Die Internationale Bank für Wiederaufbau und Entwicklung (Weltbank) war für langfristige wirtschaftliche Entwicklung zuständig, der Internationale Währungsfonds (IWF) für das kurzfristige Management von Finanzkrisen und das spätere Allgemeine Zoll- und Handelsabkommen (GATT) für die Förderung des Freihandels; alle drei Institutionen waren wesentliche Bestandteile der amerikanischen Vision für die Weltwirtschaft nach dem Krieg. Diese gegen sowjetischen und britischen Widerstand durchgesetzte neue internationale Wirtschaftsordnung folgte der amerikanischen Vision globalen Wohlstands und diente zugleich amerikanischen Interessen. Die Sowjets entwickelten daher ihre eigene Vision einer globalen Wirtschaftsordnung; wie der Historiker Charles Maier resümierte, »bedeutete der Kalte Krieg, dass es Sozialismus in einem Land nicht geben konnte – ebenso wenig wie Kapitalismus in einem Land«.[18] Beide Supermächte entwarfen eine Ordnung der Weltwirtschaft, von der sie selbst am meisten profitierten; in diesem Sinne trugen die wirtschaftlichen Waffen des Kalten Krieges dazu bei, die ökonomische Vorherrschaft der USA in der Nachkriegsordnung zu verankern.

Die enge Verzahnung von Ideen und Interessen kennzeichnete auch eine der wichtigsten und schlagkräftigsten ökonomischen Waffen der Vereinig-

---

17 Emilio Collado an den Außenminister, 20. März 1944, zit. n. Robert A. Pollard, Economic Security and the Origins of the Cold War, 1945–1950, New York 1985, S. 13.

18 Charles S. Maier, The World Economy and the Cold War in the mid-Twentieth Century, in: Leffler/Westad (Hg.), Cambridge History of the Cold War, Bd. 1, S. 128.

ten Staaten, die nur drei Jahre nach dem Abkommen von Bretton Woods zum Einsatz kam: den Marshallplan. Mit einem Volumen von rund 13 Milliarden Dollar im Zeitraum von 1948 bis 1951 trug er dazu bei, die schwierige Situation in Westeuropa zu entspannen und die durch den Krieg zerstörten innereuropäischen Handelsbeziehungen wiederaufzubauen; dass er zugleich die Wirtschaftsbeziehungen der europäischen Nationen mit – und in einigen Sektoren ihre Abhängigkeit von – den Vereinigten Staaten stärkte, war keineswegs zufällig. Historiker wie Alan Milward haben treffend bemerkt, dass sich der Erfolg des Marshallplans auf Entwicklungstendenzen in Westeuropa gründete, die bereits vor der Rede des US-Außenministers George Marshall an der Harvard University und lange vor dem Eintreffen der ersten Gelder zu Beginn des Jahres 1948 zu beobachten waren.[19] Doch wenngleich der Marshallplan nicht die einzige Triebkraft des europäischen Aufschwungs war, trug er in erheblichem Maße dazu bei, dass Westeuropa relativ schnell wieder zu Wohlstand gelangte. Er bahnte zugleich der Ausweitung des Handels mit den Vereinigten Staaten den Weg.[20]

Es war durchaus beabsichtigt, dass der Marshallplan darüber hinaus als Waffe im Kalten Krieg funktionierte. Die Empfänger der Mittel mussten nicht nur wirtschaftlichen Prozessen folgen, die für Volkswirtschaften sowjetischen Typs nicht infrage kamen, sondern auch sensible Informationen über ihre Wirtschaft preisgeben. Diese »Giftpille« stellte sicher, dass die UdSSR und die von ihr dominierten osteuropäischen Länder den Marshallplan ablehnten. Als notdürftigen Ersatz gründeten die Sowjetunion und eine Handvoll osteuropäischer Regierungen Anfang 1949 den Rat für gegenseitige Wirtschaftshilfe (RGW), der die Volkswirtschaften des sowjetischen Blocks durch die Koordination ihrer nationalen Pläne und die Förderung des Binnenhandels integrieren sollte, so wie es der Marshallplan für den westlichen Teil Europas leistete. Somit setzten beide Supermächte in ihrer jeweiligen europäischen Einflusssphäre die wirtschaftliche Integration als Waffe ein, doch die amerikanische Waffe war unvergleichlich stärker als die sowjetische.[21]

Die Vereinigten Staaten machten zudem ausgiebigen Gebrauch von Handelsbeschränkungen. In den späten 1940er Jahren wurde beispiels-

---

19 Alan Milward, The Reconstruction of Western Europe, 1945–1951, Berkeley 1984.

20 J. Bradford De Long/Barry Eichengreen, The Marshall Plan: History's Most Successful Structural Adjustment Program, National Bureau of Economic Research Working Paper Nr. 3899, 1991.

21 Richard N. Cooper, Economic Aspects of the Cold War, 1962–1975, in: Leffler/Westad (Hg.), Cambridge History of the Cold War, Bd. 2, S. 115.

weise der Technologieexport in die Sowjetunion Einschränkungen unterworfen, die den gesamten Kalten Krieg hindurch gelten sollten. Das letzte Wort hatte dabei der Koordinationsausschuss für mehrseitige Ausfuhrkontrollen (Coordinating Committee for Multilateral Export Controls, kurz: CoCom). 1950 als Geheimausschuss gegründet, um den Export militärisch nutzbarer westeuropäischer und amerikanischer Technologien in die Länder jenseits des Eisernen Vorhangs einzudämmen, war das CoCom Schauplatz erheblicher Konflikte zwischen seinen Mitgliedsstaaten. Europäische Regierungen hegten den Verdacht, dass die Exportkontrollen auch ein Mittel der Vereinigten Staaten seien, um sich die technologische Führungsposition im Westen zu sichern. Die Liste der Technologien, die Ausfuhrbeschränkungen unterlagen, wurde zwar bis 1954 erheblich gekürzt, blieb aber für die gesamte Dauer des Kalten Krieges ein Streitpunkt unter den westlichen Verbündeten.[22] So plädierte Washington für härtere Maßnahmen gegen die Volksrepublik China, die notfalls durch eine Seeblockade einem vollständigen Handelsembargo unterworfen werden sollte. Selbst während des Koreakrieges stieß dieser Vorschlag jedoch auf starken Widerstand insbesondere der Briten, sodass sich die US-Regierung mit einem UN-Embargo für militärische Güter zufriedengeben musste, das ab 1952 von dem CoCom-Ableger ChinCom organisiert wurde.[23] Ein besonders weitreichendes Embargo verhängten die USA schließlich 1962 gegen Fidel Castros Kuba, das bereits seit 1960 Handelsbeschränkungen unterlag. Wenngleich mit wechselnder Härte, ist die Wirtschaftsblockade (wie die Kubaner das Embargo nennen) in den folgenden Jahrzehnten und selbst nach dem Ende des Kalten Krieges in Kraft geblieben. Ferner engagierten sich die Vereinigten Staaten für flexiblere Formen der wirtschaftlichen Kriegführung. Meist bedeutete dies, dass in Reaktion auf bestimmte Ereignisse wie den sowjetischen Einmarsch in Afghanistan oder der Verhängung des Kriegsrechts in Polen Sanktionen verhängt wurden. Große öffentliche Wirkung und politische Bedeutung hatte etwa die Jackson-Vanik-Klausel von 1974, die der Sowjetunion aufgrund von Auswanderungsbeschränkungen für ihre jüdischen Bürger den Meistbegünstigungsstatus im Handel mit den Vereinigten Staaten verweigerte. Die Klausel folgte un-

22 Ian Jackson, The Economic Cold War: America, Britain, and East-West Trade, 1948–63, London 2001; Mark Kramer, Ideology and the Cold War, in: *Review of International Studies* 25 (1999), Heft 3, S. 553ff.; Michael Mastanduno, Economic Containment: CoCom and the Politics of East-West Trade, Ithaca 1992.

23 Shu Guang Zhang, Economic Cold War: America's Embargo against China and the Sino-Soviet Alliance, 1949–1953, Stanford 2001.

mittelbar auf Bemühungen von Präsident Richard Nixon, die amerikanisch-sowjetischen Beziehungen auch auf den Gebieten Handel und Investitionen auszubauen, und zielte somit gleichermaßen auf die US-Politik wie auf die UdSSR – die Auswirkungen waren in beiden Fällen erheblich. Überhaupt erfüllten die wirtschaftlichen Waffen des Kalten Krieges häufig zugleich eine Funktion in der nationalen politischen Debatte; vom 1951 verabschiedeten Battle-Act, der den Abbruch der Wirtschaftshilfe an jedes Land beinhaltete, das Handel mit China trieb, über die Jackson-Vanik-Klausel bis zum Helms-Burton-Act von 1996, der die Sanktionen gegen Kuba verschärfte, ging der amerikanische Kongress immer wieder über die wirtschaftliche Kriegführung der Regierung hinaus. Die Auswirkungen solcher wirtschaftlichen Waffen harren zwar noch einer umfassenden Analyse, so viel jedoch lässt sich sagen: Sie behinderten kurzfristig die Modernisierung des chinesischen und sowjetischen Militärs und dürften die betroffenen Länder langfristig zu mehr Forschung und Entwicklung angespornt haben.

Als sich die Teilung Europas in den späten 1940er und frühen 1950er Jahren verfestigt hatte, wurden die neuen unabhängigen Staaten der Dritten Welt zum Hauptschauplatz des Kalten Krieges. Auch hier setzten die Vereinigten Staaten, insbesondere ab den späten 1950er Jahren, neben politischen und militärischen auch wirtschaftliche Waffen ein. In Reaktion auf weltpolitische Ereignisse sowie Veränderungen der sowjetischen Politik, die sich erst nach Stalins Tod im Jahr 1953 ernsthaft um Verbündete und Einfluss in der Dritten Welt zu bemühen begann, verschob sich die amerikanische Entwicklungshilfepolitik im Laufe der Jahre. Als 1955 die Afro-Asiatische Konferenz in Bandung stattfand, die für Neutralität im Kalten Krieg und die wirtschaftliche Entwicklung der unabhängig gewordenen Nationen eintrat, beobachteten amerikanische Offizielle mit zunehmender Sorge eine »sowjetische Wirtschaftsoffensive«.[24] Nachdem die amerikanischen Beziehungen zur Dritten Welt anfangs von Militär- und Handelsabkommen geprägt waren, setzte die Regierung Eisenhower daher stärker auf Entwicklungshilfeprogramme, die allerdings in den meisten Fällen wie der 1958 gegründete »Development Loan Fund« als zwischenstaatliche Sicherheitsabkommen deklariert wurden.[25] Die Nah-

---

24 Robert McMahon, The Illusion of Vulnerability: American Reassessments of the Soviet Threat, 1955–1956, in: *International History Review* 18 (1996), Heft 3, S. 601 ff.; Joseph S. Berliner, Soviet Economic Aid: The New Aid and Trade Policy in Underdeveloped Countries, New York 1958.

25 Burton Ira Kaufman, Trade and Aid: Eisenhower's Foreign Economic Policy, 1953–1961, Baltimore 1982.

rungsmittelhilfe wiederum stand unter der Regie des amerikanischen Landwirtschaftsministeriums, was dafür spricht, dass sie dem eigenen landwirtschaftlichen Sek- tor ebenso zugutekommen sollte wie den Hilfsempfängern in der Dritten Welt. Im Rahmen des Gesetzes PL-480 verkaufte das Ministerium Getreideüberschüsse an andere Staaten, die in eigener Währung bezahlen durften, um ihre knappen Dollarreserven zu schonen. Nicht staatliche Entwicklungsprogramme wie die von der Ford- und der Rockefeller-Stiftung unterstützten konzentrierten sich darauf, die Produktivität der Landwirtschaft zu steigern und ihre Vertriebswege zu verbessern. Rostow und seine Kollegen vom CENIS versuchten den Kongress in den späten 1950er Jahren mit Lobbyarbeit davon zu überzeugen, die Entwicklungshilfe für die Dritte Welt auszuweiten. In einem Entwicklungshilfekonzept wies CENIS 1958 auf eine weltweite Modernisierungsrevolution hin, die »ehemals apathische Völker plötzlich mit der Möglichkeit von Veränderung vertraut macht«. Um von dieser Revolution zu profitieren, müsse Amerika durch Entwicklungshilfe stabile und prosperierende Gesellschaften in der Dritten Welt schaffen. Daher dürfe es nicht bei der Praxis der Eisenhower-Administration bleiben, die dazu neige, Entwicklungshilfe als Belohnung für »Freundschaft und Dankbarkeit« oder lediglich zur Kompensierung der militärischen Stärke der Sowjetunion in bestimmten Regionen einzusetzen.[26]

Als John F. Kennedy 1961 das Amt des US-Präsidenten übernahm, war er von der Notwendigkeit überzeugt, die Wirtschaftshilfe für die Dritte Welt drastisch auszuweiten. Er holte Walt Rostow, mit dem er sich bereits in den späten 1950er Jahren regelmäßig über Fragen der Entwicklungshilfe beraten hatte, in seinen Regierungsstab. Kurz darauf verkündete sein ambitionierter Berater, dass die 1960er Jahre die »Dekade der Entwicklung« sein würden, und machte sich daran, die amerikanische Hilfe für die Dritte Welt auszubauen. Bereits mit einer geringfügigen Namensänderung machte Kennedy deutlich, wie sehr sich seine Rhetorik und Programmatik von der seines Amtsvorgängers unterschieden: Als Eisenhower 1954 das Gesetz PL-480 unterzeichnete, betonte dessen offizielle Bezeichnung »Gesetz über landwirtschaftliche Handelsentwicklung und Hilfe« den Handel als wichtigste Form der Entwicklungshilfe; Kennedy benannte das Programm in »Food for Peace« um.[27] Außerdem gründete er die US Agency

---

26 Max F. Millikan/Walt W. Rostow, A Proposal: Key to an Effective Foreign Policy, New York 1957, S. 5, 10.

27 Vgl. die offizielle Geschichte auf der Website des US-Landwirtschaftsministeriums: http://www.usaid.gov/our_work/humanitarian_assistance/ffp/50th/history.html [3. 12. 2009].

for International Development (US AID), die Dritte-Welt-Ländern finanzielle und technische Hilfe bot.

In Kennedys verkürzter Amtszeit entwickelte sich die Wirtschaftshilfe zu einer entscheidenden Waffe im Kalten Krieg. Sie ersetzte zwar selbstverständlich nie militärische und politische Waffen, wurde aber häufig eingesetzt, um Amerikas Ruf in der unterentwickelten Welt zu verbessern. Die »Allianz für den Fortschritt«, die im Sommer 1961 mit lauten Fanfaren ins Leben gerufen wurde, entwickelte sich zum wichtigsten offiziellen Rahmen für die Entwicklungshilfe. Die erklärten Ziele der Allianz, die den kubanischen und sowjetischen Einfluss in Lateinamerika zurückdrängen sollte, waren alles andere als bescheiden: Neben der Steigerung der landwirtschaftlichen Produktivität und der Industrieproduktion sollte sie den Analphabetismus beseitigen, die Gesundheitsversorgung verbessern, Landreformen auf den Weg bringen, die Steuersysteme reformieren und zudem demokratische Regierungen schaffen und Preisstabilität garantieren.[28] Es ist kaum überraschend, dass diese Ziele nicht erreicht wurden.

Staatliche Entwicklungshilfe in Form von Zuschüssen und Krediten war indes nur eine der wirtschaftlichen Waffen im Arsenal der amerikanischen Regierung. Daneben existierte eine Vielzahl von Organisationen, die ebenfalls unter der Kontrolle der Regierung standen und teils den Handel fördern sollten (so etwa die Export-Import Bank, Ex-Im), teils eine breitere gesellschaftliche Entwicklung anstrebten (so etwa das Peace Corps). Außerdem verfügten die Vereinigten Staaten in den Bretton-Woods-Institutionen – dem IWF und vor allem der Weltbank – aufgrund ihrer finanziellen Beiträge über erheblichen Einfluss; wenn amerikanische Offizielle Hilfsangebote unterbreiteten oder zurückzogen, schloss dies mitunter auch Mittel der Weltbank ein, wie der Fall des Assuanstaudamms deutlich machte. Hinzu kamen zahlreiche private Entwicklungshilfeorganisationen, die zwar formal nicht den Weisungen der US-Regierung unterstanden, aber in vielen Fällen überaus aufgeschlossen für ihre Anliegen waren. Ihre Tätigkeiten deckten die gesamte Bandbreite von Nahrungsmittelhilfe über Bevölkerungspolitik und technische Hilfe bis hin zu Bildung ab und wurden überwiegend von drei großen Stiftungen – der Ford-, der Rockefeller- und der New Yorker Carnegie-Stiftung – sowie von mehreren Dut-

28 Charta von Punta del Esta (17. August 1961), im Internet unter http://avalon.law.yale.edu/20th_century/intam16.asp [3. 12. 2009]; Michael E. Latham, Modernization as Ideology: American Social Science and »Nation Building« in the Kennedy Era, Chapel Hill 2000; Kunz, Butter and Guns.

zend kleineren Organisationen finanziert.[29] Und schließlich wurden viele Entwicklungsprojekte von Universitäten organisiert und teilweise finanziert, insbesondere von staatlichen Universitäten im Mittleren Westen (Michigan State University und University of Wisconsin at Madison) sowie an der Westküste (den kalifornischen Universitäten in Berkeley und Davis). Im Amerika des Kalten Krieges wurde die Entwicklung der Dritten Welt zu einem bedeutenden Wirtschaftszweig, der sich auf die finanziellen und geistigen Ressourcen von Universitäten, Regierungen, internationalen Institutionen und privaten Stiftungen stützen konnte.

Ökonomische Auswirkungen des Kalten Krieges

Die Entwicklungshilfe war jedoch keineswegs der einzige Wirtschaftszweig, der vom amerikanisch-sowjetischen Konflikt geprägt wurde; tatsächlich sind viele Ökonomen der Auffassung, dass die Entwicklung der amerikanischen Wirtschaft insgesamt nicht von den internationalen geopolitischen Konstellationen nach dem Zweiten Weltkrieg getrennt werden kann. Eine genauere Bestimmung der Auswirkungen des Kalten Krieges würde erfordern, das hypothetische Szenario zu entwerfen, wie sich die Wirtschaft der Vereinigten Staaten in Abwesenheit dieses Konflikts entwickelt hätte – eine Aufgabe, die jenseits dieses Beitrags liegt. Es lässt sich jedoch unschwer zeigen, dass eine Reihe von Institutionen, die eng mit dem Kalten Krieg verbunden waren, die Entwicklungsrichtung und Strukturen der US-Wirtschaft prägten. Als Paul Nitze 1950 für den Nationalen Sicherheitsrat das Strategiepapier NSC-68 über »Ziele und Programme der Nationalen Sicherheit der Vereinigten Staaten« verfasste, hatte sich bereits deutlich abgezeichnet, dass der Kalte Krieg einen bestimmenden Einfluss auf die amerikanische Wirtschaft und Gesellschaft haben würde. Das Dokument, das im April des Jahres von Präsident Truman als offizielle Grundlage der amerikanischen Politik angenommen wurde, forderte die Ausrichtung der gesamten Gesellschaft auf das Ziel, der sowjetischen Bedrohung zu begegnen. Es entwarf ein »umfassendes und entschiedenes Programm« vorwiegend militärischer Natur, das eine »deutliche Erhöhung« der Mittel für die amerikanischen Streitkräfte und die Militärhilfe verlangte; andere Bundesausgaben sollten gekürzt und die Steuern erhöht werden. NSC-68 forderte mit anderen Worten, dass sich die Vereinigten Staaten wie im Kriegszustand verhielten. In realen Größen betrachtet, erreichten die ame-

29 Edward H. Berman, The Ideology of Philanthropy: The Influence of the Carnegie, Ford, and Rockefeller Foundations on American Foreign Policy, Albany 1983.

rikanischen Verteidigungsausgaben zwar nicht mehr die Spitzenwerte des Zweiten Weltkrieges, doch in den Jahren nach der Annahme von NSC-68 stiegen sie dramatisch an. Nachdem sie in den frühen 1950er Jahren im Zuge des Koreakrieges in die Höhe geschnellt waren, fielen sie nicht mehr auf das relativ niedrige Niveau der Demobilisierungsphase in den späten 1940er Jahren. Im Jahr 1945 beliefen sich die Verteidigungsausgaben auf 81 Milliarden Dollar (83 Prozent des Bundeshaushalts), von 1947 bis 1950 lagen sie nur noch bei rund 12 Milliarden Dollar pro Jahr (34 Prozent). Doch bis 1953 waren sie erneut auf 50 Milliarden Dollar (68 Prozent) gestiegen und bewegten sich vier Jahre später mit 43 Milliarden Dollar (62 Prozent) noch immer deutlich über dem Niveau der unmittelbaren Nachkriegszeit. Eine wirkliche Demobilisierung der Vereinigten Staaten fand nach dem Zweiten Weltkrieg somit nicht statt, und schon gar nicht nach dem Koreakrieg.[30] Michael Edelstein schätzt die direkten Kosten des Kalten Krieges (den er, was durchaus plausibel ist, mit der Truman-Doktrin beginnen und mit dem Fall der Berliner Mauer enden lässt) auf vier Billionen Dollar (oder 6,6 Billionen in konstanten Preisen von 1982); diese Zahlen erfassen nur den »kalten« Teil des Kalten Krieges und steigen sprunghaft um 158 Milliarden (beziehungsweise 600 Milliarden Dollar), wenn der Korea- und der Vietnamkrieg berücksichtigt werden.[31]

Die Finanzierung der deutlich gestiegenen Ausgaben erfolgte durch ein Steuersystem, das weitgehend aus der Zeit des Zweiten Weltkrieges stammte, obwohl es damals nur als zeitlich befristete Regelung konzipiert worden war. Wie der Historiker W. Eliot Brownlee formulierte, »bewirkte der Notfall des Zweiten Weltkrieges die Institutionalisierung eines neuen Steuerregimes«, das auch für die Entwicklungen während des Kalten Krieges den Rahmen bildete. Dieses Steuersystem, das die politische Ökonomie des Kalten Krieges bis zum Ende der 1970er Jahre prägte, kombinierte eine breite und progressive Einkommenssteuer mit einer degressiven Lohnsteuer zur Finanzierung der staatlichen Krankenversicherung Medicare sowie der Sozialversicherung. Von den 1950er Jahren bis zum Ende der 1970er Jahre wurde kaum etwas an ihm geändert, da zwischen den beiden großen Parteien ein grundlegender Konsens über die Finanz- wie auch die Außenpolitik bestand. Erst in den 1980er Jahren, als mit der Wahl Ronald Reagans eine Kombination aus drastischen Steuersenkungen und deut-

---

30 Vgl. die Daten des statistischen Bundesamtes der Vereinigten Staaten unter http://www.census.gov/compendia/statab/past_years.html [3. 12. 2009].

31 Michael Edelstein, War and the American Economy in the Twentieth Century, in: Stanley L. Engerman/Robert E. Gallman (Hg.), Cambridge Economic History of the United States, Cambridge 2000, Bd. 3, S. 342ff.

licher Erhöhung der Militärausgaben einsetzte, wurde es infrage gestellt.[32] Selbst Reagans radikaler Kurswechsel änderte jedoch nichts daran, dass die Bundesregierung mehr Gewicht hatte und stärker in die Wirtschaft eingriff als vor dem Zweiten Weltkrieg.

Da die zunehmende Verwicklung der Vereinigten Staaten in den Vietnamkrieg während der 1960er Jahre im Zusammenhang des Kalten Krieges gesehen werden muss, lohnt ein genauerer Blick auf die Finanzierung des amerikanischen Militäreinsatzes. Ab 1966 stellte die US-Regierung über den regulären Verteidigungshaushalt hinaus erhebliche Mittel für ihr Engagement in Vietnam bereit; auch in den folgenden sieben Jahren waren dafür zusätzliche Ausgaben erforderlich, die 1969 den Rekordwert von 21,5 Milliarden Dollar erreichten – das entsprach 11 Prozent der Gesamtausgaben des Bundes und 2,3 Prozent des Bruttosozialprodukts. Die Folge war ein wachsendes Haushaltsdefizit, das Präsident Lyndon B. Johnsons Hoffnung enge Grenzen steckte, mehr Geld für die Wohlfahrtsprogramme der »Great Society« ausgeben zu können. Wie Edelstein in kursivierter Prosa zusammenfasst, hätte sich ohne die gestiegenen Ausgaben für den Vietnamkrieg »*im Bundeshaushalt der Fiskaljahre 1966 bis 1968 nicht ein Defizit, sondern ein Überschuss ergeben*«.[33] Seine Berechnungen bestätigen offenbar die Klage, die Lyndon Johnson in der ihm eigenen Vulgarität vortrug: Die »Schlampe namens Krieg« habe ihn von »der Frau, die [er] wirklich liebte, ferngehalten – der Great Society«.[34]

Neben unmittelbaren Kosten verursachte der Kalte Krieg auch strukturelle Transformationen der amerikanischen Wirtschaft. Eine ganze Reihe wichtiger Institutionen, Industrien und Regionen profitierte vom Anstieg der Verteidigungsausgaben. Aber war dieser Anstieg ein Ergebnis des Kalten Krieges? Eine Hinterlassenschaft des Zweiten Weltkrieges? Oder einfach eine Begleiterscheinung der Tatsache, dass die Bevölkerung wuchs und wohlhabender wurde? Das außerordentliche Wachstum jedenfalls, das die amerikanischen Hochschulen während der Nachkriegsdekaden verzeichneten, wurde zumindest teilweise von den steigenden Verteidigungsausgaben angetrieben. Die »fetten Jahre« der amerikanischen Universitäten, von denen ein Historiker treffend sprach, verdankten sich nämlich unter anderem umfangreicher Mittel aus dem Verteidigungshaushalt. Allein in einem

---

32 W. Elliot Brownlee, Tax Regimes, National Crisis, and State-Building in America, in: ders. (Hg.), Funding the Modern American State, 1941–1995: The Rise and Fall of the Era of Easy Finance, Cambridge 1996, S. 95.

33 Edelstein, War, S. 378.

34 Zit. n. Michael H. Hunt, Lyndon Johnson's War: America's Cold War Crusade in Vietnam, 1945–1968, New York 1996, S. 72.

dieser üppigen Jahre, dem Jahr 1964, gab das Verteidigungsministerium beinahe 200 Millionen Dollar für Forschungsprojekte an den Universitäten aus; berücksichtigt man zudem die von der Atomenergiekommission und der Luft- und Raumfahrtbehörde NASA (National Aeronautics and Space Administration) bereitgestellten Mittel, dann erhielten die amerikanischen Universitäten in jenem Jahr 309 Millionen Dollar für militärische Forschungen – deutlich mehr als ein Drittel der gesamten Forschungsausgaben des Bundes.[35] Aus den Forschungen im militärischen Bereich, die nicht nur an Universitäten, sondern auch in Einrichtungen von Unternehmen (wie den berühmten Bell Labs) und staatlichen Behörden betrieben wurden, sind viele Technologien entstanden, die später in großem Umfang zivil genutzt wurden; tatsächlich gilt dies für die meisten Technologien, die das Informationszeitalter prägen, etwa für Computer, Netzwerke (beispielsweise das Internet, das auf dem ARPANET, einem Projekt der Defense Advanced Research Projects Agency, basiert), Globale Positionsbestimmungssysteme (GPS) oder auch die Digitalfotografie.

Ebenso hatten die Verteidigungsausgaben wirtschaftliche Auswirkungen auf lokaler und regionaler Ebene. Der von Eisenhower beklagte »militärisch-industrielle Komplex« veränderte die Geografie des Großraums Boston, trug zur Entstehung von Silicon Valley bei, belebte die Wirtschaft in Seattle und förderte den ökonomischen Wandel der südlichen Bundesstaaten. An unterschiedlichen Orten nahmen diese Transformationen unterschiedliche Formen an. Jenseits der pauschalen Behauptung, dass die makroökonomische Stabilität Amerikas nach dem Zweiten Weltkrieg das Ergebnis eines »militärischen Keynesianismus« sei, scheint außer Frage zu stehen, dass das rapide Wachstum der Militärausgaben dramatische Auswirkungen auf bestimmte Sektoren und Orte hatte. Sowohl Silicon Valley wie der Hightechgürtel entlang der Route 128 bei Boston verdanken ihre Entstehung dem amerikanischen Verteidigungshaushalt – entscheidend war in beiden Fällen die Suche nach Industriestandorten in der Nähe von Universitäten, die umfangreiche Verträge für militärische Forschungen unterzeichnet hatten, nämlich der Stanford University und dem MIT. Im Süden und Südwesten des Landes führte die Zunahme von Militärbasen und Unternehmen, die für das Verteidigungsministerium arbeiteten, zu einer

35 Robert A. McCaughey, International Studies and Academic Enterprise: A Chapter in the Enclosure of American Learning, New York 1984; Roger L. Geiger, Research and Relevant Knowledge: American Research Universities since World War II, Oxford 1993, S. 186; Stuart W. Leslie, The Cold War and American Science: The Military-Industrial-Scientific Complex at MIT and Stanford, New York 1993.

Veränderung der politischen Ökonomie und der Politik.[36] Die Historikerin Lisa McGirr geht so weit, den Aufstieg der Neuen Rechten, die 1980 Ronald Reagan ins Amt wählte, auf die Entstehung einer konservativen Basis im Umfeld der südkalifornischen Rüstungsindustrien zurückzuführen.[37] Es ist kein Zufall, dass die Gegenden, die sich zu konservativen Hochburgen entwickelten, eben jene waren, die am meisten Mittel aus dem Verteidigungshaushalt erhielten – die südlichen Staaten bis hinüber nach Südkalifornien. Die Autobahnen, die diese Regionen verbanden und sich um ihre Städte und deren wachsende Vororte legten, waren wiederum ein Teil des unter Eisenhower gegründeten »National Defense Highway System«, mit dem die Bundesregierung eine deutlich größere Rolle im Verkehrswesen übernahm.

Auch in Eisenhowers Verurteilung des militärisch-industriellen Komplexes fanden die ökonomischen Transformationen der Ära des Kalten Krieges ein Echo. Dem Konsens der beiden großen Parteien über eine deutliche Anhebung der Verteidigungsausgaben stand eine Tendenz entgegen, die der Politikwissenschaftler Aaron Friedberg treffend als Furcht vor dem »Garnisonsstaat« bezeichnet hat: die Sorge, dass die Militärausgaben eine einseitige Entwicklung der amerikanischen Wirtschaft zur Folge haben könnten. Friedberg zufolge wären die amerikanischen Gesamtausgaben für den Kalten Krieg wesentlich höher gewesen, hätte diese in Amerika verbreitete antietatistische Grundhaltung nicht zu einer Strategie der gleichzeitigen Eindämmung des Kommunismus und der Eindämmung der Kosten geführt.[38] Die wirtschaftlichen Auswirkungen des Kalten Krieges waren somit dramatisch: Die Ökonomie des Kalten Krieges prägte einzelne politische Maßnahmen, die amerikanische Politik insgesamt und die umfassende Strategie des amerikanischen Staates.

Aus dem Englischen von Felix Kurz

---

36 Ann Markusen u.a., The Rise of the Gunbelt: The Military Remapping of Industrial America, Oxford 1991; Richard S. Kirkendall, The Impact of the Early Cold War on an American City: The Aerospace Industry in Seattle, in: Jeffrey A. Engel (Hg.), Local Consequences of the Global Cold War, Stanford 2007; Bruce J. Schulman, From Cotton Belt to Sunbelt: Federal Policy, Economic Development, and the Transformation of the South, 1938–1980, Oxford 1991.

37 Demnach war der Zuzug technisch qualifizierter Mitarbeiter von Rüstungsunternehmen wenigstens teilweise ursächlich dafür, dass der Konservatismus dort eine Basis fand. Vgl. Lisa McGirr, Suburban Warriors: The Origins of the New American Right, Princeton 2001.

38 Aaron L. Friedberg, In the Shadow of the Garrison State: America's Anti-Statism and Its Cold War Grand Strategy, Princeton 2000.

Benjamin O. Fordham

Die wirtschaftlichen und sozialen Folgen der amerikanischen Militärausgaben[1]

Während des Kalten Krieges widmeten die Vereinigten Staaten dem Aufbau ihrer militärischen Macht enorme Ressourcen. Mit dem Ausbruch des Koreakrieges im Jahr 1950 stiegen die Verteidigungsausgaben steil an und blieben auch nach dem Ende der Kampfhandlungen auf relativ hohem Niveau. In Friedenszeiten eine starke militärische Streitmacht zu unterhalten, entsprach jedoch nicht der amerikanischen Tradition. Den gesamten Kalten Krieg hindurch meldeten sich daher Stimmen, die davor warnten, dass eine solche Politik der Wirtschaft schaden und die Gesellschaft militarisieren könne. Die Besorgnis über einen drohenden »Garnisonsstaat« wurde vor allem an den ideologischen Rändern der amerikanischen Politik geäußert, zunächst während der 1940er und 1950er Jahre auf der Rechten und später im Gefolge des Vietnamkrieges auf der Linken.[2] Mitunter wurde sie allerdings selbst von hochrangigen Amtsträgern geteilt. So gab Präsident Dwight D. Eisenhower in seiner Abschiedsrede im Januar 1961 zu bedenken: »Wir müssen uns davor schützen, dass der militärisch-industrielle Komplex – ob willentlich oder unwillentlich – einen unberechtigten Einfluss gewinnt. Die Möglichkeit eines verhängnisvollens Anwachsens unbefugter Macht existiert und wird auch in Zukunft existieren.«[3]

Angesichts dieser Befürchtungen mag es überraschend sein, dass die Militärausgaben im Kalten Krieg tatsächlich nur geringe wirtschaftliche und soziale Auswirkungen auf die Vereinigten Staaten hatten. Nicht nur führ-

---

1 Für Kommentare und Änderungsvorschläge zum vorliegenden Beitrag danke ich Katja Kleinberg und den Teilnehmern der vom Hamburger Institut für Sozialforschung organisierten Konferenz über die Ökonomie des Kalten Krieges. Fehler und Lücken in der Darstellung fallen allein in meine Verantwortung.

2 Zu den frühen Ängsten vor einem Garnisonsstaat vgl. Michael J. Hogan, A Cross of Iron, New York 1998, sowie Aaron L. Friedberg, In the Shadow of the Garrison State, Princeton 2000. Beispiele für die Ablehnung höherer Militärausgaben durch die Linke und die Rechte bietet Benjamin O. Fordham, The Evolution of Republican and Democratic Positions on Cold War Military Spending: A Historical Puzzle, in: *Social Science History* 31 (2007), Heft 4, S. 603–635.

3 Dwight D. Eisenhower, Public Papers of the Presidents, 1960–1961, Washington, DC 1961, S. 1038.

ten sie zu keiner wirtschaftlichen Erschöpfung oder Transformation der Gesellschaft, überdies nahmen ihre Auswirkungen im Laufe der Zeit beständig ab. Die Vereinigten Staaten konnten die Last, eine militärische Streitmacht mit globaler Reichweite zu unterhalten, aufgrund ihres Wirtschaftswachstums immer leichter schultern. Die Ausgaben für den Kalten Krieg hatten zwar erhebliche wirtschaftliche Auswirkungen, allerdings überwiegend in Phasen, in denen der Verteidigungshaushalt im Verhältnis zur Wirtschaftsleistung am größten war, sowie an den Orten, in die der Großteil der Mittel floss. Ähnlich verhielt es sich mit dem Verhältnis von Militärausgaben und öffentlicher Meinung: An den Produktionsstandorten war die positive Haltung zu einer interventionistischen Außenpolitik besonders ausgeprägt, allerdings nur dort, wo Rüstung ein wichtiger Wirtschaftsfaktor war.

Die Militärausgaben im Kalten Krieg und die Wirtschaft der Vereinigten Staaten

Welche Maßstäbe man auch anlegt: Die Summen, die die Vereinigten Staaten während des Kalten Krieges für ihre Streitkräfte ausgaben, waren schwindelerregend hoch. In den Fiskaljahren 1951 bis 1990 betrug der Verteidigungshaushalt durchschnittlich 324 Milliarden Dollar in konstanten Preisen des Jahres 2000. Klammert man die Jahre aus, in denen die USA in Korea und Vietnam Krieg führten, liegt der Jahresdurchschnitt immer noch bei 314 Milliarden Dollar. Militärausgaben dieser Größenordnung waren in Friedenszeiten beispiellos in der amerikanischen Geschichte. Selbst im Fiskaljahr 1941 betrugen sie nur 65 Milliarden Dollar, und diese relativ kleine Summe war bereits mehr als das Dreifache des Vorjahreswerts und mehr als das Sechsfache der durchschnittlichen jährlichen Militärausgaben der Zwischenkriegszeit.[4] Auch im Vergleich zu anderen

4 United States Office of Management and Budget, The President's Budget for Fiscal 2010, http://www.whitehouse.gov/omb [10. 12. 2009]. Gemessen an der amerikanischen Geschichte waren die Militärausgaben im Kalten Krieg hoch, doch für das Haushaltsjahr 2010 hat Präsident Obama sogar einen Verteidigungsetat von 522 Milliarden Dollar beantragt (in konstanten Preisen des Jahres 2000). Diese Summe liegt um mehr als 100 Milliarden Dollar über dem Rekordwert der Ära des Kalten Krieges: Im Haushaltsjahr 1968, als in Vietnam 500000 US-Soldaten im Einsatz waren, betrug das Verteidigungsbudget 420 Milliarden Dollar. Selbst der von Obama geplante Verteidigungsetat entspräche allerdings nur 4,8 Prozent des BIP, eine ähnliche Relation wie zur Mitte der 1970er Jahre, als die Militärausgaben auf dem niedrigsten Niveau des Kalten Krieges waren.

Großmächten in früheren Phasen des 20. Jahrhunderts hatte der amerikanische Militärhaushalt im Kalten Krieg enorme Dimensionen. In den drei Jahren vor dem Zweiten Weltkrieg gaben Deutschland, Japan, Frankreich und Großbritannien zusammen durchschnittlich 71 Milliarden Dollar pro Jahr für ihr Militär aus.[5]

Doch ungeachtet der enormen Summen nahm die Belastung durch den Kalten Krieg im Laufe der Zeit beständig ab. Schaubild 1 zeigt die jährlichen Militärausgaben der Vereinigten Staaten in absoluten Größen (in konstanten Preisen des Jahres 2000) und im Verhältnis zum Bruttoinlandsprodukt. Erstere schwankten aufgrund von Kriegen sowie der Hochrüstung der 1980er Jahre, bewegten sich aber um die Marke von 300 Milliarden Dollar. Im Verhältnis zur Gesamtwirtschaft nahmen die Verteidigungsausgaben hingegen beständig ab. Auf ihrem Höhepunkt während des Vietnamkrieges waren sie eine geringere Belastung der Wirtschaft als unter der auf einen ausgeglichenen Haushalt bedachten Regierung Eisenhower. Auch die steigenden Militärausgaben der Ära Reagan änderten kaum etwas an dieser allgemeinen Tendenz.

Die abnehmende ökonomische Bedeutung des Verteidigungsbudgets bietet eine partielle Erklärung für die widersprüchlichen Forschungsergebnisse hinsichtlich seiner Auswirkungen auf die Volkswirtschaft. Nach Auffassung von Ökonomen können Militärausgaben vor allem auf zweierlei Weise wirtschaftliche Effekte zeitigen.[6] Erstens kann ihr Einfluss auf die Verteilung von Ressourcen das Wachstum fördern oder verlangsamen. Besteht tatsächlich oder annähernd Vollbeschäftigung, dann dürfte die Ablenkung von Ressourcen vom zivilen Sektor das Wirtschaftswachstum verringern, da ihre militärische Nutzung weniger wirtschaftliche Vorteile

---

5 Diese Daten stützen sich auf das Correlates of War Project. National Material Capabilities Data, version 3.0. http://www.correlatesofwar.org [10. 12. 2009]. Vgl. auch J. David Singer/Stuart Bremer/John Stuckey, Capability Distribution, Uncertainty, and Major Power War, 1820–1965, in: Bruce Russett (Hg.), Peace, War, and Numbers, Beverly Hills 1972, S. 19–48. Die Daten des Correlates of War Project wurden mithilfe des Militärausgaben-Deflators, den das Büro für Wirtschaftsanalysen des US-Handelsministeriums entwickelt hat, in konstante Preise des Jahres 2000 umgerechnet: United States Department of Commerce, Bureau of Economic Analysis, U.S. Economic Accounts, http://www.bea.gov/index.htm [10. 12. 2009].

6 Einen Überblick bieten Todd Sandler/Keith Hartley, The Economics of Defense, New York 1995, S. 200–220, sowie Steve Chan, Grasping the Peace Dividend: Some Propositions on the Conversion of Swords into Plowshares, in: *Mershon International Studies Review* 39 (1995), Sonderheft 1, S. 53–95.

Schaubild 1: Militärausgaben der Vereinigten Staaten im Verhältnis zum Bruttoinlandsprodukt (BIP), 1947–1990

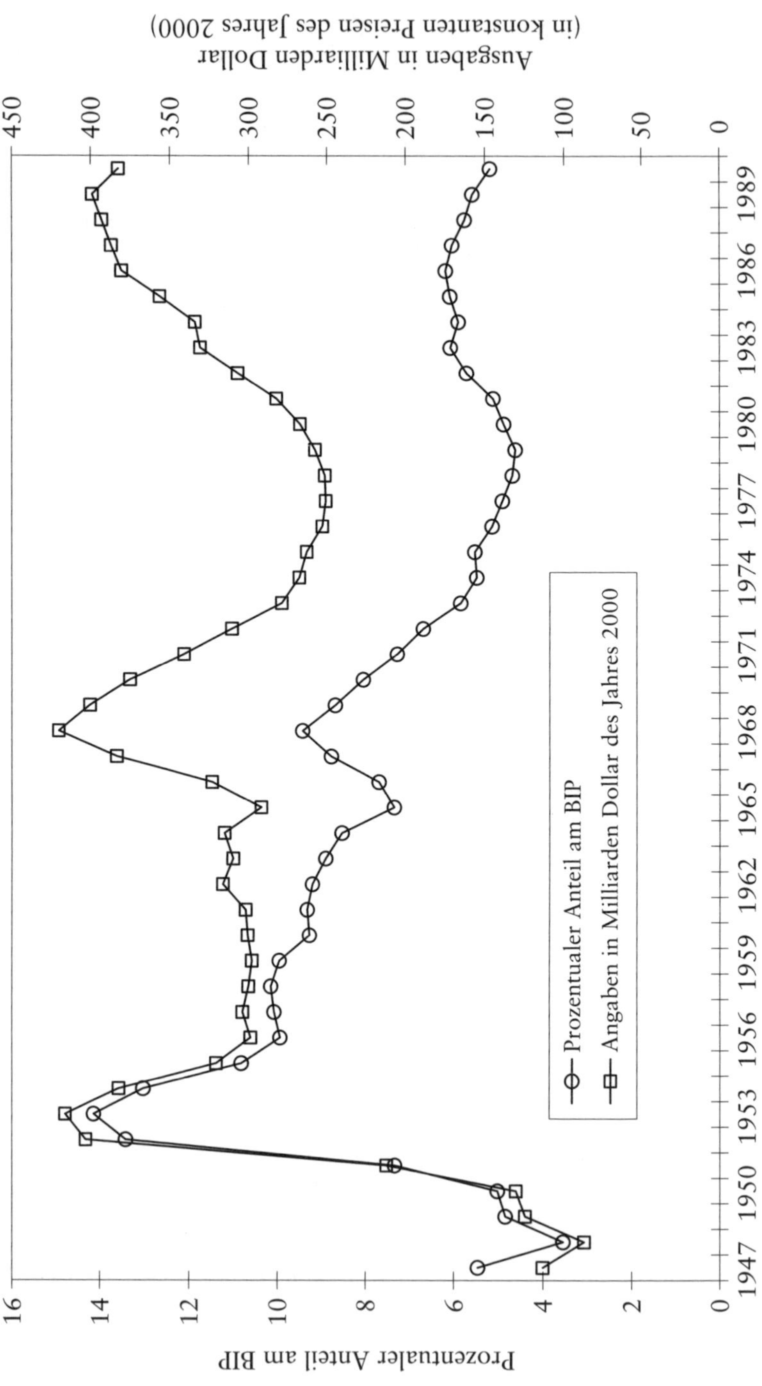

erzeugt. Außerdem kann die Nachfrage des Militärs die Preise bestimmter Erzeugnisse wie Stahl und Elektronik nach oben treiben und so zur Inflation beitragen. Liegen hingegen Ressourcen in größerem Umfang brach, stellen militärische Nutzungen keinen wirtschaftlichen Nachteil dar. Wenn sie Arbeit und Kapital beschäftigen, die andernfalls ungenutzt bleiben, können Rüstungsausgaben in diesem Fall sogar wachstumsfördernd wirken.

Eine zweite Kategorie stellen Nebeneffekte von Militärausgaben auf andere Wirtschaftssektoren dar. Technologien, die ursprünglich für das Militär entwickelt wurden, können später auch für zivile Nutzungen geeignet sein. Das zu militärischen Zwecken entwickelte Globale Positionsbestimmungssystem (GPS) kommt heute beispielsweise auf vielen anderen Gebieten zum Einsatz. Ähnlich verhält es sich mit Qualifikationen, die bei einer Ausbildung beim Militär erworben werden und später im zivilen Leben zum Zuge kommen können. Die potenziellen Nebeneffekte von Militärausgaben sind jedoch nicht in jedem Fall positiv. So kann sich etwa herausstellen, dass die Prioritäten und Managementpraktiken militärischer Forschung und Produktion in der zivilen Wirtschaft nicht wettbewerbsfähig sind, was Konversionen entsprechend erschwert.[7]

Es hat sich als äußerst schwierig erwiesen, die Vielzahl möglicher Auswirkungen von Militärausgaben auf das Wirtschaftswachstum nachzuprüfen, und ein wissenschaftlicher Konsens über ihren Gesamteffekt konnte nie erzielt werden. Während einige der Wissenschaftler, die Daten aus der gesamten Ära des Kalten Krieges ausgewertet haben, zu dem Ergebnis gelangt sind, dass Militärausgaben das Wirtschaftswachstum positiv beeinflussen, glauben andere das Gegenteil. Wesentlich verbreiteter ist eine dritte Auffassung – dass nämlich überhaupt keine Korrelation zwischen beiden besteht.[8] Am sichersten scheint die Schlussfolgerung, dass der Gesamteffekt allenfalls gering war. In der frühen Phase des Kalten

---

7 Fragen der Konversion nach dem Kalten Krieg erörtern Ann Markusen/Joel Yudkin, Dismantling the Cold War Economy, New York 1992.

8 Zu den neueren Forschungen, die einen positiven Zusammenhang sehen, zählt H. Sonmez Atesoglu, Defense Spending Promotes Aggregate Output in the United States-Evidence from Cointegration Analysis, in: *Defence and Peace Economics* 13 (2002), Heft 1, S. 55–60. Einen negativen Zusammenhang sehen dagegen Michael D. Ward/David R. Davis, Sizing up the Peace Dividend: Economic Growth and Military Spending in the United States, 1948–1996, in: *American Political Science Review* 86 (1992), Heft 3, S. 748–755. Überhaupt keine Korrelation entdeckt Uk Heo, The Defense-Growth Nexus in the United States Revisited, in: *American Politics Quarterly* 28 (2000), Heft 1, S. 110–127.

Krieges, als der Anteil des Militärs an der Gesamtwirtschaft relativ groß war, dürfte er stärker gewesen sein als nach dem Vietnamkrieg.

Doch wenngleich die Militärausgaben im Kalten Krieg keinen starken Gesamteffekt auf das Wirtschaftswachstum hatten, bedeutet dies nicht, dass sie ohne wirtschaftliche Folgen für die Vereinigten Staaten geblieben wären. Es ist hinreichend dokumentiert, dass die Erhöhung des Verteidigungshaushalts während des Korea- und des Vietnamkrieges an anderer Stelle zu Ausgabenkürzungen führte. Zu den am stärksten betroffenen Initiativen zählten Präsident Harry S. Trumans Pläne für ein nationales Gesundheitssystem und Präsident Lyndon B. Johnsons Wohlfahrtsprogramme für eine »Great Society«.[9] Die während des Vietnamkrieges getätigten Militärausgaben im Ausland verschärften zudem das amerikanische Handelsbilanzdefizit und trugen somit dazu bei, dass die Vereinigten Staaten gezwungen waren, die im Abkommen von Bretton Woods festgelegte Gold-Konvertibilität des Dollar aufzuheben.[10] Diese Entwicklungen waren zwar auch ein Ergebnis politischer Entscheidungen, dennoch spielten die rein wirtschaftlichen Implikationen der Militärausgaben eine wichtige Rolle.

Beachtenswert sind zudem die ökonomischen Auswirkungen der Militärausgaben auf die Regionen, in die ein Großteil der Mittel floss. Die geografische Verteilung der amerikanischen Industrie änderte sich dadurch erheblich: Vom nordöstlichen Viertel des Landes breitete sie sich stärker nach Süden und Westen aus. Im Jahr 1939 entfielen auf die 14 Staaten östlich von Illinois und nördlich von Pennsylvania 71 Prozent der amerikanischen Industrieproduktion und 69 Prozent der Industriearbeitsplätze.[11] Bis 1992 waren diese Werte auf 41 und 43 Prozent gesunken.[12] Die Mili-

---

9 Zu den Auswirkungen der Militärausgaben auf die politischen Prioritäten in den Vereinigten Staaten vgl. Benjamin O. Fordham, Building the Cold War Consensus, Ann Arbor 1998, S. 103–130. Mit den Folgen des Vietnamkrieges befasst sich Robert M. Collins, More: The Politics of Economic Growth in Postwar America, New York 2000, S. 68–97.

10 Robert M. Collins, The Economic Crisis of 1968 and the Waning of the ›American Century‹, in: *American Historical Review* 101 (2007), Heft 2, S. 396–422.

11 United States Department of Commerce, Bureau of the Census, Census of Manufactures, 1963: General Summary, Washington 1964, S. 86–94. Die nordöstlichen Staaten sind Maine, New Hampshire, Vermont, Massachusetts, Rhode Island, Connecticut, New York, New Jersey, Pennsylvania, Ohio, Indiana, Illinois, Michigan und Wisconsin.

12 United States Department of Commerce, Bureau of the Census, 1992 Census of Manufactures: Subject Series, General Summary, Washington 1996, S. 1-217–1-221.

tärausgaben waren gewiss nicht der einzige Grund für diese Verschiebung, aber dennoch ein wichtiger Faktor.[13] Welchen Einfluss sie auf die wirtschaftliche Geografie der Vereinigten Staaten hatten, lässt sich an der regionalen Verteilung von Hauptauftragnehmern des Verteidigungsministeriums ablesen.[14]

Schaubild 2 vergleicht diese Verteilung während des Koreakrieges mit der während der Regierungszeit Eisenhowers. Von den Aufträgen des Verteidigungsministeriums profitierten zwar auch Unternehmen in einigen Staaten außerhalb des Nordostens – insbesondere in Kalifornien, Washington und Kansas –, ihr Löwenanteil entfiel indes auf die Hersteller im Nordosten. Dies hatte den Grund, dass sich in den 1950er Jahren – ebenso wie im Zweiten Weltkrieg – viele Güter, die zur Ausrüstung und Versorgung einer großen Streitmacht für die konventionelle Kriegführung erforderlich sind, weniger stark von zivilen Gütern unterschieden, als es später der Fall war.[15] Der Nordosten, in dem sich die amerikanische Industrie konzentrierte, war daher in einer guten Ausgangsposition, um die Anforderungen des Verteidigungsministeriums zu erfüllen.

Die Verteidigungspolitik der Regierung Eisenhower, die unter dem Namen »New Look« bekannt wurde, versuchte die Militärausgaben durch

---

13 Die regionalen Auswirkungen der Militärausgaben wurden bereits zu einem frühen Zeitpunkt des Kalten Krieges bemerkt. Vgl. etwa Roger Bolton, Defense Purchases and Regional Growth, Washington 1966. Zu den späteren Analysen dieses Phänomens zählen Ann R. Markusen u.a., The Rise of the Gunbelt, New York 1991, sowie Gregory Hooks, Military and Civilian Dimensions of America's Regional Policy, 1972–1994, in: *Armed Forces and Society* 29 (2003), Heft 2, S. 227–251.

14 Die Daten hierzu stützen sich auf United States Department of Defense, Directorate for Information Operations and Reports, Military Prime Contract Awards by State, Fiscal Years 1951 to 1983, Washington 1984, sowie United States Department of Defense, Statistical Information Analysis Division. 2009. Procurement Reports and Data Files for Download, http://siadapp.dmdc.osd.mil/procurement/Procurement.html [10. 12. 2009]. Hauptaufträge werden direkt mit dem Verteidigungsministerium abgeschlossen; die Hauptauftragsnehmer vergeben wiederum Aufträge an Subunternehmer. Da diese oftmals in anderen Bundesstaaten ansässig sind, geben die hier verwendeten Daten nicht exakt an, in welche Regionen die Militärausgaben geflossen sind. Allerdings arbeiten die Hauptauftragsnehmer häufig wechselseitig als Subunternehmer füreinander, weshalb die Daten über Hauptaufträge die Geografie der militärischen Produktion annäherungsweise wiedergeben.

15 Gregory Hooks/Leonard E. Bloomquist, The Legacy of World War II for Regional Growth and Decline: The Cumulative Effects of Wartime Investments on U.S. Manufacturing, 1947–72, in: *Social Forces* 71 (1992), Heft 2, S. 303–337.

Schaubild 2: Volumen der Aufträge des Verteidigungsministeriums in der frühen Phase des Kalten Krieges (pro Kopf)

Koreakrieg, Fiskaljahre 1951 bis 1953

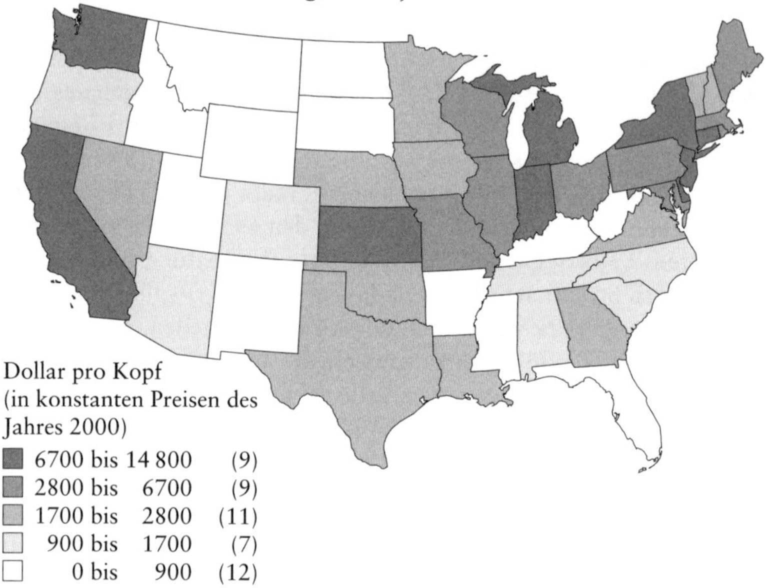

New Look, Fiskaljahre 1954 bis 1960

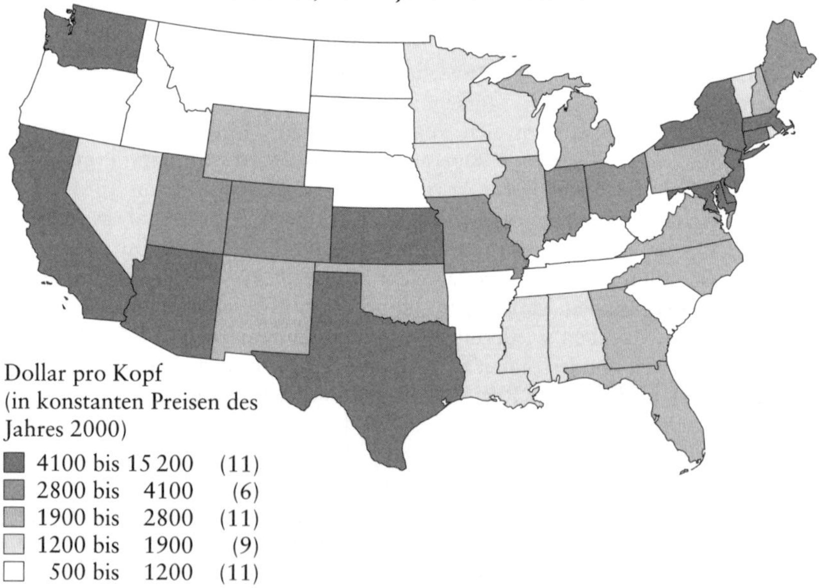

eine Verschiebung von der kostspieligeren konventionellen Rüstung zur nuklearen Abschreckung zu reduzieren. Dies erforderte jedoch eine Produktion, für die die Fertigungsanlagen und Unternehmensstrukturen des zivilen Sektors weniger geeignet waren. Während des Zweiten Weltkrieges konnte Ford seine Automobilfabrik Willow Run in Michigan noch sehr schnell auf die Produktion von B-24-Bombern umstellen. Doch je exotischer und spezialisierter die Rüstungstechnologie wurde, umso schwieriger gestalteten sich vergleichbare Konversionen, die folglich seltener wurden. Rüstungsgüter wurden stattdessen immer häufiger in Werken hergestellt, die ausschließlich diesem Zweck dienten.

Wie Schaubild 2 zeigt, konzentrierten sich die Militärausgaben unter der Politik des »New Look« weniger stark auf die traditionellen Industrieregionen des Landes. Die Kürzung des Verteidigungsbudgets in der Ära Eisenhower hatte zur Folge, dass das durchschnittliche Jahresvolumen der Rüstungsaufträge von 176 Milliarden Dollar während des Koreakrieges (in konstanten Preisen des Jahres 2000) auf 87 Milliarden Dollar in den Fiskaljahren 1954 bis 1960 sank – ein Rückgang um 51 Prozent. Während New York und Neuengland weiterhin ein beträchtliches Auftragsvolumen pro Kopf verzeichnen konnten, erlitt der Industriegürtel im Mittleren Westen schwere Einbußen. Die Staaten in der Region der Großen Seen – Michigan, Wisconsin, Indiana, Ohio und Illinois – verloren durchschnittlich 82 Prozent. Die sinkende Nachfrage nach Militärfahrzeugen machte dabei Michigan zum größten Verlierer im ganzen Land: Gegenüber der Zeit des Koreakrieges sank das Auftragsvolumen um 92 Prozent. Viele Staaten in den Regionen der Rocky Mountains und der Großen Ebenen konnten dagegen während der Politik des »New Look« Zuwächse verzeichnen, obwohl die Militärausgaben insgesamt sanken.[16]

Dieses Muster wurde in den folgenden Jahrzehnten des Kalten Krieges zur Normalität. Insbesondere in der letzten Dekade der Blockkonfrontation wurde das amerikanische Militär immer kapitalintensiver und abhängiger von fortgeschrittenen Technologien. Die konventionelle Kriegführung in Vietnam hatte noch einmal zu einem kurzfristigen Anstieg der Rüstungsproduktion im Nordosten geführt, ohne dass die Militärausgaben jedoch das Niveau des Koreakrieges erreicht hätten. Die Hochrüstung am Ende des Kalten Krieges erfolgte hingegen ohne Kriegsengagement; statt die Einsatzfähigkeit der Streitkräfte in den Vordergrund zu rücken,

---

16 Die Staaten, in denen das Auftragsvolumen zunahm, waren Florida, South Dakota, Arizona, New Mexico, Colorado, Montana, Wyoming, Utah und North Dakota.

wurden Aufträge vor allem an Hochtechnologieunternehmen vergeben. Sie hielt auch länger an als die zwei vorherigen Phasen höherer Verteidigungsausgaben: Erst nach den Haushaltsjahren 1981 bis 1989 setzten am Ende des Kalten Kriegs stärkere Ausgabenkürzungen ein. Mit einem durchschnittlichen Jahresvolumen von 174 Milliarden Dollar waren die Rüstungsaufträge in dieser Phase annähernd so umfangreich wie während des Koreakrieges.

Bei der Verwendung ihres größeren Verteidigungsbudgets setzte die Regierung Reagan mit der Betonung von strategischen Waffen und Hochtechnologie ähnliche Prioritäten wie die Administration Eisenhower. Auch die Gewinner und Verlierer ihrer Rüstungspolitik waren ähnlich wie unter der Politik des »New Look«. Kalifornien, Washington und Kansas verzeichneten weiterhin ein relativ hohes Auftragsvolumen pro Kopf, während die Staaten des alten Industriegürtels absolute wie relative Einbußen erlitten. Von den 14 nordöstlichen Staaten, die bis zum Zweiten Weltkrieg die amerikanische Industrieproduktion dominierten, erhielten mit Ausnahme von Massachusetts alle ein geringeres Auftragsvolumen pro Kopf als während des Koreakrieges. In dieser Region lagen sieben der zehn Staaten, die den stärksten prozentualen Rückgang erlitten. Wie unter »New Look« war Michigan erneut der größte Verlierer; der Auftragseinbruch von 91 Prozent war fast exakt so groß wie nach dem Koreakrieg.

Insgesamt hatten die amerikanischen Militärausgaben während des Kalten Krieges einen deutlich geringeren Einfluss auf die Wirtschaft, als die absoluten Summen vermuten lassen könnten. Das Wirtschaftswachstum verringerte die Last der Militärausgaben und ihre Auswirkungen auf die Gesamtwirtschaft. Da die Mittel aus dem Verteidigungshaushalt in bestimmte Regionen flossen, waren ihre Verteilungseffekte innerhalb des Landes wichtiger. Es lässt sich belegen, dass sie die Ausbreitung der Industrie vom Nordosten nach Süden und Westen förderten.

Militärausgaben, Militarismus und öffentliche Meinung

Die potenziellen Auswirkungen der Militärausgaben im Kalten Krieg waren nicht ausschließlich wirtschaftlicher Natur. Noch besorgter als über ihre ökonomischen Folgen waren Kritiker über ihre politischen Konsequenzen. In konservativen Kreisen bestand in der frühen Phase des Kalten Krieges vor allem die Befürchtung, dass die militärische Mobilisierung zu Steuererhöhungen, mehr Bürokratie und einer allgemeinen Zunahme der Macht des Staates führen könne. Darin wurde eine Gefahr für das freie

Unternehmertum und die Demokratie gesehen.[17] Linke Kritiker fürchteten dagegen, die Militärausgaben und die institutionelle Macht des nationalen Sicherheitsstaats könnten die demokratische Kontrolle der Außenpolitik untergraben und die Hemmschwelle zum Krieg senken.[18] In beiden Fällen wurden die befürchteten politischen Folgen der Militärausgaben in einem engen Zusammenhang mit ihren Verteilungseffekten gesehen: Es wurde angenommen, dass die Nutznießer des Verteidigungshaushalts den Militarismus und die Ausweitung der Staatsmacht politisch unterstützen würden.

Die Tatsache, dass die schlimmsten Befürchtungen der Kritiker nicht bestätigt wurden, bedeutet nicht, dass die Verteidigungsausgaben keinen Einfluss auf die öffentliche Meinung in den Vereinigten Staaten gehabt hätten. Im Folgenden soll untersucht werden, wie sie die Einstellungen zur Außenpolitik, dem Einsatz militärischer Gewalt sowie der Zwangsgewalt des Staates in einem breiteren Sinne veränderten, vor allem an den Orten, an denen die wirtschaftlichen Auswirkungen von Militärausgaben am größten waren.

Militärausgaben haben vermutlich an solchen Orten nicht nur aufgrund der persönlichen Interessen ihrer Nutznießer stärkere militaristische Einstellungen zur Folge, sondern auch durch ihre Auswirkungen auf die lokale politische Kultur. In einer Region, in der die Ausgaben des Verteidigungsministeriums wirtschaftlich relevant sind, dürften auch Bürger, die selbst nicht mit der militärischen Industrie zu tun haben, häufiger Argumente hören, die deren Interessen unterstützen. Auch wer diese Interessen selbst nicht hat, könnte aufgrund regelmäßigen Verkehrs mit anderen Leuten, die dies tun, Meinungen übernehmen, die diese Interessen stützen. Außerdem bestehen Gründe für die Meinungsführer, für eine Politik im Interesse der lokalen Wirtschaft zu werben. Lokalpolitiker haben ein unmittelbares Interesse daran, dass in ihrer Region ein anhaltendes Wirtschaftswachstum zu verzeichnen ist. Dies gilt auch für lokale Medien, die andernfalls mit sinkenden Werbeeinnahmen konfrontiert wären. Meinungsführer können sich zudem aus eher altruistischen Gründen mit den Interessen der lokalen Wirtschaft identifizieren, etwa in der aufrichtigen Überzeugung, dass wirtschaftliche Prosperität der Allgemeinheit diene. Durch die Unterstützung von Meinungsführern können Positionen, die

---

17 Friedberg, Garrison State, insbesondere S. 40–61; Hogan, A Cross of Iron, insbesondere S. 5–9.

18 Vgl. etwa Richard J. Barnet, Der amerikanische Rüstungswahn oder Die Ökonomie des Todes, Reinbek bei Hamburg 1971.

der lokalen Wirtschaft zugutekommen, in noch höherem Maße öffentliche Zustimmung finden, als es aufgrund der persönlichen Interessen der Bürger ohnehin zu erwarten ist.

Waren die amerikanischen Militärausgaben im Kalten Krieg so bedeutend, dass sie solche Effekte erzielen konnten? Eine Möglichkeit, diese Frage zu beantworten, besteht darin, regionale Unterschiede in den Ergebnissen von Meinungsumfragen auszuwerten. Sollten die Militärausgaben tatsächlich die genannten Auswirkungen gehabt haben, dann müsste es die größte Zustimmung zu ihnen in den Regionen gegeben haben, in die der Großteil der Mittel floss, sowie in den Phasen, in denen sie besonders hoch waren. Denn unter diesen Umständen müssten die beiden beschriebenen Mechanismen, durch die Militärausgaben eine solche Einstellung fördern, stärker gewesen sein.

Als Datenquelle bietet sich die American National Election Study (ANES) an. Diese Meinungsumfrage umfasste eine Reihe von Fragen, die für unser Thema relevant sind, und wurde erstmals 1948 durchgeführt, sodass sie beinahe den gesamten Zeitraum des Kalten Krieges abdeckte. Da einige Fragen in verschiedenen Jahren in exakt derselben Formulierung gestellt wurden, lassen sich auch unterschiedliche Zeitpunkte miteinander vergleichen. Die Bandbreite der Themen reichte von interventionistischer Außenpolitik, dem Einsatz von Gewalt und Militärausgaben über die Beziehungen zur Sowjetunion bis hin zu Grundeinstellungen zum Staat und dem Einsatz staatlicher Zwangsmittel im Inland.

Um die Beziehung zwischen den Aufträgen des Verteidigungsministeriums, gemessen als Anteil am Volkseinkommen des jeweiligen Bundesstaats der Befragten, und den Umfrageergebnissen zu bestimmen, folge ich einem Modell der Regressionsanalyse. Dieser Ansatz erlaubt die Berücksichtigung demografischer Faktoren wie Bildung, Einkommen, Geschlecht und Rasse, die bekanntermaßen für die zur Diskussion stehenden Einstellungen relevant sind. Aus offensichtlichen Gründen wird der Stellenwert der militärischen Produktion in einer bestimmten Region zum Gewicht der gesamten dortigen Industrie ins Verhältnis gesetzt. Um die Möglichkeit auszuschließen, dass die Beziehung zwischen Rüstungsaufträgen und individuellen Einstellungen in Wahrheit auf dem Gewicht der Industrie im Allgemeinen basiert, wird deren Anteil am Volkseinkommen des jeweiligen Bundesstaates ebenfalls berücksichtigt.[19]

---

19 Aus Platzgründen werde ich nicht auf die technischen Einzelheiten der hier verwendeten statistischen Modelle eingehen. Kurz gesagt, habe ich die in diesem Beitrag erörterten Beziehungen mittels eines logistischen Regressionsmodells berechnet. (Prinzipiell wäre für einige Umfrageergebnisse auch ein ordinales

Interventionistische Außenpolitik. Die Sorge über den Verbreitungsgrad isolationistischer Einstellungen war eine starke Triebkraft bei der Entstehung der Meinungsforschung in den Vereinigten Staaten. Einige wichtige frühe Arbeiten über die öffentliche Meinung, etwa die Untersuchungen von Walter Lippmann und Gabriel Almond, richteten ihr Hauptaugenmerk auf diese Frage.[20] Auch ANES schloss beinahe immer die folgende Frage ein:

»Stimmen Sie der folgenden Aussage zu oder nicht zu: ›Es wäre besser für unser Land, wenn wir einfach zu Hause blieben und uns nicht um die Probleme in anderen Teilen der Welt kümmerten.‹«

Der Anteil der Befragten, die der Aussage zustimmten, blieb den gesamten Kalten Krieg hindurch relativ gering; der niedrigste Wert wurde 1980 mit 18 Prozent, der höchste 1990 mit 30 Prozent gemessen.[21]

Die Ablehnung dieser isolationistischen Aussage ist selbstverständlich noch kein Beleg für eine militaristische Einstellung. Allerdings ging die Zu-

---

Logit-Modell infrage gekommen, das jedoch in allen Fällen die Annahme paralleler Regression verletzt hätte.) Neben dem Anteil, den die Aufträge des Verteidigungsministeriums in den jeweils zurückliegenden fünf Jahren am gesamten Volkseinkommen eines Bundesstaates sowie an dem im Industriesektor erzeugten Volkseinkommen hatten, berücksichtigt das Modell eine Reihe von Kontrollvariablen aus den ANES-Umfragen. Hierzu zählen unter anderem eine aus vier Kategorien bestehende Bildungsvariable und eine aus fünf Kategorien bestehende Variable, die das Familieneinkommen ausdrückt; beide wurden als Dummy-Variablen verwendet. Berücksichtigt wurden ferner das Alter der Befragten sowie die Dummy-Variablen, ob die Befragten weiblich und ob sie afroamerikanisch waren. Da sich die Berechnungen in den meisten Fällen auf mehrere Umfragen stützten, wurde zudem für jedes Umfragejahr eine Dummy-Variable eingeführt. Standardfehler wurden ausgeglichen, indem Bundesstaaten/Jahre gebündelt wurden, in denen die Variablen Aufträge und Produktion konstant waren.

20 Walter Lippmann, Die öffentliche Meinung, München 1964 [zuerst 1922]; Gabriel Almond, The American People and Foreign Policy, New York 1950.

21 Die Frage wurde während des Kalten Krieges in den Jahren 1956, 1958, 1960, 1968, 1972, 1976, 1980, 1984, 1986, 1988 und 1990 sowie in späteren ANES-Umfragen gestellt. Zu dem sich wandelnden Grad an öffentlicher Zustimmung zum Isolationismus vgl. Virginia A. Chanley, U.S. Public Views of International Involvement from 1964 to 1993: Time-Series Analyses of General and Militant Internationalism, in: *Journal of Conflict Resolution* 43 (1999), Heft 1, S. 23–44. Zur Beziehung zwischen Isolationismus und Bildung, Einkommen sowie regionalen Wirtschaftsinteressen, die nicht in einem Zusammenhang mit Militärausgaben stehen, vgl. Benjamin O. Fordham, Economic Interests and Public Support for American Global Activism, in: *International Organization* 62 (2008), Heft 1, S. 163–182.

stimmung zu einer interventionistischen Außenpolitik während des Kalten Krieges fast immer mit der Befürwortung höherer Militärausgaben einher. Selbst vor dem Kalten Krieg sprachen sich Amerikaner, die eine aktivere Rolle ihres Landes in der Welt befürworteten, in fast allen Fällen zugleich für größere Streitkräfte aus – während die Kritiker exzessiver Militärausgaben dafür plädierten, dass die Vereinigten Staaten ihren Interventionismus mäßigen sollten. Wenn die Militärausgaben einen Einfluss auf die öffentliche Meinung zu dieser Frage hatten, dann sollte mit dem Umfang der Rüstungsaufträge im Bundesstaat der Befragten auch die Wahrscheinlichkeit steigen, dass sie die Aussage ablehnen, es sei besser für die Vereinigten Staaten, »wenn wir einfach zu Hause blieben und uns nicht um die Probleme in anderen Teilen der Welt kümmerten«.

Die Daten belegen genau eine solche Beziehung. Nehmen wir zwei typische Befragte aus Staaten, die in sehr unterschiedlichem Maße Auftragnehmer des Verteidigungsministeriums waren: Arkansas während der 1970er und 1980er Jahre und Connecticut während der 1950er und 1960er Jahre.[22] Unserem Modell zufolge lehnt der Befragte aus Arkansas, wo Aufträge für das Militär rund 1 Prozent des Volkseinkommens ausmachten, die isolationistische Aussage mit einer Wahrscheinlichkeit von 0.66 ab. Bei dem Befragten aus Connecticut hingegen, wo Aufträge für das Militär rund 15 Prozent des Volkseinkommens ausmachten, beträgt diese Wahrscheinlichkeit 0.74.

Die mit diesen Vorhersagen verbundene Ungewissheit ist entscheidend, um festzustellen, ob die Korrelation zwischen Militärausgaben und öffentlicher Meinung statistisch signifikant oder lediglich zufällig ist. Dem Modell zufolge liegt die für den hypothetischen Befragten aus Arkansas kalkulierte Wahrscheinlichkeit mit 95-prozentiger Sicherheit zwischen 0.63 und 0.69, im Falle des hypothetischen Befragten aus Connecticut zwischen

---

22 Die hypothetischen Befragten sind in diesem Fall weiße Frauen im Alter von 45 Jahren mit High-School-Abschluss und mittlerem Familieneinkommen. Sie sind insofern typisch, als sie bei jeder demografischen Kontrollvariable den Mittel- oder Modalwert aufweisen. Die Kontrollvariablen hatten durchgängig statistisch signifikante Effekte, die in einigen Fällen – so insbesondere die Variable Bildung – sogar recht stark waren. Ändert man die demografischen Kontrollvariablen gegenüber dem typischen Befragten und setzt für den Umfang der Aufträge des Verteidigungsministeriums den Mittelwert (0.04) ein, dann ergeben sich folgende Wahrscheinlichkeiten:
Typischer Befragter: 0.68; College-Abschluss: 0.83; kein High-School-Abschluss: 0.51; höchste Einkommenskategorie: 0.74; niedrigste Einkommenskategorie: 0.55; männlich: 0.73; afroamerikanisch: 0.60; Alter 65 Jahre: 0.66; Alter 25 Jahre: 0.69.

0.71 und 0.76. Es ist äußerst unwahrscheinlich, dass diese Differenzen rein zufällig sind. Die Beziehung zwischen Aufträgen des Militärs und individuellen Einstellungen ist stark genug, um eine Rolle zu spielen, aber nicht überwältigend. Vom geringsten zum größten Auftragsvolumen des Militärs steigt die Wahrscheinlichkeit einer Ablehnung der isolationistischen Aussage lediglich um 0.10. Da Bundesstaaten als Maßstab für die lokale politische Umgebung der Befragten jedoch problematisch sind – manche sind unrealistisch groß, andere zu klein –, kann jedoch selbst diese Korrelation als erstaunlich stark betrachtet werden.

Eine wichtige Implikation dieser Beziehung besteht darin, dass der Einfluss der Verteidigungsausgaben auf die Einstellung zu einer interventionistischen Außenpolitik im Laufe des Kalten Krieges abnahm. Wie Schaubild 1 gezeigt hat, wurde ein beständig sinkender Anteil der gesamten Wirtschaftsleistung auf Militärausgaben verwendet. Entsprechend niedriger war auch ihr Anteil am Volkseinkommen in den Umfragen späterer Jahre. Von der ersten Umfrage 1956 bis zum Jahr 1972 halbierte sich der Mittelwert und blieb danach weitgehend konstant. Ebenso wichtig ist, dass auch der entsprechende Höchstwert stetig abnahm: 1956 betrug er 26 Prozent, bis 1972 sank er auf 10 Prozent und schließlich bis 1990 auf 7 Prozent. Anders formuliert, in der späteren Phase des Kalten Krieges lebten deutlich mehr Amerikaner in Regionen, für die Militärausgaben vergleichsweise unwichtig waren. Diese hatten zwar weiterhin statistisch signifikante Auswirkungen, prägten die Einstellungen der Bürger aber in deutlich geringerem Maße.

Befürwortung von Kriegen. Interventionistische Außenpolitik muss nicht zwangsläufig mit einem Militarismus einhergehen, wie ihn die Kritiker des Kalten Krieges in den Vereinigten Staaten befürchteten. Wer sie befürwortet, kann zugleich entschieden für friedliche Mittel eintreten. Eine Korrelation zwischen der Bedeutung der Militärausgaben für die lokale Wirtschaft und der Befürwortung des Einsatzes militärischer Gewalt wäre daher ein wichtiger Beleg für die Behauptung, dass die Militärausgaben im Kalten Krieg militaristische Einstellungen in der amerikanischen Gesellschaft gefördert hätten.

Während des Korea- und des Vietnamkrieges umfasste ANES zwei Fragekomplexe zu diesem Thema. Der erste betraf die allgemeine Unterstützung der beiden Kriege. In beiden Fällen waren die Fragen recht ähnlich. So wurde 1952 die folgende Frage gestellt:

»War es Ihrer Ansicht nach richtig, dass wir vor zwei Jahren in die Kampfhandlungen in Korea eingetreten sind, oder hätten wir uns besser heraushalten sollen?«

In den Jahren 1964, 1966, 1968, 1970 und 1972 lautete eine Frage:

»War es Ihrer Ansicht nach richtig, dass wir in die Kampfhandlungen in Vietnam eingetreten sind, oder hätten wir uns besser heraushalten sollen?«

In der Umfrage von 1952 bekundeten 43 Prozent der Befragten Unterstützung für den Koreakrieg. Im Falle des Vietnamkrieges waren es 1964 und 1966 jeweils 48 Prozent, in den Jahren 1968, 1970 und 1972 nur noch 31 Prozent.

Während die Befürwortung des Vietnamkrieges in einer statistisch signifikanten Beziehung zu den Aufträgen des Verteidigungsministeriums im Bundesstaat der Befragten stand, galt dies nicht für den Koreakrieg. Dies könnte an der geringeren Zahl der Befragten in der Umfrage von 1952 liegen, die statistische Vorhersagen erschwerte. Die Stärke der Korrelation im Falle des Vietnamkrieges entsprach annähernd jener, die zwischen Militärausgaben und der Befürwortung interventionistischer Außenpolitik festgestellt wurde. Die Differenz zwischen dem Bundesstaat mit dem geringsten und jenem mit dem größten militärischen Auftragsvolumen schlug sich darin nieder, dass die vorhergesagte Wahrscheinlichkeit der Unterstützung des Vietnamkrieges seitens des jeweiligen typischen Befragten von 0.33 auf 0.41 stieg.[23]

ANES umfasste auch Fragen zur Eskalation der beiden Kriege. Einen offenbar unausweichlichen Krieg widerwillig zu unterstützen, ist etwas anderes, als eine Eskalation zu befürworten. Letzteres impliziert den anhaltenden und zunehmenden Einsatz militärischer Gewalt und wäre daher ein noch deutlicherer Beleg für Militarismus. In der Umfrage von 1952 sollten Teilnehmer, die angaben, hierzu eine Meinung zu haben, zwischen drei politischen Optionen wählen:

»Was sollten wir Ihrer Auffassung nach in Korea als Nächstes tun?

1. Uns vollständig zurückziehen.
2. Uns weiterhin um eine friedliche Lösung bemühen.
3. Entschiedener vorgehen und die Mandschurei und China bombardieren.«

Ähnlich lauteten die drei Optionen während des Vietnamkrieges:

»Was sollten wir Ihrer Meinung nach in Vietnam tun?

---

23 Der »typische« Befragte ist auch hier eine weiße Frau im Alter von 45 Jahren mit High-School-Abschluss und mittlerem Familieneinkommen. Die demografischen Eigenschaften der Umfrageteilnehmer hatten deutliche Auswirkungen. Während Einkommen und Bildung nicht so stark ins Gewicht fielen wie bei der Frage interventionistischer Außenpolitik, erwiesen sich Rasse und Geschlecht als wichtigste Variablen: Sowohl bei Frauen wie Afroamerikanern war die Wahrscheinlichkeit der Kriegsunterstützung geringer. Dies galt auch – was überraschen mag – für ältere Befragte.

1. Uns vollständig zurückziehen.
2. Unsere Soldaten im Land lassen, aber versuchen, die Kampfhandlungen zu beenden.
3. Entschiedener vorgehen, selbst wenn dies einen Einmarsch in Nordvietnam bedeuten sollte.«

1952 sprachen sich 39 Prozent für eine Eskalation aus – einschließlich einer Bombardierung der Mandschurei und Chinas –, die damit den zweiten Platz hinter den Bemühungen um eine friedliche Lösung belegte. Während des Vietnamkrieges war eine Eskalation in den Umfragen von 1964 und 1966 mit 31 und 36 Prozent die am meisten gewählte Option, die jedoch gegenüber den zwei Alternativen stetig an Zustimmung verlor: 1968 sprachen sich noch 34 Prozent für sie aus, 1970 waren es nur noch 24 Prozent. (In der Umfrage von 1972 wurde die Frage nicht gestellt.)

Im Falle des Koreakrieges stand die Befürwortung einer Eskalation in einer starken Beziehung zum Umfang der militärischen Produktion im Bundesstaat der Befragten, mit Blick auf den Krieg in Vietnam galt dies jedoch nicht. Während des Koreakrieges hatten Aufträge für das Militär eine weitaus größere wirtschaftliche Bedeutung als zu jedem anderen Zeitpunkt des Kalten Krieges. Die Wahrscheinlichkeit, dass sich der typische Befragte für eine Eskalation in Korea aussprach, betrug 0.36 im Bundesstaat mit dem niedrigsten und 0.47 im Bundesstaat mit dem größten Umfang militärischer Produktion.[24]

Insgesamt existieren deutliche Belege dafür, dass Aufträge für das Verteidigungsministerium die Einstellung zum Einsatz von Gewalt in Korea und Vietnam beeinflussten. Galt dies jedoch auch für die spätere Phase des Kalten Krieges? Größere Kriege fanden in ihr zum Glück nicht statt. Doch ANES stellte leider keine Fragen über die zahlreichen weniger gravierenden Fälle militärischer Gewaltanwendung seitens der Vereinigten Staaten, etwa im Libanon und in Grenada in den 1980er Jahren. In den Umfragen von 1980, 1984, 1986 und 1988 sollten sich die Befragten jedoch zu einer »härteren Gangart« gegenüber der Sowjetunion äußern:

---

24 Zum Zweck von Vergleichen wird als »typischer« Befragter erneut eine weiße Frau im Alter von 45 Jahren mit High-School-Abschluss und mittlerem Familieneinkommen zugrunde gelegt. Geschlecht und Rasse hatten erhebliche Auswirkungen auf die Einstellung zu einer Eskalation des Koreakrieges. Die Effekte von Bildung und Einkommen waren widersprüchlich. Setzt man für den Umfang der militärischen Produktion den Mittelwert ein, ergeben sich folgende Wahrscheinlichkeiten für die Befürwortung einer Eskalation: typische weibliche Befragte: 0.40; typischer männlicher Befragter: 0.54; typischer afroamerikanischer Befragter: 0.26.

»Manche Bürger meinen, dass wir mehr mit Russland zusammenarbeiten sollten, andere sind dagegen der Auffassung, dass es besser wäre, eine deutlich härtere Gangart gegenüber dem Land einzuschlagen. Wo würden Sie sich auf dieser Skala verorten, oder haben Sie über diese Frage noch nicht genügend nachgedacht?« (Die Skala reichte von 1 [»mehr Zusammenarbeit«] bis 7 [»deutlich härtere Gangart«].)

Die Option einer »deutlich härteren Gangart« fand bis in die späten 1980er Jahre hinein wachsende Zustimmung. 1980 verorteten sich 22 Prozent der Befragten auf der Skala bei 6 oder 7, 1984 waren es 25 Prozent und 1986 sogar 30 Prozent. Mit der Entspannung im Kalten Krieg sank dieser Wert 1988 auf 19 Prozent.

Diese Frage zielte auf dieselben Einstellungen, die sich bereits mit Blick auf die Kriege in Korea und Vietnam und ihre Eskalation gezeigt hatten. Die Zusammenarbeit mit der Sowjetunion abzulehnen, beinhaltete wenigstens zu Beginn der 1980er Jahre zweifellos das Risiko eines Krieges. Zudem bedeutete Zusammenarbeit oftmals Abrüstung und konnte somit nicht im wirtschaftlichen Interesse derer liegen, die von hohen Militärausgaben profitierten. Dennoch existiert keine statistisch signifikante Beziehung zwischen dem Umfang militärischer Produktion im Bundesstaat der Befragten und ihren Ansichten über eine mögliche Zusammenarbeit zwischen den Vereinigten Staaten und der Sowjetunion.[25] Angesichts der relativ geringen Bedeutung der militärischen Produktion in der letzten Dekade des Kalten Krieges ist dies vielleicht nicht überraschend. Militaristische Einstellungen waren in den Vereinigten Staaten der 1980er Jahre alles andere als unbekannt, aber sie müssen auf andere Weise erklärt werden.

Unterstützung staatlicher Macht. Kritiker der Militärausgaben im Kalten Krieg waren nicht nur von der Sorge getrieben, dass sie einer aggressiven Außenpolitik größere Unterstützung verschaffen könnten. Ebenso fürchteten sie ihre Auswirkungen auf die Politik im Inland, da sie unter den Amerikanern eine unkritische Haltung gegenüber dem Staat und eine größere Akzeptanz seiner Zwangsgewalt fördern könnten. Während Konser-

25 Allerdings waren hierbei die demografischen Kontrollvariablen wichtig. Die Befragten mit dem höchsten Bildungsniveau neigten am wenigsten dazu, sich für eine »härtere Gangart« auszusprechen. Ebenso fanden sich auch in diesem Fall unter Frauen weniger »Falken«. Das Kriterium der Rasse war hingegen nicht statistisch signifikant. Alter korrelierte positiv mit der Unterstützung einer »härteren Gangart«, was den Grund haben könnte, dass die älteren Befragten in ihrer Einstellung gegenüber der Sowjetunion von den früheren und gefährlicheren Phasen des Kalten Krieges geprägt waren.

vative zu Beginn der Ära des Kalten Krieges angesichts massiver Regierungsausgaben das freie Unternehmertum in Gefahr sahen, argumentierten Linke, dass die Akzeptanz des Einsatzes von Gewalt im Ausland schließlich zu einer Akzeptanz repressiver Maßnahmen im Inland führen werde.

ANES umfasste mehrere Fragen, die Aufschluss darüber geben, ob Bürger in Bundesstaaten mit einer wirtschaftlich bedeutenden Rüstungsproduktion weniger kritisch gegenüber dem Staat waren und mehr Bereitschaft zeigten, den Einsatz staatlicher Gewaltmittel im Inland zu tolerieren. In den Umfragen von 1964, 1966, 1968, 1970, 1972, 1978, 1980, 1984 und 1988 wurde folgende Frage gestellt:

»Manche Bürger fürchten, dass die Regierung in Washington zu mächtig wird und dies dem Wohl des Landes und des Einzelnen abträglich ist. Andere meinen, dass die Regierung in Washington nicht zu stark wird. Haben Sie eine Meinung zu dieser Frage?«

Mit Ausnahme der Jahre 1964 und 1970 waren die Befragten in allen Umfragen mehrheitlich der Meinung, dass die Regierung zu viel Macht habe. In denen der 1970er und 1980er Jahren stieg die Zustimmung zu dieser Einschätzung, während die Gegenposition schwächer wurde. Bis einschließlich 1972 waren stets mehr als 25 Prozent der Befragten der Meinung, dass die Regierung »nicht zu stark« sei, in allen folgenden Umfragen waren es – mit einer Ausnahme – weniger als 20 Prozent.

Betrachtet man die gesamte Ära des Kalten Krieges, dann existierte keine statistisch signifikante Beziehung zwischen diesen Werten und dem Umfang der militärischen Produktion in den Bundesstaaten der Befragten. Allerdings gibt es Belege dafür, dass sich die erste Hälfte des Kalten Krieges auch in dieser Hinsicht von der zweiten unterschied. Stützt man sich nur auf die Daten bis 1968, dann war die Wahrscheinlichkeit, dass Befragte aus Bundesstaaten mit einer größeren wirtschaftlichen Abhängigkeit von Aufträgen des Verteidigungsministeriums sich für staatliche Macht aussprechen, tatsächlich höher. Die Korrelation war zwar schwächer als bei außenpolitischen Fragen, aber gleichwohl aussagekräftig. Bei dem typischen Befragten aus einem Bundesstaat mit dem geringsten Umfang militärischer Produktion betrug die Wahrscheinlichkeit 0.27, dass er die Regierung nicht zu stark fand. Dieser Wert stieg auf 0.35 bei dem typischen Befragten aus dem Bundesstaat mit dem größten Umfang militärischer Produktion.[26]

---

26 Auch in diesem Fall fielen die demografischen Kontrollvariablen ins Gewicht. Im gesamten Zeitraum, in dem die Frage gestellt wurde, äußerten ältere, wohlhabendere, gebildetere sowie afroamerikanische Befragte mehr Unterstützung für die Macht der Bundesregierung. Für Frauen galt das Gegenteil.

Dieser Unterschied zwischen der frühen und der späteren Phase des Kalten Krieges ergibt durchaus Sinn, wenn man bedenkt, dass sich das Verhältnis zwischen der Befürwortung hoher Militärausgaben und dem Eintreten für eine begrenzte Rolle der Regierung im Laufe der Jahre wandelte. Während die Konservativen im Kongress den gesamten Kalten Krieg hindurch für eine Beschränkung der Regierungsaufgaben optierten, begannen sie erst in den späten 1960er Jahren hohe Militärausgaben zu befürworten.[27] In der frühen Phase des Kalten Krieges wäre es auch schwerlich überzeugend gewesen, beides zugleich zu vertreten, da die Militärausgaben in diesen Jahren eine relativ große wirtschaftliche Bedeutung besaßen.

Schlussfolgerungen

Das vorliegende Material legt den Schluss nahe, dass die Militärausgaben im Kalten Krieg trotz ihrer enormen Größenordnung nur begrenzte Auswirkungen auf die Wirtschaft und Gesellschaft der Vereinigten Staaten hatten. Nachdem sie sich bis zum Höhepunkt des Vietnamkrieges um die Marke von 10 Prozent des BIP bewegt hatten, nahmen sie im Verhältnis zur Wirtschaftsleistung beständig ab. Selbst die Kosten der Hochrüstungsphase in den 1980er Jahren – die länger andauerte als jede andere in der Ära des Kalten Krieges – lagen durchgängig unter 7 Prozent des BIP. Dies erklärt teilweise, warum Ronald Reagan als der für diese Hochrüstung verantwortliche Präsident zugleich als starker Verfechter einer begrenzten Rolle der Regierung im öffentlichen Gedächtnis geblieben ist. Ebenso bietet es eine Erklärung für den Umstand, dass Wissenschaftler nur geringe Auswirkungen des Verteidigungshaushalts auf die Gesamtwirtschaft feststellen konnten.

Aufgrund ihrer regionalen Konzentration hatten die Militärausgaben einen größeren Verteilungseffekt innerhalb der Vereinigten Staaten als auf die Wirtschaft insgesamt. So kann gezeigt werden, dass sie zur Ausbreitung der Industrieproduktion über den nordöstlichen Quadranten des Landes hinaus beitrugen. Seit der Zeit der Regierung Eisenhower wurden Aufträge des Verteidigungsministeriums immer häufiger an Unternehmen außerhalb der traditionellen Industrieregion im Nordosten vergeben.

Der Einfluss der Militärausgaben auf gesellschaftliche und politische Einstellungen beschränkte sich auf bestimmte Zeiträume und Regionen, in denen sie eine besonders hohe wirtschaftliche Bedeutung hatten. Während

27 Ausführlicher dargestellt wird dieser Wandel in Fordham, Evolution of Republican and Democratic Positions.

der frühen Phase des Kalten Krieges zeigte sich in Umfragen, dass Einwohner der Bundesstaaten, die am stärksten von den amerikanischen Militärausgaben abhängig waren, eher dazu neigten, eine interventionistische Außenpolitik, den Einsatz militärischer Gewalt und die Macht des Staates zu unterstützen. Als die Bedeutung der Militärausgaben in den 1970er und 1980er Jahren abnahm, ließ sich diese Korrelation nur noch in geringerem Maße oder überhaupt nicht mehr nachweisen.

In Anbetracht dieses Verlaufs ist es interessant, darüber zu spekulieren, wie sich die öffentliche Meinung entwickelt hätte, wären die Militärausgaben in den 1970er und 1980er Jahren weiterhin so wichtig für die Wirtschaft gewesen wie in den 1950er und 1960er Jahren. Wenn die in der frühen Phase des Kalten Krieges beobachteten Korrelationen weiterhin gegolten hätten, wäre die öffentliche Unterstützung für einen aggressiven Kurs gegenüber der Sowjetunion in den 1980er Jahren womöglich noch größer gewesen. Wie die hier vorgestellten Umfrageergebnisse zeigen, mangelte es dieser Position ohnehin nicht an Zuspruch. Andererseits wäre es für konservative Politiker wie Reagan schwieriger gewesen, für eine begrenzte Rolle der Regierung und zugleich für höhere Militärausgaben einzutreten, wenn Letztere weiterhin 10 Prozent des BIP ausgemacht hätten. Während des Koreakrieges hatten Militärausgaben auf einem solchen Niveau eine umfassende staatliche Regulierung der Wirtschaft erfordert – was für die damaligen konservativen Politiker ein Anathema war und teilweise ihren Widerstand gegen einen umfangreichen Verteidigungsetat erklärt. Die politischen Erfolge der amerikanischen Konservativen in der letzten Dekade des Kalten Krieges basierten paradoxerweise auf ihrer Fähigkeit, die Militärausgaben im Verhältnis zum BIP auf relativ niedrigem Niveau zu halten, während sie zugleich die Notwendigkeit einer starken Verteidigung proklamierten.

Aus dem Englischen von Felix Kurz

Monica R. Gisolfi

Farmpolitik und die Entstehung des militärisch-industriellen Komplexes im amerikanischen Süden

Ein Jahr vor dem Ende des Zweiten Weltkrieges, im August 1944, sagte der amerikanische Landwirtschaftsminister Claude Wickard vor einem Sonderausschuss des Repräsentantenhauses, der sich mit der Wirtschaftspolitik und -planung für die Nachkriegszeit beschäftigte: »Ich möchte vor der Annahme warnen, dass es nach diesem Krieg eine nennenswerte Bewegung zurück aufs Land geben kann.« Nach dem Krieg, so erklärte er, »wird die Landwirtschaft keine großen Möglichkeiten mehr bieten [...] Wir können es uns nicht leisten, die Landwirtschaft wieder als Auffangbecken oder Armenhaus der Nation zu verstehen.« Wickard wusste, dass viele Soldaten von Farmen kamen, und wollte die Veteranen daran hindern, aufs Land zurückzukehren. Er sah nämlich die Möglichkeit, infolge des Exodus von den Farmen die ländliche Armut im amerikanischen Süden zu überwinden.[1] An dieser Aufgabe hatte das Landwirtschaftsministerium (United States Department of Agriculture, USDA) bereits seit Beginn des 20. Jahrhunderts ohne Erfolg gearbeitet. Den Zweiten Weltkrieg sah das Ministerium nun als Gelegenheit, die ländliche Armut nicht etwa durch die Lösung der anhaltenden genuinen Probleme zu überwinden, von denen die Farmer im Süden geplagt wurden – Verschuldung, die Verpfändung zukünftiger Ernten als Zahlungsmittel für Saatgut und Düngemittel (*crop lien system*), schlechte Ernährung, mangelhafte Kanalisationssysteme, Erosion und Unfruchtbarkeit des Bodens, übersättigte Märkte und Überproduktion –, sondern durch einen demografischen Kahlschlag, eine Art Slumsanierung, zu eliminieren. Der Drang des USDA, eine »Zurück aufs Land«-Bewegung zu verhindern, fiel nach dem Krieg mit der Nachfrage nach Arbeitskraft durch den neu entstandenen und wachsenden mi-

1 Claude R. Wickard, Statement of the Secretary of Agriculture Claude R. Wickard at a Hearing of the House Special Committee on Post-War Economic Policy and Planning opening at 10:00 a.m., August 23, 1944, EN 516, S. 6; Post-War Planning, Reports of Working Committee, 1944–1945; Southeast Regional Office, Atlanta, Georgia, Records of the Post-War Planning Commission, 1941–1945; Objectives and Assumptions, 1942–1943 to Wartime Production Adjustments in the South, 1942; Record Group: 83 Bureau of Agricultural Economics [im Folgenden BAE] Repository: National Archives Southeast Region, Morrow, Georgia.

litärisch-industriellen Komplex zusammen. Im vorliegenden Beitrag untersuche ich, wie der Zweite Weltkrieg und der militärisch-industrielle Komplex die Landwirtschaft und sozialen Beziehungen im amerikanischen Süden umformten und welche Art der Landnutzung das USDA nach dem Krieg förderte.

Die ländliche Armut im Süden erwies sich noch in den 1940er Jahren als ein chronisches Problem, dessen Ausmaße am schlechten Gesundheitszustand der Landbevölkerung ablesbar waren. Deutlich wurde dies bei den Musterungen für den Militärdienst während des Krieges. So wurden im Bundesstaat Georgia 53 Prozent der Wehrpflichtigen ausgemustert oder als nur bedingt wehrtauglich eingestuft.[2] Die Mediziner führten dies vor allem auf mangelhafte Ernährung zurück. Junge Männer aus bäuerlichen Milieus wurden überall in Amerika aufgrund körperlicher und mentaler Defekte oder mangelnder Bildung in überproportionalem Maße ausgemustert.[3] In den Südstaaten litten sie an Pellagra und der Hakenwurmkrankheit und hatten kaum oder überhaupt keinen Zugang zur Gesundheitsversorgung.[4] Ein staatlicher Ernährungswissenschaftler meinte, dass gesundheitliche Probleme keineswegs nur Männer im wehrpflichtigen Alter beträfen: »Wir können davon ausgehen, dass die körperliche Verfassung der übrigen Bevölkerung nicht besser ist als die der jungen Männer.«[5]

Trotz ihres schlechten Gesundheitszustands verließen Farmer das Land, um im Militär zu dienen. Zudem begann die Landbevölkerung, in Rüstungsfabriken zu arbeiten. Ein Hauswirtschaftsberater des USDA beobachtete, wie ein gesamter Bezirk »praktisch vollständig von Fort Benning

2 Susan Mathews, Annual Report, Nutrition Project, 1941, 1, Microfilm Roll no. 119; Extension Service Annual Reports, Georgia, 1909–1944; Annual Narrative and Statistical Reports, 1908–1974; Records of the Extension Service, Record Group 33, NARA II.

3 Interbureau Committee on Post-War Programs, Farmers Look at Post-War Prospects, 1945, 17; Farmers Appraisal of Post-War Problems Study no. 85; Records of the Division of Program Surveys, Project Files, 1940–1945; Records of the BAE, Record Group 83, NARA II.

4 Susan Mathews, Annual Report, Nutrition Project, 1940, 8, Microfilm Roll no. 110; Extension Service Annual Reports, Georgia, 1909–1944; Annual Narrative and Statistical Reports, 1908–1974; Records of the Extension Service, Record Group 33, NARA II; W. A. Hartman, Estimate of Need of Medical Care in Rural Areas, 1941, S. 3, 10; Post-War Planning, Rural Health 1941–1942, Southeast Regional Office, Atlanta, Georgia, Records of the Post-War Planning Commission, 1941–1945; Objectives and Assumptions, 1942–1943 to Wartime Production Adjustments in the South, Records of the BAE, Record Group 83, National Archives Southeast Region, Morrow, Georgia.

5 Mathews, Annual Report Nutrition Project, 1941, S. 1.

übernommen wurde«.[6] Rüstungsbetriebe und andere verteidigungsbezogene Industrien zogen Farmer durch ihre hohen Löhne an.[7] Während des Krieges verließen 3,2 Millionen Menschen die ländlichen Gegenden des Südens, um Arbeit in der Kriegsindustrie zu suchen.[8] Damit gingen beispiellose Lohnzuwächse einher: Während des Krieges stiegen die Löhne der Arbeiter in den Südstaaten um 40 Prozent.[9]

Doch die Bauern wurden nicht nur von der Rüstungsindustrie und dem Militär angezogen, sondern auch von der Regierung von ihrem Land verdrängt, das für den Bau von Militärbasen und Rüstungsfabriken beschlagnahmt wurde.[10] Im Jahr 1943 berichtete die Abteilung für Agrarwissenschaft des USDA, dass das Militär mehr als 80000 Quadratkilometer Land in den Vereinigten Staaten gekauft oder gepachtet habe. Davon waren 24000 Quadratkilometer Farmland gewesen; 50000 Familien wurden auf diese Weise verdrängt. Im Rahmen der Planungen für die Nachkriegszeit sollte die Abteilung für Agrarwissenschaft untersuchen, ob und wie diese Ländereien an die Farmer zurückzugeben seien. In einem vorläufigen Plan

6 Lula Edwards, Annual Report Northwest Georgia District 1942, 7, Microfilm Roll no. 127; Extension Service Annual Reports, Georgia, 1909–1944, Annual Narrative and Statistical Reports, 1908–1974; Records of the Extension Service, Record Group 33, NARA II.

7 Martha McAlpine, Child Development and Family Life Annual Report, 1943, 2, Microfilm Roll no. 131; Extension Service Annual Reports, Georgia, 1909–1944; Annual Narrative and Statistical Reports, 1908–1974; Records of the Extension Service, Record Group 33, NARA II.

8 Pete Daniel, Going among Strangers: Southern Reactions to World War II, in: *Journal of American History* 77 (1990), Heft 3, S. 886–911, hier: S. 886.

9 Kari Frederickson, Confronting the Garrison State: South Carolina in the Early Cold War Era, in: *The Journal of Southern History* 72 (2006), Heft 2, S. 355.

10 Kenneth Treanor/J.W. Fanning, Annual Report, Farm Management Extension Work, Project no. 7, 1942, 16, Microfilm Roll no. 126; Extension Service Annual Reports, Georgia, 1909–1944; Annual Narrative and Statistical Reports, 1908–1974, Records of the Extension Service, Record Group 33, NARA II. Frederickson zufolge wurden 8000 Einwohner umgesiedelt, um Platz für die Militäranlage Savannah River Site zu schaffen. Die Anlage hatte enorme Ausmaße – sie entsprach etwa der Fläche von New York oder Chicago und schloss drei Städte in ihren Grenzen ein. In vielen Fällen kam es zu Gerichtsprozessen mit den Eigentümern. Die Gerichtsakten dieser Prozesse, einschließlich der Verhandlungsprotokolle, finden sich in der Zweigstelle Atlanta des Staatsarchivs (National Archives). Sie erzählen nicht nur die schmerzhafte Geschichte dieser Verdrängung, sondern bieten auch faszinierende Einblicke in das Verhältnis der Einwohner zur Landschaft und den Eingriffen der Bundesregierung. Vgl. hierzu auch die Memoiren einer von Verdrängung Betroffenen: Louise Cassels, Unexpected Exodus, Alken 1971.

legte sie fest, dass die Landwirte nur die Hälfte der vom Militär und der Kriegsindustrie übernommenen 24000 Quadratkilometer zurückbekommen sollten. Die beschlagnahmten Flächen seien »in vielen Fällen unrentabel für die Landwirtschaft und sollten nicht landwirtschaftlich genutzt werden«, hieß es in einem Bericht.[11]

Um die Entvölkerung des Landes während des Krieges zu beschleunigen, förderte das USDA den Kauf von Maschinen durch die Farmer der Südstaaten. Da sie nun mit der Kriegsindustrie um Arbeitskräfte konkurrieren mussten, waren die Farmer dazu gezwungen, ihre Betriebe zu mechanisieren. Die Pächter, die ihre Pacht teilweise in Naturalien bezahlten, wechselten wegen der besseren Einkommen in die Kriegsindustrien über. 1909 besaßen alle amerikanischen Farmer zusammen nur 1000 Traktoren; 1940 pflügten bereits mehr als 1,7 Millionen Traktoren die Felder der Vereinigten Staaten, was den Bedarf an Arbeitskräften entsprechend sinken ließ.[12] Durch den Einsatz von Maschinen und Pestiziden konnten die Baumwollfarmer während des Krieges Rekordernten einfahren.[13]

Landwirtschaftsminister Claude R. Wickard und andere Agrarbeamte feierten die Landflucht als eine positive Entwicklung, die das Einkommen der Farmer erhöhen und die ländliche Armut überwinden werde. Die Größe der landwirtschaftlichen Bevölkerung war laut Wickard ein »fundamentales Problem«, das jedoch durch Mechanisierung gelöst werden könne – die »Verdrängung der südlichen Kleinpächter durch den Traktor« wurde von ihm ausdrücklich begrüßt.[14] »Die Tendenz zu weniger Far-

---

11 BAE, Report on Disposition of Land Temporarily Used by Military Forces and War Plants, 1943, S. 1; Conference Committee No. VI, Milwaukee Conference on Post-War Programs, Report on Industry in Rural Areas, Handbook of Post-War Planning Materials, 1941–1945 (file 2 of 2); Records of the Southeastern Regional Office, Atlanta, Georgia, Records of the Post-War Planning Commission, 1941–1945, Handbook of Post-War Planning Materials, 1941–1945 to Correspondence 1945, Record Group: 83 BAE, National Archives Southeast Region, Morrow, Georgia.

12 Claude R. Wickard, Report of the Secretary of Agriculture, Washington 1941, S. 157; Kenneth Treanor u.a., Annual Report Farm Management Extension Work, 1946, S. 13; Georgia, Farm Management 1946, Annual Narrative and Statistical Reports, 1946–1960; Records of the Extension Service, Record Group 33, NARA II.

13 H. A. Maxey, »Annual Narrative Report of Extension Service, Cherokee County, December 1, 1944 to December 1, 1945«, 20–21; Annual Narrative and Statistical Reports, 1945 (Entry 11); Records of the Extension Service, Record Group 33; National Archives Building, College Park, Maryland (NARA II).

14 Wickard, Report, 1941, S. 157.

mern, größeren Farmen und einem höheren Ertrag pro Arbeiter«, argumentierte ein Vertreter des USDA, werde »zu einer stärker prosperierenden Landwirtschaft führen«.[15] Das Ministerium schien davon überzeugt zu sein, nun endlich eine Struktur auf dem Land zu überwinden, die von »kleinen Farmen für kleine Leute« und »unwirtschaftlichen« Farmern geprägt sei und in der die Landwirtschaft »von manchen als eine Lebensweise gesehen« wurde.[16] Seine Position zu Mechanisierung und Landflucht deutet darauf hin, dass sich das USDA auf Kosten von Kleinbauern und Farmarbeitern zu einer Förderinstitution für landwirtschaftliche Großbetriebe entwickelte.[17]

Ebenso war das USDA dabei, gemeinsam mit dem Arbeitskräftebedarf des militärisch-industriellen Komplexes der Nachkriegszeit die Hegemonie von Plantagenbesitzern, Pachtsystem und Naturalpacht sowie die sozialen Beziehungen und das ökonomische System insgesamt zu zerstören, das seit den 1870er Jahren in den Südstaaten existiert hatte und die Hauptursache der ländlichen Armut war. Die Grundeigentümerelite widersetzte sich dieser voranschreitenden Revolution und gab mitunter offen zu, dass sie von der Armut der Farmarbeiter profitierte. Landbesitzende Farmer klagten über einen verheerenden Arbeitskräftemangel.[18] In Georgia sank das Angebot an landwirtschaftlichen Arbeitskräften von 1937 bis 1941 um mindestens 30 Prozent. Nicht weniger beunruhigend war aus Sicht der Landbesitzer, dass die weiterhin verfügbaren Arbeitskräfte nicht mehr billig zu haben waren. In einem Bezirk Georgias erhöhten sich die Arbeitskosten in der Landwirtschaft 1944 um 20 Prozent.[19] Ein Landbesitzer in Georgia hatte Schwierigkeiten, überhaupt noch Pächter zu finden. Er

---

15 Treanor/Fanning, Annual Report, 1942, S. 5.

16 BAE, The Philosophy of Adjustment for Southeastern Agriculture, 1943, S. 14, 13, 16. Correspondence Postwar Planning Committee, 1943, Southeast Regional Office, Atlanta, Georgia, Subgroup: Records of the Post-War Planning Commission, 1941–1945; Correspondence, 1943 to Regional Committees, 1942–1943, 83 BAE, National Archives Southeast Region, Morrow, Georgia.

17 Pete Daniel, A Hundred Years of Dispossession: Southern Farmers and the Forces of Change, in: Fred Carstensen u.a. (Hg.), Outstanding in His Field: Perspectives on American Agriculture in Honor of Wayne D. Rasmussen, Ames 1993, S. 90, 96.

18 L. C. Rew, Narrative Annual Report of Extension Work Conducted in Hall County, Georgia 1944, 19, Microfilm Roll no. 138; Extension Service Annual Reports, Georgia, 1909–1944; Annual Narrative and Statistical Reports, 1908–1974, Records of the Extension Service, Record Group 33, NARA II.

19 Anderson, Annual Report, 1944, S. 12.

sehnte sich nach Zuständen wie während der Großen Depression zurück, als er von der hohen Arbeitslosigkeit profitiert hatte. »Als die schlechten Zeiten unter Herbert C. Hoover begannen, hörte ich einfach auf zu arbeiten«, erinnerte er sich. »Ich musste nicht arbeiten, da ich so viele Pächter bekommen konnte, wie ich wollte.«[20]

Als sie mit den Planungen für die Nachkriegszeit begannen, schilderten die Beamten des USDA auf recht alarmierende Weise, wie dringlich es sei, eine Rückkehrbewegung aufs Land zu verhindern. In einem Bericht von 1943 hieß es: »Bei Kriegsende werden sich die Beschäftigungsverhältnisse von Millionen von Arbeitern ändern, was in vielen Fällen mit einem Ortswechsel verbunden sein wird. Viele von ihnen werden in ihre Herkunftsregionen zurückkehren. Ohne einen Plan zur Ausweitung der Industrie in den von Unterbeschäftigung betroffenen Regionen wird es diese Arbeiter in die Landwirtschaft ziehen, deren Probleme dadurch weiter verschärft würden.«[21] Doch wenn es um die Frage ging, wo die heimkehrenden Veteranen und die Rüstungsarbeiter Beschäftigung finden könnten, hatten die Beamten des USDA nur vage Vorstellungen. So war das Ministerium zwar fest entschlossen, die Zahl der Farmen zu reduzieren und die verbleibenden Farmen zu vergrößern, ohne indes die Millionen von Arbeitsplätzen bereitstellen zu können, die die Rüstungsarbeiter und Veteranen bald benötigen würden. Doch der Drang des USDA, eine »Zurück aufs Land«-Bewegung zu verhindern, fiel nach dem Zweiten Weltkrieg mit der Nachfrage nach Arbeitskraft zusammen, die der Kalte Krieg und die neu entstandenen und wachsenden Militärbasen und Industrien des Verteidigungssektors erzeugten, die sich im Süden ansiedelten und Milliardenbeträge in die Region spülten.[22]

Nach dem Krieg kehrten die Bewohner der Südstaaten daher nicht auf die Farmen zurück, sondern arbeiteten in militärischen Einrichtungen und

---

20 Migration Scouting – Floyd County, Georgia, 1944, 3, unpublished Report, Records of the Division of Program Surveys, Project Files, 1940–1945; Records of the BAE, Record Group 83, NARA II.

21 BAE, Suggested List of Subjects for the Department's Program of Work on Post War Problems in the Present Fiscal Year, 1943, S. 3; Milwaukee Conference on Post-War Programs, Juli 26–31; Report on Credit by Committee No. VI; Handbook of Post-War Planning Materials, 1941–1945 (file 2 of 2); Records of the Southeastern Regional Office, Atlanta, Georgia, Records of the Post-War Planning Commission, 1941–1945; Handbook of Post-War Planning Materials, 1941–1945 to Correspondence 1945, 83 BAE, National Archives Southeast Region, Morrow, Georgia.

22 Frederickson, Garrison State, S. 355.

Rüstungsbetrieben. Der Kalte Krieg beschleunigte und verfestigte die Abhängigkeit des Südens vom militärisch-industriellen Komplex; die Verteidigungsausgaben des Bundes, die in die Region flossen, waren beträchtlich.[23] Über Nacht wurden kleine Orte zu Städten, mutierten Felder zu Militärbasen und nuklearen Testgeländen: Oak Ridge, Tennessee; Savannah River Site; Mobile, Alabama; New Orleans.[24] Der Süden blieb während der Nachkriegsära das militärische Ausbildungslager der Nation.[25] Während die Städte wuchsen, schrumpfte die Landbevölkerung: Zählten die ländlichen Regionen des Südens 1940 noch 14,6 Millionen Einwohner, so waren es 1950 lediglich 10,7 Millionen und 1960 nur noch 7,1 Millionen.[26]

Als die Veteranen nach dem Krieg in den Süden zurückkehrten, sahen sie radikale Veränderungen der Landschaft und der Ökonomie. Traktoren auf den Feldern und in jedem Bundesstaat, und an den Rändern vieler Städte fanden sich Rüstungsfabriken und Militärbasen. Agrarland wurde zu Bauland für Kasernen. William Faulkner hat diesen Wandel in seinem Roman »Das Haus« eingefangen: »Jasons altes verlorenes Vatererbe [wurde] schon zu einer Kriegsveteranen-Wohnsiedlung aus genormten Streichholzschachteln zerhackt […] [Das Land war] schon besprenkelt mit kleinen leuchtend bemalten jungfräulich neuen Hütten, die so identisch (und ungefähr ebenso dauerhaft) wie Vierecke aus Pfefferkuchen oder Teekuchen waren.«[27]

Man kann Faulkners Verachtung der Suburbanisierung – der Unbeständigkeit, Ortlosigkeit und Standardisierung – förmlich spüren. Die Bundes-

---

23 Ebenda, S. 353.

24 Frederickson, Garrison State; Morton Sosna, More Important than the Civil War? The Impact of World War II on the South, in: James C. Cobb/Charles Wilson (Hg.), Perspectives on the American South, Bd. 4, New York 1987, S. 145–161; Russell B. Olwell, At Work in the Atomic City: A Labor and Social History of Oak Ridge Tennessee 2004; James C. Cobb, The Selling of the South: the Southern Crusade for Industrial Development, 1936–1980, Baton Rouge u.a. 1982; Bruce J. Schulman, From Cotton Belt to Sunbelt: Federal Policy, Economic Development, and the Transformation of the South, 1938–1980, New York 1991; Philip Scranton, The Second Wave: Southern Industrialization from the 1940s to the 1970s, Athens, GA 2001; William B. Faherty, Florida's Space Coast: the Impact of NASA on the Sunshine State, Gainesville 2002; David R. Goldfield, Cotton Fields and Skycrapers: Southern City and Region, 1607–1980, Baton Rouge u.a. 1982.

25 Schulman, From Cotton Belt to Sunbelt, S. 135.

26 Pete Daniel, Going Among Strangers, S. 898.

27 William Faulkner, Das Haus, Stuttgart 1960, S. 370.

regierung hatte das Vatererbe in Beschlag genommen und sich an die Stelle des entmachteten Patriarchen gesetzt. Aus dem *Cotton Belt* war der *Sun Belt* geworden.

Aus dem Englischen von Felix Kurz

Seth Shulman

Ökologische Schäden des Kalten Krieges in den USA

Untersucht man heute, gut zwei Jahrzehnte nach dem Fall der Berliner Mauer im Jahr 1989, die Zeit des Kalten Krieges, so kommt man kaum umhin, sie als eine Ära der Verschwendung zu betrachten: der Verschwendung von Geldern für riesige Waffenarsenale, der Verschwendung von Ressourcen, die von zivilen auf militärische Zwecke umgelenkt wurden, und schließlich – das wohl hartnäckigste, bis heute andauernde Problem – der Verschwendung von Millionen Hektar Land, die verwüstet und mitsamt dem Grundwasser durch giftige Chemikalien und radioaktiven Müll kontaminiert wurden.

Die kostspieligste Unternehmung der USA im Kalten Krieg war zweifellos ihr enormes Nukleararsenal. Für das streng geheime Manhattanprojekt im Zweiten Weltkrieg scheute die US-Regierung keine Kosten; bis heute ist es eines der teuersten Regierungsprogramme der Geschichte.[1] Doch weit über die Einstiegskosten hinaus sind Aufbau und Unterhaltung des gewaltigen amerikanischen Nukleararsenals eine überaus teure Aufgabe geblieben. In einer Studie von 1998 für die Brookings Institution hat Stephen I. Schwartz errechnet, dass auf sie 29 Prozent der amerikanischen Militärausgaben von 1940 bis 1996 verwendet wurden, was in absoluten Zahlen einer Summe von 5,5 Billionen Dollar (in konstanten Preisen des Jahres 1966) oder 21 646 Dollar pro Kopf der US-Bevölkerung entsprach.[2] Der Großteil dieser Ausgaben entfällt auf die Zeit des Kalten Krieges, in dem die amerikanische Regierungspolitik auf Geheimhaltung und »Abschreckung um jeden Preis« setzte.

Doch selbst in Schwartz' stattlicher Summe werden die Folgen des amerikanischen Nuklearprogramms für die Umwelt nicht vollständig berücksichtigt. An sämtlichen der 17 großen Nuklearanlagen in den USA ist die radioaktive Kontaminierung bis heute ein schwelendes Problem. Die Kos-

1 Nach Angaben des U.S. Nuclear Weapons Cost Study Project, das an der Brookings Institution angesiedelt ist, kostete das Manhattanprojekt rund 20 Milliarden Dollar. Vgl. http://www.brookings.edu/projects/archive/nucweapons/50.aspx [24. 2. 2010].

2 Stephen I. Schwartz (Hg.), Atomic Audit: The Costs and Consequences of U.S. Nuclear Weapons since 1940, Washington 1998.

ten ihrer Beseitigung werden auf mehr als 250 Milliarden Dollar geschätzt, und voraussichtlich wird diese Aufgabe noch mehrere Jahrzehnte in Anspruch nehmen.[3] Als Beispiel für solche Umweltschäden untersucht der vorliegende Beitrag den Nuklearkomplex Hanford im Bundesstaat Washington. Wie die Fallstudie verdeutlicht, werden in der zitierten Kostenschätzung nicht die mittlerweile festgestellten gesundheitlichen Folgen für die Arbeiter und Einwohner der angrenzenden Gemeinden in Rechnung gestellt, die gefährlichen Strahlungsdosen ausgesetzt waren. Unberücksichtigt bleibt zudem, dass die Sanierungsarbeiten noch immer vor erheblichen technischen Hürden stehen, die jede Kostenschätzung zweifelhaft erscheinen lassen. Im Fall Hanford beispielsweise hat das amerikanische Energieministerium zur Sanierung der Lagerstätte für flüssigen hoch radioaktiven Müll eine Methode vorgeschlagen, deren Tauglichkeit bei dem gegebenen Strahlungsgrad vollkommen unbewiesen ist.[4]

Doch bei all der Aufmerksamkeit, die Nuklearstätten wie die in Hanford erregten, wurden sie quantitativ von einer anderen Art der Umweltzerstörung in den Schatten gestellt, die weniger sensationell und bekannt, dafür jedoch weitaus verbreiteter und heimtückischer ist: nämlich den ganz gewöhnlichen toxischen Stoffen, die während des Kalten Krieges in nahezu allen amerikanischen Militäranlagen unbekümmert im Erdreich entsorgt wurden.[5] Hinter dem trügerisch friedlichen und sauberen Anblick, den viele der Anlagen heute bieten, verbergen sich giftige Chemikalien wie Lösungsmittel, Schwermetalle und explosive Verbindungen, die Boden und Grundwasser im ganzen Land in wahrhaft schockierendem Ausmaß kontaminiert haben. Nach Angaben des Pentagon hinterließen die militärischen Aktivitäten, die ihren Zenit im Kalten Krieg erreichten, rund 20000 verseuchte Orte.[6] Tatsächlich war das Verteidigungsministerium in beinahe jeder Hinsicht der größte Umweltverschmutzer in den Vereinigten Staaten und für mehr als ein Zehntel der 1200 am stärksten verseuchten Orte verantwortlich, welche die zuständige Regierungsbe-

---

3 U.S. Department of Energy, Fiscal Year 2009 Congressional Budget Request: Environmental Management, Defense Nuclear Waste Disposal and Nuclear Waste Disposal, Februar 2008. Vgl. auch DOE Bomb-Factory Cleanup Costs May Push $266 Billion, Study Says, *Engineering News-Record,* 24. 11. 2008, S. 57.

4 Blaine Harden, »Nuclear Cleanup Site Has Cities Cleaning Up Financially«, *The Washington Post*, 1. 11. 2006, S. A3.

5 Seth Shulman, »Operation Restore Earth«, in: *E Magazine,* März/April 1993, S. 37.

6 Ebenda. Ausführlich hierzu: U.S. Department of Defense, Defense Environmental Programs Annual Report to Congress Fiscal Year 2008.

hörde, der sogenannte Superfund, auf ihrer Prioritätenliste aufführt – ein unangefochtener Spitzenwert.[7] Im ganzen Land wurden Tausende Quadratkilometer Boden, die Luft und das Grundwasser der angrenzenden Gemeinden von Millionen Tonnen Giftmüll verseucht. Zwar sind einige der Tausende vom Militär verschmutzten Orte inzwischen saniert worden, doch gerade die am stärksten belasteten Anlagen harren häufig noch immer einer vollständigen Dekontaminierung. Überdies werden einige Areale voraussichtlich nie adäquat gereinigt werden, sondern als geopferte Gebiete, als »National Sacrifice Zones« abgeschrieben.[8]

Selbstverständlich muss berücksichtigt werden, dass die Umweltverschmutzung durch das US-Militär bereits lange vor dem Kalten Krieg begann. Im Falle einiger Militärgelände und Rüstungsfabriken lässt sich die Kontaminierung mit Schwermetallen sogar bis auf die Zeit des Amerikanischen Bürgerkrieges zurückverfolgen.[9] Der größte Teil der heutigen Umweltschäden wurde jedoch während des Kalten Krieges verursacht, da das amerikanische Militär nach dem Zweiten Weltkrieg immer stärker auf schwerindustrielle Verfahren angewiesen war. In diese Zeit, nämlich die späten 1950er Jahre, fallen zwar auch die Anfänge der staatlichen Umweltpolitik in den Vereinigten Staaten, die 1970 zur Gründung der Nationalen Umweltschutzbehörde und 1980 des Superfund zur Sanierung der am stärksten verseuchten Anlagen führte – doch das US-Militär hatte ausschließlich die Erfordernisse des Kalten Krieges im Sinn und überging die Umweltgesetze kurzerhand. Die damals vorherrschende Geisteshaltung des Militärs kommt in einem viel zitierten Spruch zum Ausdruck, den der Kommandeur eines Militärstützpunktes 1984 auf einer Nachbarschaftsversammlung in Virginia machte: Die Aufgabe des Militärs sei es, »die Nation zu schützen, nicht die Umwelt«.[10]

Es ist daher kein Zufall, dass das Ausmaß der vom Militär verursachten Umweltprobleme lange Zeit ausgeblendet wurde und erst mit dem Ende des Kalten Krieges allmählich an die Öffentlichkeit gelangte. Wie düster die Lage war, wurde beispielsweise Anfang 1990 deutlich, als die Organisation der Gouverneure der Bundesstaaten in einem ungewöhnlich scharf

---

7 Die Liste ist abrufbar unter http://www.epa.gov/superfund/sites/query/queryhtm/nplfin.htm [1. 3. 2010]. Der Superfund wurde am 11. Dezember 1980 mit der Verabschiedung des »Comprehensive Environmental Response, Compensation, and Liability Act (CERCLA)« durch den Kongress ins Leben gerufen.

8 Seth Shulman, The Threat at Home: Confronting the Toxic Legacy of the U.S. Military, Boston 1992, S. 77f.

9 Ebenda, S. 40f.

10 Zit. n. Shulman, Threat at Home, S. 13.

formulierten Bericht die Giftmüllpolitik der Bundesregierung verurteilte. Die Gouverneure empörten sich über die »unverhohlene Missachtung«, die die Bundesregierung gegenüber ihren eigenen Umweltgesetzen an den Tag lege, und die »Lähmung« der Nationalen Umweltschutzbehörde, die »dazu gezwungen wird, tatenlos zuzusehen«, wie Militär und Bundeseinrichtungen »ständig grundlegende Umweltschutzbestimmungen verletzen«.[11] Der Bericht befasste sich zwar mit sämtlichen Bundeseinrichtungen und kritisierte die rücksichtslose Kontaminierung durch die 17 Nuklearwaffenkomplexe, die dem Energieministerium unterstehen, kam jedoch insgesamt zu dem Ergebnis, dass sich das Verteidigungsministerium die meisten Verstöße zuschulden kommen lasse.[12]

Seit den 1990er Jahren hat sich die Einstellung der amerikanischen Öffentlichkeit zu Umweltfragen deutlich gewandelt, und auch das US-Militär hat die Ausmaße des Problems allmählich anerkannt und die Sanierung seiner Anlagen vorangetrieben. Nach jahrelangen Untersuchungen und Verzögerungen gab das Verteidigungsministerium hierfür in der zurückliegenden Dekade rund 42 Milliarden Dollar aus, zuletzt durchschnittlich 2 Milliarden pro Jahr.[13] Obwohl in diesem Zeitraum eindeutig Fortschritte zu verzeichnen waren, wird das Ministerium noch etliche Milliarden bereitstellen müssen, um die vielen Anlagen zu sanieren, an denen sich komplexe Giftbelastungen bis heute als hartnäckiges Problem erweisen.[14] In Hunderten, wahrscheinlich sogar Tausenden von Gemeinden, die an Militäranlagen angrenzen, ist das Grundwasser weiterhin stark kontaminiert. Wie inzwischen bekannt wurde, wusste das Militär in vielen Fällen, dass Giftstoffe ins Grundwasser gesickert waren und die Wasserquellen benachbarter Gemeinden zu kontaminieren drohten, wartete aber Jahre und sogar Jahrzehnte, bevor es die betroffenen Bürger informierte.[15] Inmitten der laufenden Sanierungsbemühungen kämpft das Pentagon selbst heute noch häufig gegen Umweltschutzauflagen.[16]

---

11 From Crisis to Commitment: Environmental Cleanup and Compliant at Federal Facilities, Report of National Governor's Association/National Association of Attorneys General Task Force on Federal Facilities, Januar 1990.

12 Ebenda.

13 U.S. Department of Defense, Defense Environmental Programs, 2008.

14 Ebenda.

15 Eine ausführliche Fallstudie über die Rüstungsfabrik der US-Armee in Cornhusker bietet Shulman, Threat at Home, S. 74–82.

16 Für die Versuche des Pentagon, Umweltverordnungen zu umgehen, gibt es Beispiele zuhauf. Vgl. etwa Lyndsey Layton, »Pentagon Fights EPA On Pollution Cleanup«, *Washington Post*, 30. 6. 2008, S. A1; Michael Janofsky, »Pentagon

Der Nuklearkomplex Hanford: Eine Fallstudie zur radioaktiven Kontamination

Der Nuklearkomplex Hanford, eine riesige Anlage, die sich über 1517 Quadratkilometer im südöstlichen Winkel des Bundesstaats Washington erstreckt, wurde 1943 unter strengster Geheimhaltung zur Produktion von atomwaffenfähigem Material für das Manhattanprojekt errichtet.[17] Er war von Beginn an ein Monument für die Dimensionen, den Geist der Geheimhaltung und den Aberwitz des Kalten Krieges. Beinahe über Nacht siedelte die US-Regierung die dortige ländliche Gemeinde mit einigen Hundert Einwohnern um und brachte 20000 Arbeiter aus dem ganzen Land nach Hanford – von denen praktisch keiner etwas von dem Auftrag des Projekts ahnte.[18] Die Arbeiten auf dem ausgedehnten Wüstenareal schritten in rasendem Tempo voran, sodass in Hanford schon bald erstmals in der Geschichte signifikante Mengen von Plutonium hergestellt wurden – jener tödlichen Substanz, die für die Bombe verwendet wurde, welche die USA 1945 auf das japanische Nagasaki abwarfen.

Mehr als 60 Jahre nach seiner Inbetriebnahme muss heute von einer der furchtbarsten Umweltkatastrophen der Geschichte gesprochen werden. Wie alle nuklearen Produktionsstätten der Vereinigten Staaten wird Hanford vom Energieministerium betrieben – eine Folge der Tatsache, dass die Vereinigten Staaten zu Beginn des Atomzeitalters darauf bedacht waren, nukleare Waffentechnologien unter zivile Kontrolle zu stellen. Doch auch wenn die Atomanlagen somit außerhalb der Zuständigkeit des Pentagon liegen, kann dies schwerlich darüber hinwegtäuschen, dass sie mit der Entwicklung von Atomwaffen in erster Linie einen militärischen Auftrag haben und auch im Kalten Krieg im Dienst der militärpolitischen Ziele der US-Regierung standen.

Neben Hanford wurden 16 weitere große Anlagen zu dem Zweck errichtet, das immense Nukleararsenal der Vereinigten Staaten aufzubauen und zu unterhalten. Während des Kalten Krieges dienten die geheimen

---

Asks Lawmakers to Loosen Environmental Laws«, *New York Times*, 11. 5. 2005, S. 16; Jennifer Lee, Military Seeks Exemptions On Harming Environment, *New York Times*, 6. 3. 2003, S. 27.

17 Ausführlicher zur Geschichte von Hanford: Washington Silver Anniversary Steering Committee, Alive! Yesterday and Today: A History of Richland and the Hanford Project, Richland 1983. Vgl. auch Paul Loeb, Nuclear Culture, New York 1982.

18 Ebenda.

Einrichtungen der Herstellung und Verarbeitung von nuklearem Material sowie dem Bau und Test von Atomwaffen. Einige, etwa die Waffenlabore Los Alamos in New Mexico und Lawrence Livermore in Kalifornien, sind auf Forschung und Entwicklung spezialisiert, andere stellen wie Hanford oder Oak Ridge in Tennessee Plutonium und angereichertes Uran her – die Stoffe, aus denen sich die verheerende Explosionskraft der Atomwaffen speist. Mittlerweile mussten manche der Anlagen geschlossen werden, weil sie die Umwelt gefährdeten. In einigen Fällen, etwa in Rocky Flats bei Denver, Colorado, wurden bereits weitreichende Sanierungsarbeiten abgeschlossen.[19] Dennoch stellen alle Anlagen weiterhin ein erhebliches Umweltproblem dar,[20] auch wenn Hanford in dieser Hinsicht wohl unübertroffen ist.

Schätzungen zufolge sind in den vergangenen Jahrzehnten mindestens 2,8 Millionen Liter radioaktive, tödliche Flüssigkeit aus der unterirdischen »Tankfarm« in Hanford ausgelaufen – ein beispielloser Albtraum der Umweltzerstörung.[21] Diese Stoffe, die als Nebenprodukte bei der Spaltung von Uranatomen zur Herstellung von Plutonium entstehen, zählen zu den gefährlichsten radioaktiven Substanzen der Welt.

Ironischerweise sollte die Tankfarm in Hanford zunächst nur zeitweilig der Lagerung des hoch radioaktiven flüssigen Mülls dienen, da in den ersten Jahren des Atomwaffenprogramms niemand wusste, was man mit den ungewollten Uranresten am Ende des Produktionsprozesses tun sollte. Bei der Herstellung von Plutonium werden diese Spaltprodukte zu sogenannten radioaktiven Isotopen, zu instabilen Elementen wie Cäsium 137, Strontium 90 und Jod 129, die eine stabilere Form wiederzugewinnen versuchen und dabei große Mengen Strahlung abgeben.[22] Eine dauerhafte Lösung für die Entsorgung dieses flüssigen Mülls ist auch 60 Jahre nachdem

19 Nach dem Abschluss der mehrere Milliarden Dollar teuren Arbeiten in Rocky Flats hat ein an der Sanierung beteiligter Informant allerdings erhebliche Beunruhigung ausgelöst: Ihm zufolge besteht dort nämlich weiterhin radioaktive Kontamination und sickert in den Boden, da das mit der Sanierung beauftragte Unternehmen Kosten sparen wollte. Der Fall wurde vor den Obersten Gerichtshof der USA gebracht. Vgl. etwa Brian Hansen, »Rocky Flats cleanup done, but lawsuits over work continue to roil in courts«, *Inside Energy with Federal Lands,* 18. 12. 2006, S. 9.

20 Eine umfassende Darstellung bietet U.S. Congress, Office of Technology Assessment, Complex Cleanup: The Environmental Legacy of Nuclear Weapons Production, Washington 1991.

21 Ebenda, S. 16.

22 U.S. General Accounting Office, Nuclear Waste: DOE's Handling of Hanford Reservation Iodine Information, Washington 1988, S. 8.

die Regierung ihn in den Tanks in Hanford zu lagern begann, noch nicht gefunden worden.

In den 1970er Jahren begann das Energieministerium mit dem Bau unterirdischer doppelwandiger Tanks, die jeweils knapp 3,8 Millionen Liter fassen. Die zuvor installierten 149 einwandigen Tanks sind beinahe in der Hälfte der Fälle undicht geworden, wie das Ministerium heute einräumt.[23] Diese Lecks stellen noch immer ein technisch ungelöstes Problem für die Sanierungsarbeiten dar; die gesamte Umgebung der unterirdischen Tankfarm ist verwüstet und nur unter Gefahren zu betreten. In den einwandigen Tanks befinden sich bis heute korrodierende, radioaktiv hochgradig verseuchte Rückstände.[24]

Was den Umgang des Energieministeriums mit den radioaktiven Stoffen in seinen Anlagen betrifft, sind in den vergangenen Jahren etliche Grotesken ans Licht gekommen,[25] von denen die der unterirdischen Tanks in Hanford die ungeheuerlichste Geschichte sein dürfte. Nach dem Kalten Krieg wurde bekannt, dass die Betriebsleitung in Hanford Freisetzungen von Radioaktivität vertuschte, die die Gesundheit der Arbeiter und Anwohner gefährdeten. In einem der dramatischsten Fälle belegten Dokumente, die 1986 erst nach einem Gerichtsstreit freigegeben wurden, dass sie wissentlich und vorsätzlich erhebliche Strahlungsmengen in die Luft entließ, ohne irgendjemanden in der Region zu warnen oder zu informieren.

Nachdem die nationale Presse das Thema aufgegriffen hatte, setzte das Energieministerium 1988 eine unabhängige Untersuchungskommission ein. Diese kam nach der Auswertung von beinahe 60000 Seiten Dokumenten, die zuvor größtenteils unter Verschluss gewesen waren, zu dem Ergebnis, dass die gefährlichsten Freisetzungen von Strahlung in die Luft zwischen 1944 und 1947 erfolgt waren, als die Betriebsleitung es wissentlich zugelassen hatte, dass rund 400000 Curie von radioaktivem Jod 131 in die Atmosphäre gelangten.[26] Zum Vergleich: Bei dem bekannten Unfall im

---

23 Debra K. Rubin, »Huge Cleanup at Bomb-Making Megasite Is The New Atomic Fallout«, *Engineering News-Record,* 24. 11. 2008, S. 74.

24 Ebenda.

25 Radioactive Waste Campaign, Deadly Defense: Military Radioactive Landfills, New York 1988, S. 99.

26 Vgl. Michele Stenehjem, »Pathways of Radioactive Contamination: Examining the History of the Hanford Nuclear Reservation«, in: *Environmental Review,* Herbst/Winter 1989, S. 95–112. Auf dieser Grundlage entstand der Bericht der Untersuchungskommission: Pacific Northwest Laboratory, Draft Summary Report: Phase I of the Hanford Environmental Dose Reconstruction (HEDR) Project, Juli 1990, S. 4.

Nuklearreaktor Three Mile Island in Harrisburg, Pennsylvania, wurden 1979 weniger als 30 Curie freigesetzt.[27]

Die Freisetzungen in den 1940er Jahren – die größten, die in den Vereinigten Staaten bislang aufgedeckt wurden – erfolgten während der Wiederaufbereitung von Uran, bei der radioaktive Brennelemente in Säure aufgelöst wurden, um atomwaffenfähiges Plutonium zu gewinnen. Obwohl dieses Verfahren noch mehrere Jahrzehnte in Hanford angewandt wurde, behauptete das Energieministerium, dass weitere Freisetzungen in dieser Größenordnung durch verbesserte Technologie und Filtersysteme verhindert worden seien.[28]

Mit einer Kombination investigativer und statistischer Methoden versuchten die Experten der Untersuchungskommission zu rekonstruieren, welcher Strahlungsdosis die regionale Bevölkerung ausgesetzt worden war. Obwohl Jod 131 durch Zerfall binnen weniger Monate relativ harmlos wird, wurde es nach Auffassung der Kommission von den Anwohnern durch die Milch der Kühe aufgenommen, die in der Nähe der Anlage auf kontaminierten Böden weideten. Im Zeitraum von 1944 bis 1947 waren demnach rund 5 Prozent der 270000 Anwohner – etwa 13500 Menschen – einer Strahlungsdosis von mehr als 1300 Millisieverts (mSv) ausgesetzt.[29] Um diese Zahl einordnen zu können, muss man wissen, dass die US-Regierung für Anwohner von Nuklearanlagen eine Strahlenbelastung aus der Luft von maximal 1 mSv pro Jahr für unschädlich hält.[30] Arbeiter in amerikanischen Atomkraftwerken dürfen maximal 50 mSv Strahlung pro Jahr ausgesetzt sein.[31]

Nach dem Bericht der Kommission erkannte das Energieministerium offiziell an, dass Tausende von Bürgern aufgrund der geheim gehaltenen Freisetzungen in die Luft »signifikanten« Strahlungsdosen ausgesetzt gewesen seien, ohne dies zu ahnen.[32] Diese Hinterlassenschaft des Kalten

---

27 GPU Nuclear Corporation Communications Division, Backgrounder: Three Mile Island Unit 2: Radiation and Health Effects: A Report on the TMI-2 Accident and Related Health Studies, 1979.

28 Dose Reconstruction Project Report.

29 Ebenda.

30 Occupational dose limits for adults. United States Nuclear Regulatory Commission, 21. 5. 1991, im Internet unter www.nrc.gov/reading-rm/doc-collections/cfr/part020/part020-1201. html [1. 3. 2010].

31 Ebenda.

32 Dose Reconstruction Project Report. Vgl. auch Fred Hutchinson Cancer Research Center, Hanford Thyroid Disease Study Final Report, 23. 1. 2007, Centers for Disease Control Contract Number 200–89–0716.

Krieges verdient eine eingehendere Betrachtung. Jack Geiger, ein Medizinprofessor der City University of New York Medical School, der einer Arbeitsgruppe zur Untersuchung der Kontamination durch Hanford angehörte, weist darauf hin, dass die Freisetzungen »nicht aufgrund von Unwissenheit erfolgten«. Vielmehr seien sie »das Ergebnis politischer Entscheidungen gewesen, mit denen der Atomwaffenproduktion um jeden Preis der Vorrang gegenüber dem Leben der Bürger eingeräumt wurde, die durch sie eigentlich geschützt werden sollten«.[33] Nicht nur Geiger hat die damaligen Abwägungen der Betriebsleitung von Hanford als »verantwortungslos« kritisiert. Es kommt allerdings hinzu, dass die Regierung nicht nur wissentlich das Leben amerikanischer Bürger gefährdete, sondern die Informationen über die Vorfälle während der vier Jahrzehnte des Kalten Krieges unter Verschluss hielt.

Im Frühjahr 1989 unterzeichneten Vertreter des Energieministeriums mit Booth Gardner, dem damaligen Gouverneur von Washington, ein Abkommen zur Sanierung von Hanford, das einen Wendepunkt markierte – nicht nur aufgrund seiner lobenswerten Absichten, sondern vor allem, weil es der Öffentlichkeit eindringlich vor Augen führte, welche Ausmaße die Umweltschäden in Hanford hatten.[34] Allein für diese eine Anlage wurde ein 30-jähriges Sanierungsprogramm beschlossen, dessen Kosten damals auf schwindelerregende 57 Milliarden Dollar veranschlagt wurden.[35] In dieser Summe kam zum Ausdruck, um welche Mengen von Müll es sich handelte – die atomaren Abfälle wurden auf 850000 Kubikmeter geschätzt, der kontaminierte Boden auf das bis zu Hundertfache. Außerdem wurden nach Schätzung der Regierung rund 750 Milliarden Liter radioaktive Flüssigkeit in den Boden geleitet, die das Grundwasser auf einer Strecke von mindestens zehn Kilometern in Richtung Columbia River verseuchten. In dem gewaltigen Fluss wurde bereits hoch radioaktives Strontium 90 nachgewiesen, das den von der Bundesregierung festgelegten Grenzwert 500-fach übersteigt.[36]

In den 1940er Jahren wurden in Hanford zunächst drei Reaktoren zur Plutoniumproduktion, drei chemische Weiterverarbeitungsanlagen, 64 unterirdische Tanks sowie eine vollständige Stadt mit 4000 Häusern er-

---

33 H. Jack Geiger, Generations of Poisons and Lies, Kommentar in *New York Times*, 5. 8. 1990, S. E19.

34 Seth Shulman, »Daunting Costs for Clean-up at Hanford«, in: *Nature*, 25. 5. 1989, S. 241.

35 Michele Stenehjem, »Indecent Exposure«, in: *Natural History*, September 1990, S. 22.

36 Radioactive Waste Campaign, Deadly Defense, S. 99.

richtet. Dafür gab die Regierung insgesamt rund 350 Millionen Dollar aus. Sollte die Sanierung der Anlage tatsächlich durchgeführt werden, wird sie die Steuerzahler – die zukünftige Inflation nicht einmal eingerechnet – etwa den hundertfachen Betrag kosten.[37]

Die Aufräumarbeiten in Hanford – das größte und komplexeste Umweltsanierungsprojekt der Vereinigten Staaten – wurde viele Milliarden Dollar teurer und weitaus langwieriger, als die Experten anfangs vorhergesagt hatten. Viele Anwohner begrüßen dies ironischerweise. Als 1989 die Plutoniumproduktion in Hanford eingestellt wurde, kam in den drei umliegenden Städten die Befürchtung auf, dass die Region das Ende dieser Mission und die bevorstehenden Entlassungen nicht überleben würde. Doch bislang hat sich die Beseitigung des Giftmülls für die lokale Bevölkerung als mindestens so lukrativ erwiesen wie die Plutoniumproduktion. Die Historikerin Michele S. Gerber, die als Spezialistin für den Kalten Krieg eine kritische Geschichte der Anlage verfasst hat und heute für ein privates Sanierungsunternehmen in Hanford arbeitet, sieht in den Aufräumarbeiten einen stärkeren Motor für Arbeitsplätze, Wohnungsbau und Investitionen, als es die Herstellung von Plutonium nach der Hochphase des Manhattanprojekts gewesen sei. Angesichts der noch bevorstehenden Arbeiten würde es sie nicht wundern, so Gerber, wenn das Projekt »hundert Jahre dauert«.[38]

Für die neuesten technischen Schwierigkeiten sorgt eine geplante Fabrik, die hochgiftige Abfälle in langfristig lagerbare Glasklötze verwandeln soll. Das Werk hat bereits 3,4 Milliarden Dollar gekostet, aber noch nicht einen einzigen der 200 Millionen Liter tödlichen Müll verarbeitet, die in 177 unterirdischen Tanks lagern.[39] Stattdessen wurden die Bauarbeiten gestoppt, als das Energieministerium bemerkte, dass die Planer die Gefahren für Gesundheit und Umwelt unterschätzt hatten, die von der Fabrik im Falle eines Erdbebens ausgehen. Als frühesten Termin für die Inbetriebnahme nennt das Ministerium nun das Jahr 2019, und die Baukosten werden inzwischen auf 12,2 Milliarden Dollar geschätzt – mehr als das Doppelte der anfänglichen Kalkulation.[40] Bei diesem Tempo, so bemerkte

---

37 Vgl. Teresa A. Tyborowski, »Putting a Price Tag on the Environmental Consequences of the Cold War«, in: *Federal Facilities Environmental Journal,* Herbst 1996, S. 35–45.

38 Blaine Harden, »Nuclear Cleanup Site Has Cities Cleaning Up Financially«, *The Washington Post*, 1. 11. 2006, S. A3.

39 Ebenda.

40 Ebenda.

die *Washington Post* kürzlich, »werden Kinder, die heute in den Kindergarten gehen, noch als Diplomchemiker an diesem enormen Projekt mitarbeiten können«.[41]

Das Jefferson-Testgelände: Eine Fallstudie zu Blindgängern

Das Jefferson-Testgelände der US-Armee (Jefferson Proving Ground, JPG) liegt umgeben von ausgedehnten Weiden und Maisfeldern im Herzen Amerikas im Bundesstaat Indiana, nahe der Grenze zu Ohio und Kentucky. Hinter dem fast 80 Kilometer langen und drei Meter hohen Maschendrahtzaun befindet sich ein Areal, das mit 260 Quadratkilometer größer ist als Manhattan und der District of Columbia zusammen. Dan Coats, ehemals Senator für Indiana, hat es vermutlich zutreffend als das »größte zusammenhängende verseuchte Gebiet in den Vereinigten Staaten« beschrieben.[42]

Auf diesem Areal hat die amerikanische Armee seit dem Zweiten Weltkrieg konventionelle Munition in riesigen Mengen getestet. Im Laufe von 50 Jahren wurden dort rund 23 Millionen Ladungen verschossen, mehr als 1,5 Millionen nicht explodierte Bomben, Minen und Artilleriegeschütze liegen heute über das Gelände verstreut oder bis zu neun Meter tief im Boden vergraben.[43] Dabei handelt es sich unter anderem um weiße Phosphorbomben, die laut der Leitung des JPG mit Sicherheit explodieren, wenn sie ausgegraben werden und mit Luft in Berührung kommen. Auch andere Bomben zünden mitunter unerwartet, und würde die Armee sie zu entfernen versuchen, wären solche Vorfälle zweifellos noch viel häufiger. Schwache radioaktive Verseuchung, toxischer Schlamm und Pestizidrückstände belasten das Areal ebenfalls, doch die Blindgänger stellen alle anderen Umweltprobleme in den Schatten.

In seiner Hochphase wurden auf dem JPG 85 Prozent der konventionellen Munition der US-Armee getestet – etwa 80000 Munitionsladungen pro

---

41 Vgl. »Hanford's Leaking Tanks«, Leitartikel in *The Washington Post*, 4. 12. 1991, S. A24.

42 Brief des ehemaligen Senators Dan Coats (Republikaner, Indiana) an den damaligen Verteidigungsminister Richard Cheney, 29. 11. 1989.

43 Indiana Department of Environmental Management, Report to the Governor: U.S. Army, Jefferson Proving Ground Evaluation, Madison Indiana, 20. 4. 1989, S. iv–v. Vgl. auch Hearings before the Environmental Restoration Panel of the Committee on Armed Services, Overview of DOD Environmental Activities, Washington 1990, S. 425.

Jahr und 40 pro Betriebsstunde, was der Stadt Madison, zu der die Anlage gehört, bereits Mitte der 1940er Jahre den Namen »Boomville« eintrug.[44]

Die Armee räumt ein, dass auf dem Areal neben den 1,5 Millionen Blindgängern weitere 6,9 Millionen Bomben und Granaten mit »explosivem Potenzial« verstreut sind.[45] Dazu zählen auch komplexe Streuminen, die mit dem Akronym FASCAM (Family of Sophisticated Scatterable Mines) bezeichnet werden. Für viele dieser Minen war das JPG während des Kalten Krieges das einzige Testgelände. 1989 beschloss die US-Regierung, die ausgedehnte Anlage zu schließen. Doch zwei Dekaden nach dem Abzug des Militärs ist das Gebiet heute noch immer ein unbewohnbares Minenfeld, auf dem jahrzehntelange Tests zahllose Blindgänger hinterlassen haben.

Die Armee kam rasch zu der Erkenntnis, dass die vollständige Räumung des Areals eine gefährliche und kostspielige Mammutaufgabe sei. Tatsächlich wären die Kosten so hoch und die Arbeiten so gefährlich gewesen, dass sie de facto entschied, das Gelände einfach aufzugeben, indem sie es auf Dauer einzäunte und wie das Opfer einer ansteckenden tödlichen Krankheit, das in Quarantäne gesteckt wird, vom Kontakt mit Menschen abschirmte. Obendrein übersah die Kommission der US-Armee für die Schließung von Stützpunkten bei ihrer Kostenkalkulation 1989 Millionen von nicht explodierten Bomben. Für die Schließung des JPG wurden einschließlich der Dekontamination der Gebäude 30 Millionen Dollar veranschlagt. Anschließend sollte das Land nach Auffassung der Kommission für 25 Millionen Dollar an Bauern aus der Region verkauft werden, um die Kosten der Schließung annähernd zu decken.[46]

Nach einer Untersuchung des Geländes kamen die zuständigen Beamten zu dem Ergebnis, dass es zur Räumung sämtlicher Bomben erforderlich sein würde, einen Großteil des ausgebombten Waldgeländes bis auf die Tiefe der vergrabenen Sprengkörper – die teilweise neun Meter unter der Erdoberfläche liegen – mit speziellen gepanzerten Bulldozern umzupflügen. Abgesehen von der Frage, was mit den kontaminierten Erdmassen geschehen sollte, wäre dies ein beinahe unvorstellbarer Aufwand gewesen, der zudem verheerende Umweltschäden angerichtet hätte. Eine

44 Zur Geschichte des JPG vgl. Sue Baker, For Defense of Our Country: Echoes of Jefferson Proving Ground, Indianapolis 1990.

45 Indiana Department of Environmental Management, Report to the Governor, S. vi.

46 The Commission on Base Closure and Realignment, Secretary of Defense, Report to Congress, Dezember 1988.

Kostenschätzung belief sich auf 13 Milliarden Dollar.[47] In einem im Auftrag des Bundesstaates Indiana erstellten Bericht hieß es, dass selbst eine »begrenzte Sanierung« bis zu 5 Milliarden Dollar kosten könnte und das JPG danach trotzdem nur eingeschränkt nutzbar wäre.[48]

Auf makabre Weise jedoch hat der Rückzug des Menschen ein außergewöhnliches Naturreservat auf dem JPG entstehen lassen. Tatsächlich weist das Areal heute weitaus mehr Wildtiere auf als vor 50 Jahren, als es überwiegend Agrarland war. Rotluchse und Rotfüchse, Kojoten, Wild und sogar einige vom Aussterben bedrohte Reptilien haben die Anlage munter in Beschlag genommen – auch wenn sie gelegentlich in die Luft gejagt werden.[49] Unlängst erklärte sich der U.S. Fish and Wildlife Service bereit, 20000 Hektar des Areals trotz mangelnder Sanierung als »Schutzraum« auszuweisen, der vorerst im Besitz des Militärs bleiben, aber später einmal zum »Big Oaks National Wildlife Refuge« werden soll, dem größten Naturreservat Indianas. Das Problem besteht natürlich darin, dass der Besuch des Reservats höchst riskant ist. Der Fish and Wildlife Service hat es deshalb zur Auflage gemacht, dass Interessierte zunächst ein Sicherheitsvideo sehen und in einer schriftlichen Erklärung versichern, das Gelände nur auf eigene Gefahr zu betreten.[50]

Doch jenseits von Haftungsfragen bringen sich die Gefahren, die von den vergrabenen Geschossen auf amerikanischen Militäranlagen ausgehen, immer wieder auf fatale Weise in Erinnerung. Im Bezirk San Diego, Kalifornien, kamen 1985 zwei Kinder ums Leben, als auf dem Grundstück eines ehemaligen Truppenübungsplatzes unweit ihres Hauses eine Artilleriegranate explodierte. Das Militär hatte das Areal 15 Jahre zuvor in zwei Durchgängen saniert und anschließend als nicht mehr benötigte Fläche an Wohnungsbauunternehmen verkauft.[51] Auf dem Grundstück einer Mittelschule in Florida wurden erst kürzlich, im Jahr 2009, Hunderte von Blindgängern entdeckt; das Ingenieurkorps der Armee

---

47 Indiana Department of Environmental Management, Report to the Governor, S. iii, vi.

48 Zit. n. Shulman, Threat at Home, S. 6.

49 Vgl. ebenda, S. 7.

50 Informationen über Besuchsgenehmigungen für die Anlage bietet der U.S. Fish and Wildlife Service im Internet unter www.fws.gov/midwest/BigOaks/public_use.htm [1. 3. 2010].

51 Vgl. *Los Angeles Times*, Lokalausgabe San Diego County, 4. 2. 1985, S. 1. Vgl. auch die Angaben des Abgeordneten im Repräsentanthaus Vic Fazio: Hearings on H.R. 1872 before the House Subcommittee on Armed Services, Defense Department Authorizations and Oversight, Washington 1985, S. 986.

musste sich vor Gericht dafür verantworten, dass es auf dem ehemaligen Bombenabwurfplatz den Bau einer Schule genehmigt hatte. Zum Glück wurden die Altlasten bemerkt, bevor jemand getötet oder verletzt wurde.[52]

Blindgänger stellen auf vielen ehemaligen oder noch im Betrieb befindlichen Anlagen des US-Militärs ein hartnäckiges Problem dar. Die Krux besteht darin, dass diese Art der Kontaminierung offenkundig gefährlich, ihre Beseitigung aber ausgesprochen teuer ist. Außerdem befinden sich Testgelände wie das JPG häufig in entlegenen Gegenden, weshalb das Problem nicht so sichtbar ist und ihm weniger Dringlichkeit beigemessen wird. Doch die Blindgänger sind nur ein Ausschnitt aus einem wesentliche größeren Bild. Die giftige Hinterlassenschaft des Militärs bleibt ein sprichwörtliches Minenfeld, so wie das JPG eines im buchstäblichen Sinne ist. Wie im Fall des JPG stellen die toxischen Abfälle des Militärs im ganzen Land ein Problem von monumentalen Ausmaßen dar, das nicht ohne Weiteres zu beheben ist.

Ein gigantisches industrielles Unternehmen

Um sich die Dimensionen des Problems zu vergegenwärtigen, ist zu bedenken, dass das US-Militär ein gigantisches industrielles Unternehmen ist. Man muss sich etwa vor Augen führen, dass das Pentagon Jahr für Jahr fast 135 Millionen Barrel Öl kauft – das selbst ein toxischer Stoff ist.[53] Aneinandergereiht würden die jährlich vom US-Militär verbrauchten Fässer mehr als dreimal die Erde umfassen. Nach Berechnungen des privat finanzierten Center for Defense Information wäre diese ungeheure Menge Öl ausreichend, um das gesamte Nahverkehrssystem der USA mehr als zehn Jahre lang zu betreiben.[54]

Die amerikanischen Streitkräfte werden auf so breiter Front eingesetzt, dass man beinahe beliebig ein Produkt wählen kann, um festzustellen, dass seine militärische Verwendung jede andere in den Schatten stellt. Die schlichte Wahrheit lautet, dass das Militär durch zahllose Aspekte seiner täglichen Arbeit schädliche Nebenprodukte hervorbringt. Seine ungeheure

52 Rich McKay, »Orange County school district sues engineers for approving school site on former bombing range«, *Orlando Sentinel,* 15. 7. 2009.

53 Defense Logistics Agency, Defense Fuel Supply Center Fact Book, Fiscal Year 2008.

54 So die Schätzung im Newsletter des Informationszentrums *The Defense Monitor* 18 (1989), Heft 6, S. 6.

Armada von Fahrzeugen, Panzern, Flugzeugen, Schiffen und Raketen erzeugt bereits durch Routinebetrieb und Wartung riesige Mengen an Giftmüll. Dies gilt ebenso für die Herstellung von Waffen und Munition – die schon für sich genommen ein riesiges und komplexes Unternehmen darstellt – sowie für ihren Test und ihre Lagerung. Hinzu kommt schließlich eine Bandbreite industrieller Verfahren – etwa das Galvanisieren, Fräsen und sonstige Bearbeiten von Komponenten in den Forschungs- und Entwicklungseinrichtungen des Militärs –, die ebenfalls toxische Abfälle in ungeheuren Mengen produzieren.

Dabei verursacht jede Abteilung des Militärs seine eigenen Umweltprobleme. Im Fall der Luftwaffe, die vielleicht am meisten zum Giftmüllproblem des Militärs beiträgt, ist es etwa die für ihre Operationen erforderliche schiere Menge an Lösungsmitteln, insbesondere Trichlorethylen (TCE), das vor einigen Jahrzehnten als »Wundermittel« galt und heute stark im Verdacht steht, krebserregend zu sein. Von den 100 Militäranlagen, die der Superfund an der Spitze seiner Prioritätenliste der verseuchtesten Gebiete in den Vereinigten Staaten aufführt, sind mehr als ein Viertel Luftwaffenstützpunkte, deren Kontaminierung vor allem auf Lösungsmittel wie TCE zurückgeht.[55] Im Lauf des letzten halben Jahrhunderts wurden auf Stützpunkten quer durchs Land etliche Millionen Liter Lösungsmittel wie TCE in den Boden geschüttet. Hohe Militärs der Luftwaffe räumen offen ein, dass dadurch praktisch alle Basen im In- wie Ausland verseucht wurden.

Am schwersten vorstellbar sind jedoch die Ausmaße dieser Verseuchung. Nehmen wir zum Beispiel die Wright-Patterson-Basis bei Dayton, Ohio, die als Hauptquartier der Logistikabteilung der Luftwaffe für die Wartung von rund 20000 Flugzeugen, 53000 Triebwerken und 1000 ballistischen Raketen zuständig ist.[56] Wie auf praktisch allen Luftwaffenstützpunkten zählt es dort zur Standardwartung, die Flugzeuge zur Reinigung und Enteisung großzügig mit Lösungsmitteln zu besprühen. Lange Zeit war es üblich, das Dreckwasser einfach im Boden versickern zu lassen. Auch auf andere Weise wurden Lösungsmittel in der giftigen Geschichte der Basis missbräuchlich verwendet. Wenn Flugzeuge zur Wartung eintrafen, gehörte es jahrzehntelang zum normalen Ablauf, Motorenteile zunächst in große Lösungsmittelbecken zu tauchen, um sie vor eventuellen Reparaturen von Fett und Schmutz zu reinigen. Die Tauchbä-

55 U.S. Department of the Air Force, Fiscal Year 2009 Budget Estimates, Februar 2008, Bd. 2.

56 Zit. n. Shulman, Threat at Home, S. 25.

der wurden schnell dreckig, weshalb das Wartungspersonal ihren giftigen Inhalt kurzerhand in Gruben schüttete, wo die Chemikalien im Boden versickerten. Dies war über Jahrzehnte hinweg an vielen der 62 wilden Müllgruben auf der Wright-Patterson-Basis üblich, die mittlerweile zu Giftmülldeponien erklärt wurden.[57]

Die US-Marine wird neben vielen anderen Problemen von der toxischen Kontamination durch galvanische Verfahren geplagt, die primär der Rostbekämpfung dienen und den Einsatz von Säuren und Entfettungsmitteln erfordern. Wie die Logistik- und Ingenieurkorps betonen, müssen stets Teile der Flotte über längere Zeiträume im Freien auf ihren Einsatz warten, im Ernstfall aber reibungslos funktionieren. Von Schrauben und Muttern bis zu großen Maschinenteilen wird daher routinemäßig alles mit rostfreien Metallen wie Kupfer, Silber und Gold galvanisiert. Zu den dabei entstehenden Abfallprodukten zählen Säuren, Zyanide und Rückstände giftiger Schwermetalle. Außerdem hat die Marine lange Zeit Farben und Lackentferner fahrlässig entsorgt und so den Großteil ihrer Werften und amerikanische Küstengewässer verseucht.[58]

Auch das amerikanische Heer erzeugt durch den Einsatz von Lösungsmitteln und galvanischen Verfahren zahlreiche Giftstoffe, aber das vielleicht größte Umweltproblem sind seine Rüstungsfabriken, insbesondere aufgrund der achtlosen Entsorgung explosiver Stoffe. Ob es sich um Gewehrpatronen, ballistische Raketen oder chemische Artilleriemunition handelt – die Rüstungsproduktion hat an sämtlichen Standorten zur Verwüstung der Umwelt geführt. Selbst nach Angaben des Militärs bestehen bei mindestens 40 Werken gravierende Umweltprobleme.[59] Im Fall der Cornhusker-Fabrik in Grand Island, Nebraska, wusste die Armee 1980 beispielsweise, dass gefährliche explosive Stoffe in großen Mengen in das angrenzende Erdreich eindrangen, informierte die Anwohner jedoch erst vier Jahre später. Zu diesem Zeitpunkt wurden bereits hohe Dosen der Giftstoffe in der Hälfte der untersuchten Wasserquellen festgestellt, die bis zu fünf Kilometer von der Anlage entfernt lagen.[60]

Für all diese Fälle muss betont werden, dass der ganz überwiegende Teil der Umweltschäden nicht etwa entstanden ist, weil ein auf Abwege geratener, verschlagener Kommandeur nach Einbruch der Dunkelheit illegal

---

57 Ebenda.

58 U.S. Department of Defense, Defense Environmental Programs Annual Report to Congress, Fiscal Year 2008, Appendix H: Active Installations Environmental Restoration Progress.

59 Ebenda.

60 Shulman, Threat at Home, S. 77f.

Giftmüll entsorgt hätte. Vielmehr waren es die ganz alltäglichen Routineabläufe während des Kalten Krieges, die über Jahrzehnte hinweg den Großteil der toxischen Abfälle erzeugten. Der Hang des Militärs zur Geheimhaltung sowie die Wahrnehmung einer äußeren Bedrohung hatten während dieser Phase zur Folge, dass im Namen der »nationalen Sicherheit« sämtliche Umweltbelange beiseitegeschoben wurden. Bereits 1978 erließ Präsident Jimmy Carter eine Anweisung, um das US-Militär zur Einhaltung der Umweltschutzgesetze zu zwingen. Mangels Überwachung durch die Regierung blieb sie indessen praktisch unbeachtet.

Gegen Ende des Kalten Krieges blieben die Umweltschutzstandards des Militärs auf dramatische Weise hinter denen der Privatunternehmen zurück, doch die Mentalität des Kalten Krieges war so verfestigt, dass nichts zur Lösung der Probleme unternommen wurde. Mehr noch: In den 1980er Jahren gab die Regierung von Ronald Reagan dem Militär in Umweltfragen unmissverständlich freie Hand, indem sie der Umweltschutzbehörde per Anweisung des Präsidenten Fesseln anlegte. Um die Macht der Behörde einzuschränken, berief sie sich auf eine »einheitliche Theorie der Exekutive«, der zufolge eine Regierungsabteilung nicht eine andere verklagen darf.

In den letzten Jahren des Kalten Krieges veränderte sich die öffentliche Wahrnehmung der vom Militär verursachten Umweltprobleme allmählich. So plädierte Senator John Glenn 1989 für die staatliche Finanzierung von Aufräumarbeiten in den nuklearen Produktionsstätten: »Die Kosten der Sanierung dieser Anlagen werden ungemein hoch sein, aber die Kosten der Untätigkeit wären noch viel höher. Welchen Sinn sollte es auch haben, wenn wir uns vor den Sowjets schützen, […] uns dabei aber selbst vergiften?«[61] Erst die Verabschiedung des Federal Facilities Compliance Act durch den Kongress im Jahr 1992 – ein legislativer Meilenstein, der das Pentagon endlich zur Einhaltung der Umweltschutzgesetze zwang – brachte das Militär allmählich von seiner fest verwurzelten Einstellung ab, die Vergiftung der Umwelt als Kavaliersdelikt zu betrachten.[62]

Eine Ironie der Umweltzerstörung durch das US-Militär besteht darin, dass sie durchweg im Namen des Kalten Krieges erfolgte. Das Pentagon handelte in der Überzeugung, dass der Verteidigung gegen den Warschauer Pakt uneingeschränkte Priorität gegenüber allen anderen Belangen zukomme. Im Schatten der alles beherrschenden Bedrohung von außen wurde die Vergiftung der Umwelt durch das eigene Militär in den Jahr-

61 John Glenn, Kommentar in *New York Times*, 24. 1. 1989, S. A21.
62 Vgl. Shulman, Operation Restore Earth, S. 38.

zehnten des Kalten Krieges kurzerhand ausgeblendet. In einer Wendung des Schicksals hat sich dieser äußere Feind heute in Luft aufgelöst, während die Umweltschäden des Kalten Krieges – die lang ignorierte Gefahr im eigenen Land – noch viele Jahre bleiben werden.

Aus dem Englischen von Felix Kurz

Christopher M. Davis

Die wirtschaftlichen und sozialen Folgen der sowjetischen Militärausgaben

In der Ära des Kalten Krieges gelang es der Sowjetunion trotz begrenzter Ressourcen, einen großen militärisch-industriellen Komplex aufzubauen und zur zweiten Supermacht der Welt aufzusteigen, indem sie dem Verteidigungssektor hohe Priorität beimaß und spezielle Mechanismen der Planung, Rationierung und Verwaltung entwickelte, die der nationalen Sicherheit dienten. Im Zeitraum von 1965 bis 1991 war ein substanzielles Wachstum von Streitkräften, Rüstungsindustrie, Verteidigungsausgaben und der Verteidigungslast zu verzeichnen. Doch im Laufe der Zeit konnte auch die Privilegierung des Verteidigungssektors nicht verhindern, dass seine Institutionen stärker mit den typischen Problemen der Mangelwirtschaft konfrontiert wurden. Aus Sicht des Regimes hatte die Aufrüstung zahlreiche positive Effekte: Sie stärkte die UdSSR militärisch, verbesserte ihre nationale Sicherheitslage, etablierte sie als Supermacht und hielt den sozialistischen Block zusammen; sie brachte beeindruckende technologische Innovationen auf militärisch relevanten Gebieten hervor und ermöglichte es der Sowjetunion, sich durch Waffenexporte Devisen und durch Spionage westliche Technologien zu beschaffen; und schließlich profitierte auch die zivile Wirtschaft in Form von Gütern, Dienstleistungen, Managementmethoden und Organisationsmodellen vom Verteidigungssektor. Die sowjetische Verteidigungspolitik hatte allerdings auch gravierende negative Aspekte: Die Privilegierung des Verteidigungssektors im Rahmen der ineffizienten Planwirtschaft verursachte hohe Kosten und verzerrte die ökonomischen Strukturen; sie verlangsamte das Wirtschaftswachstum und lenkte in zunehmendem Maße Ressourcen in den Verteidigungssektor um, die in der zivilen Wirtschaft benötigt wurden; und nicht zuletzt begrenzte sie den privaten Konsum sowie sozialstaatliche Programme. Außerdem steigerte sie die Umweltverschmutzung. Diese negativen Faktoren trugen zum Legitimitätsverlust des politisch-ökonomischen Systems der Sowjetunion und schließlich zu seinem Zusammenbruch bei.

Wechselbeziehungen zwischen politisch-ökonomischem System und dem Verteidigungssektor

Aufgrund des Entwicklungsrückstands der UdSSR gegenüber den führenden Industrienationen musste die sowjetische Führung ihre begrenzten Ressourcen durch wirtschaftliche Institutionen und Maßnahmen mobilisieren, um einen starken militärisch-industriellen Komplex aufzubauen.[1] Kennzeichnend für die sowjetische Planwirtschaft waren Staatseigentum, zentralisierte Entscheidungsprozesse, zentrale Planung und Rationierung sowie die Begrenzung von Marktmechanismen. Ein wesentliches Element ihrer Wirtschaftsstrategie bestand darin, durch hohe Investitionsraten der Schwerindustrie eine zügige Industrialisierung voranzutreiben. Bis 1960 gelang es der Sowjetunion auf diese Weise, die Zahl der Beschäftigten in der Industrie auf 23 Millionen zu steigern und jährlich 148 Millionen Tonnen Öl, 65 Millionen Tonnen Stahl und 292 Milliarden Kilowattstunden Elektrizität zu produzieren. Ihr militärisch-industrieller Komplex verzeichnete unterdessen Erfolge bei der Entwicklung von Nuklearwaffen, Strahlflugzeugen und Interkontinentalraketen.

Da die kommunistische Führung in der Zivilwirtschaft wie im Verteidigungssektor zahlreiche Ziele verfolgte, aber nur über sehr begrenzte Ressourcen verfügte, erstellte sie eine Rangfolge von Prioritäten für Sektoren, Institutionen und Programme, in der zum Ausdruck kam, in welchem Maße sie jeweils bereit war, ungeachtet der wirtschaftlichen Rahmenbedingungen drängende Probleme in Angriff zu nehmen und bestimmte Entwicklungsziele zu verfolgen. Um die privilegierten Sektoren zu schützen, wurden Verfahren zur Ressourcenrationierung und Zwangsmechanismen entwickelt. Der Verteidigungssektor besaß eine hohe Priorität,[2] bevor weniger wichtige Branchen berücksichtigt wurden, mussten zunächst seine Erfordernisse erfüllt werden.

Bei der Erstellung von Plänen reagierte die sowjetische Regierung meist rasch auf neu aufgetauchte Probleme im Verteidigungssektor, der groß-

---

1 Christopher Davis, »Russia: A Comparative Economic Systems Interpretation«, in: James Foreman-Peck/Giovanni Federico (Hg.), European Industrial Policy: The Twentieth-Century Experience, Oxford 1999.

2 Christopher Davis, »The High Priority Military Sector in a Shortage Economy«, in: Henry Rowen/Charles Wolf, Jr. (Hg.), The Impoverished Superpower: Perestroika and the Burden of Soviet Military Spending, San Francisco 1990; Christopher Davis, »The Defence Sector in the Economy of a Declining Superpower: Soviet Union and Russia, 1965–2000«, in: *Defence and Peace Economics* 13 (2002), H. 3, S. 145–177.

zügig mit finanziellen und materiellen Ressourcen ausgestattet wurde. So erhielten die meisten seiner Beschäftigten – nicht jedoch die Wehrpflichtigen – hohe Löhne und beträchtliche Sachleistungen. Auch bei der Planerfüllung drängten die hohen Staats- und Parteiorgane energisch auf das Primat der Verteidigungsfähigkeit. Um die Einhaltung der Qualitätsstandards sicherzustellen, wurden den Fabriken Militärinspektoren zugewiesen. Während die Zivilwirtschaft von chronischer Instabilität und Knappheit geprägt war, unterlagen die Verteidigungsinstitutionen nur relativ milden Haushaltsbeschränkungen und erhielten gewöhnlich die planmäßig vorgesehenen Ressourcen. Für die Mobilmachung im Falle eines Krieges mussten sämtliche Verteidigungsinstitutionen zudem umfangreiche Materialvorräte bereithalten.

Der Verteidigungssektor operierte in einem politisch-ökonomischen System, dessen Eigenschaften dem von János Kornai beschriebenen Modell der Mangelwirtschaft entsprachen.[3] Charakteristisch für die sozialistische Wirtschaft waren ehrgeizige Ziele, Staatseigentum, bürokratische Koordinierung, Verkäufermärkte, weiche Haushaltsbeschränkungen sowie eine chronische Knappheit der meisten Güter und Dienstleistungen. Gesteuert wurde die Entwicklung der Mangelwirtschaft von sicht- und spürbaren Prozessen und Signalen wie der Rationierung und den Schlangen vor den Geschäften; Preise und Budgets – selbst der Militärhaushalt – waren nur von sekundärer Bedeutung. Der allgegenwärtige Mangel beeinflusste das Verhalten aller wirtschaftlichen Institutionen auf eine Art und Weise, die ihn beständig reproduzierte und noch verstärkte.[4]

In der frühen Phase des Kalten Krieges genossen die Verteidigungsinstitutionen einen effektiven Schutz. Deshalb war die Rüstungswirtschaft technologisch höher entwickelt und effizienter als die Zivilwirtschaft, sodass man von einer »dualen Wirtschaft« sprechen kann. Als die Produktionsprozesse jedoch komplizierter wurden und die Probleme der Mangelwirtschaft zunahmen, bewahrten auch die ausgefeilten Verfahren der Prioritätensetzung den Verteidigungssektor nicht länger vor chronischem Mangel und niedriger Qualität der Inputs. Seine Unternehmen waren zwar weiterhin in der Lage, militärische Güter und Dienstleistungen entsprechend den Zielvorgaben bereitzustellen, doch sie arbeiteten nicht

---

3 János Kornai, Economics of Shortage, Amsterdam 1980; ders., Das sozialistische System. Die politische Ökonomie des Kommunismus, Baden-Baden 1995.

4 Christopher Davis, »Priority and the Shortage Model: The Medical System in the Socialist Economy«, in: ders./Wojciech Charemza (Hg.), Models of Disequilibrium and Shortage in Centrally Planned Economies, London 1989; ders., The Defence Sector.

mehr wesentlich effizienter als zivilwirtschaftliche Unternehmen. Für die spätere Phase des Kalten Krieges wäre es daher treffender, die Beziehung zwischen den Sektoren mit einem »integrationistischen Modell« zu beschreiben.

Der sowjetische Verteidigungssektor der Phase von 1965 bis 1991 war auf den Aufbau militärischer Macht im Rahmen eines autoritären politischen Systems und der Kommandowirtschaft ausgerichtet. Die vertikalen Beziehungen zwischen seinen Institutionen werden im Organigramm 1 beschrieben.

Die zentrale Verteidigungsbürokratie umfasste den Verteidigungsrat der UdSSR, das Sekretariat des Zentralkomitees der KPdSU für die Schwer- und Rüstungsindustrie, die Militärisch-Industrielle Kommission (MIK), die zuständigen Ministerien sowie supraministerielle Organe wie die Rüstungsabteilung des Staatskomitees für Planung (Gosplan). Neben den Teilstreitkräften, die dem Verteidigungsministerium unterstanden, zählten die Inneren Truppen des Ministeriums für innere Angelegenheiten, die Grenztruppen des KGB und andere Sondereinheiten zu den Streitkräften. Die konventionellen Streitkräfte waren so organisiert, dass sie drei mögliche Kriegsschauplätze abdeckten (Westen, Süden, Ferner Osten), und in 16 Militärbezirke in der UdSSR, vier Gruppen im Ausland sowie vier Flotten unterteilt waren. Die sowjetischen Interkontinentalraketen waren 1991 auf dem Boden der Russischen Föderation (1066), der Ukraine (176), in Kasachstan (104) sowie Weißrussland (54) stationiert.

Zum militärischen Versorgungsnetzwerk zählten Teile der Rüstungsbeschaffungsbehörde (Waffen), die Rückwärtigen Dienste sowie spezialisierte Beschaffungsbehörden. Den Kern der sowjetischen Verteidigungsindustrie bildeten zwölf der MIK unterstellte Ministerien, die über 1100 Unternehmen verfügten. Diese bezogen wiederum Vorprodukte von 3500 Fabriken der Zivilwirtschaft, die überwiegend ebenfalls hohe Priorität genossen.[5] Das Netzwerk für militärische Forschung und Entwicklung unterstand mehreren höheren Organen und umfasste 900 Forschungsinstitute und Planungsbüros, die wie die Rüstungsindustrie größtenteils in den slawischen Republiken angesiedelt waren. In manchen Regionen, etwa in Moskau und Perm, bestand eine starke Konzentration der Verteidigungsindustrie. Auch existierten abgeschirmte Geheimstädte, die der militärischen Forschung, Entwicklung und Produktion dienten. Der militärische Außen-

5 U.S. Central Intelligence Agency, The Soviet Weapons Industry: An Overview, Washington 1986, DI 86–10016; Clifford G. Gaddy, The Price of the Past. Russia's Struggle with the Legacy of a militarized Economy, Washington 1996.

Organisation des sowjetischen Verteidigungssektors, 1985

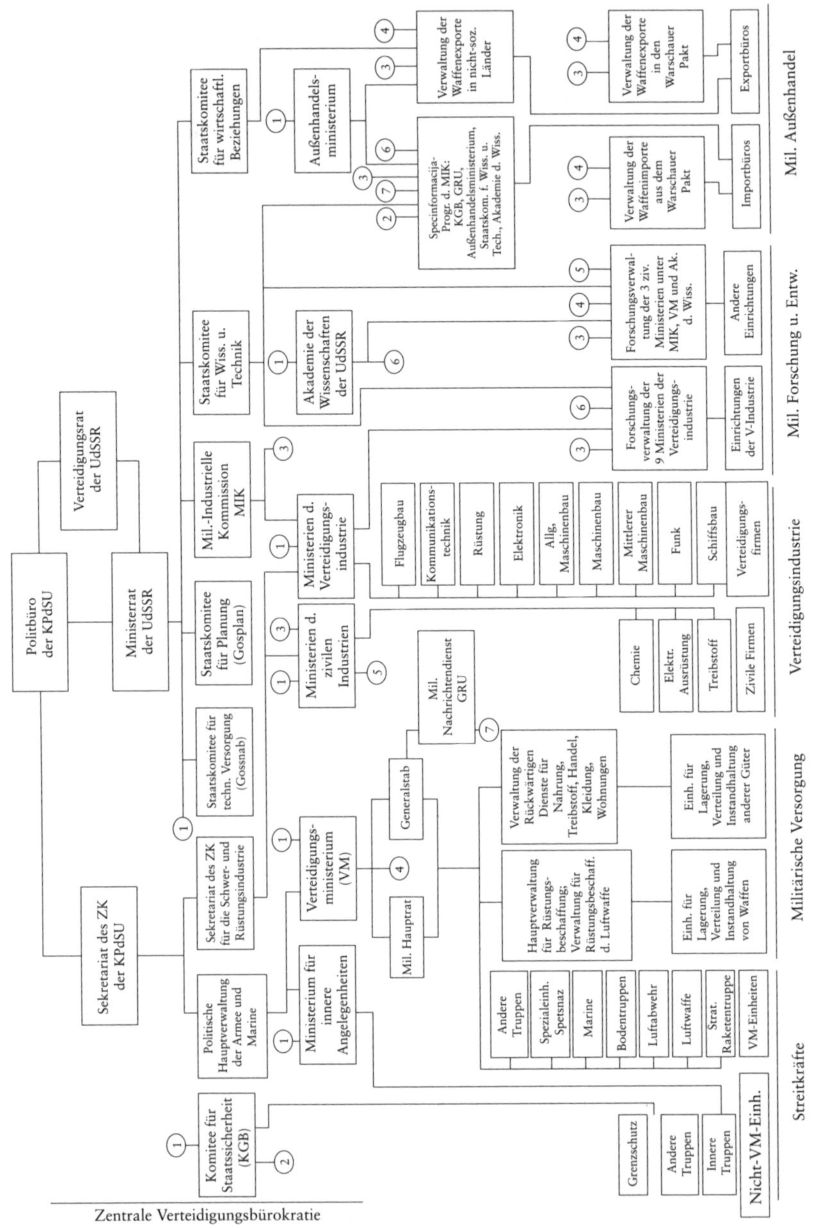

Quelle: Davis, The Defence Sector, 2002

handel hatte die von der zentralen Verteidigungsbürokratie festgelegten Pläne für den Export und Import von Waffen und anderen militärischen Gütern umzusetzen.[6] Er umfasste auch das System der *Specinformacija*, das die Aufgabe hatte, verdeckte Informationen über ausländische Militärtechnologie zu sammeln.

Einschließlich der nicht dem Verteidigungsministerium unterstehenden Einheiten wuchsen die sowjetischen Streitkräfte von 1965 bis 1985 von 3,9 auf 5,9 Millionen Personen an (siehe Tabelle 1).[7] In der Reformära Gorbatschow ging die Personalstärke bis 1991 wieder auf 4,6 Millionen zurück.

Jedes Jahr wurden 50000 neue Offiziere verpflichtet und zwei Millionen Männer zu einem zweijährigen Militärdienst eingezogen.[8] Das Ausbildungsniveau verbesserte sich zwar im Laufe der Jahre, doch wachsende Probleme wie Alkoholismus und mangelnde Disziplin verringerten die Leistungsfähigkeit der Truppen. Zudem führte der zunehmende Anteil nicht slawischer Wehrpflichtiger zu ethnischen Spannungen und aufgrund ihrer mangelhaften Russischkenntnisse zu Kommunikationsproblemen innerhalb der Streitkräfte. Mitte der 1980er Jahre beschäftigte die Verteidigungsindustrie 7,2 Millionen Arbeitskräfte in den Fabriken und sozialen Versorgungseinrichtungen der MIK und 2,8 Millionen in der Zivilwirtschaft – zusammen entsprach dies rund 10 Prozent der erwerbstätigen Bevölkerung.[9] Davon waren 4,1 Millionen Arbeiter in der militärischen Produktion tätig.

Mit ihrer umfangreichen, beständig wachsenden Produktion von Waffen demonstrierte die Verteidigungsindustrie den in der Mangelwirtschaft vorherrschenden »Drang zur Quantität«. Die Zahl der in sowjetischen Fabriken hergestellten Panzer stieg von 2600 im Jahr 1965 auf einen Spitzenwert von rund 3000. Der Jahresausstoß an Helikoptern wuchs von 1965 bis 1980 von 80 auf 750, der an Boden-Luft-Raketen von 5200 auf 50000.

Obwohl sie im Rahmen des Prioritätssystems bevorzugt wurden, waren die Unternehmen der Verteidigungsindustrie zunehmend von den negativen Phänomenen betroffen, die während der sogenannten Stagnationspe-

---

6 Roger Kanet, »The Politics and Economics of Soviet Arms Exports«, in: Hans-Hermann Höhmann/Alec Nove/Heinrich Vogel (Hg.), Economics and Politics in the USSR, Boulder 1986.

7 U.S. Central Intelligence Agency, Soviet Military Manpower: Sizing the Force, Washington 1990, SOV 90–10046X, Declassification Reference: NARA NN3–263–01–006; Davis, Defence Sector.

8 William E. Odom, The Collapse of the Soviet Military, New Haven 1998.

9 Gaddy, Price of the Past.

Tabelle 1: Entwicklung des sowjetischen Verteidigungssektors, 1965–1991

Indikator	Einheit	1965	1970	1975	1980	1985	1990	1991
Personalstärke der Streitkräfte								
Streitkräfte insgesamt	Tausend	3885	4835	5595	5925	5900	4960	4565
Strategische Raketentruppen	Tausend	110	350	350	385	300	260	165
Bodentruppen	Tausend	1460	1750	1825	1825	1995	1475	1400
Luftwaffe	Tausend	510	330	440	550	570	420	420
Flugabwehr	Tausend	440	500	500	520	635	500	475
Marine	Tausend	390	475	500	435	480	410	450
Führungs-/Nachschubtruppen	Tausend	475	900	1150	1300	705	925	650
Eisenbahn-/Bautruppen	Tausend	250	300	400	450	615	490	425
KGB (einschl. Grenztruppen)	Tausend	130	130	200	200	250	230	230
MVD-Sicherheitskräfte	Tausend	120	100	230	260	350	250	350
Ausrüstung der Streitkräfte								
Panzer	Anzahl	28000	38000	42000	50000	52600	54000	54400
Artillerie, Mörser, MLR*	Anzahl	19000	21000	26100	29900	50200	64200	64200
Strat. SAM-Raketenwerfer	Anzahl	7000	9800	9500	10000	9600	8650	8650
Schützen-/Transportpanzer	Anzahl	22000	30000	38000	62000	70000	86000	86000
Helikopter	Anzahl	300	800	1550	2000	4300	4500	4500
Kampfflugzeuge	Anzahl	2300	2850	3550	5000	5900	4335	4905
Mittelstreckenbomber	Anzahl	800	895	825	518	500	390	410
Größere Kriegsschiffe	Anzahl	170	221	236	289	289	227	218
Jagd-U-Boote (SS/SSN)	Anzahl	190	240	265	257	203	242	221
Strategische Bomber	Anzahl	118	157	157	157	160	128	100
Interkontinentalraketen	Anzahl	281	1472	1469	1338	1371	1378	1006

Indikator	Einheit	1965	1970	1975	1980	1985	1990	1991
Sprengköpfe für Interkontinental-raketen	Anzahl	281	1472	2169	5362	6813	6938	6106
SSB/SSBN**	Anzahl	25	44	73	85	78	60	55
Seegestützte Raketen	Anzahl	75	317	771	990	980	908	832
Sprengköpfe für seegestützte Raketen	Anzahl	72	287	828	1558	2264	2900	2792
Sprengköpfe insgesamt	Anzahl	882	2327	3565	7488	9997	11252	10164
Rüstungsproduktion								
Interkontinental-raketen	Anzahl	100	380	150	200	100	125	100
Seegestützte Raketen	Anzahl	15	170	175	175	100	65	50
Boden-Luft-Raketen	Anzahl	5200	25000	40000	50000	50000	47000	43000
Bomber	Anzahl	46	7	20	30	50	40	30
Kampfflugzeuge/ -bomber	Anzahl	850	1000	1200	1300	650	575	250
Helikopter	Anzahl	80	390	630	750	600	175	350
Panzer	Anzahl	2600	3300	2500	3000	3000	1300	850
Panzerfahrzeuge	Anzahl	1700	3500	4300	5500	3500	4400	3000
Panzerartillerie	Anzahl	200	600	900	900	1000	400	300
U-Boote	Anzahl	14	15	10	13	8	12	6
Größere Kampfschiffe	Anzahl	12	5	10	11	8	8	3
Waffenexporte								
Waffenexporte insgesamt	Mio. US-Dollar	700	2400	4000	17000	17300	14200	6600
Anteil an weltweiten Waffenexporten	Prozent	10	28	31	39	34	37	26
Waffenexporte in nicht sozialistische Länder	Mio. US-Dollar	300	995	2790	6980	7500	9410	4300

* Geschosswerfer
** U-Boot mit ballistischen Raketen (SSB); Atom-U-Boot mit ballistischen Raketen (SSBN)

Quelle: Davis, The Defence Sector.

riode in der sowjetischen Gesellschaft auftraten. Zu den Problemen der Verteidigungsindustrie zählten die unterschiedliche Qualität des Managements der einzelnen Unternehmen, die mangelhafte Gesamtplanung, der technologische Rückstand gegenüber dem Westen, Konstruktionsfehler sowie Nachlässigkeit in der Produktion und mangelnde Arbeitsdisziplin der Belegschaften.[10] Der zivile Sektor verstärkte diese Probleme durch unzureichende Vorprodukte; Produktionsengpässe und technische Notlösungen waren die Folge.

Die Allokation substanzieller Ressourcen an den Verteidigungssektor erfolgte auf Grundlage von Plänen, in denen mit Quantitäten gerechnet wurde. Monetäre Indikatoren wie das Gesamtvolumen des Verteidigungshaushalts dienten weder als alleiniger Maßstab dieser Ströme noch als Basis für Allokationsentscheidungen. Die Preise für Verteidigungsgüter wurden administrativ festgelegt, meist auf niedrigem Niveau. Dank seines »starken Rubels« konnte der Verteidigungssektor drei bis viermal so viel Maschinen und Ausrüstung kaufen, wie es ihm der zivile Rubel erlaubt hätte. Über einen Verteidigungshaushalt, der sämtliche Kosten berücksichtigte, verfügte die Regierung nicht einmal im Geheimen.

Die offiziellen Angaben über die Verteidigungsausgaben entsprachen schwerlich der tatsächlichen Ressourcenallokation. Von 1965 bis 1988 wuchsen sie langsam von 13 auf 20 Milliarden Rubel (Tabelle 2). Als die Berechnungsgrundlage 1989 erweitert wurde, stieg der offizielle Umfang des Verteidigungsbudgets sprunghaft auf 75 Milliarden Rubel, was jedoch noch immer deutlich zu niedrig angesetzt war.

Ausländische Analysten verwendeten eine Vielzahl von Methoden, um die tatsächlichen Verteidigungsausgaben der UdSSR zu schätzen: von der Rekonstruktion des Staatshaushalts, Input-Output-Tabellen und nationalen Einkommensstatistiken zur Ermittlung verdeckter Ausgaben über die Berechnung von Residuen, insbesondere in Maschinenbau, Metallindustrie und dem Export von Maschinen, bis zur Building-Bloc-Methode der CIA.[11] Erschwert wurden diese Bemühungen durch die strenge sowjetische Zensur militärisch relevanter Informationen, irreführende Haushaltsbe-

---

10 Peter Almquist, Red Forge: Soviet Military Industry since 1965, New York 1990.

11 Die Entwicklung der Schätzmethoden der CIA und ihre Probleme haben zwei ehemalige CIA-Analysten ausführlich dargestellt: Noel E. Firth/James H. Noren, Soviet Defense Spending: A History of CIA Estimates 1950–1990, College Station, Texas 1998. Vgl. auch James Noren, »The Controversy over Western Measures of Soviet Defense Expenditures«, in: *Post-Soviet Affairs* 11 (1995), H. 3, S. 238–276.

richte, das Fehlen marktbestimmter Preise sowie verdeckte staatliche Subventionen. Im Rückblick erscheinen die Schätzungen der CIA am plausibelsten. Ihre Building-Bloc-Methode umfasste: (1) die Beschaffung von Informationen über Bestände, Aktivitäten und Ressourcenflüsse, ausgedrückt in Mengen; (2) ihre Schätzung in Rubel- und/oder Dollarpreisen; (3) die Multiplikation der ermittelten Mengen mit den geschätzten Rubel- und Dollarpreisen, um Werte für die wichtigsten Bestandteile des Verteidigungsetats zu erhalten (Personal, Betrieb und Wartung, Ausrüstungsbeschaffung, Baukosten, militärische Forschung und Entwicklung); und (4) die Aggregation der Ausgaben für die einzelnen Bestandteile zum Gesamtvolumen des Verteidigungshaushalts in Rubel oder Dollar.[12]

Nach Schätzungen der CIA stiegen die sowjetischen Verteidigungsausgaben von 33 Milliarden Rubel im Jahr 1965 auf 163,3 Milliarden Rubel im Jahr 1988 (die offizielle sowjetische Angabe für dieses Jahr lautete 20,2 Milliarden Rubel). Bis 1990 reduzierten sie sich geringfügig auf 160 Milliarden Rubel und nahmen 1991 inflationsbedingt wieder zu (Tabelle 2). In Preisen von 1982 berechnet entsprach dies einem Anstieg von 66,3 auf 124,8 Milliarden Rubel im Zeitraum von 1965 bis 1988. Dabei veränderte sich auch die Zusammensetzung des Wehretats: Der Anteil der Beschaffungskosten fiel von 49 Prozent im Jahr 1965 auf 39 Prozent im Jahr 1990.

Der sowjetischen Führung war bewusst, dass die Verteidigung eine schwere wirtschaftliche Belastung darstellte, deren genaues Ausmaß sie aber vermutlich nicht kannte. Offiziellen Angaben zufolge betrug die Verteidigungslast – das Verhältnis zwischen Verteidigungsausgaben und Bruttoinlandsprodukt – im Zeitraum von 1965 bis 1988 lediglich 2,5 Prozent. In der Ära der Perestroika wurden realistischere Berechnungen – auch für zurückliegende Jahre – angestellt, wonach sie 1989 8 Prozent und 1990 6,9 Prozent betrug. Nach Schätzungen der CIA hingegen stieg sie von 1965 bis 1988 von 13,2 auf den Spitzenwert von 17,8 Prozent. In Rubelpreisen des Jahres 1982 berechnet, bewegte sich die sowjetische Verteidigungslast um die Marke von 15 Prozent – deutlich mehr als die Werte von 1985 für Japan (ein Prozent), Westdeutschland (3 Prozent) und die Vereinigten Staaten (6 Prozent).

---

12 Firth/Noren, Soviet Defense Spending, Kapitel 2.

Tabelle 2: Sowjetische Verteidigungsausgaben und Verteidigungslast, 1965–1991

Indikator		1965	1970	1975	1980	1985	1988	1989	1990	1991
Verteidigungsausgaben										
VA (off. sowj. Angaben)	Mrd. Rubel	12,8	17,8	17,4	17,1	19,1	20,2	75,2	69,1	96,6
VA (CIA)	Mrd. Rubel	33,0	46,9	68,0	94,0	126,2	163,3	160,1	160,0	250,6
VA (CIA)	Mrd. Rubel; Preise von 1982	66,3	82,2	97,3	105,7	111,9	124,8	116,5	109,7	98,7
Anschaffung (CIA)	Mrd. Rubel; Preise von 1982	32,8	41,5	47,8	49,1	47,9	52,7	46,9	42,5	38,2
Baukosten (CIA)	Mrd. Rubel; Preise von 1982	5,7	4,4	4,8	5,9	5,7	6,1	5,9	6,0	5,4
Personal (CIA)	Mrd. Rubel; Preise von 1982	9,6	11,4	12,5	13,3	13,6	13,8	13,5	12,8	11,6
Betrieb & Instandhaltung (CIA)	Mrd. Rubel; Preise von 1982	9,3	12,8	16,1	18,1	21,0	24,0	22,0	21,6	19,4
Forschung & Entwicklung (CIA)	Mrd. Rubel; Preise von 1982	8,9	12,1	16,1	19,3	23,7	28,2	28,2	26,8	24,1
VA (CIA)	Mrd. US-Dollar; Preise von 1988	190	222	255	270	284	297	286	264	217
Amerikanische VA (CIA)	Mrd. US-Dollar; Preise von 1988	220	260	192	211	283	299	296	286	252
Amerikanische VA (Konversion)	Mrd. Rubel; Preise von 1982	80,9	101,4	73,2	88,1	127,2	154,1	147,5	140,6	135,5
Verteidigungslast										
VA/BIP. Rubelpreise des jew. Jahres (CIA)	%	13,2	12,2	13,7	14,8	15,9	17,8	15,6	15,4	12,1
Abkürzungen: VA = Verteidigungsausgaben; CIA = Central Intelligence Agency; BIP = Bruttoinlandsprodukt										

Quellen und Methode: Davis, The Defence Sector.

Wirtschaftliche und soziale Folgen des Wachstums des sowjetischen Verteidigungssektors

Da die kommunistische Führung die soziale Wohlfahrt des Landes bestimmte und der Stärkung der militärischen Macht und nationalen Sicherheit großen Wert beimaß, lässt sich argumentieren, dass die Aufrüstung und die damit verbundene Verwirklichung von Zielen der nationalen Sicherheit wenigstens während eines Teils der späteren Phase des Kalten Krieges zu einer Steigerung der Wohlfahrt führten. Damit soll nicht behauptet werden, dass gewöhnliche sowjetische Bürger – zumal die nicht russischen – mit den Zielen und Prioritäten der Elite oder ihrem Verständnis von Wohlfahrt übereingestimmt hätten. Vielmehr dürfte das Gegenteil der Fall gewesen sein – wahrscheinlich wollte die Bevölkerung mehr Konsum und weniger Verteidigung.

Im Zuge der Aufrüstung stieg der Wertumfang der sowjetischen Rüstungsexporte drastisch an (Tabelle 1). Die Zahlungen erfolgten zwar zu großen Teilen in nicht konvertierbaren Währungen oder wurden im Falle verarmter sozialistischer Dritte-Welt-Länder gestundet, doch Waffenexporte in nicht sozialistische Länder brachten der UdSSR umfangreiche Devisen ein, zusätzlich zu den durch Energieexporte erwirtschafteten.[13] Diese Devisen erlaubten ihr umfangreiche Importe von Landwirtschaftserzeugnissen (insbesondere Getreide), Konsumgütern und Waren für die zivilen Industrien. Auch das *Specinformacija*-Programm war zwar militärisch ausgerichtet, beschaffte aber stets auch Technologien, die vor allem für die zivile Wirtschaft von Nutzen waren. Obwohl ihre Weitergabe an den zivilen Sektor aus Sicherheitsgründen auf erhebliche Schwierigkeiten stieß, war die Industriespionage für bestimmte nicht militärische Produktionszweige mitunter eine große Hilfe.[14] Das sowjetische Modell der Verteidigungswirtschaft basierte darauf, dass der militärische Sektor in Friedenszeiten für die Zivilwirtschaft produzierte, im Ernstfall jedoch alle seine Kapazitäten in den Dienst der Kriegsproduktion stellte. Während der Aufrüstung im Kalten Krieg wurden sämtliche Verteidigungsinstitutionen vom sowjetischen Regime zur zivilen Produktion angehalten; tatsächlich erbrachten sie umfangreiche Leistungen für die zivile Wirtschaft.

So übernahmen die Streitkräfte mehr und mehr zivile Bauarbeiten (Straßen, Eisenbahnen, Wohnungen, Pipelines) und Dienstleistungen (Finanzen,

---

13 Kanet, Politics and Economics; Gaddy, Price of the Past.

14 U.S. Central Intelligence Agency, Soviet Acquisition of Militarily Significant Western Technology: An Update, Washington 1985; dies., Soviet Weapons Industry.

Ingenieurwesen, Dekontaminierung, Funk, Transport auf Straße und Schiene, Katastrophenhilfe, Bildung und Ausbildung, Gesundheitsversorgung und Tiermedizin, Tourismus, Sport, Musik).[15] Das militärische Versorgungsnetzwerk verkaufte durch seine Einzelhandelsorganisation Voentorg, Buchhandlungen und Landwirtschaftsbetriebe in beträchtlichem und zunehmendem Umfang Konsumgüter und Nahrungsmittel an die Bevölkerung.[16] In der Phase der Perestroika verstärkte sich dieser Trend: 1989 verkaufte das Verteidigungsministerium überschüssige Güter – beispielsweise 20000 Kraftfahrzeuge – im Wert von 500 Millionen Rubel im zivilen Sektor.

Zudem produzierte die Verteidigungsindustrie große Mengen langlebiger Konsumgüter (Fernseher, Kühlschränke, Rechner), Kapitalgüter (Computer, Passagierflugzeuge, Eisenbahnwaggons) und Zwischenprodukte (Chemikalien, elektronische Komponenten). Die Qualität dieser Waren war höher als die entsprechender Erzeugnisse der zivilen Wirtschaft, erreichte aber nicht das Niveau ausländischer Produkte auf den internationalen Märkten. Aufgrund von staatlichem Druck, starker Nachfrage der Verbraucher und Profitanreizen zur Herstellung von Konsumgütern stieg der zivile Produktionsausstoß des militärischen Sektors von 1965 bis 1985.[17] Im Jahr 1985 entfielen 40 Prozent der Gesamtproduktion der Verteidigungsunternehmen, die der MIK unterstanden, auf zivile Güter. Ab 1988 verstärkte sich dieser Trend durch umfangreiche Programme zur Rüstungskonversion, die den Anteil ziviler Güter am Ausstoß der Verteidigungsindustrie bis 1995 auf 60 Prozent anheben sollten. Während diese Bemühungen zunächst offenbar erfolgreich waren, wurden die ehrgeizigen Ziele in den letzten Jahren der UdSSR deutlich verfehlt. Unterdessen entwickelten militärische Forschungseinrichtungen in erheblichem Umfang Entwürfe und Technologien für wissenschaftliche Institute und Industrien des zivilen Sektors.

In der zweiten Hälfte des Kalten Krieges hielt die sowjetische Elite entschieden am System der Kommandowirtschaft fest. Einflussreiche Personen auf den unteren Rängen der politischen und wirtschaftlichen

---

15 Christopher Davis, »Militär- und zivilwirtschaftliche Aktivitäten der sowjetischen Streitkräfte 1975–1985«, in: Hannes Adomeit/Hans-Herrmann Höhmann/Günther Wagenlehner (Hg.), Die Sowjetunion als Militärmacht, Stuttgart 1987.

16 Laure Despres, »The Economic Planning and Management of the *tyl'* in the Soviet Armed Forces«, in: *Europe-Asia Studies* 48 (1996), H. 5, S. 767–782.

17 U.S. Central Intelligence Agency, Soviet Weapons; Julian M. Cooper, »The Civilian Production of the Soviet Defense Industry«, in: ders./Ron Amann (Hg.), Technical Progress and Soviet Economic Development, Oxford 1986; Almquist, Red Forge.

Hierarchien – etwa Bezirkssekretäre der Partei, Direktoren von Rüstungsfabriken und Leiter von militärischen Planungsbüros – hatten ein starkes Interesse an der Erhaltung des militärisch-industriellen Komplexes. Überdies bestand eine ausgeprägte »Affinität« der Mangelwirtschaft zum Kommandosystem; ihre Kontrollmechanismen erschwerten ökonomische Reformen und förderten ein Festhalten am Status quo.[18] Diese Faktoren trugen zum Scheitern der Versuche bei, eine funktionierende Wirtschaft aufzubauen, angefangen von den 1965 unter Alexei N. Kossygin initiierten Reformen des Plansystems bis hin zu den weiterreichenden Veränderungen in der späten Phase der Perestroika. Selbst in den späten 1980er Jahren, als sich die Zwangsmechanismen der Planwirtschaft anscheinend gelockert hatten, reagierten die sowjetischen Machthaber auf die wachsenden wirtschaftlichen Schwierigkeiten mit staatlichen Direktiven (*goszakazy*), um sicherzustellen, dass die privilegierten Sektoren nicht durch die zunehmenden Ungleichgewichte beeinträchtigt würden.

Infolgedessen bestimmte der Mangel wichtige Prozesse und Probleme während des gesamten Untersuchungszeitraums. Die dynamische Effizienz der sowjetischen Industrie, messbar an der Arbeits-, Kapital- und Gesamtfaktorproduktivität, nahm sogar ab.[19] Von 0,1 Prozent im Zeitraum von 1966 bis 1970 ging die Gesamtfaktorproduktivität der Industrie auf –2,3 Prozent im Zeitraum von 1981 bis 1985 zurück. Arbeitsproduktivität, Kapitalkoeffizient und Energieeffizienz der Verteidigungsindustrie blieben hinter den Werten der entwickelten Industrienationen zurück und sanken auf das Niveau der sowjetischen Zivilwirtschaft, trotz besserer technischer Ausrüstung, höher qualifizierter Arbeitskräfte und starker Förderung durch die wissenschaftliche Forschung.

Die Ausrichtung des traditionellen politisch-ökonomischen Modells der Sowjetunion auf die Verteidigung führte zu einer verzerrten Struktur der Wirtschaft, da sich der Kapitalstock weitgehend in der Schwer- und Rüstungsindustrie konzentrierte. Rund 75 Prozent des Industrieausstoßes entfielen auf Produktionsgüter, trotz wiederholter Versuche, den Anteil der Konsumgüter von 25 Prozent zu steigern. In Marktwirtschaften war das umgekehrte Verhältnis die Norm.

Die Aufrechterhaltung des osteuropäischen sozialistischen Blocks in Form des Rats für gegenseitige Wirtschaftshilfe (RGW) und des Warschauer Pakts trug zwar aus Sicht der sowjetischen Führung zu nationaler Sicherheit und internationalem Einfluss ihres Landes bei, war jedoch in

---

18 Kornai, Das sozialistische System, Kapitel 15.

19 Paul R. Gregory/Robert C. Stuart, Comparative Economic Systems, Boston 1999.

der späten Phase des Kalten Krieges mit steigenden Kosten verbunden. Im Wirtschaftsraum des RGW wurden minderwertige osteuropäische Erzeugnisse gemessen an den Weltmarktpreisen überbewertet und Energieprodukte, die mühelos im Westen absetzbar waren, unterbewertet. Da die Sowjetunion in großem Umfang Energie nach Osteuropa exportierte und die Energiepreise auf dem Weltmarkt nach 1973 anstiegen, erhöhten sich auch die verdeckten sowjetischen Subventionen der RGW-Länder von 5,3 Milliarden Dollar im Jahr 1975 auf den Spitzenwert von 18,6 Milliarden im Jahr 1981, bevor sie bis 1985 wieder auf 13,7 Milliarden Dollar zurückgingen.[20] Auch sozialistische Länder in der Dritten Welt erhielten beträchtliche Subventionen in Form von Wirtschafts- und Militärhilfe sowie der Abschreibung von Handelskrediten. Diese hohen und überdies wachsenden »Kosten des Imperiums« vergrößerten die sowjetische Verteidigungslast und beanspruchten abermals Ressourcen, die ebenso dazu hätten dienen können, die Bedürfnisse der sowjetischen Bevölkerung zu befriedigen.

Obwohl die sowjetische Regierung große Anstrengungen unternahm, den technologischen Fortschritt in den privilegierten Sektoren zu fördern, schlugen sich die Auswirkungen der Mangelwirtschaft, institutionelle Strukturen und falsche Anreize im Laufe der Zeit auch im Verteidigungssektor in Problemen nieder. Die Direktoren der Rüstungswerke waren meist risikoscheu und zogen es vor, existierende Waffensysteme weiter zu produzieren, die auf vergleichsweise einfachen Entwürfen basierten.[21] Infolgedessen vollzog sich der technologische Fortschritt in der sowjetischen Verteidigungsindustrie langsamer als in den führenden NATO-Staaten, die schließlich bei fast allen Produktionstechnologien einen Vorsprung gewannen.[22] Mitte der 1980er Jahre war die UdSSR den Vereinigten Staaten nur noch bei 4 der 29 maßgeblichen Waffensysteme technologisch überlegen.

Gleichzeitig behinderten die Verteidigungsorientierung der Regierung und systemische Mängel den technischen Fortschritt im zivilen Sektor. Die Anreize für erfolgreiche Innovationen waren ebenso ungenügend wie die Sanktionen für Misswirtschaft.[23] Da weiterhin Verkäufermärkte für Outputs und zugleich Unsicherheiten hinsichtlich Vorprodukten und Investi-

---

20 Michael Marrese/Jan Vanous, Soviet Subsidization of Trade with Eastern Europe: A Soviet Perspective, Berkeley 1983.

21 U.S. Central Intelligence Agency, Soviet Weapons; Almquist, Red Forge.

22 U.S. Department of Defense, Soviet Military Power 1988, Washington 1988; Jacques Sapir, The Soviet Military System, Cambridge 1991.

23 Joseph S. Berliner, The Innovation Decision in Soviet Industry, Cambridge 1976; Ron Amann/Julian Cooper (Hg.), Industrial Innovation in the Soviet Union, London 1982.

tionen bestanden, wurden Fabrikdirektoren darin bestärkt, Risiken und technologische Innovationen zu meiden. Bis zu den 1980er Jahren war die UdSSR bei den meisten entscheidenden Produktionstechnologien hinter die USA zurückgefallen: Ihr Entwicklungsrückstand betrug vier bis sechs Jahre bei Mikroprozessoren, drei bis fünf Jahre bei computergestützten Werkzeugmaschinen und fünf bis zehn Jahre im Softwarebereich.[24]

Die Mängel des sowjetischen Wirtschaftssystems, verfehlte politische Entscheidungen und die gescheiterten Reformen im Verteidigungssektor trugen zu den gravierenden Problem in der späten Phase des Kalten Krieges bei: Die Wachstumsraten der Wirtschaft gingen zurück. Der CIA zufolge verlangsamte sich das jährliche Wachstum des realen Bruttosozialprodukts in der UdSSR von durchschnittlich 5,2 Prozent (1966–1970) auf 3,7 Prozent (1971–1975), 2,7 Prozent (1976–1980), 1,7 Prozent (1981–1985) und schließlich 1,3 Prozent (1986–1990).[25] 1990 ging die Wirtschaftsleistung weiter zurück, 1991 war sogar ein Minus von 8,5 Prozent zu verzeichnen. Im Zeitraum von 1981 bis 1985 lag das durchschnittliche jährliche Wachstum des Gesamtausstoßes der Industrie mit 1,8 Prozent sowie der Maschinenbau- und Metallindustrie mit 1,3 Prozent weit unter den Werten des Zeitraums von 1966 bis 1970 (6,3 und 7,1 Prozent).[26] Dadurch gerieten alle Sektoren unter verstärkten Druck und wurde es für die sowjetische Führung eine zunehmende Herausforderung, bei der Ressourcenallokation Verteidigung, Investitionen und Konsum auszutarieren.

Der Ausstoß des Verteidigungssektors wurde auf einer primär extensiven Basis gesteigert und erforderte daher zunehmende Quantitäten einer immer größeren Bandbreite von Produktionsfaktoren aus der zivilen Wirtschaft. So hatte das Wachstum von Streitkräften, Rüstungsindustrie und militärischen Forschungs- und Entwicklungseinrichtungen zur Folge, dass in einer Phase der Verknappung von Arbeitskraft immer mehr Menschen – Facharbeiter, Ingenieure, Programmierer und Wissenschaftler – im Verteidigungssektor arbeiteten. Die Streitkräfte benötigten jährlich zwei Millionen neue Rekruten, doch die Zahl der Männer im Alter von 18 und 19 Jahren war nach einem Höchstwert von 5,2 Millionen im Jahr 1979 auf 4,2 Millionen im Jahr 1985 gefallen.[27] Zudem lieferten die zivilen Zweige der Wirtschaft dem Verteidigungssektor mehr Maschinen und Ausrüstung insbesondere komplexerer Art. Hochwertige Materialien und Zwischen-

---

24 U.S. Department of Defense, Soviet Military Power 1981...1990, Washington 1981...1990.

25 Gregory/Stuart, Comparative Economic Systems.

26 Davis, Russia.

27 Davis, The Defence Sector.

produkte, die von beiden Sektoren benötigt wurden – etwa Spezialstahl, technische Kunststoffe und Mikroprozessoren –, beanspruchte der Verteidigungssektor ebenfalls in wachsendem Maße.[28] Kurzum, die Aufrüstung in der späteren Phase des Kalten Krieges lenkte zunehmende Mengen von Ressourcen in den Verteidigungsbereich um.

Die wirtschaftliche Entwicklungsstrategie der UdSSR, die starke Förderung des Verteidigungssektors sowie das System der Kommandowirtschaft, das nicht auf die Verbrauchernachfrage reagierte, hatten zum Ergebnis, dass das private wie gesellschaftliche Konsumniveau deutlich unter dem der entwickelten Länder lag, wobei es wesentlich höher war als in den Entwicklungsländern und auch gewisse Verbesserungen zu verzeichnen waren. Von 1965 bis 1991 wuchs die Zahl der Beschäftigten von 108 auf 154 Millionen, während die Arbeitslosenquote nahe null blieb. Obgleich die Reallöhne in den einzelnen Sektoren unterschiedlich stark stiegen, verringerten sich die Einkommensunterschiede – sieht man von den verdeckten Privilegien der Parteielite ab. Auch die Renten und Sozialleistungen für Alte, Kranke und Schwache stiegen in ihrem realen Wert. Die Armutsgrenze wurde mehrfach angehoben, die Betroffenen erhielten mehr Unterstützung, und die Zahl der Armen ging zurück. Von 1965 bis 1991 stieg das pro Kopf verfügbare Jahreseinkommen von 493 auf 3961 Rubel. Großzügige Subventionen für Nahrungsmittel und andere Konsumgüter erlaubten es dem Staat, die Verbraucherpreise niedrig und stabil zu halten. Der Nahrungsmittelverbrauch und die Anschaffung langlebiger Konsumgüter nahmen pro Kopf deutlich zu. Zudem existierte ein staatliches Gesundheitssystem, das die gesamte Bevölkerung kostenlos versorgte. Der Wohnungsbestand wuchs, und die Wohnfläche pro Kopf stieg von 10 Quadratmeter im Jahr 1965 auf 15,5 Quadratmeter im Jahr 1991. Auch die Zahl der Erwachsenen mit Sekundarbildung oder Universitätsabschluss nahm von 428 auf 745 je tausend Einwohner zu.

Diese positiven Entwicklungen sind jedoch mit Vorsicht zu beurteilen – sie vollzogen sich im Rahmen einer immer schlechter funktionierenden Mangelwirtschaft, von der vor allem jene Sektoren und Programme betroffen waren, die nur eine niedrige Priorität besaßen. So stieg zwar das verfügbare Einkommen der Bevölkerung, doch es gelangten nie die vorgesehenen Mengen an Konsumgütern in den Einzelhandel, da die entsprechenden Industrien vernachlässigt wurden. Die Importe waren nicht ausreichend, um die Unzulänglichkeit der sowjetischen Konsumgüterindustrie auszugleichen – und gleichzeitig schöpften Firmen, die keinen

---

28 U.S. Central Intelligence Agency, Soviet Weapons.

strengen Budgetbeschränkungen unterlagen, die Konsumgüter aus den Einzelhandelsmärkten ab. Das Ergebnis war ein chronischer Nachfrageüberhang im Falle der meisten Konsumgüter, die zu staatlich festgesetzten niedrigen Preisen verkauft wurden. So kam es zu verbreiteten Engpässen, erzwungenem Sparen, dem Wachstum der Schattenwirtschaft und einem monetären Überhang, der bei der Liberalisierung der Preise während der Übergangsphase zutage trat.

Zwar war die medizinische Versorgung für die Bevölkerung kostenlos. Allerdings unterlag das Gesundheitswesen starken finanziellen Beschränkungen, da die Regierung auf Kostendämpfung setzte.[29] Die Gesundheitsausgaben stiegen zwar, ihr Anteil am Staatshaushalt sank jedoch von 6,5 Prozent im Jahr 1965 auf nur noch 4,6 Prozent im Jahr 1985. Und während ihr Anteil am Bruttoinlandsprodukt in diesem Zeitraum mit rund 3 Prozent konstant blieb, stieg der des Verteidigungssektors auf 15 Prozent an. In Großbritannien machten die Gesundheitsausgaben 1985 dagegen 5,9 Prozent des BIP aus, in Frankreich 8,5 Prozent und in den Vereinigten Staaten 10,5 Prozent.

Aufgrund beschränkter Ressourcen folgte auch die Entwicklung des sowjetischen Gesundheitswesens einer extensiven Strategie: Der Umfang der medizinischen Dienstleistungen nahm zwar zu, sie waren jedoch von vergleichsweise geringer Qualität und erforderten wachsende Quantitäten von Inputs wie Ärzten und Krankenhausbetten. Gleichzeitig hemmten die Mechanismen der Mangelwirtschaft und das allgemeine Fehlen von Anreizen zu mehr Wirtschaftlichkeit eine effiziente Nutzung dieser Inputs. Die Löhne im Gesundheitswesen lagen deutlich unter dem Durchschnitt, die Arbeitsproduktivität war niedrig, und es erwies sich als schwierig, Ärzte dazu zu bewegen, auf dem Land zu arbeiten. Eine Folge des Investitionsmangels bestand darin, dass es vielen medizinischen Einrichtungen an Grundausstattungen wie Zentralheizung und zentraler Wasserversorgung fehlte, sie nicht ausreichend instand gehalten wurden und zudem überbelegt waren.

Als die Krankheitsbilder in der UdSSR komplizierter wurden und eine entsprechend größere Herausforderung darstellten, trugen diese Missstände zu einer Verschlechterung der Gesundheitsindikatoren bei.[30] Von 1965 bis 1986 stiegen in der erwachsenen Bevölkerung praktisch sämtliche altersspezifische Sterbeziffern. Auch die Kindersterblichkeitsrate nahm im

---

29 Davis, Priority and the Shortage Model; ders., »The Health Sector in the Economy: Illness, Medical Care and Mortality«, in: Brigitte Granville/Peter Oppenheimer (Hg.), The Post-Communist Russian Economy, Oxford 2001.

30 Davis, Health Sector.

Zeitraum von 1971 bis 1976 von 22,9 auf 31,1 bei tausend Lebendgeburten zu. Die allgemeine Mortalitätsrate stieg von 1965 bis 1985 von 7,3 auf 10,6 Todesfälle pro tausend Einwohner, während die durchschnittliche Lebenserwartung von 70,4 auf 67,7 Jahre sank. In der frühen Phase der Perestroika (1985–1988) stabilisierte sich die Mortalitätsrate und verbesserte sich die Gesundheitsversorgung in fast jeder Hinsicht. Bis 1988 gingen sämtliche Sterbeziffern zurück, die Lebenserwartung nahm 1987 wieder auf 69,8 Jahre zu. Doch von 1989 bis 1991 verschlechterten sich die Gesundheitsindikatoren erneut; die Krankheitsraten stiegen und die knappheitsbedingten Probleme im Gesundheitssystem verschärften sich. Bei den altersspezifischen Sterbeziffern unter Erwachsenen sowie der allgemeinen Mortalität war wieder ein Anstieg zu verzeichnen, während die Lebenserwartung sank.

Auch das Sozialsystem insgesamt und seine einzelnen Einrichtungen (beispielsweise Behindertenheime) besaßen nur niedrige Priorität und mussten sich in einer Mangelwirtschaft behaupten. Soziale Institutionen waren daher von ähnlichen Strukturen und Mustern geprägt wie das Gesundheitswesen. Trotz der Ausweitung von Wohlfahrtsprogrammen und steigender Sozialausgaben ab 1965 blieben schwerwiegende soziale Probleme daher bis zum Ende der sowjetischen Periode ungelöst.

Schlussfolgerungen

In der zweiten Hälfte des Kalten Krieges förderte die sowjetische Führung einen Ausbau des Militärs, der sich in einem deutlichen Wachstum der Personalstärke der Streitkräfte und ihrer Waffensysteme, der Rüstungsindustrie, der Ressourcen für den Verteidigungssektor und – Schätzungen zufolge – der Militärausgaben niederschlug. Aufgrund der hohen Priorität, die dem Verteidigungssektor bis in die späten 1980er Jahre beigemessen wurde, genoss er signifikante Vorteile gegenüber den zivilen Sektoren der schlecht funktionierenden sowjetischen Mangelwirtschaft. Aus der Perspektive des sowjetischen Regimes hatte die Aufrüstung eine Reihe von positiven Folgen: Sie stärkte die UdSSR militärisch, verbesserte ihre nationale Sicherheitslage, etablierte sie als Supermacht, hielt den sozialistischen Block zusammen, brachte beeindruckende technologische Innovationen auf militärisch relevanten Gebieten hervor und ermöglichte es der Sowjetunion, sich durch Waffenexporte harte Devisen und durch Spionage westliche Technologien zu beschaffen.

Aus dem Englischen von Felix Kurz

Stephan Merl

Von Chruschtschows Konsumkonzeption zur Politik des »Little Deal« unter Breschnew

Wenn vom Kalten Krieg auf dem Feld des Konsums gesprochen wird, trifft man auf Begriffe wie »Nylonkrieg« oder »Kalter Krieg in der Küche«.[1] Besagt das, dass es in diesem Bereich der Systemkonkurrenz vorrangig um die Versorgung mit Konsumgütern ging und Frauen einen entscheidenden Einfluss auf den Ausgang hatten? War die sowjetische Niederlage auf dem Gebiet des Konsums vor allem eine Folge der hohen Rüstungsausgaben, die der Sowjetunion von den USA aufgezwungen wurden? Hätte die Sowjetunion also anderenfalls im Systemwettbewerb um den Konsum deutlich besser abgeschnitten? Ich stimme mit solchen Ansichten nicht überein. Die Unzufriedenheit der Frauen mit dem sowjetischen Konsumangebot spielte bestenfalls eine untergeordnete Rolle. Die Hauptgruppe der Unzufriedenen, so das Ergebnis des großen amerikanischen Interviewprojektes (im Folgenden: SIP-Projekt) der 1980er Jahre,[2] rekrutierte sich vielmehr aus den am besten Verdienenden und am meisten Privilegierten: junge Männer, die zumeist über eine akademische Bildung verfügten und in großen Städten wie Moskau lebten.[3] Michail Gorbatschow war ein typischer Vertreter dieser Gruppe. Frauen scheinen sich dagegen der Tendenz nach mit dem sowjetischen Konsumangebot einigermaßen arrangiert zu haben.[4]

In diesem Beitrag möchte ich aufzeigen, dass es ein Fehler wäre, anzunehmen, der Bereich »Konsum« sei in Osteuropa und der Sowjetunion ausschließlich negativ bewertet worden. Die Erklärung der Konsummängel mit dem Rüstungswettlauf belegt ein Unverständnis davon, was sich tatsächlich abspielte. Die Aufwendungen für den Konsum in der Sowjet-

---

1 Susan E. Reid, »Cold War in the Kitchen. Gender and the De-Stalinization of Consumer Taste in the Soviet Union under Khrushchev«, in: *Slavic Review* 61 (2002), S. 211–252.

2 Soviet Interview Project. A Study based on the Third Soviet Emigration. University of Illinois at Urbana-Champaign, 1983–1988.

3 James R. Millar, Perestroika and Glasnost'. Gorbachev's Gamble on Youth and Truth, SIP Working Paper Nr. 52, August 1988.

4 James R. Millar/Elizabeth Clayton, »Quality of Life. Subjective Measures of Relative Satisfaction«, in: James R. Millar (Hg.), Politics, Work, and Daily Life in the USSR. A Survey of Former Soviet Citizens, Cambridge u.a. 1987, S. 31–56.

union etwa in Form von Preissubventionen standen kaum hinter den Rüstungsaufwendungen zurück, vielleicht waren sie sogar höher. Provokativ könnte man formulieren, dass die Sowjetunion selbst mit einer Verdoppelung der Konsumaufwendungen kaum besser dagestanden hätte, weil die zusätzlichen Mittel lediglich die Ineffizienz der Ressourcennutzung erhöht und die private Bereicherung in der Schattenwirtschaft verstärkt, nicht aber die Probleme der Konsumgüterversorgung gelöst hätten. Um die ambivalenten Ergebnisse des Kalten Krieges auf dem Feld des Konsums zu verstehen, müssen wir vor allem darauf schauen, was sich innerhalb der Sowjetunion abspielte. Wir müssen nach der Ideologie und den hinter ihr stehenden Mythen sowie nach den realen Funktionsmechanismen der administrativen Kommandowirtschaft fragen.

Dabei lege ich einen weitgefassten Begriff von »Konsum« zugrunde, der alles einschließt, was im weiteren Sinne zum »Lebensstandard« gehört: die Versorgung mit Lebensmitteln, industriell gefertigten Konsumgütern und Dienstleistungen, das Wohnen, das System der sozialen Absicherung und Gerechtigkeit, die Arbeitszufriedenheit und die Freizeit. Ich vertrete die These, dass die Sowjetunion keineswegs erfolglos ihr spezielles Verständnis vom Konsum propagierte und dass die Schwächen bei der Bereitstellung von Konsumgütern für die Bevölkerung vor allem auf die Mängel der administrativen Kommandowirtschaft zurückzuführen waren. Janos Kornai hat sie zu Recht als Mangelwirtschaft beschrieben, weil sie von der Konstruktion her verschwenderisch mit den knappen Ressourcen Kapital, Arbeit und Rohstoffen umging.[5] Die Zufriedenheit mit dem Lebensstandard, so meine These weiter, war in den sozialistischen Staaten deutlich höher, als es die einseitige Perspektive, die nur das Warenangebot im Bereich des Konsums einbezieht, erwarten lässt. Um das zu verstehen, müssen wir die »Paradoxien« des Lebens in den sozialistischen Ländern beachten.[6]

Um die hier eingenommene Perspektive zu verstehen, ist eine Vorbemerkung zum »Diktatur-Konzept« angebracht. Mary Fulbrook hebt in ihrer Studie zur DDR treffend hervor, dass eine Diskrepanz zwischen der Bewertung als Diktatur in der wissenschaftlichen Analyse und dem besteht, was die Bevölkerung in ihrer Rückerinnerung an das Leben in der DDR fest-

---

5 Janos Kornai, The Socialist System. The Political Economy of Communism, Princeton 1962. Für eine Kurzfassung seiner Aussagen vgl. Paul Gregory/Robert C. Stuart, Russian and Soviet Economic Performance and Structure, Reading/Mass. 7. Aufl. 2001, S. 186f.

6 Das SIP liefert ausgezeichnete empirische Daten dafür.

hält.[7] Nach einer gewaltsamen Machtübernahme begannen die Regime, die Normen und Einstellungen der Bevölkerung unbemerkt zu prägen. Wie nachhaltig dabei gerade die konsumbezogenen Vorstellungen der Bevölkerung beeinflusst wurden, kommt etwa in der heutigen Verklärung des Bildes der DDR zum Ausdruck. Dabei wurde das Leben unter den sozialistischen Regime häufig als »warm« empfunden, während der Kapitalismus als »kalt« und »unbarmherzig« erschien.[8] »Zufriedenheit« darf keineswegs nur in quantitativen Kategorien der Warenversorgung und des Besitzes an Konsumgütern gemessen werden. Eine steigende Verfügung über Konsumgüter musste kein Mehr an Zufriedenheit bedeuten. Erwartungen und Einstellungen konnten einen erheblichen Einfluss ausüben.

Im Folgenden betrachte ich zuerst die Grundlagen des Systemwettbewerbs auf dem Feld des Konsums. Ich möchte dabei aufzeigen, dass es durchaus ein spezifisch sowjetisches Konsummodell gegeben hat, und fragen, wie weit dieses in der Praxis umgesetzt werden konnte. Danach gehe ich der Frage nach, warum es dem Regime so schwer fiel, Konsumgüter bereitzustellen, welche Rolle dabei den spezifischen Mängeln der administrativen Kommandowirtschaft zufiel. Um die Probleme bei der Regelung des Konsums zu verstehen, werden die Erfahrungen des Handelsministeriums als Vermittler zwischen Industrie und Verbrauchern analysiert. Speziell ist dabei zu klären, ob die Knappheit an Konsumgütern eine Folge des Wettrüstens war. Dann ist zu untersuchen, wie die Bevölkerung mit dem Mangel an Konsumgütern umging. Stellte er die Stabilität der Regime infrage? Wie beurteilten die Menschen ihren Lebensstandard? Dazu betrachte ich die politische Kommunikation zwischen Regime und Bevölkerung und die Anwendung korrupter Praktiken durch die Menschen. Der Beitrag konzentriert sich auf die Sowjetunion, bezieht aber stellenweise die anderen sozialistischen Staaten ein. Am Schluss steht ein kurzes Resümee über die konsumbezogenen Aspekte des Systemwettstreits im Kalten Krieg.

---

7 Mary Fulbrook, The People's State. East German Society from Hitler to Honecker. New Haven/London 2005. Sie spricht deshalb von einer »partizipatorischen Diktatur«.

8 Vgl. etwa: »Heimweh nach der Diktatur, in: *Spiegel* 2009, Heft 27, 29. 6. 2009, S. 124–126. Vgl. auch: Stefan Wolle, »Sehnsucht nach der Diktatur? Die heile Welt des Sozialismus als Erinnerung und Wirklichkeit«, in: Clemens Vollnhals/ Jürgen Weber (Hg.), Der Schein der Normalität. Alltag und Herrschaft in der SED-Diktatur, München 2002, S. 17–38.

Chruschtschows Vision und Konsummodell

Der Wettbewerb im Bereich des Konsums wurde der Sowjetunion keineswegs aufgezwungen. Ganz im Gegenteil beruhte er auf der kommunistischen Ideologie, die schon im 19. Jahrhundert den Kommunismus als die überlegene Gesellschaftsordnung entworfen hatte. Nach dem Stufenmodell der Geschichtsentwicklung sollte der Übergang zum Kommunismus erfolgen, wenn der Kapitalismus seine Entwicklungsmöglichkeiten erschöpft hatte. Die Entwicklung der Produktivkräfte würde auf die Grenzen der Produktionsverhältnisse stoßen und den Übergang erzwingen. Nach der Befreiung der Werktätigen von der Ausbeutung ihrer Arbeitskraft durch die Eigentümer der Produktionsmittel sollte sich der Kommunismus vor allem durch eine höhere Arbeitsproduktivität vom Kapitalismus absetzen. Ausgehend von dieser Überzeugung wird klar, warum es für die Sowjetunion kein Problem war, den amerikanischen Konsum als Muster zu verwenden. Dieser war nach der kommunistischen Auffassung der höchste, den der Kapitalismus hervorbringen würde. Daran wollte man anknüpfen und diesen Standard überflügeln. Nicht der Konsum, nur die Klassengrundlage, die ihn nur Besitzenden zugänglich machte, sollte geändert werden. Das schließt aber nicht aus, dass eine ethisch-moralische Debatte über die Zulässigkeit von Luxuskonsum, über guten und verwerflichen Konsum geführt wurde.[9]

Die Idee, Arbeitern Luxusgüter zugänglich zu machen, entwickelte Josef Stalin bereits Mitte der 1930er Jahre, als er auf ihrer Ersten Unionsberatung den Stachanowleuten zurief: »Es lebt sich jetzt besser, Genossen, es lebt sich jetzt froher!«[10] Kaviar und Champagner sollten für die Massen zugänglich werden, Parfüm und Eiscreme erhielten einen Platz in Stalins Konsumkultur, mit der er die Arbeiter zu mehr Leistungen anspornen wollte.[11] Das bedeutete nicht, dass sich die Sowjetunion unter Stalin zu einer Massenkonsumgesellschaft entwickelte. Dem Konsum kam eher eine symbolische Funktion als Anreizinstrument zu. Erst in der lichten Zukunft

9 Unter Chruschtschow setzte eine Kritik am »Spießertum« ein, unter Breschnew bezog sich die Kritik auf die »Tyrannei der Konsumgüter«, vgl. dazu die Einträge »Meščanstvo«, »Veščizm« in: N.B. Lebida, Enciklopedia banal'nostei. Sovetskaia povsednevnost': kontury, simvoly, znaki, Sankt Petersburg 2006, S. 231–234 und S. 485–486. Für diesen Hinweis danke ich Anna Tichomirova.

10 Josef Stalin, Rede auf der ersten Unionsberatung der Stachanowleute, in: Josef Stalin, Fragen des Leninismus, Berlin 1972, S. 603f.

11 Jukka Gronow, Caviar with Champagne. Common Luxury and the Ideals of Good Life in Stalin's Russia, Oxford/New York 2003.

sollten Konsumgüter allgemein zur Verfügung stehen. Wie künftig der zivilisierte Konsum aussehen würde, führte man der Bevölkerung 1936 mit der Eröffnung spezieller Delikatessläden (*gastronom*) und von Kaufhäusern in den Republikhauptstädten vor Augen. Das Handelsministerium entsandte Delegationen ins kapitalistische Ausland, um dort den »zivilisierten Handel« zu studieren. Vor allem beeindruckte der Besuch im Kaufhaus Macy's in New York.[12] Nach dem Zweiten Weltkrieg übernahmen zunächst populäre Bücher die Funktion, den Familien den künftigen Luxuskonsum vor Augen zu führen und ihnen Anleitungen zur korrekten Hygiene und dem richtigen Verhalten zu geben.[13] Das erlaubte den Massen, vom Konsum zu träumen, und erfüllte damit eine wichtige Funktion der Konsumgesellschaft.[14]

Erst nach dem Zweiten Weltkrieg begannen die USA, die Sowjetunion mit ihrem sehr hohen Wirtschaftswachstum als ernst zu nehmenden Konkurrenten wahrzunehmen. Dabei erblickte man in der Sowjetunion vor allem eine totalitäre Militärmacht. Das stand in deutlichem Kontrast zu dem Ergebnis der Harvarder Befragung von Displaced Persons.[15] David Riesman entwickelte unter diesen Bedingungen sein Szenarium vom »Nylonkrieg«, nach dem man das Sowjetregime durch die Bombardierung des Landes mit Konsumgütern problemlos beseitigen könne.[16] Zu diesem Zeitpunkt stand die reale Nutzung der Konsumgüter im Kalten Krieg aber erst noch bevor. Sie sollte 1959 spektakulär mit der Eröffnung des »Küchenkrieges« durch Nixon beginnen, der zur Eröffnung einer wirtschaftlichen Leistungsschau der USA nach Moskau reiste.[17]

---

12 Gronow, Caviar, S. 72–79; Julie Hessler, A Social History of Soviet Trade. Trade Policy, Retail Practices and Consumption, 1917–1953, Princeton 2004, S. 197–247; Stephan Merl, »Konsum in der Sowjetunion. Element der Systemstabilisierung«, in: *Geschichte in Wissenschaft und Unterricht* (2007), Heft 58, S. 519–536, hier: S. 519–526.

13 Vgl. etwa: Kniga o vkusnoj i zdorovoj pišče, Odobrena Institutom pitanija Akademii medičinskich nauk SSSR, Moscow 1952.

14 Vgl. John Brewer, Was können wir aus der Geschichte der frühen Neuzeit für die moderne Konsumgeschichte lernen?, in: Hannes Siegrist/Hartmut Kaelble/Jürgen Kocka (Hg.), Europäische Konsumgeschichte. Zur Gesellschafts- und Kulturgeschichte des Konsums (18.–20. Jahrhundert), Frankfurt am Main/New York 1997, S. 51–74.

15 Vgl. Alex Inkeles/Raymond Bauer, The Soviet Citizen, Daily Life in a Totalitarian Society, Cambridge 1961.

16 David Riesman, »The Nylon War«, in: ETC 8 (1951), S. 163–170. Er hatte vermutlich den Erfolg der »Rosinenbomber« bei der Versorgung West-Berlins 1948/49 vor Augen.

17 Reid, Cold War, S. 223–225.

Innerhalb der Sowjetunion wurde der Konsum durch die inneren Zwänge des Nachfolgekampfes, der im März 1953 nach Stalins Tod ausbrach, von einer Fiktion zu einem realen Projekt. Die potenziellen Nachfolger Stalins hatten keine andere Alternative, als ihren Herrschaftsanspruch mit der Verbesserung des Konsums zu legitimieren. Eine Fortsetzung des Terrors, der zuvor ausschließlich ein Instrument Stalins gewesen war, war weder möglich noch wurde sie verfolgt. Georgi Malenkow erkannte als Erster, was zu leisten war, um den Führungsanspruch auf die Verbesserung des Konsums zu gründen. Gemeinsam mit Lawrenti Berija gründete er sein Konzept des »Neuen Kurses«, der auf eine ökonomische Liberalisierung und die schnelle Steigerung des Konsums setzte. Seine Überlegungen unterschieden sich vom Konzept des »Nylonkrieges«: Die Steigerung des Konsums sollte gerade durch die Atombombe ermöglicht werden. Sie erlaube, künftig das Gleichgewicht der Abschreckung zwischen den Supermächten kostengünstig herzustellen. Der Besitz von Atomwaffen sollte exklusiv ihr Recht sein, sodass sie auf diese Weise der Welt den Frieden garantieren könnten. Durch die starke Reduzierung der Ausgaben für konventionelle Rüstung und Soldaten sollte der Schwenk zum Konsum finanziert werden. Zudem glaubte Malenkow, dass Rüstungsfabriken schnell in Betriebe zur Produktion ziviler Konsumgüter umgerüstet werden könnten.[18]

Seine Konkurrenten im Moskauer Machtkampf hintertrieben die Realisierung von Malenkows Ideen und Plänen mit Erfolg.[19] So kam es dazu, dass der »Neue Kurs« zunächst in der DDR und nicht in der Sowjetunion verkündet wurde. Die Mitglieder des sowjetischen Präsidiums des Zentralkomitees zwangen die verdutzte Delegation aus Ungarn bei ihrem Moskaubesuch Mitte Juni 1953 ebenfalls dazu, zum »Neuen Kurs« überzugehen.[20] Die unvorbereitete Liberalisierung hatte mit dem Arbeiteraufstand am 17. Juni 1953 in der DDR fatale Folgen. Das war die Stunde von Nikita Chruschtschow. Er leitete die Verschwörung, die zur Verhaf-

18 Stephan Merl, »Entstalinisierung, Reformen und Wettlauf der Systeme 1953–1964«, in: Stefan Plaggenborg (Hg.), Handbuch der Geschichte Russlands, Bd. 5: 1945–1991. Vom Ende des Zweiten Weltkriegs bis zum Zusammenbruch der Sowjetunion, Stuttgart 2002, S. 175–318, hier: S. 204–210.

19 Alec Nove, An Economic History of the U.S.S.R., London u.a. 1972, S. 322–326.

20 Transcript of the Conversations between the Soviet Leadership and a Hungarian United Worker's Party Delegation in Moscow on 13 June 1953, in: Cold War International History Project Bulletin 10 (März 1998), S. 81–86; vgl. auch: Merl, Entstalinisierung, S. 206–208.

tung und anschließenden Ermordung von Berija führte und damit die Berija-Malenkow-Gruppe sprengte. Chruschtschow propagierte ein eigenes Konsummodell. Anders als Malenkow wollte er nicht mit dauerhaften Konsumgütern beginnen, die eher von der Sowjetelite nachgefragt wurden, sondern zur Schaffung von »Überfluss« für die Massen bei Getreide ansetzen. Mit der Neulandkampagne überrumpelte er Anfang 1954 seine Führungsgenossen. Im Sommer 1954 zeigte die Kampagne erste Erfolge. Chruschtschow entmachtete Malenkow, den er beschuldigte, die Doktrin vom vorrangigen Wachstum der Schwerindustrie verletzt zu haben. Auch Chruschtschow setzte auf die atomare Abschreckung, kürzte die Ausgaben für konventionelle Waffen und reduzierte die Personalstärke der Armee, betrieb aber keine Umlenkung der Mittel in den Konsum.[21]

Sowohl Malenkows als auch Chruschtschows Herangehensweisen basierten auf dem neuen Konzept der »friedlichen Koexistenz«. Es sollte besser als »friedlicher Wettbewerb« oder »Konfrontation mit friedlichen Mitteln« bezeichnet werden, denn es gründete auf der festen Überzeugung, dass der Kommunismus eine dem Kapitalismus überlegene Wirtschafts- und Gesellschaftsordnung darstelle und einen höheren Lebensstandard als der Kapitalismus garantieren würde. Das überlegende Konsumniveau würde alle Völker dazu bewegen, sich dem kommunistischen Modell anzuschließen. Auf diese Weise könne der Kommunismus den Kapitalismus mit friedlichen Mitteln niederringen.

Die Kommission zur »Lösung der ökonomischen Hauptaufgabe der UdSSR«, 1956–1966

Doch wie war es in der Realität um diese Vorstellung bestellt? Zu diesem Zweck war 1956 eine Kommission eingerichtet worden. Sie sollte Chruschtschows Überzeugung wissenschaftlich untermauern, die USA könnten in wenigen Jahren auf dem Gebiet der Ökonomie und hinsichtlich des »Lebensstandards der werktätigen Bevölkerung« überholt werden.

Die Experten begannen zunächst damit, eine Basis zur Berechnung von Vergleichszahlen zu entwickeln, weil die veröffentlichten statistischen Daten auf unterschiedlichen Konzepten beruhten (»Bruttosozialprodukt« für den Westen, »Nationaleinkommen« für die Sowjetunion). Sie trugen

21 Merl, Entstalinisierung, S. 186–191, 204–217, zur Kürzung der Rüstungsausgaben durch Chruschtschow: S. 276.

die relevanten Daten für die amerikanischen und die westeuropäischen Volkswirtschaften zusammen und stellten erste Vergleichsberechnungen an. Dabei standen sie von Beginn an unter dem Druck des ungeduldigen Chruschtschow, der von den Experten vor allem eine statistische Bestätigung seiner Konzepte erwartete. In ihrer Not trafen diese einige zweifelhafte Entscheidungen, um dem Ersten Sekretär einen möglichst günstigen Entwicklungsstand der Sowjetunion im Vergleich mit den USA präsentieren zu können. So entschieden sie etwa, bei der Berechnung der amerikanischen Arbeitsproduktivität nicht von den Beschäftigten auszugehen, sondern die Arbeitslosen einzubeziehen. Beim Vergleich der Wirtschaftsleistungen klammerten sie auf der amerikanischen Seite die Automobilindustrie aus, die sie als parasitären und für die Sowjetunion nicht erforderlichen Wirtschaftssektor bezeichneten. Während sie auf diese Weise den in der Sowjetunion erreichten Entwicklungsstand schönrechneten, teilten sie durchaus die Überzeugung von Chruschtschow, dass der Spielraum der USA für weiteres Wachstum begrenzt sei. Während sie für die Sowjetunion eine stabile Wachstumsrate von jährlich 10 Prozent festlegten, gingen sie für die USA nur von einem zweiprozentigen jährlichen Wirtschaftswachstum aus. Auf diese Weise »belegten« die Kommissionsmitglieder, dass die Sowjetunion die USA bereits 1975 einholen würde. Auch der Konsum wurde schöngerechnet. So sollte das Konsumniveau eines »amerikanisches Werktätigen« als Vergleichsmaßstab dienen. Damit konnte alles, was sie als Luxuskonsum der Angehörigen reicher Klassen definierten, im Vergleich herausfallen. Einigkeit bestand allerdings darin, die Arbeitsproduktivität als das wichtigste Kriterium zu betrachten, um die Überlegenheit der Sowjetwirtschaft nachzuweisen.[22]

Die in den Medien veröffentlichten Berechnungen der Experten über den Zeitpunkt, wann die Sowjetunion die USA einholen sollte, verloren unter Chruschtschows Druck jeglichen Bezug zur Realität. Die Fristen waren viel zu kurz. Wie stark sich diese Vorlagen von jedem gesunden Menschenverstand entfernt hatten, enthüllt die im Archiv aufbewahrte Zuschrift eines Rentners an den Ersten Stellvertretenden Vorsitzenden des Ministerrats der UdSSR Alexei Kossygin. Mit den öffentlich zugänglichen Informationen wies er den Experten schwere Fehler nach und hielt es für seine Pflicht, die politische Führung davor zu warnen, diesen Berechnun-

22 Russisches Staatsarchiv für Wirtschaft (RGAE), fond 99, opis' 1, dela 667 (Protokolle der Sitzung des Sektors »Probleme des ökonomischen Wettkampfs zwischen zwei Systemen« vom 6. 12. 1956), list 26–33; delo 670, list 1–7; delo 671, delo 674, list 1–7; opis' 2, delo 344, list 102–118.

gen Vertrauen zu schenken. Nach seinen Berechnungen, die er beifügte, würde die Sowjetunion nicht vor 1983 die USA einholen.[23]

Erst nach der Ablösung von Chruschtschow konnten die Experten ungeschönt ihre realen Befunde ausbreiten. Diese waren niederschmetternd. Zwar konstatierten sie, dass die Sowjetunion in Bezug auf quantitative Kriterien ihren Rückstand deutlich verringert habe. Bezüglich qualitativer Kriterien ergebe sich jedoch ein anderes Bild. Der Anteil moderner Industrien sei wesentlich geringer als in den kapitalistischen Staaten, ebenso die Effizienz bei Investitionen und der Nutzung von Rohstoffen. Bei einzelnen Kennziffern habe sich hier der Rückstand der Sowjetunion in den letzten Jahren sogar verstärkt.[24] Am Beispiel von Stahl zeigte die Kommission, dass die Sowjetunion die USA quantitativ fast eingeholt habe, qualitativ aber noch sehr weit hinterherhinke. So produziere die Sowjetunion fast keine Stahlbleche, die etwa für den Maschinenbau benötigt würden, während in den USA und Westeuropa der Anteil von Stahlblechen bei nahezu der Hälfte der Stahlproduktion liege.[25] Mit anderen Worten: Die Sowjetunion gehe grob verschwenderisch mit Stahl um.[26]

Das Ein- und Überholen der USA war in den 1960er Jahren keineswegs ein utopisches Projekt. So gelang es Japan, aus einem gegenüber der Sowjetunion sogar noch größeren Rückstand heraus, mit den USA in Bezug auf das Bruttosozialprodukt je Kopf der Bevölkerung weitgehend gleichzuziehen.[27] Als Hauptursache für den Fehlschlag muss die sowjetische Wirtschaftsordnung angesehen werden. Die administrative Kommandowirtschaft war mit ihrem systembedingt verschwenderischen Umgang mit den Ressourcen Kapital, Arbeit und Rohstoffen aufgrund der fehlenden harten Budgetrestriktionen für die Betriebe[28] nicht in der Lage, die Arbeitsproduktivität im erforderlichen Maße anzuheben, obwohl diese noch nicht einmal ein Drittel der amerikanischen erreichte. Auf dem schnellen Aufholen bei der Arbeitsproduktivität gründeten das japanische und auch das deutsche »Wirtschaftswunder«. Die Wirtschaftsordnung der Sowjet-

---

23 RGAE, fond 7, opis' 3, delo 1069, list 15–52, Schreiben von Bywsew an Kossygin vom 10. 10. 1961 mit Anlagen.

24 RGAE, fond 99, opis' 2, delo 663, list 83, 84, 84a.

25 Ebenda, list 107–124.

26 Vgl. Stephan Merl, The Soviet Economy in the 1970s – A Period of Crisis or Stability? Reflections on the Relation between Socialist Modernity, Crisis and the Administrative Command Economy (erscheint 2010).

27 Berechnet nach Angus Maddison, Monitoring the World Economy, Paris 1995, S. 194–201.

28 Kornai, Socialist System; Gregory/Stuart, Performance, S. 186f.

union war zudem nicht in der Lage, aus dem internationalen Warenaustausch Wachstumsimpulse zu beziehen. Chruschtschows Aufgabenstellung war vor allem ein Test für die Leistungsfähigkeit der Kommandowirtschaft. Dass sie nicht in der Lage war, ihre vermeintliche Überlegenheit unter Beweis zu stellen, war Auslöser für den einzigen grundlegenden Versuch, die Effizienz der sozialistischen Wirtschaften anzuheben, die Wirtschaftsreform der 1960er Jahre. Sie knüpfte unmittelbar an den Erkenntnissen an, die die Experten beim Vergleich mit der Wirtschaftsleistung der USA gewonnen hatten.[29]

Konsum im Kommunismus – Modell einer sowjetischen Konsumgesellschaft?

Das von Chruschtschow entwickelte Konsummodell zielte darauf, die überkommene Verbindung zwischen dem Konsum und der Quantität sowie der Qualität der Arbeitsleistung zu kappen.[30] Durch die hohe Arbeitsproduktivität würde der Kommunismus einen derartigen Überfluss erzeugen, dass die Befriedigung der Bedürfnisse des Einzelnen unabhängig von seiner Arbeitsleistung erfolgen könne. In der Übergangszeit sollten die für den Konsum verfügbaren Mittel in zwei Fonds aufgeteilt werden, den Lohnfonds und den öffentlichen Konsumfonds. Letzterer sollte dazu dienen, Dienstleistungen und Waren kostenlos oder zu eher symbolischen Preisen zur Verfügung zu stellen. Im Zeitverlauf sollte der Lohnfonds an Bedeutung verlieren und immer mehr Leistungen und Waren der Bevölkerung kostenlos zur Verfügung gestellt werden. Wenn die kommunistische Gesellschaft erreicht war, sollte der Lohnfonds verschwinden. Ende der 1950er Jahre zählten Bildung und Gesundheit zu den kostenlos erbrachten Leistungen. Grundlebensmittel, Wohnen, kommunale Dienstleistungen einschließlich des öffentlichen Nahverkehrs, Plätze in Kinderkrippen und -gärten sowie Kantinenessen wurden weit unter den Kosten zu eher symbolischen Preisen bereitgestellt. Die Ausweitung von kostenlos zur Verfü-

29 Vgl. Merl, Soviet Economy.

30 Vgl. Stephan Merl, »›Jeder nach seinen Fähigkeiten, jedem nach seinen Bedürfnissen‹? Über Anspruch und Realität von Lebensstandard und Wirtschaftssystem in Rußland und der Sowjetunion«, in: Wolfram Fischer (Hg.), Lebensstandard und Wirtschaftssysteme, Frankfurt am Main 1995, S. 261–306 (S. 284f.); ders., »Sowjetisierung in der Welt des Konsums«, in: Konrad H. Jarausch/ Hannes Siegrist (Hg.), Amerikanisierung und Sowjetisierung in Deutschland 1945–1970, Frankfurt am Main/New York 1997, S. 205–241.

gung gestellten Dienstleistungen und Waren sollte in den nächsten Jahren vor allem die Belastungen der arbeitenden Frauen im Haushalt reduzieren.[31] Im Vergleich zu marktwirtschaftlichen Systemen hatte die Sowjetfamilie nur einen sehr geringen Teil ihres Haushaltsbudgets für Wohnen, kommunale Dienstleistungen, den öffentlichen Nahverkehr und die Kinderbetreuung aufzuwenden.

Das kommunistische Konsummodell trennte endgültig die Verbindung von Kosten und Preisen auf dem Sektor des Konsums. Die Kleinhandelspreise spiegelten nicht mehr die Kosten der Erbringung von Dienstleistungen oder der Produktion von Waren wider. Das war die Hauptursache dafür, dass es in der Folgezeit nicht gelang, den Konsumenten ausreichend Waren und Dienstleistungen »zu Staatspreisen« anzubieten. Diese Preispolitik nahm der Bevölkerung das Interesse, mit den unter den Produktionskosten angebotenen Waren sparsam umzugehen. So wurde in allen sozialistischen Staaten hoch subventioniertes Brot verfüttert. Genauso wenig gelang es, den Betrieben einen Anreiz zu vermitteln, Verbraucherinteressen zu berücksichtigen und tatsächlich benötigte und nachgefragte Waren herzustellen. Als Monopolproduzenten brauchten sie weder die Konkurrenz anderer Betriebe noch den Konkurs zu fürchten.

Um den grundlegenden Bedarf zu bestimmen, der jeder Person zur Verfügung gestellt werden sollte, berechneten 1959 und 1960 verschiedene Expertenkommissionen »wissenschaftlich begründete Verbrauchsnormen«. Sie bezogen alle Konsumbereiche ein und bestimmten den Pro-Kopf-Bedarf an Lebensmitteln, Kleidung, dauerhaften Konsumgütern, Wohnung, Freizeit und öffentlichen Dienstleistungen. Sie dienten als Grundlage für die Perspektivplanung bis 1980. Nach Chruschtschows Anweisung sollten diese Normen mit dem Eintritt in das Stadium des Kommunismus erreicht werden.[32] Diese Normen wurden den Menschen zugleich über die Medien bekannt gemacht. Das erste Mal erfuhr die Bevölkerung, was der Kommunismus für sie in Bezug auf ihren Lebensstandard und ihre Lebensqualität konkret bedeuten würde. Die fatale Konsequenz war, dass nunmehr jeder vergleichen konnte, was ihm eigentlich zustehen sollte und was ihm tatsächlich zur Verfügung stand. Chruschtschow ging damit ein hohes Risiko ein. Wenn er seine Verspre-

31 Fragen des Lebensstandards. Beiträge aus dem Seminar »Perspektivplanung der Entwicklung des Lebensstandards« des Internationalen Symposiums zu Fragen der Perspektivplanung vom 27. 9.–1. 10. 1960 an der Hochschule für Ökonomie Berlin, Berlin-Ost 1961.

32 RGAE, fond 7, opis' 3, u.a. delo 12, delo 501.

chungen nicht erfüllen konnte, musste das eine gefährliche Unzufriedenheit hervorrufen.

Die meisten dieser »wissenschaftlich begründeten Normen« basierten auf dem amerikanischen Standard Ende der 1950er Jahre, den die Planer benutzten, um das obere Niveau der persönlichen Bedürfnisse der Sowjetbevölkerung zu bestimmen. So sollten etwa alle Wohnungen in der Sowjetunion mit einer Klimaanlage ausgestattet werden. Alle neuen Wohnquartiere in den Städten waren mit Dienstleistungs- und Einkaufsläden zu versehen. Jede Familie sollte ein Radio, einen Fernseher und einen Kühlschrank besitzen. Nicht alle Normen entsprachen den Wünschen der Menschen. So musste später von der gemeinsamen Nutzung einer Waschmaschine, die Chruschtschow für sinnvoll hielt, abgerückt werden. Ebenso wenig waren viele Personen bereit, auf private Pkw zu verzichten.[33]

Mit den steigenden Problemen bei der Lebensmittelversorgung Anfang der 1960er Jahre verschwanden die rationalen Verbrauchsnormen schnell wieder aus den Medien. Der verzweifelte Versuch, durch die Anhebung der Kleinhandelspreise um 30 Prozent den Anstieg des Konsums an Tierprodukten zu beschränken, verschuldete im Juni 1962 die Tragödie von Nowotscherkassk, bei der auf streikende Arbeiter geschossen wurde.[34] Nach Chruschtschows Ablösung sprach die Sowjetführung nicht länger davon, bis 1980 das Stadium des Kommunismus zu erreichen. Eine generelle Revision der Normen erfolgte aber nicht. Sie dienten weiter zur Orientierung der Planung. Wenn die Normen bis 1980 nur hinsichtlich dauerhafter Konsumgüter – und auch hier ohne Berücksichtigung von qualitativen Gesichtspunkten – einigermaßen erreicht werden konnten, so war das in keiner Weise auf den Rüstungswettlauf zurückzuführen; es lag an den grundlegenden Mängeln der administrativen Kommandowirtschaft.[35] Der Rüstungssektor litt unter ihnen nicht weniger als die Konsumgüterindustrie.[36]

In Bezug auf den Konsumwettbewerb des Kalten Krieges ist allerdings festzuhalten, dass die sowjetische Bevölkerung im Großen und Ganzen mit Chruschtschows Konsummodell einverstanden war. Sie genoss es, viele Grundlebensbedürfnisse nahezu kostenlos decken zu können. Auch wenn

33 Vgl. Merl, Sowjetisierung, S. 182–184; RGAE, fond 7, opis' 3, delo 501.

34 V. A. Kozlov, Massovye besporjadki v SSSR pri Chruščeve i Brežneve, Novosibirsk 1999, S. 301–383; Merl, Entstalinisierung, S. 223.

35 Stephan Merl, »Staat und Konsum in der Zentralverwaltungswirtschaft. Russland und die ostmitteleuropäischen Länder«, in: Siegrist/Kaelble/Kocka (Hg.), Europäische Konsumgeschichte, S. 205–241, hier: S. 216–229.

36 Vgl. den Beitrag von Christopher Davis in diesem Band.

uns die Absicht, die Bedürfnisse der Bevölkerung von oben zu bestimmen und kostenfrei zu erfüllen, als vormodern und paternalistisch erscheint, stieß sich die Masse der Sowjetbevölkerung nicht daran. Zu Chruschtschows Konzept gehörte, dass der Staat auch im Konsumbereich keine privaten Aktivitäten dulden wollte. Private Dienstleistungen, das private Handwerk und sogar die private Haltung von Nutztieren wurden als parasitäre Tätigkeiten eingestuft und mit Verhaftung oder Verbannung geahndet.[37]

Das Modell in der Praxis

Trotz der Probleme bei der Bereitstellung von Konsumgütern verbesserte sich das Konsumniveau zwischen 1960 und 1990 grundlegend. Die Ausstattung der Haushalte mit dauerhaften Konsumgütern stieg deutlich an, ebenso erhöhte sich der Verbrauch an Lebensmitteln. Der jährliche Pro-Kopf-Verbrauch von Fleisch verdoppelte sich sogar gegenüber 1950.[38] Unter den Bedingungen des Kalten Krieges vollzog sich also auch in der Sowjetunion geradezu eine »Konsumrevolution«. Die Verbesserung bezog seit Ende der 1950er Jahre auch das Wohnen und die meisten Bereiche der sozialen Absicherung ein. Viele sowjetische Familien erhielten erstmals eine zumindest mit modernem Basiskomfort ausgestattete eigene Wohnung. Die Garantie von Mindestlöhnen trug zusätzlich zur Akzeptanz von Chruschtschows Konsummodell bei. Die Ausweitung der Sozialleistungen führte in den 1960er Jahren aber auch zu einer Kostenexplosion, weil neben der Verbesserung von Leistungen die auf Veranlassung von Stalin zuvor vom staatlichen Sozialsystem ausgeschlossenen Kolchosniki in die staatliche Absicherung einbezogen wurden.[39]

Produziert wurde in erster Linie Massenware der Standardqualität. Der gewaltige technologische Rückstand der Konsumgüterindustrie und des Handels aufgrund der vollständigen Vernachlässigung dieser Sektoren unter Stalin konnte aber nicht wesentlich verringert werden. Auffällig ist, dass von der sowjetischen Konsumgüterindustrie praktisch keine Impulse ausgingen, neue und anspruchsvolle Waren herzustellen. Sie beschränkte sich darauf, zuvor in den westlichen Industriestaaten auf den Markt gebrachte Produkte nachzubauen. Bereits bei der Einführung von Farbfern-

37 Merl, Entstalinisierung, S. 269–271.
38 Merl, Konsum, S. 520–523.
39 Vgl. Merl, Entstalinisierung, S. 251–259.

sehern und Waschvollautomaten blieb sie deutlich zurück. Die Abhängigkeit von Importen westlicher Technologie verschärfte sich ständig. Das am meisten beachtete Beispiel ist die sowjetische Automobilindustrie. Sie war bis in die 1960er Jahre derart hinter der technologischen Entwicklung in den westlichen Industriestaaten zurückgefallen, dass die Massenproduktion von Pkw für den sowjetischen Verbraucher nur in Kooperation mit westlichen Herstellern begonnen werden konnte.[40] Der Rückstand war keineswegs vorrangig auf die Knappheit an Investitionsmitteln zurückzuführen. Entscheidend war, dass die sowjetische Kommandowirtschaft nicht geeignet war, eigene Erfindungen im Konsumbereich zu fördern, und zudem vollständig dabei versagte, die Verbreitung des technologischen Fortschritts zu sichern. Dadurch zeigten die Technologieimporte für den Konsum auch nur geringe Wirkung, vielfach kam es nicht einmal zur Produktionsaufnahme.[41] Das Unvermögen zur Diffusion des technischen Fortschritts sorgte in allen Wirtschaftsbereichen dafür, dass sich die Auswirkungen von Wirtschaftsembargos des Kalten Krieges in Grenzen hielten. Den sichersten Schutz vor der Nutzung neuer Technologien bot zu jedem Zeitpunkt die Kommandowirtschaft selbst.[42] Bemerkenswert ist, dass in der Sowjetunion überhaupt kein positiver Effekt des Rüstungswettlaufs auf die Konsumgüterindustrie festzustellen ist. Eine Weiterentwicklung von Militärtechnologie zur zivilen Nutzung wie in den USA gab es nicht. Ohne Konkurrenz zwischen den Betrieben und ohne das Interesse, Profit aus der privaten Nutzung dieser Technologie zu ziehen, konnte keine adäquate Dynamik entfacht werden. Dabei hatten bis zum Ende der Sowjetunion auch Betriebe der Schwer- und Rüstungsindustrie Auflagen zur Produktion bestimmter Konsumgüter zu erfüllen.[43] Gerade die Beschleunigung der Verbreitung des technischen Fortschritts war ein Hauptziel

---

40 Nordica Nettleton, »Driving towards Communist Consumerism. AvtoVAZ«, in: *Cahiers du Monde russe* (2007), Heft 47, S. 131–152.

41 Vgl. dazu das Material des Handelsministeriums, RGAE, fond 465.

42 Vgl. dazu Ronald Amann/Julian Cooper/R.W. Davies (Hg.), The Technological Level of Soviet Industry, New Haven/London 1977; Gregory/Stuart, Performance, S. 187–189. Zu den Ursachen gehörten der Mangel an Wettbewerb und die Angst des betrieblichen Managements vor Nachteilen: eine Verschlechterung der Planerfüllung und damit verbunden ein geringer Fonds für Löhne und Prämien.

43 Vgl. Russisches Staatsarchiv für Neuere Geschichte, Moskau (RGANI), fond 5, opis' 88, delo 334 (1982). Ausnahmslos alle Ministerien hatten Produktionsaufträge für Konsumgüter zu erfüllen, darunter auch das Innenministerium, das Ministerium für Schiffbauindustrie und das Ministerium für Rüstungsindustrie.

der Wirtschaftsreformen der 1960er Jahre, konnte aber nicht erreicht werden.[44]

Die entscheidende Ursache für die Niederlage der Sowjetunion im Wettbewerb um den Konsum war die administrative Kommandowirtschaft. In der Effizienz der Ressourcennutzung war sie deutlich der westlichen Marktwirtschaft unterlegen. Von ihrer Konstruktion her war sie zudem nicht in der Lage, Prioritäten zu setzen, weil ihr die Möglichkeit fehlte zu entscheiden, welche der gemeldeten Mängel am schwerwiegendsten waren.[45] Das traf die Konsumgüterindustrie zusätzlich, weil die niedrigen Löhne im Bereich der Leichtindustrie und des Handels dazu führten, dass die bestqualifizierten Manager nicht in diesen Bereich gingen. Das Festhalten an der Wirtschaftsordnung durch den politischen Abbruch der Wirtschaftsreform nahm der Sowjetunion die Fähigkeit, im Wettstreit mit dem Westen zu bestehen.

Das Handelsministerium als Vermittler zwischen Konsumenten und Industrie

Mit der Aufhebung der Rationierung Ende 1934 wurde festgelegt, dass der Markt für Konsumgüter nach anderen Regeln funktionieren sollte als der Rest der Kommandowirtschaft: Die Verbraucher sollten ihre Waren nicht zugeteilt bekommen, sondern frei wählen können.[46] Geschlossene Läden behielten zwar zu jedem Zeitpunkt für einige privilegierte Verbraucher ihre Bedeutung, die Masse der Konsumgüter wurde aber in staatlichen oder genossenschaftlichen Läden zu den vom Staat festgesetzten Preisen verkauft. Seit 1932 konnten zudem selbst produzierte Agrarprodukte auf den Kolchosmärkten legal zu freien Preisen angeboten werden. Die Entscheidung, den Verbrauchern die Auswahl der Konsumgüter zu belassen, verursachte von Beginn an ernsthafte Probleme für die Wirtschaftsplaner. Bei der Zufriedenstellung der Verbraucherbedürfnisse mussten sie »die Anarchie des Marktes« einkalkulieren. Die Nachfrage blieb von so kom-

44 H. H. Höhmann/M. C. Kaser/K. C. Thalheim (Hg.), The New Economic Systems of Eastern Europe, London 1975; vgl. auch Gregory/Stuart, Performance, S. 187–189, 228–230; Merl, Soviet Economy.

45 Stephan Merl, Die sowjetische Kommandowirtschaft – wieso scheiterte sie nicht früher? In: GWU 58 (2007), S. 656–675; Janos Kornai, Socialist System; Gregory/Stuart, Performance, S. 186f.

46 Vgl. Hessler, Social History.

plizierten Kriterien wie Mode, Konfektionsgrößen oder dem Anstieg des Lebensstandards abhängig.[47]

Die Aufgabe, die erforderlichen Informationen über die Verbrauchernachfrage zu erheben und an die staatliche Planung und die Industrie zu liefern, wurde dem Handelsministerium und dem Staatshandel zugewiesen. Das war auch deshalb von Vorteil, weil damit ein Sündenbock für alle notwendig auftretenden Diskrepanzen zwischen Nachfrage und Angebot gefunden war, dessen Schuld den Verbrauchern nachvollziehbar und plausibel erschien. Das lenkte von der Frage nach der eigentlichen Verantwortung für diese Mängel ab.

Dass die Produktion nicht in Übereinstimmung mit der Nachfrage stand, konnte man selbst unter den Bedingungen des schärfsten Mangels an Konsumgütern Mitte der 1930er Jahre und in den Jahren nach dem Zweiten Weltkrieg sehen. Ein immer größerer Teil der von der Industrie produzierten Waren erwies sich als Ladenhüter, weil er gravierende Mängel aufwies, im Verhältnis zum festgesetzten Preis von geringer Qualität war oder dem Geschmack und den Konfektionsgrößen der Bevölkerung nicht entsprach. Spezielle Kontrollen im Handel und in den Industriebetrieben deckten auf, dass der Anteil von unbrauchbaren Waren unter den von einzelnen Industriebetrieben ausgelieferten nicht selten bei 50 und mehr Prozent lag.[48]

Während sich die Planung für die langfristige Konsumentwicklung bis 1980 auf die »rationalen Normen« stützte, die aus der Analyse des gegenwärtigen Verbrauchs in den USA gewonnen wurden,[49] musste die Festlegung des Warenangebots für das nächste Jahr reale Trends berücksichtigen. Nach Stalins Tod wurden die Methoden zur Bestimmung der Verbrauchernachfrage vervollkommnet. Eine Reihe von Konferenzen beschäftigte sich mit dieser Frage. Bei der Einrichtung des Staatlichen Wirtschaftsrates Ende 1959 stufte man die Abstimmung der Konsumgüterproduktion mit der Verbrauchernachfrage als eines der am dringendsten zu lösenden Probleme der Sowjetwirtschaft ein.[50] Während der Wirtschaftsreform in den 1960er Jahren imitierten die Sowjets einige westliche Institutionen und Praktiken. So wurde ein Forschungsinstitut zur Ermittlung

47 Vgl. ebenda. Die Systemfunktion des Handels analysiert: Mark Landsman, Dictatorship and Demand. The Politics of Consumerism in East Germany, Cambridge, MA 2005.

48 Merl, Konsum, S. 521, 532–536; vgl. auch die Archivfonds des Handelsministeriums: RGAE, fond 7971, 195, 61 und 465.

49 Vgl. insbesondere RGAE, fond 7, opis' 3, delo 501.

50 Ebenda, fond 7, opis' 3, delo 1.

der Verbrauchernachfrage gegründet,[51] der Rückgriff auf Werbung beschlossen und spezielle Läden zur Ausstellung von modischer Kleidung eröffnet.

Das Problem, die Verbrauchernachfrage im Voraus zu bestimmen, war allerdings weniger kompliziert, als der Konsumgüterindustrie einen Anreiz zu geben, ihre Produktion an den Ergebnissen der Nachfrage auszurichten und insbesondere die Massenproduktion modischer Waren aufzunehmen. Erschwerend trat hinzu, dass qualitativ hochwertige Rohstoffe und die erforderlichen modernen Ausrüstungen fehlten. Entscheidend war, dass der Betriebsgewinn auch nach der Wirtschaftsreform nicht wirklich vom Verkauf der Produktion und schon gar nicht von der Zufriedenheit der Käufer abhing. Letztlich wurde auch die überkommene ideologische Sichtweise, die im Handel eher einen parasitären Teil der Wirtschaft sah, nie vollständig überwunden. Da die sowjetische Textil- und Schuhindustrie zu keinem Zeitpunkt in nennenswerten Mengen modische Waren produzierte, blieben Schnittmuster sehr begehrt.[52]

Die konkrete Kalkulation des Konsumbedarfs basierte auf der Gegenüberstellung des Lohnfonds und des Warenfonds zu Kleinhandelspreisen. Da es in allen Jahren schwierig war, den Warenfonds ausreichend zu füllen, bestand die Staatliche Plankommission (Gosplan) darauf, die noch im Handel befindlichen Ladenhüter, also die aufgrund von Qualitätsmängeln oder anderen Defekten praktisch unverkäufliche Ware, dem Warenfonds für das nächste Jahr zuzurechnen.[53] Das ist nicht der einzige Faktor, der belegt, dass die Jahrespläne von Beginn an so kalkuliert waren, die Verbrauchernachfrage nicht vollständig zu befriedigen. Es ist faszinierend, den jährlichen Kampf zwischen dem Handelsministerium und den für die Warenzuteilung verantwortlichen Industrieministerien und Gosplan zu verfolgen. Das Handelsministerium legte jeweils detaillierte Kalkulationen

---

51 Forschungsinstitut für Handel, Konjunktur und Methodik der Verbrauchsuntersuchung, RGAE, fond 195, opis' 1, delo 3, Blatt 117.

52 Zu Versuchen der Distinktion siehe: Anna Tikhomirova, »Soviet Women and Fur Consumption in the Breznev Era«, in: David Crowley/Susan E. Reid (Hg.), Pleasures in Socialism. Leisure and Luxury in the Eastern Bloc, Northwestern University Press (im Druck).

53 Der Handel durfte die Preise für diese Waren nur mit spezieller Erlaubnis des Politbüros um einen exakt vorgegebenen Prozentsatz senken, um in gelegentlichen Kampagnen diese Bestände abzubauen. Die selbst bei diesen Sonderaktionen für den Handel fehlende Flexibilität erklärt, warum auch dann nur ein Teil der Waren abgesetzt werden konnte, vgl. u.a. RGAE, fond 81, opis' 1, delo 193; RGANI, fond 5, opis' 90, delo 437 (1984).

über die zu erwartende Deckung der Verbrauchernachfrage bei den einzelnen Produkten vor. Die Liste der Waren, bei denen die Nachfrage im laufenden Jahr nicht befriedigt und neuerlich eine Unterdeckung erwartet wurde, war immer lang. Auch wenn einzelne Waren von der Liste verschwanden, traten immer wieder andere hinzu, sodass sich im gesamten Zeitraum nichts Grundlegendes an der Situation änderte. Auch viele Waren des alltäglichen Grundbedarfs wie Rasierklingen, Waschmittel, Zahnpasta, Schreibhefte für Kinder standen auf dieser Liste.[54]

Obwohl das Handelsministerium seine Forderung nach Produktionserhöhungen, den Bau neuer Fabriken und Import in der Regel mit Zahlen über Beschwerdebriefe von der Bevölkerung bekräftigte, befand es sich gegenüber Gosplan, der eine erhebliche Kürzung der dringlichen Anforderungen aller Ministerien vornehmen musste, in einer schwachen Position. Die Knappheiten trafen grundsätzlich alle Wirtschaftszweige. Baumaterialien gehörten zu den knappsten Ressourcen. Selbst wenn Gosplan Investitionsmittel für Neubauten zur Verfügung stellte, bedeutete das keineswegs, dass diese bei der Plandurchführung zügig genutzt wurden. Vielfach verzögerte sich die Fertigstellung von Neubauprojekten über Jahre. Wenn das Handelsministerium mit einer Entscheidung von Gosplan nicht einverstanden war, wandte es sich immer wieder direkt an den Ministerrat oder das Zentralkomitee. Auch der Protest versprach bestenfalls kleinere Korrekturen bei der Suche nach einem Kompromiss. Noch weit schwächer war die Position des Handelsministeriums in der Auseinandersetzung mit den Industrieministerien, um diese zur Erfüllung der bestätigten Produktionspläne und der mit dem Handel direkt abgeschlossenen Verträge zu zwingen.[55] Ab den 1960er Jahren wurde es zwar üblich, Betriebe mit Strafen zu belegen, wenn sie ihre Verpflichtungen nicht erfüllten. Eine vorläufige Analyse der Strafpraxis legt aber nahe, ihr eine mehr symbolische Rolle beizumessen. Auch die Kontrollinstanzen waren sich der Schwierigkeiten bewusst, unter denen die Industriebetriebe arbeiteten. Ein zeitweiliger Abnahmestopp der produzierten Waren war in der Regel die härteste Strafe. Mit Ausnahme von kleinen Betrieben war es ausgeschlossen, dass ein Betrieb bis zur Abstellung der festgestellten Mängel kurzzeitig geschlossen wurde.[56]

---

54 Vgl. u.a. RGAE, fond 7971, opis' 1, delo 2562, 3058; fond 195, opis' 1, dela 13–15 und 174.

55 Vgl. das Material des Handelsministeriums: RGAE, fond 195 und 465.

56 Staatsarchiv Jaroslavl', fond R-2677 (Staatskontrolle), hier: Jaroslavler Oblastverwaltung der Staatsinspektion für die Qualität der Waren und des Handels, dela 960 (1959), 1081–1082 (1975), 1097 (1976), 1121–1125 (1979).

Die Anfang der 1960er Jahre von den Wirtschaftsplanern unterbreiteten Vorschläge liefen auf eine zumindest begrenzte Nutzung von Marktelementen hinaus, um die Diskrepanz zwischen Angebot und Nachfrage auf dem Konsumgütermarkt zu beseitigen. Allerdings kam es erst mit Beginn der Wirtschaftsreform Mitte des Jahrzehnts zu einzelnen Experimenten.[57] Bei der Parteiführung fehlte der politische Wille, diese Projekte, vor allem die weitergehenden Vorschläge der Wirtschaftsplaner von 1960, weiterzuverfolgen.[58] Der Staatskommissar für Handel und spätere Handelsminister Alexander Strujew stellte 1963 fest, dass bezüglich der Konsumgüter ein völlig anderes Herangehen an die Planung erforderlich sei. In diesem Bereich gebe es auch unter Sowjetbedingungen Konjunkturzyklen. Die verantwortlichen Personen an der Spitze würden das aber erst allmählich begreifen. Er verlangte, die Konsumgüterindustrie neu zu strukturieren, damit sie besser auf Marktkonjunkturen reagieren könne. Es sei in jedem Fall vorzuziehen, die Krankheit heute zu behandeln. Wenn sie chronisch werde, könne eine Behandlung in der Zukunft fatale Folgen für das gesamte Wirtschaftssystem haben.[59]

Strujews Warnung zeigte keine Wirkung. Die Parteiführung versuchte vielmehr, die Mängel mit den traditionellen Methoden zu bekämpfen: zusätzliche »Kontrollen«, Strafen, die Einführung von Qualitätssiegeln. Betriebsleiter mit guten informellen Verbindungen hatten in der Regel keine Probleme, dies zu umgehen. Ein nennenswerter Rückgang der zuvor festgestellten Verstöße trat bis in die 1980er Jahre nicht ein. Auch ein Qualitätssiegel verhinderte nicht die Auslieferung defekter Waren. Vor dem Einsatz wirkungsvoller Sanktionen schreckte die Parteiführung zurück.

Selbst Betriebe, die nicht in der Lage waren, elementare Qualitätsstandards einzuhalten, brauchten den Bankrott nicht zu fürchten. Dafür wurde der Handel an den Pranger gestellt, wenn er defekte Waren abnahm. Wurde einmal einem Betrieb eine schmerzliche Strafe auferlegt, wandte sich dieser an sein Ministerium oder gleich an das Zentralkomitee, um die Aufhebung der Strafe zu erreichen.[60]

Warum gab es so wenig entschiedene politische Versuche, diese Mängel abzustellen, obwohl die Zufriedenstellung der Verbraucher auch in der Sowjetunion als ein wichtiger Kampfplatz des Kalten Krieges angesehen wurde? Offenbar spielten dabei ideologische Fragen die Hauptrolle. Die Parteiführung lehnte jegliche Marktpreisbildung ab, weil sie die Festset-

---

57 Vgl. Gregory/Stuart, Performance, S. 227f.

58 RGAE, fond 7, opis' 3, delo 13, list 185–195, 212–219.

59 RGAE, fond 195, opis' 1, delo 3, list 193. Vgl. auch Merl, Konsum, S. 534f.

60 Vgl. etwa RGANI, fond 5, opis' 88, delo 498, list 13–17.

zung der Preise als ihr wichtigstes Machtinstrument ansah. Der Staatsratsvorsitzende der DDR Walter Ulbricht hatte schon zu Beginn der Wirtschaftsreformen der 1960er Jahre erklärt, dass ein »Marktsozialismus« nicht akzeptabel sei. An dieser Entscheidung wurde festgehalten, obwohl die administrative Kommandowirtschaft von Beginn an – in der offiziellen Beschreibung nicht eingestanden – ohne illegale oder halblegale Märkte nicht funktionieren konnte.[61] Nur der ungarischen Parteiführung unter János Kádár gelang es Anfang der 1970er Jahre, zumindest für die Agrarproduktion Marktmechanismen einzuführen. Nach der Militärintervention in Prag gegen den dortigen Versuch, Markt und Plan zu kombinieren, vermied man in Ungarn penibel den Begriff Markt und wählte die unverdächtige Bezeichnung »Neuer Ökonomischer Mechanismus«. Der Erfolg bei der Steigerung der Agrarproduktion war überzeugend. Die Maisproduktion verdoppelte sich in kurzer Zeit. Der Begriff »Gulaschkommunismus« belegt die Überwindung der Versorgungsprobleme mit Lebensmitteln. Gerade der Erfolg aber wurde zum Problem, weil die Europäische Wirtschaftsgemeinschaft ihre Märkte nicht für die ungarischen Agrarüberschüsse öffnete.[62]

Letztlich trugen die Wirtschaftsreformen der 1960er Jahre sogar dazu bei, die Situation auf den Verbrauchermärkten zu verschlechtern. Anders als die Wirtschaftsplaner angenommen hatten, waren die Betriebsleiter nicht an einer Verbesserung der Effizienz ihrer Produktion interessiert. Sie nutzten deshalb ihr Informationsmonopol über die wirkliche Leistungsfähigkeit ihres Betriebes nur im eigenen Interesse. Das Mitspracherecht bei der Festsetzung des Staatspreises für neue Produkte setzten sie ein, um die Preise für ihre Produkte in ihrem Sinne zu manipulieren. Immer häufiger wurden bewährte und nachgefragte Erzeugnisse vom Markt genommen und durch neue ersetzt, die vor allem teurer, keineswegs aber auch immer besser waren. Die Preisstatistik verschwieg diese inflationäre Tendenz, weil man neue Produkte immer mit der Indexzahl 100 in die Berechnung aufnahm, die Preisdifferenz zu dem ersetzten Produkt aber nicht auswies. Die Bevölkerung reagierte sensibel auf diese verdeckte Inflation. Da es keine Konkurrenz zwischen den Produzenten gab, fehlten auf dem sowjetischen Verbrauchermarkt jegliche Versuche, über Preissenkungen Markt-

61 Höhmann u.a., The New Economic Systems; Merl, Kommandowirtschaft, S. 656–675.

62 I.T. Berend, The Hungarian Economic Reforms 1953–1988, Cambridge 1990; G. Varga, »Neue Produktionsbeziehungen in der ungarischen Landwirtschaft«, in: T. Bergmann/P. Gay/W. Quaisser (Hg.), Sozialistische Agrarpolitik, Köln 1984, S. 198–213.

anteile dazuzugewinnen oder die Senkung der Produktionskosten an die Verbraucher weiterzugeben. Der damit festgeschriebene Trend zur Verteuerung der Konsumgüter traf vorwiegend den Staat, der mit immer höheren Subventionen den nicht zu bremsenden Anstieg der Produktionskosten auszugleichen hatte.

Die Kommunikation mit der Bevölkerung

Wie reagierte die Bevölkerung auf die Probleme in der Versorgung mit Konsumgütern, wie nahm sie die Mängel wahr – gefährdete die Unzufriedenheit den Bestand des Regimes? Zunächst blicke ich auf die systemspezifische politische Kommunikation, sodann auf die Frage, in welchem Maße die Bevölkerung über korrupte Praktiken ihren Lebensstandard beeinflussen konnte und ob dieses als stützendes oder als das Sowjetregime untergrabendes Element zu werten ist.

Die Praxis, Briefe an die Machthaber zu schreiben, war ein fester Bestandteil sowjetischer Herrschaftsausübung. In solchen Beschwerden konnte die Bevölkerung offen ihre Unzufriedenheit mit dem privaten und öffentlichen Konsum zum Ausdruck bringen, auf Probleme hinweisen und in der Form von Denunziationen zugleich den in ihren Augen Schuldigen benennen. Die massenhafte Klage über Missstände darf keineswegs vorschnell als Ausdruck von »Dissens mit dem Regime« interpretiert werden.[63] Die Briefe belegen zunächst einmal nur, dass die Bevölkerung den paternalistischen Anspruch des Regimes akzeptierte und als Folge der Zuschrift Hilfe von oben erwartete. Die Herrschenden machten die Bevölkerung offenbar erfolgreich glauben, dass sie sich um die Alltagsbelange ihrer Untertanen kümmerten. Um dieses Bild aufrechtzuerhalten, beschäftigten sie einen umfangreichen bürokratischen Apparat damit, jeder einzelnen Beschwerde nachzugehen und dem Absender in Monatsfrist eine Antwort zukommen zu lassen. Diese Prozedur wurde mit jedem Brief immer wieder von Neuem in Gang gesetzt, egal wie häufig die Beschwerde eingereicht und an welche Adressaten sie gerichtet wurde.[64]

---

63 Vgl. Thomas M. Bohn, »›Im allgemeinen Meer der Stimmen soll auch meine Stimme erklingen …‹. Die Wahlen zum Obersten Sowjet der UdSSR von 1958 – Loyalität und Dissens im Kommunismus«, in: *Geschichte und Gesellschaft* (2008), Heft 34, S. 524–549.

64 Merl, laufendes Forschungsprojekt, für vorläufige Ergebnisse vgl. Merl, Konsum, S. 528–532; Stephan Merl, »Die Korruption in Russland heute – ein Ver-

Das Verfassen von Briefen hatte eine fundamentale Bedeutung für das Regime, etwa 10 bis 20 Prozent der Bevölkerung nutzten diese Möglichkeit von Zeit zu Zeit.[65] Die Gesamtzahl der Briefe, die jährlich an die zentralen Partei- und Sowjetorgane sowie die Presse gerichtet wurden, überschritt mehrere Millionen. Allein die *Prawda* erhielt jährlich mehr als eine halbe Million Zuschriften. Im Unterschied zur DDR adressierten die Sowjetbürger ihre Beschwerde in der Regel zugleich an eine Person und redeten den Empfänger häufig persönlich an. Diese Personalisierung scheint ein spezifisches Element der russisch/sowjetischen politischen Kultur zu sein.

Die Briefe selbst vermittelten ein sehr einseitiges Bild. Es fällt schwer zu verstehen, wie ein System mit so schwerwiegenden Mängeln überhaupt existieren konnte. Doch offensichtlich bestand das Regime weiter, auch die Zahl der Briefe ging nicht zurück. Bereits daraus, dass es als Adressat akzeptiert wurde, bezog das Regime eine gewisse Stabilität. Die Bevölkerung wusste, wie sie ihr Anliegen vorbringen musste, um Gehör zu finden.[66] Die Briefe schoben systemkonform die Schuld immer auf eine untergeordnete Person, bei der Warenversorgung zum Beispiel auf Handelsangestellte.[67] Nur eine sehr sorgfältige Analyse des Inhalts spiegelt die allmähliche Besserung des Lebensstandards. So gewannen unter der überwältigenden Zahl von Klagen über die Wohnverhältnisse allmählich Bitten um Reparaturen oder einen Telefonanschluss ein größeres Gewicht, während Klagen über die Unbewohnbarkeit langsam zurückgingen.[68]

Während die Briefe vom Inhalt her als Meckerecke[69] erscheinen, war ihre politische Bedeutung für die Regime sehr hoch. Fulbrook weist darauf hin, dass ein Teil der Bevölkerung es gut verstand, sein Leben unter den spezifischen Systembedingungen recht bequem einzurichten. Selbst mit ihren Beschwerden verwiesen die Sowjetbürger lediglich darauf, dass das Regime

---

mächtnis Stalins?«, in: Carola Söller/Thomas Wünsch (Hg.), Korruption in Ost und West. Eine Debatte, Passau 2008, S. 33–78, hier: S. 59–64.

65 Nach der SIP Variable 284 bekundeten 18,6 Prozent der Befragten, einen Brief etc. geschrieben zu haben.

66 Vgl. so auch Alena Ledeneva, Russia's Economy of Favours. ›Blat‹, Networking and Informal Exchange, Cambridge 1998.

67 Ina Merkel (Hg.), »Wir sind doch nicht die Meckerecke der Nation«. Briefe an das Fernsehen der DDR, Köln 1998, S. 11–46; Felix Mühlberg, Bürger, Bitten und Behörden. Geschichte der Eingabe in der DDR, Berlin 2004.

68 Vgl. dazu Ergebnisse des laufenden Forschungsprojekt »Bittschriften als Form und Medium der politischen Kommunikation in Russland, Sonderforschungsbereich 584 »Das Politische als Kommunikationsraum in der Geschichte«, Universität Bielefeld 2008–2012.

69 Vgl. Merkel, Meckerecke.

gegebene Versprechen nicht in die Praxis umgesetzt hatte. Sie hüteten sich aber davor zu schreiben, wie es ihnen gelang, ihre Probleme zu lösen und auf welche halblegalen oder illegalen Methoden sie dabei zurückgriffen.

Korrupte Praktiken

Die Klagen der Bevölkerung über Versorgungsmängel stimmen nicht mit den verfügbaren Daten über den tatsächlichen Konsum überein. So klagten die Befragten in den SIP-Interviews darüber, dass es in den Läden weder Fleisch noch Milch zu kaufen gebe. Zugleich bekundeten sie, nahezu täglich Fleisch und Milch konsumiert zu haben.[70] Um diesen Widerspruch aufzulösen, müssen wir nach den verborgenen Quellen des Warenbezugs fragen. Der tatsächliche Lebensstandard wurde nämlich von der Nutzung korrupter Praktiken wie Bestechungen, *blat*, dem eigennützigen Schenken, dem Kauf auf halblegalen oder illegalen Märkten und schließlich durch Stehlen am Arbeitsplatz wesentlich mitbestimmt. Es wäre daher falsch, die destabilisierenden Konsequenzen aus dem Mangeln an Konsumgütern zu sehr zu betonen. Dem Regime gelang es, aus diesem Mangel Legitimation und Stabilität zu gewinnen, weil es die Bevölkerung über den verschwiegenen Einsatz der korrupten Praktiken in einer besonderen Weise an sich band. Die Bevölkerung erkannte nicht, in welchem Maße ihr illegales Tun eine Funktionsvoraussetzung für das Regime war. Alena Ledenewa spricht von einer »objektiven Notwendigkeit von Umverteilung und Regelverletzungen für das Funktionieren des Systems und das Überleben der Bevölkerung. Dies resultierte in einer spezifischen Form ›negativer Legitimität‹. Sie war Ergebnis des Umstandes, dass ambivalente Praktiken des sowjetischen Systems wie *blat* kritisiert und zugleich – ohne dies zu erkennen – betrieben wurden.«[71]

---

70 James Millar, Life in the USSR on the Eve of the Gorbachev Era. Some Results of the Soviet Interview Project, SIP Working Papers # 41 (October 1987), Tabellen. So erklärten 54 Prozent der Befragten, mit der Warenversorgung »sehr unzufrieden« gewesen zu sein, und zugleich 90 Prozent, praktisch täglich Fleisch, Butter und Milch konsumiert zu haben.

71 Ledeneva, Economy of Favours, S. 72. Sie zitiert zudem die Anekdote von den sechs Paradoxien des Sozialismus: »Es gibt keine Arbeitslosigkeit, aber keiner arbeitet. Keiner arbeitet, aber die Produktivität steigt. Die Produktivität steigt, aber die Läden sind leer. Die Läden sind leer, aber die Kühlschränke sind voll. Die Kühlschränke sind voll, aber keiner ist zufrieden.« Istorija SSSR v anekdotach: 1917–1991, Riga 1991, S. 188 (nach Ledeneva, S. 72).

In welchem Maße nutzten die Leute korrupte Praktiken bei der Verfolgung ihrer Ziele? Bei Befragungen räumten sie immer nur ein, dass »die anderen« *blat* einsetzten, Bestechungen zahlten, aus den Betrieben stahlen. Über ihre eigene Verwicklung dagegen schwieg die große Masse. Aus den bekannten Fakten können wir aber schließen, dass nur ganz wenige Personen nicht auf korrupte Praktiken zurückgriffen. So war es praktisch ausgeschlossen, eine Hochzeit zu feiern, Kinder großzuziehen, einen eigenen Pkw zu besitzen und täglich Fleisch zu essen, ohne dabei korrupte Praktiken einzusetzen.

Bestechungen und der Diebstahl von Staatseigentum waren streng verboten und wurden immer wieder vor Gericht gebracht. *Blat* war dagegen nicht strafbar, galt aber auch als illegal. Das Regime vermittelte erfolgreich den Eindruck, dass die Anwendung korrupter Praktiken durch wenige der entscheidende Grund dafür sei, dass die gegebenen Konsumversprechungen nicht eingelöst werden könnten. Zugleich erlaubten aber gerade diese Versprechungen der Bevölkerung, den Einsatz korrupter Praktiken auch vor sich selbst zu rechtfertigen. Man verschaffte sich auf diese Weise ja nur, was einem ohnehin versprochen war. Hatte man dabei Erfolg, profitierte davon wiederum das Regime, denn letztlich hielt es dadurch seine Versprechungen ein.

Bestechungen an staatliche Bedienstete zu zahlen, hatte in Russland eine lange Tradition. Die Staatsangestellten hatten nie ein großes Interesse daran entwickelt, selbstständig Entscheidungen zu fällen. Erst finanzielle Zuwendungen gewährleisteten somit, dass sie ihre Funktion erfüllten, Entscheidungen zu fällen. Bestechungen waren damit gewissermaßen für alle von Vorteil. Der Prinzipal war zufrieden. Auf diese Weise verrichtete sein Agent doch noch den Job, für den er bezahlt wurde. Der Klient war erfreut, weil dadurch sein Anliegen erfüllt wurde. Und auch der Agent freute sich, hatte er doch für die Ausführung seiner Tätigkeit eine zusätzliche Belohnung erhalten.[72] Erst Bestechungen gewährleisteten, dass der Staatsapparat funktionierte. Im Rahmen der Kommandowirtschaft dienten Bestechungen dazu, die Erfüllung der Staatspläne zu ermöglichen.[73]

Auch *blat* kam eine große Bedeutung für die Organisation des öffentlichen wie des privaten Lebens zu. Es trug entscheidend dazu bei, dass man

---

72 Stephan Merl, »Kann der Korruptionsbegriff auf Russland und die Sowjetunion angewandt werden?«, in: Niels Grüne/Simona Slanicka (Hg.), Korruption. Historische Annäherungen an eine Grundfigur politischer Kommunikation, Göttingen 2010, S. 247–279 (im Druck); Merl, Korruption.

73 Joseph S. Berliner, Factory and Management in the USSR, Cambridge 1957; vgl. auch Merl, Kommandowirtschaft, S. 659–664.

die Sowjetgesellschaft als »warm« empfand.[74] *Blat* wurde als Austausch von Gefälligkeiten unter »Freunden« betrachtet. Die Gefälligkeiten wurden scheinbar kostenlos erbracht, sie eröffneten aber die Verpflichtung, Freunden in der Zukunft irgendwie behilflich zu sein.[75] Man teilte mit ihnen seine Beziehungen und seinen Zugang zu Mangelwaren, Dienstleistungen, Jobs und Staatseigentum. *Blat*-Freundschaftskreise bildeten sich in der Regel erst nach einer längeren Zeit gemeinsamer Arbeit, des Kontaktes, des nahe beieinander Wohnens. Dann existierten sie aber dauerhaft. Für die Aufnahme in einen *blat*-Freundeskreis musste man etwas anzubieten haben, in der Regel Zugang zu Staatseigentum. *Blat*-Freundeskreise gab es auf allen gesellschaftlichen Ebenen, weil eigentlich jeder etwas anzubieten hatte. Ledenewa bemerkt, dass gerade die offizielle und private Nichtkenntnisnahme (*misrecognition*) gegenüber *blat* die Voraussetzung für seine große Wirksamkeit war, Zugang zum Staatseigentum zu öffnen.[76]

Der Diebstahl von Staatseigentum stellte eine weitere Möglichkeit dar, das Leben mehr genießen zu können. Fast jeder machte davon Gebrauch, am Arbeitsplatz zugängliches Staatseigentum für private Zwecke zu nutzen. Um Reparaturen ausführen zu können, Ersatzteile zu besorgen, an Baumaterialien heranzukommen oder Transporte zu organisieren, war man auf Beziehungen am Arbeitsplatz angewiesen. Zusätzlich dienten die bei der Arbeit zugänglichen Dinge zum Tausch im *blat*-Freundeskreis. Chefs organisierten Transport und Angestellte aus ihrem Betrieb für private Zwecke und entrichteten dafür gerne den vom Staat vorgeschriebenen Preis. Obwohl es sich dabei ohne Zweifel um Missbrauch von Staatsbesitz handelte, der streng geahndet werden konnte, fühlte sich niemand so richtig schuldig. Keiner sprach offen darüber, aber jeder wusste, dass dies eine verbreitet geübte Praxis und zudem häufig die einzige Möglichkeit war, an dringend benötigte Waren heranzukommen. Bei vielen Jobs, nicht zuletzt im Handel, der Landwirtschaft und der Leichtindustrie, diente die schlechte Bezahlung als Rechtfertigung für das eigene Verhalten.[77]

Bei der Diskussion eines bis heute als geheim klassifizierten offenen Briefes unter den Parteimitgliedern Ende 1981 wussten alle von den *nesuny* zu berichten, wie man diejenigen bezeichnete, die aus dem Betrieb et-

---

74 Edward Crankshaw, Russia without Stalin. The Emerging Pattern, London 1956, S. 75.

75 Vgl. Merl, Konsum; Ledeneva, Economy of Favours.

76 Ledeneva, Economy of Favours, S. 59ff.

77 Vgl. Merl, Korruptionsbegriff.

was mitgehen ließen. Die meisten verurteilten dieses Verhalten streng und forderten eine harte Bestrafung. Einzelne verwiesen aber darauf, dass der Staat dem selbst Vorschub leiste, wenn dringend von der Bevölkerung benötigte Waren nicht in den Staatsläden angeboten würden. Man müsse diese Dinge nur in den Läden anbieten, um den Diebstahl zu bekämpfen. Dann würde sich das Problem von selbst lösen.[78]

James Millar argumentiert, dass seit den 1970er Jahren das Regime nachlässiger gegen illegales Verhalten vorgegangen sei. Für die schweigende Übereinkunft, korrupte Praktiken zu dulden, solange sie nicht ein bestimmtes Ausmaß überschritten und nicht in der Öffentlichkeit praktiziert wurden, prägte er den Begriff »Little Deal«. Da das Regime nicht in der Lage gewesen sei, bestimmte Dienstleistungen und Waren der Bevölkerung über die Staatsläden zur Verfügung zu stellen, habe es bis zu einem bestimmten Maß akzeptiert, dass illegale Netzwerke genutzt wurden, um die Bedürfnisse an diesen Waren zu befriedigen.[79]

Die Widersprüchlichkeit der Konsumpolitik wird am Beispiel der privaten Pkw am deutlichsten. So wurde unter Breschnew zwar entschieden, die Produktion und den Verkauf von privaten Fahrzeugen deutlich zu steigern und dazu eine große Autofabrik zu errichten. Die zum Betrieb der Pkw erforderliche Infrastruktur an Service- und Tankstellen, Reparaturwerkstätten wurde immer wieder versprochen, aber nie zur Verfügung gestellt, genauso wenig die Stellplätze oder ausreichend Ersatzteile und Benzin über den Staatshandel. Dabei spielte eine Rolle, dass die öffentliche Akzeptanz gegenüber den privaten Autobesitzern nicht hinreichend sichergestellt war.[80] Die schließlich über 10 Millionen privaten Autobesitzer waren deshalb geradezu auf die Dienste des Schwarzmarktes und die Selbstorganisation der erforderlichen Teile und Materialien aus ihren Betrieben angewiesen.

Die potenziell korrupten Praktiken schweißten die Bevölkerung und das Regime zusammen. Beide Seiten verstanden, dass das, was man tat, illegal war. Deshalb hütete man sich, in der Öffentlichkeit darüber zu sprechen. Gleichzeitig fühlte man, dass man nur auf diese Weise sein Leben unter den gegebenen Umständen einigermaßen komfortabel gestalten konnte. In welchem Maße die Tabuisierung des eigenen Verhaltens funktionierte,

---

78 RGANI, fond 5, opis' 88, dela 73 und 74.

79 James R. Millar, »The Little Deal: Brezhnev's Contribution to Acquisitive Socialism«, in: *Slavic Review* (1985), Heft 44, S. 694–706.

80 Lewis H. Siegelbaum, »Cars, Cars, and More Cars: The Faustian Bargain of the Brezhnev Era«, in: ders. (Hg.), Borders of Socialism. Private Spheres of Soviet Russia, New York 2006, S. 83–103. Vgl. auch Merl, Korruption, S. 33–78.

zeigt sich daran, dass sich das Regime und die Bevölkerung nicht nur in der entschiedenen öffentlichen Verurteilung von korruptem Verhalten trafen, sondern dass in der öffentlichen Wahrnehmung zugleich das Regime Rechtfertigung daraus ziehen konnte, vermeintlich entschieden korrupte Praktiken zu bekämpfen.[81] Während die SIP-Interviews die Ansicht bestätigen, dass die Bevölkerung den Kampf gegen die Kriminalität unter Sowjetbedingungen für gut organisiert ansah, unterstreichen spezielle Untersuchungen, dass der Kampf gegen Verbrechen und korruptes Verhalten eher selektiv geführt wurde und im Normalfall die Bestrafung milde war.[82]

Schwarzmärkte gab es in der Sowjetunion zu jedem Zeitpunkt. Unter Stalin beschafften sich die Staatsbetriebe über sie Zugang zu Gütern, die für die Produktion erforderlich waren. Nach dem Zweiten Weltkrieg stieg ihre Bedeutung für die Beschaffung von begehrten, aber im Staatshandel praktisch nicht erhältlichen Konsumgütern. Den staatlichen Stellen waren die Schwarzmarktpreise für bestimmte Waren durchaus bekannt. Durch die Legalisierung der Schwarzmärkte hätte der Staat die Möglichkeit verloren, sie für den Warenmangel im Staatshandel verantwortlich zu machen. Aber auch ihre Schließung hätte die Fortexistenz des Regimes unmittelbar bedroht, weil damit der Zugang zu unbedingt benötigten, aber nicht verlässlich im Staatshandel angebotenen Waren versiegt wäre.[83]

Die Bewertung des Lebensstandards durch die Bevölkerung

Die beiden großen Interviewprojekte, das Harvard-Interview-Projekt zu Anfang der 1950er Jahre und dann das SIP-Projekt Mitte der 1980er Jahre, zeigten auf, dass die sowjetische Bevölkerung die Normen des Regimes überraschend stark akzeptierte und sogar mit dem sowjetischen Lebensstandard verhältnismäßig zufrieden war.[84]

Das SIP-Projekt deckte auf, dass mehr als 60 Prozent der befragten Juden und Deutschen mit ihrem Lebensstandard in der Sowjetunion Ende

---

81 Merl, Korruption.

82 William A. Clark, Crime and Punishment in Soviet Officialdom. Combating Corruption in the Political Elite 1965–1990, New York 1983; Merl, Korruptionsbegriff.

83 RGANI, fond 5, opis' 69, delo 302 (1976).

84 Vgl. so Inkeles/Bauer, Soviet Citizen, S. 381. Die Verlässlichkeit der Daten des SIP-Projektes wird auch daran sichtbar, dass die Ergebnisse der beiden unterschiedlichen Interviewten-Gruppen, Juden aus dem städtisch-akademischen Milieu in den USA und Russlanddeutsche mit eher ländlichem Hintergrund in Deutschland, praktisch gleich waren.

der 1970er Jahre teilweise oder sogar vollständig zufrieden waren. Wenn man sich die Ergebnisse für die vier gemessenen Kriterien anschaut, ergibt sich ein durchaus plausibles Bild, das beansprucht, für die Gesamtheit der Bewohner in der Sowjetunion repräsentativ zu sein. Die höchste Zufriedenheit ergab sich hinsichtlich der Arbeit. Diese bezeichneten 78 beziehungsweise 79 Prozent der Befragten als zufriedenstellend oder sehr zufriedenstellend. Unter den befragten Juden waren sogar 32 Prozent mit ihrem Job sehr zufrieden gewesen. Dabei wurde auf gute Arbeitsbedingungen genauso verwiesen wie auf die Möglichkeit, seine spezielle Ausbildung anwenden zu können.[85] Die positive Bewertung ist auch mit der im Arbeitskollektiv häufig herrschenden warmen Atmosphäre zu erklären und damit, dass der Arbeitsdruck eher schwach war, weil das Regime nicht wagte, Druck auf die Werktätigen auszuüben, um deren Unterstützung nicht zu verlieren.

Obwohl sich die überwältigende Zahl von Briefen und Klagen an das Regime auf unbefriedigende Wohnverhältnisse bezog, stellte das SIP-Projekt eine überraschend positive Bewertung der Wohnsituation fest. Knapp 70 Prozent der befragten Juden und genau 70 Prozent der Deutschen waren mit ihren Wohnverhältnissen zufrieden oder sehr zufrieden gewesen. Dabei dürften die extrem niedrigen Mieten und die Verbesserung der Wohnverhältnisse eine große Rolle gespielt haben. Unter denen, die über ihre Wohnverhältnisse klagten, lebte ein großer Teil in Wohnheimen oder Kommunalwohnungen. Auf dem dritten Platz nach Zufriedenheit landete die – zumindest offiziell – kostenlose Gesundheitsfürsorge. 62 Prozent der befragten Juden und immerhin 59 Prozent der Deutschen bezeichneten sie als zufrieden- oder sehr zufriedenstellend. Nur die Konsumgüterversorgung wurde von der großen Mehrheit der Befragten negativ beurteilt, fast die Hälfte stufte sie sogar als äußerst unbefriedigend ein.[86] Wie bereits oben ausgeführt, fallen diese Ergebnisse zu negativ aus, wenn man die Konsumentwicklung seit den 1960er Jahren berücksichtigt.

Die Befragung bezog sich auf den Trend, den die Befragten in den letzten fünf Jahren ihres Lebens in der Sowjetunion festgestellt hatten, also auf die zweite Hälfte der 1970er Jahre. Immerhin ein Drittel der Interviewten sprach von einer Verbesserung des Lebensstandards. Das wurde vor allem für die Wohnverhältnisse festgestellt. 26 Prozent der Befragten gaben an, diese hätten sich verbessert, nur 8 Prozent sprachen von einer Verschlechterung. Die Zufriedenheit mit dem Arbeitsplatz hatte sich für

85 Millar/Clinton, Quality, S. 45–48; Millar, Life, Tabelle 1.
86 Ebenda.

22 Prozent verbessert, für 11 Prozent verschlechtert. Wenn 14 Prozent der Befragten von einer Verschlechterung und nur 7 Prozent von einer Verbesserung der Gesundheitsfürsorge sprachen, deckt sich das genauso wie die negative Bewertung des Trends im Bildungswesen (27 Prozent hatten hier den Eindruck einer Verschlechterung) mit unserem allgemeinen Kenntnisstand über diese Sektoren, die unter der schlechten Bezahlung der Beschäftigten und ausbleibenden Investitionen litten. Eine Verschlechterung bei der Warenversorgung konstatierte mehr als die Hälfte der Befragten.[87]

Wiederum fallen die Antworten zur Warenversorgung zu negativ aus. Die Haushaltsausstattung mit dauerhaften Konsumgütern, darunter auch privaten Pkw, stieg in diesem Zeitraum weiter an. Es spricht also viel dafür, dass der subjektive Eindruck der Verschlechterung vor allem auf der Nichterfüllung geweckter Erwartungen gründete, verschärft durch den gefühlten, aber verborgenen Preisanstieg und die Abschwächung des Tempos der weiteren Verbesserung des Lebensstandards. Das wird dadurch bestätigt, dass gerade die eigentlich am besten mit Konsumgütern versorgte Gruppe, die aufgrund ihres Einkommens exzessiv auf dem Kolchos- und dem Schwarzmarkt einkaufen konnte, die am wenigsten zufriedene war.[88]

Das nachhaltige Wirken sowjetischer Normen zeigt sich gerade an der Gruppe, die genug Geld besaß, um sich häufiger über den Kolchos- und den Schwarzmarkt zu versorgen. Den so hergestellten Zugang zu Mangelwaren beurteilte sie aber nicht positiv. Sie forderte vielmehr die Einlösung des Regimeversprechens ein, auch diese Erzeugnisse zu den niedrigen Staatspreisen anzubieten. Diese Gruppe träumte also nicht von marktwirtschaftlichen Knappheitspreisen, sondern war in ihrem Denken von Chruschtschows Konsummodell geprägt.[89] Das Fortwirken dieses Modells und zugleich seine Akzeptanz zeigte sich auch daran, wie stark die Erinnerung an »zeitweilig« angehobene Preise – etwa die 1958 für private Pkw oder 1962 für Fleisch, Milch und Butter in der Bevölkerung fortlebte, sodass etwa der Handelsminister noch in den 1970er Jahren gefragt wurde, wann denn diese zeitweilige Anhebung aufgehoben werden würde.[90]

---

87 SIP Variables 278–283.

88 Millar, Life.

89 Millar, Perestroika and Glasnost.

90 Rechenschaftsberichte des Handelsministers Strujew über seine Tätigkeit als Deputierter des Obersten Sowjets von 1969 und 1973, RGAE, fond 465, opis' 1, list 100–112, insbes. list 103, und delo 1391, list 120–130.

Das SIP-Projekt ergab, dass nur eine Minderheit der Befragten die Notwendigkeit zu einer Änderung sah: Es handelte sich gerade um die Bestverdienenden und die am meisten Privilegierten, die zudem am besten mit der westlichen Zivilisation vertraut waren.[91] Der Widerstand gegen Reformen enthüllt aber auch, welche großen Veränderungen sich unter den Menschen der Sowjetunion während der Phase des Kalten Krieges vollzogen hatten. Sie fühlten sich keineswegs nur als Verlierer. Die überwältigende Mehrheit der Leute empfand, dass sie selbst etwas zu verlieren hatte, nämlich das, was sie in den Jahrzehnten nach dem Zweiten Weltkrieg gewonnen hatte. Während noch um 1950 die Arbeiter, Angestellten und Kolchosniki kaum mehr zu verlieren hatten als »ihre Ketten«, fürchtete praktisch jeder Mitte der 1980er Jahre um den ihm vertrauten Lebensstandard. So niedrig er auch im Vergleich mit dem Westen war, wurde der Kapitalismus als kalt und feindlich empfunden und mit Arbeitslosigkeit und dem Konkurrenzkampf am Arbeitsplatz gleichgesetzt. Die meisten Leute waren mit ihrem mittleren Lebensstandard ganz zufrieden, den sie mit einem Minimum an Arbeitseinsatz erringen und sichern konnten. Auf der anderen Seite der sozialen Pyramide befürchteten auch die Sowjetmanager, dass sie etwas verlieren konnten. Den Marktkräften ausgeliefert zu werden, erschien ihnen als Bedrohung. Sie waren gewöhnt, erfolgreich ihre informellen Netzwerke zu nutzen und ihre Erfolgskriterien selbst manipulativ beeinflussen zu können. Gestützt auf ihre Einkommensquellen aus der Schattenwirtschaft, fiel es ihnen leicht, ihre Kontrolleure aus der Staats- und Parteibürokratie »zu bezahlen« und ihr Leben bequem einzurichten. Die Funktionäre der Partei und des Staates waren glücklich, ihre Bedeutung an den »Geschenken«, die man ihnen überbrachte, ablesen zu können. Auch sie mussten beim Übergang zu einer Marktwirtschaft um ihren Job fürchten.

Wie stabil das Regime Mitte der 1980er Jahre noch war, ist eine offene Frage. Es gibt Anzeichen dafür, dass die Ungeduld anstieg, mit der auf die Einlösung der gegebenen Konsumversprechungen gewartet wurde. Bekannt ist, dass der Verbesserung des Konsums Anfang der 1980er Jahre in der Sowjetunion vom Politbüro sehr hohe Priorität beigemessen wurde.[92]

---

91 William Zimmermann, »Mobilized Participation and the Nature of the Soviet Dictatorship«, in: Millar, Politics, S. 332–353.

92 Vgl. etwa RGANI, fond 5, opis' 77, delo 299 (1980); opis' 88, delo 326 und 335 (1982). Zu dem eher geringen Effekt der Sondermaßnahmen zur Steigerung der Qualität der Konsumgüterproduktion vgl. RGANI, fond 5, opis' 88, delo 334.

Ergebnisse

Der Systemwettbewerb im Bereich des Konsums wurde der Sowjetunion keineswegs aufgezwungen. Chruschtschow suchte ihn vielmehr bewusst, weil er von der Überlegenheit des Kommunismus als Wirtschaft- und Gesellschaftsordnung überzeugt war. Auf dem Feld der Konsumgüterproduktion und der Dienstleistungen war die Bilanz für die Sowjetunion katastrophal, besonders wenn man moderne, technisch anspruchsvolle Konsumgüter vor Augen hat. Das Versagen war allein auf die administrative Kommandowirtschaft und ihren verschwenderischen Umgang mit Ressourcen zurückzuführen. Die ausgeprägt negative Bewertung der Versorgung mit Konsumgütern durch die Sowjetbevölkerung steht aber in einem Spannungsverhältnis zu der vergleichsweise positiven Beurteilung des Lebensstandards und einer überwiegend ablehnenden Einstellung zu Reformen. Offenbar bewirkte der tabuisierte Korrekturfaktor, sich durch den Einsatz korrupter Praktiken letztlich doch einigermaßen bequem einrichten zu können, dass die Unzufriedenheit über die Warenversorgung nicht die Stabilität des Regimes bedrohte.

Im Bereich der sozialen Sicherheit ergibt der Vergleich mit den USA – weniger stark ausgeprägt gegenüber den europäischen Wohlfahrtsstaaten – ein anderes Bild. Hier erscheint die Sowjetunion zumindest als gleichwertiger Gegner. Die gefühlte soziale Absicherung der großen Masse der Bevölkerung war deutlich höher als in den USA. Die Zufriedenheit am Arbeitsplatz und die Garantie der Beschäftigung waren harte Argumente zugunsten des Sowjetsystems. Hinzu kamen die niedrigen Kosten für das Wohnen, lange Urlaubszeiten, preisgünstige Ferien- und Sanatoriumsaufenthalte. Auch das Gesundheits- und das Bildungssystem vermochte im Systemvergleich sehr wohl zu bestehen.

Hinsichtlich der Position der Sowjetunion im Kalten Krieg sind an der »Konsumfront« somit drei Phasen zu unterscheiden. Anfangs dominierte die Überzeugung, die sowjetische Gesellschaftsordnung sei überlegen. Diese Zuversicht wurde 1962 mit dem Fehlschlag von Chruschtschows Projekt, kurzfristig die USA einzuholen und den Kommunismus zu erreichen, tief erschüttert. Die administrative Kommandowirtschaft erwies sich als unfähig, die Voraussetzung dazu mit einer deutlichen Steigerung der Arbeitsproduktivität zu erbringen. Der in Nowotscherkassk gewaltsam niedergeschlagene Arbeiterprotest und das Scheitern des Kuba-Abenteuers im Oktober 1962 markieren die Zäsur. Faktisch gab die sowjetische Führung 1962 die Hoffnung auf, im Wettbewerb mit den USA zu siegen, und gab sich nach und nach mit dem zweiten Platz zufrieden. Bevor dieses Resultat Anfang der 1970er Jahre endgültig festgeschrieben wurde, unternahm die Sowjetunion mit der Wirtschaftsreform der 1960er Jahre noch einen Versuch, die Effizienz ihres Wirtschaftssystems entscheidend zu erhöhen, um die ursprünglich erwartete Überlegenheit über die kapitalistisch-marktwirtschaftliche Ordnung doch noch zu erreichen. Dieser Versuch wurde politisch beendet, weil die Parteiführungen die gesetzte Grenze, die Legalisierung von Märkten und der Marktpreisbildung, nicht überschreiten wollten. In einer Beschränkung ihres »Kommandos« über die Wirtschaft erblickten sie den Anfang ihres Verlustes von Macht und Einfluss. In der dritten Phase ab Anfang der 1970er Jahre ging es nur noch um das politische Überleben. Darauf zielte die Politik des »Little Deal«: Loyalität gegenüber der Kommunistischen Partei gegen die Duldung des Einsatzes von korrupten Praktiken durch die Bevölkerung bei ihrem Versuch, sich unter den gegebenen Umständen möglichst bequem einzurichten. Die Sowjetunion trachtete nicht mehr danach, die USA militärisch oder bei der Konsumgüterversorgung zu überholen. Sie wollte allein ihre Anerkennung als zweite Supermacht bewahren.

Paul R. Gregory

Der Kalte Krieg und der Zusammenbruch der UdSSR

Der Kalte Krieg war ein Wettstreit zwischen zwei wirtschaftlichen und politischen Systemen unter Führung der zwei rivalisierenden Supermächte, der Vereinigten Staaten und der Sowjetunion. Er war ein Kampf um Herzen, Köpfe und Verbündete, der meist durch andere Mittel als Krieg ausgefochten wurde. Erfolg und Niederlage wurden weithin daran gemessen, wie viel Prozent der Weltbevölkerung – ob freiwillig oder nicht – unter dem jeweiligen System lebten. Mit dem Eintreten des atomaren Gleichgewichts des Schreckens wurde der Kalte Krieg überwiegend mit nicht militärischen Mitteln geführt. Beide Seiten hielten genügend militärische Macht aufrecht, um die jeweils andere abzuschrecken.

Von der sowjetischen Seite wurde die Grundlage des Kalten Krieges mit dem Prinzip der friedlichen Koexistenz beschrieben, das unter Nikita Chruschtschow aufkam und die Rivalität der zwei Systeme in einen wirtschaftlichen, sozialen und technologischen Wettstreit verwandelte. Es ist bezeichnend, dass dieses Prinzip Mitte der 1950er Jahre formuliert wurde, in den stürmischen Zeiten des Sputnikschocks und hoher Wachstumsraten in der UdSSR. Die friedliche Koexistenz bedeutete einen Wandel der marxistischen Rhetorik, erzwungen von Entwicklungen im Westen, die zu augenfällig waren, um geleugnet zu werden. Die Hoffnung der frühen Jahre des Bolschewismus, ein sinkender Lebensstandard in den entwickelten kapitalistischen Ländern werde eine sozialistische Revolution auslösen, war verschwunden. Stattdessen sollten die Arbeiter im Westen nun durch die Überlegenheit des sowjetischen Systems gewonnen werden.

Der Kalte Krieg fand mit dem Zusammenbruch der Sowjetunion im Dezember 1991 ein Ende, das ein eindeutiges Urteil in diesem Wettstreit fällte. In den späten 1950er Jahren wurde in den statistischen Handbüchern der UdSSR behauptet, dass ein Drittel der Weltbevölkerung unter ihrem System lebe. Seit den frühen 1990er Jahren ist dieser Anteil auf einen winzigen Prozentsatz gesunken, sofern wir nicht das heutige China als System sowjetischen Typs werten.

Beendete die wirtschaftliche Schwäche der UdSSR den Kalten Krieg?

Als Erklärung für den Ausgang des Kalten Krieges wird in der Regel die schwache wirtschaftliche Leistung der Sowjetunion angeführt. Hätte sie die Vereinigten Staaten überholt, dann wäre die Sowjetunion nicht zusammengebrochen und der Kalte Krieg wäre weitergegangen.

Wachstumsraten sind, ob zu Recht oder Unrecht, der gebräuchlichste Maßstab für wirtschaftliche Leistung. Schaubild 1 zeigt die sowjetischen Wachstumsraten von Mitte der 1950er Jahre bis 1992. Sie sind als Durchschnittswerte berechnet, um die Darstellung von kurzfristigen Schwankungen zu bereinigen. Wie dem Schaubild zu entnehmen ist, waren die Wachstumsraten bis Ende der 1960er Jahre relativ hoch, bevor sie in den 1970er und 1980er Jahren sanken. Dieser langfristige Abschwung wurde als »Phase der Stagnation« bekannt und vor allem mit der langen Amtszeit von Leonid Breschnew assoziiert.

Als Michail Gorbatschow im März 1985 Generalsekretär der Kommunistischen Partei wurde, lag die Wachstumsrate geringfügig über 2 Prozent. Für ein Land, das es zu seinem Hauptziel erklärt hatte, den wirtschaftlichen Rückstand gegenüber dem Westen aufzuholen, war eine solche Rate unbefriedigend. Doch wenngleich alles andere als zufriedenstellend, bedeutet sie nicht zwangsläufig den Untergang. Sie unterschied sich auch nicht wesentlich von den damaligen Wachstumsraten der kapitalistischen Welt: In den fünf Jahren vor Gorbatschows Aufstieg zur Macht betrug sie in den USA 3 Prozent und in der Europäischen Gemeinschaft schwache 1,6 Prozent. Das langsame Wirtschaftswachstum der UdSSR bedeutete nicht unbedingt ein weiteres Zurückfallen hinter den Westen, sondern lediglich das Scheitern ihres Aufholversuchs.

Gorbatschow brachte die Reformen seiner Perestroika in den Jahren 1986 und 1987 auf den Weg. Es gilt festzuhalten, dass der tatsächliche Zusammenbruch der sowjetischen Wirtschaft erst eintrat, nachdem diese Reformen durchgeführt worden waren; wie Schaubild 1 zeigt, erfolgte er, als das wirtschaftliche und politische System der UdSSR aufgelöst wurde. Mit dem scharfen Rückgang der Produktionsleistung konnte das System nicht länger aufrechterhalten werden.

Unsere kursorische Untersuchung der sowjetischen Wachstumsraten zeigt, dass die Führung der UdSSR durchaus Grund zur Sorge hatte. Das niedrige Wachstum, das Gorbatschow bei seinem Amtsantritt vorfand, hätte allerdings auch ein Szenario des »Durchwurstelns« erlaubt – wozu es wahrscheinlich gekommen wäre, hätte Gorbatschow nicht eine Änderung des Systems in die Wege geleitet. Für einen zuversichtlichen »Reformer«

Schaubild 1: Wachstumsraten der UdSSR (gleitende Durchschnittswerte für jeweils 5 Jahre)

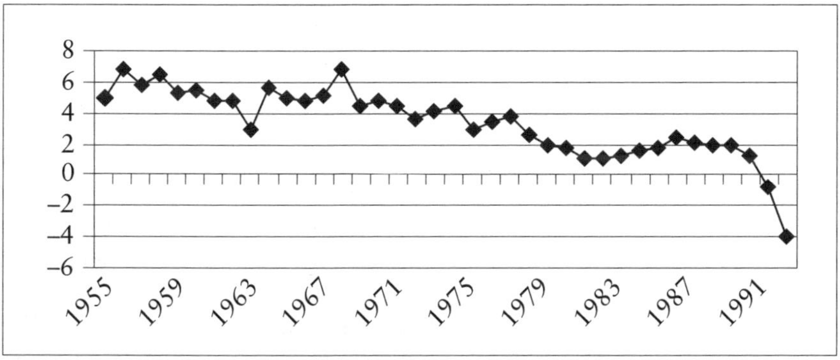

Quellen: Rush Greenslade, The Real Gross National Product of the USSR, 1950–1975, in: Joint Economic Committee, Soviet Economy in a New Perspective, Washington 1976, S. 77–80; Directorate of Intelligence, Handbook of Economic Statistics (Soviet economy section), ausgewählte Jahre.

wie Gorbatschow nämlich war »Durchwursteln« keine attraktive Alternative.

Zum wirklichen Kollaps des Systems kam es erst nach der Einführung von Gorbatschows Reformen. Die Wachstumsdaten sprechen dafür, dass der Zusammenbruch durch die Perestroika herbeigeführt wurde und somit selbst verschuldet war – eine Art »Suizid des Systems«. Im Folgenden werde ich erörtern, wie das sowjetische System – politisch und ökonomisch – als langsam wachsende Wirtschaft auf unbestimmte Zeit hätte überleben können.

Eine kontrafaktische Geschichte: Das sowjetische Wirtschaftswachstum ohne den Kalten Krieg

Ist das nachlassende Wirtschaftswachstum auf den Kalten Krieg zurückzuführen? Wäre das Wirtschaftswachstum bei einem Ausbleiben des Kalten Krieges wesentlich höher gewesen? Anders formuliert: War der Kalte Krieg die »Ursache« für die »Phase der Stagnation«?

Diese Frage ist insofern legitim, als der Kalte Krieg den beteiligten Staaten Kosten aufbürdete, die durchaus ihr Wirtschaftswachstum beeinflussen konnten. Sowohl die Vereinigten Staaten wie die Sowjetunion hatten höhere Verteidigungsausgaben zu schultern, als es ohne den Kalten Krieg der Fall gewesen wäre. Außerdem mussten sie mit Entwicklungshilfe und Subventionen darum konkurrieren, Klientenstaaten zu halten oder neu zu gewinnen. Und schließlich brachten die heißen Kriege in der Peripherie, durch die der eigene Machtbereich ausgeweitet beziehungsweise der des Gegners begrenzt werden sollte, weitere Belastungen für die Sowjetunion mit sich, was insbesondere für ihre demütigende Niederlage in Afghanistan gilt.

Die Kosten des Kalten Krieges bestanden für die Sowjetunion vor allem in einem höheren Verteidigungsbudget und der Last, ihr Imperium aufrechtzuerhalten. Aufgrund der sowjetischen Geheimhaltung werden wir die exakte Größe ihres Verteidigungshaushaltes nie erfahren, wobei übereinstimmend davon ausgegangen wird, dass er eine erhebliche Belastung darstellte und gemessen an ihrer Wirtschaftsleistung wesentlich größer war als der amerikanische, jedoch nicht so groß, wie einige Analysten annahmen. Die Kosten des Imperiums waren beträchtlich und proportional höher als im Falle der Vereinigten Staaten.

Um eine kontrafaktische Kalkulation des Wachstums »ohne Kalten Krieg« durchzuführen, müssen wir zunächst die Verteidigungskosten und die Kosten des Imperiums jeweils als Anteil am Bruttoinlandsprodukt (BIP) kennen. In einem zweiten Schritt müssen wir spekulieren, wie hoch diese Anteile ohne den Kalten Krieg gewesen wären und für welche Zwecke die frei gewordenen Mittel Verwendung gefunden hätten. Und schließlich gilt es abzuschätzen, wie stark der angenommene positive Effekt dieser frei gewordenen Mittel auf das Wirtschaftswachstum gewesen wäre.

Tabelle 1 führt Schätzungen der Verteidigungsausgaben und der Kosten des Imperiums als Anteil am BIP auf.

Tabelle 1: Schätzungen der Verteidigungsausgaben und der Kosten des Imperiums (in Prozent des BIP)

	1) Spannweite (real)	2) Ohne Kalten Krieg
Verteidigungsausgaben	8–17	3–12
Kosten des Imperiums	6–7	3–4
Gesamt	14–24	6–16

Quellen: Mark Harrison, How much Did the Soviets Really Spend on Defence?, Soviet Industrialization Project, Birmingham, November 2002; Charles Wolf, Jr., The Costs of the Soviet Empire, in: *Science* 230 (1985), Heft 4729, S. 1001. Ohne den Kalten Krieg wären die Verteidigungsausgaben meiner Annahme zufolge fünf Prozentpunkte und die Ausgaben für Entwicklungshilfe und Subventionen 3 Prozentpunkte niedriger ausgefallen.

Diese grobe Kalkulation ergibt, dass Ressourcen in der Größenordnung von 6 bis 16 Prozent des BIP für eine anderweitige wirtschaftliche Nutzung verfügbar geworden wären, hätte es keinen Kalten Krieg gegeben. Vermutlich hätte die tatsächliche Einsparung irgendwo zwischen diesen Werten gelegen. Die frei gewordenen Ressourcen hätten für andere staatliche Ausgaben sowie vor allem für Investitionen und den privaten Verbrauch verwendet werden können.

Tabelle 2: Durchschnittliche Verbrauchs- und Investitionsraten in der UdSSR während der Phase der Stagnation (in Prozent des BIP)

	1) Reale Werte	2) Reale Werte plus frei gewordene Ressourcen (Minimum)	3) Reale Werte plus frei gewordene Ressourcen (Maximum)
Verbrauch	55	58	63
Investitionen	29	32	37

In Spalte 2 werden die durch ein Ausbleiben des Kalten Krieges eingesparten Mittel, die zu gleichen Teilen Verbrauch und Investitionen zugutekommen, mit 6 Prozent, in Spalte 3 mit 16 Prozent des BIP veranschlagt.

Die realen Verbrauchs- und Investitionsraten stützen sich auf Directorate of Intelligence, Handbook of Economic Statistics, 1990, CPAS 90–10001, September 1990, S. 66.

Die erste Spalte von Tabelle 2 zeigt die tatsächlichen durchschnittlichen Verbrauchs- und Investitionsraten als Anteil am BIP während der Phase der Stagnation: 29 Prozent des sowjetischen BIP wurden investiert, 55 Prozent von den Privathaushalten konsumiert. Die Einsparungen durch ein Ausbleiben des Kalten Krieges hätten es der sowjetischen Führung erlaubt, beide Anteile zu erhöhen. Was die sowjetischen Planer tatsächlich getan hätten, können wir nicht wissen, aber zur Veranschaulichung nehmen wir an, dass sie die eingesparten Mittel jeweils zur Hälfte für Investitionen und den privaten Verbrauch verwendet hätte. Die Spalten 2 und 3 geben die daraus folgenden kontrafaktischen Verbrauchs- und Investitionsraten an.

Hätten diese Zuwächse bei Verbrauch und Investitionen deutlich höhere Wachstumsraten erzeugt? Die Auswirkungen erhöhter Investitionen auf das Wirtschaftswachstum können wir durch die Kalkulation veranschaulichen, dass ein Anstieg der Investitionsrate von 3 bis 8 Prozent die Wachstumsrate des Kapitals um ein bis drei Prozentpunkte pro Jahr gesteigert hätte.[1] Eine höhere Wachstumsrate des Kapitals hätte wiederum eine höhere Wachstumsrate des BIP bewirkt.

Aber in welcher Größenordnung hätte sich dieser Effekt bewegt? Dies führt uns zum Kern des sowjetischen Wachstumsproblems: Ein Wachstum des Kapitals zog nur ein geringes Wachstum des BIP nach sich. Die Daten für die Jahre 1981 bis 1985 zeigen, dass jeder zusätzliche Prozentpunkt Kapitalwachstum das volkswirtschaftliche Gesamtprodukt nur um einen Drittelprozentpunkt wachsen ließ. Folglich hätte selbst der maximale angenommene Gewinn durch ein Ausbleiben des Kalten Krieges die Wachstumsrate des BIP lediglich um einen Prozentpunkt gesteigert, nämlich von 2 auf 3 Prozent. Aller Wahrscheinlichkeit nach ist selbst dies viel zu hoch angesetzt, da wir den Gewinn mit dem größtmöglichen Wert veranschlagen und davon ausgehen, dass ein höheres Kapitalwachstum nicht ein weiteres Sinken der Kapitalproduktivität zur Folge gehabt hätte. Realistischer wäre daher die Schätzung, dass die Wachstumsrate des BIP um einen halben Prozentpunkt oder weniger gestiegen wäre.

Schaubild 2 zeigt die Wachstumsraten des Pro-Kopf-Verbrauchs und der Arbeitsproduktivität von 1950 bis 1990. Die in unserem Szenario angenommene Steigerung des privaten Verbrauchs führt nur dann zu einem höheren Wachstum des BIP, wenn sie eine gesteigerte Arbeitsproduktivität bewirkt. Die Verschiebung von Ressourcen von der Verteidigung und Aufrechterhaltung des Imperiums zum Konsum bedeutet nur eine Umverteilung des BIP, nicht aber per se seine Zunahme.

Über die Beziehung zwischen privatem Verbrauch und Arbeitsproduktivität gibt es kaum einschlägige Literatur; die frühe bolschewistische Führung war jedenfalls davon überzeugt, dass die Arbeitsleistung (und somit die Arbeitsproduktivität) in einem Zusammenhang zum Konsum steht.[2] Aufgrund unklarer Kausalitäten ist es sehr schwierig, aus Schaubild 2 die Beziehung zwischen steigendem Pro-Kopf-Verbrauch und Arbeitsproduktivität herauszulesen. Sinkt die Wachstumsrate des BIP aufgrund anderer Faktoren, fallen sowohl der Verbrauch wie die Arbeitsproduktivität. Mit den vorliegenden begrenzten Daten ist es beinahe unmöglich, die verschiedenen Effekte zu entflechten. Zumindest belegen die Daten eine komplexe Beziehung: In drei Perioden (1966–1970, 1980–1985 und 1985–1990) bewegten sich Verbrauch und Arbeitsproduktivität in entgegengesetzte Richtungen (relativ zur vorhergehenden Periode). In zwei Perioden (1961–1965 und 1970–1975) bewegten sie sich in dieselbe Richtung. Die auffälligste Diskrepanz zeigt sich beim Einsetzen der Phase der Stagnation: Die Ver-

1 Diese Kalkulation geht von einem Kapitalkoeffizienten von 3 aus.
2 Paul Gregory, The Political Economy of Stalinism, New York 2004, Kapitel 4.

brauchsrate stieg von weniger als 3 auf beinahe 5 Prozent, während die Arbeitsproduktivität von rund 3,5 auf 2,5 Prozent sank.

Unsere Schlussfolgerung lautet: Die Auswirkungen eines Anstiegs des Verbrauchs auf die aggregierte Wirtschaftsleistung lassen sich nicht vorhersagen. Er hätte ihr wohl kaum geschadet, sie aber höchstwahrscheinlich auch nicht wesentlich gesteigert.

Das Ergebnis einer Zunahme der Ressourcen für den Konsum wäre eine zufriedenere Bevölkerung gewesen, die vielleicht effektiver gearbeitet und das Regime stärker unterstützt hätte. Doch das Problem der sowjetischen Verbrauchermärkte bestand nicht wirklich in der Quantität der verfügbaren Ressourcen, sondern in der Unfähigkeit des Systems, die Produktion mit der Nachfrage der Bevölkerung zur Deckung zu bringen. Eine Zunahme der Ressourcen für den Konsum hätte wahrscheinlich zur Produktion von mehr Gütern geführt, die bei den Verbrauchern teilweise auf keine Nachfrage gestoßen wären. Janos Kornais Theorie des permanenten Mangels zufolge hätte sie mit Sicherheit nicht ein Gleichgewicht auf den Verbrauchermärkten zur Folge gehabt, bei dem die Konsumenten zu festen Preisen kaufen können, was sie tatsächlich wollen.[3]

Wir vermuten, dass sich die Zugewinne für Konsum und Investitionen mit hoher Wahrscheinlichkeit im unteren Bereich der angegebenen Spannweite bewegt hätten. Denn neues Material aus den Archiven spricht dafür, dass die tatsächlichen sowjetischen Verteidigungsausgaben eher den niedrigeren Schätzungen entsprachen. »In den Kämpfen um das Verteidigungsbudget sah keiner der sowjetischen Amtsträger die Sowjetunion unter einer untragbaren militärischen Last zusammenbrechen.«[4] Akzeptiert man diesen Befund, dann hätte ein Ausbleiben des Kalten Krieges das Wachstum nur minimal gefördert – um deutlich weniger als einen halben Prozentpunkt.

Diese Kalkulationen legen daher die Annahme nahe, dass das sowjetische Wirtschaftswachstum aus einer Reihe von Gründen in jedem Fall zurückgegangen wäre. So war erstens das Bevölkerungswachstum nicht mehr ausreichend, um eine Zunahme des Arbeitsvolumens zu gewährleisten. Wachstum musste folglich durch die Akkumulation von Kapital erfolgen, doch es wurde immer schwieriger, Arbeit durch Kapital zu ersetzen. Zweitens nahm die Komplexität der Wirtschaft zu, was es den Planern erschwerte, die richtigen Optionen zu wählen. Drittens war es aufgrund von Breschnews »Little Deal«, der an die Stelle der Repression unter Stalin trat, nicht länger möglich, das System auf Zwang und Angst zu grün-

3 Janos Kornai, The Economics of Shortage, Amsterdam 1980.
4 Mark Harrison, A No Longer Useful Lie, in: *Hoover Digest* (2009), Heft 1.

Schaubild 2: Wachstumsraten des Pro-Kopf-Verbrauchs und der Arbeitsproduktivität, 1950–1990

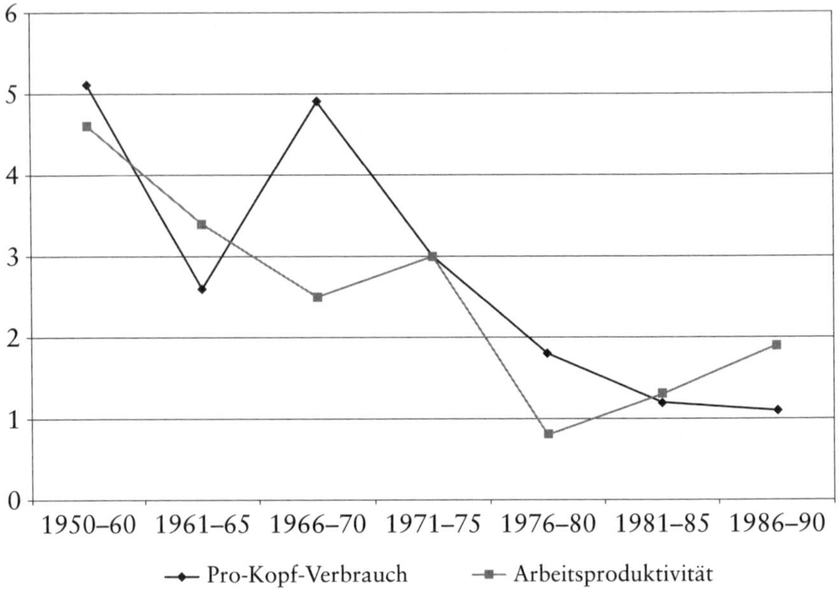

Quellen: Rush Greenslade, The Real Gross National Product of the USSR, 1950–1975, in: Joint Economic Committee, Soviet Economy in a New Perspective, Washington 1976, S. 77–80; Directorate of Intelligence, Handbook of Economic Statistics (Soviet economy section), ausgewählte Jahre.

den.[5] Viertens waren keine wirksamen Lösungen gefunden worden, um die Planung effizienter zu machen, ungeachtet der Hoffnung auf Verbesserungen durch Computer und Produktionsnormen. Das sowjetische Wachstumsmodell war aus dem einfachen Grund an seine Schranken geraten, dass es nicht länger auf der Grundlage von Kapitalakkumulation voranschreiten konnte, während die Zunahme der Arbeitskräfte kurz davor war, zum Stillstand zu kommen.[6] Diese Entwicklungen wurden von westlichen Wirtschaftswissenschaftlern in den 1970er und 1980er Jahren erschöpfend untersucht; viel Neues ist dem meines Erachtens nicht hinzuzufügen. Die sowjetische Wirtschaft war am Übergang vom extensiven

5 James R. Millar, The Little Deal: Brezhnev's Contribution to Acquisitive Socialism, in: *Slavic Review* 44 (1985), Heft 4, S. 694–706.

6 Gur Ofer, Soviet Economic Growth: 1928–1985, in: *Journal of Economic Literature* 25 (1987), Heft 4, S. 1767–1833.

zum intensiven Wachstum gescheitert und nun in einer sinnlosen »Tretmühle von Reformen« gefangen.[7]

Eine zweite kontrafaktische Geschichte: Die Perestroika findet nicht statt

Westliche Wissenschaftler und Geheimdienste haben mit großem Aufwand versucht, die sowjetische Wirtschaftsentwicklung vorherzusagen. In keiner ihrer Prognosen wurde ein optimistisches Bild gezeichnet. Es bestand jedoch ein breiter Konsens, dass die Vergangenheit am meisten Aufschluss über die Zukunft biete. Die Sowjetunion würde sich in ihrer »Tretmühle von Reformen« weiterhin »durchwursteln«, ohne an ihren grundlegenden wirtschaftlichen und politischen Institutionen mehr als kosmetische Veränderungen vorzunehmen. Die Mehrheit der Bevölkerung akzeptierte den sowjetischen Sozialismus stillschweigend und schien die sowjetische Lebensweise der westlichen sogar vorzuziehen. Die höheren Konsumstandards im Westen wurden teilweise durch Stabilität, kostenlose Gesundheitsversorgung und Bildung und dergleichen mehr als wettgemacht.[8] Selbst sowjetische Einwanderer in den Vereinigten Staaten gaben an, dass sie mit dem Lebensstandard in der Sowjetunion zufrieden gewesen seien.[9] Die sowjetischen Bürger blickten mit verhaltenem Optimismus in die Zukunft, wahrscheinlich mehr als ihre Führer. Auch die ideologische Forderung nach einem Ende des sowjetischen Systems wurde nicht erhoben; jede Diskussion über einen Übergang zur Marktwirtschaft blieb bis zum Ende ein Tabu.[10] Und der machtvolle militärisch-industrielle Komplex mag zwar befürchtet haben, hinter den Westen zurückzufallen, doch Unterstützung für eine radikale Veränderung war von ihm schwerlich zu erwarten.

Die administrativen Kommandosysteme in Kuba und Nordkorea zeigen, wie die kontrafaktische Geschichte der sowjetischen Entwicklung aussieht: Den dortigen Regime gelingt es, durch Repression und loyalitätsstiftende Zuwendungen genügend politische Macht zu erzeugen, um

7 Gertrude E. Schroeder, The Soviet Economy on a Treadmill of »Reforms«, in: Soviet Economy in a Time of Change. A Compendium of Papers submitted to the Joint Economic Committee, Congress of the United States, Washington 1979.

8 Vladimir Shlapentokh, Standard of Living and Popular Discontent, in: Michael Ellman/Vladimir Kontorovich (Hg.), The Destruction of the Soviet Economic System: An Insiders' History, Armonck, NY 1998, S. 3–34.

9 James Millar, Politics, Work, and Daily Life in the USSR, New York 1987, S. 33.

10 Shlapentokh, Standard of Living, S. 19f.

das System aufrechtzuerhalten, wenngleich um den Preis einer extrem niedrigen Wirtschaftsleistung. Diese Systeme haben sich als erstaunlich überlebensfähig erwiesen. Wäre Gorbatschow ein junger und energischer Breschnew und nicht er selbst gewesen, könnte sich die Sowjetunion heute auf dem kubanisch-nordkoreanischen Weg befinden.

Politökonomische Theoretiker haben aufgezeigt, dass eine schwache Wirtschaftsleistung die Stabilität undemokratischer Regime sogar erhöhen kann, weil sie die Vergünstigungen, die die Regimeanhänger genießen, umso wertvoller macht. Ebenso kann es der Fall sein, dass kühl kalkulierende Diktatoren eine Modernisierung blockieren, wenn der mit ihr verbundene Wandel ihre politische Rente gefährdet.[11] Schlecht verwaltete Diktaturen mit einer miserablen Leistungsbilanz können gleichwohl, wie Nordkorea, Kuba und afrikanische Länder zeigen, lange Zeit Bestand haben. Und wie das Beispiel Robert Mugabes in Simbabwe illustriert, können Diktatoren sogar die Wirtschaft ihres Landes in den Ruin treiben und dennoch an der Macht bleiben, solange sie ihren Unterstützern ausreichende Zuwendungen bieten.

Der Gorbatschow-Faktor

Als Gorbatschow im März 1985 die Macht übernahm, gelangte er zu der Auffassung, dass das sowjetische System während der Phase der Stagnation unter seinen Amtsvorgängern erheblich an Boden verloren habe. Diese Überzeugung veranlasste die neue und unerfahrene sowjetische Führung zu Veränderungen des Systems, denen sich die bisherige Staats- und Parteispitze vehement widersetzt hatte. Allerdings gab sie das politische und ökonomische System nicht aufgrund eines wirtschaftlichen Zusammenbruchs auf oder weil die Bevölkerung ein anderes gefordert hätte. Sie tat es vielmehr in der falschen Annahme, dass dieses System durch vergleichsweise geringfügige politische und wirtschaftliche Veränderungen zu neuer Kraft gelangen würde.

Schaubild 3 zeigt uns, was Gorbatschow sah, als er zum Generalsekretär gewählt wurde: Das Wirtschaftswachstum der UdSSR hatte sich seit den 1970er Jahren beständig verlangsamt. China begann unterdessen seinen phänomenalen wirtschaftlichen Aufstieg, der sich selbst mit Japans damals funktionierender Wachstumsmaschine messen konnte. Allerdings

---

11 Bruce Bueno de la Mesquita u.a., The Logic of Political Survival, Cambridge, MA 2005; Valery Lazarev, Political Labor Market, Government Policy and Stability of a Non-Democratic Regime, in: *Journal of Comparative Economics* 35 (2007), Heft 3, S. 546–563.

Schaubild 3: Das Wachstum des sowjetischen BIP im Vergleich

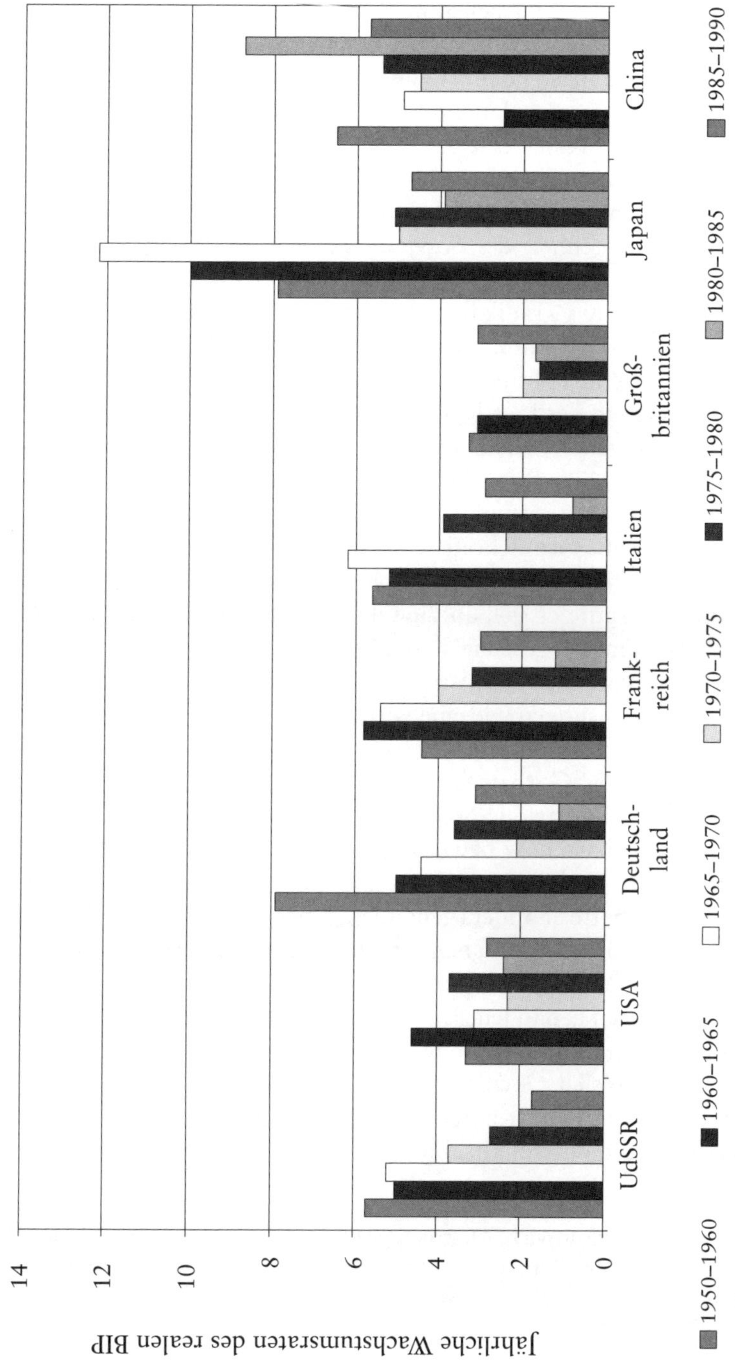

Quelle: Handbook of Economic Statistics, verschiedene Ausgaben.

war das sowjetische Wachstum mit dem der USA vergleichbar und sogar stärker als im Großteil Europas. Beunruhigend war vor allem die anhaltende Niedergangstendenz. In anderen Ländern befanden sich die Wachstumsraten in stetem Auf und Ab; tatsächlich gewann das Wirtschaftswachstum im Westen erst nach dem Beginn der Reformen Gorbatschows wieder an Schwung, während die Wachstumsrate in der UdSSR weiter einbrach. Das in den 1950er Jahren aufgekommene Narrativ der wirtschaftlichen Überlegenheit der Sowjetunion war seit Langem verschwunden. Gorbatschow entschied, anders als seine Vorgänger, etwas dagegen zu tun.

Gorbatschows »radikaler« Reformkurs stieß nur auf verhaltenen Protest. Während er mutmaßliche Gegner aus dem Weg schaffte, holte er eine neue Riege von Politikern ins Zentralkomitee. Wer die neue Politik ablehnte, blieb in der Regel still und beugte sich dem Generalsekretär.[12] Die administrativen Schaltstellen des Kommandosystems – das Staatskomitee für Planung (Gosplan), das Staatliche Komitee für materiell-technische Versorgung (Gossnab) und der Militärisch-Industrielle Komplex (VPK) – setzten seine Reformdekrete widerspruchslos um, obwohl sie ihnen offenkundig missfielen.[13] Da Gorbatschow selbst über keine klare Konzeption verfügte, wandte er sich an die Ökonomen, die sein Reformer Alexander Jakowlew um sich geschart hatte. Von ihnen bekam er das falsche Versprechen zu hören, das administrative Kommandosystem könne durch relativ geringe Anpassungen wie eine wirtschaftliche Öffnung zum Westen, mehr Befugnisse für die Unternehmen und eine Entmachtung der Reformgegner gerettet werden. Gorbatschow und seine Berater suchten nach einer neuen, verbesserten Form von »Sozialismus mit menschlichem Antlitz«.

Wäre Gorbatschow bewusst gewesen, dass seine Politik zum Ende des sowjetischen Sozialismus führen und ihn im eigenen Land in Verruf bringen würde, hätte er anders gehandelt. Aber so entmachtete er zunächst mit dem Gesetz über die Staatsunternehmen im Juni 1987 die Ministerien, indem er die Manager der Unternehmen von »Bevormundung« befreite. Damit wurden genau jene Institutionen getroffen, die tatsächlich die Allokation der Ressourcen leisteten. Da er eine schleichende Sabotage befürchtete, sicherte sich Gorbatschow die Unterstützung der Bevölkerung und der Partei für seine Kampagne gegen die Bürokratie.[14] Ein Jahr später schaffte er die Wirtschaftsabteilungen des Zentralkomitees ab – die letzten

---

12 Ellman/Kontorovich, Destruction of the Soviet Economic System, Kapitel 2; Valery Boldin, Ten Years that Shook the World: The Gorbachev Era as Witnessed by his Chief of Staff, New York 1994, Kapitel 2 und 3.

13 Shlapentokh, Standard of Living, S. 22.

14 Ebenda, S. 21.

Vorposten zentralstaatlicher Steuerung und Eingriffe. Ende 1989 funktionierte das alte System nicht mehr – die meisten Entscheidungen wurden inzwischen von den Unternehmen selbst getroffen.[15] Zwei Säulen der administrativen Kommandowirtschaft – die Allokation von Ressourcen durch die Ministerien und die Eingriffsmöglichkeiten der Partei – waren zerstört worden, ohne sie durch ein neues Allokationssystem zu ersetzen. Die Wirtschaft geriet in einen freien Fall. Doch als das Scheitern der Reformen deutlich wurde, verfügten Gorbatschows Reformer über keinen Plan B.[16] Gorbatschow war unentschlossen und konnte sich nicht zu der Erkenntnis durchringen, dass der Sozialismus insgesamt aufgegeben werden musste. So blieb es seinem politisch geschickteren Rivalen überlassen, den Sozialismus zugunsten eines Marktsystems abzuschaffen – dem russischen Präsidenten Boris Jelzin.

Warum wurden Gorbatschows Reformen nicht sabotiert?

Unsere Erzählung bietet indessen keine Erklärung dafür, warum diejenigen, die ein Interesse an der Aufrechterhaltung des Status quo hatten, Gorbatschows Reformen nicht ebenso sabotierten wie frühere Reformversuche. Selbst Stalin tobte während seiner schlimmsten Säuberungen über »unfolgsame« Untergebene und verlangte neue Kommissionen, die die Umsetzung seiner Anweisungen überwachen sollten.[17] Einer der begabtesten Politiker der sowjetischen Geschichte, Ministerpräsident Alexei Kossygin, scheiterte mit seinen Reformen vom September 1965 an einer aufsässigen Bürokratie.[18] Die Antwort auf unsere Frage ergibt sich aus einem Vergleich dieser Reformen von 1965 mit dem 20 Jahre später initiierten Reformprogramm Gorbatschows. Kossygins Reformen schwächten die Bevormundung der Unternehmen ab, indem ihnen weniger Zielvorgaben gemacht wurden und sie Profite für Sonderprämien und Investitionen behalten durften. An zentraler Planung und strengen Kapitalverkehrskontrollen wurde jedoch nicht gerüttelt, und die anvisierten Prämien waren bescheiden. Kossygins Plan

---

15 Paul Gregory, Bureaucrats, Managers and Perestroika: The First Five Years. Results of Surveys of Soviet Managers and Officials, in: NATO (Hg.), The Soviet Economy under Gorbachev, Brüssel, 1991, S. 188–202.

16 Boldin, Ten Years That Shook the World, S. 117.

17 Gregory, Political Economy of Stalinism.

18 Gertrude Schroeder, Recent Developments in Soviet Economic Planning and Managerial Incentives, in: Joint Economic Committee (Hg.), Soviet Economic Prospects for the Seventies, Washington 1973.

schwächte somit die Macht der Bürokratie, ohne im Gegenzug der Wirtschaft viel zu bieten. Die Planer hatten viel zu verlieren; die Hersteller wenig zu gewinnen. Gorbatschows Reformen schufen im Gegensatz hierzu eine ideale Rentenmaschine. Die Obergrenzen für persönliches Einkommen wurden aufgehoben; Manager durften Kooperativen mit freier Preisgestaltung und unbegrenzter Gewinnerlaubnis gründen; sie konnten sogar für ihre privaten Kleinunternehmen Ausrüstung und Maschinerie der Staatsunternehmen »leasen«. Noch verlockender war, dass die Manager nicht mehr der Autorität der Staatsbank unterstanden, sondern eigene Banken gründen konnten, denen sogar Auslandsgeschäfte – also auch Überweisungen auf ausländische Konten – erlaubt waren. Für die Bürokraten ergab sich eine lukrative Einnahmequelle durch den Verkauf von Lizenzen, Genehmigungen und anderen Einrichtungen des Rentenstaates.

Gorbatschows Rentenmaschine war daher für Manager und Bürokraten gleichermaßen attraktiv: Die Bürokraten verfügten über wertvolle Genehmigungen und Lizenzen, die sie entweder legal oder auf dem Schwarzmarkt verkaufen konnten, während sich für die Manager erstmals die Möglichkeit ergab, ihre Unternehmen und Kontakte für die Anhäufung persönlichen Reichtums zu nutzen. Da es somit viele Nutznießer und wenig Gegner der Reformen gab, verwundert es nicht, dass diese Reformen im Unterschied zu früheren nicht blockiert wurden.

Warum hat Gorbatschow nicht China kopiert?

Als Gorbatschow die Perestroika auf den Weg brachte, erlebte China die ersten Erfolge der 1979 initiierten Wirtschaftsreformen – am Vorabend von Gorbatschows Amtsantritt erreichte das chinesische Wirtschaftswachstum fast 10 Prozent. Die unter dem Eindruck des rasanten Wachstums in Japan und den vier südostasiatischen Tigerstaaten verabschiedeten chinesischen Reformen verleiteten die neue sowjetische Führung zu dem Gedanken, dass ihre einzige Hoffnung auf ein »Einholen« des Westens darin bestand, einen neuen Weg einzuschlagen. Es ist ein interessantes Gedankenspiel, ob Gorbatschow das Risiko der Reformen auch eingegangen wäre, hätte es nicht die chinesische Erfolgsgeschichte gegeben. In jedem Fall ähnelten die von Gorbatschow durchgesetzten Reformen zwar grundsätzlich den 1979 unter Deng in China initiierten, aber sie kamen in einer Wirtschaft zur Anwendung, die von riesigen Industrieunternehmen und einer langen Tradition gemeinschaftlicher Landwirtschaft geprägt war. Die anfänglichen Erfolge in China waren weitgehend auf spontane Weise, von den unteren Ebenen der Landwirtschaft und des Handels ausgegangen. Bemerkenswert war dabei, dass sie sofort an Tempo gewannen und eine »Übergangsrezession« so vermieden werden konnte. Gorbatschows Reformökonomen versprachen ebenfalls eine Beschleunigung des Wachstums, sobald die Unternehmen befreit, Kooperativen und Leasing erlaubt und die Wirtschaft zur Außenwelt geöffnet sein würden. Selbstverständlich trat dieses Wachstum nicht ein. Stattdessen ging die Wirtschaft in den freien Fall über.

Schlussfolgerungen

Im vorliegenden Beitrag wurde argumentiert, dass das nachlassende Wirtschaftswachstum den Zusammenbruch des administrativen Kommandosystems nicht direkt verursacht hat. Die schwache Wirtschaftsleistung war allenfalls eine notwendige, nicht aber eine hinreichende Bedingung der Revolution von oben. Wäre sie stärker gewesen, hätte es gewiss weniger Interesse an einer Reform und weniger Unterstützung für den »radikalen Reformkurs« gegeben, aber für sich genommen sagt ein niedriges Wirtschaftswachstum noch wenig über die Überlebensfähigkeit eines Systems aus. Viele undemokratische Regime, die sich durch eine schwache Wirtschaftsleistung auszeichnen, können sich dennoch lange an der Macht halten,[19] und bis vor kurzer Zeit waren Diktaturen verbreiteter als Demokratien.[20] Angespannter als in den 1980er Jahren war die wirtschaftliche Lage der Sowjetunion in den frühen 1930er Jahren, als sie mit Kollektivierung und Entkulakisierung zu kämpfen hatte, während des Großen Vaterländischen Krieges und in der unmittelbaren Nachkriegszeit, als es zu großen Hungersnöten kam.

Eine weitere Schlussfolgerung dieses Beitrags lautet, dass der Kalte Krieg nicht die »Ursache« für das Nachlassen des Wirtschaftswachstums ab den 1970er Jahren war. Wie die kontrafaktische Analyse gezeigt hat, hätte ein plötzliches Ende des Kalten Krieges allenfalls eine minimale und zeitweilige Steigerung der sowjetischen Wachstumsraten bewirkt. Die Phase der Stagnation hatte vielmehr tiefe Wurzeln in den Grundlagen des sowjetischen Systems – in Planwirtschaft, Staatseigentum und der Lenkung durch einen Einparteienstaat.

Aus dem Englischen von Felix Kurz

---

19 Robert Barro, Determinants of Democracy, in: *Journal of Political Economy* 107 (1999), Heft 6, S. 158–183.

20 Bueno de la Mesquita u.a., Logic of Political Survival.

Paul Josephson

Umweltschäden des Kalten Krieges in der UdSSR

Bei der Entwicklung konventioneller und atomarer Waffen nahmen die verantwortlichen Politiker und Militärs der Vereinigten Staaten, Chinas, Frankreichs, Großbritanniens und der Sowjetunion keine Rücksicht auf soziale und ökologische Folgen. Bereits vor dem Kalten Krieg richteten sie militärische Testgelände ein, für die ganze Bevölkerungsgruppen umgesiedelt werden mussten. Indianer, Nomaden und andere Menschen, die in den Augen der Behörden unwichtig waren oder sogar der Landesverteidigung im Wege standen, wurden ihrer Dörfer, Begräbnis- und Kulturstätten, ja letztlich ihrer Lebensweise beraubt. Als die Rüstungsentwicklung während des Kalten Krieges vollkommen neue Größenordnungen erreichte, nahmen die Regierungen ganze Bezirke, Naturreservate und Inseln in Beschlag. Franzosen und Amerikaner siedelten Polynesier und Bikinianer um; die Sowjets vertrieben Kasachen und andere Einwohner aus der Region bei Semipalatinsk und die Nenets von der Halbinsel Nowaja Semlja im nördlichen Polarkreis, die sie in das vielleicht am stärksten radioaktiv kontaminierte Testgelände der Welt verwandelten. Durch Waffentests und Bergbau, durch Rüstungsindustrien und Militärmanöver trugen die Regierungen zu erheblichen Umweltschäden und der Vertreibung von Menschen bei – stets im Namen der nationalen Sicherheit. Selbst in Zeiten des Friedens – wenn im Kalten Krieg denn überhaupt »Frieden« herrschte – genehmigten sie Ausnahmen von bestehenden Umweltschutzbestimmungen oder sahen bei Verstößen kurzerhand darüber hinweg.

Millionen Liter teils hoch radioaktiver Flüssigkeiten, mehrere Hunderttausend Tonnen radioaktiver Müll, die achtlos entsorgt wurden – dies sind die bleibenden Hinterlassenschaften des sowjetischen Atomwaffenprogramms. Nicht nur Nowaja Semlja und andere Gebiete der Arktis, auch mehrere Zehntausend Quadratkilometer im Ural und Zentralsibirien wurden im Namen der Verteidigung des Vaterlands gegen feindliche kapitalistische Mächte verseucht. Von der Westgrenze der UdSSR bis zum Pazifischen Ozean wurden Erdreich und Gewässer mit Schwermetallen belastet. Wo immer die Planer die Errichtung von Industrien anordneten, besteht heute eine starke Umweltverschmutzung. Die Wirtschaft und der gesamte Planungsapparat wurden von den Machthabern in vieler Hinsicht auf militärische Zwecke ausgerichtet. Bis zur Ära Gorbatschow nahm der Anteil des Staatshaushalts, der direkt oder indirekt auf den Kalten Krieg verwendet wurde, deutlich zu, und wenngleich Wissenschaftler bis heute über seinen genauen Umfang debattieren – ob er 10, 20, 30 oder sogar 40 Prozent betrug –, steht außer Frage, dass er einem deutlich höheren Anteil des Bruttoinlandsprodukts (BIP) entsprach als in den Vereinigten Staaten.

Der gefährliche Kampf mit dem Kapitalismus begann mit der Russischen Revolution von 1917. Doch die mit ihm einhergehende starke Umweltzerstörung nahm mit Josef Stalins Aufstieg zum Diktator in den späten 1920er und 1930er Jahren deutlich zu. Stalin trieb die Fünfjahrespläne voran, um binnen eines Jahrzehnts eine Schwerindustrie einschließlich Rüstungsproduktion aufzubauen. Jedes Hindernis für diese nationale Kampagne – unfolgsame Bürger, zögerliche Ingenieure, sogar die Natur selbst – wurde von den Parteifunktionären als Feind betrachtet. Im Krieg mit Nazideutschland, einem Kampf auf Leben und Tod, konnten Umweltprobleme selbstverständlich nicht berücksichtigt werden. Die Wirtschaftsplanungsbehörden gingen damals zu einem regelrechten Angriff auf die Natur über, weil sie die Schwerindustrie als Schlüssel für die Verteidigung der UdSSR sahen. Doch wenngleich die Umweltzerstörung in den ökonomischen, wissenschaftlichen und ideologischen Entwicklungen der 1930er Jahre wurzelte, nahm sie während des Kalten Krieges mit der Ressourcenverschwendung und Verschmutzung durch die Schwerindustrie – nicht zuletzt der Rüstungsproduktion – noch größere Ausmaße an.

Weichenstellungen vor dem Zweiten Weltkrieg[1]

Unter Stalin entschieden Funktionäre der Kommunistischen Partei in den späten 1920er Jahren, dass die auf Kleinkapitalismus und Geldwirtschaft setzende Neue Ökonomische Politik zugunsten einer zügigen Industrialisierung sowie der Kollektivierung der Landwirtschaft aufzugeben sei. Wie hinreichend dokumentiert ist, forderte dies in allen Schichten der Gesellschaft große menschliche Opfer. Ingenieure und Planer, die über die menschlichen Kosten dieser Politik besorgt waren, auf sektorale Ungleichgewichte und Engpässe oder die mit den Aufbaukampagnen verbundene Verschwendung natürlicher Ressourcen hinwiesen, wurden von Partei-

1 Zur Umweltzerstörung im Ural vgl. Paul Josephson, »Industrial Deserts: Industry, Science and the Destruction of Nature in the Soviet Union«, in: *Slavonic and East European Review* 85 (2007), Heft 2, S. 294–321.

funktionären als Saboteure angegriffen.[2] Doch nicht nur Spezialisten, auch gewöhnliche Bürger konnten Saboteure und »Volksfeinde« sein. Arbeiter und Bauern wurden in die Industrie und in kollektive Landwirtschaftsbetriebe gezwungen. Mit mangelhafter Technik und Ausrüstung, schlecht gekleidet und ernährt, mussten sie auf Baustellen im ganzen Land Schwerstarbeit leisten, um den Ausstoß von Industrie und Landwirtschaft zu steigern. In einem Erfahrungsbericht über seine Zeit als ausländischer Ingenieur in den Stahlwerken von Magnitogorsk beschrieb John Scott diese Baustellen als Schlammlöcher, als offene Wunden der Erde und Krankheitsherde; auch die Zahl der Unfälle war sehr hoch.[3]

Als direkte Folge der Kollektivierung brach 1932/33 in der Ukraine eine Hungersnot aus, bei der Schätzungen zufolge bis zu drei Millionen Menschen starben,[4] die Viehbestände geschlachtet und die letzten Ressourcen aus der Landwirtschaft gepresst wurden. Doch die Führungsriege um Stalin hatte beschlossen, dass es angesichts der »feindlichen kapitalistischen Einkreisung« und des Aufstiegs des Faschismus zwingend sei, im Eiltempo eine moderne Industrie- und Rüstungsproduktion aufzubauen, die natürlichen Reichtümer des Landes für eine wirtschaftliche Autarkie zu nutzen und alle Hindernisse – auch die natürlichen – mit roher Gewalt aus dem Weg zu räumen. Die im Kalten Krieg herrschende Sicht auf die Natur als Feind, als ein durch bolschewistische Willenskraft, Befehlswirtschaft und brachiale Technik zu unterwerfendes Objekt, hatte ihre Wurzeln somit in den frühen Wirtschaftsprogrammen des Stalinismus. In der Stalinära bildete sich auch das bis in die 1980er Jahre bestehende ineffiziente System der Planwirtschaft heraus, dem es nicht gelang, Knappheit angemessen zu bewerten, und das folglich auch die natürlichen Ressourcen unterbewertete.

Ebenso hatten Parteifunktionäre und tatendurstige Ingenieure bereits in den 1930er Jahren Wissenschaft und Technik in geotechnische Instrumente im Dienst der militärischen und wirtschaftlichen Macht der Nation verwandelt. Diese Instrumente hatten zwar noch nicht die Durchschlagskraft, die sie in den Nachkriegsjahren gewannen, doch die Forschungs- und Entwicklungsbüros und das Ingenieurwesen waren bereits damals weitgehend darauf ausgerichtet, dem Staat den Zugriff auf die natürlichen

---

2 Mit dem Schicksal des Ingenieurs Peter Palchinsky, der auf ein langsameres Vorgehen drängte, befasst sich Loren Graham, The Ghost of the Executed Engineer, Cambridge, MA 1993.

3 John Scott, Jenseits des Ural. Die Kraftquellen der Sowjetunion, Stockholm 1944.

4 Robert Conquest, Ernte des Todes: Stalins Holocaust in der Ukraine 1929–1933, Frankfurt am Main/Berlin 1991.

Ressourcen zu sichern. Mit Mitteln der für Industrie und Militär zuständigen Ministerien waren Spezialisten an einer Reihe von Forschungsinstituten damit befasst, das Ernten, Schürfen, Pulverisieren, Schmelzen und Bauen auf eine vollkommen neue wissenschaftliche Basis zu stellen. Eines ihrer Ziele bestand in der Massenproduktion von Traktoren, Planierraupen, Straßenhobeln, Saugbaggern und anderen Erdbewegungsmaschinen. Die wissenschaftliche Forschung und Entwicklung wurde anwendungsorientiert. So wurde beispielsweise im Ural eine Zweigstelle der Akademie der Wissenschaften gegründet, deren Schwerpunkt in Metallurgie und Geologie lag.

Nach den eher episodischen und bescheidenen Entwicklungsprojekten des Zarismus trieb der Staat von der Stalinära bis in die 1980er Jahre das Vorhaben voran, ganze Wälder und Flüsse ökonomisch zu verwerten und entsprechend umzugestalten. In den Plänen der Ingenieure wurden Flussbecken zu Kaskaden von Staudämmen, die Strom erzeugen, die Landwirtschaft durch Bewässerung und Urbarmachung und das Transportwesen durch Schleusen und Kanäle fördern sollten. Zwar hatten viele sowjetische Ingenieure solche Visionen einer transformierten Natur bereits unter Zar Nikolaus II. und teilweise noch früher entworfen; die Ursprünge zahlreicher Entwicklungsprojekte lagen somit in der vorrevolutionären Zeit. Nun jedoch konnten sie diese Visionen umsetzen und Wälder und Flüsse einem planmäßigen Zugriff unterwerfen. In Wissenschaftszweigen wie der Forst- und Fischereiwirtschaft nahm die Zahl der Institute, Forscher und Publikationen sprunghaft zu. Ein Sinnbild für das angestrebte neue Verhältnis von Wissenschaft, Produktion und Natur war die Gründung eines technischen Zweigs der Akademie der Wissenschaften. Wie in anderen Ländern waren sowjetische Zeitschriftenartikel über die natürlichen Reichtümer von industriellen und militärischen Metaphern durchzogen.[5] Die Forschungsinstitute und Laboratorien der Industriezweige und der Akademie der Wissenschaften standen im Dienst wirtschaftlicher Ziele, die erhebliche Folgen für die Umwelt hatten.

Elemente der stalinistischen Ideologie trugen dazu bei, dass die Natur während des Kalten Krieges ausschließlich als ein zu transformierendes ökonomisches Objekt gesehen wurde. Erstens zwang die Überzeugung

---

5 Zum Aufschwung von Forstwirtschaft, Fischerei, Hydrologie und anderer Wissenschaften der »Naturumwandlung« in der UdSSR sowie im Vergleich hierzu in Europa und den Vereinigten Staaten vgl. Paul Josephson, Industrialized Nature. Brute Force Technology and the Transformation of the Natural World, Washington/Covelo 2002.

von der Unausweichlichkeit eines Krieges mit den kapitalistischen Ländern die Führung zu einer Wirtschaftspolitik, die der Entwicklung der Schwerindustrie den Vorrang einräumte. Sicherheits- und Umweltschutzbelange, die die Kosten der Industrieproduktion erhöht oder ihr Tempo gedrosselt hätten, wurden weitgehend ignoriert. Tatsächlich war der Stalinismus vor allem ein permanenter Krieg gegen sämtliche Feinde – die kapitalistischen Nationen, die Saboteure, die Kulaken und auch die Natur selbst. Zweitens hatten Stalin und führende Wirtschaftspolitiker wie Walerian Kuibyschew und Grigori Ordschonikidse in zahlreichen Reden darauf insistiert, dass die UdSSR den Westen – insbesondere die Vereinigten Staaten als führende kapitalistische Macht – »einholen und überholen« müsse, um auf sämtlichen Gebieten eine Spitzenposition einzunehmen. Sie waren fest entschlossen, die Vereinigten Staaten in der Produktion von Zement, Eisen, Stahl, Kohle und Elektrizität und ähnlichen Sektoren zu übertreffen. USA und UdSSR lieferten sich einen technologischen Wettstreit, der unter anderem Fabriken und Wasserkraftwerke betraf. In ausdrücklicher Konkurrenz zu amerikanischen Projekten am Columbia River errichteten die Sowjets an der Wolga die größten Staudämme der Welt – mit bleibenden Folgen für Wasserqualität, Fischbestände (insbesondere anadrome Fische), Ökosysteme und Biodiversität.[6]

Eine neue vom Staat geförderte Stilrichtung in Kunst und Literatur, der sozialistische Realismus, versuchte, die Bürger von der Existenz zweier Welten zu überzeugen: Es gebe nur Feinde und Patrioten, Schwarz und Weiß, und die Natur stehe zweifelsfrei im Lager des Feindes; gemäß einem unumstößlichen Plan würde der Sozialismus ihre Flüsse, Wälder und Bodenschätze erobern. Gute Manager, die allen Widrigkeiten zum Trotz und unbekümmert um jedwedes Umweltproblem die Industrieproduktion vorantrieben, traten in der Literatur des sozialistischen Realismus als Helden auf. Eine damals aufkeimende Umweltbewegung hingegen, die für die Einrichtung von Naturreservaten und ein Verständnis der modernen Ökologie eintrat, wurde attackiert, da sie nichts zum »sozialistischen Aufbau« beitrage. Bis in die 1950er Jahre handelte die Literatur des sozialistischen Realismus vornehmlich davon, wie die Bolschewisten alle Hindernisse überwinden würden, einschließlich der natürlichen.

Der Glaube, dass die ökologischen Folgen der Industrialisierung der Natur problemlos zu bewältigen seien und die rücksichtslose Ausbeutung von Boden und Rohstoffen auch langfristig keine wirtschaftlichen Kosten erzeugen würde, wurde zwar auch von den scheinbar unerschöpflichen

---

6 Douglas Weiner, Models of Nature, Bloomington 1978.

Erz-, Wald- und Wasserressourcen befördert – die UdSSR verfügte beinahe über die Hälfte der Waldbestände und mit Wolga, Don, Dnjepr, Irtysch, Angara und Amur über einige der gewaltigsten Flüsse der Welt. Doch die Rücksichtslosigkeit von Planern, Managern und Arbeitern – etwa ihr verantwortungsloser Umgang mit Abfällen, die häufig kurzerhand an Ort und Stelle und in Nähe von Wohngebieten entsorgt wurden – war zugleich ein integraler Bestandteil des ökonomischen Modells der UdSSR.

Die ökonomischen, politischen und ideologischen Erfordernisse des Zweiten Weltkrieges und des Kalten Krieges trieben die geotechnischen Projekte weiter voran und beschleunigten die Verschmutzung und Zerstörung der Umwelt. Im Zweiten Weltkrieg verhärtete sich bei den Wirtschaftsplanern die Wahrnehmung der Natur als einem Objekt von strategischer Bedeutung. Per Eisenbahn evakuierten die Sowjets in großer Eile so viel Industrie wie möglich, um sie vor der vorrückenden deutschen Armee zu retten. Die umgesiedelten Fabriken – für die häufig Schulen, Theater und Vereinsgebäude in Beschlag genommen wurden – erhielten die Anweisung, unverzüglich die Kriegsproduktion wiederaufzunehmen. Auch Wissenschaftler und Ingenieure wurden evakuiert und bekamen rüstungsrelevante Aufgaben wie die kartografische Erfassung aller für die Kriegsanstrengung verfügbaren Ressourcen. In geologischen Untersuchungen mussten sie beispielsweise neue Erzvorkommen oder potenzielle Standorte für kleine und mittlere Wasserkraftwerke lokalisieren. Da zunächst die evakuierten Produktionsanlagen wieder aufgebaut und dann die Unterkünfte der Arbeiter errichtet wurden, verschärfte sich das Problem, dass Wohnungen in der UdSSR häufig in unmittelbarer Nähe von stark verschmutzenden Industrien und Abbaustätten lagen.

Für die sowjetische Armee, aber auch für die einmarschierenden Truppen waren Menschen und Natur nur Material für die Kriegsmaschinerie. Die Zahl der Todesopfer unter den sowjetischen Bürgern wird auf bis zu 25 Millionen geschätzt. Rund 1500 Städte und 70000 Dörfer wurden ebenso wie große Teile des Ackerlandes in der Ukraine, Weißrussland und dem westlichen Russland zerstört. Bei Ende des Krieges erteilte Stalin den Befehl, Industriebetriebe und Kolchosen zügig wieder aufzubauen; aus dem vierten Fünfjahresplan sprach derselbe Drang zur Ausbeutung natürlicher Reichtümer für die nationale Sicherheit, von dem bereits der erste geprägt gewesen war. Institute der Akademie der Wissenschaften und Ministerien verdoppelten ihre Anstrengungen, Ressourcen zu lokalisieren und auszubeuten. Angesichts des immensen Verlusts an Menschenleben, Land und Infrastruktur ist es durchaus nachvollziehbar, dass die sowjetische Führung entschlossen war, alle Hebel in Gang zu setzen, um einen erneuten Einmarsch zu verhindern oder den Feind im

Falle eines Angriffs durch eine schnelle Mobilmachung vollständig zu vernichten. Beim Wiederaufbau und im Kalten Krieg konnte es keine Atempause geben. Ökologische Bedenken verloren dabei selbstverständlich jede Dringlichkeit.

Stategischer Raubbau

In den Nachkriegsjahren verstärkten Wissenschaftler und Ingenieure ihre Anstrengungen zum Aufbau strategischer Industrien in Sibirien und den arktischen Regionen der UdSSR – in weiter Entfernung von der europäischen Grenze und direkt bei den ebenfalls strategisch bedeutenden Rohstoffvorkommen, die während des Zweiten Weltkrieges entdeckt worden waren. Der noch unter dem Zarismus entstandene Rat zum Studium der Produktivkräfte koordinierte in der Akademie der Wissenschaften und ihren Zweiginstituten die Arbeit von Geologen, Ökonomen, Metallurgen, Hydrologen, Biologen und Ingenieuren, um auf Grundlage der neu entdeckten reichhaltigen Öl-, Gas- und Erzvorkommen sowie des hydrologischen Potenzials Dutzender Flüsse eine zügige wirtschaftliche Entwicklung voranzutreiben. Bei einem Treffen des Rates 1947 in Irkutsk betonten Experten die Bedeutung der sibirischen Rohstoffe für die Zukunft des Regimes. Um die Ausbeutung dieser Ressourcen zu optimieren, fand nach umfassenden Untersuchungen eine weitere Konferenz im Jahr 1958 statt.[7] Mit dem unter Nikita Chruschtschow geförderten Bau von Staudämmen an Ob, Angara und Irtysch beschleunigte sich die Entwicklung Sibiriens in den folgenden Jahrzehnten.[8] Unter Leonid Breschnew setzte sich dies unter anderem mit dem Bau einer neuen transsibirischen Eisenbahn, der Baikal-Amur Magistrale (BAM), fort, dessen negative ökologische Folgen so erheblich waren, dass auch unter loyalen Mitgliedern des kommunistischen Jugendverbandes Komsomol ein Bewusstsein für Umweltprobleme entstand. Wäre das »Jahrhundertprojekt« BAM fertiggestellt worden – wie die Führung um Breschnew fälschlich behauptete –, hätte die Umwelt zweifellos noch mehr Schaden genommen.[9]

---

7 M. A. Lavrent'ev, V. S. Nemchinov u.a., Razvitie Proizvoditel'nykh Sil Vostochnoi Sibiri, 13 Bde., Moskau 1960.

8 S. V. Klopov, Gidroenergeticheskie Resury Basseina Amura, Blagoweschtschensk 1958; N. P. Bakhtin, Reka Enisei, Leningrad 1961; L. P. Mikhailov u.a., Gigant energetiki v Sianakh, Moskau 1980; V. V. Alekseev, Gidrostantsii Sibiri – Unikal'nye Pamiatniki Energeticheskoi Revoliutsii XX Veka, Ekaterinburg 1992.

9 Chris Ward, Brezhnev's Folly, Pittsburgh 2009.

Bei der Entwicklung der sibirischen Energieressourcen offenbarte sich ein Problem, das für die langfristigen Investitionsentscheidungen von außerordentlicher Tragweite war: Während Industrie und Bevölkerung weiterhin in der europäischen UdSSR konzentriert waren, befanden sich die für das Wachstum der Industrie und die Versorgung der Bevölkerung entscheidenden Energieressourcen in mehreren Tausend Kilometer Entfernung. Es war mit rapide zunehmenden Kosten verbunden, sie in unverarbeiteter Form per Pipeline oder Eisenbahn zu transportieren. 30 bis 70 Prozent des Frachtguts innerhalb der Sowjetunion entfielen auf fossile Brennstoffe. Eine Alternative bestand darin, Kraftwerke in Nähe der Rohstoffvorkommen zu bauen und mit Elektrizitätsleitungen an das Stromnetz im europäischen Teil der UdSSR anzuschließen. Dies war jedoch ebenfalls kostspielig und hatte zur Folge, dass Jahr für Jahr neue Strommasten die Landschaft verschandelten, die Elektrizitätsleitungen mit einer Gesamtlänge von 900000 Kilometer trugen. Wie in Brasilien war das Hauptproblem die große Distanz zwischen den bevölkerungsreichen Industriezentren und den natürlichen Reichtümern.

Die Aufgaben waren erdrückend: Sibirien erstreckte sich vom Ural bis zum Pazifischen Ozean und vom nördlichen Polarkreis bis nach Kasachstan, China und zur Mongolei. Die 12,8 Millionen Quadratkilometer große Region umfasste die Tundra, die sumpfigen Wälder der Taiga, Steppen und Waldsteppen und wurde von 40 Millionen Menschen – etwas mehr als drei Personen pro Quadratkilometer – bewohnt. Was der Sowjetunion an technologischer Raffinesse fehlte, machten ihre Ingenieure und Planer durch einen grenzenlosen Enthusiasmus wett. Ungehindert von öffentlichem Einspruch oder einer gesetzlichen Verpflichtung zur Umweltfolgenabschätzung, machten sie sich rasch daran, das Antlitz Sibiriens unwiderruflich zu verändern. Aus den sowjetischen Plänen sprach stets ein unerschütterlicher Glaube an die Fähigkeit der Ingenieure, die Gaben der Natur zu verbessern und selbst noch aus den unbeabsichtigten Konsequenzen ihrer Hybris einen Nutzen zu ziehen. Der Großteil der Investitionen in den Energiesektor entfiel auf Öl, Gas und Kohle, insbesondere auf die neuen Öl- und Gasfelder in der Region Tjumen und das Kohlenrevier von Kusnezk. Diese drei Rohstoffe waren auch die wichtigsten Quellen der sowjetischen Energieerzeugung, allein Öl und Kohle füllten mehr Eisenbahnwaggons als jedes andere Frachtgut.

Der Gulag

Über den spezifischen Charakter der Umweltzerstörung, die direkt und indirekt durch die stalinistischen Arbeitslager verursacht wurde, lässt sich ohne eingehendere Forschungen in den Archiven nur spekulieren. Sie hatte jedoch zweifellos enorme Ausmaße. Der Einsatz der Gefangenen für Landgewinnung, hydrologische Projekte, Straßen- und Eisenbahnbau, Forstwirtschaft und Bergbau begann in den späten 1920er und frühen 1930er Jahren und nahm mit dem Bau des Weißmeer-Ostsee-Kanals ab Mitte der 1930er Jahre neue Dimensionen an.[10] Die groteske Unmoral, die hohen menschlichen Kosten und die wirtschaftliche Ineffizienz der Zwangsarbeitslager sind von Historikern und Ökonomen dokumentiert worden. Da die Lagerinsassen gewöhnlich nur mit einfachen Werkzeugen wie Schaufeln, Spitzhacken und Sägen sowie mit Schubkarren und Schlitten ausgerüstet wurden – Bagger, Pressluftbohrer und -hammer, Planierraupen oder auch Forstschlepper kamen erst wesentlich später zum Einsatz –, hing das Ausmaß der Umweltschäden davon ab, wie lange sie unter unerbittlichen Bedingungen zu harter Arbeit angetrieben werden konnten, bevor sie erschöpft zusammenbrachen. Ihre Produktivität war auch aufgrund einer extremen Mangelernährung begrenzt. Dokumente in den Archiven und literarische Darstellungen wie Warlam Schalamows »Geschichten aus Kolyma« sprechen dafür, dass sowohl Aufseher wie Gefangene die Unwirtschaftlichkeit, ja Sinnlosigkeit der Zwangsarbeit in Wäldern und Bergwerken erkannten.[11]

Hunderttausende Gefangene wurden in die Ödnis geschickt – in die Tundra und Taiga, die häufig bis auf einige Landvermessungsmarken vollkommen unberührt waren –, wo sie ihre Waggons verlassen und zu Fuß immer weiter in das schiere Nichts marschieren mussten, um schließlich Bergbau- und Waldarbeiten aufzunehmen, bevor sie überhaupt Unterkünfte errichtet hatten. In Bergwerken in Amderma und an der Karasee – und gewiss nicht nur dort – wurden die Arbeiter dazu angehalten, die Schächte immer tiefer in die Erde zu treiben, bis das Wasser der angren-

10 Mit der symbolischen Bedeutung sowie dem technischen Scheitern und den menschlichen Kosten des Kanals befassen sich Cynthia Ruder, Making History for Stalin: The Story of the Belomor Canal, Gainesville 1998, sowie Iu. A. Dmitriev, Belomorsko-Baltiiskii vodnyi put': Ot zamyslov do voploshcheniia, Petrosawodsk 2003.

11 Warlam Schalamow, Geschichten aus Kolyma, Frankfurt am Main/Berlin/Wien 1983.

zenden Barentssee hereinströmte.[12] In anderen Bergwerken entsorgten die Gefangenen mit Schwermetallen belasteten Abraum, wo immer es gerade möglich war, auch in der Nähe von Wohnanlagen und Trinkwasserquellen.

Die Projekte des Gulag sind ein bizarres Beispiel für die Kategorie der sogenannten Dual-Use-Güter: Nicht anders als Kamaz-Lastkraftwagen oder Computer konnten sie militärischen wie zivilen Zwecken dienen. Die von den Gefangenen gebauten Kanäle wurden von der Marine und von Handelsschiffen befahren. Eisenbahnen transportierten auf den von ihnen gelegten Gleisen Truppen und Reisende. Holz wurde ebenso zum Bau von Militärbasen, Kasernen und Fahrzeugdepots genutzt wie für zivile Bauprojekte. Doch während des Kalten Krieges sollte der Gulag vor allem dazu dienen, die Macht des Staates und seine Kriegsfähigkeit zu stärken. So wurden Gefangene ab 1936 zum Bau einer Schiffswerft westlich von Archangelsk am Weißen Meer herangezogen, die den Grundstein für die Stadt Molotowsk (heute Sewerodwinsk) legte. Jeden Morgen mussten die Zwangsarbeiter unter Begleitung bewaffneter Aufseher über eine Holzbrücke von ihrer morastigen Insel in die angrenzenden Sumpfgebiete marschieren, um Docks und Schiffswerften zu bauen; abends marschierten sie zurück in ihr Gefängnis. Noch 1955 wurden in Sewerodwinsk Zwangsarbeiter eingesetzt. In den späten 1950er und 1960er Jahren begann die Marine dort mit dem Bau von Atom-U-Booten und einer Tankanlage. Trotz eines umfassenden Sanierungsprogramms stellen die achtlos entsorgten radioaktiven Abfälle und andere hochgiftige Stoffe bis heute eine Gesundheitsgefährdung für die Bevölkerung der Region dar.

Erschließung des Nordens und Ostens

Ab den 1920er Jahren trieb die sowjetische Führung aus strategischen und wirtschaftlichen Gründen die Entwicklung des äußersten Nordens und des fernen Ostens voran. Die alliierte Intervention im Bürgerkrieg, die norwegischen und englischen Schiffe in der Barentssee und der Widerstand der lokalen Bevölkerung brachte die bolschewistische Staatsmacht zu der Überzeugung, dass die Region politisch, wirtschaftlich und militä-

---

12 Territorial'noe Otdelenie Arkhiva Nenetskogo Avtonomogo Okrug (im Folgenden TO NAO), F. 289 (vollständig), zur Expedition von Glawsewmorput in Amderma, 1929–1953, sowie F. 263 (vollständig) zur Bezirksverwaltung Amderma; vgl. auch Staatsarchiv der Oblast Archangelsk (im Folgenden GAAO) Otdel DSPI, F. 296, op. 2, d. 1391, ll. 7–21.

risch gesichert werden müsse. Bis zum Kalten Krieg unternahm sie hierzu jedoch nur vereinzelte und begrenzte Anstrengungen, zumal es an meteorologischen, geologischen und anderen wissenschaftlichen Daten über die Region mangelte. Die Gründung der Hauptverwaltung Nördlicher Seeweg (Glawsewmorput) im Jahr 1932 zeugte von der Entschlossenheit, die Eroberung der Arktis zu beschleunigen.[13] In den Nachkriegsjahren wurden in den arktischen Regionen von Nickel nahe der norwegischen Grenze bis nach Salechard und Norilsk in der nördlichen Arktis etliche neue Bergwerke und Hütten errichtet. Die Stadt Salechard am Delta des Ob wurde eigens für den Export von Nickel aus Norilsk gegründet; die von Insassen des Gulag erbaute berüchtigte Eisenbahnstrecke von Salechard nach Igarka sollte die arktischen Häfen miteinander verbinden. Unterdessen errichtete die Marine von der Halbinsel Kola bis nach Wladiwostok Stützpunkte für Atom-U-Boote und andere Atomschiffe. Die Nutzung der arktischen Region für Bergbau und Militär ging mit der Entscheidung einher, die indigenen Völker einem Modernisierungsprozess zu unterwerfen und direkt in die sozialistische Wirtschaft zu integrieren. Tschuktschen, Sami, Komi und Nenzen wurden gezwungen, ihre nomadische Lebensweise aufzugeben und in Kollektiven Rentierhaltung zu betreiben. Einerseits belegen Indikatoren wie die steigende Lebenserwartung und Alphabetisierungsrate, dass sich die Lebensqualität der indigenen Völker verbesserte; auch die Größe ihrer Herden nahm deutlich zu, als die Veterinärmedizin in der Tundra Einzug erhielt. Andererseits stellte die wesentlich ressourcenintensivere moderne Tierzucht eine Belastung für die fragilen arktischen Ökosysteme und Wildbestände dar und war für die indigenen Völker mit einem Verlust ihrer Traditionen verbunden.[14] Insgesamt hatte die Erschließung der arktischen Ressourcen signifikante Auswirkungen, die noch im 21. Jahrhundert spürbar sind: Es besteht eine starke und offenbar irreparable Belastung durch Schwermetalle, die Beseitigung der radioaktiven Abfälle erweist sich als äußerst kostspieliges und langwieriges Pro-

---

13 Zu Glawsewmorput vgl. John McCannon, Red Arctic: Polar Exploration and the Myth of the North in the Soviet Union, 1932–1939, New York 1998. Mit der sowjetischen Erschließung des Nordens durch den Nördlichen Seeweg befasst sich Terence Armstrong in seinen Studien The Northern Sea Route: Soviet Exploitation of the North East Passage, Cambridge 1952, und The Russians in the Arctic: Aspects of Soviet Exploration and Exploitation of the Far North, 1937–57, London 1958.

14 Yuri Slezkine, Arctic Mirrors: Russia and the Small Peoples of the North, Ithaca 1994. Vgl. auch A. V. Golovnev/Gail Osherenko, Siberian Survival: The Nenets and Their Story, Ithaca 1999.

jekt und große Gebiete der Tundra sind nicht mehr für die Rentierzucht geeignet.

Auf dem Höhepunkt seiner Macht befahl Stalin, die gesamte europäische UdSSR in eine planmäßig funktionierende Maschine zu verwandeln. 1948 nahm die Kommunistische Partei einstimmig seinen »Plan zur Umwandlung der Natur« an. Er sah vor, Flüsse zu vertiefen und zu begradigen und wo immer möglich Wasserkraftwerke zu errichten. Ausgedehnte Bewässerungssysteme sollten Millionen Hektar Steppenland für die Landwirtschaft erschließen, Arbeiter Zehntausende Kilometer Waldgürtel pflanzen, um Anbauflächen vor heißen, trockenen Winden zu schützen und so die Dürre zu bekämpfen. Naturreservate schließlich sollten unter dem Gesichtspunkt ihres wirtschaftlichen Nutzens und nicht als unantastbare Domäne rauschebärtiger Akademiker betrachtet werden. Der Plan hatte zum Ziel, dass die UdSSR künftig weder den Launen der Natur noch den feindlichen kapitalistischen Ländern ausgeliefert sein würde.[15]

Angesichts der Vorbereitung auf den unausweichlichen Krieg mit dem Westen spielten Umweltfragen eine sekundäre Rolle. Zwar nahm das Interesse an ökologischen Problemen in den 1950er Jahren zu und begann einen gewissen Einfluss auf politische Entscheidungen zu gewinnen, doch die Durchsetzung von Umweltschutzbestimmungen blieb auch aufgrund mangelnder Ahndung von Verstößen weit hinter dem Buchstaben des Gesetzes zurück. Ebenso profilierte sich die UdSSR stärker durch ihre Beteiligung an internationalen Konferenzen und Konventionen zum Umweltschutz, was in den meisten Fällen jedoch im Dienst von Diplomatie und Propaganda stand und keine tatsächlichen Verbesserungen der sowjetischen Umweltpolitik implizierte. Auch wenn die wirtschaftlichen und ideologischen Leitlinien des Stalinismus einem moderateren Kurs gewichen waren, besaßen Planerfüllung und Herstellung eines militärischen Gleichgewichts mit den Vereinigten Staaten für Parteifunktionäre und Planungsbehörden weiterhin oberste Priorität. Die Bußgelder für Verstöße gegen Umweltschutzgesetze waren so niedrig, dass es für Fabrikdirektoren günstiger war, sie in Kauf zu nehmen, Investitionen in den Umweltschutz zu vermeiden und den Ausstoß ihrer Werke zu forcieren, da Bonuszahlungen ausschließlich von der Planerfüllung abhingen. Noch schlimmer war die Situation in militärisch relevanten Industrien, insbesondere der Atomindustrie, in denen die Umweltschutzgesetze überhaupt nicht beachtet wurden.

---

15 Josephson, Industrialized Nature, Kapitel 1.

Das Atomprogramm

Nach dem Zusammenbruch der UdSSR sind die erschreckenden Ausmaße des sowjetischen Atommüllproblems ans Licht gekommen, was insbesondere der Arbeit der norwegischen Bellona-Stiftung zu verdanken ist.[16] Führt man sich im Einzelnen vor Augen, wie teils hoch radioaktiver Müll tonnenweise auf See und im Erdreich entsorgt wurde, kann man über dieses moralisch verantwortungslose Verhalten gegenüber Flora und Fauna sowie Menschen nur erstaunt sein. Doch nicht in der Sowjetunion, sondern im postsowjetischen Russland wurden mehrere Personen wegen Spionage strafrechtlich verfolgt, weil sie unter Rückgriff auf öffentlich zugängliche Quellen über Fälle von Umweltverschmutzung und illegaler Atommüllentsorgung auf sowjetischem Boden und in internationalen Gewässern berichtet hatten.

Nuklearprogramme haben überall erhebliche Folgen für Mensch und Umwelt gezeitigt. Im Namen der nationalen Sicherheit war auch in den Vereinigten Staaten alles erlaubt – beim Uranabbau und der Produktion von Kernwaffen wurden radioaktive Abfälle achtlos entsorgt und Menschen hohen Strahlungsdosen ausgesetzt. An den Folgen leiden Bergarbeiter vom Stamm der Navajo bis heute. Auch Ureinwohner am Columbia River wurden radioaktiv vergiftet, da der Fluss und damit die für ihre Ernährung wichtigen Fischbestände von der Nuklearanlage in Hanford mit Radionukliden verseucht wurden. In Hanford harren noch immer riesige Flüssigtanks einer Endlagerung. Das gleiche Bild zeigt sich in Washington, South Carolina, Kentucky, Tennessee, Texas und New Mexico – wo immer das Militär mit Uran und Plutonium arbeitete. Hinzu kommen knapp 70000 Tonnen verbrauchte Brennelemente im ganzen Land, die aus der zivilen Nutzung der Atomenergie stammen und nun in Becken oder festen Behältern lagern. Obwohl Sprecher der Nuklearindustrie und Atomingenieure eine Lösung für das Atommüllproblem versprochen haben, wird es bis zur Eröffnung einer entsprechenden Anlage offenbar noch mindestens 15 Jahre dauern.

Es bietet keinen Trost, dass die Situation in der UdSSR noch schlimmer war. Die sowjetischen Machthaber trieben ihr Nuklearprogramm bedenkenlos voran, um die Produktion zu maximieren und durch eine Vielzahl von Anlagen das Überleben auch für den Fall sicherzustellen, dass eine von ihnen bei einem Angriff zerstört werden sollte. Sie vertrieben indigene Völker aus ihren Siedungsgebieten, um Testgelände einzurichten, die bis heute

16 Eine Liste der Publikationen und Berichte der Stiftung findet sich auf ihrer Website www.bellona.no.

zu den verseuchtesten Orten der Welt zählen (Nowaja Semlja, Semipalatinsk). In Nähe der Forschungs- und Produktionseinrichtungen bei Leningrad, Moskau und Obninsk, vor allem aber der kerntechnischen Anlagen in Tscheljabinsk im Ural und im sibirischen Krasnojarsk sind große Gebiete für Menschen gesperrt. Zehntausende Bürger mussten aus kontaminierten Gegenden evakuiert werden.

Die wichtigste Folge des Kalten Krieges für die Umwelt in der UdSSR war der Aufbau einer großen und zudem wachsenden Rüstungsindustrie, die auch Massenvernichtungswaffen herstellte. Da der stalinistischen Ideologie zufolge ein Krieg mit den kapitalistischen Ländern, insbesondere den Vereinigten Staaten, unvermeidbar war, konzentrierte die sowjetische Führung die verfügbaren Ressourcen auf die Entwicklung von Panzern, Artillerie, immer größeren Geschossen, Flugzeugen und schließlich Raketen. Gleichzeitig begann die UdSSR mit der Entwicklung und Herstellung von Nuklearwaffen. Wie in den Vereinigten Staaten wurden die langfristigen Folgen für die Umwelt dabei in keiner Weise berücksichtigt. Unter Hochdruck errichteten mehrere Hunderttausend politische Gefangene, Kriegsgefangene und andere Insassen des Gulag unter der Regie des Militärs binnen weniger Wochen ganze Städte für die Produktion von spaltbarem Uran, Plutonium, Tritium und anderem kernwaffenfähigen Material. Die Entwicklung und Herstellung von Waffen wurde wie ein gewöhnlicher Produktionszweig behandelt, bis schließlich selbst die Kernwaffenproduktion ein so alltäglicher Vorgang war wie die Herstellung jedes anderen Industrieerzeugnisses. Ein bis zwei Millionen Menschen waren in zahllosen Nuklearanlagen und abgeschirmten Militärstädten mit der Produktion von Atomsprengköpfen beschäftigt. In sämtlichen dieser Einrichtungen sowie auf den Stützpunkten von Marine, Luftwaffe und Armee, die zigtausend Sprengköpfe beherbergten und ihren Einsatz vorbereiteten, wurde mit Atommüll, Spaltprodukten und anderen Elementen des nuklearen Brennstoffkreislaufs ohne Rücksicht auf Personal und Umwelt umgegangen.[17]

Unter Stalin standen die Wissenschaftler und Ingenieure bei der Entwicklung und Herstellung von Kernwaffen unter einem solchen Druck, dass sie es auf der Suche nach Abkürzungen an jeder Sorgfalt mangeln ließen. Die Abschirmung des Verteidigungssektors erlaubte es ihnen, radioaktive Abfälle und anderen Giftmüll kurzerhand in der Landschaft, in Seen, Flüssen und sogar den Ozeanen zu entsorgen. Sie entwickelten Re-

---

17 Aleksandr Nikitin/Igor Kudrik/Thomas Nilsen, The Russian Northern Fleet: Sources of Radioactive Contamination, Bellona Foundation Reports, Nr. 2 (1996).

aktoren, deren Kühlwasser in angrenzende Seen oder Flüsse zurückgeleitet wurde, obwohl es mit Radioisotopen kontaminiert war und durch seine höhere Temperatur die Ökosysteme in den Gewässern zerstörte.

Auch auf eine andere Weise beförderte der Kalte Krieg die Umweltzerstörung. Im Zweiten Weltkrieg hatten die Machthaber die Evakuierung strategischer Industrien und Forschungseinrichtungen samt ihres Personals in den Ural und nach Sibirien angeordnet. Nach dem Krieg beschlossen sie, die Entwicklung der beiden Regionen voranzutreiben, um auf den unausweichlichen Krieg mit den kapitalistischen Mächten vorbereitet zu sein. Von Kasachstan bis nach Krasnojarsk, vom nördlichen Polarkreis bis nach Kusnezk wurden Kriegsindustrien neu aufgebaut oder erweitert. Beispielsweise mussten sowjetische Planer und Ingenieure während des Krieges in großer Eile 40 Wasserkraftwerke bauen, um die verlagerte Rüstungsindustrie zu betreiben. Die Geschwindigkeit, mit der sie dies bewerkstelligten, ließ die Vorstellung aufkommen, dass Kraftwerke an jedem beliebigen Ort schnell errichtet werden könnten und eine kursorische Untersuchung der geologischen und klimatischen Bedingungen ausreichend sei. So begannen sie gleichzeitig, das Potenzial Sibiriens zu erkunden, vor allem die Gebiete am Ob und an der Angara. All dies bedeutete, dass Sibirien und der Ferne Osten nach dem Krieg an die Planungsstäbe und Bautrupps fallen würden.

Vier atomare Zwischenfälle verursachten besonders große Umweltschäden. In den frühen 1950er Jahren sickerten hoch radioaktive Abwässer aus der kerntechnischen Anlage Majak in den Fluss Tetscha. 1958 explodierte in Kyschtym ein radioaktives Abfalllager, woraufhin sich eine Wolke aus radioaktivem Rauch und Staub über mehrere Hunderttausend Quadratkilometer ausbreitete; die lokale Bevölkerung wurde evakuiert, allerdings mit einer gewissen Verzögerung. Im Laufe der Jahre erschienen in sowjetischen Fachzeitschriften für Biologie und Radiologie Forschungsberichte über die Migration von Radionukliden aus Kyschtym. Der Biologe Zhores Medwedew führte eine Metaanalyse dieser Studien durch und gelangte zu dem Ergebnis, dass es in der Vergangenheit einen großen Nuklearunfall gegeben haben musste, doch seine Arbeit durfte in der UdSSR nicht veröffentlicht werden.[18] Beim dritten Vorfall ordneten die Behörden

---

18 Zhores Medwedjew, Bericht und Analyse der bisher geheimgehaltenen Atomkatastrophe in der UdSSR, Hamburg 1979. Die CIA war über den Vorfall von Kyschtym im Bilde und erstellte 1958 eine Studie darüber, die jedoch unter Verschluss gehalten wurde – die US-Regierung befürchtete, Informationen über den Nuklearunfall könnten die Öffentlichkeit verwirren und verängstigen und

an, Tausende Kubikmeter radioaktiven Müll in den Karatschai-See zu pumpen. So sammelten sich auf dessen Boden Abfälle, die 24-mal so viel Radioaktivität enthielten, wie bei der Katastrophe von Tschernobyl freigesetzt wurde. Als der See im heißen Sommer 1967 weitgehend austrocknete, wurden die Radionuklide vom Wind über ein großes Gebiet verteilt, in dem 41000 Menschen lebten.[19] Ebenso kann der Atomunfall von Tschernobyl als eine der großen Umweltkatastrophen des Kalten Krieges gesehen werden, da der dort verwendete Reaktor vom Typ RBMK neben Elektrizität auch Plutonium erzeugen sollte.

Die Hauptzentren der Produktion von nuklearen, biologischen und chemischen Waffen waren im Ural konzentriert, der sich zum Epizentrum der Umweltzerstörung in der UdSSR entwickelte, zumal in ihm auch noch Metallurgie, Baustoffindustrie und andere Produktionszweige betrieben wurden. Kindersterblichkeit, allgemeine Mortalität, Erkrankungsraten und andere signifikante Gesundheitsprobleme in der Bevölkerung belegten eindringlich, dass der Umwelt im Kalten Krieg weitaus weniger Bedeutung beigemessen wurde als der Steigerung der Produktion – insbesondere wenn es galt, ein Machtgleichgewicht mit den Vereinigten Staaten herzustellen.[20]

Planwirtschaft und Umweltzerstörung

Ab den 1930er Jahren und während der Hochphase des Kalten Krieges entwickelte sich die Planwirtschaft selbst auf dreierlei Weise zu einer Triebkraft der Umweltzerstörung. Viele Grundzüge des Systems bildeten sich bereits unter Stalin heraus, bestanden jedoch in teils modifizierter Form bis zum Ende der UdSSR fort. Erstens wurde die Planerfüllung zur Conditio sine qua non des Wirtschaftslebens, und die Pläne waren keineswegs die durch und durch rationalen Instrumente, als die sie vom Staatskomitee für Planung (Gosplan) ausgegeben wurden. In ihnen drückte sich die Entscheidung aus, die Schwerindustrie zulasten der Leichtindustrie zu fördern und natürliche Ressourcen mit unrealistisch niedrigen Kosten zu

---

ihre Zustimmung zur gerade beginnenden zivilen Nutzung der Atomenergie untergraben.

19 Grigori Medwedew, Verbrannte Seelen: Die Katastrophe von Tschernobyl, München 1991.

20 Zu den Einzelheiten über diese Umweltschäden vgl. Murray Feshbach/Alfred Friendly, Jr., Ecocide in the USSR: Health and Nature under Siege, New York 1992.

veranschlagen. Aufseiten der Manager bestand kein Zweifel daran, dass ihnen die Entlassung oder Schlimmeres drohte, wenn sie nicht dafür sorgten, dass der geplante Produktionsausstoß erreicht würde – aus ihrer Sicht war es besser, gegen Umweltschutzgesetze zu verstoßen und bescheidene Bußgelder zu entrichten, als das Plansoll zu verfehlen. Dabei war ihnen bewusst, dass die Rohstoffpreise nur schwerlich die wirklichen Knappheitswerte ausdrückten. Um sich gegen Unwägbarkeiten abzusichern, horteten sie Arbeitskraft und Kapitalgüter. Der Einführung oder Verbesserung von Sicherheitsmaßnahmen und Umweltschutztechnik standen die sowjetischen Manager ablehnend gegenüber, da dies zumindest kurzfristig ein Verfehlen des Produktionssolls und folglich den Verlust ihrer Bonuszahlungen bedeutet hätte – wenn nicht gar ihre Entlassung. Eine Folge davon waren ineffiziente, ressourcenintensive und unsichere Produktionsverfahren.

Zweitens gewannen Organisationen auf allen Ebenen der Wirtschaft eine Eigendynamik, die sich mit ihrem Wachstum von Projekt zu Projekt noch beschleunigte. Ob es sich um Ministerien, Großfabriken oder kleinere Firmen handelte – diese Eigendynamik ließ selten nach; Gigantomanie war ein wesentliches Charakteristikum des sowjetischen Wirtschaftssystems und seiner Technologien.[21] Von Beginn an schien den sowjetischen Führern der beste und einfachste Weg zur Industrialisierung des Landes darin zu bestehen, Bauern und ungelernte Arbeiter auf zahllose Großbaustellen wie jene für die Dnjeprostroj-Talsperre und die Stadt Magnitogorsk zu schicken und sie an Ort und Stelle technisch und politisch auszubilden, was mitunter selbst Grundfertigkeiten wie das Lesen einschloss. So entstanden ganze »Unternehmensstädte«, die sich Bergbau, Verhüttung, Bauprojekten, Wasserkraft, Atomenergie oder einem anderen Produktionszweig widmeten. Die Arbeiter wurden in nahe gelegenen Baracken untergebracht, die nur über mangelhafte sanitäre Einrichtungen verfügten und kaum an Kanalisationssysteme und das öffentliche Verkehrsnetz angeschlossen waren; mit der Ausweitung der Produktion wurden die Siedlungen schließlich von den Fabrikanlagen umschlossen.

Da es Arbeitslosigkeit nicht geben durfte, bemühten sich Organisationen beständig um Unterstützung für neue Projekte, für die sie neue Arbeitskräfte benötigten. Als sich das Interesse der Planer auf neu entdeckte Vorkommen an Öl, Gas, Kohle und anderen Bodenschätzen sowie die Waldbestände richtete, kommandierten sie oftmals ganze Divisionen

21 Paul Josephson, »›Projects of the Century‹ in Soviet History: Large Scale Technologies from Lenin to Gorbachev«, in: *Technology and Culture* 36 (1995), Heft 3, S. 519–559.

von Arbeitern samt ihrer Familien zur Bildung neuer Bautrupps und Fabrikbelegschaften ab, die sich ihrerseits vergrößerten und neue Betätigungsfelder benötigten. So gingen etwa aus dem Unternehmen Metrostroi, das die Moskauer U-Bahn baute und bis zu den späten 1930er Jahren auf 70000 Beschäftigte gewachsen war, weitere U-Bahn-Bauunternehmen und in den 1940er Jahren die Kuibyschewer Hydroelektrische Bautreuhand (Kuibyschewgesstroi) hervor, die teils in leitender Funktion eine Kaskade von 13 großen Staudämmen an der Wolga errichtete und in den 1950er Jahren schließlich ihrerseits Arbeitskräfte für die Gründung von Angarastroi bereitstellte. Angarastroi wiederum wuchs bis 1958 von 5000 auf 80000 Beschäftigte an und suchte flussabwärts der Angara nach neuen Standorten für Staudämme. Diese Projekte wurden häufig auf eine überstürzte und absurde Weise vorangetrieben – die Baustellen lagen in weiter Entfernung von den Siedlungen der Arbeiter und entbehrten jeder Infrastruktur, da Straßen, öffentliche Verkehrssysteme, Wohnungen, Geschäfte, Krankenhäuser und Schulen gewöhnlich erst mit Verspätung folgten. Doch Bagger mussten das Erdreich umpflügen, Beton musste gegossen werden, die Arbeiter mussten arbeiten, die Maschinen durften nicht zum Stillstand kommen. Mit anderen Worten: Riesige Staatsunternehmen, die im Auftrag von Ministerien tätig waren und mit Ingenieuren und anderen Spezialisten ausgestattet wurden, betrachteten die Natur beinahe ausschließlich als wirtschaftliches Potenzial. Von europäischen Städten, Wäldern und Flüssen arbeiteten sie sich zu den sibirischen vor und veränderten dabei unwiderruflich die Landschaft auf ihrem Weg. Als Inbegriff dieses Charakterzugs des sowjetischen Systems können die Anstrengungen gesehen werden, sibirische Flüsse durch riesige Kanäle, die teilweise durch atomare Explosionen geschaffen wurden, in zentralasiatische und europäische Flüsse umzulenken; auf seinem Höhepunkt beschäftigte der sogenannte Dawydow-Plan 250 wissenschaftliche Einrichtungen, Entwicklungsbüros, Bauunternehmen und Ministerien.[22] Die sowjetische Ökonomie war insgesamt durch eine technologische Eigendynamik charakterisiert.

Drittens ordneten die Planer eine zügige – und in vielen Fällen übereilte – Standardisierung von Methoden, Entwürfen, Technologien und Geräten an, um durch Massenproduktion Kosten zu sparen und die angeblich unwirtschaftlichen Züge des arbeitsteiligen kapitalistischen Systems zu vermeiden. Diese Standardisierung reichte von Maßen und Qualitätsanforderungen für Leitungen, Rohre und vorgefertigte Betonteile bis hin zu Wohngebäuden und ganzen Fabriken. So wurde die Landschaft kurzer-

22 G.V. Voropaev/D. Ia. Ratkovich, Problema Territorial'nogo Pereraspredeleniia Vodnykh Resursov, Moskau 1985.

hand mit grauen homogenen Strukturen überzogen, ohne hinreichend zu berücksichtigen, inwiefern Klima, Seismologie und andere Faktoren für eine breitere Palette an Standards und Technologien sprachen. In Atomkraftwerken wurden dieselben fabrikartigen Strukturen und vorgefertigten Betonkomponenten verwendet wie in anderen Fabriken. Ausschlaggebend waren die Vorgaben des Staatlichen Baukomitees (Gosstroi) und des Staatlichen Komitees für Standards (Gosstandart), nicht etwa Entscheidungen auf lokaler Ebene, die möglicherweise kostengünstigere, sicherere und umweltschonendere Ergebnisse gehabt hätten.

Häufig dominierte ein einziges Planungsbüro eine ganze Region, so wie es oftmals eine einzige Großfabrik tat. Da es keinen Wettbewerb gab, standen die Ingenieure zudem unter weniger Druck, nach effizienteren Produktionsverfahren zu suchen, geschweige denn, sich eingehender mit Fragen der Arbeitssicherheit und des Umweltschutzes zu befassen. Das Allrussische Hydroelektrische Planungsbüro (Schuk Gidroproekt), das aus dem Gulag-Projekt zum Bau des Weißmeer-Ostsee-Kanals hervorgegangen war, bestimmte ab den 1940er Jahren den Bau von Staudämmen in der gesamten UdSSR. Die erforderlichen Anlagen wurde von lediglich zwei Unternehmen geliefert, der Leningrader Fabrik Elektrosila und dem Turbogeneratorenwerk Charkiw, deren Konstruktionen immer gewaltiger wurden – bis hin zu einem geplanten, doch nie realisierten 4000-Megawatt-Turbogenerator, für dessen Transport eigens ein 57-achsiger Eisenbahnwaggon gebaut werden sollte. Selbst bei der Herstellung von Atomreaktoren setzten die Sowjets auf Massenproduktion, um die Kosten zu senken und die Wahrscheinlichkeit von Fehlern der Arbeiter in den Kraftwerken vermeintlich zu verringern. Um eine fordistische Herangehensweise an die Atomenergie zu fördern, veröffentlichte das Ministerium für Elektrifizierung schließlich das zweibändige Handbuch »Der Bau von Nuklearkraftwerken«, in dem aufgelistet wurde, welche Fertigkomponenten, Kräne, Planierraupen oder auch Treppenhäuser zu verwenden waren.[23]

Die Erbschaft des Kalten Krieges

Als in den 1950er Jahren unter Chruschtschow das Tauwetter der Entstalinisierung anbrach, bildete sich in der sowjetischen Öffentlichkeit ein gewisses Umweltbewusstsein heraus. Renommierte Biologen und Autoren spielten eine aktive Rolle in der Bewegung, indem sie etwa die Literatur-

23 Paul Josephson, Red Atom, Pittsburgh 2005, Kapitel 3.

zeitung *Literaturnaia gazeta* für eine Kampagne zum Schutz des Baikalsees nutzten, der durch die Zellulose- und Papierindustrie bedroht war. Unter Federführung von Sergej Salygin, der früher selbst als Hydrologe gearbeitet hatte und nun die Monatszeitschrift *Novi Mir* (»Neue Welt«) – vergleichbar mit dem *New Yorker* – herausgab, gelang es ihnen zudem am Vorabend des Zusammenbruchs der UdSSR, den Dawydow-Plan zur Umlenkung sibirischer Flüsse zu Fall zu bringen. Allerdings könnte das Projekt auch schlichtweg zu kostspielig geworden sein, nachdem die von Michail Gorbatschow initiierten Wirtschaftsreformen zu einem rapiden wirtschaftlichen Niedergang geführt hatten.

In jedem Falle gingen die Wirtschaftsreformen der Ära Chruschtschow und der Ära Breschnew mit einem wachsenden »offiziellen« Umweltbewusstsein einher. Angesichts nachlassender Wachstumsraten suchten die sowjetische Führung und die Planungsbehörden nach Wegen, um eine größere Effizienz der Produktion zu fördern und zu gewährleisten, dass Knappheitswerte einen realistischeren Ausdruck in den Preisen fanden. So wurden auch Spezialisten in den Versuch einbezogen, die verfügbaren Ressourcen im Namen des Wirtschaftswachstums und der nationalen Sicherheit besser zu bewerten, zu verwalten und zu entwickeln.[24] Mit viel Getöse wurden etwa Anstrengungen unternommen, die Nahrungsmittelproduktion und die Wohnungssituation zu verbessern. Doch in ihren wesentlichen Zügen blieb die sowjetische Wirtschaftsplanung unverändert: Natürliche Ressourcen sollten durch Großprojekte nutzbar gemacht werden, die Sicherung staatlicher Macht, einschließlich ihrer militärischen Dimension, stand weiterhin im Vordergrund, und auch die Überzeugung, dass wissenschaftliche Forschung und Entwicklung dem Wirtschaftswachstum zu dienen hatten, wurde nicht aufgegeben.

Diese Geschichte bietet indes wenig Anlass zur Freude darüber, dass die Umweltzerstörung während des Kalten Krieges in den Vereinigten Staaten nicht dieselben Ausmaße hatte wie in der Sowjetunion. Auch wenn Sicherheit, Abfallentsorgung und Umweltverschmutzung in den USA ernster genommen wurden, kam es im Namen der nationalen Sicherheit allzu häufig zu einer Gefährdung von Mensch und Natur. In beiden Ländern schickten Offiziere ihre Soldaten binnen Minuten nach einer atomaren Detonation in die Testgebiete, um sich ein Bild von den physiologischen und psychologischen Auswirkungen eines Nuklearkriegs auf die Leistungsfähigkeit der Armee zu machen. In beiden Ländern wurde die Produktion der Atomwaffenindustrie auf ein geradezu obszönes Niveau geschraubt, um Uran

24 Thane Gustafson, Reform in Russian Politics: Lesons of Recent Policies on Land and Water, Cambridge 1981.

und Plutonium anzuhäufen, während die radioaktiven Abfälle und andere Sicherheits- und Umweltprobleme heruntergespielt oder vollständig ignoriert wurden. Unsere Bemühungen sollten sich heute jedoch darauf richten, die Ursachen dieser Einstellung gegenüber Natur und Bürgern genauer zu verstehen. Die russische Staatsführung betrachtet natürliche Ressourcen leider weiterhin fast ausschließlich als ein Mittel im Dienste der nationalen Souveränität und militärischen Macht – die globalen Implikationen dieser Einstellung scheinen ihr kaum bewusst zu sein. So hat sie Umweltschutzgesetze und -behörden ausgehöhlt, um die rücksichtslose Ausbeutung der Ressourcen voranzutreiben.

Aus dem Englischen von Felix Kurz

Kalte Krieger und Händler

Martin Dangerfield

Sozialistische Ökonomische Integration. Der Rat für gegenseitige Wirtschaftshilfe (RGW)

Die Länder, die ehemals dem kommunistischen Teil Europas angehörten, nehmen heute unterschiedliche Positionen im europäischen Integrationsprozess ein. Ihre Beziehungen zur Europäischen Union (EU) fallen in eine Bandbreite von Kategorien wie neue Mitgliedsstaaten, Beitrittskandidaten und »osteuropäische Partner«, denen als Nachbarländern das Potenzial für eine »tiefe« Integration mit der EU zugestanden wird, ohne dass sie als Mitgliedsstaaten vorgesehen wären. Hinzu kommen Staaten, die sich gewissermaßen selbst ausschließen, indem sie es – so im Falle Weißrusslands – selbst an den grundlegenden politischen und wirtschaftlichen Reformen fehlen lassen, die von der EU erwartet werden. Schließlich gibt es den Fall Russland, das einen Beitritt gar nicht anstrebt, da zumindest die politische Elite das Land auf gleicher Augenhöhe mit der EU sieht. Die EU ist eine Rivalin, bestenfalls eine Partnerin, aber kein Verband, dem man beitreten würde. Weitere Integrationsprojekte in Europa sind die Europäische Freihandelsassoziation (European Free Trade Association, EFTA) – ein kleiner Klub westeuropäischer Staaten, die sich gegen einen Beitritt zur EU entschieden, vermittels des Europäischen Wirtschaftsraums (EWR) jedoch sehr enge Beziehungen zu ihr unterhalten – und das Mitteleuropäische Freihandelsabkommen (Central European Free Trade Agreement, CEFTA), das Staaten auf dem Weg zur EU-Mitgliedschaft zunächst mit einer Liberalisierung der Handelsbeziehungen entgegenkommt. Die meist von Russland vorangetriebenen Versuche, Wirtschaftsabkommen für den ehemals sowjetischen Machtbereich zu schaffen, sind hingegen ergebnislos geblieben. Das jüngste Beispiel hierfür ist der Einheitliche Wirtschaftsraum (EWR, russisch: EEP), dessen Gründungsvertrag im September 2003 von Russland, der Ukraine, Weißrussland und Kasachstan unterzeichnet wurde. Da das Projekt ohne die Ukraine, die ihm zögerlich gegenüberstand, hinfällig wäre, gab Russland die Idee bereits 2006 offenbar wieder auf, womit der EWR/EEP das jüngste Kapitel in der Geschichte gescheiterter Versuche darstellt, Projekte zur Reintegration der GUS-Staaten zu entwickeln.

Die Lage nach dem Kalten Krieg steht im deutlichen Kontrast zur Periode von 1945 bis 1989, als Europa in konkurrierende Integrationsräume gespalten war. Zwar spielte die Koexistenz von Europäischer Wirtschaftsgemeinschaft (EWG) und EFTA in Westeuropa keine Rolle, doch waren West- und Osteuropa durch eine tiefe Kluft voneinander getrennt. Der kommunistische Osten wurde entscheidend durch die Wirtschaftsordnung der Mitgliedsstaaten des sowjetisch dominierten Rates für gegenseitige Wirtschaftshilfe (RGW) integriert. Als der RGW im Januar 1949 in Moskau erstmals formal einberufen wurde, gehörten ihm Bulgarien, die Tschechoslowakei, Ungarn, Polen, Rumänien und die UdSSR an. Später kamen Albanien (1949, ab 1961 jedoch »inaktiv«), die Deutsche Demokratische Republik (1949), die Mongolei (1962), Kuba (1972) und Vietnam (1978) hinzu. Der vorliegende Beitrag bietet einen Überblick über die Sozialistische Ökonomische Integration (SÖI) im Rahmen des RGW: die Entstehung des RGW; die Schwierigkeiten bei der Entwicklung der SÖI; der RGW in der Praxis, einschließlich der charakteristischen Merkmale des wirtschaftlichen Integrationsprozesses und seiner Hindernisse; die unterschiedlichen Interpretationen des RGW; sowie schließlich die unter Führung der Sowjetunion unternommenen Versuche der späten 1980er Jahre, eine »Perestroika« im RGW zu initiieren, und seine darauf folgende Auflösung.[1]

Die Entstehung des RGW

Die Idee einer internationalen sozialistischen Wirtschaftsgemeinschaft war stets ausdrücklich Teil des sozialistischen Denkens gewesen, wie Janos Kornai erläutert: »Die Klassiker des sozialistischen Denkens proklamierten die Idee des Internationalismus. Seit dem ›Kommunistischen Manifest‹ von Marx und Engels ist ›Proletarier aller Länder, vereinigt Euch!‹ einer der wichtigsten Slogans der sozialistischen Bewegung gewesen. Bevor die Geschichte eine Situation produzierte, in der mehrere sozialistische Länder, nach Nationalstaaten getrennt, versuchten, miteinander Wirtschaftsbeziehungen aufzubauen, hofften viele Menschen, dass die Bedeutung der nationalen Grenzen sinken und eine supranationale sozialistische Wirtschaftsgemeinschaft entstehen würde.«[2]

Ein sozialistisches Integrationsprojekt voranzutreiben, war eine logische Konsequenz der politischen und ideologischen Spaltung Europas nach 1945. Eine wichtige Rolle für die Gründung, den geografischen Umfang sowie die Funktionsweise und spätere Entwicklung des RGW spielte die »Sowjetisierung« der Volksdemokratien Mittel- und Osteuropas. Zum

1 Dieser Beitrag beschränkt sich auf den europäischen RGW.
2 Janos Kornai, Das sozialistische System. Die politische Ökonomie des Kommunismus, Baden-Baden 1995, S. 405f.

einen blockierte die dominante Stellung der UdSSR andere Wege internationaler Wirtschaftskooperation, insbesondere durch das Verbot, an den Förderprogrammen der USA zum Wiederaufbau der europäischen Wirtschaft nach dem Zweiten Weltkrieg teilzunehmen. Zum anderen lag dem RGW ein eingeschränkter Begriff der sozialistischen Welt zugrunde, der lediglich die Länder unter sowjetischer Bevormundung einschloss. China, Jugoslawien und später Albanien verblieben daher außerhalb der so definierten SÖI.

Bereits die Gründung des RGW deutete auf eine recht konzeptionslose Angelegenheit hin: Einen Vertrag gab es ebenso wenig wie einen Plan für konkrete Aspekte der Integration. Hätte es kein Kommuniqué der Nachrichtenagentur TASS gegeben, so wäre die Gründung des Rates vielleicht gar nicht wahrgenommen worden. Darin wurden seine wichtigsten Aufgaben kurz angeführt, die »im Austausch von wirtschaftlichen Erfahrungen, [in der] Gewährung gegenseitiger technischer Hilfe und [im] gegenseitigen Beistand beim Austausch von Rohstoffen, Nahrungsmitteln, Maschinen und Ausrüstungsgegenständen« bestehen sollten.[3] Da unklar blieb, wie der RGW in der Praxis funktionieren sollte – aus welchen Institutionen er beispielsweise bestehen würde –, war er zunächst inaktiv. Zwar nahm der Handel innerhalb der RGW-Region in den frühen 1950er Jahren deutlich zu, was jedoch weitgehend dem bilateralen Handel zwischen der UdSSR und ihren neuen Satellitenstaaten geschuldet war. Der Rat selbst »erfüllte keine wirkliche Funktion für den Handel«.[4] Diese »virtuelle« Existenz des RGW legt den Schluss nahe, dass er vor allem als Instrument der UdSSR zur weiteren Festigung ihrer politischen Kontrolle über die Volksdemokratien gegründet wurde. Als ausschlaggebende Faktoren gelten zum einen das als Marshallplan bekannte European Recovery Programme und der nach der Berlinblockade einsetzende Wirtschaftsboykott des Westens gegenüber Osteuropa sowie zum anderen der Drang, Druck auf die Titoregierung auszuüben und Jugoslawien aus der sozialistischen Staatengemeinschaft auszuschließen.

Allerdings würde man nur einen Teil der Geschichte erfassen, beschriebe man die Geburt des RGW ausschließlich als Produkt sowjetischer Machtpolitik. Denn für die in Ostmitteleuropa entstehenden sozialistischen Regime sowjetischen Typs, die auch das auf Staatseigentum und zentraler Planung basierende Wirtschaftssystem der UdSSR übernahmen, bestand die Notwendigkeit, ein System internationaler ökonomischer Beziehungen zu entwickeln. Zudem zeigten sich bereits vor dem Zutagetre-

3 Michael Kaser, Comecon, Oxford 1965, S. 12.
4 Peter Robson, The Economics of International Integration, London 1980, S. 132.

ten der entscheidenden geopolitischen Faktoren starke innere Impulse für eine regionale wirtschaftliche Zusammenarbeit. So wurden in den Jahren unmittelbar vor der Gründung des RGW mehrere konkrete Kooperationsprojekte entworfen, von denen »die Pläne für eine tschechoslowakisch-polnische Konföderation oder Föderation sowie die Entwürfe für eine Balkanföderation, die unterschiedliche Kombinationen der Staaten Albanien, Bulgarien, Griechenland, Rumänien, Türkei und Jugoslawien vorsahen, am bekanntesten wurden [...] Doch wie der Wunsch, am Marshallplan oder anderen westlichen Integrationsprojekten teilzunehmen, wurden auch die Bemühungen, Integration und Regionalismus ohne Beteiligung der UdSSR zu fördern, bereits frühzeitig – und offenbar auf persönliche Anweisung Stalins – unterbunden.«[5] Neben solchen verhinderten Ansätzen regionaler Wirtschaftskooperation waren im ersten Jahr des RGW auch zahlreiche Aspekte der Umsetzung regionaler Integration Gegenstand von Debatten, wobei davon ausgegangen wurde, dass Spezialisierung und Handel eine wichtige Rolle spielen würden. Da Stalin nicht bereit war, multilaterale Beziehungen innerhalb des sozialistischen Lagers zuzulassen, bot der Koreakrieg den perfekten Vorwand, um die Idee einer regionalen Arbeitsteilung auf Eis zu legen. Er festigte auch das »sternförmige« Muster der Handelsbeziehungen, da die UdSSR nun eine immer striktere Kontrolle über die wirtschaftlichen Entwicklungsstrategien der Staaten in Ostmitteleuropa ausübte. Als die Sowjetunion unter Chruschtschow ihre Position änderte und den RGW zu einem Vehikel regionaler Integration zu machen versuchte, war bereits ein Punkt erreicht, an dem die frühen Weichenstellungen nicht mehr wirklich korrigiert werden konnten.

Die Aktivierung des RGW – Debatten über Sozialistische Ökonomische Integration

Nach anfänglicher Inaktivität beabsichtigte die sowjetische Führung ab Mitte der 1950er Jahre, den RGW zu beleben. Die Vielzahl wirtschaftlicher Probleme sowie die Volksaufstände in Polen, Ungarn und der DDR trugen dazu bei, dass sie von ihrem bisherigen stalinistischen Kurs abwich und die Grundlagen der Wirtschaftsbeziehungen zwischen der UdSSR und ihren Partnern überdachte. Das Ziel bestand nun nicht mehr in absoluter,

---

5 Josef M. Van Brabant, Economic Integration in Eastern Europe. A Handbook, Hemel Hempstead 1989, S. 12.

sondern in regionaler Autarkie: Der RGW sollte insgesamt wirtschaftlich unabhängig sein, in seinem Binnenraum jedoch Arbeitsteilung zulassen. Zudem diente die Aktivierung des RGW einem politischen Zweck: An die Stelle der sowjetischen Kontrolle durch das »System der Botschaften« sollte eine Form von indirekter Herrschaft treten, die sich auf die Dominanz der UdSSR in multilateralen Organisationen gründete, namentlich im kurz zuvor gegründeten Warschauer Pakt für die militärische Sphäre und dem RGW für den wirtschaftlichen Bereich. Und schließlich bestand ein gewisser Handlungsdruck, um der Anziehungskraft, welche die insbesondere mit der EWG Gestalt annehmende westeuropäische Wirtschaftsintegration auf die sowjetischen Satellitenstaaten haben könnte, von vornherein entgegenzuwirken.

Die Entwicklung eines sozialistischen Integrationsmechanismus stand vor einer Reihe von Kernproblemen. EWG und EFTA fanden ungeachtet ihrer Differenzen eine gemeinsame theoretische Grundlage in Gestalt der klassischen Ökonomie und der Freihandelslehre vor. Dadurch verfügte die westeuropäische Wirtschaftsintegration über einen logischen Ausgangspunkt und relativ klare politische Richtlinien, die vor allem auf die Beseitigung von Handelsbarrieren abzielten. Die theoretischen Grundlagen der sozialistischen Wirtschaftsintegration waren im Gegensatz hierzu rein normativer Natur – auf Blaupausen für konkrete Maßnahmen konnte sich das Projekt RGW nicht stützen. Bereits für die sozialistische Planung auf nationaler Ebene ließen sich der kommunistischen Lehre keine detaillierten Richtlinien entnehmen, und für die Gestaltung der Wirtschaftsbeziehungen zwischen sozialistischen Staaten galt dies umso mehr. Theoretisch bestanden drei Optionen, um die sozialistische Wirtschaftsintegration voranzubringen: erstens eine supranationale Planung, in deren Rahmen die partizipierenden Staaten ein erhebliches Maß an Souveränität einer regionalen Planungskommission mit Entscheidungsgewalt über die Ressourcenallokation übertragen und nationale Interessen hinter dem Gesamtinteresse der Region zurücktreten würden. Zweitens war eine Koordination der nationalen Pläne denkbar, die den Austausch von Gütern aus der laufenden Produktion entsprechend zu berücksichtigen hätten. Vor der Festlegung der Fünfjahrespläne sollten die Staaten daher jährliche Handelsverträge vereinbaren, während der Güteraustausch durch eine mittel- und langfristige Koordination der Investitionen unterstützt werden sollte. Die dritte Option schließlich bestand in einem Modell, das Entscheidungen auf die dezentrale Ebene der einzelnen Unternehmen verlagerte und Marktmechanismen den Vorrang vor Staatsdirektiven gab. Dieses Modell war für reformorientierte sozialistische Ökonomien relevant, die zwar am gesellschaftlichen Eigentum festhielten, als primären Mechanismus für die

Allokation von Ressourcen jedoch auf die Kräfte des Marktes und weniger auf staatliche Planung setzten.

Die allgemeinen Ziele der SÖI zu definieren, war vergleichsweise einfach. Im Juni 1962 erfolgte mit der Verabschiedung der »Grundprinzipien der internationalen sozialistischen Arbeitsteilung« auf einem RGW-Gipfeltreffen in Moskau der erste wichtige Schritt. Darin wurden fünf Ziele genannt: die Bestimmung der richtigen Proportionen innerhalb jeder Volkswirtschaft; die rationale Lokalisierung der im RGW-Raum verfügbaren Produktionsfaktoren; die effektive Nutzung der Arbeit und die Stärkung der Verteidigungskraft; die Gewährleistung eines Marktes für die spezialisierten Güter jedes Landes; sowie schließlich die Gewährleistung der erforderlichen Zufuhr für ihre jeweilige Produktion. Die zentral geplanten Volkswirtschaften kodifizierten mit den Grundprinzipien erstmals in ihrer Zusammenarbeit nach dem Zweiten Weltkrieg Grundsätze und Regeln für ihre Kooperation und legten die durch sie zu fördernden Ziele fest«.[6] Wie die formulierten Ziele erreicht werden sollten, war indes eine komplexe und weitaus schwieriger zu beantwortende Frage. Die gegensätzlichen Auffassungen, die hierüber im RGW bestanden, zogen einen langwierigen Aushandlungsprozess nach sich. Vor allem drei Probleme hatten einen Stillstand zur Folge, der die gesamten 1960er Jahre hindurch andauerte. Erstens regte sich entschiedener Widerstand gegen eine supranationale Planung, die Chruschtschow im November 1962 offiziell mit der Empfehlung vorschlug, »ein gemeinsames Planungsorgan zu gründen [...] das die Vollmacht zur Aufstellung gemeinsamer Pläne besitzt«.[7] Rumänien widersetzte sich dem am deutlichsten: Im Juli 1963 blockierte es auf einer Sitzung des Rates die Schaffung einer supranationalen Behörde im Rahmen des RGW, womit es sicherstellte, dass jedes Mitglied seine Volkswirtschaft gemäß eigener Vorstellungen entwickeln durfte.[8] Die Position Rumäniens hing mit einer zweiten erheblichen Komplikation bei der Implementierung der SÖI zusammen: den gegensätzlichen Interessen der am weitesten industrialisierten Länder einerseits und der weniger entwickelten Ökonomien andererseits. Die Tschechoslowakei und die DDR wollten die Industrieproduktion in ihren Volkswirtschaften konzentrieren, um ein Überangebot der entsprechenden Güter im RGW zu vermeiden. Bulgarien und Rumänien strebten jedoch ebenfalls eine industrielle Entwicklung an,

6 Ebenda, S. 66.

7 Alan Smith, Plan Coordination and Joint Planning in RGW, in: *Journal of Common Market Studies* 18 (1979), Heft 1, S. 3–21.

8 Lee Kendall Metcalf, The Council of Mutual Economic Assistance: The Failure of Reform, Boulder 1997, S. 50.

die ihrer potenziellen Rolle als Lieferanten von landwirtschaftlichen Produkten und Nahrungsmitteln zuwiderlief. Eine dritte Konfliktebene bestand zwischen den stärker reformorientierten Regimen (Ungarn und – bis 1968 – die Tschechoslowakei), die Mitte der 1960er Jahre auf eine Integration durch Marktmechanismen setzten, und den konservativeren Mitgliedsstaaten, die keine radikalen Wirtschaftsreformprogramme verfolgten und daher eine Koordinierung der nationalen Pläne bevorzugten.

Als die RGW-Mitglieder im Juli 1971 auf der 25. Ratssitzung in Bukarest das »Komplexprogramm für die weitere Vertiefung und Vervollkommnung der Zusammenarbeit und Entwicklung der Sozialistischen Ökonomischen Integration der Mitgliedsländer des RGW« verabschiedeten, schien die Debatte über den Prozess der SÖI endlich ihren Abschluss gefunden zu haben. Das »Komplexprogramm« bekräftigte, dass die Prinzipien von Souveränität und Freiwilligkeit weiterhin galten und die wirtschaftliche Integration durch die Koordination der nationalen Pläne erreicht werden sollte, die in Verhandlungen zwischen den Regierungen zu regeln sei. Eine zentrale Rolle wurde hierbei dem neuen »Komitee des RGW für die Zusammenarbeit auf dem Gebiet der Planungstätigkeit« zugewiesen, das von den Vorsitzenden der zentralen Planungskommissionen der einzelnen Länder gebildet wurde. So sollte »die Grundlage für die Plankoordinierung in der freiwilligen Zusammenarbeit der nationalen Planungsbehörden bei der Formulierung langfristiger Prognosen bestehen, auf deren Basis die Fünfjahrespläne aufeinander abgestimmt werden sollten und die erst dann den Charakter einer Direktive annahmen, wenn die Planungsbehörden der einzelnen Mitgliedsstaaten sie ihren Jahresplänen zugrunde legten«.[9]

Doch auch mit dem Komplexprogramm war die Debatte über den Prozess der SÖI noch nicht beendet. Vielmehr veranlassten die ungarischen Wirtschaftsreformen des Jahres 1968, die von der Breschnewführung nicht gebilligt wurden, sowie der Prager Frühling die Sowjets dazu, nun die aus ihrer Sicht zweitbeste Lösung voranzutreiben. Auch bestanden weiterhin Differenzen zwischen den nationalen Interessen der RGW-Staaten, die inkompatible Entwicklungsziele verfolgten und die mit dem ungarischen Experiment entstandene Reformagenda unterschiedlich beurteilten. Im Vorfeld der Übereinkunft von 1971 kamen die divergierenden Positionen in beständigen Interventionen Ungarns zum Ausdruck. So forderte beispielsweise der ungarische Finanzminister Peter Valyi im Juli 1969 »qualitative Veränderungen« im Währungssystem des RGW, um nicht nur zwischen

9 Smith, Plan Coordination, S. 7.

den Mitgliedsstaaten, sondern später auch mit den Währungen anderer Länder eine Konvertibilität herzustellen. Zudem kritisierte Valyi, dass die Methoden und Organisationsformen des RGW den gegenwärtigen Erfordernissen nicht angemessen seien; er machte sie verantwortlich dafür, »dass sich die Entwicklung der Zusammenarbeit verlangsamt und die Wachstumsrate des Handels zwischen den Mitgliedern nicht das erwünschte Maß erreicht hat«.[10]

Der RGW in der Praxis

Der Gasstreit zwischen Russland und der Ukraine im Januar 2009 hatte für viele neue EU-Mitglieder in Ostmitteleuropa zur Folge, dass sie von einer lebenswichtigen Energiequelle vollständig abgeschnitten wurden oder zumindest mit ernsthaften Versorgungsengpässen zu kämpfen hatten. Zwanzig Jahre nach dem Ende des RGW führte dies eindringlich vor Augen, in welchem Maße bestimmte Komponenten der regionalen Integrationsstrukturen aus der Ära des Kalten Krieges bis heute existieren. Gleichzeitig verwies der Gasstreit auf die Leistungen der SÖI, zu deren wenigen Erfolgen der Aufbau einer Energieinfrastruktur zählte. Während der kommunistischen Ära wurde in offiziellen Verlautbarungen naturgemäß ein recht rosiges und idealisiertes Bild des RGW gezeichnet. So erklärte beispielsweise ein tschechischer Kommentator anlässlich des 25. Geburtstages des Rates: »[D]ie Bilanz [...] zeigt ohne jeden Zweifel, dass er zu einem unverzichtbaren organisatorischen Faktor geworden ist, um die Entwicklung der Volkswirtschaften seiner Mitglieder zu beschleunigen, ihre Struktur zu perfektionieren und ihre Effektivität zu steigern und gleichzeitig Schritt für Schritt die Abstände zwischen ihren Entwicklungsniveaus zu verringern.«[11] Weder damals noch heute findet sich eine seriöse Analyse, die diese Darstellung stützen würde. Ob der RGW nun anhand der Entwicklung des Handels zwischen seinen Mitgliedsstaaten beurteilt wird – der geringen Umfang hatte, von Ungleichgewichten geprägt war und keiner ökonomischen Rationalität entsprach – oder anhand anderer Maßstäbe für

10 Henry Schasfer, Hungary Seeks to Expand its Foreign Economic Relations, Radio Free Europe Research-East Europe, 1. August 1969, S. 2. Im Internet abrufbar unter http://www.osaarchivum.org/files/holdings/300/8/3/text/34-4-151.shtml [23. 11. 2009].

11 Otta Henyš, »The Council for Mutual Economic Assistance Established Twenty Five Years ago«, in: *Soviet and East European Foreign Trade* 10, Sommer 1974, S. 3–16, hier: S. 15.

zwischenstaatliche Wirtschaftsaktivität, er gilt allgemein als ein zweifellos mangelhafter und gescheiterter Versuch regionaler Wirtschaftsintegration. Der *Economist* bezeichnete die Handelsperspektiven der ehemaligen RGW-Staaten 1991 als »Leben nach dem Tode« und schloss sich dem allgemein akzeptierten Urteil an, wonach der Rat »weder gegenseitig noch wirtschaftlich, noch von nennenswertem Nutzen für seine Mitglieder« gewesen ist.[12]

Eine erfolgreiche regionale Wirtschaftsintegration drückt sich grundsätzlich in einem Anstieg des Handelsvolumens aus. So führte die Gründung von EU und EFTA zu einer erheblichen Zunahme des westeuropäischen Binnenhandels: »Während die sechs ursprünglichen Mitgliedsstaaten bei Gründung der EU im Jahr 1958 zwei Drittel ihrer Importe von außerhalb der gemeinsamen Zollgrenzen bezogen, stammten 1990 mehr als zwei Drittel ihrer Importe aus dem europäischen Binnenmarkt [...] Die Bedeutung dieser Veränderung der Importstrukturen (die in den Exportstrukturen zwangsläufig eine gewisse Entsprechung findet) wird häufig übersehen, weil das Gesamtvolumen des internationalen Handels noch dramatischer zunahm. Das rapide Wachstum des westeuropäischen Handels bescherte allen beteiligten Staaten eine deutliche Zunahme des Volumens ihrer Exporte in die EU [...] Es steht außer Zweifel, dass die Veränderungen im geografischen Muster des westeuropäischen Handels auf die durch die EU geschaffenen institutionellen Veränderungen zurückgehen.«[13] Für den RGW galt das Gegenteil – der Binnenhandel nahm beständig ab. Nach einem Höhepunkt in den frühen 1950er Jahren, als er 80 Prozent des gesamten Handelsvolumens ausmachte, entwickelte er sich nicht etwa dynamisch weiter, sondern ging zurück. 1980 war er auf weniger als 50 Prozent gesunken, konnte sich jedoch bis 1987 vor allem aufgrund eines forcierten Rückgangs des Handels mit den OECD-Staaten auf annähernd 60 Prozent erholen.[14] Der Handel mit den OECD-Mitgliedern hatte sich seit Mitte der 1960er Jahre tatsächlich zum dynamischen Element des Außenhandels der RGW-Staaten entwickelt. Dass der RGW selbst hingegen nur schwache Handelseffekte erzeugte, erklärt sich auch aus der

---

12 »Life after Death – after the Disbanding of the Council for Mutual Economic Assistance, what's next for the Communist Countries?, *The Economist,* 20. 4. 1991.

13 Larry Neal, The Economics of Europe and the European Union, Cambridge 2007, S. 56f.

14 Diese Daten stützen sich auf Peter Robson, The Economics of International Integration, London 1980, und Marie Lavigne, International Political Economy and Socialism, Cambridge 1991.

relativ geschlossenen Struktur der ihm angehörenden Volkswirtschaften, deren Exporte pro Kopf und im Verhältnis zum Bruttoinlandsprodukt deutlich niedriger waren als im Falle der entwickelten kapitalistischen Länder.[15] Insbesondere die wissenschaftliche und technische Zusammenarbeit blieb weit hinter ihrem Potenzial zurück, da kaum direkte Kontakte zwischen Unternehmen bestanden und es an entsprechenden Anreizen fehlte.[16] Wie bereits erwähnt, konnten die gemeinsamen Investitionsprogramme zwar gewisse Erfolge erzielen, die sich allerdings auf den Bereich der Primärprodukte und insbesondere den Energiesektor beschränkten. Eine Mobilität der Arbeit existierte praktisch nicht. Wie sich der Handel zwischen den mittelosteuropäischen Staaten bis zum Ende der sozialistischen Ära entwickelte, zeigen ihre Exporte in den europäischen RGW unter Ausschluss der UdSSR und DDR, die 1989 von 9,8 Prozent im Falle Polens bis zu 16,76 Prozent im Falle der Tschechoslowakei reichten. Bemerkenswert ist dabei vor allem, dass sich diese Werte in einer ähnlichen Größenordnung wie 1937 bewegten, was deutlich zeigt, dass die kommunistische Periode und vierzig Jahre SÖI in puncto Wirtschaftsintegration ein völliger Fehlschlag waren (vgl. Tabelle 1).

Natürlich lässt sich nicht mit Gewissheit sagen, wie sich der Handel zwischen diesen Ländern im Rahmen eines anderen Integrationsprojekts entwickelt hätte. Dass die Ergebnisse der SÖI im RGW-Raum dürftig waren, wird allerdings deutlich, wenn man die Entwicklung des Handels zwischen den ehemaligen RGW-Staaten nach dem Ende des Kommunismus betrachtet. Mit der Gründung der CEFTA im Dezember 1992 unternahm die Visegrád-Gruppe (Tschechien, Slowakei, Ungarn und Polen – V4) einen ersten Versuch zur regionalen Wirtschaftsintegration nach der Auflösung des RGW. Als Freihandelszone zur Förderung der Marktintegration konzipiert, basierte die CEFTA auf Integrationsprinzipien, die denen des RGW diametral entgegengesetzt sind. Später schlossen sich ihr auch Slowenien, Bulgarien und Rumänien an. Die vorliegenden Daten zeigen, dass sich der Intra-CEFTA-Handel während der 1990er Jahre nach anfänglichen Stockungen rapide entwickelte: »Die V4 verzeichneten durchweg starke Zuwächse ihrer Exporte in die CEFTA wie auch ihrer Importe aus der CEFTA und die De-facto-Integration hat eindeutig große Fortschritte gemacht. So konnte Tschechien seine Exporte um 359 Prozent und die Importe um 425 Prozent steigern. Die entsprechenden Werte für die an-

---

15 Als eine weitere gravierende Schwäche des RGW wird häufig angeführt, dass der interindustrielle Handel den intraindustriellen deutlich überwog.

16 Michael Marrese, CMEA: Effective but Cumbersome Political Economy, in: *International Organisation* (1986), Heft 40, S. 287–327.

Tabelle 1: Handel (Exporte) zwischen den Mittel- und Osteuropäischen Fünf (MOE5), 1937 und 1989

	1937	1989
Bulgarien	11,1	12,8
Tschechoslowakei	10,6	16,6
Ungarn	9,0	10,4
Polen	6,4	9,8
Rumänien	14,4	8,0
MOE5	10,3	14,8

Quelle: András Köves, Central and Eastern Europe in Transition: The External Dimension, Oxford 1992.

deren Visegrád-Staaten lauten: Ungarn 496 und 307 Prozent; Polen 363 und 449 Prozent; Slowakei 334 und 429 Prozent.«[17] Diese dynamische Entwicklung des Handels zwischen den ehemaligen RGW-Staaten in der postkommunistischen Ära, zunächst in der CEFTA und später im Rahmen der EU, bietet einen weiteren eindrücklichen Beleg für die Mängel des RGW.

Die Schwäche der SÖI war eine unmittelbare Konsequenz des Wirtschaftssystems der RGW-Staaten.[18] An den konkreten Abläufen im Handels- und Zahlungsverkehr, die als »absurd, aber zwangsläufig« bezeichnet worden sind, wurde deutlich, wie ungeeignet das System für den Außenhandel war.[19] Planungen für den Intra-RGW-Handel gründeten sich nicht auf Verträge zwischen Unternehmen, sondern auf Verhandlungen zwischen Regierungen. Transaktionen wurden grundsätzlich in Transferrubeln (TR) abgewickelt, die nicht einmal innerhalb des RGW frei in Währungen oder Waren konvertierbar waren. Die offiziellen Preise im Intra-RGW-Handel orientierten sich an den Weltmarktpreisen, was – allenfalls

17 Martin Dangerfield, CEFTA: Between the CMEA and the EU, in: *Journal of European Integration* 26 (2004), Heft 3, S. 309–338, hier: S. 325.

18 Da über den Prozess und die Probleme der SÖI ausführliche Analysen vorliegen, soll hier eine kurze Zusammenfassung der wichtigsten Züge ihrer praktischen Funktionsweise genügen. Aus demselben Grund werden auch die Institutionen des RGW nicht detailliert beschrieben, zumal ein weitgehender Konsens besteht, dass die wenigsten von ihnen eine wirkliche Rolle spielten. Zur weiteren Lektüre empfiehlt sich Brabant, Economic Integration, Kapitel 7 und 8.

19 Marie Lavigne, The Economics of Transition, London 1995, S. 75.

mit Ausnahme der Primärgüter – durchweg grotesk war. Preisanpassungen fanden von 1965 bis 1975 alle fünf Jahre und danach im Jahresturnus statt und sollten den durchschnittlichen Weltmarktpreisen der zurückliegenden fünf Jahre entsprechen. De facto war der überwiegend bilaterale Intra-RGW-Handel ein System des Naturaltauschs, bei dem Preise und monetäre Werte ex post festgelegt wurden. Durch Verhandlungen sollte grundsätzlich ein bilaterales Gleichgewicht erzielt werden, Handelsüberschüsse oder -defizite waren entsprechend zu vermeiden. Dadurch wirkte das System einer maximalen Ausnutzung von Exportmöglichkeiten entgegen und stellte dergestalt eine starke Bremse des Intra-RGW-Handels dar. Die Tendenz zum »strukturellen Bilateralismus« wurde zusätzlich dadurch verstärkt, dass bei »harten« Gütern (die ohne Subventionen auf dem Weltmarkt verkauft werden konnten und im RGW auf starke Nachfrage stießen, aber nur in begrenztem Maße angeboten wurden) wie auch bei »weichen« Gütern (Produkte niedriger Qualität, die sich auf freien Märkten nur schwer oder gar nicht absetzen ließen) ein Gleichgewicht von Exporten und Importen angestrebt wurde. Das oberste Ziel lautete, einen Import weicher Güter im Austausch für harte Güter zu vermeiden.[20] Entsprechend handelte es sich bei den wenigen Transaktionen, die in konvertiblen Währungen abgewickelt wurden (Schätzungen zufolge rund 5 Prozent des Intra-RGW-Handels), um Ankäufe harter Güter.

Im Kern stellte der RGW den Versuch einer administrativen Lösung des Problems dar, dass die SÖI nicht auf die Informationen zurückgreifen konnte, die für ihr effektives Funktionieren erforderlich gewesen wären. Das Fehlen realistischer Preissignale und Austauschkurse als Steuerungsmechanismus der Arbeitsteilung erwies sich als ein hartnäckiges Problem. Über den tatsächlichen Wert der gehandelten Güter lagen keine zuverlässigen Informationen vor. Daher basierten die Transaktionen in den Volkswirtschaften sowjetischen Typs auf nationaler Ebene wie im RGW in hohem Maße auf »einem dichten Geflecht von informellen Netzwerken, die neben den offiziellen Planungsbehörden operierten [...] und von Politikern und hohen Beamten für Handelsgeschäfte genutzt wurden. So wurde den Ungarn telefonisch mitgeteilt, wie viel Prozent ihrer Ikarusbusse sie der Sowjetunion zu liefern hatten, oder den Tschechen, wie viele Straßenbahnen CKD Praha gen Osten schicken musste, anstatt sie potenziellen Ab-

20 Eine Ausnahme stellte der sowjetische Handel mit den ostmitteleuropäischen Staaten dar, der wenigstens in bestimmten Phasen offenbar von den Spielregeln abwich. Zur Erklärung dieses Phänomens vgl. die weiter unten folgende Erörterung des Ansatzes von Marrese/Vanous sowie der alternativen Erklärung von Stone.

nehmern im Westen anzubieten.«[21] Ein weiteres Hindernis für Handel und Spezialisierung bestand in den mächtigen Lobbys der einzelnen Sektoren, die sich mit Erfolg dagegen wehrten, ihre Produktion auf das für die internationale sozialistische Arbeitsteilung erforderliche Maß zurückzuschrauben, und sogar in der Lage waren, ungeachtet der Kapazitäten im übrigen RGW neue Investitionsmittel zu erhalten: »In einer großen Zahl von Bereichen richteten die Mitgliedsstaaten parallele Anlagen mit derselben Funktion ein, trotz aller Prinzipienerklärung des RGW, die eine Arbeitsteilung vorschrieben. Von einigen wenigen Gemeinschaftsprojekten abgesehen, gab es kaum gemeinsame Investitionen und keinen bedeutenden Kapitalfluss zwischen den Mitgliedsstaaten.«[22] Wie nicht anders zu erwarten, mangelte es an überzeugenden Lösungen für die Misere des RGW. Radikale Optionen standen vor unüberwindbaren politischen Hindernissen, da »die Option einer vollständigen Marktsteuerung die Rolle und Autorität der zentralen Planungsbehörden erheblich geschwächt hätte, während die Option einer vollständigen Planung darauf hinausgelaufen wäre, Osteuropa der UdSSR einzuverleiben«.[23]

Deutungen des RGW

Wenn der RGW als wirtschaftlicher Rahmen gar nicht funktionierte, wenn er weder ein Markt noch ein supranationales Planungsinstrument war, kam ihm dann überhaupt Realität zu?[24] Der Versuch, den RGW mithilfe der gängigen Integrationstheorie zu analysieren, ist insofern problematisch, als diese von der Integration kapitalistischer Volkswirtschaften ausgeht. Gleichwohl entstand auf diesem Wege eine Reihe interessanter Deutungen, zum Beispiel, dass das System des RGW »nicht etwa zu mehr Handel, sondern zu einer absoluten ›Zerstörung von Handel‹ führt, und alle Länder unter den daraus resultierenden Verlusten leiden«.[25] Um be-

---

21 Peter Rutland, Review of D. R. Stone, »CMEA's International Investment Bank and the Crisis of Developed Socialism«, in: *Journal of Cold war Studies* 10 (2008), Heft 3. Im Internet verfügbar als *H-Diplo Article Reviews*, Nr. 196, 3. 10. 2008, unter http://www.h-net.org/~diplo/reviews/PDF/Rutland-Stone.pdf [23. 11. 2009].

22 Kornai, Das sozialistische System, S. 407.

23 Alan Smith, Integration under Communism and Economic Relations after Communism in Eastern Europe, in: David Dyker (Hg.), The European Economy, London 1992, S. 110.

24 Lavigne, Economics of Transition, S. 76.

25 Lavigne, International Political Economy, S. 62.

stimmte Dynamiken des Systems zu beschreiben, wurden die Begriffe »Erzeugung von Entwicklung« und »Umleitung von Entwicklung« verwendet: Aufgrund intensiven Handels mit den weiter fortgeschrittenen Volkswirtschaften des RGW durchliefen die weniger entwickelten RGW-Staaten (Bulgarien und Rumänien), wenigstens bis zu den 1960er Jahren, eine beschleunigte Industrialisierung (Erzeugung von Entwicklung). Umgekehrt wurden die Entwicklungsperspektiven dieser weiter fortgeschrittenen Staaten, insbesondere der DDR und der Tschechoslowakei, gehemmt (Umleitung von Entwicklung), da sich ihre Außenwirtschaftsbeziehungen auf industriell und technologisch rückständige Handelspartner konzentrierten.

Da sich der Intra-RGW-Handel nicht durch Markt- und Wettbewerbsimpulse entwickelte, musste die vorherrschende Handelsstruktur des RGW auf andere Weise erklärt werden. Kernfragen waren dabei: Erstens, welche Länder profitierten vom Intra-RGW-Handel und wer waren die Verlierer? Zweitens, was bedeuteten die Begriffe Handelsgewinne und -verluste im Kontext des RGW? Drittens, setzte die UdSSR ihre wirtschaftliche und militärische Macht ein, um vom Intra-RGW-Handel zu profitieren und die SÖI insgesamt gemäß ihrer eigenen Interessen zu gestalten? In den frühen Debatten der 1960er Jahre konnte Franklyn D. Holzman nachweisen, dass die UdSSR keine systematische Benachteiligung ihrer RGW-Partner betrieb.[26] In einer späteren Untersuchung beschrieben Michael Marrese und Jan Vanous den RGW als internationales Regime, in dessen Rahmen die UdSSR anderen Staaten wirtschaftliche Vorteile im Austausch gegen politische Loyalität gewährte.[27] Der Wertumfang der sowjetischen Unterstützung (ausgedrückt in den wirklichen Kosten von Energie – vor allem Öl – und Rohstoffen) variierte entsprechend: Die am wenigsten loyalen RGW-Mitglieder (zum Beispiel Rumänien) erhielten am wenigsten, die ideologisch zuverlässigsten und strategisch wichtigsten Staaten (Tschechoslowakei und DDR) am meisten.[28] Als sich mit dem Ende des Kalten Krieges neue Forschungsmöglichkeiten eröffneten, entstanden einige Untersuchungen, die die wirtschaftlichen Einbußen der Sowjetunion in ein anderes Licht zu rücken versuchten. So stellte Randall W.

26 Lavigne, Economics of Transition, S. 77.

27 Michael Marrese/Jan Vanous, Soviet Subsidisation of Trade with Eastern Europe: A Soviet Perspective, Berkeley 1983.

28 Die sowjetische Wirtschaftshilfe erfolgte hauptsächlich durch den niedrigen Ölpreis im Intra-RGW-Handel. In der zweiten Hälfte der 1980er Jahre galt dies jedoch offenbar nicht mehr, da die UdSSR den RGW-Staaten Öl zu Preisen lieferte, die über dem Weltmarktniveau lagen.

Stone die Annahme infrage, dass die Einbußen der Preis für die sowjetische »Machtpolitik« gewesen seien. Stattdessen führte er sie auf die Zerrissenheit der sowjetischen Bürokratie zurück, deren schlecht informierte Unterhändler über wenig Macht verfügt und in den Verhandlungen mit anderen RGW-Staaten versagt hätten. Dies war ihm zufolge auch der Grund dafür, dass bei der Umsetzung verschiedener ambitionierter Pläne zur Intensivierung der SÖI keine Fortschritte erzielt wurden.[29] Auch Lee K. Metcalf versuchte das »Rätsel« zu lösen, warum die UdSSR trotz ihrer erdrückenden wirtschaftlichen und militärischen Macht nicht in der Lage war, den RGW zugunsten ihrer eigenen Interessen zu reformieren. Einen Teil der Antwort sah er in »kognitiven Faktoren«, da sich die UdSSR bei der Konzeption der regionalen Wirtschaftskooperation im Rahmen des RGW auf ihre eigene »Ideologie und Erfahrungen« gestützt habe. Die zwei anfänglichen »Entscheidungen« der UdSSR für Autarkie und gegen eine supranationale Autorität hätten sich als folgenreiche Weichenstellungen erwiesen, durch die im RGW-Regime ein beharrlicher Widerstand gegen Veränderungen institutionell verankert wurde: Sie bedeuteten »einen Machtgewinn für die kleineren Staaten, da ihnen bei Abstimmungen ein Gewicht eingeräumt wurde, das nicht ihren tatsächlichen Machtressourcen entsprach«.[30] Obwohl sie den RGW aus politikwissenschaftlicher Perspektive und nicht im Rahmen eines Vergleichs von Wirtschaftssystemen untersuchten, betonten sowohl Stone wie Metcalf, dass das von den Sowjets durchgesetzte volkswirtschaftliche System die entscheidende Ursache der Dysfunktionalität und Unreformierbarkeit des RGW gewesen sei.

Im RGW selbst, am deutlichsten in Ungarn, verknüpften einige Ökonomen die Debatte über Wirtschaftshilfe mit einer umfassenderen Kritik. So bestritten sie, dass Ostmitteleuropa tatsächlich vom RGW-Handel profitiere, indem sie an den entsprechenden Analysen der Subventionsströme kritisierten, die Frage nach Gewinnern und Verlierern nur aus einer statischen Perspektive zu erörtern. Dagegen betonten sie die Folgen der grundverkehrten langfristigen Entwicklungsstrategie, die den kleineren Mit-

---

29 Randall W. Stone, Satellites and Commissars: Strategy and Conflict in the Politics of Soviet-Bloc Trade, Princeton 1996. Stones Forschungsarbeiten haben zwar fraglos neue Erkenntnisse über den RGW hervorgebracht, allerdings wurde häufig bezweifelt, dass sie tatsächlich eine Widerlegung von Analysen darstellen, die die sowjetische Machtpolitik ins Zentrum rücken. Vgl. beispielsweise Philip G. Roeder, Review of Randall W. Stone, Satellites and Commissars: Strategy and Conflict in the Politics of Soviet-Bloc Trade, Princeton 1996, in: *American Political Science Review* 91 (1997), Heft 3, S. 772f.

30 Metcalf, Council of Mutual Economic Assistance, S. 9.

gliedsstaaten aufgezwungen worden sei: Sie mussten einen erheblichen Teil ihrer Wirtschaftsleistung darauf verwenden, Güter für den sowjetischen Markt zu produzieren, die größtenteils nicht auf anderen Märkten verkauft werden konnten. Der RGW-Handel sei daher die Ursache für langfristige Stagnation und schließlich Instabilität. In Verbindung mit der These, dass der RGW eine zentrale Säule des Protektionismus sei, der die Region vom Einfluss der Weltwirtschaft abschotte, fand diese Auffassung in den frühen 1980er Jahren einen zunehmenden Widerhall in den Debatten zwischen Verfechtern der Optionen Reintegration und Neuorientierung. Dies verweist auf eine weitere Facette des RGW, die meist übersehen wird: Er war ein Forum für Reformdebatten, in dem auch radikale Auffassungen geäußert werden konnten. Eine hervorragende Illustration hierfür bieten die Debatten der späten 1970er und frühen 1980er Jahre über »Binnenorientierung« versus »Außenorientierung«. Um ihre Wirtschaftsstrukturen zu modernisieren und die Produktivität zu steigern, hatten die UdSSR und einige andere RGW-Staaten ab der Mitte der 1960er Jahre eine Wachstumsstrategie verfolgt, die auf umfangreichen Importen westlicher Technologien basierte. So erfuhr das Gesamtvolumen der RGW-Produktionsgüterimporte aus den OECD-Staaten zwischen 1965 und 1975 einen steilen Anstieg von 998 Millionen Dollar auf 9,84 Milliarden Dollar.[31] Doch ab Mitte der 1970er Jahre geriet diese Politik der Öffnung unter zunehmenden Druck, da die wachsenden Außenhandelsdefizite den exponiertesten Staaten (Polen, Ungarn, Rumänien) eine immer bedenklichere Schuldenlast aufbürdeten. Die Krise in Polen und weitere geopolitische Erwägungen veranlassten die Sowjetunion 1981 zu einer Strategie des Rückzugs aus der Weltwirtschaft, die sie auch den anderen RGW-Staaten aufzuzwingen versuchte. Dieser Kurs der »Binnenorientierung« betonte die negativen Folgen einer zu starken Integration in die Weltwirtschaft. Die Befürworter einer »Außenorientierung« argumentierten dagegen, dass die Integration in die Weltwirtschaft von zentraler Bedeutung sei. Das Hauptproblem bestand ihnen zufolge darin, dass die Politik der Öffnung nicht mit einer grundlegenden Reform des regionalen Integrationsmodells, des Außenhandelssystems sowie des Wirtschaftssystems insgesamt einhergegangen sei. Eines ihrer Hauptargumente lautete, dass der RGW als Instrument der regionalen Integration so lange erfolglos bleiben werde,

31 Vgl. Martin Dangerfield, Turning Inwards or Turning Outwards? The CMEA, Socialist Economic Reform and East-West Economic Relations Between 1976 and 1985, Vortrag auf der Konferenz »Wirtschaftliche Integrationsprozesse in West- und Osteuropa nach dem Zweiten Weltkrieg«, Zentrum für Zeithistorische Forschung Potsdam, 29.–31. 3. 2007.

wie er die Autarkie der Region anstrebe. Am offensten wurde die »Außenorientierung« – ein von András Köves 1985 geprägter Begriff – in Ungarn vertreten, dessen erklärte Absicht es war, sich stärker in die Weltwirtschaft zu integrieren. Gemessen an den Maßstäben des RGW waren die Ungarn in ihren Analysen der Wirtschaftsmisere der sozialistischen Welt äußerst freimütig. Der Ansatz der »Außenorientierung« war im Kern ein ultraradikales Reformmanifest, das für einen vollständigen Übergang zur Marktwirtschaft und eine wirkliche Integration in die Weltwirtschaft eintrat. Dieser Zeit kommt eine erhebliche Bedeutung zu, nicht nur weil die ungarische Position eindeutig zum außenwirtschaftlichen Kurswechsel der Sowjetunion unter Gorbatschow beitrug, sondern auch weil nun theoretisch bewiesen war, dass partielle Reformen sinnlos waren und es einer vollständigen Transformation des Systems bedurfte. Dies bedeutete nicht zuletzt, dass die »Perestroika« im RGW de facto bereits eine Sackgasse war, bevor Gorbatschow sie überhaupt auf die Tagesordnung gesetzt hatte.

Der letzte Akt: Von der Perestroika zur Abschaffung des RGW

In den 1980er Jahren wurde der Reformdruck im RGW besonders groß, da der Niedergang der Wirtschaft und die zunehmende Instabilität alle Mitgliedsstaaten vor ernsthafte Probleme stellten. Die Schuldenkrise, in die einige RGW-Staaten gerieten, offenbarte grundlegende Mängel der Volkswirtschaften sowjetischen Typs. Gorbatschow drängte nun vor allem auf eine Reform des RGW, weil er auf diese Weise die schwere Krise der sowjetischen Wirtschaft zu lindern hoffte. Während er Ostmitteleuropa machtpolitisch keine hohe Priorität beimaß, stellte der wirtschaftliche Bereich eine Ausnahme dar: »Im Gegensatz zu Moskaus scheinbarer Indifferenz auf militärischem, politischem und ideologischem Gebiet hat Gorbatschow von Anfang an starkes Interesse daran signalisiert, die wirtschaftliche Zusammenarbeit innerhalb des Bündnisses zu festigen.«[32] Moskaus Programm für eine Perestroika im RGW umfasste zwei wesentliche Komponenten: Erstens sollte der Handels- und Integrationsmechanismus auf Markt- und Preishebel sowie dezentralisierte Entscheidungsprozesse umgestellt werden; zweitens sollte die politische Ökonomie des RGW so geändert werden, dass zusätzliche Vorteile für die UdSSR entstünden.

32 Andrez Korbonski, CMEA, Economic Integration and Perestroika, 1949–1989, in: *Studies in Comparative Communism* 22 (1990), S. 47–72, hier: S. 66.

Ab Ende 1986 gewann der Reformprozess im RGW an Schwung. Auf seiner 43. »außerordentlichen« Sitzung im Oktober 1987 erzielte der Rat eine Übereinkunft, in der folgende allgemeine Reformziele skizziert wurden: »die Organisation des RGW zu straffen; die Entwicklungshilfe für Kuba, die Mongolei und Vietnam auf eine solidere wirtschaftliche Grundlage zu stellen; einen neuen Integrationsmechanismus zu entwerfen; eine neue kollektive Integrationsstrategie zu entwickeln, die in letzter Instanz auf die Gründung eines RGW-Binnenmarktes zielt; und die Rolle der Planung und Plankoordination in der RGW-Integration zu erneuern«.[33] Der vorgeschlagene »sozialistische Binnenmarkt« sollte einen »freien Verkehr von Gütern, Dienstleistungen und anderen Produktionsfaktoren« beinhalten, »um in der Zukunft einen integrierten Markt zu schaffen«.[34] Die zweite Komponente in Gorbatschows Strategie für eine Perestroika im RGW sah engere Beziehungen mit den anderen RGW-Ökonomien vor, die durch weitere Joint Ventures in der UdSSR sowie direkte Kontakte und Zusammenarbeit zwischen Unternehmen hergestellt werden sollten.[35]

Doch dieser Reformschwung verschwand plötzlich. Die 44. RGW-Sitzung, die im Juli 1988 in Prag stattfand, bedeutete faktisch das Ende der Bemühungen, auf sozialistischem Wege den Intra-RGW-Handel und die Zahlungsbeziehungen neu zu gestalten. Wie nicht anders zu erwarten, war die sowjetische Befürwortung von Marktmechanismen nur für eine Minderheit der Mitgliedsstaaten annehmbar. So wurde der Vorschlag, die Schaffung eines wirklichen Binnenmarktes voranzutreiben, »von der Sowjetunion, Ungarn und Polen stark unterstützt, von Bulgarien und der Tschechoslowakei zurückhaltend aufgenommen, von Ostdeutschland mit Einschränkungen akzeptiert und von Rumänien rundweg abgelehnt. Eine ähnliche Spaltung zeigte sich in den Diskussionen über die Einführung einer konvertiblen Währung, ohne die ein gemeinsamer Binnenmarkt keine Aussicht auf Verwirklichung besaß.«[36] Doch selbst wenn sich alle Länder

---

33 Josef M. van Brabant, Renewal of Cooperation and Economic Transition in Eastern Europe, in: *Studies in Comparative Communism* 24 (1991), Heft 2, S. 151–172, hier: S. 158.

34 Susan Sanders, RGW Restructuring and the GDR, RAD Background Report 154 (German Democratic Republic), Radio Free Europe/Radio Liberty, 1989, S. 2. Im Internet abrufbar unter http://www.osaarchivum.org/files/holdings/300/8/3/text/27-6-100. shtml [19. 11. 2009].

35 Dies hatte vermutlich auch mit einer wichtigen sowjetischen Reform zu tun: dem »Gesetz über Staatsunternehmen« vom Juni 1986, das unter anderem horizontale Beziehungen zwischen Unternehmen des RGW-Raumes erleichterte.

36 Korbonski, CMEA, S. 67f.

der sowjetischen Position angeschlossen hätten, wäre eine weitere fundamentale Differenz deutlich geworden. Während die UdSSR und Ungarn oberflächlich betrachtet demselben Lager angehört haben mögen, waren sie keineswegs wirkliche Reformpartner. Das »neue« sowjetische Denken in puncto Intra-RGW-Integration speiste sich zwar auch aus dem ungarischen Modell des Reformsozialismus, doch ebendieses Modell war in Ungarn selbst bereits überholt. Zudem hatte die UdSSR es versäumt, notwendige Reformen auf nationaler Ebene und im Außenhandelssystem durchzuführen: »Das sowjetische Außenhandelssystem wurde kaum reformiert und blieb ein Durcheinander. Da der Außenhandel lange Zeit nicht ernsthaft diskutiert worden war, befand sich gerade dieser komplexe Zweig der Wirtschaftstheorie in bedenklichem Zustand.«[37] Dieses Reformdefizit unterminierte auch die zweite Komponente des sowjetischen Programms für eine Perestroika im RGW. Da es weiterhin an einem realistischen Preissystem fehlte, das den beteiligten Parteien ein gerechtes Verhältnis zwischen Aufwand und Ertrag garantiert hätte, gelangten die angeregten Joint Ventures nie zur Blüte. Der vergleichsweise größte Fortschritt konnte in den polnisch-sowjetischen Beziehungen verzeichnet werden, doch da die wachsende Rolle von Marktmechanismen in Polen die Umsetzung der entsprechenden Abkommen behinderte, begann der gesamte Prozess ungeachtet der polnischen Notlage zu stagnieren.[38] Während eine Perestroika im RGW selbst letztlich ausblieb, führte das allgemeine Reformklima zu einem entscheidenden Durchbruch in den formalen Beziehungen mit der EU. Das Abkommen zwischen RGW und EU vom Juni 1988 schuf den politischen Rahmen für eine Reihe bilateraler Handels- und Kooperationsabkommen zwischen der EU und einzelnen RGW-Staaten (Ungarn, Polen, Tschechoslowakei und UdSSR), die 1988 und 1989 unterzeichnet wurden.[39]

Die Agonie des RGW überdauerte selbst noch den Zusammenbruch des Kommunismus; erst am 28. Juni 1991 löste sich der Rat in Budapest auf seiner 46. Sitzung offiziell auf.[40] De facto war der RGW als Rahmen für

---

37 Anders Åslund, Gorbachev's Struggle for Economic Reform, London 1991, S. 145.

38 Ausführlicher dargestellt wird dies in Korbonski, CMEA.

39 Ironischerweise blieb Rumänien, das sich mit einem bilateralen Handelsabkommen über Industrieprodukte 1980 als einziges Land den Regeln des RGW widersetzt hatte, aufgrund der Exzesse des Ceauşescu-Regimes von diesen Verhandlungen ausgeschlossen.

40 1990 befassten sich die Staaten Ostmitteleuropas zwar mit sowjetischen Anträgen, eine Nachfolgeorganisation des RGW – die Organisation für Internatio-

Handel und Zahlungsverkehr jedoch bereits vorher an sein Ende gelangt. Im Sommer 1990 kündigte die UdSSR an, ihren Transaktionen im RGW künftig Weltmarktpreise zugrunde zu legen und auf Zahlung in konvertierbaren Währungen zu bestehen.[41] Das Inkrafttreten dieser Bedingungen am 1. Januar 1991 (die »Umstellung«) führte zu chaotischen Zuständen und einem deutlichen Rückgang des Handels – es wird häufig als das eigentliche Ende des RGW bezeichnet. Doch unabhängig von den Entscheidungen der Sowjetunion hatten die Transformationsprozesse im ehemals sozialistischen Block die tragenden Säulen des RGW-Systems bereits untergraben. Die staatliche Lenkung der Unternehmen und Distribution ihrer Erzeugnisse war ebenso in Auflösung begriffen wie das staatliche Außenhandelsmonopol. Die Liberalisierung des Preissystems und die Konvertierbarkeit der Währungen für den laufenden Handel waren bereits eingeführt worden, und den Staaten Ostmitteleuropas stand es nun frei, ihren Handel mit dem entwickelten Westen zu intensivieren. Ab diesem Zeitpunkt war der RGW nur noch ein »Syndrom«, das die Neustrukturierung der regionalen Handelsbeziehungen erheblich behinderte. Aufgrund ihrer Erfahrungen mit der sozialistischen Integration sowie ihrer raschen Neuorientierung und Fixierung auf die EU standen die ostmitteleuropäischen Staaten jeglichem Projekt zum Wiederaufbau des regionalen Handels – und sei es auch nur untereinander – ablehnend gegenüber. Erst mit der CEFTA entstand ein Gefüge, das gewisse Züge einer Nachfolgeorganisation des RGW hatte. Die CEFTA war jedoch Teil eines Prozesses, der in die Zukunft – die EU – führte und den RGW endgültig zur Vergangenheit machte.

Abschließende Überlegungen

Die offiziellen Aufgaben des RGW bestanden darin, die wirtschaftliche Integration zwischen seinen Mitgliedsstaaten zu initiieren und zu intensivieren sowie durch ökonomisch rationalen Intra-RGW-Handel, Investitionskoordination und andere Formen grenzüberschreitender Wirtschaftsbeziehungen eine internationale sozialistische Arbeitsteilung herzustellen.

---

nale Wirtschaftliche Zusammenarbeit – zu gründen, die jedoch nie wirklich Aussicht hatte, über das Planungsstadium hinauszugelangen.

41 Das entsprechende Dekret wurde von Gorbatschow am 24. Juli 1990 erlassen, vgl. Dariusz Rosati, The RGW Demise, Trade Restructuring, and Trade Destruction in Central and Eastern Europe, in: *Oxford Review of Economic Policy* 8 (1992), Heft 1, S. 58–81, hier: S. 59.

Mit Blick auf den Kalten Krieg hatte er die Funktion, seine Mitgliedsstaaten durch Wachstum und Entwicklung für die Konfrontation mit dem Westen zu wappnen und zu verhindern, dass sie in eine wirtschaftliche Abhängigkeit von den kapitalistischen Ländern gerieten. Aus der Perspektive der UdSSR war die SÖI darüber hinaus ein geopolitisches Instrument, um die ostmitteleuropäischen Staaten an sich zu binden und moskautreue (oder wenigstens von Moskau abhängige) kommunistische Regime in der Region zu schaffen. Absurderweise war der RGW gerade in seiner frühesten Phase am erfolgreichsten, als sein Ziel darin bestand, die Herausbildung einer regionalen Wirtschaftsintegration zu hintertreiben! Spätere Versuche, dem Rat Leben einzuhauchen, blieben in ihrer Wirkung begrenzt; weder der RGW noch die SÖI entwickelten sich zu strategischen Vorteilen der UdSSR im Kalten Krieg. Mit der Teilung Europas trug der Kalte Krieg seinerseits maßgeblich zur Gründung des RGW bei, aber er spielte keine entscheidende Rolle für dessen Scheitern als Mittel der regionalen Wirtschaftsintegration. Die von ihm bewirkte Isolierung der RGW-Staaten von der Weltwirtschaft hätte den Rat schlimmstenfalls beeinträchtigen, nicht aber derart ineffizient machen können. So spricht alles dafür, dass die Mängel der SÖI vor allem auf das ihr zugrunde liegende Wirtschaftssystem sowie die politischen Kräfte, die dieses System aufrechterhielten, zurückgeführt werden müssen. Auf nationaler und erst recht auf regionaler/internationaler Ebene war die Organisationsweise der Wirtschaft außerstande, eine rationale und effiziente Allokation von Ressourcen zu gewährleisten. Da keine einzige rückblickende Analyse des RGW zu dem Schluss gelangt ist, dass er positive Ergebnisse gezeitigt habe, und auf der anderen Seite das rapide Wachstum des Handels zwischen den ostmitteleuropäischen Staaten im Rahmen von CEFTA und EU die von ihm ungenutzten Potenziale offenbart, ist es höchst unwahrscheinlich, dass das Urteil über seine Leistungen als Instrument der Wirtschaftsintegration revidiert werden muss.

Während also die Wirtschaftsgeschichte des RGW nicht umgeschrieben werden muss, bedeutet dies nicht, dass sich keine neuen Einsichten in bestimmte Aspekte der RGW-Geschichte, etwa seine politische Dynamik, gewinnen ließen. Tatsächlich liegt, wie David R. Stone erst vor einem Jahr beobachtete, »noch sehr viel Material unausgewertet in den Archiven des sowjetischen Blocks«[42]. Die Forschung sollte sich der Herausforderung

---

42 David R. Stone, Author's Response to Peter Rutland's Review of D. R. Stone, »CMEA's International Investment Bank and the Crisis of Developed Socialism«, in: *Journal of Cold War Studies* 10 (2008), Heft 3. Im Internet verfügbar

bewusst sein, neben den nun zugänglichen Dokumenten auch die nicht dokumentierten informellen Verhandlungen, Beziehungen und Kommunikationsabläufe zu berücksichtigen, die ebenfalls zum »Alltagsleben« des RGW gehörten. Vor zehn Jahren verstrich der 50. Jahrestag der Gründung des RGW, ohne dass jemand davon Notiz genommen hätte, und mit ihrem 60. Jahrestag verhielt es sich nicht anders. Angesichts der Tatsache, dass die letzten bedeutenden Untersuchungen zum RGW Mitte der 1990er Jahre veröffentlicht wurden, stellt sich die Frage, ob der RGW als Gegenstand wissenschaftlichen Interesses nicht genauso übersehen wird wie zu Zeiten seines Bestehens

Aus dem Englischen von Felix Kurz

als *H-Diplo Article Reviews*, Nr. 196, 3. 10. 2008, unter http://www.h-net.org/~diplo/reviews/PDF/Rutland-Stone.pdf [23. 11. 2009].

Dagmara Jajeśniak-Quast

Polen, die ČSSR und die Europäische Wirtschaftsgemeinschaft während des Kalten Krieges

Die wirtschaftspolitischen Reaktionen in den ostmitteleuropäischen Ländern auf die wirtschaftliche Integration des westlichen Teils des Kontinents und die daraus folgenden realwirtschaftlichen Konsequenzen in Ostmitteleuropa sind bis heute nicht ausreichend erforscht. Die zeitgenössische Literatur zum Thema der wirtschaftlichen Integration Westeuropas fällt in Polen und der Tschechoslowakei eher spärlich aus. Im Angesicht des Kalten Krieges wurden die gesamteuropäischen Wirtschafts- und Handelsbeziehungen sowohl im Osten als auch im Westen Europas immer mehr von regionalen wirtschaftlichen Gruppierungen ersetzt: Rat für gegenseitige Wirtschaftshilfe (RGW) versus Europäische Wirtschaftsgemeinschaft (EWG) und European Free Trade Association (EFTA). In der Literatur aus dieser Zeit herrscht eher die Tendenz, jede Art der wirtschaftlichen Beziehungen zwischen den beiden Blöcken zu negieren. Erst seit den 1980er Jahren, insbesondere aber nach dem Zerfall des Ostblocks und dem Ende des Kalten Krieges, wurden der Außenhandel und die wirtschaftlichen Beziehungen zwischen dem sozialistischen und dem kapitalistischen Lager für die Forschung interessant.[1] Bis heute gibt es allerdings

---

1 Siehe dazu: Maria Haendcke-Hoppe (Hg.), Außenwirtschaftssysteme und Außenwirtschaftsreformen sozialistischer Länder. Ein intrasystemarer Vergleich, Berlin 1988; Anton Gutowski, Osthandel in der Krise, Wien 1998; Marc Maresceau (Hg.), The Political and Legal Framework of Trade Relations between the European Community and Eastern Europe, Boston/London 1989; Jan Jackson, The Economic Cold War. Amerika, Britain and East-West Trade 1948–1963; Basingstoke/Hampshire/London 2001; Christoph Buchheim, »Die Integration der Tschechoslowakei in den RGW«, in: *Bohemia* 42 (2001), Heft 1, S. 1–10; Bohumír Brom, Dokumenty z českých archívù k historii mezinárodních hospodářských vztahù v období studené války: studie o pramenech [Dokumente aus den tschechischen Archiven für die Geschichte der internationalen Wirtschaftsbeziehungen zur Zeit des Kalten Krieges: Eine Studie über die Archivquellen], Prag 2002; ders.: Československo a západoevropská integrace (základní rysy vzájemných hospodárských, zejména obchodních vztahù od konce 2. světové války do počatku 90. let) [Die Tschechoslowakei und die westeuropäische Integration. Grundrisse der gegenseitigen Handelsbeziehungen seit dem Ende des Zweiten

nur wenige Forschungszentren, die sich intensiv mit dem Thema der Wirtschaftsbeziehungen zwischen den beiden Blöcken im Kalten Krieg beschäftigt haben.[2] In den meisten Fällen wurden die Ergebnisse dieser Forschung noch nicht publiziert. Dies ist unter anderem auf folgende Gründe zurückzuführen:

– Erstens vernachlässigte vor allem die westliche Literatur lange Zeit die wirtschaftlichen Beziehungen zu den sozialistischen Staaten aufgrund der Annahme, dass nach der Ablehnung des Marshallplans im Juli 1947 von Polen und der Tschechoslowakei, des wirtschaftlichen Embargos von März 1948 und des Koreakrieges im Sommer 1951 Volumen und Intensität des Handels zwischen West- und Osteuropa im Vergleich mit den Handelsaktivitäten Westeuropas mit anderen Teilen der Welt zu vernachlässigen seien.

– Zweitens ist auch die Frage des Außenhandels der sozialistischen Staaten bis heute kaum erforscht.

– Drittens konzentrierte sich die Forschung zum Thema des Außenhandels in den sozialistischen Ländern vor allem auf den Handel innerhalb des RGW.

– Viertens sind aufgrund der 30-jährigen Aktensperre in den meisten Archiven die Primärquellen nur begrenzt zugänglich.

Trotz der Desiderate kann man schon jetzt sagen, dass der Eiserne Vorhang nicht immer so undurchlässig war wie ursprünglich angenommen. Besonders ab den 1970er Jahren flossen verstärkt westliches Kapital und Technologien in Form von Krediten und Patentlizenzen nach Ostmitteleuropa. Zum Beispiel erwarb Polen drei Viertel aller westlichen Lizenzen seit dem Ende des Zweiten Weltkrieges in der Zeit von 1971 bis 1979. Ab Mitte der 1980er Jahre kamen zu den Portfolioinvestitionen einzelne Joint

Weltkrieges bis Anfang der 1990er Jahre], Staatliches Zentralarchiv in Prag, 2000, unveröffentlichtes Manuskript; Jari Eloranta/Jari Ojala (Hg.), East-West Trade and the Cold War, Jyväskylä 2005; Gertrude Enderle-Burcel u.a. (Hg.), Gaps in the Iron Curtain. Economic Relations between Neutral and Socialist Countries in Cold War Europe, Kraków 2009.

2 Siehe vor allem das Projekt von Sari Autio-Sarasmo am Aleksanteri Institute (Finnish Centre for Russian and East European Studies: http://www.helsinki.fi/aleksanteri/kic/index.htm), University of Helsinki: »Knowledge through the Iron Curtain – Transfering Knowledge and Technology in Cold War Europe« und die Ergebnisse der Neunten Aleksanteri-Konferenz »Cold War Interactions Reconsidered«, die vom 29.–31. Oktober 2009 in Helsinki stattfand, aber auch die Forschergruppen um Alice Teichová, Dieter Stiefel und Gertrude Enderle-Burcel in Wien, Luciano Segreto in Florenz als auch André Steiner in Potsdam.

Ventures, also ausländische Direktinvestitionen aus den EWG-Ländern in die Region.[3]

Vor diesem Hintergrund gilt es, die These kritisch zu hinterfragen, wonach die wirtschaftlichen Beziehungen zwischen den RGW- und westeuropäischen Ländern seit dem Zweiten Weltkrieg vollständig abgebrochen seien. Am Beispiel Polens und der Tschechoslowakei könnte schon jetzt die folgende Gegenthese in Bezug auf die Reaktion der ostmitteleuropäischen Länder auf die wirtschaftliche Integration Westeuropas formuliert werden: Die wirtschaftlichen Beziehungen zwischen Polen und der Tschechoslowakei auf der einen und den EWG-Mitgliedsländern auf der anderen Seite kamen während des Kalten Krieges nie zum Stillstand. Nach dem Wendepunkt des Jahres 1947/1948 schienen die beiden ostmitteleuropäischen Länder weiterhin ein großes Interesse an den Wirtschaftskontakten zu haben. Sowohl Polen als auch die Tschechoslowakei befanden sich in einem Balanceakt zwischen der offiziellen Ablehnung der wirtschaftlichen Integration Westeuropas, vor allem seitens der jeweiligen kommunistischen Parteien, einerseits und der ökonomischen Notwendigkeit, mit den historischen Handelspartnern Kontakte zu unterhalten, andererseits. Die Frage, welches Gewicht die politischen Ziele in den wirtschaftspolitischen Entscheidungen bezüglich des EWG-RGW-Handels hatten, ist sehr wichtig in diesem Kontext.

Der vorliegende Beitrag wird zunächst die Reaktion der beiden ostmitteleuropäischen Staaten auf die westeuropäische Wirtschaftsintegration skizzieren. Dabei werden vier Perioden unterschieden. Die Reaktionen reichten von völliger Abschottung und Autarkietendenzen über die eigene Integration im Rahmen des RGW bis hin zu gezielten Bemühungen um den Dialog mit den Integrationsbündnissen der westeuropäischen Länder. Für die 1970er Jahre können wir eine Zäsur in den gegenseitigen Kontakten feststellen. Gleichwohl sprachen von Anfang an mehrere Faktoren für die gegenseitigen Beziehungen: ein großes Maß der Konvergenz der Struktur der Importnachfrage der sozialistischen Länder (vor allem Investitionsgüter) mit der Struktur des Exportangebotes der EWG-Länder, die große Aufnahmefähigkeit des EWG-Marktes, die historisch bedingte Tradition des gemeinsamen Handels, die geografische Nähe, woraus auch die relativ niedrigen Transportkosten resultierten, und schließlich das

---

3 Siehe dazu: Ádám Török/Ágnes Györffy, »Ungarn in der Vorreiterrolle«, in: Jutta Günther/Dagmara Jajeśniak-Quast (Hg.), Willkommene Investoren oder nationaler Ausverkauf? Ausländische Direktinvestitionen in Ostmitteleuropa im 20. Jahrhundert, Berlin 2006, S. 253–274.

wachsende Interesse der EWG-Länder an der Erweiterung der wirtschaftlichen Beziehungen mit den sozialistischen Staaten.[4]

Darüber hinaus zeigt dieser Beitrag vier Wege, die entscheidend für die wirtschaftlichen Kontakte zu den EWG-Ländern im Kalten Krieg waren. Diese Wege nach Westen waren sehr verschieden. Allgemein reagierten beide Länder auf die westeuropäischen Wirtschaftsintegrationsprozesse in folgenden Bereichen:

– Erstens, die Neuausrichtung der Handelsbeziehungen in andere westeuropäische Märkte, vor allem im Rahmen der EFTA und NORDEK (Nordiskt ekonomiskt gemenskap) als auch zu den anderen neutralen Staaten.

– Zweitens, die eigene Integration im Rahmen des RGW, die auf den traditionellen Vorkriegsbeziehungen basierten.

– Drittens, die Diskussion und Einflussnahme im Rahmen der internationalen Wirtschaftsorganisation, zum Beispiel der Europäischen Wirtschaftskommission der Vereinten Nationen (UN ECE) oder des Allgemeinen Zoll- und Handelsabkommens (GATT).

– Viertens, die Nutzung der Kontakte zu den kommunistischen Parteien in Westeuropa und deren Wirtschaftsbereichen – dieser Aspekt befindet sich noch sehr am Anfang der Erforschung und wird aus diesem Grund in diesem Beitrag nur erwähnt.[5]

Vier Phasen der Wahrnehmung der westeuropäischen Integration

Die Wahrnehmung und Bewertung der westeuropäischen Wirtschaftsintegration in Polen und der Tschechoslowakei war – ähnlich wie die tatsächlichen Handelsbeziehungen – nicht statisch, sondern unterlag verschiedenen historischen Einflüssen. Ich beschränke mich zunächst auf eine Periodisierung des Hauptdiskurses, ohne dabei auf die spezifischen Unterschiede zwischen Polen und der Tschechoslowakei einzugehen. In der Wahrnehmung der Integrationsprozesse wird vor allem der Unterschied

4 Zbigniew Kamecki, »Integracja gospodarcza w Europie Zachodniej a handel Wschód-Zachód« [Die Wirtschaftsintegration in Westeuropa und der Ost-West Handel], in: *Sprawy Miêdzynarodowe* (1970), Heft 10–11, S. 30–43, hier: S. 30.

5 Siehe dazu die ersten Forschungsergebnisse bei: Maund Bracke, »From the Atlantic to the Urals? Italian and French Communism and the Question of Europe 1956–1973?«, in: *Journal of European Integration History* (2007), Heft 2, S. 33–53.

zwischen den einzelnen Jahrzehnten deutlich, die in vier Phasen zu unterteilen sind.

In der ersten Phase – den späten 1940er Jahren – dominierten sowohl in Polen als auch in der Tschechoslowakei Konzeptionen, die Wirtschaftsbeziehungen mit den Ländern des künftigen RGW, aber auch mit den westeuropäischen Ländern vorsahen. Der polnischen Wirtschaftspolitik lagen sowohl die Beschlüsse des ersten Kongresses der Polnischen Arbeiterpartei (Polska Partia Robotnicza – PPR) als auch der erste Dreijahresplan (1947–1949) zugrunde. Dabei war Polen eine Rolle als zukünftiges Transitland zwischen Ost- und Westeuropa zugedacht.[6] Peter Tokarski weist darauf hin, dass das Polnische Ökonomische Komitee beim Ministerrat am 1. Oktober 1946 den Wunsch äußerte, sich 1947 an der europäischen Kohleorganisation (European Coal Organisation – ECO) zu beteiligen. Die polnische Führung war demnach trotz der ideologischen Vorurteile einiger Entscheidungsträger an einer internationalen Zusammenarbeit und an einem Erfahrungsaustausch mit westlichen Ländern interessiert.[7] Nicht zu vergessen ist die über einmonatige Bedenkzeit Polens und der Tschechoslowakei im Juni/Juli 1947 hinsichtlich einer Teilnahme am Marshallplan. Beide Länder hatten ein großes Interesse an wirtschaftlichen Beziehungen zum Westen, zumindest verfolgten sie bis 1947 keine autarkieorientierte Wirtschaftsstrategie.[8] Die Gründe für die relative Offenheit lagen in der wirtschaftlichen Situation nach dem Krieg, die eine umfassende Hilfe erforderlich machte, die wiederum die Sowjetunion zunächst nicht im erforderlichen Umfang leisten konnte. Für die anderen Partnerländer im Osten galt dies erst recht.

Obwohl der Kalte Krieg und das Embargo des CoCom (Coordinating Committee on Multilateral Export Controls) die Ost-West-Kontakte ab-

---

6 Archiwum Akt Nowych w Warszawie (AAN) [Archiv der Neuen Akten in Warschau], Ministerstwo Przemysłu i Handlu II (MPiH II) [Ministerium für Industrie und Handel], Sign. 29, Gabinet Ministra [Kabinett des Ministers], Centralny Zarząd Przemysłu Metalowego [Zentrale Verwaltung der Metallindustrie], Uzasadnienia ogólne do 3-letniego planu gospodarczego [Allgemeine Begründungen zum dreijährigen Wirtschaftsplan], S. 349–350.

7 Siehe dazu: Peter Tokarski, Die Wahl der wirtschaftspolitischen Strategien in Polen nach dem Zweiten Weltkrieg bis 1959, Marburg 1999, S. 100.

8 Janusz Kaliński, »Zmiana dekoracji. Miesiêczny okres rozważań nad planem Marshalla dowodzi, że Polska była nim zainteresowana« [Die einmonatige Bedenkzeit über den Marshallplan beweist, dass Polen an ihm durchaus Interesse hatte], in: *Przegląd Tygodniowy*, 307, Nr. 7, 1988, S. 10; sowie: Joanna Janus, Polska i Czechosłowacja wobec Planu Marshalla [Polen und die Tschechoslowakei gegenüber dem Marshallplan], Kraków 2001, S. 82–150.

rupt unterbrachen, wurden doch immer wieder Versuche unternommen, mit westlichen Partnern zu kooperieren. Der Wandel war einfach zu plötzlich gekommen und rief Widerstand hervor: im Osten wie im Westen, wo viele Firmen auf den Austausch angewiesen waren. Ostdeutschland war bis 1949 sowjetische Besatzungszone, aber auch hier versuchte man die traditionellen Wirtschaftskanäle vor allem mit Westdeutschland nicht vollständig verstopfen zu lassen.[9]

Die Teilung Europas in zwei Blöcke wurde immer absehbarer. Die antikapitalistische Propaganda im Osten und die antisozialistischen Parolen des Westens trugen erste Früchte. Allein aufgrund dieser verbalen Konfrontationen wurden der Handel und die Kooperation zwischen West und Ost immer schwieriger. Die ehemaligen Wirtschaftspartner aus beiden Systemen versuchten vergeblich, diese Situation zu verbessern. Dies zeigte sich auf dem fünften Treffen der Europäischen Wirtschaftskommission der Vereinten Nationen (UN ECE) in Genf 1950. Die Delegationen der osteuropäischen Länder verhandelten immer mehr gemäß des Diktats der UdSSR. Nur die Beziehungen zum neutralen Skandinavien und zu Österreich galten als gewisse Ausnahme. Auf dieser letzten Hoffnung, der Neutralität einiger westeuropäischer Staaten, bauten die RGW-Länder bald ihre Kontakte zum Westen auf.[10]

In keiner anderen Periode hatten die externen, außenpolitischen Ereignisse des Kalten Krieges nach dem Beginn des Koreakrieges (1951–1953) einen so großen Einfluss auf die Ost-West-Wirtschaftsbeziehungen wie in der Zeit von 1951 bis 1957. Hier veränderte sich die Ausrichtung des Außenhandels Ostmitteleuropas von West nach Ost. Allerdings kam auch die ostmitteleuropäische Integration im Rahmen des RGW in dieser Phase kaum voran. Daher wurden die Ost-West-Beziehungen in der Wirtschaft nicht vollständig abgebrochen und konnten ab Ende der 1950er Jahre sogar ausgebaut werden.

Im Angesicht des Kalten Krieges wurden die gesamteuropäischen Wirtschafts- und Handelsbeziehungen, sowohl im Osten als auch im Westen Europas, immer mehr durch jeweils regionale wirtschaftliche Gruppierungen ersetzt. Diese Integrationsorganismen in Ost und West entwickelten sich vor allem in den 1950er Jahren unter den Bedingungen einer völligen gegenseitigen Isolierung. Sie zerstörten die traditionellen Handelsbeziehungen auf dem alten Kontinent, auch wenn in der offiziellen Sprache der

9 Siehe dazu: Matthias Judt, »Kompensationsgeschäfte der DDR – Instrumente einer europäischen Ost-West-Wirtschaftsintegration?«, in: Jahrbuch für Wirtschaftsgeschichte 2008/2, S. 117–138.

10 Enderle-Burcel u.a. (Hg.), Gaps in the Iron Curtain.

polnischen Wirtschaftsexperten vor allem aus den 1950er Jahren das Gegenteil behauptet wurde. In deren Augen sollte die Blockade der sozialistischen Länder durch Westeuropa im Rahmen des Marshallplans die Kooperation der osteuropäischen Länder untereinander beschleunigen und die ökonomische Kohäsion des sozialistischen Lagers befördern.[11] Des ungeachtet bemühten sich beide Länder später, Kontakt mit dem feindlichen Block aufzunehmen. Bis dahin – den 1970er Jahren mit der neuen Entspannungs- und Ostpolitik der meisten EWG-Länder – sahen die Entscheidungsträger der VR Polen und der ČSSR den Integrationsprozess des Westens als einen kapitalistischen und von den USA inspirierten an. Die Schuld für das Abbrechen der Handelskontakte zwischen Ost- und Westeuropa gaben die ostmitteleuropäischen Wirtschaftspolitiker den USA und dem fortschreitenden Integrationsprozess Westeuropas. Einzelne Schritte wie die Gründung der Organisation für europäische Wirtschaftszusammenarbeit (Organisation for European Economic Cooperation – OEEC) (1948), der Europäischen Zahlungsunion (1950), der Europäischen Gemeinschaft für Kohle und Stahl (1951) bis hin zu den Römischen Verträgen im Jahre 1957 verfolgten sie mit Argwohn.[12]

Der Integrationsprozess und die Exportorientierung der deutschen Wirtschaft wurden wiederum als entscheidend für die Reaktivierung des »deutschen Imperialismus« angesehen und gefürchtet.[13] Vor allem wurde der Schuman-Plan scharf verurteilt, denn in ihm sahen die ostmitteleuro-

---

11 Seweryn Bialer, »O miêdzynarodowych stosunkach ekonomicznych nowego typu« [Über die internationalen Wirtschaftsbeziehungen des neuen Typs], in: *Ekonomista* (1953), Heft 3, S. 52–58, hier: S. 54.

12 Krystyna Piotrowska-Hochfeldowa, »Europejska Wspólnota Gospodarcza« [Die Europäische Wirtschaftsgemeinschaft], in: *Ekonomista* (1958), Heft 1, S. 165–188.

13 Vgl. Mieczysław Tomala, »Odradzanie siê ekspansji ekonomicznej monopoli zachodnio-niemieckich« [Das Erneuern der wirtschaftlichen Expansion der westdeutschen Monopole], in: *Ekonomista* (1955), Heft 1, S. 134–142 und ders., »Besprechung des Buches von K. H. Domdey: Die deutschen Monopole auf den äußeren Märkten, Berlin: Verlag Die Wirtschaft, 1959«, in: *Ekonomista* (1959), Heft 4–5, S. 1095–1099, hier: S. 1098. Noch stärker wurde das Problem des »amerikanischen Programms der Wirtschaftsintegration Westeuropas« und der Verknüpfung der Zoll- und Wirtschaftspolitik Westdeutschlands mit der USA-Politik in der DDR-Literatur diskutiert, was die polnische Fachliteratur rezipierte: Józef Rutkowski, »Besprechung des Sammelbandes: Zur Finanzpolitik der Deutschen Bundesrepublik. I. Anton Borgmeier: Preispolitik, II. Rolf Lohse: Die Zollpolitik, Berlin: Verlag die Wirtschaft, 1958«, in: *Ekonomista* (1959), Heft 4–5, S. 1105–1110, hier: S. 1109f.

päischen Experten eine wesentliche Unterstützung für westdeutsche Eisen- und Stahlunternehmen und damit ein Werkzeug der Aggressionspolitik der großen Stahlmonopole der USA und der westdeutschen »Magnaten aus dem Ruhrgebiet«.[14] Die Aufhebung der alliierten Kontrolle über die Produktion von Kohle und Stahl, die Reaktivierung der Vorkriegskonzerne und die Steigerung der Rüstungsproduktion in Westdeutschland galt in Ostmitteleuropa als eine direkte Folge des »atlantischen Integrationsprozesses«.[15]

Die steigende Exportkraft Westdeutschlands befand sich vor allem mit der auf Export orientierten tschechoslowakischen Wirtschaftspolitik auf Kollisionskurs. Bereits unmittelbar nach dem Zweiten Weltkrieg hoffte unter anderem Präsident Edvard Beneš, dass nach der Kriegsniederlage Deutschlands die Tschechoslowakei als eines der am meisten industrialisierten Länder Ostmitteleuropas die einstige Rolle Deutschlands als Lieferant von industriellen Produkten für den europäischen Markt, vor allem von Erzeugnissen der Schwerindustrie, übernehmen könnte.[16] Dieses Ziel verfolgten allmählich auch die anderen ostmitteleuropäischen Länder. So

---

14 Antoni Filipiak, »Z obrad VI Sesji Europejskiej Komisji Gospodarczej ONZ« [Aus den Verhandlungen der VI. Tagung der Europäischen Wirtschaftskommission der VN], in: *Życie Gospodarcze* (1951), Nr. 15, S. 868–870, hier: S. 868; Leon Siennicki, »Plan Schumana – narzêdziem polityki agresji« [Der Schumanplan – Werkzeug der Politik der Aggression], in: *Życie Gospodarcze* (1951), Nr. 8, S. 470–473, hier: S. 473, und auch: Stanisław Bielak, »Przed realizacją planu Schumana« [Vor der Realisierung des Schuman-Plans], in: *Życie Gospodarcze* (1951), Nr. 23, S. 1294–1296, hier: S. 1294, sowie: »Przemysł stalowy Francji i Europejskie Zjednoczenie Wêgla i Stali« [Die Stahlindustrie Frankreichs und die Europäische Gemeinschaft für Kohle und Stahl], in: *Życie Gospodarcze* (1954), Nr. 1, S. 38–39, sowie: »Czy Anglia przystąpi do Europejskiego Zjednoczenia Wêgla i Stali« [Wird England der Europäischen Gemeinschaft für Kohle und Stahl beitreten?], in: *Życie Gospodarcze* (1954), Nr. 8, S. 318–320, hier: S. 318.

15 »Co dało Francji ›Europejskie Zjednoczenie Wêgla i Stali‹« [Was hat Frankreich der »Europäischen Vereinigung für Kohle und Stahl« gebracht], in: *Życie Gospodarcze* (1954), Nr. 18, S. 715–717, hier: S. 717, sowie: »Handlarze broni zapowiadają nowy boom« [Die Waffenhändler kündigen einen neuen Boom an], in: *Życie Gospodarcze* (1954), Nr. 21, S. 839 und: »W imiê zapewnienia pokoju w Europie trzeba uniemożliwić wskrzeszenie militaryzmu niemieckiego« [Im Namen der Sicherung des Friedens in Europa muss man die Wiederbelebung des deutschen Militarismus verhindern], in: *Życie Gospodarcze* (1954), Nr. 24, S. 921–922.

16 Alfred Zauberman, Industrial Progress in Poland, Czechoslovakia, and East Germany 1937–1962, London/New York, 1964, S. 272.

wurde die wirtschaftliche Zusammenarbeit der ostmitteleuropäischen Länder als Kompensation zum Wiedererstarken des wirtschaftlichen Potenzials Deutschlands interpretiert. Der spätere Rat für gegenseitige Wirtschaftshilfe (RGW) sollte das Erbe des deutschen wirtschaftlichen Einflusses im Osten des Kontinents antreten.[17]

Mit den Römischen Verträgen von 1957 wurde die Zollunion von sechs westeuropäischen Ländern schrittweise zur Realität, und damit erfuhren auch die ostmitteleuropäischen Vorbehalte eine Bestätigung. Die Jahre zwischen 1958 und 1970 waren eine Übergangszeit. In den Beschlüssen für den polnischen und tschechoslowakischen Fünfjahrplan (1956–1960) wurde daher gleichwohl die Notwendigkeit betont, die wirtschaftlichen Beziehungen mit dem kapitalistischen Ausland zu aktivieren. Zwar wurde offiziell die Notwendigkeit der Arbeitsteilung im Rahmen des RGW akzentuiert. Die realen Grenzen vor allem in der technologischen Entwicklung, aber auch auf dem Rohstoffmarkt des Ostens waren allerdings schon damals bekannt. Daher zeigen die Beschlüsse des dritten Kongresses der Polnischen Vereinigten Arbeiterpartei (Polska Zjednoczona Partia Robotnicza – PZPR) vom März 1959 und die Richtlinien des weiteren Fünfjahrplanes 1961 bis 1965 die Bemühungen um eine stärkere Aktivierung des Außenhandels auch nach Westeuropa. Auch die Wirtschaftsbeziehungen Polens, der DDR und der Tschechoslowakei zu den neutralen Staaten sollten verstärkt werden. Auf diesem Weg wollten sich die ostmitteleuropäischen Länder den Zugang zum EWG-Markt erschließen. Dabei wurden zwei Tendenzen sichtbar. Zum einen spielte die Aktivierung des Exports in die kapitalistischen Länder und zum anderen die Entwicklung einer Antiimportproduktion in beiden Ländern eine entscheidende Rolle. Somit wurde zum Beispiel in der Tschechoslowakei im Jahre 1968 eine allgemeine Prämie für Ausfuhren in die kapitalistischen Staaten eingeführt. In Polen ändert sich in dieser Phase die Warenstruktur im Außenhandel mit den westeuropäischen Ländern gravierend. Sowohl im Ex- als auch Import erhöhten sich die Warenumsätze mit einem höheren Verarbeitungsgrad. In den Jahren von 1965 bis 1978 stieg allein der Anteil der Produkte der Elektromaschinenindustrie im polnischen Export in die kapitalistischen Länder von 3 auf 22 Prozent. Die traditionellen Exportzweige der polnischen Volkswirtschaft blieben allerdings ohne gravierende Änderun-

---

17 Wacław Konderski, »Zagadnienie współpracy gospodarczej państw południowo-wschodniej Europy« [Das Problem der wirtschaftlichen Zusammenarbeit der Länder im südöstlichen Europa], in: *Życie Gospodarcze* (1948), Nr. 6, S. 246–249, hier: S. 246f.

gen. Die meisten Veränderungen sind in dem kleineren Anteil der landwirtschaftlichen Produkte sowie der Lebensmittel und metallurgischen Produkte zu beobachten.[18]

Seit Beginn der 1960er Jahre schauten die ostmitteleuropäischen Länder verstärkt über den eigenen Tellerrand und suchten nach Wegen, die Integration für den eigenen Vorteil zu nutzen. Angestoßen von polnischen Wirtschaftswissenschaftlern (Włodzimierz Brus, Oskar Lange) und gefolgt von tschechoslowakischen Ökonomen (Ota Šik), setzte eine Diskussion über die positiven Effekte wirtschaftlicher Integration ein.[19] So beriefen in Polen im Jahr 1968 der Außenminister und der Minister für Außenhandel gleichzeitig eine Kommission für die Untersuchung solcher Chancen für die polnische Volkswirtschaft ein.[20]

Offiziell wurde vor allem seitens der Kommunistischen Partei der wirtschaftliche Integrationsprozess Westeuropas weiterhin als gegen das sozia-

---

18 Janusz Kaczurba, »Polski handel zagraniczny w 35-leciu« [Polnischer Außenhandel in 35 Jahren], in: *Sprawy Miêdzynarodowe* (1979), Heft 10, S. 25–40, hier: S. 30f.

19 Vgl. Jennifer Schevardo, Der Westen im Osten. Reaktionen auf die westeuropäische Wirtschaftsintegration in Ostmitteleuropa, Zentrum für Zeithistorische Forschung Potsdam, 2005 (ein unveröffentlichtes Manuskript), S. 1–23, hier: S. 7, sowie: Dagmara Jajeśniak-Quast, »Die ersten Versuche der Dezentralisierung der sozialistischen Planwirtschaft in Polen. Höhepunkte der Debatten über die Wirtschaftsreformen (1956–1968)«, in: Heinz-Gerhard Haupt/Jörg Requate (Hg.), Aufbruch in die Zukunft. Die 1960er zwischen Planungseuphorie und kulturellem Wandel. DDR, ČSSR und Bundesrepublik Deutschland im Vergleich, Weilerswist 2004, S. 89–106.

20 Siehe: »Zarządzenie nr 3 ministra spraw zagranicznych z dnia 20. 3. 1962 r. w sprawie powołania wewnêtrznej grupy roboczej w MSZ ds. intergracji europejskiej« [Verordnung Nr. 3 des Ministers für Auswärtige Angelegenheiten vom 20. 3. 1962 für die Berufung einer internen Arbeitsgruppe im Außenministerium für die Angelegenheiten der Europäischen Integration] und: »Zarzadzenie nr 62 ministra handlu zagranicznego z dnia 13. 09. 1962 w sprawie powołania grupy roboczej dla opracowania wniosków wynikających z postêpu procesów integracyjnych w Europie Zachodniej dla polskiego handlu zagranicznego« [Verordnung Nr. 62 des Ministers für Außenhandel vom 13. 9. 1962 über die Berufung einer Arbeitsgruppe für die Bearbeitung der Folgen für den polnischen Außenhandel aufgrund des Fortschrittes der Integrationsprozesse in Westeuropa], in: Aleksander Kochański, Polska 1944–1991, Informator historyczny, Tom 2, Ważniejsze akty prawne decyzje i enuncjacje państwowe (1957–1970) [Polen 1944–1991, Ein historischer Leitfaden, Band 2, Die wichtigsten Rechtsakte, Entscheidungen und Staatlichen Beschlüsse], Warszawa 2000, S. 301 und S. 322.

listische System gerichtet wahrgenommen.[21] In den wissenschaftlichen Publikationen Ende der 1960er Jahre interpretierte man den ökonomischen Integrationsprozess sogar als einen politischen, ideologischen und militärisch bedingten Vorgang.[22]

In den Expertengremien der beiden Länder herrschte allerdings in den 1960er Jahren bereits die Meinung vor, dass die Europäische Wirtschaftsgemeinschaft den »point of no return« erreicht habe und »zum Erfolg verurteilt« sei.[23] Angesichts des Faktes, dass die EWG in diesem Zeitraum der größte Handelsblock der Welt war und mit 185 Millionen Konsumenten den ersten Platz auf der Liste der Weltexporteure von Industriewaren einnahm, gleichzeitig auch zu den größten Importeuren von landwirtschaftlichen Produkten gehörte, war eine weitere Abnabelung der beiden Länder gegenüber dieser Gemeinschaft nicht mehr möglich.

Die 1970er Jahre kann man als einen Anfang des Comebacks Ostmitteleuropas in den traditionellen Wirtschaftsbeziehungen des Westens charakterisieren. In diesem Jahrzehnt veränderte die Entspannungspolitik im Rahmen der Vorbereitung auf die Konferenz für Sicherheit und Zusammenarbeit in Europa (KSZE) auch die wirtschaftlichen Beziehungen zwischen den beiden Ländern sowie den EWG- und EFTA-Ländern.[24]

Am 22. August 1973 kam es in Kopenhagen zum ersten Treffen des Generalsekretärs des RWG, Nikolai Fadejew, mit dem Vorsitzenden des EG-Ministerrates, Ivar Norgaard, und damit zu einem neuen Stadium der Beziehungen: Man diskutierte über die Aufnahme von direkten Kontakten zwischen dem RGW und der EWG, jenseits der bilateralen Beziehungen zwischen einzelnen Staaten.[25] Und erst am 1. August 1975 findet man den

---

21 AAN, Komitet Centralny Polskiej Zjednoczenej Partii Robotniczej [Zentralkomitee der Polnischen Vereinigten Arbeiterpartei; weiter KC PZPR], 1354/V/101, Protokół z posiedzenia Biura Politycznego z dnia 14. 03. 1972 [Protokoll der Sitzung des Politbüros vom 14. 03. 1972], S. 133.

22 Vgl. Tadeusz Grabowski/Zdzisław Nowak (Hg.), Integracja ekonomiczna Europy Zachodniej i jej aspekty polityczno-militarne [Die wirtschaftliche Integration Westeuropas und ihre politisch-militärischen Aspekte], Poznań 1969; Zbigniew M. Klepacki, Zachodnioeuropejskie organizacje miêdzynarodowe [Die internationalen Organisationen Westeuropas], Warszawa 1969.

23 Michał Łytko, »EWG – czy tylko unia celna?« [EWG – nur eine Zollunion?], in: *Sprawy Miêdzynarodowe* (1968), Nr. 12, S. 48–68, hier: S. 56 und S. 64.

24 Vgl. dazu: Zdzisław Ludwiczak, »Aktualne problemy związane z Europejską Konferencją Bezpieczeństwa i Współpracy« [Die aktuellen Probleme, die die Konferenz für Sicherheit und Zusammenarbeit in Europa betreffen], in: *Sprawy Miêdzynarodowe* (1970), Nr. 9, S. 23–34.

25 *Review of World Economics*, 110 (März 1974), Heft 1.

Namen EWG in einem offiziellen Dokument, das auch die ostmitteleuropäischen Länder unterzeichnet hatten, und zwar in der Schlussakte der KSZE von Helsinki.[26] Überhaupt kann man den KSZE-Prozess aus den 1970er Jahren als eine Zäsur in den Beziehungen zwischen EWG und RGW sehen. Allein die Liberalisierung des Handels und die besseren Möglichkeiten der Kreditierung des ostmitteleuropäischen Imports – vor allem für Maschinen und Anlagen aus dem gemeinsamen Markt – zeigten die ökonomische Seite der Entspannungspolitik an.

Ab 1970 verkleinerte sich der Anteil der RGW-Länder im polnischen Außenhandel deutlich. Am Anfang der 1970er Jahre sank vor allem der Anteil der RGW-Länder im polnischen Import von 61 Prozent im Jahre 1950 auf 43 Prozent.[27] Das Ziel Polens und der Tschechoslowakei bestand weiterhin darin, vor allem die Absatzmärkte in Westeuropa zu finden. Der Weg dahin war oft über die neutralen Länder leichter, weil die Eintrittsbarrieren in den EWG-Markt immer höher wurden. Nicht nur die Zollpolitik der Gemeinschaft war ein großes Problem, sondern auch der Innovations- und Qualitätsverlust der Produkte der ostmitteleuropäischen Länder. Infolge der hohen Eintrittsbarrieren wandten sich die ostmitteleuropäischen Länder gleichzeitig den Entwicklungsländern zu.

Vier Wege zur Europäischen Wirtschaftsgemeinschaft

Unter »Integration« wird die schrittweise Abschaffung ökonomischer Schranken zwischen unabhängigen Staaten, die zunehmende Verflechtung ihrer Volkswirtschaften und das Zusammenwachsen der Güter- und Faktormärkte verstanden.[28] Dieser Prozess vollzog sich nicht nur in der Zollunion im Rahmen der EWG, sondern auch in der Freihandelszone im Rahmen der European Free Trade Association (EFTA) sowie im Fall der Nordeuropäischen Länder im Rahmen des NORDEK. Diese alternativen Integrationsmodelle entstanden zum Teil als Reaktion auf die Entstehung der EWG und wirkten in gegenseitiger Konkurrenz. Gerade diese Vielfalt versuchten die ostmitteleuropäischen Länder für die Durchsetzung eigener

---

26 Peter van Ham, The EC, Eastern Europe and European Unity. Discord, Collaboration and Integration since 1947, London 1993, S. 113.

27 Janusz Kaczurba, »Polski handel zagraniczny w 35-leciu« [Polnischer Außenhandel in 35 Jahren], in: *Sprawy Miêdzynarodowe* (1979), Nr. 10, S. 25–40, hier: S. 33.

28 Vgl. dazu: Hans-Jürgen Wagener/Thomas Eger/Heiko Fritz, Europäische Integration. Recht und Ökonomie, Geschichte und Politik. München 2006, S. 35ff.

Interessen zu nutzen. Ein Weg zur EWG führte über die EFTA, NORDEK und die neutralen Staaten.

Eine Möglichkeit, den Handel mit Westeuropa aufrechtzuerhalten, bildete also die Umlenkung der Warenströme in alternative Integrationsmärkte. So kann auch die Steigerung der Handelsströme in die EFTA-Länder aus Polen als eine direkte Auswirkung des gemeinsamen Marktes des »kleinen Europas« gesehen werden. Im Gegensatz zur Tschechoslowakei spielte in Polen der Außenhandel mit den späteren EFTA-Ländern schon vor dem Zweiten Weltkrieg eine große Rolle und war mit einem Handelsvolumen von 668 Millionen Złoty im Jahre 1936 sogar höher als der Handel mit den späteren EWG-Ländern (624 Millionen Złoty). Nach dem Zweiten Weltkrieg stieg das Handelsvolumen mit den EFTA-Ländern weiter, während der Außenhandel mit den späteren EWG-Ländern bis zum Zeitpunkt der Römischen Verträge im Jahre 1957 stagnierte beziehungsweise sank. Danach nahmen die Handelsvolumina mit beiden Integrationsblöcken zu, aber erst im Jahre 1968 übertraf der Außenhandel Polens mit den EWG-Ländern den Handel mit der EFTA.

Aus der Statistik des Außenhandels der Tschechoslowakei wird ersichtlich, dass die Zollunion der EWG vor allem hier eine große Rolle spielte, denn für die tschechoslowakische Wirtschaft waren die späteren EWG-Länder traditionell die wichtigsten Handelspartner. Doch nach dem Zweiten Weltkrieg brach der Handel mit den westlichen Nachbarn am stärksten ein und konnte sich von diesem radikalen Bruch erst Mitte der 1960er Jahre langsam erholen – für die Tschechoslowakei umso schlimmer, war sie doch neben der DDR das am meisten industrialisierte und exportorientierte Land des RGW.

Auch die steigenden Handelsvolumina mit den neutralen Ländern können als eine Folge des Integrationsprozesses in Westeuropa angesehen werden. Nach der Gründung der OEEC wurden die anderen Länder Westeuropas immer interessanter für den polnischen und tschechoslowakischen Außenhandel. Die skandinavischen Länder hatten dabei schon aus politischen Gründen wegen der Neutralität von Finnland und Schweden eine entscheidende Rolle eingenommen. Für den finnischen Außenhandel sind Polen und die Tschechoslowakei nicht zu unterschätzende Handelspartner, denn beide Länder standen im Jahre 1955 auf dem achten und neunten Platz des Exports und entsprechend auf dem sechsten und neunten Platz bezüglich des Imports.[29]

---

29 »Handel zagraniczyn Finlandii« [Der Außenhandel Finnlands], in: *Życie Gospodarcze* (1956), Nr. 8, S. 321.

Polen und die Tschechoslowakei beobachteten bereits seit 1952 die Integrationsbestrebungen der skandinavischen Länder im Rahmen des Nordischen Rates sehr genau. Ostmitteleuropa registrierte den Beschluss der Kopenhagener Konferenz im April 1968, im Rahmen der EFTA eine nordische Gemeinschaft mit dem Ziel einer Zollunion zu gründen, mit Enttäuschung. Ein Jahr später – im Juli 1969 – wurde das Projekt der Nordischen Zollunion, NORDEK, von den Regierungen von Dänemark, Norwegen, Schweden und Finnland umgesetzt.[30] Damit entstand eine neue europäische Wirtschaftsgemeinschaft, die zwar mit circa 22 Millionen Konsumenten und 40 Milliarden US-Dollar der gesamten Summe der Bruttoinlandsprodukte viel kleiner als die EWG war (180 Millionen Konsumenten und 300 Milliarden US-Dollar), aber für Polen und die Tschechoslowakei bedeutete dies neue Handelsbarrieren in Europa. Immerhin betrugen die Handelsvolumina der NORDEK-Länder circa ein Drittel des Umsatzes mit allen EFTA-Ländern und entsprachen einem Fünftel des Außenhandels mit der EWG.[31] Die sozialistischen Länder befürchteten darüber hinaus zu Recht, dass das langfristige Ziel der nordischen Länder darin bestehen könnte, ihre Position in den Verhandlungen mit der EWG zu stärken, um schließlich eine Integration in die EWG zu erreichen. Ein Ausdruck für dieses Ziel waren unter anderem die Pläne über eine Festlegung der Zollsätze aller vier skandinavischen Länder auf Höhe der EWG-Zölle.

Die Mitgliedschaft von Schweden und Finnland in der NORDEK-Gemeinschaft rief in beiden sozialistischen Ländern zudem die Sorge hervor, dass die Neutralität der beiden Länder aufgegeben werden würde und sie unter die Hegemonie der NATO geraten könnten. Wirtschaftlich fürchteten Polen und die Tschechoslowakei die Entstehung eines weiteren abgeschotteten Wirtschaftsblocks im Norden Europas. Damit würde die bis jetzt relativ liberale Handelspolitik der nordischen Länder gegenüber den ostmitteleuropäischen Staaten aufgegeben. Für Polen hätte das den Verlust eines relativ großen wirtschaftlichen Partners bedeutet, denn der Anteil der skandinavischen Länder am polnischen Außenhandel betrug circa 15 Prozent. Daher schaute man hoffnungsvoll Richtung Finnland, wo es große Bedenken gegenüber dem NORDEK-Verbund gab.[32] Gegen die Auf-

---

30 Andrzej Grochulski, »NORDEK – nowy etap integracji krajów skandynawskich« [NORDEK – die neue Etappe der Integration der skandinavischen Länder], in: *Sprawy Miêdzynarodowe* (1970), Nr. 3, S. 106–116, hier: S. 107 und S. 109.

31 Ebenda, S. 111.

32 Ebenda, S. 114.

gabe der Neutralität, vor allem Finnlands, protestierte auch die Sowjetunion vehement.

In den beiden Ländern versuchte man aber weiterhin, eigene Interessen unabhängig von der Sowjetunion zu verfolgen. Bereits Mitte der 1960er Jahre herrschte unter den Wirtschaftspolitikern Polens die Meinung vor, dass die Weiterentwicklung der wirtschaftlichen Beziehungen mit den kapitalistischen Ländern eine wichtige Aufgabe sei. Sogar Piotr Jaroszewicz, der ständige Vertreter Polens im RGW, stellte fest, dass trotz der guten wirtschaftlichen Entwicklungsperspektiven Polens innerhalb des RGW, ein Teil der wirtschaftlichen Aufgaben besser erfüllt werden könne, wenn man die Kooperation mit anderen westeuropäischen Ländern ausbauen würde.[33]

Die statistischen Daten bestätigen, dass sich die Handelsbeziehungen zwischen den sozialistischen und westeuropäischen Ländern seit dem Anfang der 1960er Jahre langsam normalisierten. Die Bedeutung der neutralen Staaten ging schon in den 1950er Jahren zurück und die der EWG-Länder stieg. Vor allem war der Zollabbau der EWG für den Prozess der Normalisierung wichtig. Während der Handel Polens mit anderen Integrationsgruppen stagnierte oder sogar sank, wuchs der Anteil der EWG-Länder am Außenhandel im Export mit Polen bereits Mitte der 1950er Jahre von circa 6 Prozent im Jahre 1955 auf über 12 Prozent im Jahre 1970. Der Anteil der EWG-Länder am polnischen Import stagnierte dagegen fast über den gesamten Untersuchungszeitraum in Höhe von etwa 10 Prozent.[34]

In der Tschechoslowakei setzte das Wachstum sogar früher ein. Im Gegensatz zu Polen nahm der Anteil der EWG-Länder sowohl im Export als auch im Import bereits seit 1953 kontinuierlich zu, von circa 5 Prozent im Jahre 1953 auf über 10 Prozent im Jahre 1970.[35]

---

33 Piotr Jaroszewicz, »Polska, RWPG i gospodarka światowa« [Polen, RGW und Weltwirtschaft], in: *Sprawy Miêdzynarodowe* (1967), Nr. 7–8, S. 16–29, hier: S. 19f.

34 Mały Rocznik Statystyczny 1937, S. 153; Rocznik Statystyczny Handlu 1970, S. 24f. und S. 28f.; Rocznik Statystyczny 1970, S. 359f.; Rocznik Statystyczny 1980, S. 313f. (Anmerkungen: EWG: BRD, Frankreich, Italien, Niederlande, Belgien, Luxemburg; EFTA: Dänemark, Norwegen, Österreich, Portugal, Schweden, Schweiz, Großbritannien, neutrale Länder: Österreich, Schweiz, Finnland, Schweden; NORDEK: Norwegen, Schweden, Finnland, Dänemark).

35 Statistická Ročenka Republiky Československé 1938; S. 138–139; Statistická Ročenka Československé Socialistické Republiky 1960, S. 361–362; Statistická Ročenka Československé Socialistické Republiky 1965, S. 385; Statistická Ro-

Die Beispiele der *eigenen Wirtschaftsintegration* der beiden Länder lassen sich aber auch unter dem strikt planwirtschaftlichen sozialistischen Regime im Rahmen des Rates für gegenseitige Wirtschaftshilfe (RGW) finden. Zwei Jahre vor der Entstehung der Europäischen Gemeinschaft für Kohle und Stahl (EGKS) im Jahre 1951 riefen die ostmitteleuropäischen Länder den RGW ins Leben.[36] Die Gründungsländer waren Bulgarien, die Tschechoslowakei, Polen, Rumänien, Ungarn, Sowjetunion, Albanien und nach 1950 auch die DDR.[37] Im Vergleich zur EGKS und der späteren Erweiterung der Gemeinschaft der westeuropäischen Länder war die Mitgliedschaft im RGW viel statischer. Im Jahre 1961 verweigerte sich Albanien einer weiteren Kooperation innerhalb des RGW, blieb aber weiterhin offiziell Mitglied. Seit 1964 erhielt Jugoslawien den Beobachterstatus im RGW. Das wichtigste Ziel des Rates bestand darin, in Anbetracht des westlichen Embargos die wirtschaftliche Zusammenarbeit zwischen den sozialistischen Staaten zu stärken beziehungsweise erst einmal aufzubauen. Durch die Kooperation der sozialistischen Staaten untereinander sollte die Rückständigkeit der Region gegenüber den westeuropäischen Ländern nivelliert werden, auch auf Kosten der Unabhängigkeit der eigenen Wirtschaftspolitik. Die Zusammenarbeit innerhalb des RGW war von Anfang an nicht auf Kohle-, Eisen- und Stahlindustrie beschränkt, aber gerade diese Branche spielte fortwährend eine große Rolle. Das ist auch der große Unterschied zur westeuropäischen Integration.[38] Während in der EWG die Bereiche der Kooperation immer breiter wurden und sich nicht nur auf die Wirtschaft, sondern auch auf die sozialen und politischen Bereiche erweiterte, blieb die Zusammenarbeit innerhalb des RGW vor allem auf die Rohstoffe und Güter der Schwerindustrie begrenzt. Aus diesem Grund hätte der ursprüngliche Name des westlichen Integrationsblocks »Europäische Gemeinschaft für Kohle und Stahl« mehr zum osteuropäi-

---

čenka Československé Socialistické Republiky 1968, S. 421; Statistická Ročenka Československé Socialistické Republiky 1971, S. 423 und 425–427.

36 Siehe auch den Beitrag von Martin Dangerfield in diesem Band.

37 Zum Thema der DDR im RGW siehe vor allem: Rolf Ahrens, Gegenseitige Wirtschaftshilfe? Die DDR im RGW – Strukturen und handelspolitische Strategien 1963–1976, Köln 2000; sowie ders., »Spezialisierungsinteresse und Integrationsversion im Rat für gegenseitige Wirtschaftshilfe: Der DDR-Werkzeugmaschinenbau in den 1970er Jahren«, in: *Jahrbuch für Wirtschaftsgeschichte* (2008), Heft 2, S. 73–92.

38 Siehe auch: Werner Plume/André Steiner, »Dimensionen wirtschaftlicher Integration in West- und Osteuropa nach dem Zweiten Weltkrieg«, in: *Jahrbuch für Wirtschaftsgeschichte* (2008), Heft 2, S. 21–38.

schen Integrationsmodell gepasst.[39] Der zweite grundlegende Unterschied besteht einfach darin, dass das westliche Integrationsmodell bis heute besteht und die meisten ehemaligen RGW-Mitglieder inzwischen der EU angehören.

Innerhalb des RGW sind aber auch Beispiele der Zusammenarbeit zu finden, die noch auf die Zwischenkriegszeit und die traditionellen regionalen Wirtschaftsnetzwerke zurückzuführen sind, wie der Fall »Intermetal« zeigt. Die Ständige Kommission für Schwarzmetallurgie im RGW beklagte häufig die Schwierigkeiten in der Erzeugung hochwertiger Walzprodukte. Die Nachfrage war sehr groß, doch die Produktionsmöglichkeiten aufgrund der fehlenden modernen Walzstraßen, vor allem in den 1950er Jahren, waren sehr beschränkt. Dieses Vakuum versuchten die alten Stahlexperten aus der Vorkriegszeit – aus Polen, der Tschechoslowakei und Ungarn – zu füllen, indem sie Walzprodukte spontan zwischen den jeweiligen Werken austauschten. Ab dem Jahr 1955 beteiligte sich neben der Tschechoslowakei, Polen und Ungarn auch die DDR an der Kooperation. Daraus entstand später die Organisation »Intermetall«. Diese Länderzusammensetzung und vor allem der Personenkreis dieses Netzwerkes legen die Vermutung nahe, dass es sich hier um die alten traditionellen Branchenkontakte handelte, die bis in die Zeit der Habsburgermonarchie und im Eisen- und Stahlbereich der Kartelle der Nachfolgestaaten in der Zwischenkriegszeit zurückreichten.[40]

Intermetall wurde 1964 auf Initiative Ungarns als internationale Organisation für die Eisen- und Stahlindustrie mit Sitz in Budapest ins Leben gerufen. Sie versuchte, den bürokratischen und politischen Rahmen des RGW zu umgehen, und veranstaltete Messen, auf denen Stahl- und Eisenerzeugnisse unabhängig von den im Rahmen der Außenhandelsabkommen geplanten Lieferungen gekauft und angeboten werden konnten. Intermetall konnte auch Handelsabkommen mit westlichen Ländern abschließen.[41] Dabei spielten langjährige persönliche Kontakte der Experten eine ebenso große Rolle wie bewährte Kooperationsbeziehungen der Hüt-

---

39 Mehr dazu siehe: Dagmara Jajeśniak-Quast, »The ›European Coal and Steel Community‹ of the East: the Comecon and the Failure of Socialist Integration«, in: Uwe Müller/Helga Schultz (Hg.), National Borders and Economic Disintegration in Modern East Central Europe, Berlin 2002, S. 223–244.

40 Vgl. Clemens A. Wurm, »Politik und Wirtschaft in den internationalen Beziehungen. Internationale Kartelle, Außenpolitik und weltwirtschaftliche Beziehungen 1919–1939: Einführung«, in: ders. (Hg.), Internationale Kartelle und Außenpolitik. Beiträge zur Zwischenkriegszeit, Stuttgart 1989, S. 1–31.

41 Karl Eckart/Bronislaw Kortus, Die Eisen- und Stahlindustrie in Europa im strukturellen und regionalen Wandel, Wiesbaden 1995, S. 28.

tenwerke. Diese Netzwerke schufen eigene Institutionen neben dem RGW. So existierten nebeneinander die Kommission für die Schwarzmetallurgie des RGW in Moskau und die Organisation Intermetall in Budapest, die den starren Rahmen des Rates aufzubrechen suchte und auf internationalen Expertennetzwerken basierte.[42]

Polen und die Tschechoslowakei verfügten praktisch über keine komplexe und langfristige Wirtschaftspolitik gegenüber der EWG. Diese Ignoranz resultierte sowohl aus der politischen Nichtanerkennung der westlichen Integration durch den gesamten RGW, als auch aus der anfänglichen Überzeugung über die Kurzfristigkeit der Gemeinschaften und einem vorübergehenden Charakter der westeuropäischen Integration. Die Wirtschaftspolitik der beiden Länder kann man daher als eine Reaktionspolitik bezeichnen. Das war meist eine passive Politik der Anpassung ex post und ad hoc auf die veränderten Verhältnisse auf den Märkten der Gemeinschaft. So auch die Reaktion auf die Römischen Verträge.

Eine letzte paneuropäische Plattform für derartige Reaktionen und den Dialog zwischen den beiden Wirtschaftsblöcken stellte in der Zeit des Kalten Krieges die Europäische Wirtschaftskommission der Vereinten Nationen in Genf (ECE) dar. Sie war bereits seit dem Ende der 1940er Jahre ein Diskussionsforum in den Fragen des Ost-West-Handels. Das Ziel der Kommission war die Eliminierung der politischen, ökonomischen und administrativen Barrieren, die auf den Weg zur Normalisierung der Handelsbeziehungen zwischen Ost- und Westeuropa standen. Die wirtschaftlichen Integrationsprozesse in Europa spielten dabei eine große Rolle. Die ECE war nach dem Beschluss der Generalversammlung und der Resolution Nr. 36/IV des Wirtschaftlich-Sozialen-Rates der Vereinten Nationen vom 28. März 1947 ins Leben gerufen worden.[43] Von der ECE erhofften sich die ostmitteleuropäischen Länder sehr viel für die Verbesserung der wirtschaftlichen Beziehungen zwischen den beiden Teilen Europas, insbesondere in der Zeit, als Gunnar Myrdal zwischen 1947 und 1957 der Exeku-

---

42 Zum Thema der wirtschaftlichen Netwerke im Sozialismus siehe: Friederike Sattler, »Unternehmerische und kompensatorische Netzwerke. Anregungen der Unternehmensgeschichte für die Analyse von wirtschaftlichen Netzwerkstrukturen in staatssozialistischen Gesellschaften«, in: Anette Schuhmann (Hg.), Vernetzte Improvisationen. Gesellschaftliche Subsysteme in Ostmitteleuropa und in der DDR, Köln 2008, S. 139–155.

43 Zbigniew M. Klepacki, »Europejska Komisja Gospodarcza ONZ – dorobek i perspektywy« [Die Europäische Wirtschaftskommission der Vereinten Nationen – Errungenschaft und Perspektiven], in: *Sprawy Miêdzynarodowe* (1970), Nr. 8, S. 135–148, hier: S. 135.

tivsekretär der Kommission war. Der spätere Nobelpreisträger aus Schweden war gegenüber den ostmitteleuropäischen Ländern sehr offen und bemühte sich engagiert für die Einheit des Kontinents.[44] Daher war in der ersten Phase die Embargopolitik das Haupthindernis auf der Suche nach einem Ausweg aus der Sackgasse, in der die Wirtschaftsbeziehungen in Europa festgefahren waren.[45] Vor allem nach dem Zweiten Weltkrieg standen viele wichtige gesamteuropäische Fragen vor einer Lösung, wie der Eisenbahn-, Straßen- und Wassertransport, die Energieversorgung sowie der Handel. Die Kommission spielte weiterhin eine große Rolle in den Fragen der Standardisierung und Vereinheitlichung der europäischen Handelspraktiken und der Schaffung von Rechtsnormen sowie technischen Normen, die notwendig für den Handel zwischen den Ländern aus den unterschiedlichen Wirtschaftssystemen waren.[46]

Die ECE wurde auch gern von den ostmitteleuropäischen Wirtschaftsexperten als eine wichtige Quelle für relativ zuverlässige wirtschaftliche Daten über den Kontinent, ja sogar für die Statistik über das eigene Land in Anspruch genommen. Somit betonten die polnischen Experten Mitte der 1950er Jahre, dass nicht alle Ökonomen und Publizisten den Zugang zu den notwendigen Zahlen hätten. Sie kritisierten den Unsinn einer Geheimhaltung von Berichtsdaten über die Entwicklung der polnischen Volkswirtschaft.[47]

Nach dem Abklingen des Embargos avancierten die verschiedenen Wirtschaftsintegrationsprozesse in Europa zur vielleicht größten Herausforderung für die Arbeit der ECE. Die große Chance der Kommission und die damit verbundene Hoffnung der ostmitteleuropäischen Länder bestanden darin, dass mit Ausnahme der DDR alle sozialistischen Länder als Mitglied in der Kommission vertreten waren. Das bedeutete aber nicht, dass in den Sitzungen der Kommission keine Konflikte zwischen den beiden Wirtschaftsblöcken aufgebrochen wären. Im Gegenteil, die Verhandlungen wurden sehr gern für ideologische Auseinandersetzungen genutzt, wie die Beratungen der VI. Tagung der ECE im Juni 1950 in Genf zeig-

---

44 Gunnar Myrdal, »Zum Geleit«, in: Gunnar Adler-Karlsson: Der Fehlschlag. 20 Jahre Wirtschaftskrieg zwischen Ost und West, Wien 1971, S. 7–12.

45 Ebenda, S. 8.

46 Klepacki, Europejska Komisja Gospodarcza ONZ, S. 143.

47 Jan Werner, »Ocena rozwoju gospodarki europejskiej przez sekretariat Europejskiej Komisji Gospodarczej ONZ« [Die Beurteilung der Entwicklung der europäischen Wirtschaft durch das Sekretariat der Europäischen Wirtschaftskommission der VN], in: *Życie Gospodarcze* (1956), Nr. 8, S. 317–319, hier: S. 319.

ten.[48] Die ostmitteleuropäischen warfen den westeuropäischen Ländern vor allem vor, dass sie seit dem Zeitpunkt der Gründung der eigenen Wirtschaftskommission (OEEC) im Jahre 1948 ein eigenes Programm der europäischen Wirtschaftsbeziehungen pflegten, allerdings nur für den westlichen Teil des Kontinents. Darüber hinaus kritisierten die sozialistischen Länder, dass die ECE keine exekutiven Befugnisse besitze, wonach ihre Rolle fast nur auf die eines Vorschlaggebers reduziert sei.[49]

Die Intensivierung der wirtschaftlichen Integrationsprozesse, vor allem in Westeuropa, wurde durch viele Mitglieder der Kommission als Grund für die weitere Verstärkung der Teilung Europas angesehen. Vor allem die EWG mit den gemeinsamen Zollbarrieren gegenüber den Drittländern behinderte in den Augen vieler ECE-Mitglieder den Handel zwischen Ost- und Westeuropa. Daher wurde im Jahre 1967 aus Anlass des 20-jährigen Bestehens der Kommission eine Deklaration »für die breitere Zusammenarbeit der Mitgliedsstaaten der ECE mit den unterschiedlichen wirtschaftlichen und sozialen Systemen« verabschiedet.[50] Polen regte im Jahr 1967 an, die wirtschaftliche Entwicklung Europas im Rahmen der ECE langfristig zu planen.

Ein Ergebnis der Deklaration war ein Bericht der ECE aus dem Jahre 1970, in dem die Ausweitung des Exports der sozialistischen Länder in die kapitalistischen Staaten, vor allem auf den Markt der EWG, als ein Schlüssel für die Weiterentwicklung des europäischen Handels angesehen wurde. Die westlichen Länder der Gemeinschaft waren dagegen der Ansicht, dass der Schlüssel in der weiteren Entwicklung der Importmöglichkeiten der sozialistischen Länder liege. Ein anderes Problem, dessen Lösung die sozialistischen Staaten verlangten, war die Mitgliedschaft der DDR in der ECE. Die DDR stellte neben der UdSSR den wichtigsten Handelspartner sowohl für Polen als auch für die Tschechoslowakei dar, gleichwohl sie nicht in der Kommission vertreten war, was die Diskussion zwischen den ost- und westeuropäischen Mitgliedern in der Kommission behinderte, zumal Ostdeutschland geografisch im Zentrum Europas lag. Darüber hinaus genoss die DDR bereits seit den Römischen Verträgen eine Sonderstellung im Handel mit der EWG aufgrund des innerdeutschen Handels. An dieser

---

48 Antoni Filipiak, »Z obrad VI Sesji Europejskiej Komisji Gospodarczej ONZ« [Aus den Verhandlungen der VI. Tagung der Europäischen Wirtschaftskommission der VN], in: *Życie Gospodarcze* (1951), Nr. 15, S. 868–870.

49 Wacław Keller, »Rola i zadania Komisji Gospodarczej do Spraw Europy« [Die Rolle und Aufgaben der Europäischen Wirtschaftskommission], in: *Handel Zagraniczny* (1948), Nr. 5, S. 33–35, hier: S. 34f.

50 Zitiert nach: Klepacki, Europejska Komisja Gospodarcza, S. 144.

Sonderstellung wollten sowohl die Tschechoslowakei als auch Polen durch den Handel mit der DDR partizipieren.

Neben den europäisch-internen Veränderungen spielten auch die äußeren Indikatoren des Welthandels eine große Rolle in der Verbesserung des polnischen und tschechoslowakischen Außenhandels mit den Ländern der westeuropäischen Integrationsgebiete. Hier sind vor allem die Liberalisierungsprozesse innerhalb des General Agreement on Tarifs and Trade (GATT) und die Gespräche in der »Kennedyrunde« (1964–1967) zu nennen. Sie nivellierten viele quantitative Begrenzungen, auch der EWG-Länder, im Handel mit den ostmitteleuropäischen Ländern. Das Problem bestand aber darin, dass die meisten ostmitteleuropäischen Staaten nicht im GATT vertreten waren und damit auch nicht von der Liberalisierung des Handels profitieren konnten. Darüber hinaus waren die sozialistischen Länder, vor allem während des Entstehungsprozesses des GATT, nicht mit der Mitgliedschaft Westdeutschlands einverstanden. Auf der IV. Tagung des GATT in Genf im Frühjahr 1950 wurde aber die Tschechoslowakei – das einzige sozialistische Mitglied im GATT – in dieser Frage überstimmt.[51] Die sozialistischen Staaten wurden damit im GATT im Rahmen der gemeinsamen EWG-Wirtschaftspolitik als eine spezielle Gruppe betrachtet. Allein aus diesem Grund versuchte Polen, die Mitgliedschaft im GATT schnellstmöglich zu erreichen. Die Tschechoslowakei nutzte dagegen die bereits bestehende Mitgliedschaft für eigene Ziele.

Der Artikel neun des Römischen Vertrages von 1957 sah die Aufhebung der Zölle innerhalb der Gemeinschaft und einen gemeinsamen Zolltarif gegenüber den Drittländern vor. Die Zollsenkungen brachten die Drittländer in eine viel schlechtere Situation auf dem Markt der Gemeinschaft im Vergleich zu den EWG-Ländern. Die Hauptfolge dieser Senkung war, dass sich der wirtschaftliche Austausch zwischen den einzelnen EWG-Mitgliedsländern vergrößerte und der Anteil der Drittländer und damit auch der RGW-Länder an diesem Austausch radikal reduzierte. So erreichte der Anteil der damaligen RGW-Länder am Import der EWG mit circa 6 Prozent noch Anfang der 1970er Jahre nicht einmal den Stand der Vorkriegszeit. Damals lag der Anteil der Länder des späteren RGW bei 12 Prozent.[52]

Die Einführung eines Außenzolls beeinflusste den Handel Polens mit der EWG sehr stark. Die Gemeinschaft legte sieben unterschiedliche Listen

---

51 Marek Kownacki, »Konferencja taryfowa w Torquay« [Die Tarifkonferenz in Torquay], in: *Życie Gospodarcze* (1951), Nr. 11, S. 636–640, hier: S. 638.

52 Andrzej Wieczorkiewicz, Tendencje i perspektywy handlu miêdzy Polską a krajami EWG [Tendenzen und Perspektiven des Handels zwischen Polen und den Ländern der EWG], Warszawa 1974, S. 47.

für Warengruppen (A bis G) vor, von vier Listen wurde dabei der Höchstsatz des Zolls festgelegt. Dagegen aber wurde die Höhe der Zölle für die Warengruppe aus der Liste F individuell für jeden einzelnen Artikel festgelegt und damit meistens höher als 20 Prozent eingestuft. Gerade aber auf dieser Liste F standen die Waren, die so attraktiv für den polnischen Export waren, wie zum Beispiel: Vieh, Fleisch, Geflügel, Fisch, Butter, Eier, Honig, Zucker, Getreide, Mehl und Tabak. Um den Exportanteil in die EWG zu halten oder zu vergrößern, musste Polen die bisherige Struktur des Exports ändern. Nachdem die polnischen Entscheidungsträger darauf reagierten und den Export der Konsumgüter auf Kosten der Lebensmittel steigern wollten, wurden weitere außertarifäre Beschränkungen eben auf die Konsumgüter eingeführt. Nach dem 1. Juli 1968 unterlag der Import aus den Drittländern über den Zolltarif hinaus vielen Mengenkontingenten. So begrenzte die EWG die Einfuhr von solchen Waren, deren Export für Polen gerade jetzt von großer Bedeutung war, etwa von Textilien, Schuhen, Düngemitteln, Erzeugnissen des Hüttenwesens, Traktoren. Für das Jahr 1973 schätzte man die Höhe des polnischen Exports der Industrieprodukte, der diesen Beschränkungen unterlag, auf 35 bis 40 Prozent. Da die Ausfuhr der Lebensmittel in den EWG-Markt für Polen in vielen Fällen einfach nicht rentabel wurde, fiel der Export der oben genannten Konsumgüter den Mengenbegrenzungen zum Opfer. Vor diesem Hintergrund sind die Bemühungen Polens zu verstehen, eine Mitgliedschaft im GATT zu erlangen.

Zwar schrieb das Gründungsstatut des GATT vor, dass die Mitgliedstaaten freie Märkte garantieren sollten, aber die Handelsorganisation war gleichzeitig durchaus durch eine relativ große Flexibilität und viele Ausnahmen charakterisiert. Darauf bauten auch die sozialistischen Länder, vor allem Polen, das die Mitgliedschaft in dieser Organisation anstrebte. Seit 1959 nahm Polen als assoziiertes Mitglied an der Arbeit des GATT teil. Dieser Zustand eröffnete aber nur begrenzte Möglichkeiten für die polnische Wirtschaftspolitik. Daher stellte die polnische Regierung noch im selben Jahr einen Antrag auf eine Vollmitgliedschaft. Nach der Beendigung der GATT-Kennedyrunde im Jahre 1967 wurde ihm stattgegeben. Polen gehörte damit zu der Ländergruppe, die von der EWG bevorzugt behandelt wurde. So gelang es Polen, in dem langjährigen Handelsabkommen mit der Bundesrepublik Deutschland vom Juni 1970 die Zustimmung der Bonner Regierung zu bekommen, dass der Import aus Polen mit der Einfuhr aus anderen GATT-Ländern gleichgestellt wurde.[53]

53 Ebenda, S. 31.

Dabei war Polen das erste sozialistische Land, das nach dem Umbruch von 1947/48 dem GATT beitrat.[54] Bis dahin waren nur Kuba, die Tschechoslowakei und Jugoslawien im GATT vertreten, allerdings waren diese Länder schon vor der Systemtransformation zum Sozialismus Mitglied geworden. Dieser Fakt ist daher so bedeutend, weil GATT eindeutig eine westliche Wirtschaftsorganisation darstellte, deren Leitlinien an der Marktwirtschaft orientiert waren und die sehr eng an dem Nordatlantischen Bündnis angelegt war. Diese generellen Leitlinien lehnte die polnische kommunistische Regierung zwar offiziell ab, hinderte sie aber nicht daran, den Antrag auf eine Mitgliedschaft zu stellen. Dagegen verzichtete die Sowjetunion bereits 1947 auf einen Beitritt. Damit war – ähnlich wie im Fall des Marshallplans – die Mitgliedschaft für alle ostmitteleuropäischen Länder ursprünglich ausgeschlossen. Der polnische Spagat zeigte die »doppelte Moral« der Regierung. Ihre Taktik war typisch für die ganze Zeit der sozialistischen Periode, wo neben den offiziellen Positionen viel Pragmatismus, vor allem in wirtschaftlichen Fragen, Platz hatte. Diese Praxis war auch gegenüber den Integrationsprozessen des westeuropäischen Marktes signifikant.

Da GATT als Wirtschaftsorganisation sich vor allem gegen die wirtschaftliche Diskriminierung und für einen Multilateralismus aussprach, erhofften sich Polen und die Tschechoslowakei vor allem nach der Gründung der EWG im Jahre 1957, dass die aufgelegten Zoll- und anderen Beschränkungen gegenüber den Nicht-EWG-Ländern verhindert werden und die Terms of Trade der sozialistischen Länder mit den westeuropäischen Staaten sich verbessern würden. Die meisten sozialistischen Länder, somit auch Polen und die Tschechoslowakei, besaßen bilaterale Handelsabkommen mit den westeuropäischen Staaten. Angesichts der fortschreitenden Integrationsprozesse in Westeuropa wurde der Dialog mit der EWG und EFTA immer schwieriger. Daher bestand auch ein weiteres Ziel im Rahmen der GATT-Mitgliedschaft, die Multilateralität als Verhandlungspunkt für eigene Ziele zu nutzen und damit auch die Barrieren der westeuropäischen Gemeinschaften zu durchbrechen. Die Tendenz, mit den Integrationsgemeinschaften zu verhandeln, wurde auch innerhalb des GATT immer stärker diskutiert. Immer mehr ging man von der Nutzung der wichtigsten Klausel des GATT über effektive Gegenseitigkeit (*effective*

54 Vgl. Lucia Coppolaro, »East-West Trade, the General Agreement on Tariffs and Trade (GATT) and the Cold War: Poland's Accession to GATT, 1957–1967«, in: Jari Eloranta/Jari Ojala (Hg.), East-West Trade and the Cold War, Jyväskylä 2005, S. 76–92, hier: S. 76.

reciprocity) zwischen den Staaten zu der Übernahme dieser Regeln zwischen den Integrationsgruppen über.[55]

Weiterhin blieben aber viele Fragen offen: GATT regelte zum Beispiel nicht die industriellen Kooperationen und die wissenschaftliche und technische Zusammenarbeit, also jene Aspekte und Felder, die immer wichtiger in der modernen Wirtschaft wurden.

Zusammenfassung

Die Wahrnehmung der westeuropäischen Wirtschaftsintegration in Ostmitteleuropa war trotz der offiziellen Ablehnung dieses Prozesses durch die kommunistischen Parteien keineswegs einseitig. Die Reaktionen auf die Integrationsprozesse im Westen des Kontinents könnten in vier Perioden unterteilt werden, von der völligen Abschottung, über Autarkietendenzen, verstärkte Integration im Rahmen des RGW bis hin zum Dialog mit den Integrationsbündnissen der westeuropäischen Länder. Die statistischen Daten bestätigen, dass seit Anfang der 1960er Jahre langsam eine Ausweitung der Handelsbeziehungen zwischen den sozialistischen und westeuropäischen Ländern zu registrieren war. Der Zollabbau der EWG spielte in diesem Prozess eine große Rolle. In den 1970er Jahren zeigte dagegen die Entspannungspolitik im Rahmen der Vorbereitung für die Konferenz für Sicherheit und Zusammenarbeit in Europa, dass sich auch die wirtschaftlichen Verhältnisse zwischen den beiden Ländern und insbesondere der EWG verändert hatten.

Grundsätzlich ist festzustellen, dass die ostmitteleuropäischen Wirtschaftsexperten den Handel zwischen Ost- und Westeuropa als eine Notwendigkeit für beide Seiten ansahen. Dabei wurde die Rolle der USA in der zeitgenössischen Diskussion in ihrem Einfluss im Integrationsprozess im Westen des Kontinents und in der Zerstörung der traditionellen Ost-West-Wirtschaftsbeziehungen betont. So sprach man im Osten über einen »atlantischen Integrationsprozess« Westeuropas. Hier entsprachen die Einschätzungen der ostmitteleuropäischen Wissenschaftler und Politiker durchaus einigen westeuropäischen Ansätzen.

Darüber hinaus wurde der Integrationsprozess des Westens in Ostmitteleuropa von den ostmitteleuropäischen Politikern und Wirtschaftsexperten gefürchtet, weil er eine Reaktivierung des »deutschen Imperialismus« und eine Exportexpansion der Bundesrepublik mit sich bringen würde.

---

55 Urszula Płowiec, »GATT a kraje socjalistyczne« [GATT und die sozialistischen Länder], in: *Sprawy Miêdzynarodowe* (1970), Nr. 2, S. 39–55, hier: S. 48.

Diese Sorge gründete natürlich in den historischen Erfahrungen Ostmitteleuropas mit dem deutschen Expansionismus.

Trotz der ideologischen Vorbehalte gegenüber den Wirtschaftskontakten mit westeuropäischen Ländern suchte die Wirtschaftspolitik Polens und der Tschechoslowakei nach Wegen, um den Kontakt zu den traditionellen Handelspartnern, den EFTA- und EWG-Ländern, aufrechtzuerhalten und damit auch einen Einfluss auf die westliche Integration auszuüben. In diesem Beitrag wurden drei von den meiner Meinung nach vier möglichen Wegen Polens und der Tschechoslowakei in die EWG diskutiert. Erstens ist hier die Umlenkung der Warenströme in die alternativen Integrationsmärkte wie EFTA, NORDEK und über die neutralen Staaten zu nennen. Zweitens sind die Wege zur EWG über die eigene regionale Integration im Rahmen des RGW – trotz des Scheiterns der ostmitteleuropäischen Integration – nicht zu unterschätzen. Drittens spielten die Diskussion und Einflussnahme im Rahmen der internationalen Wirtschaftsorganisation, wie der Europäischen Wirtschaftskommission (ECE) oder des Allgemeinen Zoll- und Handelsabkommens (GATT), eine große Rolle, denn das war die letzte Plattform, wo Mitglieder der beiden unterschiedlichen Integrationslager sich noch treffen konnten. Hier wurden insbesondere die negativen Folgen der Zollunion, der gemeinsamen Agrarpolitik oder die Einfuhrkontingente für Ostmitteleuropa mit den westeuropäischen Ländern diskutiert.

Zeitlich variieren die Bemühungen sehr, aber bereits in den 1960er Jahren herrschte die Meinung in den Expertengremien der beiden Länder vor, dass die Europäische Wirtschaftsgemeinschaft den »point of no return« erreicht habe und »zum Erfolg verurteilt« sei. Angesicht der steigenden Bedeutung der EWG auf dem Weltmarkt war eine weitere Abkopplung der beiden Länder gegenüber dieser Gemeinschaft nicht mehr möglich. Zusätzlich führte die systembedingte Schwäche des RGW auch dazu, dass sowohl Polen als auch die Tschechoslowakei immer wieder versuchten, mit den westeuropäischen Ländern Handelskontakte zu unterhalten und nach Auswegen aus den starren RGW-Grenzen zu suchen.

Patrick Gutmann

West-östliche Wirtschaftskooperationen in der Dritten Welt[1]

Der vorliegende Beitrag folgt einem retrospektiven und diachronischen Ansatz, um dreierlei zu leisten. Erstens soll die Entstehung der trilateralen industriellen Zusammenarbeit (Tripartite Industrial Cooperation, im Folgenden TIC) kontextualisiert und erklärt werden, warum sie sich während des Kalten Krieges entwickelte – lange bevor Michail Gorbatschow Mitte der 1980er Jahre in der Sowjetunion das »Neue Denken« einführte. Zweitens gilt es nachzuvollziehen, wie sie die Muster internationaler Beziehungen veränderte, indem sie zweitrangigen Ländern ein gewisses Maß an Freiheit gegenüber der jeweiligen Supermacht verschaffte und auf diese Weise schließlich auch den Zusammenhalt des Rats für gegenseitige Wirtschaftshilfe (RGW) unterminierte. Drittens soll hervorgehoben werden, wie die TIC ungeachtet ihres geringen Anteils am Welthandel eine wichtige Strategie war, um den RGW stärker in die internationale Arbeitsteilung zu integrieren.

Die TIC, bei der Westen und Osten gemeinsame Entwicklungsprojekte im Süden durchführten, erlebte in den 1970er und 1980er Jahren ein reges Wachstum.[2] In ihrem Rahmen arbeiteten westliche Ingenieurbüros mit Außenhandelsorganisationen der sozialistischen Länder und in geringerem Maße mit lokalen Unternehmen in Dritte-Welt-Ländern zusammen, um Fabriken und Infrastruktur aufzubauen.[3]

---

1 Für wertvolle Anmerkungen danke ich den Professoren Wladimir Andreff, Carl McMillan und Brigitte Schulz. Die hier dargelegten Auffassungen fallen jedoch ausschließlich in meine Verantwortung.

2 Als Westen werden im vorliegenden Beitrag die entwickelten Marktwirtschaften bezeichnet; als Osten die RGW-7 (einschließlich UdSSR) sowie Jugoslawien; als Osteuropa die RGW-6 (ohne UdSSR) und als Süden die am wenigsten entwickelten Länder (Least Developed Countries, LDC) exklusive Jugoslawien und Rumänien.

3 Fallstudien und Beispiele für TIC finden sich in der für den Bundesverband der Deutschen Industrie (BDI) erstellten Untersuchung von Sibylle Busch/Karl-Hermann Fink/Richard Mikton, Ost-West-Zusammenarbeit in dritten Ländern: Unternehmenserfahrung bei Drittlandkooperationen, dargestellt an 20 Beispielen, BDI-Drucksache 156, Köln 1982. Eine Auflistung von TIC-Projekten bietet Tabelle 2.

Durch eine rein quantitative Betrachtung sind einige Wissenschaftler zu der Auffassung gelangt, dass die TIC eine unbedeutende Komponente der globalen Wirtschaftsbeziehungen gewesen sei. Nach Schätzung von Marie Lavigne etwa »machte die TIC 4 bis 10 Prozent der industriellen Ost-West-Kooperation aus, auf die wiederum 3 bis 4 Prozent des Ost-West-Handels entfielen; demnach umfasste die TIC durchschnittlich 0,25 Prozent des Ost-Handels!«.[4] Dagegen werde ich argumentieren, dass die TIC während der Ära des Kalten Krieges trotz ihres zugegebenermaßen geringen Umfangs aus einer systemischen Perspektive betrachtet durchaus bedeutend war. Eine ausschließlich auf quantitative Aspekte fokussierte Analyse übersieht diese Bedeutung, nämlich erstens eine Verschiebung in den Ost-West-Beziehungen von Gegnerschaft zu Partnerschaft und zweitens den Umstand, dass die TIC als dreiseitiger Prozess weit eher einem multilateralen als einem bilateralen Rahmen entsprach – ein Faktum, das für das Studium der Ära des Kalten Krieges überaus signifikant ist. Denn wie John Lewis Gaddis angemerkt hat, war es »eine der falschen Grundannahmen seitens der Historiker des Kalten Krieges, dass nach dem Zweiten Weltkrieg ein Übergang von einem multipolaren zu einem bipolaren internationalen System stattgefunden habe, da durch eine Art kollektiven Suizid aller anderen Großmächte allein die Vereinigten Staaten und die Sowjetunion als umso stärkere Supermächte übrig geblieben seien«.[5]

Welches Interesse kann eine retrospektive Analyse der TIC beanspruchen? In geopolitischer Hinsicht zielte die TIC nicht so sehr darauf, durch eine stärkere Präsenz in der eigenen Einflusssphäre einen *absoluten* Vorteil zu erzielen (wie es in der Konkurrenz zwischen der Nord-Süd-Achse und der Ost-Süd-Achse der Fall war), sondern sie erlaubte im Rahmen einer *kooperativen Konkurrenz* lediglich *relative* Vorteile. Aus diesem Grund war sie aus Sicht der Akteure nicht die optimale, sondern nur die zweitbeste Strategie. In ökonomischer Hinsicht kommt hinzu, dass die TIC die

---

4 Marie Lavigne, International Political Economy and Socialism, Cambridge 1991, S. 126. Gegen diese Herangehensweise gibt es mehrere Einwände. Erstens ist eine solche technische Betrachtung riskant, da der Wertumfang der Projekte in den meisten Fällen entweder unbekannt war oder auf Grundlage von Zeitungsberichten geschätzt wurde. Zweitens besteht die einzig zuverlässige Methode zu seiner Schätzung darin, die beteiligten Firmen zu befragen. Drittens veranschlagte eine 1979 vom Sekretariat der UNCTAD veröffentlichte Untersuchung, die sich auf *East-West Markets* (22. 8. 1977) stützte, den Anteil der TIC am Ost-West-Geschäft auf etwa 6 bis 7 Prozent. Und viertens erläutert Lavigne nicht, durch welche Methode sie zu dem Wert von 0,25 Prozent gelangt.

5 John Lewis Gaddis, Rethinking Cold War History, Oxford 1997, S. 283f.

einzige Form von Kooperation während des Kalten Krieges war, an der alle drei Pole der Weltwirtschaft beteiligt waren.

Entstehung, Institutionalisierung, Entwicklung der TIC

Zwar kam es im Rahmen internationaler Ausschreibungen bereits in den 1960er Jahren sporadisch zu Fällen von TIC. Ihre wirkliche Entwicklung und Institutionalisierung erfolgte jedoch erst nach dem ersten Ölschock, als die Forderung nach einer Neuen Weltwirtschaftsordnung (NWWO) aufkam.

Die Verschiebung von einer bipolaren zu einer multipolaren Welt

Die Bemühungen um eine NWWO entstanden in einem sich wandelnden internationalen Kontext. In den internationalen Beziehungen vollzog sich der Übergang von einem bipolaren System, das vom Antagonismus zwischen den USA und der UdSSR und dem Kalten Krieg bestimmt war, zu einem tripolaren Aushandlungssystem. De facto waren alle beteiligten Parteien im Ost-West-Süd-Dreieck auf ihre eigenen Interessen bedacht. Diese tripolare Konstellation hatte in vieler Hinsicht bereits die Ost-Süd-Beziehungen der Phase von 1950 bis 1970 geprägt. Deepak Nayyar bemerkte hierzu: »Der Dekolonisierungsprozess in der Dritten Welt kam zwar der antiimperialistischen Pose der sozialistischen Länder entgegen, doch in der frühen Phase der postkolonialen Ära versuchten einige Dritte-Welt-Länder, die Rivalitäten des Kalten Krieges auszubeuten und ihre Beziehungen zum sozialistischen Block zu dem Zweck zu nutzen, den Dekolonisierungsprozess zu beschleunigen und eine nationale wirtschaftliche Unabhängigkeit zu erreichen. Später wurde dies für Länder im Süden zu einer Methode, mit der sie ihre Verhandlungsposition gegenüber dem Westen verbesserten. Tatsächlich trug die Existenz der sozialistischen Länder im internationalen Gefüge dazu bei, die Verhandlungsmacht der am wenigsten entwickelten Länder zu stärken.«[6]

In rudimentärer Form existierte das Ost-West-Süd-Dreieck somit bereits und diente allen beteiligten Parteien dazu, die eigenen Interessen zu verfolgen. Die zu Beginn der Debatte um eine NWWO häufig verwendete Bezeichnung »Nord-Süd-Konflikt« war deshalb vollkommen irreführend.

---

6 Deepak Nayyar, »Comments on Part 1«, in: Christopher T. Saunders (Hg.), East-West-South Economic Interactions between Three Worlds, London 1981, S. 78–84, hier S. 83.

Obgleich offiziell unbeteiligt, war der Osten in Wirklichkeit mehr als ein bloßer Zuschauer und verfolgte in dem tripolaren Spiel ebenfalls seine Interessen. Dennoch versuchte er sich vom Norden – den kapitalistischen Ländern – abzugrenzen, in dem er die Behauptung zurückwies, dieselbe Verantwortung für die Lage der Dritten Welt zu tragen wie die imperialistischen Staaten. *Offiziell* hielt sich der Osten von der Konfliktarena fern. Deutlich wurde diese Position etwa in einer Rede, die Jacob Malik als ständiger Vertreter der UdSSR bei den Vereinten Nationen im September 1975 vor der UN-Generalversammlung hielt: »Weder in der Theorie noch in der Praxis werden wir jemals die Vorstellung einer Spaltung der Welt in Reiche und Arme, in Nord und Süd akzeptieren, die die sozialistischen Staaten auf eine Ebene mit den kapitalistischen Staaten stellt.«[7]

Eine solche Aussage war *ideologisch* korrekt und ließ dem Osten die bequeme Rolle des politischen Beobachters. Zudem besaß die passive Neutralität für die Sowjetunion den Vorteil, Solidarität mit dem Süden bekunden zu können, ohne in der Debatte um eine NWWO explizit die Position der kapitalistischen Länder zu schwächen. In Wirklichkeit handelten die UdSSR und ihre RGW-Partner nämlich in dem Bewusstsein, dass die sich vertiefende Wirtschaftskrise im Westen durchaus negative Konsequenzen für die Ost-West-Handelsbeziehungen haben könnte. Dies führte dazu, dass zwei Diskurse gleichzeitig geführt wurden: der eine drückte die offizielle Linie, der andere die Meinung sowjetischer Experten im Ausland aus.[8] Zwar bereitete die TIC der Sowjetunion Mitte der 1970er Jahre ideologische Schwierigkeiten, aber in der Praxis benötigte sie überhaupt keine *offizielle* Anerkennung. Im Hinblick auf die internationalen politischen Beziehungen bot die Praxis der Ost-West-Kooperation in der Dritten Welt zudem eine Illustration für eine *intersystemische* und nicht für eine globale Weltordnung – und eine solche begrenzte Konzeption war mit der Position der UdSSR durchaus vereinbar.[9] Insofern bedeutete die bis zum Ende der 1970er Jahre noch sehr zurückhaltende sowjetische Beteiligung an der TIC – selbst wo sie eine Zusammenarbeit der beiden Supermächte ein-

---

7 Rede von Jacob Malik auf der 7. außerordentlichen UN-Vollversammlung über Entwicklungsfragen, United Nations, A/PV2330, 3. 9. 1975, dokumentiert in *Problèmes Politiques et Sociaux* (1976), Heft 296, S. 17.

8 Vgl. Patrick Gutmann, »Tripartite Industrial Cooperation and East Europe«, in: Joint Economic Committee, Congress of the United States (Hg.), East European Economic Assessment, Part 2 – Regional Assessments: A Compendium of Papers, Washington 1981, S. 823–871.

9 Vgl. Charles Zorgbibe, »Le triangle Est-Ouest-Sud«, in: *Revue de Défense Nationale* (1975), Heft 10, S. 62.

schloss – keineswegs ein Ende der Ost-West-Konkurrenz im Süden, sondern demonstrierte lediglich die Bereitschaft der UdSSR, gleichsam als Laboratorium für eine mögliche zukünftige Gestalt der Ost-West-Süd-Beziehungen eine neue Form der Zusammenarbeit zu erproben.

Die Rolle der UNCTAD

Warum entstand die TIC im Rahmen der United Nations Conference on Trade and Development (UNCTAD)? Die UNCTAD bildete das Entwicklungsforum innerhalb der Vereinten Nationen, und ihre Gründung ging auf ein gemeinsames Interesse des Ostens und der am wenigsten entwickelten Länder zurück. Ihre Marginalisierung im Welthandel während der 1950er Jahre bewegte sie zu einem Bündnis, um die dominante Stellung der kapitalistischen Länder zu schwächen. Allerdings hinderte dieses gemeinsame Interesse die beiden Parteien nicht daran, die UNCTAD jeweils für ihre spezifischen Interessen zu nutzen, weshalb ihre Beziehungen stets auch Elemente von Konkurrenz aufwiesen.

Ebenso wenig war es ein Zufall, dass die TIC innerhalb der UNCTAD von der Abteilung für Handel mit sozialistischen Ländern (Division for Trade with Socialist Countries – DTSC) gefördert wurde. Die DTSC wurde nach der Gründung der UNCTAD nämlich mit dem doppelten Ziel geschaffen, zum einen Handel und Kooperation zwischen Osten und Süden zu stärken und zum anderen Beziehungen zwischen Ländern mit unterschiedlichen Wirtschafts- und Gesellschaftssystemen zu entwickeln. Außerdem wurde sie zu dieser Zeit von einem sowjetischen Beamten geleitet, der sicherstellte, dass ihre politische Linie den Vorstellungen Moskaus entsprach. Michail Dawidow, der Mitte der 1970er Jahre als Direktor der Abteilung fungierte, machte deutlich, dass bei der TIC die Ost-West-Beziehungen im Vordergrund standen: »Die Normalisierung der politischen Beziehungen zwischen den sozialistischen Ländern Osteuropas und den entwickelten Marktwirtschaften sowie die parallel hierzu eingetretene Intensivierung ihrer Wirtschaftsbeziehungen konnte für die Entwicklungsländer nur von Vorteil sein. Diese Ausweitung des Handels und der Zusammenarbeit zwischen Ost und West scheint zusammen mit der fortschreitenden Entspannung ein wesentlicher Faktor für die jüngste Entwicklung der TIC zu sein. Es gibt nun offenbar mehr Möglichkeiten für die Entwicklungsländer, *sich an der Ost-West-Kooperation ebenso zu beteiligen* wie an anderen neuen Formen der internationalen Zusammenarbeit. Die Unterstützung solcher Übereinkommen durch die Entwicklungsländer zeigt, dass sie von der Entspannung und Ausweitung der Ost-West-Beziehungen profitieren wollen. Aus Sicht der sozialistischen wie der entwickelten marktwirtschaftlichen Länder stellt die TIC eine Möglichkeit dar, der Forderung der Entwicklungsländer gerecht zu werden, dass ihre Interessen bei den Projekten und Programmen der Ersteren berücksichtigt werden.«[10]

Die 1975 einsetzende Förderung der TIC durch die UNCTAD, die von der Forderung nach einer NWWO begleitet wurde, war folglich keine interessenneutrale Entwicklung. Vielmehr war sie von der Hoffnung des RGW geleitet, zwei Fliegen mit einer Klappe zu schlagen: die Ost-Süd-Beziehungen auf eine ganz bestimmte Weise zu fördern und zugleich Einfluss auf die Kooperation des Südens mit dem Westen zu gewinnen.[11] Doch obwohl die TIC somit im Kern einen Versuch des Ostens zur Lösung seiner eigenen Probleme darstellte, fand sie nun auch im Westen und Süden breitere Akzeptanz. Als Rahmen zur Förderung der TIC entschied sich der RGW für die UNCTAD, genauer die DTSC, weil ihre institutionelle Struktur eine umfassende Beteiligung der Dritten Welt ermöglichte. Hätte er die UNECE (UN-Wirtschaftskommission für Europa) gewählt, wäre die TIC als bloße Ausweitung der Ost-West-Kooperation auf die Dritte Welt, um nicht zu sagen: auf Drittmärkte, erschienen. So vermied der RGW mit der Wahl der UNCTAD den politischen Schaden, auf eine Ebene mit dem Westen gestellt zu werden – wenngleich die TIC in der Praxis genau dies bedeutete. In dieser Hinsicht ist es auch nicht unerheblich, dass die UNCTAD von »Tripartite Industrial Cooperation«, die UNECE dagegen von »Ost-West-Kooperation in dritten Ländern« sprach. Diese terminologische Abweichung verweist erneut auf den umstrittenen Charakter der TIC.

Im Rückblick kann kein Zweifel daran bestehen, dass die Initiative zur Förderung der TIC vom Osten ausging; diese Einschätzung wird auch von einer Reihe westlicher Analysten geteilt.[12] Vier Gründe scheinen dafür ausschlaggebend gewesen zu sein:

1) *Politisch* erlaubte das Programm den RGW-Staaten, ihren guten Willen zur Einführung einer NWWO zu zeigen, obwohl sie formal nicht am Nord-Süd-Dialog teilnahmen. Die TIC als zweitbeste Strategie zu verfolgen, bedeutete, einen geringeren diplomatischen Schaden anzurichten, als wenn man sich vollständig aus der Debatte herausgehalten hätte. Der Charakter der TIC als Ost-West-Süd-Programm besaß in dieser Hinsicht

10 Mikhaïl Davydov, »UNCTAD and Tripartite Industrial Cooperation«, in: Christopher T. Saunders (Hg.), East-West Cooperation in Business: Inter-firm Studies, Wien 1977, S. 96–103. Hervorhebung, P. G.

11 Ausführlicher hierzu: Gutmann, Tripartite Industrial Cooperation, S. 828.

12 Vgl. etwa Carl H. McMillan, The Political Economy of Tripartite (East-West-South) Industrial Cooperation, Ottawa 1980, S. 3.

eine wichtige demonstrative Wirkung und diente dem RGW als Alibi für seine abwartende Haltung gegenüber einer NWWO.

2) In *taktischer* Hinsicht war die TIC zugleich eine Abwehrmaßnahme gegen den politischen Schaden, den es für den Osten bedeutet hätte, wenn die Gruppe der 77 (G-77) ihm in der UNCTAD die Unterstützung versagt oder ihn gar attackiert hätte. In diesem Licht stellt sich das »Seminar über industrielle Spezialisierung durch verschiedenen Formen multilateraler Zusammenarbeit«, das im Dezember 1975 im Rahmen der TIC stattfand, als präventiver Schachzug im Vorfeld der Konferenz von Manila dar, zu der die G-77 im Februar 1976 zusammenkam. Wie Max Baumer und Hanns-Dieter Jacobsen gezeigt haben, »betonte die ›Gruppe der 77‹, dass sie von den sozialistischen Ländern mehr Entwicklungshilfe und Unterstützung für ihre Forderungen nach einer NWWO erwartete. In ihrer Erklärung von Manila wurden 15 Beschwerden an die Adresse der RGW-Länder gerichtet.«[13]

3) In *wirtschaftlicher* Hinsicht steht außer Frage, dass das »neutrale Engagement« der UNCTAD dem Ziel dienen sollte, den Prozess der Multilateralisierung zu stärken und so positive Handelseffekte für die Entwicklungsländer zu erzeugen. Bei diesem Urteil muss jedoch berücksichtigt werden, dass die TIC als Dreiecksmechanismus zugleich dazu diente, Kompensationsgeschäfte abzuwickeln, an denen die RGW-Staaten besonders interessiert waren. So ergaben sich im Rahmen von TIC-Projekten interessante Verrechnungsmöglichkeiten für bestehende Clearingabkommen zwischen dem RGW und Dritte-Welt-Ländern.[14] Insofern ließe sich argumentieren, dass die TIC als Mittel zur Stärkung des Multilateralisierungsprozesses weniger effektiv war, als es zunächst scheinen mochte, dafür aber in den Augen des DTSC ein geeignetes Modell darstellte, um den im RGW herrschenden Mangel an konvertierbaren Währungen zu umgehen. In dieser Hinsicht bot TIC durch die Einbeziehung des Westens zusätzliche Handlungsspielräume, um die für die Ost-Süd-Kooperation ansonsten bestehenden Begrenzungen wenigstens teilweise zu überwinden.

4) *Finanzielle* Erwägungen waren ebenfalls ein wichtiger Faktor für die Förderung von TIC. Michail Dawidow bemerkte hierzu: »Es kann im Interesse des sozialistischen Kooperationspartners liegen, seine Finanzie-

---

13 Max Baumer/Hanns-Dieter Jacobsen, »CMEA and the World Economy: Institutional Concepts«, in: Joint Economic Committee, Congress of the United States (Hg.), East European Economies Post Helsinki. A Compendium of Papers, Washington 1977, S. 999–1018.

14 Beispiele hierfür finden sich in Busch/Fink/Mikton, Ost-West-Zusammenarbeit, S. 32f., 43f.

rungsinstrumente mit denen eines westlichen Partners zu verbinden (etwa zwischenstaatliche Kredite, Exportgarantien und, in geringerem Maße, Bankkredite). Der sozialistische Partner kann dem Entwicklungsland Kreditmöglichkeiten durch bilaterale Clearingabkommen zwischen den beiden Staaten anbieten. Wie bereits erwähnt, ist er oft bereit, für seine Dienstleistungen und Güter Sachleistungen als Zahlungsmittel zu akzeptieren.«[15]

Zwar verringerten Kompensationsgeschäfte, Clearingabkommen und Sachleistungen tatsächlich den Bedarf der Entwicklungsländer an harten Devisen, doch Dawidow vergaß zu erwähnen, dass die RGW-Länder ein starkes Interesse daran hatten, von den Kreditinstrumenten der westlichen Kooperationspartner zu profitieren, was ihnen bei Beteiligung österreichischer, französischer und deutscher Firmen auch häufig gelang. Der östliche Partner trat dabei als Subunternehmer eines westlichen Konsortialführers auf, der seinen Beitrag teilweise finanzierte.

An dieser Stelle stoßen wir erneut auf den Umstand, dass die TIC in erster Linie den Charakter einer komplementären Ost-West-Beziehung hatte. Ihre Förderung durch die DTSC verschaffte dem Osten die Möglichkeit, die Finanzierungskosten seiner Exporte in die Dritte Welt zu reduzieren. Obgleich marginal, trug diese Diversifizierungsstrategie somit dazu bei, die Ost-Süd-Beziehungen weniger kostspielig zu gestalten. Für die UdSSR war dies vermutlich noch attraktiver als für die RGW-6, da offenbar »ein beträchtlicher Teil der TIC-Projekte unter Beteiligung der UdSSR millionenschwere Großprojekte« waren.[16]

Ideologie und Praxis: Der sowjetische Fall

Aus streng marxistisch-leninistischer Sicht warf die Praxis der TIC ideologische Probleme auf. Denn auch wenn sie, in leninistischen Kategorien betrachtet, nicht *primär* einen Export von *Finanzkapital* umfasste (der das Hauptmerkmal des Imperialismus darstellt), sondern *hauptsächlich* einen Export von *produktivem* Kapital (Produktionsmittel), stützte sich die Finanzierung ebensolcher schlüsselfertiger Fabriken und Investitionsgüter

15 Davydov, UNCTAD, S. 101.

16 UNECE, Problems and Prospects of Future Development of Industrial Cooperation in Selected Areas: Tripartite Industrial Cooperation, vorgelegt vom Sekretariat der UNCTAD auf dem Ad-hoc-Treffen über industrielle Zusammenarbeit in Plowdiw, Bulgarien, TRADE/AC.14/R.3, 28. 4. 1980, S. 6. Auch McMillan weist auf Großprojekte unter sowjetischer Beteiligung hin. Vgl. McMillan, Political Economy, S. 20.

auf *Kredite* und somit auf eine Form des *Finanzkapitals.* So gelangte etwa Patrick Clawson zu dem Ergebnis, dass die Kreditfinanzierung solcher sowjetischen Exporte einem Export von Kapital – von *Finanzkapital* – gleichkomme und daher auf eine Ebene mit imperialistischen Praktiken gestellt werden könne.[17] Doch auch abgesehen von diesem wichtigen Charakteristikum bedeutete die TIC eine gleichberechtigte Zusammenarbeit von RGW-Staaten und Unternehmen, die imperialistische Mächte repräsentierten, und war daher aus einer doktrinären Perspektive – wenn überhaupt – nur unter großen Schwierigkeiten zu akzeptieren. Die ideologischen Probleme, die sich bei einer streng marxistisch-leninistischen Interpretation der TIC ergaben, waren denn auch der maßgebliche Grund für die widerstrebende Haltung der UdSSR in den 1970er Jahren. Vor allem war sie sehr darauf bedacht, in der Dritten Welt nicht gemeinsam mit den Vereinigten Staaten aufzutreten.

Wie bereits erwähnt, erklärte Jacob Malik im September 1975 vor der UN-Generalversammlung, die Sowjetunion werde weder »in der Theorie noch in der Praxis [...] jemals die Vorstellung einer Spaltung der Welt in Reiche und Arme, in Nord und Süd akzeptieren, die die sozialistischen Staaten auf eine Ebene mit den kapitalistischen Staaten stellt«. Im Dezember desselben Jahres hielt Iwan Iwanow vom Moskauer Institut für amerikanische und kanadische Studien auf einem UNCTAD-Seminar über TIC einen Vortrag, der mit der ideologischen Position Maliks weder im Ton noch in der Substanz etwas gemein hatte. Iwanow stellte in seiner Analyse einen Zusammenhang zwischen der TIC und der Internationalisierung der Produktion her: »In einem allgemeinen Sinne ist die TIC das logische Resultat zweier starker Tendenzen, die in jüngerer Zeit unter anderem die Weltwirtschaft verändert haben, nämlich der wachsenden Interdependenz der Handelsströme und des zunehmenden Internationalisierungsgrades der Produktion.«[18]

Er ging sogar noch weiter und argumentierte, es sei »insbesondere im Hinblick auf die Einführung einer NWWO wichtig, dass die TIC alle betroffenen Gruppen von Ländern und sowohl Hersteller wie Abnehmer in Übereinkünfte zu wechselseitigem Nutzen einbezieht, um auf diese Weise

17 Vgl. Patrick Clawson, »The Character of Soviet Economic Relations with Third World Countries«, in: *Review of Radical Political Economics* 13 (1981), Heft 1, S. 76–84.

18 Ivan Ivanov, Tripartite Industrial Co-operation: Recent Situation, Problems and Prospects, Beitrag für das UNCTAD-Seminar über industrielle Spezialisierung durch multilaterale Zusammenarbeit, Genf, 2.–5. 12. 1975, TAD/SEM.1/7, S. 2.

ein Beispiel für eine allgemeine Verbesserung der multilateralen Verständigung zu bieten«.[19]

Die Diskrepanz zwischen Maliks Rede und Iwanows Analyse offenbart sehr deutlich den Doppelcharakter des sowjetischen Diskurses. Im Rückblick betrachtet ist Iwanows Argumentation weniger überraschend, als sie es 1975 war, da wir inzwischen wissen, dass er nicht nur der global ausgerichteten Fraktion angehörte, sondern zudem zehn Jahre später ein enger Berater Gorbatschows wurde, unter dem er eine Kommission zur Wiederbelebung des Außenhandels leitete.[20]

Wie wir gesehen haben, widerstrebte es der Sowjetunion in den 1970er Jahren, sich an TIC-Projekten zu beteiligen, da sie befürchtete, dies könne ihr in der Dritten Welt den Vorwurf imperialistischer Ausbeutung einbringen. Dieser Umstand kam noch 1981 in einem Beitrag Oleg Bogomolows zum Ausdruck, in dem er erstens den Imperialismus explizit verurteilte. Zweitens kritisierte er die Position einiger unterentwickelter Länder zur NWWO und lehnte insbesondere ihre Forderung ab, einen fixen Anteil des Bruttosozialprodukts der Industrieländer als Entwicklungshilfe zu bekommen, wobei er die Gruppe D in der UNCTAD, den RGW, zum industrialisierten Norden rechnete. Drittens forderte er neben verschiedenen anderen Aufgaben, die der RGW und die unterentwickelten Länder gemeinsam angehen sollten, die »Durchführung trilateraler Projekte«.[21]

Leon Zewin sah die TIC hingegen als ein Mittel, um der Dominanz multinationaler Konzerne zu begegnen: »Der Vorteil einer solchen trilateralen Kooperation ist erstens, dass sie von dem betroffenen Entwicklungsland koordiniert wird; zweitens, dass sie es ermöglicht, die einseitige Bindung an die kapitalistische Weltwirtschaft zu überwinden; und drittens, dass sie dazu beiträgt, den eigennützigen Umtrieben der transnationalen Konzerne entgegenzutreten.«[22]

---

19 Ebenda, S. 3.

20 Elizabeth Kridl-Valkenier, »New Soviet Thinking About the Third World«, in: *World Policy Journal* 4 (1987), Heft 4, S. 654.

21 Oleg Bogomolov, »The CMEA Countries and the New International Economic Order«, in: Saunders (Hg.), East-West-South Economic Interactions, S. 247–249, 251, 253. Bogomolow war Leiter des Instituts des sozialistischen Weltwirtschaftssystems an der Akademie der Wissenschaften der UdSSR.

22 Leon Zevin, »Concepts of Economic Development of the Developing Nations and Problems of Tripatite Cooperation«, in: Saunders (Hg.), East-West-South Economic Interactions, S. 301. Zewin leitete die Abteilung für Beziehungen zu den Entwicklungsländern in Bogomolows Institut.

Iwanow meinte sogar, dass »die TIC eine Alternative zu den Tochtergesellschaften der multinationalen Konzerne sein könnte, vor allem weil sie weitgehend vertraglich geregelt wird und sich Partner aus den sozialistischen Ländern an ihr beteiligen«.[23] Dies war eine durchaus geschickte Rechtfertigung der sowjetischen Beteiligung an der TIC, die jedoch gleichzeitig die ideologische Verlegenheit der UdSSR deutlich machte. Das Argument, dass eine Beteiligung an trilateralen Projekten die Herrschaft multinationaler Konzerne schwäche, zeugt jedenfalls nicht von ideologischer Kohärenz, denn im Rahmen der TIC arbeiteten die Außenhandelsorganisationen der sozialistischen Staaten Seite an Seite mit kapitalistischen Unternehmen – also mit multinationalen Unternehmen oder ihren ausführenden Tochtergesellschaften.

Die divergierenden Stellungnahmen aus Moskau sind ein deutliches Indiz dafür, dass sich die UdSSR Ende der 1970er Jahre nicht die Gelegenheiten entgehen lassen wollte, die sich aus der TIC ergaben, ohne bereits eine umfassende ideologische Neubewertung des Modells vorgenommen zu haben. Die TIC bedeutete unweigerlich eine Verschiebung in der sowjetischen Doktrin zu einer stärker globalen Sichtweise der Weltwirtschaft.

Aufschlussreich ist auch der Zeitpunkt dieser Verschiebung: Sie setzte 1974 ein, also kurz vor dem erwähnten UNCTAD-Seminar im Jahr 1975. Ohne dieses Seminar zu erwähnen, beschrieb Elizabeth Kridl-Valkenier die Veränderung 1979 folgendermaßen: »Als einige Ökonomen Mitte der 1960er Jahre erstmals für eine wirtschaftliche Ausrichtung der sowjetischen Handels- und Entwicklungshilfepolitik plädierten, lag die Betonung noch auf der zunehmenden Integration zwischen den sozialistischen Staaten und den Entwicklungsländern *in Isolation vom Rest der Welt.* Ein Jahrzehnt später diskutierten dieselben Experten die Beziehungen zwischen der UdSSR oder dem RGW und den am wenigsten entwickelten Ländern als Teil einer ›internationalen Arbeitsteilung‹, *in der auch der Westen eine Rolle spielte. Sie betrachteten es sogar als vorteilhaft, den Westen in trilaterale Modelle einzubeziehen.*«[24]

Diese radikale Abkehr von der bisherigen sowjetischen Dritte-Welt-Doktrin war vor allem vom Realitätsprinzip diktiert. Tatsächlich war die Sowjetunion gezwungen, ihre Politik zu revidieren, um die Wirtschaftsbeziehungen mit den am wenigsten entwickelten Ländern – ob sie sozialistisch waren oder nicht – dergestalt zu rationalisieren, dass ihre Investitio-

---

23 Ivanov, Tripartite Industrial Co-operation, S. 7f.

24 Elizabeth Kridl-Valkenier, »The USSR, the Third World, and the Global Economy«, in: *Problems of Communism* 28 (1979), Heft 4, S. 23. Meine Hervorhebung.

nen einen höheren Gewinn abwarfen. »Das Streben nach wirtschaftlichen Vorteilen«, so Valkenier, »lässt die Kooperation mit dem Westen weniger anrüchig erscheinen« und »die Dringlichkeit praktischer Lösungen ist so hoch, dass Moskau keine Hemmungen hat, die trilaterale Zusammenarbeit zu befürworten und zu praktizieren«.[25] Die *offizielle Anerkennung* der TIC im engeren ideologischen Sinn erfolgte allerdings erst ex post facto im Zuge der Perestroika. Auf dem 27. Parteitag der KPdSU im März 1986 sprach Gorbatschow von einer »in vielem ganzheitliche[n] Welt«: »In der Verknüpfung von Wettbewerb, Wettstreit der zwei Systeme mit der erstarkenden Tendenz zur wechselseitigen Abhängigkeit der Staaten der Weltgemeinschaft liegt die reale Dialektik der gegenwärtigen Entwicklung.«[26] Mit diesen Worten sprach Gorbatschow eine nachträgliche Anerkennung dessen aus, was den Kern der TIC ausmachte.

Die UNCTAD führte leider nie eine *systematische* quantitative Analyse der TIC im Anschluss an ihre Pionierstudie von 1975 durch.[27] Allerdings veröffentlichte sie Anfang der 1980er Jahre eine Untersuchung, die zwar keine Fallstudien und insgesamt nur begrenzte Informationen zur TIC enthielt, jedoch insofern aufschlussreich war, als sie eine stärkere Beteiligung der Sowjetunion an den trilateralen Projekten dokumentierte: »Nach Angaben des Staatskomitees der UdSSR für außenwirtschaftliche Beziehungen (GKES, die wichtigste sowjetische Organisation für die Förderung und Koordination des Exports von Industrieanlagen) haben rund zehn sowjetische und 25 westliche Unternehmen, die bereits vor 1982 an dem Programm beteiligt waren, große Industrieprojekte in Drittländern fertiggestellt. Etwa 40 Projekte, an denen mehr als 80 westliche Firmen beteiligt sind, sind zur Jahresmitte 1982 unterschiedlich weit fortgeschritten. Für die Planphase von 1981 bis 1985 wurden bereits Verträge für TIC-Projekte im Wert von rund 500 Millionen US-Dollar unterzeichnet und zudem werden derzeit mehrere Machbarkeitsstudien durchgeführt.«[28]

---

25 Ebenda, S. 32f.

26 Michail Gorbatschow, Bericht des ZK der KPdSU an den XXVII. Parteitag der KPdSU, 25. 2. 1986, in: ders., Reden und Aufsätze, Bd. 3: Oktober 1985 – Juli 1986, Berlin 1987, S. 221.

27 Überdies hat auch die UNECE nie eine *spezifische* quantitative Auswertung der TIC vorgenommen (mit Fallstudien, wie sie die UNCTAD 1975 vorlegte), abgesehen von Analysen, die sich auf ihre Datenbank mit Verträgen über die industrielle Ost-West-Zusammenarbeit stützen, aus denen aber lediglich der Anteil der TIC an allen Formen von Kooperation hervorgeht. Vgl. hierzu auch Tabellen 1 und 2.

28 UNCTAD, Evolution récente de la Coopération Est-Ouest dans les pays-tiers et de la coopération tripartite, Berichts des Sekretariats, Genf, 6. 6. 1984, TD/B/100 (GE.84–51944), S. 15.

Eine quantitative Auswertung der TIC für die Phase von 1981 bis 1985 bestätigt den Befund der UNCTAD-Untersuchung von 1984, dass die sowjetische Beteiligung an der TIC zunahm:[29]

1) In der Phase von 1981 bis 1985 war die UdSSR an 28 Projekten beteiligt, während es in den 15 Jahren davor (1965–1979) nur 27 waren.

2) Der Anteil der UdSSR an der Zahl der TIC-Projekte unter Beteiligung von RGW-Staaten stieg von 11,4 in der ersten auf 40 Prozent in der zweiten Phase. Da der jugoslawische Anteil stabil blieb, bedeutet dies, dass der osteuropäische Anteil entsprechend signifikant von 87 auf 54 Prozent zurückging.

3) Auf den Energiesektor entfiel eine deutlich steigende Zahl von Projekten; sie nahm von 40 auf 50 Prozent zu. Der Nahe Osten und der Maghreb blieben nicht nur die attraktivsten Regionen, sondern konnten ihren Anteil an der Zahl der TIC-Projekte von 50 in der ersten auf 75 Prozent in der zweiten Phase steigern. Betrachtet man ausschließlich die OPEC-Staaten, lauten die entsprechenden Zahlen 45 und 68 Prozent.

4) Zudem befanden sich in den beiden Regionen 32 der 49 Projekte, bei denen die RGW-Partner die Führungsrolle innehatten; 17 von ihnen – mehr als 50 Prozent – wurden von der Sowjetunion geleitet.

Die höhere sowjetische Beteiligung an trilateralen Projekten im Rahmen der ost-westlichen Industriekooperation während des Zeitraumes 1981 bis 1985 – der sogar noch schneller anstieg, nachdem Gorbatschow an die Macht gekommen war (vgl. die Jahre 1986–1988 in Tabelle 1) – ist mit großer Wahrscheinlichkeit auf das Bestreben der Sowjetunion zurückzuführen, ihren Überschuss an harter Währung durch Projekte in OPEC-Staaten aufrechtzuerhalten oder gar zu vergrößern. Dies ist gut nachvollziehbar, ging doch der Anteil der OPEC an den sowjetischen *Exporten* in den Süden von 32 Prozent im Jahr 1983 auf weniger als 15 Prozent im Jahr 1986 zurück, während ihr Anteil an den Importen mit etwa 30 Prozent stabil blieb.[30] Auf einer stärker disaggregierten Ebene hat Andre Gunder Frank beobachtet, dass »die Sowjetunion im Bereich der Ausrüstungsgüter durchweg rund 50 Prozent mehr importiert als exportiert«.[31] Giovanni Graziani wiederum sieht einen Zusammenhang zwischen dieser Handels-

---

29 Ebrahim Abtahi, La Coopération Industrielle Tripartite et son évolution dans la période 1981–1985, Rapport de stage, DESS Développement Industriel et Evaluation de Projets, IEDES, Université de Paris-I, Dezember 1989.

30 Marie Lavigne, »CMEA Relations with the Third World«, in: Joint Economic Committee, Congress of the United States (Hg.), Pressures for Reforms in the East European Economies, Bd. 2, Washington 1989, S. 462, Tabelle 3.

31 Andre Gunder Frank, Crisis: In the World Economy, London 1980, S. 191.

struktur und der TIC: »Für das recht starke Interesse der UdSSR an TIC-Projekten gibt es mehrere Gründe, von denen sowjetische Experten vor allem zwei anführen. Erstens bewirkt die TIC eine Ausweitung der sowjetischen Exporte von Maschinen und Ausrüstung, die ohne Kooperation mit dem Westen teilweise überhaupt nicht verkauft werden könnten. Zweitens ist sie ein Mittel, um die Defizite im Handel mit westlichen Ländern durch Kompensationsgeschäfte auszugleichen.«[32]

Ein wichtiges neues Element in den internationalen Beziehungen zu Beginn der 1980er Jahre bestand in mehreren gemeinsamen TIC-Projekten der USA und der UdSSR: im Iran mit belgischer, im Irak mit schwedischer, in Algerien mit japanischer und schließlich in Libyen mit westdeutscher Beteiligung.[33] Die Führungsrolle lag in allen vier Fällen bei der UdSSR, die mit hoher Wahrscheinlichkeit aus technologischen Gründen die Zusammenarbeit mit den USA und anderen westlichen Partnern suchte.

Darüber hinaus riefen die Vereinigten Staaten und die Sowjetunion 1990 zu gemeinsamen Projekten mit den Entwicklungsländern auf. In diese Richtung zielten auch Vorschläge des Overseas Development Council in Washington und des Moskauer Instituts für Weltwirtschaft und Internationale Beziehungen (IMEMO). Nicht nur Gorbatschows »Neues Denken«, auch das Ende des Kalten Krieges machte ihnen zufolge neue Beziehungen möglich: »Das Abklingen des Kalten Krieges eröffnet den Supermächten die Gelegenheit, ihre Beziehungen zur Dritten Welt zu transformieren. Während des Kalten Krieges betrachteten Washington und Moskau die Entwicklungsländer als Schauplatz für ihren Kampf um Einfluss. In den Nullsummen-Kalkulationen der verfeindeten Machtblöcke galten Gewinne der einen Supermacht als Verluste der anderen. Heute, da sich die ideologische Konfrontation zwischen Ost und West abkühlt und geopolitische Linien neu gezogen werden, können sich die Vereinigten Staaten und die Sowjetunion den Entwicklungsländern aus ganz neuen Perspektiven nähern.«[34]

---

32 Giovanni Graziani, Gorbachev's Economic Strategy in the Third World, New York 1990, S. 93.

33 Abtahi, La Coopération Industrielle, Appendix.

34 John W. Sewell, Preface to W. Donald Bowles/Elena B. Arefieva, Tripartite Projects-Proposals for Joint US-USSR Cooperation with Developing Countries, Overseas Development Council, Washington 1990, S. 1.

Schlussfolgerungen

Aus einer systemischen Perspektive betrachtet scheint heute klarer denn je, dass es in den 1970er und 1980er Jahren zu einer fundamentalen Veränderung im Verhältnis der UdSSR zur Weltwirtschaft kam, die im sowjetischen Denken ebenso zutage trat wie in ihrer Praxis. Die vorliegende retrospektive Analyse sollte mit Blick auf die politische, geopolitische und wirtschaftliche Ebene erstens zeigen, dass die TIC aufgrund ihres Charakters als trilaterales Ost-West-Süd-Unternehmen dem RGW ein begrenztes, aber wirkungsvolles Experimentierfeld eröffnete, mit dem er seinen guten Willen zur Einführung einer NWWO demonstrieren konnte, ohne sich am offiziellen Nord-Süd-Dialog zu beteiligen. Zweitens zeigt sich a posteriori, dass die TIC in den 1970er Jahren die Zusammenarbeit zwischen west- und osteuropäischen Partnern förderte, die dergestalt zulasten der zwei Supermächte ein gemeinsames Haus Europa aufzubauen begannen.[35] Dies verschaffte den RGW-6 gewisse Bewegungsspielräume und verstärkte damit die Zentrifugalkräfte, die schließlich den Zusammenhalt des RGW unterminierten. Drittens wurde gezeigt, wie sich in den gemeinsamen amerikanisch-sowjetischen TIC-Projekten bereits zu Beginn der 1980er Jahre das Ende des Kalten Krieges andeutete.

Ein vierter Befund lautet, dass die TIC nicht als isoliertes Phänomen gesehen werden sollte (wie es viele Wissenschaftler getan haben, die sich auf bestimmte organisatorische und/oder funktionale Aspekte konzentrierten), sondern in einem größeren politökonomischen Kontext. Wie deutlich geworden ist, war sie vollständig im Einklang mit den Veränderungen in der sowjetischen Dritte-Welt-Doktrin. Anstatt von einem Nullsummenspiel zwischen den Supermächten auszugehen, verfolgte die UdSSR nun eine Bündnisstrategie.

Ebenso ist die TIC im Kontext der bilateralen Ost-Süd-Beziehungen zu sehen. Genau zu dem Zeitpunkt, als der RGW und vor allem die Sowjetunion mit einer zunehmenden Unzufriedenheit ihrer sozialistischen wie nicht sozialistischen Partner im Süden konfrontiert waren, bot ihnen die TIC eine Möglichkeit, die Dritte Welt mit anderen Mitteln zu durchdringen. Als zweitbeste strategische Option erlaubte es die TIC dem Osten, in

---

35 Dass die TIC diese Möglichkeit eröffnete, bemerkte der ungarische Ökonom Egon Kemenes bereits 1976. Vgl. Egon Kemenes, »Phénomènes nouveaux de la compétition internationale contemporaine«, in: Université de Paris-Dauphine/ Institute de l'Entreprise (Hg.), Compétition Internationale et Redéploiement Géographique, Paris 1978, S. 33–55.

einem politisch wie ökonomisch schwierigen Kontext seine *relativen Verluste* zu minimieren oder seine *relativen Gewinne* zu steigern. Das Neue gegenüber der industriellen Ost-Süd-Kooperation bestand darin, dass der Osten nun bereit war, im Rahmen der TIC einen *konkurrierenden Partner* zu akzeptieren, wobei er langfristig stets auf seinen eigenen Vorteil bedacht war. Bilaterale und trilaterale Zusammenarbeit ergänzten einander und dienten beide *ein und derselben globalen Strategie*. Zudem konnte der Osten durch die Partnerschaft mit dem Westen seine technologischen Kompetenzen erhöhen.

Die TIC bietet somit eine Illustration für die geschickte und opportunistische Taktik des Ostens: Er verstand es, die Widersprüche zwischen den mikroökonomischen Interessen westlicher Unternehmen und den geopolitischen Interessen der westlichen Länder auszunutzen, um die Kosten seiner Interventionen in der Dritten Welt zu senken und sich politische und ökonomische Vorteile zu verschaffen. Auch wenn die TIC nur die zweitbeste Strategie darstellte, wurde das Kooperationsmodell vom Osten optimal genutzt, sodass der Westen im Ergebnis zu einer Verbesserung der Ost-Süd-Beziehungen beitrug.

Auf ökonomischer Ebene, so das fünfte Ergebnis unserer Untersuchung, unterstrich die TIC die Bereitschaft des Ostens, sich in die kapitalistische Weltwirtschaft zu integrieren – lange vor Gorbatschows »Neuem Denken« und dem Ende des Kalten Krieges. Als einzige Form der Kooperation, an der alle drei Pole der Weltwirtschaft beteiligt waren, zeugte sie von dem Interesse des RGW, sich am Aufbau einer global interdependenten Welt zu beteiligen, seine Stellung in der internationalen Arbeitsteilung zu verbessern und von den Lerneffekten zu profitieren, die sich aus seiner direkten Zusammenarbeit mit westlichen Unternehmen ergaben.[36]

Die Beteiligung des RGW an der TIC war auch in einer weiteren Hinsicht von Bedeutung: Indem der Rat gemeinsam mit kapitalistischen Firmen die Internationalisierung des Maschinenbaus vorantrieb, trieb er zugleich die Internationalisierung von Produktionsnormen, -standards und -prozessen sowie der Produktionsmittel voran (den Anlagen zur Produktion von Maschinen, den Maschinen zur Produktion von Zwischenprodukten sowie denen zur Produktion von Konsumgütern, wenn man den Produktionsapparat in seine Unterabteilungen zerlegt). In dieser Hinsicht

---

36 Vgl. Gérard Ballot/Patrick Gutmann, »Political Economy of East-West-South Industrial Cooperation«, in: Joint Economic Committee, Congress of the United States (Hg.), East European: Slow Growth in the 1980's, Bd. 2: Foreign Trade and International Finance, Washington 1986, S. 115–146.

stellte die TIC mit der Errichtung schlüsselfertiger Fabriken ein höheres Niveau des Produktionssystems dar. In marxistischer Terminologie formuliert, war sie im Kern die »erweiterte Reproduktion« der industriellen Zusammenarbeit zwischen Ost und West in Drittländern. Eine solche Analyse zeigt zudem eindeutig, dass ihre Wurzeln nicht in den Ost-Süd-, sondern den Ost-West-Beziehungen lagen.

Aus einer diachronen Perspektive betrachtet, war die TIC somit keineswegs interessenneutral; ihre wachsende Bedeutung im Vergleich zu RGW-Exporten schlüsselfertiger Fabriken in den Süden, die im Rahmen von Rückkaufvereinbarungen erfolgten, wie zu Ost-Süd-Joint Ventures[37] machte deutlich, dass der RGW seine Stellung in der internationalen Arbeitsteilung zu verbessern suchte. Es ließe sich sogar argumentieren, dass die Modalitäten der TIC eine Art von *Kapitalexport* darstellten, auch wenn sie im Falle schlüsselfertiger Fabriken nicht die Form ausländischer Direktinvestitionen annahm. Die »Neuen Formen der Kooperation«, von denen die sowjetischen Ökonomen sprachen, waren de facto nichts anderes als die von Charles Oman analysierten »Neuen Formen der Investition«.[38] Nur eines änderte sich: Die Bezeichnung »Kooperation« ersetzte den ideologisch hochgradig aufgeladenen Begriff »Investition«, der auf den Export von Kapital verweist, den es der marxistischen Orthodoxie zufolge nicht geben durfte.

Insbesondere der Kapitalexport in den 1980er Jahren zeigte, dass der Osten im Ausland bereits einen kapitalistischen Weg eingeschlagen hatte. Dies galt nicht nur für die Ost-Süd-, sondern auch für die Ost-West-Beziehungen. Bis zum Frühjahr 1989 hatte sich der RGW – insbesondere die UdSSR – zu einem Nettoexporteur von Kapital entwickelt.[39] Und schließlich diente die TIC, auch wenn sie nur die zweitbeste Strategie darstellte, als Bindeglied zwischen dem RGW und der Weltwirtschaft zu dem Zeitpunkt, an dem der Prozess der Globalisierung einsetzte.

---

37 Vgl. Carl McMillan, Multinationals from the Second World – Growth of Foreign Investment by Soviet and East European State Enterprises, London 1987, S. 135–156.

38 Vgl. Charles Oman, New Forms of International Investment in Developing Countries, Paris 1982.

39 Vgl. Patrick Gutmann, »Joint Ventures in Eastern Europe and the Dynamics of Reciprocal Flows in East-West Direct Investments: Some New Perspectives«, in: Patrick Artisien/Matija Rojec/Marjan Svetlicic (Hg.), Foreign Investment in Central and Eastern Europe, Basingstoke 1993, S. 54–81.

Anmerkungen zu den Tabellen

Die folgenden Tabellen bieten einen Überblick über die Beteiligung des Ostens an TIC-Projekten von 1979 bis 1988. Sie basieren auf einer Auswertung der Verträge über die industrielle Zusammenarbeit zwischen Ost und West, die von Mitte der 1970er bis Ende der 1980er Jahre vom Sekretariat der UNECE zusammengestellt wurden.

Tabelle 1 zeigt, welchen Anteil die TIC-Projekte der einzelnen RGW-Länder sowie Jugoslawiens an ihrer industriellen Zusammenarbeit mit dem Westen insgesamt hatten. Berücksichtigt wurden dabei nur die Verträge, die in der Klassifizierung der UNECE als F1-Verträge firmierten und sich auf gemeinsame Angebote und Projekte in Drittländern bezogen (und somit der in der Einleitung zu diesem Beitrag vorgenommenen Definition der TIC entsprechen). Nicht berücksichtigt wurden F2-Verträge über gemeinsame Angebote und Projekte in einem der beiden beteiligten Länder (also einem westlichen oder östlichen, nicht aber einem südlichen Land). Diese Statistiken zeigen nicht nur, dass sich die RGW-Staaten in den 1980er Jahren stärker an der TIC beteiligten als in den 1970er Jahren, sondern dokumentieren auch eine bemerkenswerte Ausweitung des sowjetischen Engagements in den Jahren 1986 bis 1988, die somit exakt nach Gorbatschows Machtübernahme einsetzte.

Tabelle 1: Anteil der TIC an der industriellen Zusammenarbeit mit dem Westen nach Ländern, 1979–1988 (in Prozent)

Stichdatum	August 1988	August 1987	August 1986	September 1984	September 1983	September 1982	August 1981	August 1980	Juli 1979
Bulgarien	5,2	6,1	6,4	6,8	7,1	7,1	4,2	–	–
Ungarn	8,5	9,3	9,8	10,6	11,1	12,3	12,7	13,3	3,3
Polen	10,7	11,5	12,4	13,5	13,5	13,7	13,7	14,0	5,6
DDR	18,7	21,4	17,9	18,2	18,2	18,2	11,5	13,6	6,2
Rumänien	10,0	10,0	10,0	10,5	10,5	10,5	10,5	11,1	–
Tschechoslowakei	1,1	1,3	1,3	1,4	1,4	1,5	2,3	2,5	2,3
UdSSR	7,0	8,5	8,7	5,3	5,5	4,8	5,1	5,8	3,1
RGW-7	8,0	9,1	9,2	8,7	9,0	9,3	9,4	10,0	3,3
Jugoslawien	6,4	6,7	6,5	6,9	6,9	6,3	6,8	5,9	0,6
Osten insgesamt	7,6	8,5	8,7	8,3	8,5	8,6	8,9	9,1	2,7
Zahl der Verträge	1477	1026	1248	1059	966	858	789	737	693

Quelle: UNECE, TRADE/R.538, Tabelle 3, S. 9 (für 1988); TRADE/R.527, Tabelle 3, S. 9 (1987); TRADE/R.515, Tabelle 3, S. 9 (1986); TRADE/R.487, Tabelle 3, S. 9 (1984); TRADE/R.468, Tabelle 3, S. 9 (1983); TRADE/R.450, Tabelle 3, S. 8 (1982); TRADE/R.429, Tabelle 3, S. 8 (1981); TRADE/R.407, Tabelle 3, Anhang, S. 3 (1980); TRADE/R.392, Tabelle 3, Anhang, S. 3 (1979).

Tabelle 2: Einige Beispiele für TIC-Projekte

Unternehmen	Beteiligte Länder	Projekt	Empfängerland	Zeitraum
Simmering-Graz-Pauker AG Komplex Handelsgesellschaft Indisches Ministerium für Wasserhaushalt und Bewässerung	Österreich Ungarn Indien	Thermalkraftwerke	Indien	1962–1964
Economist Intelligence Unit Polytechna Technoexport	Großbritannien ČSSR UdSSR	Stadtentwicklungsplan für Colombo	Sri Lanka	1975–1978
Friedrich Krupp GmbH Stahlexport Unitechna-Textima-Projekt	Bundesrepublik Deutschland DDR	Baumwollspinnerei	Äthiopien	1977–1981
National Textiles Corporation	Äthiopien			
Marubeni Corp. Kawasaki Steel Corp. Progres-Invest	Japan Jugoslawien	Zementwerk	Irak	1978
Uhde GmbH Siemens AG Polimex-Cekop	Bundesrepublik Deutschland Polen	Düngemittelfabrik	Marokko	1967–1977
Deutsche Babcock AG Skoda Export Baufirmen	Bundesrepublik Deutschland ČSSR Brasilien	Wärmekraftwerk	Brasilien	1972–1981
Scania Ikarus	Schweden Ungarn	Montage von Autobussen	Irak	1972

Unternehmen	Beteiligte Länder	Projekt	Empfängerland	Zeitraum
Kontram Technoprom-export	Finnland UdSSR	Wasseraufbereitungsanlage	Irak	1976
Voest-Alpine AG Acht Unternehmen Zwei Unternehmen Invest-Export Polimex-Cekop Fakom	Österreich Frankreich Schweden DDR Polen Jugoslawien	Zellstoffwerk	Kamerun	1973–1980

Quelle: Busch/Fink/Mikton, Ost-West-Zusammenarbeit in dritten Ländern, S. 19–21.

Aus dem Englischen von Felix Kurz

Hanns-Dieter Jacobsen[1]

Das Koordinationskomitee für Multilaterale Exportkontrollen

Bis zu seiner Auflösung im Frühjahr 1994[2] stellte das Coordinating Committee on Multilateral Export Controls (CoCom) die zentrale internationale Institution dar, mittels derer die USA und andere nicht kommunistische Staaten im Kalten Krieg den Export von Gütern und Technologien aus Sicherheitsgründen kontrollierten. CoCom wurde 1949 von den USA, den anderen NATO-Mitgliedsstaaten (ohne Island und Spanien) und Japan gegründet.[3] Die Zielländer des CoCom waren die UdSSR, die anderen Mitgliedsstaaten des Warschauer Paktes und die Volksrepublik China. Während seiner 45-jährigen Existenz erwies sich das CoCom als eine der wichtigsten wirtschaftlichen und politischen Institutionen des Kalten Krieges, um eine befürchtete Expansion der Sowjetunion und ihrer Verbündeten einzudämmen.[4]

---

1 Der Autor dankt John Treadway (Universität Richmond, Virginia) für hilfreiche Kommentare.

2 Ende 1993 stimmten die CoCom-Mitgliedsstaaten dem Vorschlag der USA zu, das CoCom durch einen neuen multilateralen Mechanismus zu ersetzen. CoCom selbst wurde zum 31. März 1994 aufgelöst. Eine Nachfolgeorganisation namens Wassenaar Arrangement on Export Controls for Conventional Arms and Dual-Use Goods and Technologies trat im September 1996 in Kraft. Die 33 Mitgliedsstaaten wenden die in der Wassenaar-Liste aufgeführten Positionen gegenüber eventuellen Zielländern (zum Beispiel Iran, Irak, Libyen, Nordkorea) nach »nationalem Ermessen« an.

3 Dabei handelte es sich im Jahr 1949 neben den USA um Belgien, Dänemark, Frankreich, Großbritannien, Kanada, Island, Italien, Luxemburg, Niederlande, Norwegen und Portugal. 1952 kamen Griechenland und die Türkei hinzu. Die Bundesrepublik Deutschland wurde 1955 als Mitglied aufgenommen; Spanien wurde 1982 16. Mitglied.

4 Aus der vielfältigen Literatur zum Thema CoCom und multilaterale Exportkontrollen sollen die folgenden Untersuchungen hervorgehoben werden: Gunnar Adler-Karlsson, Western Economic Warfare, 1947–1967, Stockholm 1968; Gary K. Bertsch (Hg.), Controlling East-West Trade and Technology Transfer – Power, Politics, and Policies, Durham/London 1988; Bernhard Grossfeld/Abbo Junker, Das CoCom im internationalen Wirtschaftsrecht, Tübingen 1991; Michael Mastanduno, Economic Containment – CoCom and the Politics of East-West Trade, Ithaca/London 1992.

Ein Mittel in diesem Wirtschaftskrieg war das Embargo, das heißt, die CoCom-Staaten schränkten den Export bestimmter strategisch und militärisch wichtiger Güter und Technologien in die Zielländer ein oder verboten ihn ganz. Ein Embargo ist ein systematisches staatliches Sanktionsinstrument und kann durch andere Instrumente wie Boykott (Importbeschränkungen), Devisen- und andere Finanzkontrollen, Direktinvestitionskontrollen sowie die Beschränkung von Flug- und Schifffahrtsrechten ergänzt werden.[5]

CoCom funktionierte nach dem Konsensprinzip und operierte ohne Vertragsgrundlage oder eine besondere internationale juristische Autorisierung. Die laufenden Operationen des CoCom umfassten Treffen des Sekretariats in Paris, bei denen die Mitgliedsstaaten über die technischen Spezifikationen von zivil und militärisch nutzbaren Gütern (*dual use items*) entschieden, deren Export nach Osteuropa, in die Sowjetunion oder die Volksrepublik China erwogen wurde. Das Sekretariat entschied auch darüber, ob Ausnahmen von den vereinbarten Restriktionen erlaubt werden sollten. In sporadischen Spitzentreffen wurde die politische Richtung für alle Mitglieder festgelegt. CoCom entwickelte drei Kontrolllisten, und zwar für Waffen, Munition und Rüstungsmaterial; für Kernenergiematerialien und für sonstige Waren von strategischer Bedeutung. Letztere wurde von den USA Commodity Control List genannt; sie enthielt zwar überwiegend zivile Produkte und Technologien, diese ließen sich häufig aber auch militärisch nutzen. Die Kontrollorganisationen der einzelnen Staaten übernahmen diese Listen in ihre jeweiligen nationalen Kontrolllisten. In den USA enthielten dementsprechend die Export Administration Regulations die US-Version der CoCom-Listen; in der Bundesrepublik Deutschland wurde die Ausfuhrliste als Anlage AL zur Außenwirtschaftsverordnung veröffentlicht. Die Genehmigungsbehörde war das Bundesamt für Wirtschaft.

Da das CoCom über keine unabhängige juristische Existenzberechtigung verfügte, hing die Umsetzung von CoCom-Entscheidungen von der Effektivität der jeweiligen Exportkontrollgesetzgebungen und -administrationen der Mitgliedsstaaten ab. Deren Regierungen waren verantwort-

5 Zur Systematik von »negativen« wie »positiven« Wirtschaftssanktionen vgl. zum Beispiel Klaus Knorr, The Power of Nations, New York 1975; David Baldwin, Economic Statecraft, Princeton 1985; Friedemann Müller u.a., Wirtschaftssanktionen im Ost-West-Verhältnis, Baden-Baden 1983. Als allgemeine Reflexion vgl. auch Gunnar Adler-Karlsson, »Die Instrumente Embargo und Sanktionen«, in: Reinhard Rode/Hanns-D. Jacobsen (Hg.), Wirtschaftskrieg oder Entspannung?, Bonn 1984, S. 305–319.

lich dafür, entsprechende Gesetze und Durchführungsbestimmungen zu verabschieden und anzuwenden. Der Umfang der jeweiligen nationalen Exportkontrollregime, die Aufmerksamkeit auf der hohen politischen Ebene, die den Exportkontrollen gewidmet wurde, sowie die Effektivität der jeweiligen Bürokratien waren höchst unterschiedlich. Zwar gab das Konsensprinzip jedem Mitgliedsstaat eine Vetomöglichkeit hinsichtlich des Exports einer kontrollierten Ware oder Technologie seitens aller anderen Mitgliedsstaaten – in der Regel wurde ein solches Veto aber nur von den USA ausgesprochen.

Entstehung und Entwicklung nach dem Krieg

Die Jahre 1947 und 1948 waren von einer rapiden Verschlechterung der Beziehungen der USA zu ihrem Weltkriegsalliierten, der Sowjetunion, gekennzeichnet. Im Sommer 1947 boten die USA, jedenfalls offiziell, noch immer an, die UdSSR in den Marshallplan zum Wiederaufbau Europas einzubeziehen. Die skeptischen Stimmen nahmen aber zu.[6] Im Frühjahr 1948 wurde die US-Administration durch dramatische Ereignisse in Europa und Asien herausgefordert: Kommunisten übernahmen die Macht in der Tschechoslowakei; der Viermächtestatus in Deutschland schien bedroht, und die Amerikaner suchten eine militärische Zusammenarbeit mit westeuropäischen Staaten. Der Versuch der sowjetischen Regierung, die Westalliierten aus Berlin hinauszudrängen, und die sich im Juni 1948 anschließende Luftbrücke riefen Kriegsängste hervor, was wiederum den Weg für rigide Aktionen bereitete.

Zum ersten Mal begannen die USA im Herbst 1948, für Exporte in sowjetdominierte Staaten Genehmigungsauflagen zu verhängen. Außerdem erkannte der Kongress im Export Control Act of 1949 zum ersten Mal formal die Notwendigkeit von Exportkontrollen auch in Friedenszeiten an. Die Ziele des Gesetzes bestanden darin, erstens andauernde Engpässe bei Mangelgütern zu reduzieren, zweitens die Außenpolitik des Präsidenten praktisch zu unterstützen und drittens den Zugang zu jenen Gütern einzuschränken, die als entscheidend für die nationale Sicherheit der USA angesehen wurden; die Kontrollen sollten zunächst zeitlich befristet sein.

---

6 Im Juli 1947 publizierte George Kennan unter dem Pseudonym »X« seinen berühmten Artikel »The Sources of Soviet Conduct« in der Zeitschrift *Foreign Affairs*, in dem er eine Eindämmungspolitik (policy of »containment«) gegenüber sowjetischen Hegemonieambitionen empfahl.

Die Bildung der North Atlantic Treaty Organization (NATO) im April 1949 war die westliche Antwort auf die perzipierte sowjetische Bedrohung. Um die Effektivität der NATO zu steigern, lieferten die Vereinigten Staaten militärische Technologie und Waffen direkt an die Alliierten. Da aber die sich allmählich erholenden westeuropäischen Staaten (genauso wie später Japan) auf Dauer ebenfalls Produzenten von fortgeschrittener, militärisch relevanter Technologie werden konnten, schickte Präsident Harry S. Truman seinen Handelsminister Averell Harriman nach Europa, um die Zusammenarbeit der Verbündeten bei dem Versuch einzufordern, der Sowjetunion und deren Verbündeten den Zugang zu solchen strategischen Technologien zu verweigern. Dies führte 1949 zur Einsetzung jenes CoCom in Paris, um zum ersten Mal eine explizite Strategie technologischer Verweigerung gegenüber den Mitgliedsstaaten des sowjetischen Blocks zu entwickeln und zu koordinieren.

Der Ausbruch des Koreakrieges am 25. Juni 1950 führte schließlich ein Jahr später zu einer Novellierung des Export Control Act und etwa gleichzeitig zur Verabschiedung des Mutual Defense Assistance Control Act. Auch bekannt als Battle Act, erlaubte dieses Gesetz den USA, die Lieferung von Waffen, Munition, Nuklearmaterial und anderer strategischer Güter in Länder unter ein Embargo zu stellen, wenn sie als Gefahr für die nationale Sicherheit angesehen wurden.[7] Das Gesetz verknüpfte auch die Gewährung von Wirtschaftshilfe an andere Nationen mit deren Bereitschaft, sich an Exportkontrollen von strategischen Gütern und Technologien in den sowjetischen Block zu beteiligen.

Die 1950/51 von der US-Regierung ergriffenen Initiativen, die in Richtung Wirtschaftskrieg tendierten, wurden von drei miteinander verbundenen Wahrnehmungen geprägt. Die erste bestand in der Annahme, dass ein Krieg mit der Sowjetunion unausweichlich sei. Deshalb sollte deren Zugang zu militärisch relevanten zivilen Produkten verhindert werden. Die zweite war die Überzeugung, dass es sich bei der sowjetischen um eine *Kriegs*-Wirtschaft handeln würde, womit die meisten wirtschaftlichen Aktivitäten militärischen Erwägungen unterliegen würden. Schließlich aber wurde die Verwundbarkeit der sowjetischen Wirtschaft als ziemlich niedrig eingeschätzt: Sowohl die Größe der Wirtschaft als auch die staatliche

---

7 Damit bekam der Battle Act nicht nur die gesetzliche Grundlage für die Teilnahme der USA am CoCom, sondern er stellte auch die erste öffentliche Bestätigung der Existenz des CoCom dar. Vgl. William J. Long, U.S. Export Control Policy – Executive Autonomy vs. Congressional Reform, New York 1989, S. 18.

Kontrolle mittels planwirtschaftlicher Mittel verhinderten eine Abhängigkeit von ausländischen Quellen. Wie kaum ein anderes Land verfügte die UdSSR über eine hohe wirtschaftliche Autarkie- beziehungsweise Unabhängigkeitsbegabung. Umso wichtiger war es für die USA und ihre Alliierten, ihr Embargo auf Elemente zu konzentrieren, die der militärischen Bereitschaft und ihrer wirtschaftlichen Basis dienten. Ein effektives Embargo, so die Überlegung, auf lebenswichtige Rohstoffe, Metalle, Schleifmittel, Kugellager etc. ebenso wie auf relevante Kapitalgüter und Ausrüstungen werde die sowjetischen Fähigkeiten beeinträchtigen, Krieg zu führen.

Es überrascht nicht, dass die westeuropäischen Länder die wirtschaftlichen Beziehungen mit der Sowjetunion und deren Verbündete in Mittel- und Osteuropa anders interpretierten.[8] Dementsprechend unterschied sich auch ihre Sicht auf das CoCom. Für Unternehmen aus den USA erwies es sich als ziemlich einfach, das Embargo gegen die UdSSR und deren Verbündete zu unterstützen. Schließlich hatten die Wirtschaftsbeziehungen mit diesen Ländern nie eine bedeutende Rolle gespielt. Bei Unternehmen aus Westeuropa war das anders: Weit mehr als die Vereinigten Staaten waren die westeuropäischen Länder abhängig von funktionierenden Außenwirtschaftsbeziehungen und dem Zugang zu externen Märkten. Schließlich verfügten sie über traditionelle Beziehungen zu denjenigen, gegen die das Embargo gerichtet war. Deswegen wurden die Exportbeschränkungen von den westeuropäischen Staaten keineswegs nur unterstützt. Zwar gab es keinen direkten oder offenen Widerstand gegen die gemeinsamen Anstrengungen, den Export strategischer Güter in den Osten zu begrenzen. Versuche, die Kontrollen auf nicht strategische Güter auszudehnen, wurden allerdings generell und energisch abgelehnt. Diese Ablehnung gründete sich auf politischen ebenso wie auf wirtschaftlichen Überlegungen. Schon damals wurden Argumentationsmuster entwickelt, die sich während der nachfolgenden 40 Jahre mit nur geringen Modifikationen auf beiden Seiten des Atlantiks hielten.

In Westeuropa wurde darauf hingewiesen, dass es seit Jahrhunderten zwischen dem mehr industrialisierten West- und dem mehr agrarischen Osteuropa eine traditionelle Arbeitsteilung gegeben habe. Westeuropäer bezweifelten die Annahme der US-Regierung, dass der Osten mehr als

8 Als detailliertere Analyse dieser Perzeptionen sowie der resultierenden politischen und wirtschaftlichen Überlegungen vgl. Hanns-D. Jacobsen, Die Ost-West-Wirtschaftsbeziehungen als deutsch-amerikanisches Problem, Baden-Baden 1986, S. 62ff. und 209ff.

der Westen unter einer Begrenzung oder gar Einstellung der Handelsbeziehungen leiden würde. Sie bezweifelten sogar, dass die Embargopolitik ein effizientes Mittel darstellen würde, um den Vorrang der USA beziehungsweise des Westens aufrechtzuerhalten. Vielmehr wurde angenommen, dass die Sowjetunion und die osteuropäischen Länder in der Lage sein würden, die von ihnen benötigten Güter und Technologien zum Beispiel im neutralen Ausland zu erwerben oder durch eigene Entwicklungen zu substituieren. Westliche Politiker legten darüber hinaus dar, dass die tatsächliche Abhängigkeit der kommunistischen Länder, vor allem der UdSSR, weit geringer sei als angenommen, auf alle Fälle aber nicht groß genug, um politische Konzessionen zu erreichen. Auch würden die USA ihre Überlegenheit dazu nutzen, die Westeuropäer zu einer Politik zu veranlassen, die ihnen selbst mehr schadete als den Amerikanern. Und schließlich gaben sie ihrer Furcht Ausdruck, dass ein Wirtschaftskrieg die osteuropäischen Länder immer mehr dem sowjetischen Einfluss aussetzen würde – mit der Konsequenz einer andauernden Teilung Deutschlands und Europas.

Während der frühen 1950er Jahre kehrte die Sowjetunion nicht nur zu der autarkistischen und isolationistischen Handelspolitik zurück, die sie vor dem Zweiten Weltkrieg betrieben hatte, sondern sie veranlasste die zentral- und osteuropäischen Staaten, dasselbe zu tun. Als wesentliche Organisation zur Durchsetzung dieser neuen Politik fungierte der Rat für gegenseitige Wirtschaftshilfe (RGW), der im Frühjahr 1949 als Antwort auf den Marshallplan gegründet worden war. Die Gründungsmitglieder waren neben der UdSSR Bulgarien, Polen, Rumänien, die Tschechoslowakei und Ungarn. Die DDR wurde im September 1950 RGW-Mitglied.

Trotz dieser Entwicklungen, die letztlich zur Zementierung der Teilung Europas und zum Kalten Krieg führten, und trotz aller Kritik im Einzelfall unterstützten die westeuropäischen Länder die US-Embargopolitik. Abnehmende beziehungsweise unterbrochene Wirtschaftsbeziehungen zu den zentral- und osteuropäischen Ländern erwiesen sich als der Preis, den Westeuropa für die Hilfe aus den USA zu akzeptieren hatte. Dieser Preis wurde jedoch nur zögerlich beglichen, weil die Westeuropäer sich von der Rigorosität irritiert zeigten, mit der die USA ihre Position durchzusetzen bereit waren.

Exkurs: Exportkontrollen und innerdeutscher Handel[9]

Das geteilte Deutschland stellte für den Erfolg im Wirtschaftskrieg und die Effektivität der CoCom-Kontrollen ein besonderes Problem dar, weil das offizielle Ziel der Bundesregierung darin bestand, die deutsche Frage offenzuhalten und längerfristig die Vereinigung anzustreben. Aus diesem Grund erhielten die Beziehungen zwischen der Bundesrepublik Deutschland (einschließlich West-Berlin) und der DDR in den Jahren 1949, 1951 und 1960 eine besondere legale Grundlage.[10] Fast von Anfang an gab es vor allem in den USA Befürchtungen, dass innerdeutscher Handel (damals noch Interzonenhandel) einen Kanal für die Lieferung sensibler Waren darstellen könnte. Solche Exporte könnten nicht nur einen Satelliten der Sowjetunion wirtschaftlich stabilisieren, sondern auch eine Quelle für strategisch relevante Güter sein, deren sich das sowjetische Militär bemächtige.

Handel zwischen beiden deutschen Staaten stellte deshalb ein besonderes Problem dar, weil beide Seiten vorgaben, die Vereinigung Deutschlands anzustreben. Der Einsatz von Exportkontrollen und die Verhängung von Wirtschaftssanktionen gegenüber den kommunistischen Staaten trugen jedoch offensichtlich zu einer weiteren Trennung der beiden deutschen Staaten sowie deren Einbeziehung in die antagonistischen Systeme in Ost und West bei.

Schon im Frühjahr 1949, noch während der Berliner Blockade, begann eine Kommission des US-Senats eine umfassende zweimonatige Untersuchung in Europa, um die Wirksamkeit von Exportkontrollen bei der Lieferung von strategisch relevanten Gütern in den kommunistischen Machtbereich zu prüfen. Der daraus entstandene Bericht kam zu dem Ergebnis, dass besonders die Kontrollen in der amerikanischen und der britischen Zone (Bizone) so mangelhaft durchgeführt würden, dass »der ganze Plan, die Lieferung strategisch bedeutender Waren hinter den Eisernen Vorhang

---

9 Dieser Abschnitt basiert auf Forschungen, die der Autor 1986 im Woodrow Wilson International Center for Scholars und den National Archives in Washington, D.C. durchgeführt hat. Vgl. Hanns-D. Jacobsen, »Security Implications of Inner-German Economic Relations«, Working Paper # 77, Washington, D.C.: The Wilson Center, International Security Studies Program, 27. August 1986, mimeo.

10 Vgl. Siegfried Kupper, Der innerdeutsche Handel. Rechtliche Grundlagen, politische und wirtschaftliche Bedeutung, Köln 1972; Hanns-D. Jacobsen, »Die innerdeutschen Wirtschaftsbeziehungen als internationales Problem«, in: Hans-J. Schröder (Hg.), Die deutsche Frage als internationales Problem. Veröffentlichungen des Studienkreises Internationale Beziehungen, Bd. 2, Stuttgart 1990, S. 89–108.

zu verhindern, scheitern könnte«.[11] Als Ergebnis dieser Untersuchung wurde eine Reihe von kontrollverschärfenden Maßnahmen erlassen, die sich besonders auf die Region bezogen, die wenig später zur Bundesrepublik Deutschland wurde. Ein Tripartite Export Controls Committee und eine Tripartite Customs Group, deren Mitglieder jeweils aus den USA, Großbritannien und Frankreich bestanden, entwickelten entsprechende Richtlinien für die Bundesregierung. Diese Institutionen begannen ihre Arbeit Ende 1949, etwa zur gleichen Zeit als CoCom seine Tätigkeit aufnahm, und setzen ihre Aufsicht über den Osthandel mehrere Jahre fort.

Diese Richtlinien betrafen jedoch nicht den Interzonenhandel bis zum 10. Mai 1950, als die Durchführung der Exportkontrollen offiziell der westdeutschen Regierung überantwortet wurden. Aber sogar dann durfte die Bundesregierung nicht die allgemeine CoCom-Liste kontrollierter Güter anwenden, sondern musste die sehr viel restriktivere Liste der USA, die schon vorher gegolten hatte, akzeptieren. Bis dahin konnte praktisch jedes Gut zwischen den beiden Teilen Deutschlands gehandelt werden. Deshalb ist es zweifellos richtig, dass während der ersten Monate nach Einführung der Exportkontrollen in Deutschland ein großes Schlupfloch existierte, das nicht nur Ostdeutschland, sondern auch die anderen kommunistischen Staaten auszunutzen in der Lage waren.

Aber sogar danach stand die Realität westdeutscher Kontrollen in einem bemerkenswerten Widerspruch zu den Bestimmungen selbst. Ein in der Folge erstellter umfassender Bericht des Committee on Interstate and Foreign Commerce des US-Senats vom April 1951 kam zu dem Ergebnis, dass »Westdeutschland immer noch Quelle und Kanal für die Lieferung strategisch bedeutender Waren in den sowjetischen Block« sei.[12] Obwohl entsprechende Gesetze und Weisungen erlassen worden seien, gebe es »praktisch keine effektiven Gegenmaßnahmen, administrative Sanktionen oder andere Aktivitäten, die auf Einhaltung der Regelungen gerichtet sind«.[13]

---

11 Vgl. »Staff Report to the Joint Committee on Foreign Economic Cooperation concerning Export Controls on Shipments of Articles of Strategic Importance and the Functioning of ECA (Economic Cooperation Administration) Personnel in Connection Therewith« (Golding Report), in: *Congressional Record*, Bd. 96, 14. Juni 1950, S. 8578–8582 (hier S. 8580).

12 »Export Controls and Policies in East-West Trade«. Bericht des Committee on Interstate and Foreign Commerce, U.S. Senate, 12. Oktober 1951, Washington, D.C. 1951, S. 3.

13 Ebenda, S. 20.

Diese Mängel wurden in Washington so ernst genommen, dass der Hohe Kommissar für Deutschland, John J. McCloy, am 14. Juni 1951 vor dem US-Senat erschien. Die entstandenen Schwierigkeiten erklärte er mit der nicht gelösten Grundfrage, warum die Deutschen »eigentlich nicht mit der sowjetisch besetzten Zone in Deutschland Handel treiben sollten, zumal es sich vor dem Krieg um einen einheitlichen Wirtschaftsraum gehandelt hatte«.[14] Schließlich habe sich der zunehmende amerikanische Druck aber als erfolgreich erwiesen: McCloy hob hervor, dass der westdeutsche Ost- und auch der Interzonenhandel bereits erheblich abgenommen hätten. Die Drohung, die Marshallplanhilfe zu reduzieren oder einzustellen oder auf eine Schwarze Liste gesetzt zu werden, hätten die Regierung sowie Firmen in Deutschland in wirksamer Weise überzeugt, das Kontrollsystem zu akzeptieren und zu befolgen. All die ergriffenen Initiativen, den Export strategischer Güter in den Osten zu beenden, zeitigten in der Tat den erwünschten Effekt. Laurie Battle, der Autor des Mutual Defense Control Act of 1951, mittels dessen der Ost-West-Handel für einige Zeit voll zum Erliegen gebracht wurde, überzeugte sich im Herbst 1952 bei einer Inspektionsreise nach Europa selbst von dem Erfolg der von ihm eingeleiteten Gesetzgebungsinitiativen. Auch wenn er einige Schwächen beanstandete, schien er doch zufrieden mit den bis dahin ergriffenen Maßnahmen zu sein. Mit Bezug auf das Ausmaß der Kontrollen sowie auf deren Durchführung hob er hervor, dass »the situation in Western Germany is well in hand«.[15] Gleichzeitig betonte er, dass »Berlin als Leck zum sowjetischen Block betrachtet werden muss [...], strategische Güter von dort aber nicht ohne Weiteres hinter den Eisernen Vorhang geliefert werden können. Es bestehen umfassende und effektive Kontrollen, die abschreckend wirken und solche Lieferungen verhindern.«[16]

---

14 Testimony of John J. McCloy, U.S. Commissioner for Germany, in: »Export Control and Policies«. Hearing before the Subcommittee on Export Controls and Policies of the Committee on Interstate and Foreign Commerce, U.S. Senate, 82nd Congress, 1st Session, Washington, D.C. 1951, S. 103.

15 »Progress in the Control of Strategic Exports to the Soviet Bloc«. Report by Hon. Laurie Battle, 29. Januar 1953, Washington, D.C. 1953, S. 15.

16 Ebenda, S. 27.

Anpassungen während der 1950er und der frühen 1960er Jahre[17]

Bereits 1954 und 1958, also nur wenige Jahre nach seiner Bildung, wurden die Kontrollanstrengungen des CoCom reduziert. Die Hauptgründe lagen zum einen in Stalins Tod 1953, dem sich ein Tauwetter in der UdSSR anschloss, zum anderen in dem Waffenstillstand in Korea und schließlich in der generellen Einsicht, dass ein totales Embargo nicht in der Lage wäre, entscheidende politische Veränderungen zu bewirken. Darüber hinaus war 1953 die Marshallplanhilfe für Westeuropa eingestellt worden, sodass die USA nicht mehr über ein wirksames Druckmittel verfügten. Die Rezession, die sich dem Koreakrieg anschloss, erforderte die Entfaltung zusätzlicher Märkte, und steigende Exporte in die zentral- und osteuropäischen Märkte wurden als Wachstumsfaktor angesehen. All diese Entwicklungen erhöhten den Druck auf die politischen Entscheidungsträger, die Kontrollen abzubauen und wachsende Ost-West-Wirtschaftsbeziehungen zuzulassen.

Vor allem in Deutschland wuchs der Widerstand gegen ein zu rigides Exportkontrollsystem.[18] 1958, drei Jahre nach der Aufnahme diplomatischer Beziehungen, schlossen die Bundesrepublik Deutschland und die UdSSR ein erstes Handelsabkommen. Bereits 1952 war mit dem »Ostausschuss der Deutschen Wirtschaft« eine Institution gegründet worden, die aktiv die Ausweitung des Osthandels betrieb. Die 1958 erfolgte Lockerung beschränkte die Kontrollen auf Güter, die als strategisch relevant bezeichnet wurden.[19] »Gewöhnliche« Produkte, deren Exportbeschränkung

---

17 Zur Chronologie der Hauptereignisse vgl. Gary C. Hufbauer/Jeffrey J. Schott/Kimberly A. Elliott, Economic Sanctions Reconsidered. History and Current Policy, Washington, D.C. 1990, S. 125–139.

18 Diese Zeitperiode wurde umfassend dokumentiert und analysiert. Vgl. Angela Stent, Wandel durch Handel? Die politisch-wirtschaftlichen Beziehungen zwischen der Bundesrepublik Deutschland und der Sowjetunion, Köln 1983; Michael Kreile, Osthandel und Ostpolitik, Baden-Baden 1978; Claudia Wörmann, Der Osthandel der Bundesrepublik Deutschland. Politische Rahmenbedingungen und ökonomische Bedeutung, Frankfurt am Main/New York 1982.

19 Nach 1958 bestand die CoCom-Liste aus einer Internationalen Munitionsliste (IML), einer Internationalen Atomenergieliste (IAEL) sowie einer Internationalen Industrieliste (IL) mit dem Ziel, Produkte aufzulisten, deren Export aus Sicherheitsgründen beschränkt werden sollte. Die drei Listen wurden alle vier Jahre komplett überprüft, wobei der IL Priorität eingeräumt wurde. Eine unabhängige Methodologie zur Zusammenstellung der Listen gab es im CoCom nicht; vielmehr erfolgte ihre Zusammenstellung auf der Basis von nationalen Vorlagen mit Vorschlägen zur Hinzufügung zur oder Löschung von den Listen. Erst 1978 identifizierte CoCom Kriterien für »strategische« Güter als Anleitung

»nur« zu einer Reduzierung sowjetischen Wirtschaftswachstums führen würde, wurden von den CoCom-Listen entfernt. Dementsprechend wurde die ursprüngliche Liste mit ihren drei Bestandteilen (Embargoliste, Mengenkontrollliste, Überwachungsliste) auf zwei Komponenten reduziert: Die Embargoliste verblieb, die beiden anderen wurden zu einer »Beobachtungsliste« zusammengefasst. Auch die USA passten ihre nationale Liste an, aber nicht so umfassend wie die Bündnispartner.

Wie weit der Konflikt zwischen den USA und den Westeuropäern – und vor allem den Westdeutschen – ging, kann exemplarisch am Röhrenembargo von 1962/63 gezeigt werden.[20] Als Ergebnis ambitionierter Entwicklungspläne benötigte die Sowjetunion besondere Röhren, die nur mit einer Technologie hergestellt werden konnten, bei der deutsche Firmen weltweit führten. Verhandlungen zwischen deutschen Stahlfirmen und den sowjetischen Partnern fanden zu einer Zeit statt, als die NATO – unter Druck gesetzt vom US State Department – im November 1962 eine Resolution verabschiedete, wonach die Lieferung von solchen Röhren gestoppt und neue Verträge unterbunden werden sollten.[21] Es wurde behauptet, dass die Ölpipeline (die auf den Namen »Freundschaft« hörte) die militärische Position Moskaus in Osteuropa verbessern würde. Die Westdeutschen wiesen diese Behauptung zurück und äußerten ihrerseits den Verdacht, dass das State Department auf den Druck von US-Ölgesellschaften reagiert hätten, weil die Sowjetunion mittels der Pipeline günstiges Erdöl an Deutschland liefern und sich daraus eine besondere Beziehung entwickeln könnte. Die US-Initiative in der NATO erwies sich letztlich als erfolgreich, weil die Regierung der Bundesrepublik sich aus transatlantischer Solidarität der Forderung beugte und bereits abgeschlossene Verträge mit der Sowjet-

für die Mitgliedsstaaten. Sie umfassten (1) Materialien, Ausrüstungen und Technologien, die sich für militärische Systeme verwenden ließen; (2) besondere Technologien, deren Erwerb die militärischen Fähigkeiten von Gegnern erheblich verbessern würde und (3) Materialien, Ausrüstungen und Technologien, über die die Zielländer nicht verfügten und, im Fall eines Krieges, deren Import nicht oder nur langfristig möglich wäre. Die IML enthielt Positionen, die das erste Kriterium erfüllten; die IAEL und die IL bestanden aus militärisch und zivil nutzbaren Positionen, die das zweite und dritte Kriterium erfüllten.

20 Eine autoritative Darstellung des Röhrenembargos findet sich bei Stent, From Embargo to Ostpolitik, Kap. 5, S. 93–126.

21 Die USA hatten die NATO, nicht das CoCom, als Forum gewählt, um die Röhrenlieferung zu verhindern. Adler-Karlsson (Western Economic Warfare, S. 131) hat darauf hingewiesen, dass die Briten einem Röhrenembargo im Rahmen des CoCom strikt widersprochen hätten. Das CoCom erforderte einstimmige Entscheidungen seitens der Mitgliedsstaaten.

union brach. Als Folge wurde der Bau der Pipeline zwar letztlich nur um etwa ein Jahr verzögert. Als wichtigstes Nebenprodukt des Röhrenembargos erwies sich aber das entstandene Misstrauen, nicht nur zwischen Regierung und Industrie in Deutschland, sondern auch zwischen der westdeutschen und der sowjetischen Regierung.

Die internationalen Rückwirkungen des Röhrenembargos waren erheblich, vor allem als die britische und die italienische Regierung erklärten, dass sie die NATO-Resolution vom November 1962 als unverbindliche Empfehlung betrachten beziehungsweise das Prinzip *pacta sunt servanda* nicht infrage stellen würden. Nunmehr lieferten Firmen aus Großbritannien, Italien und aus dem Nicht-NATO-Mitgliedsland Japan die Röhren. Dies wiederum rief in der Bundesrepublik sowohl in der Regierung als auch bei den betroffenen Firmen Bitterkeit hervor. Zum ersten Mal war deutlich geworden, wie schwierig es geworden war, eine einheitliche Embargopolitik zu entwickeln. Mehr noch: Es wurde auch klar, dass die USA und Westeuropa bei ihrer Interpretation politischer Ziele und individueller ökonomischer Interessen unterschiedlichen Überlegungen folgten. Die Röhrenkontroverse der frühen 1960er Jahre steigerte die westdeutsche Entschlossenheit, zukünftige Forderungen des USA zurückzuweisen, was wiederum zu Misstrauen und zu einer Erosion des US-Einflusses in der NATO sowie zu einer Politisierung strategisch und militärisch relevanter Problemfelder führte.

Die innerwestlichen Konflikte um das Erdgas-Röhren-Embargo fanden Anfang der 1960er Jahre in einem Umfeld statt, das von grundlegenden Strukturveränderungen im internationalen System geprägt war. Das betraf nicht nur den Prozess der Entkolonisierung in Afrika und anderswo, den wirtschaftlichen Aufstieg Japans und die ersten Erfolge des wirtschaftlichen Integrationsprozesses in Westeuropa. Vielmehr steigerte sich im Verlauf der 1960er und auch der 1970er Jahre die Intensität der internationalen Beziehungen, indem – gemessen am allgemeinen Wirtschaftswachstum – der internationale Handel von Waren und Dienstleistungen und auch der internationale Kapitaltransfer zum Beispiel in Form von Direktinvestitionen überproportional zunahmen. Dazu trug der generelle Abbau von Handelsschranken, etwa durch Zollsenkungsrunden des General Agreement on Tariffs and Trade (GATT) wie die Kennedyrunde (1964–1967), ebenso bei wie die Entstehung von multinationalen Unternehmen, die zunehmend global agierten und zu einer Internationalisierung der Produktion beitrugen. Vor allem die europäischen Länder und Japan profitierten sehr stark von diesen Entwicklungen, weil sie wirtschaftliches Wachstum bewirkten. Politisch motivierte Behinderungen des internationalen Handels in Form von Wirtschaftssanktionen fanden in diesen stark vom Außenhandel abhängigen Ländern kaum Befürworter, weil diese befürchteten, eine ihrer Wohlstandsquellen könnte beeinträchtigt werden.

Entspannungspolitik und die abnehmende Bedeutung des CoCom

Aber nicht nur aus wirtschaftlichen Gründen waren die Westeuropäer und insbesondere die Westdeutschen immer sehr viel zögerlicher als die USA, umfassende Exportkontrollen zu akzeptieren. Sie begriffen vielmehr die wirtschaftlichen Beziehungen mit den östlichen Staaten als einen stabilisierenden Faktor, der – wenn überhaupt – nur aus rein militärischen Gründen eingeschränkt werden sollte. Seit Beginn der neuen Ostpolitik gegen Ende der 1960er Jahre bestand das allgemeine Muster westdeutschen politischen und ökonomischen Verhaltens gegenüber den östlichen Staaten darin, sie in ein Netzwerk internationaler Beziehungen einzubinden und wechselseitige Verantwortlichkeiten zu schaffen. Entsprechend dieser Strategie sollten zunehmende Wirtschaftsbeziehungen dazu beitragen, Aggressionspotenziale zu vermindern und dabei gleichzeitig die moderaten Kräfte in diesen Ländern zu stärken sowie Reformen in Wirtschaft und Gesellschaft zu erleichtern. Dementsprechend versuchte Bonn kontinuierlich, die Auswirkungen der deutschen Teilung zu lindern und den Status von Berlin zu sichern, indem versucht wurde, einen Modus Vivendi mit den östlichen Nachbarn, insbesondere der DDR, herzustellen. Aus dieser Perspektive erhielt die Unterscheidung zwischen Sanktionen aus politischen Motiven beziehungsweise Exportkontrollen aus sicherheitsrelevanten Erwägungen heraus eine zunehmend größere Bedeutung.

Während der frühen 1970er Jahre trachtete die Nixonadministration danach, den Ost-West-Handel auszudehnen, wobei sie ein Verknüpfungskonzept (*linkage policy*) verfolgte, das die Intensität des Ost-West-Handels in einen direkten Zusammenhang mit dem Verhalten der UdSSR in anderen Teilen der Welt stellte. Ein grundsätzliches Motiv für die Ermutigung zum Handel mit dem Ostblock bestand darin, das Beeinflussungspotenzial des Westens zu steigern, indem bewusst Abhängigkeiten der östlichen Staaten von westlichen Lieferungen hergestellt werden sollten, die dann im Krisenfall gegebenenfalls genutzt würden, um die Zielländer zu politischen Zugeständnissen zu veranlassen. Diese Politik sollte die Sowjetunion und ihre Verbündeten in ein ausgedehntes wirtschaftliches Beziehungsnetz einbinden, aus dem sie sich nur unter großen ökonomischen Kosten würden befreien können. Dieser Ansatz ähnelte dem der westeuropäischen Länder, sodass die transatlantischen Differenzen über den Ost-West-Handel geringer wurden.

Einschränkungen bei der Ausreise von jüdischen Dissidenten und sowjetische Aktivitäten in Angola und am Horn von Afrika führten in der öffentlichen Meinung der USA zu einer allgemeinen Ablehnung der Entspannungspolitik. Die Reaktionen in den USA und in Westeuropa liefen in gegensätzliche Richtungen: Während die USA das Ziel verfolgten, ihre Ostwirtschaftsbeziehungen zu reduzieren, wollten die Westeuropäer, und vor allem die Westdeutschen, die Früchte der Entspannungspolitik ernten und sichern. Als die Sowjetunion im Dezember 1979 in Afghanistan einmarschierte, brachen die Differenzen noch mehr auf: Die Verschlechterung der Ost-West-Beziehungen führte Anfang der 1980er Jahre zu Kontroversen innerhalb der westlichen Allianz, über die politischen Implikationen des Ost-West-Handels und vor allem über den Technologietransfer.

Die Meinungsverschiedenheiten spitzten sich zu, als Ronald Reagan 1981 das Amt des Präsidenten übernahm. Die neue Administration zeigte sich tief besorgt über die wirtschaftlichen und militärischen Vorteile, die die östlichen Staaten durch den Import fortgeschrittener Technologien würden erreichen können, was wiederum zu einer Beeinträchtigung der westlichen Sicherheit und zu Kosten des Westens in Milliardenhöhe beigetragen hätte. Wieder einmal agitierten die USA öffentlichkeitsorientiert gegen ein Pipelineprojekt.

Dieses Mal handelte es sich um das Erdgasgeschäft der Urengoi-Uschgorod-Pipeline mehrerer westeuropäischer Staaten mit der UdSSR. Als Ende 1981 in Polen das Kriegsrecht verkündet wurde, erließ die neue amerikanische Regierung wirtschaftliche Sanktionen, die es US-Firmen untersagten, Komponenten zum Bau der Pipeline zu liefern. Darüber hinaus wurde ein Boykott europäischer Firmen erwogen, die an dem Geschäft beteiligt waren. Mit ihrem Versuch, den Bau der Pipeline zu verhindern und dabei auch die eigene nationale Gesetzgebung extraterritorial anzuwenden, stellte sich die US-Regierung in einen klaren Gegensatz zu den westeuropäischen Regierungen, insbesondere zu der in Bonn. Aber dieses Mal sagte die westdeutsche Regierung eindeutig »Nein« zu den Erwartungen des atlantischen Partners und setzte die Auslieferung der Pipelineteile fort.[22]

Der westeuropäische Widerstand gegen die amerikanischen Sanktionen im Jahr 1982 führte zu einem ernsthaften Konflikt innerhalb der Allianz. Aber schließlich konnte die US-Administration nichts anderes tun, als zu-

---

22 Vgl. ausführlicher in Jacobsen, Die Ost-West-Wirtschaftsbeziehungen, S. 233–260.

zugeben, dass die Allianz durch den Streit dauerhaft beschädigt werden könne. Die Amerikaner suchten angestrengt nach einer Regelung. Nach einer Serie von hektischen Treffen im Herbst 1982 beendete Präsident Reagan alle Sanktionen, die gegen die Urengoi-Uschgorod-Pipeline gerichtet waren. Damit erlitt die US-Administration eine ernsthafte diplomatische Niederlage. Die sich diesem westeuropäisch-amerikanischen Showdown anschließende allgemeine Überprüfung realisierbarer Sanktionen und Exportbeschränkungen schloss die CoCom-Kontrollen ein. Während des Konfliktes war nämlich deutlich geworden, dass die simple Unterscheidung zwischen strategischen und nicht strategischen Gütern und Technologien nicht ausreichte und politische, nicht nur strategieorientierte Einschätzungen an Bedeutung gewonnen hatten.

Nach wie vor wollten weder die USA noch die Westeuropäer dazu beitragen, dass Güter und Technologien mit direkter militärischer Bedeutung in die Sowjetunion oder in andere kommunistische Staaten exportiert werden sollten. Als jedoch die CoCom-Listen zusammengestellt wurden, konnte eine exakte Übereinstimmung darüber, welche Güter und Technologien entscheidend zum sowjetischen Militärpotenzial beitragen würden, nicht hergestellt werden. Dementsprechend entstanden immer wieder Meinungsverschiedenheiten bei der Revision der Listen. Das war insbesondere der Fall bei den Gütern und Technologien, die sowohl militärisch als auch zivil genutzt werden konnten. Die USA beurteilten ihre westeuropäischen Verbündeten als verdächtig naiv und glaubten, dass die Bündnispartner die Kontrollen zu leichtfertig interpretierten. Während der verschiedenen Spitzentreffen zu Beginn der 1980er Jahre haben die USA in der Tat mehrfach die Aktualisierung der Liste sicherheitssensitiver Technologien angemahnt, auf verbesserte Politikkoordinierung gedrängt, auf besseren Vollzug der vereinbarten Maßnahmen bestanden und schließlich eine strukturelle und finanzielle Verstärkung der CoCom-Maschinerie gefordert.

Die Westeuropäer ihrerseits glaubten, dass die amerikanischen Vertreter zu restriktiv waren. Schließlich würde eine Reihe von kontrollierten Produkten bereits in Osteuropa produziert oder aber sie wären durch legale und illegale Maßnahmen[23] verfügbar in entwickelten Nicht-CoCom-

---

23 Vgl. die Beiträge zu »Soviet Acquisition of Western Technology«, Hearings before the Permanent Subcommittee on Investigations of the Committee on Governmental Affairs, U.S. Senate, 97th Congr., 2nd Sess., Washington, D.C. 1982. Eine mehr anekdotische Sammlung von Fällen enthält Linda Melvern/Nick Anning/David Hebditch, Techno-Bandits, Boston 1984. In diesem Zusammenhang soll betont werden, dass das geteilte Deutschland und insbesondere das geteilte Berlin sich als besonders bevorzugte Routen für illegalen Technologietransfer

Staaten wie Schweden, Österreich, Südafrika, Singapur usw. Sie waren überzeugt, dass – abgesehen von engen Sicherheitsüberlegungen – das Grundziel die Förderung und nicht die Begrenzung des wirtschaftlichen Austausches mit den östlichen Staaten sein sollte. Dennoch waren die westeuropäischen Staaten bereit, die CoCom-Regeln zu modernisieren und dabei nicht nur sensitive Güter, sondern auch gewisse Hochtechnologien einzubeziehen, die militärische Relevanz haben könnten. Gleichzeitig machten sie deutlich, dass striktere Regeln ihre wirtschaftlichen Interessen beeinträchtigen und auch ihr Einflusspotenzial gegenüber dem Osten begrenzen könnten. Während die USA verschärfte Vollstreckungsmaßnahmen und eine längere Liste befürworteten, strebten die Westdeutschen »hohe Zäune um einen kleinen und klar definierten Bereich« an.[24] Jedes Mitgliedsland sollte selbst für die Durchführung seiner eigenen Kontrollregeln verantwortlich sein; der administrative Aufwand sollte reduziert und bei den weniger wichtigen Positionen sollten die CoCom-Listen um bis zu 50 Prozent gekürzt werden. Güter und Technologien, die nicht mehr den höchsten internationalen Standards entsprächen und auf den Weltmärkten in gleicher Qualität und Quantität verfügbar seien, sollten von den Listen gestrichen werden.

Das Ende des CoCom

Als 1989 die Berliner Mauer fiel, waren die Revision und die Anpassung der CoCom-Listen noch nicht abgeschlossen. Das lag an Faktoren, die über die unmittelbar strategische Bedeutung von Gütern und Technologien im Ost-West-Konflikt hinausgingen. Während der zweiten Hälfte der 1980er Jahre, als einerseits die CoCom-Kontrollen für militärisch rele-

---

erwiesen. Das soll jedenfalls die Schlußfolgerung eines nicht publizierten CIA-Berichtes mit dem Titel »Transfer of Strategic Technology to the Soviet Union from West Germany« gewesen sein. Vgl. J. Anderson, »High-Tech Leaks«, *The Washington Post*, 27. 1. 1985, S. C7. Ob westdeutsche Firmen sie genutzt haben oder nicht, für sie gab es auch Möglichkeiten, zum Transfer von Waren die Transitstrecken zwischen dem Territorium der Bundesrepublik Deutschland und Berlin (West) zu nutzen, da sie auf DDR-Territorium verliefen. Schließlich konnten Bürger der DDR oder Diplomaten anderer, zum Beispiel osteuropäischer, Länder ohne Kontrolle auf westlicher Seite nach Berlin (West) einreisen, zum Beispiel Blaupausen, hochtechnologische Unterlagen usw. entgegennehmen und dann wieder ohne westliche Kontrolle in die DDR einreisen.

24 Dies war die offizielle Formel, die dem Autor 1984 erläutert wurde, als er sich zu Forschungszwecken im Bundeswirtschaftsministerium in Bonn aufhielt.

vante Technologien nicht mehr die Bedeutung einnahmen wie noch in den 1950er Jahren und andererseits die Wettbewerbsfähigkeit der US-Industrie wachsenden Problemen ausgesetzt war, bekam der West-West-Aspekt der Exportkontrollen eine zunehmende Bedeutung. Als andere entwickelte Industriestaaten wie Japan, EU-Mitglieder und sogar einige Schwellenländer ihre technologische Wettbewerbsfähigkeit steigerten, versuchten die USA nicht nur, ihre Abhängigkeit von Hochtechnologieimporten zu reduzieren, sondern auch umfassende eigene quasi industriepolitische Programme zu starten. Das betraf das Programm Very High Speed Integrated Curcuit (VHSIC)[25] ebenso wie die Strategic Defense Initiative (SDI),[26] deren Ziel es war, boden- und weltraumgestützte Systeme zu entwickeln, die die USA vor strategischen Nuklearwaffen schützen sollten. Diese und andere Programme wurden vom US-Verteidigungsministerium (DoD) mit dem Ziel eingerichtet, die technologische Überlegenheit der USA in zentralen, aber gefährdeten Bereichen wiederherzustellen.

Die Mitwirkung des DoD bewirkte jedoch eine zunehmende Abhängigkeit der US-Industrie von Verträgen mit dem Verteidigungsministerium, die wiederum die Fähigkeit von Unternehmen aus den USA beeinträchtigte, mit ausländischen Partnern zusammenzuarbeiten. Es wurden Berichte bekannt, wonach wissenschaftliche Konferenzen in den USA von ausländischen Kollegen nicht besucht werden durften, Forschungsinstitute nur noch begrenzten Zugang für Kollegen aus dem Ausland zuließen, Unternehmen sogar aus NATO-Staaten zusätzlichen Sicherheitsbestimmungen unterworfen wurden oder technische Datenbanken in den USA für Anfragen aus dem verbündeten Ausland nicht mehr zugänglich waren. Viele dieser Berichte hoben hervor, dass die Einschränkungen aus strikten Sicherheitsüberlegungen erfolgten.

Allerdings hatten diese Beschränkungen auch wirtschaftliche Folgen und beeinträchtigten die relative Konkurrenzfähigkeit der betroffenen Länder. Aus diesem Grund wurde zunehmend der Verdacht geäußert, dass die USA ihre strategischen Exportkontrollen und den entsprechenden Einfluss auf CoCom aus zunehmend wirtschaftlichen Gründen benutzen würden, um ihre noch vorhandene hohe Wettbewerbsfähigkeit gegenüber unwillkommener Konkurrenz zu schützen. Als Folge dessen schreckten westeuropäische Unternehmen zunehmend zurück, fortgeschrittene Technologien US-amerikanischen Ursprungs zu verwenden, weil deren

---

25 Vgl. Michael Y. Yoshino/Glenn R. Fong, »The Very High Speed Integrated Curcuit Program: Lessons for Industrial Policy«, in: Bruce Scott/George C. Lodge (Hg.), U.S. Competitiveness in the World Economy, Boston 1985, S. 176–184.

26 Vgl. Edward Reiss, The Strategic Defense Initiative, Cambridge 1992.

Nutzung zu zusätzlichen Kontrollen und möglicherweise zu Exportbeschränkungen führen würde.

Gleichzeitig wurden, allerdings mit durchwachsenem Erfolg, in Westeuropa und Japan eigene technologische Programme initiiert. Dazu gehörten ESPRIT, ein Programm der Europäischen Gemeinschaft (später: Europäische Union) zur Förderung von Informationstechnologien, EUREKA, eine westeuropäische Forschungsinitiative mit dem Ziel der grenzüberschreitenden Zusammenarbeit im Bereich Forschung und Entwicklung zwischen Forschungsinstituten und Industrie, und ein Programm des japanischen Ministeriums für internationalen Handel und Industrie (MITI) zur Förderung der künstlichen Intelligenz.

Mit einer anderen Schwierigkeit hätte Anfang der 1990er Jahre gerechnet werden müssen, hätte nicht der Fall der Mauer mit seinen epochalen Folgen die Exportkontrollen gegenüber der UdSSR und den zentral- und osteuropäischen Staaten überflüssig gemacht. Diese Feststellung bezieht sich auf die Europäische Gemeinschaft, die seit Mitte der 1980er Jahre im Begriff war, über den gemeinsamen Markt für Waren und Dienstleistungen hinaus einen Wirtschaftsraum zu schaffen, in dem auch Arbeitskräfte und Kapital sich würden frei bewegen können. Die Kodifizierung dieser Idee erfolgte dann im Vertrag von Maastricht von 1992. Da das CoCom und seine sicherheitsorientierten Exportkontrollen von der Europäischen Gemeinschaft, der zum Beispiel Irland angehörte, also ein Staat, der weder in der NATO noch im CoCom war, nicht abgedeckt waren, hätten innerhalb der EG trotz Abbau der Wirtschaftsschranken immer noch sicherheitsorientierte Exportkontrollen stattfinden müssen. Eine simple Verlagerung der Kontrollen an die Außengrenzen der Gemeinschaft hätte nicht ausgereicht, weil immer noch die Umlenkung sicherheitsrelevanter Güter beziehungsweise Technologien in den Osten hätte befürchtet werden müssen. Es gehört nicht viel Fantasie dazu, sich vorzustellen, welche Kontroversen und Konflikte zwischen den USA und einer sich weiter integrierenden EG/EU entstanden wären, wenn der Ost-West-Konflikt weiter bestanden hätte.

Aber nach dem Fall der Mauer, der deutschen Vereinigung, den Veränderungen in Zentral- und Osteuropa und schließlich dem Verschwinden der Sowjetunion war kein Bedarf mehr für jene Institution, die 1949 zwecks wirtschaftlicher Kriegführung gegen den sowjetischen Block gegründet worden war, um die UdSSR und ihre Verbündeten wirtschaftlich einzuhegen. Im Verlauf der 45 Jahre ihrer Existenz hatte es ohnehin eine Funktionsverlagerung des CoCom gegeben, und zwar von einem zentralen Instrument des Kalten Krieges hin zu einer Institution, die nicht nur in der Lage war, ein strategisches Embargo durchzusetzen, sondern auch – jedenfalls aus amerikanischer-Sicht – dazu benutzt werden konnte, die NATO-Verbündeten und den Westen insgesamt zu kontrollieren und dabei gleichzeitig die eigene politische, wirtschaftliche und technologische Führungsstellung zu bewahren.

Effekte des CoCom – eine Bilanz

In seinem Standardwerk »CoCom and the Politics of East-West Trade« stellt Michael Mastanduno fest, dass von den vier möglichen Strategien, die gegenüber einem potenziellen militärischen Gegner wie dem Ostblock angewendet wurden (Wirtschaftskrieg, strategisches Embargo, taktische Verknüpfung [*linkage*], strukturelle Verknüpfung), lediglich eine Strategie kontinuierlich aufrechterhalten werden konnte, und zwar die des strategischen Embargos.[27] Hinsichtlich dieses strategischen Embargos hebt er hervor, dass CoCom dazu beitragen habe, den Vorsprung der USA gegenüber der UdSSR zu behaupten und die Sowjetunion daran zu hindern, im militärischen Bereich technologisch gleichzuziehen. Aus dieser Perspektive spielte CoCom in der Tat eine wichtige Rolle.[28] Es gab Hinweise, dass der Vorsprung der USA vor der Sowjetunion bei militärisch signifikanten Technologien sich im Laufe der Zeit sogar ausgeweitet hatte, vor allem in jenen Bereichen, die Gegenstand rigoroser Kontrollen waren, zum Beispiel Computer, Software, sonstige Elektronik sowie Testausrüstungen. Es stellt sich allerdings die Frage, ob der Vorsprung ausreichend genug war, um einen entscheidenden Vorteil im Kalten Krieg zu erzielen. Schließlich entwickelte das sowjetische Militär auch eigene Technologien, und viele im Ostblock knappe Produkte waren zunehmend über Dritt- oder sogar CoCom-Länder verfügbar.

Die USA versuchten immer wieder, durch eine *Third Country Cooperation Initiative* Drittländer, die nicht dem CoCom angehörten wie Österreich, Schweden, die Schweiz, Südafrika usw., davon zu überzeugen, sich an die CoCom-Regeln anzulehnen und Weiterexporte von CoCom-kontrollierten Produkten nicht zuzulassen. Diese Anstrengungen waren nur teilweise erfolgreich. Nach einer 1991 veröffentlichten Untersuchung der Akademie der Wissenschaften der USA[29] gab es viele Gründe dafür. Zu

---

27 Mastanduno, Economic Containment, S. 311–325.

28 »CoCom mattered«, ebenda, S. 326.

29 Panel on the Future Design and Implementation of U.S. National Security Export Controls: »Finding Common Ground – U.S. Export Controls in a Changed Global Environment«, Washington, D.C. 1991, S. 266–307.

den wichtigsten gehörten, dass erstens die überbordende Bürokratie in vielen Dritte-Welt-Ländern technisch und finanziell auf entsprechende Kontrollen nicht ausreichend vorbereitet war, zweitens es in diesen Ländern keine angemessenen Strafen gab, drittens es sich bei vielen dieser Länder um blockfreie Länder handelte, die die Bedrohungswahrnehmung der USA und ihrer Verbündeten nicht teilten, und viertens illegaler Weiterexport sich häufig als sehr lukrativ erwies. Diese Faktoren lassen den Schluss zu, dass trotz andauernder Bemühungen der Vereinigten Staaten eine Reihe von Drittländern die Weitergabe von kritischen Technologien tolerierte, wenn nicht sogar aktiv betrieb.

Ein berüchtigtes Beispiel, das sogar CoCom-Mitgliedsstaaten einschloss, war der sogenannte Toshiba-Kongsberg-Fall. 1983/84 gelang es der UdSSR, einige Hochtechnologiefräsmaschinen von Toshiba Machine zu erwerben. Kongsberg Vaapenfabrikk aus Norwegen lieferte die numerischen Kontrollen und entwickelte komplexe Software. Mittels dieser Maschinen waren die Sowjets in der Lage, extrem geräuscharme Schiffspropeller herzustellen, was die Fähigkeit der USA, zum Beispiel sowjetische U-Boote aufzuspüren, erheblich reduzierte. Obwohl beide betroffenen Länder, Japan und Norwegen, als Reaktion ihre Exportkontrollen verschärften, blieben andere Kanäle für illegalen Handel oder Produktumleitungen weiter offen. Der innerdeutsche Handel und das geteilte Berlin wurden bereits erwähnt.

Mastanduno begründet das Scheitern, den Wirtschaftskrieg wirksam durchzusetzen, mit der unzureichenden Führung der USA im westlichen Bündnis. Er gibt allerdings keinen Hinweis darauf, was »angemessene Führung« hätte bedeuten können oder sollen. Eine veränderte Strategie? Oder die Anwendung von noch mehr Druck auf die Verbündeten, damit sie der Politik immer wieder neuer US-Administrationen zustimmten? In diesen Fällen spielten nicht nur sicherheitsorientierte oder militärische, sondern auch politische Überlegungen eine Rolle.

Die Schwierigkeiten genauer Abgrenzung zum politischen Bereich wurden besonders 1985 deutlich, als der neue Generalsekretär der KPdSU, Gorbatschow, in der Sowjetunion die neue Politik von *glasnost* und *perestroika* einführen wollte. Dadurch sollten die Sowjetunion geöffnet und die Wirtschaft reformiert werden. In seinen Erinnerungen beklagt sich Gorbatschow über die »berüchtigte CoCom-Liste«,[30] die ironischerweise dazu

---

30 Michail Gorbatschow, Erinnerungen, Berlin 1995, S. 626. Auch der damalige sowjetische Außenminister Schewardnadze betonte 1988, dass die »verdammte« CoCom-Liste das Ost-West-Wirtschaftspotenzial begrenzt und die

beigetragen habe, die Einführung der erforderlichen Wirtschaftsreformen zu behindern. Hinsichtlich der Anwendung von Wirtschaftsdiplomatie durch den Einsatz von Verknüpfungspolitik, taktisch oder strategisch, öffnete die von Gorbatschow initiierte Herausforderung einmal mehr einen Graben zwischen der US-Administration und den westeuropäischen Regierungen, insbesondere der westdeutschen in Bonn.

Schon frühzeitig hatte die Bundesregierung die wirtschaftlichen und technologischen Herausforderungen erkannt, mit denen Ost- und Mitteleuropa und insbesondere die Sowjetunion zu kämpfen hatten, und sie war dementsprechend bereit, ihre wirtschaftliche Stärke zur Unterstützung wirtschaftlicher Reformen in diesen Ländern einzusetzen. Aus westdeutscher Sicht waren *perestrojka* in der Wirtschaft sowie neues Denken in der Außenpolitik eng miteinander verflochten. Es wurde erkannt, dass die Umgestaltung der Wirtschaft eine höhere Effizienz beim Einsatz der Produktionsfaktoren durch eine kostenorientierte Preisreform und Dezentralisierung erfordern würde und deshalb eine umfassende Integration der sowjetischen Wirtschaft in die Weltwirtschaft unumgänglich war. Die Verwirklichung von außenpolitischen Zielen – wie zum Beispiel der Abbau von internationalen Spannungen mittels Reduzierung von nuklearen und konventionellen Militärpotenzialen, durch die Einbeziehung defensiver Elemente in die jeweiligen Militärdoktrinen – und die Schaffung eines internationalen Rahmens zur Herstellung militärischer, wirtschaftlicher und politischer Sicherheit wären durchaus geeignet gewesen, die Lasten des sowjetischen Rüstungssektors zu verringern. Schließlich absorbierten die Militärausgaben einen Großteil des sowjetischen Sozialprodukts, der in zivilen Bereichen sinnvoller hätte eingesetzt werden können. Aus westdeutscher Sicht war mit Gorbatschows politischen und wirtschaftlichen Reformvorstellungen eine geradezu ideale Chance entstanden, um die Beseitigung von Diskriminierung mittels günstiger Kredite, die Reduzierung von Exportkontrollen und die Gewährung von Handelspräferenzen zu ermöglichen. Dadurch hätten die Reformwirkungen beschleunigt und – als Konsequenz – die militärische Bedrohung verringert werden können. Aber es nutzte nichts: Erst die Grenzöffnung im November 1989 und schließlich der Zusammenbruch der Sowjetunion veranlassten die USA, der Auflösung des CoCom zuzustimmen und die Kontrollen aufzugeben.

Um nun festzustellen, welche Effekte die CoCom-Kontrollen insgesamt hatten, müssen sicherlich weitere Untersuchungen angestellt werden; die

---

angestrebten wirtschaftlichen und politischen Veränderungen behindert habe. Vgl. *Frankfurter Allgemeine Zeitung* vom 19. 1. 1988.

Archive halten bestimmt noch Überraschungen bereit. Dennoch dürfte es kaum Zweifel an der allgemeinen Schlussfolgerung geben, dass die CoCom-Kontrollen in der Tat erhebliche Auswirkungen hatten, jedoch nicht immer in die Richtung, die die Initiatoren intendiert hatten:

– Die CoCom-Mitgliedsstaaten, insbesondere die USA, erreichten ihr Ziel, die technologische Führungsposition gegenüber dem sowjetischen Block aufrechtzuerhalten. Es gelang ihnen allerdings nicht, durch die CoCom-Kontrollen die militärische Bedrohung seitens der kommunistischen Staaten zu verringern.

– CoCom erwies sich als Belastung, sogar als Hindernis, als die Ost-West-Beziehungen sich verbesserten (Entspannungspolitik, *perestroika*).

– CoCom trug zur politischen und wirtschaftlichen Isolation sowohl der Sowjetunion als auch der mittel- und osteuropäischen Länder bei. Diese Isolation ermöglichte es der Sowjetunion, ihren Zugriff auf die Verbündeten in Osteuropa zu intensivieren.

– CoCom veranlasste die UdSSR und ihre Verbündeten, eigene anspruchsvolle militärische Technologien zu entwickeln.

– Einige Drittländer und sogar einige CoCom-Mitgliedsstaaten waren direkt oder indirekt bereit, der UdSSR und ihren Verbündeten Zugang zu strategischen Technologien zu gewähren.

– CoCom-Kontrollen gegenüber den kommunistischen Staaten, aber auch die extraterritoriale Anwendung US-amerikanischer Gesetzgebung führten zu einer Reihe von Konflikten zwischen den USA und ihren Verbündeten, die eine Schwächung der NATO und der transatlantischen Zusammenarbeit bewirkten.

– Das beständige Insistieren der USA auf Verschärfung der strategischen Kontrollen sowie der CoCom-Regeln hatte einen wirtschaftlichen Effekt, der von einigen westeuropäischen und japanischen Akteuren als Versuch interpretiert wurde, die globale technologische Führung der USA zu festigen.

– Diese Kontrollen veranlassten die westeuropäischen Staaten und Japan, riesige eigene Technologieprogramme zu beginnen, was eine weltweite Stärkung nicht amerikanischer Technologie und schließlich eine Reduzierung der US-Wettbewerbsfähigkeit zur Folge hatte.

Die Ergebnisse sind also insgesamt nicht eindeutig. Das CoCom-Embargo im Kalten Krieg erweist sich einmal mehr als Beleg für die simple These, dass Initiativen jedweder Art nicht nur intendierte Auswirkungen haben. Die Initiatoren und Befürworter der strategischen und militärischen Exportkontrollen des CoCom waren sich offenbar nicht immer im Klaren über die strategischen, politischen und wirtschaftlichen Implikationen ihres Handelns – oder es kümmerte sie nicht.

Frank Cain

Das US-Handelsembargo und Europa

Bei Ende des Zweiten Weltkrieges besaßen die Vereinigten Staaten die größten Streitkräfte der Welt, hatten enorme Produktionskapazitäten aufgebaut, mit denen sie ganze Flotten von Schiffen, U-Booten und Flugzeugen herstellen konnten, und vor allem verfügten sie über die Atombombe. Die wirtschaftlichen und gesellschaftlichen Verwerfungen, die von der Auflösung dieses gigantischen Konglomerats aus Kapital und Arbeitskräften drohten, konnten vermieden werden, als die USA 1947 ein Wiederaufrüstungsprogramm in Gang setzten, um der Gefahr eines kommunistischen Imperiums unter sowjetischer Führung entgegenzutreten. Gleichzeitig eröffneten die Amerikaner einen Handelskrieg, indem sie den Export von 500 amerikanischen Gütern, die potenziell militärisch nutzbar waren, in den sowjetischen Block verboten. Als der Kongress im Juni 1947 den als Marshallplan bekannten Economic Cooperation Act verabschiedete, regelte ein von Senator Earl Mundt eingebrachter Zusatz, dass Staaten, die militärisch verwendbare Güter amerikanischer Herkunft in den sowjetischen Block exportierten, von den Mitteln des Programms auszuschließen seien.

Marshallplan und Battle Act

Die Amerikaner legten den Europäern eine Embargoliste mit vier Klassen zur Annahme vor. Klasse 1 umfasste Rüstungsgüter wie Panzer, Schiffe und Flugzeuge, die zu ihrer Herstellung erforderliche Technologie, etwa Werkzeugmaschinen, Präzisionsinstrumente, elektronische Ausrüstung und Walzenlager, sowie eine Reihe von Chemikalien wie Benzol, Blei, Kupfer, Quecksilber und Zinn. Klasse 1A bestand aus halbmilitärischen Gütern wie Infrarot- und Fernsehtechnik, Hochtemperaturlegierungen, Kompressoren und Drehmaschinen. Zur Klasse 2 zählten Lokomotiven, Kräne, Lastkraftwagen, Aluminium, Magnesium, Zeitungspapier und DDT. Klasse 3 umfasste Waren, die nur indirekt von militärischer Bedeutung waren, etwa Textilien, Maschinen zur Schuhproduktion und Bürogeräte. Klasse 4 schließlich bestand aus unbedeutenden Gütern. Später wurden diese vier zu zwei Klassen zusammengefasst: Die erste beinhaltete Kriegsgüter und die zu ihrer Herstellung erforderlichen Mittel, die zweite Güter, die »das Kriegspotenzial der sowjetischen Welt« erhöhen konnten, von den europäischen Ländern jedoch im Gegenzug für wichtige Importe wie Getreide, Nahrungsmittel, Kiefernholz und Kohle in den Osten ausgeführt werden durften.[1]

Die Economic Cooperation Administration (ECA), die den Marshallplan verwaltete, legte den OECD-Staaten Embargolisten vor, die je nach der industriellen Kapazität des Landes unterschiedlich lang ausfielen. Zur Überwachung des Embargos wurde ein Koordinationsausschuss (Coordinating Committee, CoCom) gebildet, dessen Pariser Adresse geheim gehalten wurde. Die französische Regierung wollte verhindern, dass die Linke von ihrer Beteiligung an der von den USA vorangetriebenen Übereinkunft erfuhr. Bis Ende 1949 hatten Frankreich aufgrund des Embargos Handelseinbußen von rund 20 Prozent und Großbritannien einen Verlust von schätzungsweise 18,5 Millionen Pfund zu verzeichnen. Besonders die Briten waren für Güter wie Nahrungsmittel, Papierzellstoff und das für 345 000 neue Häuser benötigte Bauholz auf den Handel mit der Sowjetunion angewiesen. Außerdem war London ein Zentrum für den Verkauf von sowjetischem Gold; 1953 wurden dort von den auf 5000 Tonnen geschätzten Goldbeständen der UdSSR 170 Tonnen und im Jahr darauf 344 Tonnen verkauft.[2]

Wesentlichen Einfluss auf die amerikanische Embargopolitik hatten der Beginn des Koreakrieges im Jahr 1950 und das Ende des Marshallplans im Jahr 1951. Der Krieg gab dem Wiederaufrüstungsprogramm einen gewaltigen Schub und führte zur Ausweitung des Handelskrieges auf das kommunistische China. Mitglieder des US-Senats meinten zu ihrem großen Missfallen, mangelnde Unterstützung der Europäer im Koreakrieg beobachtet zu haben. Einige Senatoren mutmaßten sogar, dass die Kugellager für die sowjetischen Panzer, die von den Nordkoreanern eingesetzt wurden, von einem europäischen Staat geliefert worden seien. Als mit dem »European Recovery Program« auch das Embargo auslief, verabschiedete der Kongress den »Mutual Defense Assistance Control Act«, der nach Senator Battle auch als Battle Act bekannt war. Demnach war jedem Staat, der militärisch relevante Güter in den Osten exportierte, die US-Hilfe zu entziehen. Galt ein Export als vorteilhaft für die USA, konnte der Präsi-

1 Report by Ad Hoc Committee to Chairman Advisory Committee, 4. 5. 1948, CD26–1–4, RG 330, National Archives and Records Administration (im Folgenden NARA).

2 Frank Cain, Economic Statecraft during the Cold War: European Responses to the US Trade Embargo, London 2007, S. 80.

dent zwar Ausnahmen genehmigen, allerdings unterlag dies der Kontrolle durch sechs Ausschüsse des Kongresses.

Um die Umsetzung der Bestimmungen des Battle Act zu überwachen, schufen die Vereinigten Staaten 1953 den Posten des Direktors der »Foreign Operations Administration«. Die neue Eisenhoweradministration versuchte insbesondere die Franzosen dazu zu bewegen, das Embargo einzuhalten und ihren Handel mit den Sowjets sowie dem kommunistischen China zu beenden. Doch die amerikanisch-französischen Sonderbeziehungen bedurften einer speziellen Handhabung. Die USA benötigten die Unterstützung Frankreichs für die Aufnahme des besetzten Deutschland in die Europäische Verteidigungsgemeinschaft (EVG) und stellten Geld und Ausrüstung bereit, damit Frankreich den Krieg gegen die Kommunisten in Vietnam aufrechterhalten konnte. Aufgrund dieser besonderen Beziehungen neigte die französische Regierung dazu, die amerikanischen Exportbeschränkungen zu missachten und ihre eigenen Interessen in den Vordergrund zu stellen. So sah das französisch-sowjetische Handelsabkommen von 1953 unter anderem vor, dass sich Frankreich an der Belieferung europäischer Staaten mit sowjetischem Öl beteiligte und selbst 400000 Tonnen importierte. Die Amerikaner konnten den Effekt dieser Exporte zwar begrenzen, indem sie ihre europäischen Raffinerien für sowjetisches Öl sperrten, die Franzosen ließen ihr Öl jedoch von dem französischen Unternehmen Pechelbronn raffinieren.[3] Ferner exportierte Frankreich sechs Frachtschiffe mit jeweils 5000 Tonnen Fassungsvermögen sowie 3000 Tonnen Blei an die UdSSR, obwohl die Amerikaner darauf beharrten, dass die Schiffe militärisch genutzt und das Blei zur Abschirmung von Nuklearstrahlung verwendet werden könnten. In den CoCom-Sitzungen fand Frankreich die Zustimmung anderer europäischer Vertreter. Gleichzeitig überraschte es die Franzosen, dass sich andere europäische Regierungen nicht auf ähnliche Weise von amerikanischen Forderungen distanzierten. Beispielsweise waren sie erstaunt, als die Briten ihren größten Kabelhersteller Compton Parkinson aufgrund von Embargobestimmungen aus der Zeit des Koreakrieges dazu zwangen, einen chinesischen Großauftrag für Kupferkabel im Wert von 40 Millionen Pfund abzulehnen.[4]

In Westdeutschland wurde Hans Kroll vom Auswärtigen Amt zum Leiter der Gruppe Ost-West ernannt, um in direktem Kontakt mit Bundeskanzler Konrad Adenauer sicherzustellen, dass die Bestimmungen des interzonalen Handels eingehalten wurden. Der Handel mit dem Osten erfolgte auf Grundlage eines *Quidproquo*: Westdeutschland produzierte

---

3 Telegramm des Außenministeriums, 17. 12. 1954, RG 59, NARA.
4 Memorandum Ost-West-Handel, 2. 9. 1953, RG 489, NARA.

Schiffe für die UdSSR und importierte im Gegenzug sowjetische Waren. Dies stieß jedoch auf die Ablehnung der Amerikaner, die befürchteten, dass sich die Russen dadurch auf den Bau von Kriegsschiffen konzentrieren könnten. Deshalb bestanden sie darauf, dass die neuen Schiffe nur mit kleinen Motoren ausgerüstet werden sollten, um ihre Geschwindigkeit und somit ihre militärische Verwendbarkeit zu begrenzen. Doch im Februar 1954 war bei zwei deutschen Schiffbauern, den Flender-Werken und der Deutsche Werft AG, der Bau von 30 Frachtern mit 6000 bis 7000 Tonnen Fassungsvermögen sowie von Tankern und Fischerei-Fabrikschiffen für die Sowjets im Gespräch.[5] Diese Zunahme der sowjetischen Schiffsbestellungen in Europa veranlasste die Amerikaner dazu, für Schiffsexporte in den Sowjetblock eine Obergrenze von insgesamt 120000 Tonnen pro Jahr festzulegen.[6]

Über den Inhalt der Embargolisten wurde ständig zwischen Europäern und Amerikanern debattiert. Am 25. Februar 1954 kündigte der britische Premierminister Winston Churchill öffentlich an, seine Regierung werde 100 der 456 Güter von der Liste streichen, das Exportverbot für Güter, die militärisch oder für die Nuklearenergie nutzbar seien, jedoch in Kraft lassen. Die Amerikaner billigten diese unilaterale Maßnahme eines ihrer engeren Verbündeten. Mitglieder des Ständigen Untersuchungsausschusses des Senats wandten jedoch ein, es ergebe »wenig Sinn, dass die Vereinigten Staaten ihre Verbündeten stärken, wenn es diesen Verbündeten wiederum gestattet ist, den potenziellen Feind zu stärken«.[7] Doch die britisch-amerikanischen Beziehungen waren mitunter schwierig. Aufgrund mangelnder Dollarreserven konnte London eine vollständige Konvertibilität des Pfund zum Dollar erst 1958 herstellen, als sich die britische Wirtschaft weitgehend erholt hatte. Die Briten hielten den Sterlingblock aus der Vorkriegszeit aufrecht, der Importe in US-Dollar ausschloss, und importierten vor allem Waren aus den Dominions, etwa Wolle und Blei aus Australien, Kautschuk aus Malaya, Wein und Trockenfrüchte aus Südafrika oder Tee und Kaffee aus Indien. Ein Großteil des britischen Handels mit dem sowjetischen Block bestand aus Reexporten dieser Waren, die von den Sowjets teilweise durch Pfundreserven oder Gold beglichen wurden. Da der amerikanischen Seite der anhaltende Ausschluss von Importen aus den USA missfiel, versuchten sie den Sterlingblock, der weitgehend auf dem Handel zwischen den Dominions basierte, zu schwächen.

---

5 Memorandum Conant an das Außenministerium, 25. 2. 1954, RG 469, NARA.

6 Memorandum Stassen an Thorneycroft, 5. 6. 1954, RG 469, NARA.

7 Britische Botschaft, Washington, an das Außenministerium, London, 10. 3. 1956, FO 371/12/121929, National Archives, Kew, London (im Folgenden NA).

Mitte der 1950er Jahre zeigte sich die voranschreitende Industrialisierung in Europa auch in der Herstellung teurer Güter wie großer Stromgeneratoren, Schiffsmotoren, Werkzeugmaschinen und riesiger Presswerke. Dies stellte die Amerikaner mitunter vor Probleme: Während sie dem sowjetischen Block den Zugang zu großen Stromerzeugungskapazitäten verwehren wollten, produzierten Deutschland und Frankreich große Generatoren für den Export. So sah sich die US-Regierung etwa außerstande, die Lieferung von fünf französischen 50000-Kilowatt-Generatoren an Polen zu verhindern, die im Rahmen eines Auftragspakets für fünf Milliarden Francs vereinbart worden war. Westdeutschland beabsichtigte unterdessen, große wasserstoffgekühlte 60000-Kilowatt-Generatoren sowie Ersatzteile im Wert von 600000 US-Dollar für bereits vor dem Krieg installierte Generatoren in den Osten zu exportieren. In Verhandlungen mit Oberregierungsrat von Zahn-Stranik, dem westdeutschen Chefunterhändler für den Ost-West-Handel, insistierten die US-Vertreter darauf, dass der Auftrag durch das CoCom zu prüfen sei und die Deutschen gemäß den Vorschriften des Battle Act eine Sondergenehmigung beantragen müssten.[8]

Der erfolgreiche Start des sowjetischen Satelliten »Sputnik« im Oktober 1957 trug dazu bei, dass die Europäer Handelskontrollen und militärstrategische Fragen neu bewerteten. So argumentierte der Leiter der Handelsabteilung im französischen Außenministerium, Noel-Meyer, dass bisherige Annahmen über den Handelskrieg zu revidieren seien, da die Sowjets mit Sputnik ein hohes technologisches Vermögen bewiesen hätten und zudem selbst den Verkauf von Waffen und Rüstungsgütern vorantrieben, deren Export in den chinesisch-sowjetischen Block der Westen untersagt hatte. Das Ausfuhrverbot sollte Noel-Meyer zufolge lediglich für Waffen und Rüstungsgüter, Schiffe und Flugzeuge sowie militärisches Kommunikationsgerät und Nuklearwaffen in Kraft bleiben.[9] Zahn-Stranik stimmte mit den Franzosen überein, dass die Embargoliste gekürzt werden sollte, und schlug den Amerikanern zur »Gesichtswahrung« vor, dass sie die Liste Punkt für Punkt überprüfen sollten.[10] Die Briten wiederum machten gegenüber den US-Vertretern den praktischen Gesichtspunkt geltend, dass

8 Telegramm von Botschafter James B. Conant an den Außenminister, 10. 12. 1954, RG 59, NARA.

9 Telegramm der britischen Botschaft in Paris an das Außenministerium, Revision of COCOM Embargo Controls and Criteria, 4. 1. 1958, FO 371/134427, NA.

10 Telegramm der britischen Botschaft in Paris an das Außenministerium, Strategic Controls, 22. 1. 1958, NA.

mit der Entwicklung thermonuklearer Waffen jeder Krieg zwischen Ost und West kurz und verheerend ausfallen würde. Sein Ausgang hing demzufolge nicht davon ab, die industrielle Basis der Sowjetunion durch die Taktik eines Wirtschaftsembargos anzugreifen oder ihr Know-how zu verweigern, um einen »entscheidenden Rückstand« zu erzeugen. Doch die Argumentation der Briten – später als Doktrin des »Gleichgewichts des Schreckens« bekannt geworden – wurde von der amerikanischen Seite zurückgewiesen. Das US-Militär wollte die wirtschaftliche Entwicklung des sowjetischen Blocks auch weiterhin durch das CoCom behindern, da die industrielle Basis der UdSSR nicht nur für militärische Zwecke, sondern auch für die »wirtschaftliche Durchdringung unterentwickelter Länder in Friedenszeiten« wichtig sei. Allerdings war die US-Administration in der Frage gespalten, wie sie auf die Forderung der Europäer nach einer Kürzung der Embargoliste reagieren sollte. So erklärte sie schließlich, dass sie die neuen Kriterien der Europäer annehmbar fände, kündigte aber zugleich an, sie so weit wie möglich im Sinne ihrer eigenen Verteidigungsstrategie auszulegen.[11]

Auf einem Ministertreffen des Bagdadpaktes, das im Januar 1958 in Ankara stattfand, führte der britische Außenminister Selwyn Lloyd mit seinem amerikanischen Amtskollegen John Foster Dulles die Debatte darüber fort, ob der Handelskrieg gegen den chinesisch-sowjetischen Block hinfällig geworden sei. Lloyd zeigte Dulles eine Liste mit hoch entwickelten Werkzeugmaschinen, die westliche Länder aus der UdSSR importiert hatten, und argumentierte, dass sich die Sowjetunion zu einer starken Industrienation entwickelt habe und somit jegliche Form von Wirtschaftsblockade überholt sei. Daraufhin vertraute Dulles ihm an, dass Präsident Eisenhower ebenfalls eine Kürzung der Embargolisten für notwendig halte, der Kongress jedoch »heftigen Widerstand« leiste und jeder Versuch, die Bestimmungen des Battle Act zu revidieren, auf Schwierigkeiten stoße.[12] Eisenhower war mit den Einzelheiten des US-Handelsembargos nicht besonders vertraut. Aufgrund seiner gesundheitlichen Einschränkung durch ein Herzleiden überließ er die Regierungsgeschäfte weitgehend seinen Ministern. In Anwesenheit Eisenhowers beschloss der Nationale Sicherheitsrat im September 1960, dass amerikanischen Unternehmen der Export industrieller Verfahrenstechniken in die Sowjetunion untersagt werden sollte, die, wenngleich sie nicht auf der Embargoliste des Handels-

11 Bericht, Recent History of Security Controls, c. August 1961, FO 371/164505, NA.

12 Gesprächsprotokoll, 30. 1. 1958, in: FRUS, Bd. IV (1958–1960), S. 688f.

ministeriums standen, für die Sowjets von Vorteil sein könnten. Eisenhowers Gedanken kreisten jedoch wie so häufig um die sowjetische Goldproduktion, eine Quelle, die er gerne erschlossen hätte, da er Gold als »strategisches Material« betrachtete. So unterbrach er die Diskussion über das Exportverbot für industrielle Verfahrenstechniken mit der Erklärung, dass er »zur Lieferung beinahe jeder Ware an die UdSSR bereit sei, wenn wir im Gegenzug Gold erhalten würden, da Gold ein wichtiges Element unserer wirtschaftlichen Stärke« sei.[13] Wie die Mitarbeiter seiner Administration, die gerade mit der Schwächung der sowjetischen Wirtschaft befasst waren, auf diese Bemerkung des Präsidenten reagierten, ist nicht überliefert.

Als nächste Maßnahme erließen die Amerikaner ein Ausfuhrverbot für europäische Hochtechnologie in den Ostblock, sofern sie Erfindungen betrafen, die durch das US-Patentrecht geschützt waren. Hatten beispielsweise europäische Computerhersteller amerikanische Hardwarekomponenten verwendet oder Flugzeugbauer neue amerikanische Navigationstechnik, dann verhinderte die neue Bestimmung den Verkauf ihrer Produkte in den Ostblock. Die Lizenzvergabe für amerikanische Patente und die daraus erwachsenden Einschränkungen für die Europäer überwachte das US-Handelsministerium auf Grundlage der Zusatzbestimmungen von 1959 zur Allgemeinen Exportliste. Da die britischen Bemühungen, Maschinen und Technologien in den Osten zu exportieren, von den Amerikanern unter Rückgriff auf die CoCom-Bestimmungen beständig vereitelt wurden, erwog der britische Premierminister Harold Macmillan sogar einen Austritt aus dem CoCom. Macmillan teilte dem Foreign Office mit, dass er »in Anbetracht der Praktiken, mit denen die Vereinigten Staaten unseren Geschäftsinteressen schaden«, einen Rückzug aus dem CoCom in Erwägung ziehe, und erkundigte sich, »ob wir dies vorher ankündigen müssen«. Erstaunt wies das Außenministerium darauf hin, dass Großbritannien nach den Bestimmungen des Battle Act nach einem Austritt selbst von US-Sanktionen betroffen wäre. Sein Rat endete mit dem hervorgehobenen Satz: »*Es wird dringendst empfohlen*, zum gegenwärtigen Zeitpunkt keinen Austritt aus dem CoCom in Betracht zu ziehen.«[14] In Washington gingen die Entscheidungsprozesse unterdessen mehr und mehr in die Hände der Ministerien über, da die politische Führung im Niedergang war. Außenminister Dulles lag im Sterben, sein Vertreter Christian Herter ging auf Krücken, der gesundheitlich angegriffene Eisenhower wurde als

---

13 Protokoll der 46. Sitzung des NSC, 21. 9. 1960, in: ebenda, S. 778.

14 Memorandum, Strategic Controls on East/West Trade, 22. 4. 1959, FO 371/164524, NA.

»müde und lustlos« beschrieben und der Nation eine »schwere Krise« attestiert.[15] In den Präsidentschaftswahlen von 1960 fiel das Weiße Haus an die wiedererstarkten Demokraten und ihren charismatischen Führer John F. Kennedy.

Doch auch unter Kennedy wurde die amerikanische CoCom-Politik nicht verändert. Die Briten sahen in ihr »eine grundlegende Tendenz zu immer stärkerer Kontrolle, die von den liberaleren Teilen der Administration bislang offenbar nicht infrage gestellt wird«.[16] Der Kongress bestätigte das Gesetz über Exportkontrollen von 1949, und ein hochrangiger Mitarbeiter Kennedys teilte dem Senatsausschuss für Banken und Währungspolitik mit, dass »Exportkontrollen angesichts der ungewissen weltweiten Entwicklung auf absehbare Zeit zweifellos weiterhin notwendig sein werden«. Dabei erwähnte er auch die mangelnde Entschlossenheit der europäischen Verbündeten: Die US-Vertreter stünden »vor Schwierigkeiten, wenn sie unsere westlichen Verbündeten davon zu überzeugen versuchen, strengere Kontrollen für Ausfuhren hinter den Eisernen Vorhang einzuführen«. Aus Sicht der Briten gab es keine Anzeichen dafür, dass es unter der Kennedyadministration zu einem Ende des Embargos kommen würde, das sie am Export ihrer Technologie in den Osten hinderte.[17]

Im Frühjahr 1961 befasste sich die Kennedyregierung mit Geheimdienstberichten, denen zufolge die Sowjets ihre Öllieferungen in den Westen erweitern wollten und zu diesem Zweck den Bau einer Pipeline aus dem Ural planten. Nach Einschätzung des amerikanischen Geheimdienstes diente das Projekt jedoch auch noch einem anderen Zweck: Bei einem Einmarsch nach Westeuropa sollte es die vorrückenden sowjetischen Divisionen mit Öl versorgen. Der letzte Bauabschnitt von rund tausend Kilometern sollte bis 1963 fertiggestellt werden, und die dazu benötigten Großrohre bestellte die UdSSR bei einem westdeutschen Unternehmen. Da Rohre bislang nicht unter das CoCom-Embargo fielen, bewegten die Amerikaner Bundeskanzler Adenauer dazu, ihre Ausfuhr zu blockieren. Zeitweilig sah es daraufhin so aus, als werde ein britischer Hersteller die Rohre liefern, da sich die Briten nicht den amerikanischen Einwänden beugen mochten. Die britischen Medien begrüßten es, dass ihre Regierung den Amerikanern im Konflikt um die Pipeline die Stirn bot. In der *Times* hieß es, der Handel mit dem Osten diene der Entspannungspolitik und der Versuch der USA, »so viel Druck wie möglich auf die kommunistischen Volkswirtschaften auszuüben«, sei ein Fehler: »Die Aufgabe besteht heute da-

15 Cain, Economic Statecraft, S. 95.
16 Ebenda, S. 99.
17 Britische Botschaft an das Außenministerium, 10. 5. 1962, FO 371/164522, NA.

rin, Feindseligkeiten zu überwinden und den Kontakt zwischen den beiden Seiten zu verstärken.« Gleichwohl lieferten letztendlich weder die Briten noch die Deutschen die Rohre, die schließlich in der Tschechoslowakei und Rumänien hergestellt wurden.

Das amerikanische Außenhandelsdefizit war zu diesem Zeitpunkt erheblich gewachsen. Unternehmer und Regierung stimmten überein, dass sich die Vereinigten Staaten einen Anteil am Ost-West-Handel sichern sollten, dessen Ausweitung zuletzt am Verkauf kanadischen Weizens im Wert von 500 Millionen Dollar an die UdSSR deutlich geworden war. Zudem nahm Präsident Kennedy allmählich zur Kenntnis, dass die anfängliche Unterstützung des US-Handelsembargos insbesondere auf britischer und deutscher Seite abnahm. Daher forderte er im Mai 1963 beim Prüfungsausschuss für Exportkontrollen einen Ergebnisbericht über die Maßnahmen im Ost-West-Handel an. In dem Bericht wurde betont, dass das Handelsembargo der vergangenen 16 Jahre praktisch hinfällig geworden sei: »Insgesamt muss eingeräumt werden, dass das US-System der Exportkontrollen nur marginale wirtschaftliche Auswirkungen auf den Ostblock hat; dass nicht feststellbar ist, welche Bedeutung deren genaues Ausmaß hat; und dass die Auswirkungen schwächer werden.«[18] Kennedy hatte begriffen, dass die bisherige Politik geändert oder vollständig aufgegeben werden musste. Doch diese Entwicklung fand ein plötzliches Ende, als Kennedy am 22. November 1963 in der Innenstadt von Dallas einem Attentat zum Opfer fiel.

Johnsons gescheiterte Reformen

In den späten 1960er Jahren hatten Computer weite Verbreitung gefunden, und sowohl die Europäer wie die Amerikaner suchten im Osten nach Absatzmärkten für ihre größeren und schnelleren Geräte. Die Briten klassifizierten ihre Computer als »Rechenmaschinen«, was es ihnen gemäß den CoCom-Bestimmungen erlaubte, einfachere Modelle – sehr zum Missfallen der Amerikaner – in die Länder des Ostens zu exportieren. Als sie jedoch auch größere Computer, die amerikanische Komponenten enthielten, ausführen wollten, schritt das US-Verteidigungsministerium ein, da es keinen Zweifel daran hegte, dass die Sowjets (und die Chinesen) die Geräte für militärische Zwecke wie die Konstruktion hoch entwickelter Raketen verwenden würden. Unter Mitarbeit des Verteidigungsministeriums

---

18 Kennedy an den Handels-, Außen- und Verteidigungsminister, 19. 9. 1963, RG 59, NARA.

erteilten die USA eine Reihe von Auflagen, die von den Europäern beim Export großer Computer zu berücksichtigen waren. Sie sollten sicherstellen, dass die Computer nur zu zivilen Zwecken genutzt wurden und nach der Installation Inspektionen durchgeführt werden konnten.[19] Die Europäer akzeptierten diese Auflagen und einigten sich mit den Amerikanern zudem darauf, dass die Technologie zur Herstellung von Computern nicht in den Osten exportiert werden durfte.

Die neue Administration von Präsident Lyndon B. Johnson nahm den Bericht über das Handelsembargo, der auf Anweisung Kennedys erstellt worden war, positiv auf und entwarf Strategien, um den Ost-Handel für amerikanische Unternehmer attraktiv zu machen. Dies blieb jedoch folgenlos. Unter Berufung auf das Gesetz zur Kontrolle von Auslandsvermögen hielten die Beamten des Handels- und des Finanzministeriums zum Beispiel an der Richtlinie fest, die französischen und britischen Herstellern die Verwendung amerikanischer Komponenten für Zivilflugzeuge untersagte, sofern sie für den Export in den Osten produziert wurden.[20] Als Johnson sich allmählich in das Amt des Präsidenten eingearbeitet hatte, näherte er sich der Auffassung der Europäer an, dass die globale Kriegführung künftig durch den Einsatz von Nuklearwaffen und nicht so sehr von der industriellen Stärke der zwei Lager bestimmt sein würde. Gegenüber zwei Ländern des kommunistischen Ostens, Jugoslawien und Polen, verfolgte die USA schon seit einiger Zeit eine unterstützende Politik. Johnson weitete dies auf Rumänien aus, indem er den Export amerikanischer petrochemischer Anlagen sowie eines Stahlwalzwerks genehmigte und – was am umstrittensten war – auch den möglichen Verkauf eines Nuklearreaktors an die Rumänen billigte.

Sein Erdrutschsieg im November 1964 ermutigte Johnson dazu, den amerikanischen Handel mit ausgewählten osteuropäischen Staaten noch stärker zu fördern. Er ernannte einen Ausschuss zur Prüfung des Vorschlags, einigen Staaten im Osten den Meistbegünstigungsstatus im Handel einzuräumen und Kredite der Import-Export Bank (EX-IM Bank) zu vergeben, und strich Güter, die bereits nicht mehr auf den CoCom-Listen standen, auch von den Embargolisten des Handelsministeriums. Die ersten zwei Maßnahmen bedurften jedoch der gesetzlichen Zustimmung des Kongresses. Doch hier stieß der Präsident auf Widerstand: Nicht nur wurde im Parlament eine für den Kalten Krieg charakteristische Phobie vor dem Kommunismus gepflegt, sondern der unerklärte Krieg in Südvietnam

---

19 Export Control Review Board, 9. 1. 1970, ebenda.

20 Bericht, Sales of Caravelle Aircraft to the Chinese Communists, 6. 12. 1963, RG 59, NARA.

setzte einer positiven Handelspolitik Grenzen. Die Vietminh erhielten militärische Hilfe der UdSSR und Chinas. Aus Sicht des Kongresses bot Russland damit den Feinden Amerikas wesentliche Unterstützung. Im Herbst 1966 gab Johnson seine Pläne auf.[21]

Der Präsident konzentrierte sich daraufhin stärker auf sein Projekt der »Great Society« und die Ausweitung des Krieges gegen die Kommunisten in Vietnam. Die US-Behörden blockierten unterdessen ungeachtet der Proteste der neuen britischen Labourregierung unter Harold Wilson den Export britischer Computer, die amerikanische Komponenten enthielten, da das Verteidigungsministerium befürchtete, dass die Komponenten von den Sowjets kopiert und militärischen Zwecken angepasst werden könnten. Vor diesem Hintergrund strebte Premierminister Wilson wie seine Amtsvorgänger einen Austritt aus dem CoCom an. Er bat seine Minister um »eine Einschätzung der Auswirkungen, die ein Austritt aus oder eine Auflösung des CoCom auf unsere nationalen Interessen hätte«. In der Antwort hieß es, dass die enge technologische Verflechtung mit den Vereinigten Staaten einen solchen Schritt nicht erlaube, wie etwa ein Blick auf die britischen Zulieferbetriebe für den amerikanischen Flugzeugbau zeige. Aus Sicht des Außenministeriums sollte Großbritannien die US-Administration für seine Position zu gewinnen versuchen, wobei es jedoch sogleich hinzufügte, es bestehe »keine Aussicht, die US-Administration durch rationale Argumente zu überzeugen«.[22] Anfang 1968 verfiel Präsident Johnson in einen deprimierten Zustand. Er war davon überzeugt, dass sein Reformprogramm ebenso gescheitert war wie der Krieg in Vietnam, und kündigte zur allgemeinen Überraschung an, nicht für eine zweite Amtszeit zu kandidieren. Unter Führung der Minister schleppte sich seine Regierung noch bis zu den nächsten Wahlen im November 1968, die von den Republikanern gewonnen wurden und Richard Nixon ins Weiße Haus brachten.

Neue Flexibilität in der Handelspolitik

Präsident Nixon ließ einen Bericht über den Ost-West-Handel mit strategischen Gütern anfertigen, der sich insbesondere mit der Möglichkeit befassen sollte, den sowjetischen Block durch eine differenzierte Handelspolitik der USA gegenüber den einzelnen Staaten zu spalten. Die daraufhin eingesetzte Kommission warnte: »Die Sowjetunion ist eine Großmacht,

21 Memorandum von McGeorge Bundy, 27. 7. 1963, RG 59, NARA.

22 Memorandum von T. Crosland, Future of COCOM, 10. 7. 1968, FCO 59/379, NA.

die das Überleben der Vereinigten Staaten militärisch bedrohen kann.« Zudem beobachtete sie, dass die Europäer »den Aussichten, die der Handel mit kommunistischen Ländern bietet, mehr Bedeutung beimessen als die Vereinigten Staaten«. Die Studie über die Möglichkeiten einer differenzierten Handelspolitik gegenüber den Ostblockstaaten wurde unter der Regie des Nationalen Sicherheitsrates, des Verteidigungsministeriums und der CIA erstellt, kam jedoch zu keinen klaren Ergebnissen.[23] Auf Anweisung Henry Kissingers vom 28. Mai 1969 wurde die Arbeit an dem Projekt eingestellt.[24] Polen blieb auch unter Nixon der bevorzugte Staat im kommunistischen Osten. Als das Verteidigungsministerium den Export französischer Transistortechnologie nach Polen blockierte, da sie auf amerikanischem Know-how basierte, hob seine Administration diese Entscheidung auf. Nixon bewunderte General Charles de Gaulle als Staatsmann und suspendierte Maßnahmen, die Frankreichs Exporte in den Osten beeinträchtigten. So erfuhr die antikommunistische Handelspolitik, die auf die Regierungen Truman und Eisenhower zurückging, unter Nixons Administration einen Wandel: An die Stelle strikter Durchsetzung trat eine neue Flexibilität, die der je nach Thema wechselnden politischen Linie der Regierung folgte.

Diese trug die Handschrift des Sicherheitsberaters und späteren Außenministers Kissinger. Der Präsident und sein Berater machten frühzeitig ihre Autorität gegenüber den Ministerien geltend; administrative Hindernisse vermieden sie, indem sie die Minister kurzerhand umgingen. Zu diesem Zweck verfasste Kissinger offizielle, häufig vom Präsidenten unterzeichnete Anweisungen, die »Beschlussprotokoll Nationale Sicherheit« überschrieben waren und den Briefkopf des Weißen Hauses trugen. Erstellt wurden sie von Beamten, die für den Ausschuss der Unterstaatssekretäre des Nationalen Sicherheitsrates arbeiteten. 1969 versuchte Nixon die Initiative Johnsons wiederzubeleben, zur Markterschließung für amerikanische Exporte ausgewählten Ostblockstaaten den Meistbegünstigungsstatus im Handel sowie Kredite der EX-IM-Bank zu gewähren. In Europa kam es wenig später zu einer signifikanten Verschiebung im Gleichgewicht des Kalten Krieges, als die Bundesrepublik Deutschland und die Sowjetunion im Moskauer Vertrag vom August 1970 ihren gegenseitigen Gewaltverzicht erklärten. Eine wichtige Folge des Vertrags betraf die Anreicherung von Uran unter Umgehung von CoCom-Bestimmungen: Es wurde vereinbart, westdeutsches Uran zur Anreicherung in die Sowjetunion zu

---

23 U.S. Trade Policy Towards Communist Countries, 25. 3. 1969, Nixon Materials, NARA.

24 National Security Decision Memorandum 15, 28. 5. 1969, ebenda.

schicken und später zurückzutransportieren. Dies wurde als eine Art »Leihgabe« betrachtet, da das Material nach der Bearbeitung vollständig an die Bundesrepublik zurückgehen sollte.[25]

Auch der europäische Export von Telefontechnik in den Osten stieß im amerikanischen Verteidigungsministerium auf starken Widerstand. Die neuen Formen von Telefonie, die auf Mikrowellentechnologie, internationalen Satelliten und schnellen Verbindungen basierten, würden von den Kommunisten »für den Einsatz strategischer Waffen und zur Verbesserung ihrer Luft- und Raketenabwehrsysteme« verwendet werden, meinten Beamte des Ministeriums. Auch die CIA war der Auffassung, dass die Technik den Kommunisten »ein zuverlässiges, adäquates, flexibles, sicheres und schnelles strategisches Kommunikationssystem« biete.[26] Die Briten wiesen dies mit dem Argument zurück, dass es sich um gewöhnliche Telefonanlagen handele und sie den Normen der Internationalen Fernmeldeunion entsprächen, der auch die kommunistischen Länder angehörten. Außerdem hätten die Ostblockstaaten ohnehin Zugang zu der Technologie, da sie zu deren Herstellung selbst in der Lage seien.[27] Angesichts dessen konnte das US-Verteidigungsministerium nicht verhindern, dass Telefonanlagen mit Einverständnis der amerikanischen Behörden in den Osten geliefert wurden: Italien verkaufte im September 1971 Geräte im Wert von 2,1 Millionen Dollar an die Tschechoslowakei und Rumänien, im Februar 1972 folgte eine japanische Lieferung für 1,3 Millionen US-Dollar an Polen. Den Export von Multiplexanlagen in den Osten wollte das Ministerium hingegen unbedingt stoppen. Dabei handelte es sich um eine neue Telekommunikationstechnologie, die es ermöglichte, Tausende von Signalen in einem Kupferkabel oder per Richtfunkanlage in Mikrowellen zu bündeln. Im Januar 1971 wurde die Auslieferung niederländischer Multiplexanlagen in den Osten unterbunden, nachdem eigens eine US-Delegation in die Niederlande gereist war, um die Regierung zum Entzug der Exportgenehmigung zu bewegen. Auf ähnliche Weise wurde im März 1971 ein Export britischer Multiplextechnologie im Wert von 9,6 Millionen Dollar nach Bulgarien verhindert.[28]

---

25 M. Rutherford, Soviet Enrichment Uranium Offer to Bonn, *Financial Times*, London, 4. 11. 1970.

26 Annex to Memorandum on U.S. Policy on Telecommunications Equipment to Communist Countries, 30. 1. 1971, Nixon Materials, NARA.

27 Außenministerium an US-Botschaft, London, COCOM List Review Bilaterals: British Communications Proposals, 2. 9. 1971, ebenda.

28 Annex to Memorandum on U.S. Policy on Telecommunications Equipment to Communist Countries, 30. 1. 1971, ebenda.

In den frühen 1970er Jahren hatten Nixon und Kissinger ihre Autorität über den Beamtenstab gefestigt, teils durch die erwähnten »Beschlussprotokolle« Kissingers, teils aufgrund Nixons langjähriger Erfahrungen als Vizepräsident unter Eisenhower in den 1950er Jahren. Diese Macht erlaubte es ihnen, einige Maßnahmen des Verteidigungsministeriums zu umgehen und seinen Einfluss auf das CoCom zu schwächen. Überraschenderweise hatte dies auch zur Folge, dass Kissinger Nixon auf Initiative des französischen Präsidenten Georges Pompidou vorschlug, den Franzosen den Import »hoch entwickelter« amerikanischer Computer für ihre Nuklearwaffenlabore zu erlauben. Später wurde auch der Export von Raketentechnologie nach Frankreich genehmigt, ungeachtet des Einspruchs des Außenministeriums, das ein Scheitern der SALT-Verhandlungen mit der UdSSR befürchtete.[29] Anfang 1970 wies Nixon Verteidigungsminister Melvin Laird an, die Franzosen bei der Verbesserung der Entwürfe und Einsatzfähigkeit ihrer Raketen zu unterstützen; später halfen die Amerikaner ihnen auch bei nuklearen Entwicklungen wie unterirdischen Versuchsexplosionen und der Härtung von Raketensprengköpfen für den Wiedereintritt in die Erdatmosphäre sowie mit Informationen über sowjetische Raketenabwehrtechnologien. Um den Widerstand des Kongresses zu beschwichtigen, bewegte Laird die französische Regierung dazu, im Gegenzug dem Bau einer Nachrichtenleitung durch Frankreich zu den US-Truppen in Westdeutschland zuzustimmen.[30]

Der nächste Nutznießer der unorthodoxen Bundesgenossen Nixon und Kissinger war London, dem im Juli 1971 der Export von sechs Passagierflugzeugen des Typs Hawker Siddeley Trident 2E nach China erlaubt wurde, obwohl sie amerikanische Navigationskomponenten enthielten, die normalerweise einem Verkauf in den Osten im Weg gestanden hätten. Die Briten waren zuvor bei der US-Regierung vorstellig geworden, um eine Ausfuhrgenehmigung zu bekommen.[31] Nixon schaltete sich offenbar von seinem Haus im kalifornischen San Clemente telefonisch in die Erörterungen darüber ein und wies Außenminister William P. Rogers an, den britischen Botschafter in Washington über die positive Entscheidung in Kenntnis zu setzen. Den Briten zufolge setzten die Amerikaner die CoCom-Bestimmungen allerdings erst außer Kraft, nachdem sie erfahren hatten, dass die Flugzeuge ausschließlich zu zivilen Zwecken auf festen Handelsrouten eingesetzt werden sollten. Auch die »Sicherheit aller Flugzeuge im internationalen Luftverkehr« war ein Beweggrund für die Amerikaner,

---

29 Military Cooperation with France, 25. 3. 1971, ebenda.
30 Laird an den Präsidenten, The Defence Dimension, 23. 1. 1973, ebenda.
31 Gesprächsnotizen, 19. 6. 1971, FCO 69/218, NA

die Verwendung von Transpondern und anderer elektronischer Geräte in den Trident-Maschinen zu genehmigen.[32] Wenig später bestellte die chinesische Fluggesellschaft weitere 27 Flugzeuge dieses Typs.

In bestimmten Bereichen des Ost-Handels bestand das Verteidigungsministerium allerdings auf seiner Autorität. In einem Fall betraf dies eine geplante Gaspipeline vom russischen Gorki nach Westen, die der Versorgung der Industrie dienen und vom italienischen Konzern ENI-Gasprom gebaut werden sollte. Für ihren Betrieb war parallel zu der Pipeline eine Telefonleitung vorgesehen, die jedoch streckenweise in 1600 Kilometer Entfernung von einem sowjetischen Stützpunkt für Interkontinentalraketen verlaufen sollte, weshalb das Verteidigungsministerium befürchtete, sie könne als Teil des Kommunikationssystems für die Anlage dienen. Ein zweiter Grund für den Versuch des Ministeriums, den Vertrag zu verhindern, war, dass die Italiener Koaxialkabel verwenden wollten, die damals noch nicht im Osten hergestellt wurden. Die Italiener erklärten, der Verlauf der Leitung sei nach geografischen und geologischen Gesichtspunkten geplant worden, und bei dem Auftrag seien neben technischen und strategischen auch politische und wirtschaftliche Faktoren zu berücksichtigen. Aufgrund der aus ihrer Sicht ungerechtfertigten Verzögerung des Projekts durch die USA kündigten sie an, »die Drohung mit dem ›französischen Exempel‹ durch einen unilateralen Export wahr zu machen, um ihre Verpflichtungen gegenüber den Russen und den italienischen Herstellern einzuhalten«. Gleichzeitig teilten die Italiener den Amerikanern mit, dass sie sich in den vergangenen Jahrzehnten stets an die CoCom-Bestimmungen gehalten hätten, und hofften, das Komitee werde auch in Zukunft ein effektives Mittel der Kooperation unter Verbündeten sein. Es sei jedoch schwierig, den italienischen Unternehmen die Position der amerikanischen Regierung plausibel zu machen, wenn diese zugleich ihre eigene Exportpolitik zunehmend liberalisiere, wie etwa der jüngste Verkauf amerikanischer Werkzeugmaschinen im Wert von 85 Millionen US-Dollar an die Sowjets zeige. Ferner verwiesen sie auf den Export französischer Transistoren an Polen als ein Beleg dafür, dass »die USA es auf höchster politischer Ebene nicht wagen, zu den Franzosen ›Nein‹ zu sagen«. Die Beamten des US-Verteidigungsministeriums mussten einräumen, dass die Leitung von der NATO vor ein paar Jahren prinzipiell gebilligt worden sei. Dies sowie die italienischen Beiträge zur NATO stützten die Forderung der Italiener.[33]

---

32 UK Airborne Electronic Equipment for China, 20. 7. 1971, EG 8/164, NA.

33 Italian Coaxial Cable for ENI-Gasprom Natural Gas Agreement, 2. 7. 1971, Nixon Presidential Materials, NARA.

Im Herbst 1971 erwarteten die Europäer angesichts der fortschreitenden Entspannungspolitik, der Annäherung zwischen den USA und China sowie der SALT-Verhandlungen, dass es zu Änderungen im CoCom kommen würde. Die europäischen Exporte in den Osten wurden 1970 auf rund sieben Milliarden Dollar geschätzt. Doch während die maßgeblichen europäischen Länder bilaterale Gespräche über Änderungen des CoCom führten, verweigerten sich die USA. In einem Memorandum an alle amerikanischen Botschaften erklärte das US-Außenministerium sogar, die Lockerung einiger Handelsbeschränkungen dürfe nicht den Eindruck erwecken, »dass die USA der CoCom-Liste nun geringere strategische Bedeutung beimessen«. Im Geiste des Kalten Krieges fuhr es mit der Warnung fort: »Wir dürfen keine Liberalisierung im Bereich CoCom durchführen, die den Ländern des Warschauer Paktes dabei helfen würde, die offenkundigen Mängel ihrer Streitkräfte zu beheben.« Das Memorandum schloss mit dem Urteil, dass die »Produktionsengpässe in den militärisch relevanten Industrien des Ostblocks« ein Beleg für den Erfolg des strategischen Embargos seien.[34]

In diese Zeit fiel eine wissenschaftliche Entdeckung, die eine der bedeutendsten technischen Entwicklungen des 20. Jahrhunderts war: der integrierte Schaltkreis. Nachdem er verschiedene Entwicklungsstufen durchlaufen hatte, entstand schließlich der Mikrochip, der heute in allen elektronischen Geräten von Armbanduhren bis zu riesigen Computern verwendet wird. In der Annahme, dass nur der Westen im Besitz dieser Erfindung sei, erließ das CoCom ein Embargo für den Export des fertigen Erzeugnisses wie auch für die zu seiner Produktion erforderlichen Maschinen. Tatsächlich aber hatten auch die Sowjets das Herstellungsverfahren entdeckt, was das US-Verteidigungsministerium jedoch nicht zur Kenntnis nehmen wollte. Als britische und französische Unternehmen 1972 Maschinen zur Herstellung integrierter Schaltkreise nach Polen und Rumänien exportieren wollten, versuchte das Ministerium dies zu verhindern, obwohl der Nationale Sicherheitsrat den Export unterstützte.[35] So wurden Edward Heath für die britische Regierung und Pompidou für Frankreich bei Nixon um Unterstützung vorstellig, da britische und französische Unternehmen die Investitionskosten für ihre Fabriken decken mussten, die mittlerweile aufgrund der Überschwemmung des europäischen Marktes mit den billigeren integrierten Schaltkreisen amerikanischer Firmen über-

---

34 COCOM List Review: U.S. Negotiating Objectives, 14. 10. 1971, RG 59, NARA.

35 UK Export of Integrated Circuit Equipment to Poland, 15. 3. 1972, ebenda.

flüssig waren.[36] Unterstützt von Nixon, setzte Kissinger mit dem »Beschlussprotokoll Nationale Sicherheit« Nr. 159 vom 17. Mai 1972 den Einspruch des Verteidigungsministeriums gegen den Export außer Kraft.[37]

Auch der Vorschlag vom Herbst 1970, den Sowjets insbesondere für ihr großes Lkw-Werk am Kamafluss Anlagen zu verkaufen und ihnen den Meistbegünstigungsstatus im Handel sowie Kredite der EX-IM-Bank zu gewähren, wurde nun vom Duumvirat Nixon/Kissinger wieder aufgegriffen. Als Nixon im Mai 1972 zur Unterzeichnung des SALT-Vertrags nach Moskau reiste, konnte er auch die Übereinkunft erzielen, einen gemeinsamen Ausschuss für die amerikanisch-sowjetischen Wirtschaftsbeziehungen zu gründen. Die Briten waren darüber verärgert, dass die USA einschneidende Veränderungen in ihren Handelsbeziehungen zur UdSSR vornahmen, während sie anderen verbündeten Ländern auf einer unteren administrativen Ebene das CoCom-Embargo aufzwangen. In ihrer Beschwerde führten sie Beispiele an, wie die Amerikaner den britischen Export integrierter Schaltkreise in den Osten zunächst nicht genehmigt und die Ausfuhr von Telefontechnik erschwert hatten – doch die amerikanische Seite ignorierte dies.[38] Vielmehr machten die amerikanisch-sowjetischen Handelsbeziehungen mit der Unterzeichnung eines Wirtschaftsabkommens im Oktober 1972 weitere Fortschritte. Dem Kongress wurde der Gesetzentwurf für eine Handelsreform vorgelegt, und Nixon autorisierte die Vergabe von Krediten der EX-IM-Bank an die UdSSR, indem er den amerikanisch-sowjetischen Handel zu einem nationalen Interesse erklärte. Doch am 9. August 1974 musste Nixon sein Amt niederlegen, und kurz darauf wurde das Gesetz zur Handelsreform durch die Jackson-Vanik-Klausel unterminiert, die den Meistbegünstigungsstatus der UdSSR davon abhängig machte, dass die Auswanderungsbeschränkungen für sowjetische Juden aufgehoben würden. Das Gesetz wurde im Dezember 1974 angenommen, hatte aber unverzüglich zur Folge, dass die Sowjets das Handelsabkommen von 1972 für ungültig erklärten. Ergänzungsklauseln, die auf Antrag der Senatoren Adlai Stevenson und Frank Church sowie des Kongresses verabschiedet wurden, verwehrten der Sowjetunion den Zugang zu Krediten der EX-IM-Bank.[39]

---

36 Integrated Circuit Technology Export to Poland and Romania, 29. 3. 1972, Nixon Materials, NARA.

37 Interpretation of NSDM 159 on Integrated Circuits, 25. 8. 1972, ebenda.

38 Aide Memoir for Transmission to US Government, 8. 6. 1972, FCO 69/301, NA.

39 Bruce W. Jentleson, The Western Alliance and East-West Energy Trade, in: Gary K. Bertsch (Hg.), Controlling East-West Trade and Technology Transfer, Durham 1988, S. 327.

Die Sowjets dehnten ihr Gasversorgungsnetz weiter nach Europa aus und konnten einen Großteil des europäischen Energiemarktes erobern. Dies führte schließlich in den Jahren 1981/82 zu einer weiteren Krise im amerikanisch-sowjetischen Verhältnis, da die Reaganadministration die Europäer zu einem Embargo für Maschinen und Anlagen zu bewegen versuchte, die von den Sowjets zur Förderung und Raffinierung von Öl und Gas benötigt wurden.

Fazit

Der Handelskrieg gegen den kommunistischen Block, den die Vereinigten Staaten im Jahr 1947 begannen, war überraschend erfolgreich. Auf legislativer Ebene erfolgte der entscheidende Schritt mit der Zusatzklausel zum Marshallplan, die auf Antrag von Senator Mundt verabschiedet wurde. Auch erwies sich der Beginn des Kalten Krieges als ein günstiger Zeitpunkt, um die Unterstützung der europäischen Regierungen für die Gründung des CoCom zu gewinnen. Mit dem Koordinationsausschuss sollte die zur Aufrechterhaltung des Embargos erforderliche Einheit der europäischen Nationen gewährleistet werden. Für die US-Administration wurde es jedoch zu einem diplomatischen Balanceakt, die Europäer an ihre Selbstverpflichtung zur Eindämmung des Ost-Handels zu erinnern, ohne dabei auf Zwangsmaßnahmen zurückzugreifen, die ihre weitere Unterstützung des Embargos hätte schwächen können. Doch diese ging in dem Maße zurück, wie die Sowjets ihre technologischen Fortschritte demonstrierten – sei es mit dem Bau der Wasserstoffbombe oder durch ihr Vermögen, ein stehendes Heer mit 175 Divisionen zu unterhalten. Ein Faktor, der die europäische Unterstützung des Embargos dagegen stärkte, war die Tatsache, dass Amerika noch größere technologische Fortschritte machte. Die zahlreichen amerikanischen Erfindungen in der Computertechnologie, der Navigationstechnik für Zivilflugzeuge und dem Maschinenbau standen auch den Europäern zur Verfügung, sofern sie einwilligten, sie nicht an den Ostblock zu verkaufen. Dieser Wettbewerbsvorteil hielt so lange an, bis die kommunistischen Länder aus eigener Kraft vergleichbare Geräte herstellen konnten.

Das US-Embargosystem wurde zu einem wesentlichen Bestandteil der Strategie des Verteidigungsministeriums im Kalten Krieg. Dabei arbeitete das Ministerium zwar mit anderen Regierungsabteilungen wie dem Außen- und dem Handelsministerium zusammen, seine Stärke lag indes darin, die Teilstreitkräfte und die Geheimdienste für die eigenen Interessen einzusetzen. Die Geheimdienste kontrollierten die Einhaltung des Embargos mit ihren ausgeklügelten Überwachungstechniken, während das Netz von US-Militärs in den westlichen Großstädten dabei half, die notwendigen Informationen zusammenzutragen. Verteidigungsministerium und Geheimdienste lehnten die meist vom Außen- sowie dem Handelsministerium befürwortete Kürzung der Embargoliste ab und drängten stattdessen auf ihre Erweiterung um neue Güter, die von der technologischen Entwicklung in Amerika hervorgebracht wurden. Als das Weiße Haus mit dem Wechsel von Kennedy zu Johnson und schließlich zu Nixon immer weiter von den Prinzipien des Embargos abrückte und zunehmend auf Entspannungspolitik und Handelsliberalisierung setzte, musste das Verteidigungsministerium der nachlassenden Entschlossenheit zur Schwächung des chinesisch-sowjetischen Blocks entgegenwirken. Nach der Aufweichung der CoCom-Politik unter Nixon kehrte mit Gerald Ford eine härtere Gangart im Kalten Krieg zurück, die unter Jimmy Carter eine gewisse Mäßigung erfuhr, schließlich in den Jahren Reagans wieder voll zur Geltung kam. Diese Jahre waren allerdings zugleich die Ära der Entspannungspolitik, mit der der Kalte Krieg seinem Ende entgegenging.

Wie erfolgreich waren die Bemühungen der Amerikaner, die Europäer zu einer gemeinsamen Eindämmung des Technologietransfers in den chinesisch-sowjetischen Bereich zu bewegen? Die Antwort fällt je nach Land verschieden aus. Während sich die Briten eng an die amerikanischen Vorgaben hielten und der Versuchung widerstanden, sich aus dem CoCom zurückziehen, setzten sich die Franzosen gelegentlich über die Embargolisten hinweg. Die Deutschen stellten die Listen immer wieder offensiv infrage und nutzten jede Gelegenheit, die ihren Handelsbeziehungen zum Osten förderlich war. Die Italiener wiederum unternahmen wie die Briten wenig Versuche, das amerikanische Embargosystem zu unterlaufen, und waren verständlicherweise darüber enttäuscht, dass sie bei einem Infrastrukturauftrag im Osten auf Widerstand der Amerikaner stießen. Hatte das CoCom Nachteile für den Osten zur Folge? In den frühen Jahren des Kalten Krieges wurden die Industrienationen des Ostblocks zweifellos geschwächt. In Ostdeutschland führte der Mangel an Stahlblech für den Karosseriebau aber auch dazu, dass ersatzweise ein spezieller Kunststoff entwickelt wurde. Die Sowjets hatten während des Zweiten Weltkrieges eine umfangreiche Rüstungsproduktion aufgebaut, die im Kalten Krieg weiter vorangetrieben wurde, um auf vielen Gebieten der militärischen Produktion ein Gegengewicht zum Westen zu schaffen.

Aus dem Englischen von Felix Kurz

Shu Guang Zhang

China und die Wirtschaftssanktionen des Westens, 1950–1953

Es ist eine verbreitete Annahme, dass wirtschaftliche Zwangsmaßnahmen stets zu internationaler Kooperation führen. Nicht immer jedoch reagiert ein Staat, der wirtschaftlichem Druck ausgesetzt wird, wie erwartet. Wie sich die Volksrepublik China dem internationalen Embargo widersetzte, das unter Führung der Vereinigten Staaten als Strafe für ihre bewaffnete Intervention in Korea verhängt wurde, soll im Folgenden demonstriert werden.

Embargo und Widerstand

Obwohl die Führung der Kommunistischen Partei Chinas (KPCh) zur Zeit der Gründung der Volksrepublik mit wirtschaftlichem Druck des Westens gerechnet hatte, wurde sie von der plötzlichen Verschärfung des Embargos nach Ausbruch des Koreakrieges im Juni 1950 überrascht.[1] Da es auf einen Wirtschaftskrieg mit den USA nicht vorbereitet war, ergriff das neue Regime in großer Hektik spontane Gegenmaßnahmen. Diese betrafen in erster Linie den Außenhandel und internationalen Zahlungsverkehr sowie das chinesische Auslandsvermögen.

Als der Koreakrieg eskalierte, hielten es die chinesischen Außenhandelsbehörden für geboten, sich auf ein noch strengeres Embargo vorzubereiten. Am 19. August 1950 informierte die Parteileitung des Bezirks Guangdong Premierminister Zhou Enlai darüber, dass die in Hongkong ansässigen vier Handelsgesellschaften und zwei Banken, die von der KPCh kontrolliert wurden, nicht länger als private Unternehmen getarnt werden konnten und ihre Niederlassungen in den USA und Japan unter strenger Beobachtung standen.[2] Zhou war alarmiert und entschied gemeinsam mit dem Stellvertretenden Vorsitzenden der Zentralkommission der KPCh für

---

1 Shu Guang Zhang, Economic Cold War: America's Embargo against China and the Sino-Soviet Alliance, 1949–1963, Stanford 2001, S. 30f.

2 Telegramm von Ye Jianying an Zhou Enlai, 19. 8. 1950, Quanzhong 204, Nr. 1, File 247 (1950), Außenhandelsbüro der Provinz Guangdong, Provinzarchiv Guangdong.

Finanzen und Wirtschaft (im Folgenden Wirtschaftskommission), Bo Yibo, unverzüglich Schutzmaßnahmen zu ergreifen. Am 27. August ordneten sie an, das Führungspersonal der betroffenen Gesellschaften aus Tokio und New York abzuziehen. Da Zhou und Bo jedoch nicht mit einer Ausweitung des wirtschaftlichen Drucks aus dem Westen rechneten, sollten die Unternehmen zugleich ihre Büros in Indien und Pakistan verstärken und, wenn möglich, »die Eröffnung neuer Zweigstellen in Schweden, London, Kanada, Kairo« vorbereiten. Sie wiesen außerdem die Parteileitung in Guangdong an, über Hongkong und Macao »massenhaften Schmuggel zu organisieren«. Für den Erfolg der Maßnahme, so betonten sie, sei es wichtig, »dass sämtliche Zollstellen, Außenhandelsbüros und Grenzposten in Südchina so eng wie möglich zusammenarbeiten, indem sie in jedem der kleinen Häfen entlang der Küste Annahmestellen [für die geschmuggelten Güter] einrichten«.[3] Auf einer geheimen Sitzung in Hongkong drängte das Handelsministerium unterdessen die Direktoren der von der Partei kontrollierten Unternehmen dazu, den Schmuggel durch eine gemeinsame Leitung zu koordinieren.[4]

Interessanterweise sah das Handelsministerium trotz des drohenden Embargos eine günstige Gelegenheit für die Ausweitung der chinesischen Exporte. Die Militärintervention der USA und anderer westlicher Staaten in Korea, so die Kalkulation in einer Direktive des Ministeriums vom 7. Oktober 1950, zwinge »den imperialistischen Block zu einer so aberwitzigen militärischen Mobilmachung, dass die normalen Muster des Außenhandels durcheinandergeraten« würden. Dadurch entstehe »ein hervorragender Auslandsmarkt [für chinesische Produkte und Rohstoffe], der nicht den bisherigen Einschränkungen unterliegt«. In dem Dokument wurde darauf hingewiesen, dass der internationale Markt weiterhin »unsere Güter in großen Mengen absorbiert hat und die Nachfrage nach handgefertigten Erzeugnissen schnell wächst«, wodurch der Spotkurs den Terminpreis noch stärker übersteige als gewöhnlich. Zudem bedeute der Wertverlust des US-Dollars, dass »der Export von Gütern, die in Dollar gehandelt werden, einen höheren Ertrag abwirft, der in naher Zukunft zu einem noch stärkeren Anstieg tendieren wird«. Fasziniert von diesen Aussichten, ent-

---

3 Telegramm von Zhou Enlai und Bo Yibo an Ye Jianying und Fang Fang, 27. 8. 1950, in: ebenda.

4 Telegramme, Lei Renmin an den Staatsrat, 28. 8. 1950, in: Jianguo Yilai Zhou Enlai Wengao [Zhou Enlais Manuskripte seit Gründung der Volksrepublik China, im Folgenden zitiert als: Zhou Enlais Manuskripte], Bd. 3, Juli 1950–Dezember 1950, Peking 2008, S. 241, Anm. 1; Zhou Enlai an die KPCh-Autoritäten in Ost-, Zentral- und Südchina, 31. 8. 1950, in: ebenda, S. 232f.

schied das Handelsministerium, die bisherigen Begrenzungen der Preise und des Vertriebs von Exportgütern aufzuheben.[5]

Diese Gelegenheit währte indes nicht lange, denn kurz nachdem die chinesischen Volksfreiwilligen in die Kampfhandlungen in Korea eingetreten waren, wurde das Embargo gegen China unter Führung der USA verschärft. Im Dezember 1950 warnte ein Bericht des nordchinesischen Außenhandelsbüros, dass die Ausweitung der Handelskontrollen durch die USA auf »die Zerstörung des [chinesischen] Außenhandels« abziele. Hinzu komme, dass sich mehr und mehr Verbündete der USA den Wirtschaftssanktionen anschlössen. Japan untersage den Export von Rohstoffen und Metallen nach China, Hongkong und Macao, während sich »die westeuropäischen Marionettenstaaten, einschließlich Belgiens und Frankreichs, [...] ebenfalls auf Handelseinschränkungen [gegen China]« festgelegt hätten.[6]

Wie in diesem Bericht betont wurde, standen China aufgrund der verschärften Wirtschaftssanktionen empfindliche Einschränkungen seiner Importe bevor. Da eine wachsende Zahl westlicher Reedereien die Geschäftsbeziehungen zu China abbrach, wurden bereits bestellte Güter in großem Umfang zurückgehalten. Nachdem den drei im pazifischen Handel tätigen amerikanischen Reedereien Transporte nach China untersagt worden waren, hatten die American President Lines und die Pacific Shipping Company sämtliche Fahrten nach Tianjin und Dagu gestrichen. Die japanische Regierung war unterdessen dazu übergegangen, »die Verladung von Gütern wie Eisen, Stahl und anderen Metallen, die China bestellt hatte, zu stoppen«.[7]

---

5 Direktive des Handelsministeriums, Über einige Grundprinzipien [unseres] Exports, 7. 10. 1950, in: Chinesische Akademie der Sozialwissenschaften und Zentralarchiv der KPCh (Hg.), Zhonghua Renmin Gongheguo Jingji Ziliao Xuanbian: Duiwai Maoyi Pian, 1949–1952 [Ausgewählte Dokumente und Materialien über wirtschaftliche Angelegenheiten der Volksrepublik: Außenhandel, 1949–1952, im Folgenden zitiert als: Ausgewählte Dokumente], Peking 1994, S. 469f.

6 Bericht des Nordchinesischen Außenhandelsbüros, Wie der Außenhandel unter den gegenwärtigen Bedingungen zu organisieren ist, Dezember 1950, in: ebenda, S. 454f.

7 Bericht des Nordchinesischen Außenhandelsbüros für das Handelsministerium, Die gegenwärtige Situation und die Analyse unseres Außenhandels, Dezember 1950, in: ebenda, S. 455f.; Bericht des Außenhandelsbüros der Stadt Tianjin, Der gegenwärtige Stand des Außenhandels und der handelsbezogenen Produktion in Tianjin, Dezember 1950, Allgemeine Akten, Außenhandelsbüro, X 91, I 1, F 505, 5–8, Stadtarchiv Tianjin.

Angesichts dieser unmittelbaren Herausforderung und in Vorbereitung auf weitere Unwägbarkeiten reagierte die Volksrepublik unverzüglich. Eine Resolution der Wirtschaftskommission vom 12. Dezember befasste sich mit einer Reihe von Gegenmaßnahmen.[8] Zunächst wurden darin die Verluste eingeschätzt, die der Volksrepublik durch die Sanktionen drohten. Demnach hatte China einschließlich bereits verladener, aber nicht ausgelieferter Güter insgesamt Bestellungen im Wert von 120 bis 130 Millionen US-Dollar im Ausland getätigt. Von diesem »grob geschätzten« Gesamtbetrag entfielen rund 100 Millionen Dollar auf das Handelsministerium, wenn die zwischen dem 10. November und Anfang Dezember eingetroffenen Güter nicht mitgerechnet wurden, 20 Millionen US-Dollar auf andere staatliche Institutionen und 10 Millionen US-Dollar auf Privatunternehmen. Hinzu kamen Auslandsbestellungen im Wert von nicht weniger als 61 Millionen US-Dollar: 33 Millionen US-Dollar seitens des Handelsministeriums, 24 Millionen US-Dollar von anderen staatlichen Organisationen und 6 bis 7 Millionen US-Dollar von Privatunternehmen. »Bankwechsel in den Vereinigten Staaten, die noch nicht fällig sind«, beliefen sich auf weitere 5 Millionen US-Dollar. Diese Güter und Vermögenswerte mit einem Gesamtvolumen von rund 60 bis 70 Millionen US-Dollar waren »der größte Grund zur Sorge«, wobei noch ungewiss war, ob weitere Bankwechsel über 60 bis 70 Millionen britische Pfund ebenfalls von Sanktionen betroffen sein würden. Auf Grundlage dieser Einschätzung sah die Kommission drei mögliche Entwicklungen: Falls die Vereinigten Staaten »die von uns bestellten Gütern, die bereits [auf Schiffe] verladen wurden, konfisziert und die noch nicht verladenen Güter zurückhält«, würde China etwa 18 Millionen US-Dollar verlieren; falls sie »nur die bereits verladenen Güter konfisziert, wir aber die Bestellungen stornieren dürfen, die noch nicht verladen wurden«, könne China den Verlust auf etwa 7 Millionen US-Dollar begrenzen; und falls China noch nicht verladene Güter stornieren und darüber hinaus die bereits verladenen Güter an Orte, die nicht unter die Sanktionen fielen, verschiffen oder an andere Länder verkaufen dürfe, könnten die Verluste auf ein Minimum reduziert werden.[9]

Da die Wirtschaftskommission erwartete, dass die USA die Guthaben der Volksrepublik einfrieren würden, traf sie Anfang November 1950 ei-

---

8 Die Resolution war zuvor vom Zentralkomitee gebilligt worden. Vgl. Zentralkomitee an Chen Yun, Bo Yibo und Li Fuchun, 2. 12. 1950, in: Zhou Enlais Manuskripte, Bd. 3, S. 578f.

9 Resolution der Zentralkommission der KPCh für Finanzen und Wirtschaft, Sieben Gegenmaßnahmen gegen die Wirtschaftssanktionen der USA gegen unser Land, 12. 12. 1950, in: Ausgewählte Dokumente, S. 449.

nige Vorkehrungen. Ihre »Anweisungen zum Ausgabenstopp und zur Stabilisierung des Marktes« vom 3. November beinhalteten erstens, dass die Konten sämtlicher staatlicher Institutionen, die rund 90 Prozent der Einlagen bei den Staatsbanken ausmachten, einen Monat lang eingefroren würden; zweitens durften staatliche Unternehmen und Institutionen ab dem 5. November nur noch bei den Staatsbanken Einzahlungen vornehmen; drittens war es den Staatsbanken untersagt, Kredite an das Handelsministerium oder Handelsgesellschaften zu vergeben, und sie mussten überdies fällige Kredite unverzüglich zurückfordern; und viertens sollten sie sich aktiv um Einlagen von privaten Unternehmen und Bürgern bemühen.[10] Als Washington am 16. Dezember tatsächlich ankündigte, die chinesischen Vermögen in den USA einzufrieren, schlug Peking zehn Tage später zurück, indem es die Vermögen der US-Regierung und amerikanischer Unternehmen konfiszierte, sämtliche Bankkonten amerikanischer Bürger in China einfror, keinerlei Transaktionen mehr in US-Dollar abwickelte und die eigene Währung gegen den US-Dollar aufwertete.[11]

Kurz darauf begann die Volksrepublik, alle ihr zur Verfügung stehenden Schutzmaßnahmen in die Wege zu leiten. Wie eine Resolution der staatlichen Wirtschaftskommission vom 12. Dezember diktierte, brach sie ihre Handelsbeziehungen zu den USA und Japan ab; es wurden dort keine Bestellungen mehr getätigt oder Exportlizenzen beantragt. Das Handelsministerium wies die staatseigenen Unternehmen an, auf Rückzahlungen für die innerhalb eines bestimmten Zeitraums getätigten Bestellungen in den USA und Japan zu drängen und diese Devisen in Banken in anderen Ländern zu deponieren. China solle dann zügig »mit diesen harten Währungen so viel Güter wie möglich kaufen und sie ins Land transportieren«. Unterdessen sollten die Außenhandelsstellen und -gesellschaften die Auslandsvertreter der US-Firmen kontaktieren, deren Güter bereits verladen worden waren oder sich auf dem Weg nach China befanden, und sie mit Bankbürgschaften dazu bewegen, »die Güter entweder in andere Häfen im Fernen Osten zu transportieren oder sie [an andere Länder] zu verkaufen, damit wir eine Rückerstattung in Devisen bekommen«.[12]

Eine Aufgabe von großer Dringlichkeit bestand darin, zu verhindern, dass die chinesischen Vermögen in den USA und möglicherweise auch in Japan und Westeuropa eingefroren würden. Die Zentralbank der Volksrepublik, die Chinesische Volksbank (Chinese People's Bank, CPB), rief in

10 Shang Ming (Hg.), Dangdai Zhongguo de Jinrong Shiye [China heute: Geld und Bankwesen], Peking 1989, S. 66f.

11 Ebenda, S. 67f.

12 Ausgewählte Dokumente, S. 463f.

einem Beschluss vom Dezember 1950 dazu auf, »unsere Vermögen [in amerikanischen Banken] und die [durch amerikanische Banken] in US-Dollar bestellten Waren so weit wie möglich zu retten« und gleichzeitig »unsere gesamten ausländischen Währungsreserven (einschließlich Bestellungen in britischen Pfund) schnellstmöglich zur Bestellung von Gütern zu verwenden«. Zu diesem Zweck unternahm die CPB sieben Schritte: Erstens entsandte sie unverzüglich Vertreter nach Ostdeutschland, die den Auftrag hatten, »Eilkäufe« in Westeuropa zu tätigen; zweitens wurden sofort Vertreter in die Schweiz geschickt, um sicherzustellen, dass die chinesischen Vermögen auf Schweizer Banken nicht angetastet würden – sollte dies nicht gelingen, »müssen wir Wege finden, [unsere] Vermögen [in andere Länder] zu transferieren«; drittens versuchte sie, ausländische Banken, die Geschäftsbeziehungen zu China unterhielten, dazu zu bewegen, sich für die Freigabe der eingefrorenen chinesischen Vermögen in den USA, Japan und einigen europäischen Ländern einzusetzen; mit dem selben Ziel wandte sie sich viertens an die ausländischen Handelsgesellschaften, die Bankbürgschaften für China geleistet hatten; fünftens betraute sie ausländische Banken und Unternehmen damit, die bestellten Waren sicherzustellen, damit sie zu einem späteren Zeitpunkt, wenn das Embargo gelockert würde, nach China transportiert werden könnten; sechstens sollten »unsere Zahlungsanweisungen in US-Dollar so weit wie möglich an ausländische Banken verkauft werden«; und siebtens bat sie die Zweigstellen der Bank of China (BC) in Singapur, Hongkong, Bangkok, Kalkutta und Bombay, bei der »Sicherstellung der von uns bestellten Güter zu helfen, damit wir sie später nach China transportieren können«.[13] Um diese Maßnahmen auf nationaler Ebene zu koordinieren, gründete die CPB ein Notkomitee für Importfragen mit Sitz in Schanghai, dem Vertreter des Handelsministeriums sowie von Banken und privaten Handelsgesellschaften angehörten. Zudem bildeten CPB und Handelsministerium Kontaktgruppen, die sich mit anderen staatlichen Institutionen über die Umsetzung dieser Maßnahmen berieten.[14]

Die BC beteiligte sich als zentrale Außenhandelsbank der Volksrepublik ebenfalls an den Bemühungen, die chinesischen Auslandsvermögen zu schützen. Mit sechs Direktiven vom 18. und 19. Dezember 1950 erließ die Leitung der Bank ein »striktes Verbot« von Exporten in die USA, nach Japan und Kanada und verlangte bei Exporten nach Westeuropa, dass sie

---

13 Bericht der Zentrale der Chinese People's Bank, Unsere Gegenmaßnahmen gegen das Einfrieren unserer Vermögen durch die US-Imperialisten, Dezember 1950, in: ebenda, S. 464, 475f.

14 Ebenda, S. 475f.

»als Bartergeschäft abgewickelt werden und das Prinzip gilt, die Exportgüter erst nach Erhalt der Importe freizugeben«. Sollte sich Geldverkehr nicht vermeiden lassen, werde China »ausschließlich telegrafische Zahlungsanweisungen und keine Bankschecks akzeptieren«. Den chinesischen Banken war es untersagt, Schecks von US-Banken anzunehmen, während US-Dollar weiterhin in die chinesische Währung umgetauscht werden durften. Zudem erwartete die BC, dass staatliche wie private Unternehmen sich darum bemühten, Auslandsguthaben für Importe zu verwenden. Sollten sich die importierten Güter in China nicht gut verkaufen, müssten die staatlichen Handelsgesellschaften sie ankaufen oder verwalten; falls notwendig, würde die BC diesen Gesellschaften Geld vorschießen. Während dieser Übergangsphase sollten insbesondere Zahlungsanweisungen in US-Dollar durch Schweizer Banken in andere Währungen transferiert werden. Zudem plante die BC eine Abwertung ausländischer Währungen, um den Erfolg der Maßnahmen sicherzustellen. Nachdem der Wechselkurs des US-Dollars am 18. Dezember bereits auf 1 US-Dollar für 1000 Renminbi gesenkt worden war, kündigte die Bank an, den US-Dollar um weitere 8 Prozent und das britische Pfund sowie den Hongkong-Dollar um 5 Prozent abzuwerten.[15]

Diese ersten Notmaßnahmen hatten jedoch nicht die von der chinesischen Regierung erwarteten Ergebnisse. Peking wurde allmählich bewusst, wie streng das internationale Embargo unter Führung der USA war. In einem Bericht über die »Importsituation und Exportpolitik« vom 5. Januar 1951 führte die Wirtschaftskommission detailliert auf, welche gravierenden Schwierigkeiten das Embargo des Westens zur Folge hatte. Erstens hatten die Vereinigten Staaten und Japan offenbar die größten Schäden verursacht. »Die von unseren staatlichen und privaten Unternehmen bestellten Güter, die von den USA und Japan beschlagnahmt wurden, haben einen Gesamtwert von 27 Millionen US-Dollar (von denen rund 7 Millionen US-Dollar auf Privatunternehmen entfallen).« Überdies würden die beiden Staaten in Kürze Zahlungswechsel der chinesischen Staatsbanken im Wert von 5 Millionen US-Dollar einfrieren, und realistisch betrachtet könne China wenig tun, um diesen Betrag zu retten. Zweitens sei auch der Handel mit Westeuropa zunehmend erschwert worden: »Von den Gütern, die wir mit unseren amerikanischen Bankguthaben von 40 Millionen US-Dollar in Frankreich, Westdeutschland und Belgien bestellt haben, wird Westdeutschland seinen Teil unverändert ausliefern, während Frankreich

15 Resolution der Zentrale der Bank of China, Unsere Gegenmaßnahmen gegen das Einfrieren unserer Auslandsvermögen durch die US-Imperialisten, Dezember 1950, in: ebenda, S. 475f.

und Belgien den Export von Eisen und Stahl an uns untersagt haben.« Der Großteil der in Frankreich und Belgien bestellten Waren müsse daher entweder in andere Häfen verschifft oder direkt vor Ort weiterverkauft werden, damit China andere Güter kaufen könne, die nicht auf der Embargoliste standen. Drittens sei eine weitere Herausforderung entstanden: Auch Großbritannien habe sich schließlich dazu entschieden, seine Exportbeschränkungen gegen China zu verschärfen. China habe britische Güter im Wert von rund 8 Millionen US-Dollar bestellt. Bislang sei nur der Export von Benzin untersagt gewesen. Doch im August hätten die britischen Hafenbehörden erklärt, dass ab sofort mehr als 190 strategisch wichtige Güter einer besonderen Ausfuhrgenehmigung bedürften. »Ob Großbritannien den Export dieser Waren weiterhin erlaubt oder die Handelsbeschränkungen gegen uns verschärfen wird, wird sich daran zeigen, wie es in den nächsten zwei Monaten mit unseren Bestellungen verfahren wird.« Und schließlich wies die Wirtschaftskommission insbesondere auf die Behinderung des Schiffsverkehrs hin: Nicht weniger als neun Handelsschiffe, die Waren von Westeuropa über Japan und die Philippinen in die chinesischen Häfen Tianjin und Qingdao transportieren sollten, seien von der US-Marine gestoppt und in amerikanisch kontrollierten Häfen festgesetzt worden. Außerdem warnte der Kommissionsbericht, dass neben den Gütern und Vermögen, die von den USA und Japan beschlagnahmt und eingefroren worden seien, noch Güter im Wert von mehr als 100 Millionen US-Dollar, die China in Westeuropa gekauft hatte, ins Land transportiert werden müssten. »Die Transporte unserer Güter von Europa nach China müssen besser organisiert werden, wobei noch zu klären ist, ob Großbritannien uns gegenüber eine feindliche Haltung einnehmen wird oder nicht.« Sollten die Briten den Export strategisch wichtiger Güter nach China einschränken und es dadurch zwingen, stattdessen Güter für den täglichen Gebrauch zu kaufen, würde es nach Schätzung der Wirtschaftskommission mindestens sechs Monate dauern, die Bestellungen entsprechend zu ändern, um die erwähnten 100 Millionen US-Dollar nicht zu verlieren.[16]

Autarkie und Außenhandel

Die wachsenden Schwierigkeiten, denen sich die Volksrepublik in ihrem Widerstand gegen das westliche Embargo gegenübersah, und die drohende Verschlechterung der wirtschaftlichen Lage zwangen die chinesische Re-

16 Bericht der Zentralkommission der KPCh für Finanzen und Wirtschaft, Über die Importsituation und Exportpolitik, 5. 1. 1951, in: ebenda, S. 460f.

gierung zu einer realistischeren Haltung, zumal das Embargo weiter verschärft wurde. Sie war entschlossen, jede Gelegenheit zu nutzen, um die Auswirkungen der internationalen Sanktionen zu minimieren.

Angesichts des erschwerten Außenhandels richtete sich der Blick der chinesischen Führung nach innen, um den Druck des Embargos zu verringern. Letztlich, so ihre Einschätzung, müsse das neue chinesische Regime »Autarkie innerhalb des Lagers des Friedens und der Demokratie erreichen«, um Chinas Verletzbarkeit durch das westliche Embargo zu reduzieren.[17] Ende Januar 1951 erteilte Handelsminister Ye Jizhuang die Anweisung, »Maßnahmen zu ergreifen, die Schritt für Schritt zur Autarkie innerhalb des demokratischen Lagers führen«. Dies sei von nun an die grundlegende politische Richtlinie, über die sich »jeder für den Außenhandel verantwortliche Kader vollkommen im Klaren sein muss«.[18]

Eine unmittelbare Herausforderung bestand darin, in China einen Markt für die Güter zu finden, die ursprünglich für den Export in die nun am Embargo beteiligten nicht kommunistischen Länder gedacht waren. Auf einer nationalen Handelskonferenz im Januar 1951 wurde daher die Notwendigkeit betont, den Binnenmarkt für einige dieser Produkte auszuweiten, deren Wert auf 60 bis 80 Millionen US-Dollar geschätzt wurde. Andernfalls würden die wirtschaftlichen Einbußen, die China aufgrund des Embargos erlitt, um einen stattlichen Betrag wachsen. Noch gravierender war, dass es sich bei diesen Gütern überwiegend um Agrarprodukte handelte; der neuen Regierung drohte daher Unmut seitens chinesischer Bauern, der zu Volksunruhen führen konnte. Um das Problem in den Griff zu bekommen, beschloss die Handelskonferenz eine Reihe von Maßnahmen. Erstens wurden die lokalen Behörden angewiesen, »die Ursachen zu bestimmen, die den Binnenmarkt für einheimische Produkte und Agrarerzeugnisse blockieren«, und Mittel zur Stimulierung der Nachfrage zu finden. Zweitens sollten sie »die Bauern für die Verluste entschädigen, die sie durch das Embargo des US-Imperialismus erlitten haben, um ihre Kaufkraft zu stärken«, was wiederum den Austausch zwischen einheimischen Produkten und Agrarerzeugnissen fördern könne.[19] Drittens ver-

---

17 Resolution der Nationalen Handelskonferenz, Politische Maßnahmen, Aufgaben und Planung des nationalen Handels für das Jahr 1951, 8. 1. 1951, in: ebenda: S. 3f., 461.

18 Bericht von Handelsminister Ye Jizhuang, Über die nationale Konferenz zum Außenhandel, 30. 1. 1951, in: ebenda, S. 889–896.

19 Resolution der Nationalen Handelskonferenz, Politische Maßnahmen, S. 461; vgl. auch die gemeinsame Anweisung des Handelsministeriums und der Zollbehörde, Richtlinien für den Verkauf zurückgegebener Exportgüter auf lokalen

langte die Konferenz »mehr Güteraustausch zwischen Stadt und Land«, um Bauern und Handwerker bei der Neuausrichtung ihrer Produktion zu unterstützen.[20]

Unterdessen begann die KPCh, im Namen des Widerstands gegen das westliche Embargo ihre Kontrolle über den Außenhandel zu festigen. Um den Erfolg des »gegenwärtigen Kampfes gegen das Handelsembargo der kapitalistischen Länder« sicherzustellen, so betonte Handelsminister Ye auf der Konferenz, »ist es zwingend erforderlich, dass wir an Stärke gewinnen, indem wir die Entscheidungsgewalt auf einer wesentlich höheren Ebene konzentrieren als bislang«. Nach der Konferenz berichtete Ye dem Politbüro der KPCh, dass zu diesem Zweck bereits einige Regeln festgelegt worden seien. Erstens würden sämtliche Regeln und Maßnahmen der Lokalregierungen, die denen der Zentralregierung widersprächen, »automatisch außer Kraft gesetzt«; zweitens habe künftig allein die Zentralregierung die Befugnis, Verbotslisten für Export- und Importgüter festzulegen beziehungsweise zu billigen; drittens sollten alle Lokalregierungen in Arbeitsplänen, die vom Handelsministerium zu genehmigen waren, für jedes Quartal festlegen, welche Güter für den Export besonders geeignet seien oder importiert werden müssten; viertens mussten die Lokalregierungen der Zentralregierung Rechenschaftsberichte darüber vorlegen, welche Güter in welchen Mengen und ausländischen Währungen ihr Handel umfasst hatte; und da in Bartergeschäften vermittels gegenseitiger Bürgschaften erhebliche Risiken gesehen wurden, sollten die Lokalregierungen schließlich fünftens »gemeinsam mit der Zentralregierung die Menge der ausländischen Währungen begrenzen«.[21]

Ungeachtet der Neuorientierung in ihren außenwirtschaftlichen Beziehungen hoffte die chinesische Regierung weiterhin, dass sich Handelsmöglichkeiten mit nicht kommunistischen Ländern ergeben würden. Da die Praxis des Bartergeschäfts wieder eingeführt worden war, war es nun weniger riskant, Geschäfte mit Ländern zu machen, die sich nicht vollständig dem internationalen Embargo angeschlossen hatten.[22] Diese Änderung der Handelspraktiken, erklärte Handelsminister Ye Jizhuang dem Politbüro der KPCh in seinem Bericht vom 30. Januar 1951, sei »die sicherste und beste Maßnahme, um die Initiative zu behalten«. Ye behauptete, dass

---

Märkten, 8. 10. 1951, Außenhandelsbüro, X 91, I 1, F 577, 75–76, Stadtarchiv Tianjin.

20 Bericht der Zentralkommission der KPCh für Finanzen und Wirtschaft, Importsituation, S. 470–472.

21 Ebenda, S. 472.

22 Resolution der Nationalen Handelskonferenz, Politische Maßnahmen, S. 461.

»ausländische Währungen unter den gegenwärtigen Umständen nicht mehr als ›frei‹ bezeichnet werden können« und es daher auch nicht länger möglich sei, den internationalen Handel »frei« zu betreiben. Allein Bartergeschäfte böten eine Garantie »für wirkliche Zusammenarbeit auf gleichberechtigter Basis und zu beiderseitigem Nutzen«.[23]

Auf Grundlage dieses Prinzips entwickelte Peking spezifische Richtlinien für den Handel mit nicht kommunistischen Ländern. So sollten Exporte nach Westeuropa verstärkt in den Währungen der jeweiligen Länder und nicht in US-Dollar abgewickelt werden. Die Ausfuhr von Waren, die noch nicht auf den Embargolisten standen, nach Großbritannien, Frankreich, Westdeutschland und in andere Länder sollte Arbeitsplätze in der Exportwirtschaft sichern und die Preise für Agrarerzeugnisse stabilisieren. Allerdings sah die Wirtschaftskommission darin auch potenzielle Risiken, denn so würden »unsere Staatsbanken in zwei Monaten über zusätzliche Devisen im Wert von 100 Millionen US-Dollar verfügen«, aber mit großer Wahrscheinlichkeit würden die europäischen Länder diese Devisen einfrieren oder China dazu zwingen, sie zum Ankauf großer Mengen von Gütern des täglichen Bedarfs zu verwenden, die nicht dringend benötigt wurden. Um diese Risiken zu umgehen, zog die Kommission in Betracht, den Export nach Westeuropa auf geringe Mengen von Gütern zu beschränken, die im Inland am wenigsten benötigt wurden, und ihn nach Möglichkeit als Bartergeschäft abzuwickeln. Doch obgleich diese Maßnahme größeren Schaden vom Staat abwenden würde, bot sie keine Aussicht darauf, Chinas Exporte auf ein Niveau zu steigern, das den Arbeitern in den exportorientierten Industrien und den Bauern Erleichterung verschaffen würde. Auf Grundlage dieser Überlegungen nahm die Kommission den Vorschlag des Handelsministeriums an, Exportgüter nach ihrer Wichtigkeit in die Kategorien »*jia* [A]«, »*yi* [B]« und »*bing* [C]« einzuteilen. Produkte der Kategorie »A« sollten direkt gegen strategisch wichtige Güter getauscht werden, die der Kategorie »B« gegen Güter von sekundärer Bedeutung und die der Kategorie »C« gegen Waren des täglichen Bedarfs. Für Bartergeschäfte erteilte die Kommission die Anweisung, »sich an das Prinzip zu halten, erst nach Erhalt der Importgüter zu exportieren oder Export und Import in jeweils begrenzten Mengen gleichzeitig durchzuführen«. Sollten die Handelspartner Bartergeschäfte ablehnen, war der Zahlungsverkehr ausschließlich in britischen Pfund oder Schweizer Franken abzuwickeln.[24]

---

23 Jizhuang, Nationale Konferenz, S. 889–896.

24 Bericht der Zentralkommission der KPCh für Finanzen und Wirtschaft, Importsituation, S. 461; Bericht des Handelsministeriums, Über unsere Arbeit im Jahr 1950, 20. 2. 1951, in: Ausgewählte Dokumente, S. 885f.; Anweisung des Han-

Um die Risiken im Handel mit nicht kommunistischen Ländern zu verringern, nutzte die Volksrepublik ihre ausländischen Zahlungsanweisungen für Importe. In einem gemeinsamen Beschluss vom 10. März 1951 erklärten die Außenhandelskommission, das Handelsministerium und die Leitung der CPB dies zu einem »effektiven Mittel«, um das Wirtschaftsembargo des Westens zu durchbrechen. Zu diesem Zweck wurden in dem Dokument zwei Verfahrensregeln vorgeschrieben. Erstens sollte der Teil der ausländischen Zahlungsanweisungen, den die staatseigenen Banken direkt erhalten hatten (dies waren etwa 40 Prozent), »ordnungsgemäß und unverzüglich von den Staatsbanken bearbeitet und an das Handelsministerium weitergeleitet werden«. Zur Koordinierung dieser Aufgabe sollten ihre Zweigstellen im Ausland, insbesondere in den Ländern, aus denen der Großteil der ausländischen Zahlungsanweisungen stammte (USA, Japan und Europa), eine »enge Zusammenarbeit« mit den dortigen Büros des Handelsministeriums entwickeln. Zweitens wurden die Unternehmen, die sich teilweise durch die übrigen 60 Prozent der ausländischen Zahlungsanweisungen finanzierten, angewiesen, diese auf den Import von Gütern zu verwenden, die im Inland benötigt wurden. Dies sollte nach Einschätzung der staatlichen Wirtschaftskommission keine größeren Schwierigkeiten bereiten, da »die meisten dieser Unternehmen ein Interesse an und Erfahrungen mit Importen haben«. Unternehmen wiederum, denen es an den erforderlichen Kompetenzen und Erfahrungen mangelte, sollten mithilfe örtlicher Banken oder Kommissionen, die Chinas Interessen im Ausland vertraten, die Zusammenarbeit mit Handelsgesellschaften vor Ort suchen.[25]

Die Ergebnisse der neuen Maßnahmen schienen ermutigend zu sein. »Seit die US-Imperialisten im Dezember vergangenen Jahres unsere Vermögen eingefroren haben«, hieß es in einem Bericht der staatlichen Wirtschaftskommission vom Mai 1951, »haben wir Banken wie Handelsgesellschaften aktiviert, um Verluste abzuwenden.« Durch seine Notmaßnahmen

---

delsministeriums, 2. 2. 1951, Abteilung Export und Import, Außenhandelsbüro, X 91, I 1, F 577, 5–6, Stadtarchiv Tianjin; Anweisung des Außenhandelsbüros, Verwaltungsbüro Nordchina, 5. 5. 1951, Abteilung Export und Import, Außenhandelsbüro, X 91, I 1, F 577, 15–16, Stadtarchiv Tianjin; Anweisung des Handelsministeriums an das Außenhandelsbüro der Stadt Tianjin, 14. 9. 1951, Abteilung Export und Import, Außenhandelsbüro, X 91, I 1, F 577, 50–53, Stadtarchiv Tianjin.

25 Resolution Auslandskommission, des Handelsministeriums und der Zentrale der CPB, Besondere Maßnahmen zur Umwandlung von ausländischen Zahlungsanweisungen in Importgüter, 10. 3. 1951, in: Ausgewählte Dokumente, S. 482–485.

war das neue Regime in der Lage, vom Embargo betroffene Güter und Vermögen in beträchtlichem Umfang zu sichern. So beglich China beispielsweise Bestellungen, die in US-Dollar getätigt worden waren, in Schweizer Franken, damit die ausländischen Banken die USA darum bitten konnten, die eingefrorenen chinesischen Vermögen freizugeben.[26] Außerdem wurden ausländische Währungen abgewertet. »Wir haben den Wechselkurs ausländischer Währungen [gegen den Renminbi, RMB] insgesamt viermal entsprechend den internationalen Marktfluktuationen gesenkt.« Der US-Dollar war dadurch um 26,15 Prozent abgewertet worden, das britische Pfund um 20,27 Prozent und der Hongkong-Dollar um 18,31 Prozent, während die Aufwertung des RMB die Stabilität des Geldes und der Verbrauchermärkte im Inland gewährleistete. Überdies hatte das Handelsministerium innerhalb von drei Monaten stattliche 100,3 Millionen US-Dollar für den Import strategischer Güter ausgegeben und, wichtiger noch, ihren Transport nach China sicherstellen können. Die Zweigstelle der BC in Hongkong war dabei eine große Hilfe gewesen, da sie den chinesischen Handelsgesellschaften für diese Eilkäufe Überziehungskredite in der Größenordnung von 50 bis 80 Millionen Hongkong-Dollar eingeräumt hatte. So konnte die Volksrepublik insgesamt 37000 Tonnen Gummi, Metallwaren, Chemikalien und westliche Arzneimittel einführen. Um die Importpreise zu stabilisieren, hatte das neue Regime zudem versucht, »Schwarzmärkte für ausländische Währungen zu unterdrücken und unsere eigene Währung der Zirkulation zu entziehen«. Durch die Beschlagnahmung ausländischer Devisen auf dem Schwarzmarkt flossen binnen drei Monaten insgesamt 44,43 Millionen US-Dollar in die Staatskassen.[27]

Der starke Optimismus der chinesischen Führung hielt das gesamte Jahr 1951 hindurch an. Handelsminister Ye Jizhuang berichtete am 19. Dezember, dass die vom Embargo betroffenen Vermögen und Güter im Gesamtwert von 240 Millionen US-Dollar – von denen 80 Millionen auf ausländische Währungen und 160 Millionen US-Dollar auf Güter entfielen – bereits zu 90 Prozent sichergestellt und ins Land gebracht worden seien, sodass nunmehr nur noch weniger als 10 Prozent mit einem Wert von 20 Millionen US-Dollar weiterhin beschlagnahmt und eingefroren seien. Chinas Handel mit den kapitalistischen Ländern erreichte 1951 ein Volu-

26 Bericht der Zentralen Finanzkommission der KPCh, Zur Situation hinsichtlich der ausländischen Währungen seit dem Einfrieren unserer Vermögen durch die USA und zu unseren Gegenmaßnahmen, 4. 5. 1951, in: ebenda, S. 476–479.

27 Ebenda. Vgl. auch Statistikabteilung der allgemeinen Zollbehörde, Jahresbericht 1951, undatiert, in: ebenda, S. 472f.

men von 811 Millionen US-Dollar, von denen 225,58 Millionen US-Dollar auf Exporte und 585,64 Millionen US-Dollar auf Importe entfielen, allerdings unter Einschluss von Gütern, die bereits im Vorjahr bestellt, aber erst 1951 ausgeliefert worden waren. Aus nicht kommunistischen Ländern importierte Güter wie Gummi, Baumwolle, Reifen, Leinensäcke und Ammoniumsulfat machten dabei 38,84 Prozent aus. Diese Tatsache, so behauptete Ye, beweise, dass »es uns gelungen ist, ein Auseinanderfallen unseres Handels [mit anderen Ländern] zu verhindern«. Die Statistiken zeigten zudem, dass China strategisch wichtige Güter im Austausch gegen solche von sekundärer Bedeutung erhalten hatte. Laut den Außenhandelsstatistiken für den Zeitraum von Januar bis Oktober 1951 entfielen 48,69 Prozent der Exporte auf die strategisch unbedeutenden Güter der Kategorie C und 25,58 beziehungsweise 25,73 Prozent auf die der Kategorien A und B. Bei den Importen dagegen machten die strategisch wichtigen Güter der Kategorie A 73,93 Prozent aus, die der Kategorie B 16,05 Prozent und die der Kategorie C nur 10,03 Prozent.[28] Die geschilderten Erfolge im Widerstand gegen das Embargo bestätigten, so erklärte Ye, dass »unsere Außenhandelspolitik von Grund auf richtig ist«. Überdies zeigten sie, dass »unser Handel mit den kapitalistischen Ländern zwar gering war, das absolute Handelsvolumen jedoch weiterhin enorm geblieben ist«.[29]

Diese Erfolge verdankten sich weitgehend der zentralen Kontrolle des Außenhandels. Auf Anweisung des Politbüros gab das Handelsministerium am 21. März 1952 eine Direktive mit dem Titel »Über einige Kernfragen des Außenhandels« heraus. Darin wurde ausdrücklich festgehalten, dass die Außenhandelspolitik der Volksrepublik zum Ziel habe, »die industrielle und landwirtschaftliche Produktion im Inland zu schützen und eine reibungslose Entwicklung [auf diesen beiden Gebieten] zu gewährleisten, um schrittweise eine staatliche Planung unserer Volkswirtschaft zu erreichen«. Um dies zu erreichen, beschloss die neue Regierung »fünf administrative Maßnahmen« für die Vergabe von Genehmigungen und Sondergenehmigungen sowie zur Regelung des »staatlichen Monopols für Einfuhren, Vermarktung und Verbote«.[30] In der Direktive wurde detailliert beschrieben, welche Güter in diese fünf Kategorien fielen. Demnach zählten 604 Güter zur Kategorie A und durften somit weiterhin importiert

28 Bericht von Handelsminister Ye Jizhuang, [Unser] Handel mit kapitalistischen Ländern im vergangenen Jahr und [unsere] zukünftige Politik, 19. 12. 1951, in: ebenda, S. 468f.

29 Ebenda, S. 469.

30 Direktive des Handelsministeriums, Über einige Kernfragen des Außenhandels, 21. 3. 1952, in: ebenda, S. 13–16.

werden, 662 fielen in die Kategorien B und C und unterlagen gewissen Importbeschränkungen und 640 Güter gehörten zur Kategorie D und durften nicht mehr importiert werden.[31]

Auf einer nationalen Konferenz der Handelsminister der Regionalverwaltungen am 12. Juli 1952 betonte das Handelsministerium erneut, dass Chinas Außenhandel grundsätzlich »den Erfordernissen der vor uns liegenden allgemeinen und langfristigen Entwicklung der Wirtschaft« dienen müsse.[32] Die neue Regierung müsse daher erstens »den Handel mit der Sowjetunion und anderen neuen demokratischen Ländern weiter ausbauen«, da China »bei der Entwicklung seiner Wirtschaft und dem Aufbau seiner Streitkräfte von der Sowjetunion abhängig sein wird«; zweitens müsse sie »eine aktive Haltung zum Handel mit den kapitalistischen Ländern einnehmen«. Mit Blick auf den zweiten Punkt solle die Priorität auf dem Import von Gütern liegen, die strategisch wichtig seien oder den Programmen zur industriellen Modernisierung des Landes zugutekämen.[33]

Die Suche nach Alternativen

Um die Wirtschaftssanktionen des Westens zu durchbrechen, ging China allmählich zu offensiven Maßnahmen über. In der Annahme, dass die kapitalistische Welt nicht monolithisch sei und sich viele nicht kommunistische Regierungen nur auf Druck Washingtons den Sanktionen angeschlossen hätten, verfolgte die chinesische Führung die Strategie des *gege jipo* – ein Kerngedanke in Maos Theorie des Guerillakrieges, der besagte, dass der Feind Einheit für Einheit zu schlagen sei. Indem das jeweils schwächste Kettenglied angegriffen wurde, sollte ein Keil in das Bündnis der am Embargo beteiligten Staaten getrieben werden.

---

31 Ebenda, S. 14–16.

32 Bericht des Handelsministeriums an die nationale Konferenz der Handelsminister aller Regionalverwaltungen, 12. 7. 1952, in: ebenda, S. 5–7.

33 Ebenda, S. 5. Vgl. auch Zentralkommission der KPCh für Finanzen und Wirtschaft an das Handelsministerium. Wie das Handelsministerium den Kauf von Gütern durch das Nordöstliche Regionalministerium der Industrie im Auftrag des Elektrizitätswerkes Fushun in die Wege leiten muss, Juli 1952, Quanzhong ZA31, Juanzhong 5442, S. 1, Provinzarchiv Liaoning; Zentralkommission der KPCh für Finanzen und Wirtschaft an die Regionalplanungskomission Nordost, Beschluss über Kategorien, Mengen und Verteilung [industrieller] Gütern, die in der Sowjetunion zu bestellen sind, August 1952, Quanzhong ZA31, Juanzhong 5437, S. 20–23, Provinzarchiv Liaoning.

Bereits im Frühjahr 1951 sah Peking erste positive Ergebnisse seiner Bemühungen, die Auswirkungen der Sanktionen zu begrenzen. Obwohl Schiffe, die in amerikanischem Besitz waren oder unter US-Flagge führen, China nicht mehr ansteuerten, seien die Schiffstransporte ins Land weitgehend stabil geblieben, hieß es in einem Bericht der staatlichen Wirtschaftskommission vom Mai 1951. In den drei Monaten zuvor waren ausländische Schiffe mit einer Tragfähigkeit von insgesamt 212000 Tonnen in chinesischen Häfen eingetroffen, mit einem Durchschnitt von 70000 Tonnen pro Monat. Insbesondere die Zahl der britischen oder unter britischer Flagge fahrenden Schiffe hatte zugenommen und die Tragfähigkeit der ausländischen Schiffe, die chinesische Exporte transportierten, betrug in diesem Zeitraum 126000 Tonnen. Obwohl keine amerikanischen Güter nach China exportiert werden durften, hatte das Gesamtvolumen der Importe zugenommen. Die Wirtschaftskommission führte dies vor allem darauf zurück, dass »wir uns beeilt haben, Güter (vor allem Gummi) in Hongkong und südostasiatischen Ländern zu kaufen«. Ihrem Bericht zufolge hatte China seit Februar 71,88 Millionen US-Dollar für Importe ausgegeben, beinahe zweieinhalbmal so viel wie im Vorjahreszeitraum. In den hundert Tagen vom 2. Dezember 1950 bis Ende März 1951 waren Güter im Wert von mehr als 159 Millionen US-Dollar nach China eingeführt worden. Unterdessen hatte das chinesische Exportvolumen, »obwohl wir nicht mehr in die USA exportieren, den Wert von 34 Millionen US-Dollar erreicht, was einem Rückgang um lediglich 20 Prozent gegenüber dem Vorjahreszeitraum entspricht«. Trotz der Tatsache, dass die USA und die Philippinen Überweisungen nach China strikt untersagt hatten, konnte zudem eine Zunahme der ausländischen Zahlungseingänge verzeichnet werden. In den drei zurückliegenden Monaten waren 51,34 Millionen US-Dollar bei der BC eingegangen, was einem Anstieg von 136 Prozent gegenüber dem Vorjahreszeitraum entsprach. Monatlich trafen durchschnittlich 17,14 Millionen US-Dollar aus dem Ausland in China ein – 4,14 Millionen US-Dollar mehr als der Spitzenwert des Vorjahres von 13 Millionen US-Dollar. Obwohl China im internationalen Zahlungsverkehr noch immer ein Defizit von 40,54 Millionen US-Dollar verzeichnete, »haben unsere Bemühungen hinsichtlich des Zahlungsverkehrs und Handels mit den kapitalistischen Ländern den Punkt erreicht, an dem wir kurz davor stehen, die Initiative zu gewinnen«. Auch das schwerwiegende Problem der Kapitalüberschüsse, das Peking im Jahr zuvor große Sorge bereitet hatte, war gelöst worden: China hatte inzwischen staatliche Mittel im Wert von 46 Millionen US-Dollar ausgegeben, die im Vorjahr überschüssig gewesen waren, sodass nur noch Schweizer Franken im Wert von 15 Millionen US-Dollar übrig blieben, die bereits in sowjetischen und osteuropäischen Banken sicher deponiert waren. Der Leitlinie folgend, dass Rechnungen nicht durch Zahlungsanweisungen, sondern in bar beglichen werden sollten, waren in den zurückliegenden drei Monaten lediglich Zahlungsanweisungen im Wert von 14,8 Millionen US-Dollar ausgegeben worden; von den Zahlungsanweisungen in Höhe von 137 Millionen US-Dollar, die vor dem Einfrieren der chinesischen Vermögen durch die USA fällig gewesen waren, waren nur noch etwas mehr als 35 Millionen US-Dollar offen, was einem Rückgang um mehr als 75 Prozent entsprach.[34]

Bei ihrer Interpretation dieser Ergebnisse scheint die chinesische Führung zu dem Schluss gelangt zu sein, dass die Verbündeten der USA und viele andere nicht kommunistische Regierungen sich dafür entschieden hätten, die Embargobestimmungen nur teilweise einzuhalten. Tatsächlich waren sie sich mit den USA nicht nur über die Durchführung des Embargos uneinig, zur Wahrung ihrer Interessen mussten sie zudem gegeneinander um Handelsanteile mit China konkurrieren. Peking sah sich dadurch ermutigt, die Differenzen zwischen den USA und ihren Verbündeten auszunutzen. Der Handel mit westlichen und anderen nicht kommunistischen Ländern, die sich nicht vollständig an Washingtons Vorgaben für das Embargo hielten, sollte daher noch entschiedener gefördert werden. Da sich Großbritannien und einige andere Verbündete der USA noch nicht zu einem vollständigen Embargo gegen China entschlossen hatten, so betonte ein Papier des Handelsministeriums, »ist eine günstige Situation für die Entwicklung des Handels mit kapitalistischen Ländern entstanden«. Die unter Führung der USA verhängten Sanktionen schadeten nach Einschätzung des Handelsministeriums nicht nur China, sondern auch vielen westlichen Ländern, insbesondere denen, die seit Langem vom Handel mit China profitiert hätten. Sollte China initiativ werden und den Handel mit diesen Ländern vorantreiben, werde es daher »schließlich unsere Exporte [in die kapitalistischen Länder] ausweiten und sogar mehr strategisch wichtige Güter importieren können«. Noch wichtiger war, dass Letzteres zwangsläufig Konflikte zwischen diesen Staaten und den USA heraufbeschwören und schlussendlich das internationale Embargo zu Fall bringen würde.[35]

---

34 Bericht der Zentralen Finanzkommission der KPCh, Zur Situation hinsichtlich der ausländischen Währungen, S. 476–479. Vgl. auch den Bericht der Außenhandelsabteilung des Handelsministeriums, Arbeitsbericht der Inspektionskommission für Importgüter, 20. 6. 1951, in: ebenda, S. 465–468; Bericht der Zweigstelle Hankou der Bank of China, Zur gegenwärtigen Situation und den Problemen unseres organisierten Kampfes gegen das Embargo, September 1951, in: ebenda: S. 473–475.

35 Ebenda, S. 5.

Festzuhalten ist hierbei, dass offenbar nur das Handelsministerium diese Strategie mit Nachdruck verfolgte. Nicht zuletzt zu diesem Zweck hatte es seine Bemühungen anfangs darauf konzentriert, nach Handelsmöglichkeiten mit einigen nicht kommunistischen Ländern Westeuropas und Asiens zu suchen. Hinsichtlich des Exports beschloss das Ministerium mehrere Maßnahmen. Erstens sollte die Produktion der Güter gesteigert werden, die von den betreffenden Ländern benötigt würden – »von Erzen wie Wolfram, Zinn, Eisen, Molybdän und von [landwirtschaftlichen] Produkten wie grünem Tee, Pelzen, Tabak und Jutefasern«. Zweitens erteilte es die Anweisung, unter Berücksichtigung der Bedürfnisse im Inland den Export zu forcieren – »Früchte, Tee, Seide und andere Güter, die für die Volkswirtschaft und den Lebensunterhalt der Bevölkerung nicht von grundlegender Bedeutung sind und keine signifikante Rolle auf dem Binnenmarkt spielen, sollten vorrangig für den Export bestimmt sein«. Drittens sollten die in den Importländern vorherrschenden Vermarktungserfordernisse für Produkte wie Schweinefleisch, Schweinsleder, Entenfedern, konservierte Nahrungsmittel, kandierte Früchte, Wasserprodukte, Nahrungsmittelkonserven sowie Güter, die China in großen Mengen herstellen könne, erfüllt werden. Das Handelsministerium ordnete daher an, sie »sorgfältig zu verpacken, die Werbemaßnahmen zu verstärken und die erforderlichen Standards [Gesundheit und Qualität betreffend] einzuhalten«. Viertens empfahl es, sich bei der Exportproduktion »auf die bestehenden Kooperativen zu stützen, um die Produktion von Gütern wie Tischtüchern, Sandelholzfächern und anderen lokalen Produkten zu reorganisieren«, die traditionell in diese Länder exportierbar waren.[36]

Obwohl das Handelsministerium es für überaus wichtig hielt, lokale Produkte, landwirtschaftliche Erzeugnisse und Vieh in die kapitalistischen Länder zu exportieren, um die dringend benötigten strategischen Güter zu erhalten, sah es dabei für den Fall eines Andauerns des Embargos auch Risiken. Der Handel mit nicht kommunistischen Ländern wurde daher einigen Einschränkungen unterworfen. Erstens würde China »Vorprodukte nur gegen Vorprodukte handeln«. Zweitens sollten »ungebräuchliche und schwer verkäufliche Waren im Austausch gegen Gegenstände des alltäglichen Bedarfs, insbesondere Textilprodukte« exportiert werden. Und drittens sollten sich die Exportpreise am internationalen Markt orientieren. Kurzum, das Handelsministerium betonte die Notwendigkeit, »Vorkehrungen gegen ein blindes Exportieren zu treffen, um unseren Markt vor Ungleichgewichten zu schützen und zugleich die Produktion auf eine

36 Ebenda.

geplante und zielgerichtete Weise zu organisieren, um angesichts der begrenzten Nachfrage der kapitalistischen Länder eine Überproduktion zu vermeiden«.[37]

Da die staatlichen Handelsgesellschaften nicht zu stark in die Bemühungen um eine Ausweitung des Handels mit den nicht kommunistischen Ländern einbezogen werden sollten, ermunterte das Handelsministerium die privaten Handelsgesellschaften, die Führung zu übernehmen. Auf einigen Gebieten war ihm zufolge »die Vergabe von Importgenehmigungen und [internationalen] Handelslizenzen an private Unternehmen zu vielen Einschränkungen« unterworfen worden. Deshalb erteilte es die Anweisung, die Exportbeschränkungen für lokale Produkte aufzuheben. Zudem drängte das Handelsministerium darauf, zur Praxis des Bartergeschäfts zurückzukehren. Preisbeschränkungen sollten von der Regierung »künftig nicht mehr öffentlich bekanntgegeben, sondern intern geregelt werden, damit wir flexibler und zweckmäßiger agieren können«. Außerdem wollte das Handelsministerium eine geringere Zahl von Produkten Preiskontrollen unterwerfen, da »unterschiedliche Waren einer unterschiedlichen der Preisgestaltung bedürfen«. Und schließlich beschloss es, die Exporte privater Unternehmen zu subventionieren. Da das Importgeschäft bislang wesentlich profitabler gewesen sei als Exporte, »haben wir uns damit befasst, wie das Problem [der unterschiedlichen Profitabilität] durch Subventionen gelöst werden kann«.[38]

Während es mit einer Steigerung der Exporte rechnete, zielte das Handelsministerium darauf ab, den Import strategischer Güter und Materialien aus den am Embargo beteiligten nicht kommunistischen Ländern zu steigern. »Unsere allgemeine Richtlinie lautet«, so erklärte das Ministerium im Juli 1952, »grundlegende und wichtige Ausrüstung [für Wissenschaft und Industrie] überwiegend aus der Sowjetunion und anderen demokratischen Ländern zu beziehen und darüber hinaus, wenn möglich, einige [strategisch] wichtige Materialien im Handel mit kapitalistischen Ländern zu erhalten«. In jedem Fall sollte die Importstrategie auf einer sorgfältigen Kosten-Nutzen-Berechnung basieren, die »weitreichende [politische] Interessen zum Gegenstand hat und nicht nebensächliche [wirtschaftliche] Profite«. Solange China einen Weg finde, strategisch wichtige und industrielle Güter rasch zu importieren und sogar zu horten, »werden wir keinen Schaden nehmen, selbst wenn die Preise später fallen sollten. Letztlich würden wir wesentlich größere Nachteile erleiden, wenn es uns nicht gelingen sollte, diese Güter jetzt und nicht erst zu einem späteren

37 Ebenda, S. 5.
38 Ebenda, S. 6f.

Zeitpunkt zu kaufen.« Es sei zwar mitunter erforderlich, »einige zivile Güter zu importieren, um unsere kaum nachgefragten [...] Güter zu exportieren«, doch generell solle China seine schwer verkäuflichen Güter auf den internationalen Märkten gegen schwer erhältliche Güter tauschen. Ein Bartergeschäft von tiefgekühlten Eiern gegen Textilprodukte sei beispielsweise »von Vorteil für unsere Produktion«. Weitaus wichtiger sei es jedoch, die wesentlich dringender benötigten strategisch wichtigen Güter zu erhalten.[39]

Doch bevor diese handelsfördernden Maßnahmen eine Wirkung erzielen konnten, erlitt Chinas Handel mit den nicht kommunistischen Ländern einen Einbruch. »Aufgrund des anhaltenden Preisverfalls auf den internationalen Märkten«, hieß es in einem Bericht der staatlichen Wirtschaftskommission für das Politbüro der KPCh vom 16. Oktober 1952, »ist der Export [in die kapitalistischen Länder] nicht profitabel«, sodass das Handelsvolumen mit den nicht kommunistischen Ländern weiter zurückging.[40] Um diese Tendenz aufzuhalten, zog die Wirtschaftskommission zunächst eine Sondersteuer in Betracht, die im Sinne der Handelsbilanz zur Subventionierung von Exporten dienen sollte. Diese Option wurde indes rasch verworfen, da sie andere Länder zu Gegenmaßnahmen bewegen und die Regierungen, die langfristig zum Bruch des Embargos beitragen konnten, zu verstimmen drohte. Als nächste Maßnahme wurde erwogen, den Wechselkurs des Renminbi zu erhöhen. »Dies sollte sich als eine einfache und effektive Maßnahme erweisen«, erläuterte die Wirtschaftskommission, »da sie Import wie Export fördern würde«. Doch auch dieser Schritt wäre mit Nachteilen verbunden gewesen. Da »die Preise auf den internationalen Märkten auf absehbare Zeit weiter fallen werden«, so die Berechnung der Wirtschaftskommission, »würde es uns in eine politisch unvorteilhafte Position bringen, wenn wir das Handelsbilanzproblem ausschließlich durch die Anhebung des Wechselkurses zu lösen versuchten«, da dies zweifellos Gegenmaßnahmen vieler nicht kommunistischer Länder provozieren würde.[41]

Weiterhin um eine Ausweitung des Handels mit den nicht kommunistischen Ländern bemüht, schlug die Wirtschaftskommission als Notmaßnahme vor, die staatliche Kontrolle des Außenhandels zu lockern. »Wir sind der Auffassung«, erklärte sie in ihrem Bericht an das Politbüro vom

39 Ebenda, S. 7.

40 Bericht der Zentralen Finanzkommission der KPCh an das Politbüro der KPCh, Zum Bericht des Handelsministeriums und Außenhandelsministeriums über die nationale Konferenz über den Außenhandel, 16. 10. 1952, in: ebenda, S. 22.

41 Ebenda.

16. Oktober 1952, »dass die langfristige Lösung des Handelsbilanzproblems in der Stärkung der staatlichen Export- und Import-Gesellschaften und der gleichzeitigen planvollen Aktivierung der privaten Handelsgesellschaften besteht.« Besonders wichtig sei es, dass sich die staatlichen Handelsgesellschaften mit den privaten koordinierten. »Es wäre von großem Nutzen, wenn wir im Handel eine staatlich-private Partnerschaft erreichen würden.« Hierbei empfahl die Kommission insbesondere, »einigen privaten Unternehmen die Erlaubnis zu erteilen, im Exportgeschäft Verluste zu machen, für die wir sie entschädigen würden, indem wir die von ihnen importierten Güter aufkaufen und ihnen so hohe Profite gewährleisten«. Deshalb war es nach Auffassung der Kommission dringlich, dass »wir zunächst die verkehrte Politik der Preiskontrollen im Außenhandel aufgeben und dann die staatlichen Gesellschaften zur Kooperation mit den privaten Handelsgesellschaften ermuntern, um das Handelsbilanzproblem zu überwinden«. Eine Sondersteuer zum Ausgleich der Handelsbilanz oder eine Erhöhung des Wechselkurses solle China nur als letztes Mittel in Betracht ziehen, unterstrich die Kommission.[42]

Als der Koreakrieg im Frühjahr 1953 seinem Ende entgegenging, war Peking mit Blick auf den Widerstand gegen das Embargo wieder zuversichtlicher geworden. In einem Bericht des Handelsministeriums für das Zentralkomitee der KPCh vom 8. März 1953 hieß es, dass die Regierung an der wirtschaftlichen Front bereits viel erreicht habe. Vor allem habe sie »einen großen Teil des Außenhandels in ein sozialistisches System überführt und dergestalt die Handelsbeziehungen des alten China grundsätzlich aus ihrer abhängigen Beziehung zu den imperialistischen Ländern gelöst«. Trotz der internationalen Sanktionen habe Chinas Außenhandelsvolumen während des Koreakrieges einen Rekordwert erreicht. Das Handelsministerium rechnete mit einem baldigen Ende des Koreakrieges, das die Volksrepublik in eine bessere Lage versetzen werde, um das Embargo durch eine »aktive und planvolle Organisation des Binnen- und Außenhandels« zu zerschlagen. Die grundsätzliche Ausrichtung des chinesischen Außenhandels erfordere es zwar weiterhin, »den Handel mit der Sowjetunion und anderen demokratischen Ländern, soweit möglich, Schritt für Schritt und im Einklang mit den Bedürfnissen beider Seiten auszuweiten«, erklärte das Handelsministerium in dem Bericht, doch zugleich sei es dringend geboten, »die Handelsbeziehungen zu kapitalistischen Ländern aktiv zu fördern«. Es gelte »wachsam zu bleiben, unterschiedliche Länder unterschiedlich zu behandeln und dem Prinzip beiderseitigen Nutzens zu fol-

42 Ebenda.

gen«, meinte das Ministerium und gab die Anweisung aus, »dass wir nicht zögern sollten, die Widersprüche [zwischen diesen Ländern] auszunutzen«, um eine günstige politische Situation für den Zusammenbruch der internationalen Sanktionen zu schaffen.[43]

Fazit

Das totale Wirtschaftsembargo der USA und ihrer wichtigsten Verbündeten traf die Volksrepublik China unvorbereitet.[44] Zunächst glaubte die chinesische Führung jedoch nicht, dass es schwerwiegend oder von Dauer sein würde. Aus ihrer Sicht brachte das Embargo Chancen und Risiken mit sich. Doch nachdem sie zunächst Hoffnungen auf große Profite gehegt hatte, realisierte sie plötzlich, dass China mit zunehmenden Gefahren konfrontiert war. Es existierten praktisch keine Notfallpläne, um die Auslandsvermögen zu schützen und die Lieferung bereits bestellter und dringend benötigter Güter sicherzustellen.

Peking reagierte mit einer Reihe von Abwehrmaßnahmen. Die »Eilkäufe« schienen ein sinnvoller Schritt zu sein, da China dergestalt die zögerliche Haltung Großbritanniens gegenüber dem Embargo ausnutzen konnte, um über die britischen Kolonien Hongkong und Malaya vor allem strategische Güter in großen Mengen einzuführen. Auch die Strategie, Zahlungsanweisungen aus dem Ausland in Importgüter zu verwandeln, half der neuen chinesischen Regierung bei der Umgehung der internationalen Handelssanktionen. Die Bemühungen, eingefrorene Auslandsvermögen zu sichern, trafen hingegen auf unerwartete Schwierigkeiten, obwohl die Volksrepublik ihre Verluste zu begrenzen suchte, indem sie Druck auf ausländische Handelsunternehmen ausübte, die eingefrorenen Vermögen in andere Währungen transferierte und ausländische Banken mit ihrer Sicherstellung betraute.

Angesichts des Drucks von außen nutzte die KPCh die Gelegenheit, um ihre Kontrolle über den Außenhandel und die chinesische Wirtschaft ins-

43 Bericht des Außenhandelsministeriums an das ZK der KPCh, 8. 3. 1953, in: Liu Guoxin (Hg.), Jueqi yu Fenjin: Gongheguo Dansheng Zhi Chu, 1953–1956 [Aufstehen und mit ganzer Kraft voranschreiten: Die frühen Jahre der Volksrepublik, 1953–1956], Changchun 1994, Bd. 2, S. 833.

44 Liu Guoxing, A Wise Decision Making: Chen Yun and [CCP's] Policy Guideline on Finance and Economy after the Outbreak of the Korean War, in: *Dangdai Zhongguo Shi Yanjiu* [*Studien zur modernen Geschichte Chinas*] (1995), Heft 3, S. 25–32.

gesamt zu festigen. Nach der Machtübernahme im Oktober 1949 war die Führung der KPCh zunächst damit beschäftigt gewesen, ihre politische Herrschaft auf nationaler Ebene zu konsolidieren. Sie hatte daher keine Pläne für eine vollständige Kontrolle der chinesischen Wirtschaft in näherer Zukunft vorbereitet. Das Wirtschaftsembargo des Westens bot der Partei faktisch einen Vorwand, um nicht nur ihre politische Herrschaft auszuweiten, sondern auch die wirtschaftliche Integration voranzutreiben. In der Hoffnung, das Embargo zu Fall zu bringen, hielt sie es für geboten, alle verfügbaren Ressourcen zu aktivieren. Das Ergebnis bestand darin, dass sie landesweit mit wachsendem Widerstand des privaten Unternehmertums konfrontiert war. Darauf reagierte die KPCh unverzüglich mit der repressiven politischen Kampagne der »drei Antis« von 1951 (gegen Korruption, Verschwendung und Bürokratie) und »fünf Antis« von 1952 (gegen Bestechung, Diebstahl von Staatseigentum, Steuerhinterziehung, Betrug in Staatsgeschäften und Entwendung von Staatsinformationen), die gegen die »Kapitalisten« in China gerichtet war und ein frühes Beispiel dafür bietet, wie Druck aus dem Ausland die Politik der KPCh im Inland beeinflusste.

Untersucht man, wie sich China dem westlichen Embargo während der frühen Phase des Koreakrieges widersetzte, dann besteht Grund für die Behauptung, dass die von den USA angeführte negative Wirtschaftsdiplomatie gegenüber der Volksrepublik gemischte Ergebnisse zeitigte. Pekings Anstrengungen zum Wiederaufbau der Wirtschaft wurden beständig torpediert. Da seine Wirtschaftsbeziehungen mit traditionellen Handelspartnern wie den USA, Japan, Westeuropa und Südosteuropa beinahe vollständig zum Erliegen kamen, war Chinas Zugang zu ausländischen Märkten deutlich eingeschränkt, was sich negativ auf seinen Kriegseinsatz in Korea auswirkte. In diesem Sinne war das Embargo effektiv. Andererseits war Peking aufgrund der westlichen Sanktionen gezwungen, eine Alternative zu den verlorenen Märkten zu finden, indem es seine Wirtschaftsbeziehungen zum sowjetischen Block ausweitete. Diese Umorientierung festigte die politische Zusammenarbeit der KPCh mit der Sowjetunion und schuf eine gewisse wirtschaftliche Abhängigkeit von der führenden kommunistischen Macht, was den Zielen des Embargos offenkundig zuwiderlief. Langfristig trug diese stärkere wirtschaftliche Abhängigkeit jedoch dazu bei, dass die politische Zusammenarbeit der beiden großen kommunistischen Länder schließlich kollabierte. Dies war allerdings eine Folge, die der Westen mit seinem Embargo gar nicht beabsichtigt hatte.

Aus dem Englischen von Felix Kurz

Christian Gerlach

Das US-amerikanisch-sowjetische Getreidegeschäft 1972

Am 8. Juli 1972 ließ US-Präsident Richard Nixon ein im Geheimen vorbereitetes Abkommen mit der Sowjetunion bekannt geben. Danach durfte die UdSSR drei Jahre lang Getreide für insgesamt 750 Millionen US-Dollar zu Vorzugsbedingungen kaufen (zu 6 ⅛ Prozent Kreditzinsen).[1] Dies sei, so hieß es ohne Scheu vor Superlativen in der Bekanntmachung, »das größte jemals abgeschlossene langfristige Getreidehandelsabkommen zwischen zwei Ländern«. US-Landwirtschaftsminister Earl Butz sprach sogar vom »größten Getreidegeschäft der Weltgeschichte«.[2] Noch am Tag des Abschlusses war manchem in der Nixon-Administration bereits klar, dass die Verkäufe von US-Getreide an die UdSSR bereits umfangreicher waren, als der Vertrag vorsah.[3] Tatsächlich betrugen die sowjetischen Getreidekäufe im Ausland 1972 28 Millionen Tonnen Getreide, vor allem Weizen (19 Millionen) und Mais, darunter 20 Millionen Tonnen für über eine Milliarde Dollar in den USA.[4]

Grundnahrungsmittel sind von politischer Bedeutung, sie sind eine strategische Ressource im Krieg und waren es auch im Kalten Krieg. Sie berührten Fragen der Unabhängigkeit und Souveränität und waren ein Punkt in der Systemkonkurrenz zwischen Kapitalismus und Sozialismus. Das

---

1 Press Statement (»Confidential, Eyes Only until 9:00 a.m.« v. 8. 7. 1972), NARA, Nixon files, NSC, Box 330, Grain Shipping; sowie US-sowjetischer Vertrag v. 8. 7. 1972, http://untreaty.un.org/unts/1_60000/24/32/00047561.pdf [eingesehen 13. 8. 2009].

2 Press Statement, wie oben; Butz an Handelsminister Peterson v. 12. 7. 1972, NARA, RG 16, USDA Gen.Corr., 1972, Box 5572, Grain 3, January–July 1972, 2.

3 Memorandum von Sonnenfeldt an Kissinger, Grain Deal v. 9. 7. 1972, 8 Uhr, NARA, Nixon files, NSC, Box 330, Grain Shipping. Laut einem späteren Schreiben von Butz nahm das USDA am 8. 7. an, dass neun Millionen Tonnen verkauft worden waren: Memorandum Butz für Nixon, 9. 8. 1972, NARA, RG 16, USDA Gen.Corr., Box 5572, Grain 3, August 1–October 15, 1972.

4 Alfred C. Toepfer, Marktberichte v. 14. 9., 16. 11. und 14. 12. 1972, Alfred-Toepfer-Archiv, Hamburg. Mindestens 5,2 Millionen Tonnen kauften die Sowjets seit Februar 1972 in Kanada, je eine Million in Australien and Frankreich und 0,5 Million Tonnen in Schweden.

US-amerikanisch-sowjetische Getreidegeschäft hatte mit einer Vielzahl politischer und wirtschaftlicher Themen zu tun. Es hatte starke kurz- wie langfristige Folgen für die Weltgetreidewirtschaft (und trug zur Welternährungskrise 1972–1975 bei), für die US-Innenpolitik, die sowjetische Wirtschaft und für die internationalen Beziehungen im Kalten Krieg. Zwar konzentriert sich dieser Beitrag auf Letzteres, soll aber die vorher erwähnten Aspekte nicht völlig vernachlässigen. Jede Deutung des Deals sollte seine globalen Implikationen nicht außer Acht lassen; nicht das Auseinanderhalten von Einflüssen des Kalten Krieges und weltweiten Prozessen strebe ich an, sondern gerade Verbindungen zwischen Globalisierung, dem Kalten Krieg und nationalen Entwicklungswegen zu untersuchen. Daher behandelt dieser Aufsatz Ursprünge und Zustandekommen des Geschäfts von 1972, seine Folgen und die Kritik daran innerhalb der USA und international, die Bemühungen der US-Regierung um Ernteprognosen aus der Sowjetunion und der sowjetischen Führung um ein langfristiges Getreide-Lieferabkommen.

Zudem geht es um außenpolitische Hintergedanken zum amerikanisch-sowjetischen Getreidehandel, darunter Henry Kissingers Rolle; bezüglich der Frage von Handelsbeschränkungen und Embargos argumentiere ich, dass gegen die Sowjetunion und China führende Strategen in den USA in den 1970er Jahren eine Politik der wirtschaftlichen Einbindung für vielversprechender hielten als die Isolierung. Da er weitgehend auf US-Aktenmaterial beruht, kann dieser Aufsatz zu Aktionen und Motiven auf sowjetischer Seite weniger beitragen.

Die Entstehung des Getreideabkommens

Bis 1971 war die Sowjetunion Getreidenettoexporteur gewesen. Mit der Industrialisierung seit den 1930er Jahren waren diese Ausfuhren zwar zurückgegangen, aber nicht völlig versiegt. Die sowjetische Getreideproduktion war kein hoffnungsloser Fall und wurde in den zwei Jahrzehnten seit den 1950er Jahren sogar um rund die Hälfte gesteigert. Jedoch plagte das Land traditionell seine klimatische Unsicherheit, aus der große regionale und nationale Produktionsschwankungen resultierten. Gewöhnlich hatten die sowjetischen Behörden ihren Bürgern nach einer schlechten Ernte verordnet, den Gürtel enger zu schnallen. Soweit sie notgedrungen einige wenige Millionen Tonnen Getreide importierten, wie einige Zeit in den 1960er Jahren, bezogen sie weitgehend kanadischen, australischen oder argentinischen Weizen. Doch in der Regel überstiegen die sowjetischen Ausfuhren (meist in die DDR, ČSSR,

Polen und Indien) weiter die Importe.[5] Doch diese Politik änderte sich 1969/70.

Zu dieser Zeit fasste das Zentralkomitee der KPdSU einen Plan für die massive Ausweitung des Verbrauchs von Fleisch, Milchprodukten und Eiern, der sich auch im neuen Fünfjahresplan für 1971 bis 1975 niederschlug. Die Fleischproduktion sollte binnen fünf Jahren um 23 Prozent ansteigen; eine solche Tendenz zeigte sich bereits 1970. Bis Anfang 1972 wurden die Pläne sogar noch etwas ambitionierter, und laut offizieller Zahlen für 1975 wurden sie schließlich sogar leicht übererfüllt.[6] Andere osteuropäische Regierungen schlugen einen ähnlichen Kurs ein, besonders nach den Lebensmittelunruhen, die zum Sturz des Gomulka-Regimes in Polen im Dezember 1970 beitrugen. Mehr Fleisch bereitzustellen und essen zu können, sollte offenbar einer in wachsendem Maße urbanisierten Bevölkerung als Zeichen bescheidenen Wohlstands dienen, der die politische Unterstützung durch das Volk in modernen sozialistischen Industriegesellschaften sicherstellen würde.[7] Politisch gab es keinen Weg zurück hinter diesen Lebensstandard.

Doch diese Pläne erforderten riesige Getreidemengen. Sie implizierten Importe, denn Viehherden konnte man im Fall einer schlechten Ernte nicht einfach abschlachten und dann leicht wieder neue heranziehen. Dies registrierten auch einige damalige Beobachter, zusammen mit dem Umstand, dass ein kalter Winter mit geringer Schneedecke einem Teil der sowjetischen Wintergetreideaussaaten den Garaus machte und trockene Böden widrige Bedingungen für die Frühjahrsaussaat 1972 schufen. Dennoch unterschätzten die meisten die Tragweite des Programms wie des akuten Problems.[8]

5 Zahlenangaben in Renaud de Brochebrune u.a. (Hg.), The World Food Crisis (= Dossiers Jeune Afrique 2, January–June 1975), S. 66; D. Gale Johnson, World Food Problems and Prospects, Washington 1975, S. 27–28.

6 Unter Bezugnahme auf das ZK-Plenum vom 2.–3. 7. 1970: U.S. Landwirtschaftsattaché Moskau, »Agricultural Situation Report« v. 11. 2. 1971, NARA, RG 166, Ag.Att. and Counselor Reports, Box 33, SS USSR 1971 DR; ders., Berichte v. 9. 2. und 1. 3. 1972, ebd., SS USSR 1972 DR; ders., »USSR: Agricultural Situation« v. 19. 1. 1976, Box 63, SS USSR 76 DR.

7 Siehe Robert Deutsch, The Food Revolution in the Soviet Union and Eastern Europe, Boulder/London 1986.

8 Vgl. etliche Berichte des US-Landwirtschaftsattachés in Moskau ab Dezember 1971 in NARA, RG 166, Ag.Att. and Counselor Reports, Box 33, SS USSR 1971, SS USSR 1972 DR und Box 34, SS USSR 1972; »Press conference with Secretary Earl L. Butz, Moscow« v. 12. 4. 1972, NARA, RG 16, USDA Gen.Corr., Box 5571, Grain 3, October 16, 1972; Wayne Broehl, Cargill – Going Global, Hanover/London 1998, S. 153ff.; Marktbeobachtung durch eine Getreidehandels-

Das erste Glied in einer langen Kette von Ereignissen bildete im Juni 1971 die Aufhebung einer alten Bestimmung durch Nixon, nach der mindestens die Hälfte von US-Getreidelieferungen in die UdSSR auf amerikanischen Schiffen transportiert werden mussten.[9] Dies ebnete den Weg für ein erstes Abkommen vom November 1971, aufgrund dessen die Sowjetunion in den USA zwei Millionen Tonnen Mais und etwa eine Million Tonnen Roggen und Hafer für 136 Millionen Dollar kaufte. Laut des für Exporte zuständigen Unterstaatssekretärs im US-Landwirtschaftsministerium (USDA) war dies das Ergebnis dreijähriger Bemühungen.[10] Im Dezember 1971 signalisierte der sowjetische Landwirtschaftsminister Wladimir Matskewitsch in Washington, dass die Sowjets eine langfristige Regelung mit den USA über »mindestens« zwei bis drei Millionen Tonnen Futtergetreide für (so verstanden es US-Vertreter) ein Zehnjahresprogramm zur Steigerung des Fleischverbrauchs um ein Drittel anstrebten.[11] Dann bemühten sie sich um eine Kreditregelung für fünf oder sechs Jahre. Am 22. Februar lud ein US-Vertreter den sowjetischen Außenminister Andrej Gromyko zur Eröffnung von Getreideverhandlungen ein. Diese Einladung fiel zwischen zwei ZK-Krisentreffen zur Getreidesituation.[12] Noch

---

firma: Alfred C. Toepfer, Marktberichte v. 17. 2. und 16. 3. 1972, Alfred-Toepfer-Archiv.

9 Der Handelsdeal ist schon vielfach beschrieben worden, z.B. James Trager, The Great Grain Robbery, New York 1975 (eine frühere Version als Amber Waves of Grain [1973]); William Robbins, The American Food Scandal. Why You Can't Eat Well on What You Earn, New York 1974), S. 179–204; Dan Morgan, Merchants of Grain, New York 1979, S. 192–214; Broehl, Cargill – Going Global, S. 163–227; North American Congress on Latin America (NACLA), Weizen als Waffe. Die neue Getreidestrategie der amerikanischen Außenpolitik, Reinbek 1976, S. 21–23. Dazu auch die Akte NARA, RG 16, USDA Gen.Corr., Box 5572, Grain 3, January 1–July 31, 1972, 2 (v.a. die Chronologie in »US/USSR Trade Negotiations Press Kit« [part V], July 1972), und ebenso, August 1–October 15, 1972.

10 Trager, Grain Robbery, S. 9; vertrauliches Memorandum Peterson an Nixon v. 8. 11. 1971, NARA, Nixon files, CF, Box 62, TA-3 CO# (Exports); »U.S. to Let Russians Buy 136-Million in Feed Grain«, New York Times v. 7. 11. 1971; Palmby an den Herausgeber und Chefredakteur des »Southwestern Miller«, Kansas City v. 7. 12. 1971, NARA, RG 16, USDA Gen.Corr. Box 5405, Grains 3 (Foreign Trade), 1971.

11 Peterson an Nixon, vertrauliches Memorandum v. 9. 12. 1971, »Visit with Russian Agriculture Minister«, NARA, Nixon files, CF, Box 8, CO 158 USSR 1971–74.

12 Memorandum Hinton für Flanigan v. 28. 2. 1972, »Scenario for Development of US-USSR Economic Relations«, NARA, Nixon files, CF Box 66, TR 38–4

im selben Monat kaufte die Sowjetunion 3,5 Millionen Tonnen Getreide in Kanada.[13] Nixon wies Butz und Sicherheitsberater Kissinger für ihre Reise nach Moskau im April 1972 an, ihr Angebot auf ein Zweijahresabkommen über 500 Millionen Dollar öffentlich garantierte Kreditsumme zu beschränken, die über die staatseigene Commodity Credit Corporation zu Vorzugsbedingungen abzuwickeln wäre; höchstens einer Dauer von drei Jahren könnten sie zustimmen.[14] Dies ähnelte bereits dem späteren Abschluss (doch wurde darin der Geschäftsumfang auf 750 Millionen Dollar erhöht). Doch die sowjetische Führung zögerte, denn sie wünschte einen besseren Kredit (2 Prozent über zehn Jahre) und wollte die Sache bei Nixons und Kissingers Visite in Moskau Ende Mai erneut besprechen.[15] Ende Juni 1972 traf der stellvertretende sowjetische Außenhandelsminister Michail Kusmin zusammen mit mehreren Experten zu Verhandlungen mit den US-Wirtschafts- und Landwirtschaftsministerien auf der einen Seite und verschiedenen großen Getreidehandelsfirmen auf der anderen Seite ein. Daraus ergaben sich das offizielle Abkommen vom 8. Juli sowie riesige sowjetische Ankäufe bis 9. August. Durch parallele Geheimverhandlungen mit mehreren Firmen ließen die sowjetischen Vertreter US-Offizielle über die Dimension ihrer Käufe im Unklaren und konnten sie zu günstigen Preisen abschließen.[16] Erst im September vertraute Matskewitsch dem UPI(United Press International-)Journalisten Henry Shapiro

---

Russia 1971–74; US-Landwirtschaftsattaché Moskau v. 31. 3. 1972, NARA, RG 166, Ag.Att. and Counselor Reports, Box 34, SS USSR 1972.

13 Ein ähnliches Geschäft wurde schon im Juni bekannt; siehe Alfred C. Toepfer, Marktberichte v. 10. 6. 1971 und 16. 3. 1972.

14 Geheimes Memorandum Flanigans für Butz und Kissinger v. 4. 4. 1972, NARA, RG 16, USDA Gen.Corr., Box 5720, Grain 3; Lester Sobel [Hg.], The World Food Crisis, New York 1975, S. 41.

15 Memo Flanigan für Nixon v. 23. 5. 1972, »Commercial Agreements«, NARA, RG 16, USDA Gen.Corr., Box 5720, Grain 3; geheimes Memorandum Flanigan für die Akten des Präsidenten v. 12. 6. 1972, über ein Treffen zwischen Nixon, Kissinger, Peterson, Flanigan, dem sowjetischen Außenhandelsminister Patolichev und dem sowjetischen Botschafter Dobrynin am 11. Mai, und geheimes Memorandum Kissingers für Nixon v. 14. 4. 1972, »Secretary Butz's Meeting with Brezhnev«, beides in NARA, Nixon files, CF Box 9, CO 158 USSR 1971–74; Butz' Reisebericht an Nixon v. 17. 4. 1972, NARA, RG 16, USDA Gen.Corr., Box 5571, Grain 3, October 16, 1972.

16 Ray Vicker, This Hungry World, New York 1975, S. 63–66; Trager, Grain Robbery, S. 23–25; verschiedene Dokumente in NARA, Nixon files, NSC, Box 330, Grain Shipping, und NARA, RG 16, USDA Gen.Corr., Box 5572, Grain 3, January 1–July 31, 1972, 2; »Soviet Purchase of Grain from U.S. May Total Billion«, *New York Times* v. 10. 8. 1972.

an, dass 1972 »das schwierigste von hundert Jahren, seitdem meteorologische Aufzeichnungen bestehen«, für die sowjetische bzw. russische Landwirtschaft gewesen sei.[17] Kein Wunder, dass die sowjetischen Unterhändler »nervous as hell about signing« des Abkommens gewesen waren, wie Handelsminister Peter G. Peterson Kissinger leutselig mitteilte, als er ihn am 3. Juli per Telefon aus einer Dinnerparty herausklingelte.[18]

Parallel bemühten sich auch die übrigen sozialistischen Länder um Getreideimporte aus den USA und anderen kapitalistischen Exportnationen. Die Tschechoslowakei bestellte bereits 1971 350000 Tonnen, der größte bis dahin getätigte Kauf dieses Landes in den USA.[19] China platzierte seit den 1960er Jahren ohnehin regional diversifizierte Bestellungen von etwa fünf bis acht Millionen Tonnen, wandte sich jetzt aber ebenfalls unter anderem den USA zu. Infolge eines Vertrags vom Juni 1972 erhielten sie vier Millionen Tonnen kanadischen Weizen. Bis Mitte 1973 kaufte man 2,5 Millionen Tonnen US-Getreide. Die Volksrepublik China führte 1973/74 7,8 Millionen Tonnen und 1974/75 6,5 bis 7 Millionen Tonnen Getreide ein, vor allem Weizen, darunter erhebliche Mengen aus den USA.[20]

Obwohl es weit weniger Publicity erhielt, führte das sowjetische Viehproduktionsprogramm noch zu einem anderen gigantischen Geschäft. Im April 1973 schloss Armand Hammer einen Warentauschvertrag über zwanzig Jahre und acht Milliarden Dollar ab: für den Bau von Düngerfabriken in der UdSSR und die Lieferung von einer Million Tonnen Superphosphaten jährlich erhielt die Occidental Petroleum Corp. 2,5 Millionen Tonnen Urea and Ammoniak pro Jahr aus sowjetischem Erdgas.[21]

---

17 UPI-Bericht v. 19. 9. 1972, NARA, RG 166, Ag.Att. and Counselor Reports, Box 34, SS USSR 1972.

18 »Telcon 7/3 – 11:30 p.m.«, NARA, Nixon files, NSC, Box 330, Grain Shipping.

19 »US/USSR Trade Negotiations Press Kit« (part V), Juli 1972, NARA, RG 16, USDA Gen.Corr., Box 5572, Grain 3, January 1–July 31, 1972, 2.

20 Alfred C. Toepfer, Marktberichte v. 15. 6. 1972 und 12. 12. 1974, Alfred-Toepfer-Archiv; Broehl, Cargill – Going Global, S. 201. Nur 1,3 Millionen Tonnen waren es 1972–73 laut Campbell an Darr v. 6. 7. 1973, NARA, RG 16, USDA Gen.Corr., Box 5720, Grain 3 (January 1–August 10, 1973); siehe Sobel, World Food Crisis, S. 68 (1,5 Millionen 1972–73, 2,7 Millionen 1973–74), S. 70. Zu chinesischen Abschlüssen mit australischen und argentinischen Partnern 1972 ebenda, S. 48. Zur längerfristigen Entwicklung Henry Nau, »The Diplomacy of World Food: Goals, Capabilities, Issues and Arenas«, in Raymond Hopkins/Donald Puchala (Hg.), The Global Political Economy of Food (= International Organization 32, 3, 1978), S. 794.

21 Trager, Grain Robbery, S. 91; Bell an Holtan v. 14. 10. 1974, NARA, RG 16, USDA Gen.Corr., Box 5979, Grain, September–December 1975; Sobel, World Food Crisis, S. 69.

In den USA erregte der Getreidedeal mit der Sowjetunion gleichwohl Kritik, weil unter anderem Washington sich ahnungslos über die sowjetischen Absichten gezeigt habe. Tatsächlich waren die dortigen Auswinterungsschäden bekannt gewesen, aber unterschätzt worden, was speziell auch für die Folgen der Trockenheit während der sowjetische Frühjahrsaussaat und die Entschlossenheit der sowjetischen Führung, die Viehbestände auszuweiten, galt. Noch die besten Informationen hatte der US-Landwirtschaftsattaché geliefert, und zwar schlicht auf der Basis sowjetischer Medienveröffentlichungen und gelegentlicher eigener Inspektionen. Die CIA lieferte Nachrichten von geringer Qualität (und die FAO verließ sich meist auf US-Erkenntnisse).[22] Andere verfügten da über einen besseren Wissensstand, darunter der kanadische Wheat Board.[23] Die Hamburger Firma Alfred C. Toepfer berichtete Mitte März 1972 unter Verweis auf das Viehprogramm, die Diskrepanzen zwischen geplanten Getreide- und Fleischproduktionsziffern (was Importe nahelegte) sowie »Kahlfröste« über »Gerüchte«, dass die UdSSR neue Getreidegeschäfte anvisieren würde.[24] Doch auch sie schienen die Auswirkungen des Mangels an Bodenfeuchtigkeit im Frühjahr und Sommer 1972 zu unterschätzen.[25] Solche Informationslücken existierten auch für viele andere Länder, unter ihnen China und Indien.[26]

Daher gehörte es in den folgenden Jahren zu den wichtigsten Zielen für die US-Administrationen, Zugang zu sowjetischen Ernteprognosen zu erhalten, bilateral oder durch internationale Organisationen.[27] Für ein

---

22 Erst im August 1972 ergab sich aus den CIA-Berichten über die sowjetische Getreideproduktion ein realistisches Bild. Siehe Materialien in NARA, RG 16, USDA Gen.Corr., Box 5572, Grain 3, January 1–July 31, 1972, 1 und 2; Vicker, This Hungry World, S. 60–62.

23 Cary Fowler/Pat Mooney, Shattering. Food, Politics, and the Loss of Genetic Diversity, Tucson 1990, S. X; ein Beispiel von 1976 erwähnen James Wessel/Mort Hantman, Getreidefieber. US-Agrarkrise, Konzernmacht und Welternährung, München 1987, S. 126.

24 Alfred C. Toepfer, Marktberichte v. 16. 3. und 13. 4. 1972.

25 Ebenso v. 13. 7. 1972.

26 Fred Warren, LACIE Project Office, FAS/USDA, »Forecast Errors of USDA wheat estimates for seven foreign countries 1966–1975«, Entwurf, NARA, RG 354, 350/8/23–26/0, Box 5, H.

27 Brunthaver an Senator Talmadge v. 27. 11. 1973 bezüglich dreier Abkommen der gemeinsamen amerikanisch-sowjetischen Kommission über landwirtschaftliche Zusammenarbeit Mitte November, NARA, RG 16, USDA Gen.Corr., Box 5635, List Letters [1973]; Hume an Vastine (Finanzministerium) v. 28. 10. 1975, ebenda, Box 5981, Grain 4.

optimales Zuschneiden landwirtschaftlicher Stilllegungsprogramme, Verkaufsstrategien, höhere Vertragsabschlüsse und das Ausüben politischen Drucks auf die Sowjetunion wäre dies von großer Tragweite gewesen. Doch in dieser Schlüsselfrage scheiterten die USA, denn die Sowjets betrachteten solche Prognosen wie die chinesische Führung als strategische Informationen und wollten eine Nahrungsabhängigkeit vom Ausland vermeiden.[28] Damals wurde zwar schon viel über Satellitenüberwachung von Agrarflächen geredet, sie hatte aber real noch keine Bedeutung.

Kontext und Folgen

Zu keiner Zeit nach 1945 sahen sich die USA so tiefen politischen und sozioökonomischen Problemen gegenüber und befanden sich so sehr in der Defensive wie in den frühen 1970er Jahren. Der Getreidedeal mit der Sowjetunion wird am besten in diesem Zusammenhang verständlich. Linke Bewegungen schienen US-Interessen in vielen nicht industrialisierten Ländern zu bedrohen, besonders in Südvietnam, wo die USA einen Krieg führten, dessen Fortsetzung sich das Land weder politisch noch militärisch leisten konnte. Das internationale Finanzsystem brach zusammen. Es folgte eine Phase der Instabilität. Während die EWG immer stärker zum Selbstversorger in Sachen Getreide wurde, brauchten die USA neue Kunden. Die Getreideverkäufe an die Sowjetunion waren Teil einer Exportoffensive – vor allem von Agrarprodukten –, mit der die US-Regierung die sich verschlechternde internationale Wettbewerbsposition ihres Landes auszugleichen versuchte.[29] Das USDA löste bewusst die Getreidereserven auf, führte heimische Produktionseinschränkungen bis 1973 weiter und verringerte die Lebensmittelhilfe, um die internationalen Getreidepreise hochzutreiben. Damit trug man entscheidend zur Welternährungskrise bei, die 1972 begann. Innerhalb dreier Jahre verdreifachte sich der Getreidepreis nahezu. Hungersnöte von Westafrika bis Südasien waren die Folge. Die Exportoffensive hatte eine Vielzahl miteinander verknüpfter Ziele, darunter die Verbesserung der US-Handelsbilanz, die Stabilisierung des schwächelnden US-Dollars, den Anstieg der Agrarproduktion, die Zufrie-

28 CIA, Office of Economic Research, »The Grain Reserves Issue«, geheim v. 6. 5. 1975, NARA, CIA database; »Minutes: Meeting of Food Deputies Group« v. 19. 2. 1975, Gerald Ford Presidential Library, Paul C. Leach files, Box 3, Committee on Food, March–June 1975; Christian Gerlach, Die Welternährungskrise 1972 bis 1975, in: *Geschichte und Gesellschaft* 31 (2005), Heft 4, S. 577–78.

29 Siehe ebenda, S. 546–85.

denstellung der US-amerikanischen Bauern durch höhere Einkommen bei gleichzeitig heruntergefahrenen Subventionen, was gleichzeitig das Budgetdefizit verringern sollte. Damit wurde auch eine geringere Arbeitslosigkeit angestrebt sowie Nixons Sieg bei den Präsidentenwahlen von 1972. Nicht zuletzt diente das Ganze der Entspannungspolitik.[30] Die Nixon-Administration präsentierte die wirtschaftliche Einbindung der sozialistischen Länder als Schlüssel zu besseren Beziehungen und damit zur Friedenssicherung. Infolge der Welternährungskrise wurde der internationale Getreidehandel ausgedehnt, kommerzialisiert und erfasste neue Weltregionen, denn sozialistische und nicht industrialisierte Länder wurden zu neuen bedeutenden Getreideimporteuren.

Zwar stellten die sowjetischen Käufe in Dollarwerten nur einen kleinen Anteil an den US-Agrarexporten von 1971/72 bis 1973/74 (1,4, 7 bzw. 2,4 Prozent), doch sie waren der Schlüssel, um die Weltgetreidemärkte leerzufegen und Panik und Spekulation Einzug halten zu lassen, was den Zielen der US-Regierung dienlich war, aber eben auch die Welternährungskrise bewirkte.[31] Den enormen Einfluss der sowjetischen Importe auf die Weltgetreidemärkte verdeutlichen folgende Zahlen: Während der Welternährungskrise wuchs der Umfang des international gehandelten Getreides von etwa 100 Millionen auf etwa 150 Millionen Tonnen. Der plötzliche Anstieg der sowjetischen Einfuhren 1972/73 um 25 Millionen Tonnen entsprach einem Viertel des bisherigen Weltmarktvolumens beziehungsweise der Hälfte des Anstiegs des internationalen jährlichen Getreidehandelsvolumens während der Krise.

Bald gerieten die verschiedenen mit dieser Operation verbundenen Interessen und Ziele miteinander in Konflikt.[32] Auf internationaler Ebene erregte das amerikanisch-sowjetische Getreidegeschäft Bedenken, weil damit US-Geschäftsinteressen und Extrastücke Fleisch auf sowjetischen Tellern zu einer globalen Versorgungskrise beitrugen. So auch innerhalb der USA, wo jedoch andere Bedenken vorherrschten. Ein Teil der Beschwerdebriefe ans USDA verurteilte den Handel prinzipiell aus antikommunis-

---

30 Ebenda, S. 559–69; die meisten Punkte finden sich in Butz' Memorandum für Nixon v. 9. 8. 1972, NARA, RG 16, USDA Gen.Corr., Box 5572, Grain 3, August 1–October 15, 1972.

31 Zahlenangaben in Johnson, World Food Problems, S. 29–30. American Bakers Association, »Meat, Heat and Now the Wheat Crunch« v. 15. 2. 1974, NARA, RG 16, USDA Gen.Corr., Box 5909, Wheat 3.

32 Grundlegend ist I. M. Destler, United States Food Policy 1972–1976: Reconciling Domestic and International Objectives, in: Hopkins/Puchala (Hg.), The Global Political Economy of Food, S. 617–653.

tischen Motiven.[33] Senator George McGovern fing an, das Thema so sehr für seine Präsidentschaftskampagne auszuschlachten, dass das Weiße Haus sogar in Erwägung zog, den zuständigen Unterstaatssekretär Caroll G. Brunthaver als Sündenbock zu opfern.[34] Finanzminister George Shultz räumte ein, dass die USA sich bei dem Handel »verbrannt« hätten, da die sowjetischen Unterhändler »sehr geschickte Geschäftspraktiken« angewandt hätten. Ein früherer USDA-Beamter konstatierte: »They beat us at our own game – capitalism.«[35] Dieser Mangel an Weitsicht brachte einige im Establishment sogar dazu, nach der Einführung einer staatlichen US-Vermarktungsstelle vergleichbar mit dem kanadischen Wheat Board zu rufen.[36] Noch dazu seien den Sowjets Vorzugsbedingungen und den großen Getreidehändlern Exportsubventionen gewährt worden, während das USDA wider besseren Wissens die Farmer unzureichend informiert habe, die ihre Produkte daraufhin nichts ahnend billig verkauften. Führend beteiligtes USDA-Personal verfügte über enge Beziehungen zum Agrobusiness; die beiden USDA-Chefunterhändler wechselten im Sommer 1972 sogar auf Posten in Getreidehandelsfirmen. Nebenbei führte der Exportboom auch zu laxeren Qualitätskontrollen in den Ausfuhrhäfen und damit zum sogenannten Lebensmittelskandal, der unter anderem den Zusammenbruch eines führenden Getreidehandelshauses, Cook Industries, verursachte.[37] Doch zum heißesten Thema entwickelte sich der dramatische Anstieg der einheimischen Lebensmittelpreise als Folge ungehemmter Exporte. Im Frühjahr 1973 befasste sich Präsident Nixon täglich mit diesem Problem. Weder Watergate noch Vietnam waren 1973 laut Umfragen

---

33 NARA, RG 16, USDA Gen.Corr., Box 5572, Grain 3, August 1–October 15, 1972.

34 Memorandum Colson für Ehrlichman und Haldeman, »Food prices« v. 28. 9. 1972 und weitere Materialien, NARA, Nixon files, CF, Box 62, TA3-CO# (Exports).

35 »U.S. Burned on Wheat Deal with Soviets, Shultz Admits«, *The Patriot* (Harrisburg) v. 8. 9. 1973; »Russ grain deal ›blessing‹, says expert«, *San Jose Examiner* v. 1. 8. 1975, in NARA, RG 16, USDA Gen.Corr., Box 5980, Grain 3, September–October 1975.

36 Kongressmitglied Vanik an Staats, Comptroller General v. 29. 1. 1974, NARA, RG 16, USDA Gen.Corr., Box 5909, Wheat, January–April 1974; Brief von Myron Just, Commissioner of Agriculture, State of North Dakota v. 18. 12. 1973, ebenda, Box 5980, Grain 3, November–December 1975.

37 Sobel, World Food Crisis, S. 43–47; Gerlach, Welternährungskrise, S. 572–76; Robbins, Food Scandal; Broehl, Cargill – Going Global, S. 266–338, 364; NARA, RG 16, USDA Gen.Corr., Box 5980, Grain, January–June 1975 und Grain 3, June–August 1975.

die größte Sorge der öffentlichen Meinung in den USA, sondern die Inflation unter besonderer Berücksichtigung der Lebensmittelpreise.[38]

Die Rolle von Henry Kissinger

Es wäre somit ein schwerer Irrtum zu glauben, dass diplomatische Hintergedanken allein oder hauptsächlich das US-amerikanisch-sowjetische Weizengeschäft bestimmt hätten. Gleichwohl war der Einfluss außenpolitischer Erwägungen bedeutend, wie ein Blick auf die Aktionen des Nationalen Sicherheitsberaters (1969–1973) und Außenministers (1973–1976) Henry Kissinger verdeutlichen wird. Dies mag auch angesichts der Tatsache von Interesse sein, dass Kissinger diese Manöver in seinen umfangreichen Memoiren praktisch unter den Tisch fallen ließ.

Seit seinem Amtsantritt als Assistant des Präsidenten für Angelegenheiten der Nationalen Sicherheit hatte Kissinger ein reges Interesse daran gezeigt, »unser [Entwicklungs-]Hilfsprogramm systematisch mit unserer allgemeinen Außenpolitik zu vernetzen«.[39] Schon Anfang 1970 versuchte er die Regelung abschaffen zu lassen, nach der Lebensmittelhilfe unter dem einschlägigen Public Law 480 an »kommunistische Länder« verboten war.[40] So schien er auch die sowjetische Bitte zur Lieferung von 300000 Tonnen Mais 1969 zu unterstützen.[41] Spätestens im Januar 1972 war Kissinger daran beteiligt, den Getreidehandel in seine Strategie der Entspannung einzubauen; er schlug vor, die Verhandlungen dem USDA und die Abwicklung der Commodity Credit Corporation zu überlassen.[42] Tatsächlich wurde ein früherer USDA-Beamter später mit folgender Darstellung zitiert: »Wir fuhren zuerst nach Russland, Earl Butz wurde von Außenminister [sic!] Kissinger angewiesen, den Besuch von Präsident Nixon vorzubereiten. Er fuhr dorthin, um im April 1972 Verhandlungen über

38 Siehe Gerlach, Welternährungskrise, S. 553 mit Anm. 34.

39 Undatiertes Memorandum Kissingers für Nixon für ein Treffen mit Rudolph Peterson (September 1969), NARA, Nixon files, SF, FG 221, EX FG 221–30, International Development 1969–1970.

40 Memorandum Ehrlichman für Nixon v. 2. 2. 1970, NARA, Nixon files, SF, AG, Box 1, Ex AG 2, 1970.

41 Dies steht zu vermuten aufgrund eines Schreibens von Stephen Bull an Haldeman v. 22. 4. 1969 und Memorandum Kissinger für Haldeman v. 1. 5. 1969, NARA, Nixon files, SF, EX FG 20, Box 1, file 1: USDA, 1969.

42 NACLA, Weizen als Waffe, S. 21–22; Trager, Grain Robbery, S. 10. Die CCC war eine Einrichtung aus dem New Deal zur Unterstützung des Farmsektors. Sie kaufte Produkte auf, verteilte Kredite usw.

Getreide[-Lieferungen] zu starten.«[43] Nach Abschluss des Getreidehandelsvertrags mit den Sowjets bedankte sich Butz schriftlich bei Kissinger für die »große Hilfe, die Sie während der vergangenen Monate waren«, unter anderem während der Gipfelbegegnung zwischen Breschnew und Nixon Ende Mai 1972.[44] Kissinger antwortete: »Ihr Schreiben an mich über die Vorbereitungsarbeiten beim Gipfel zum Getreidedeal ist sehr freundlich. Ich bin mit Ihnen einer Meinung, dass dieser Verkauf die Tür für umfangreichere Handelsbeziehungen zwischen den Vereinigten Staaten und der UdSSR öffnet.«[45] Kissinger gab Butz und Peterson auch Ratschläge, in welcher Weise der Vertrag vor der US-Presse präsentiert werden sollte.[46]

Kissinger interessierte sich zunehmend für das Thema globale Ernährung. Im März 1973 warnte er Butz und Shultz vor einem erneuten Missmanagement in den Getreidegeschäften mit der Sowjetunion.[47] Er entwarf auch ein entsprechendes Memorandum an Präsident Nixon, um kommerzielle Nahrungsmittelexporte mit Nahrungshilfe und außenpolitischen Zielen zu harmonisieren.[48] Anfang September 1973 gab Kissinger daher das National Security Study Memorandum (NSSM) 187 in Auftrag, »Internationale Zusammenarbeit in der Landwirtschaft«. Unter den Zielen hielt er fest: »Die Rolle der UdSSR und der Volksrepublik China im internationalen Agrarhandel sollten behandelt werden, ebenso die Interessen der Entwicklungsländer.«[49] Die im Dezember 1973 abgeschlossene Studie räumte Prognosen über die künftige sowjetische, osteuropäische und chi-

---

43 »Russ grain deal ›blessing‹, says exper«, San Jose Examiner v. 1 August 1975, in NARA, RG 16, USDA Gen.Corr., Box 5980, Grain 3, September–October 1975. Der Ex-Offizielle war Don Brock. Vgl. Kissingers geheimes, wenn auch wenig aussagekräftiges Memorandum an Nixon, »Secretary Butz's Meeting with Brezhnev« v. 14. 4. 1972, NARA, CF, Box 6, CO 158, USSR 1971–1974.

44 Butz an Kissinger v. 11. 7. 1972, NARA, RG 16, USDA Gen.Corr., Box 5572, Grain 3, January 1–July 31, 1972, 2; vgl. Vicker, This Hungry World, S. 63.

45 Kissinger an Butz v. 4. 8. 1972, NARA, Nixon files, EX FG 20, Box 2, file 7, June–December 1972.

46 Dwight Chapin an David N. Parker, Zeitplanvorschlag, »Briefing by Secretary Butz and Secretary Peterson of Mid-West Governors on Farm Exports and the Detials of the Russian Grain Agreement« v. 18. 7. 1972, NARA, Nixon files, SF, AG, Box 2, Ex AG November 1971–1972.

47 Memorandumentwürfe in NARA, Nixon files, NSC, Box 330, Grain Shipping.

48 Memorandumentwurf Kissinger für Nixon, secret-GDS, undated (Juni 1973?), NARA, Nixon, NSC, Box 329, Foreign Policy.

49 Kissinger an Rogers, Shultz, Butz, die CIA und weitere Regierungsstellen v. 5. 9. 1973, NARA, Nixon files, SF, AG, Box 2, Ex AG May–August 1973; Faksimile in http://www.nixonlibrary.gov/virtuallibrary/documents/nssm/nssm_187.pdf [eingesehen 14. 8. 2009].

nesische Nahrungsmittelproduktion viel Platz ein; sie erwartete massive sowjetische Getreideimporte, um die Viehproduktion zu stärken, und prophezeite, dass der osteuropäische und chinesische Bedarf geringer ausfallen werde.[50] Im April 1974 folgte Kissingers Bestellung von NSSM 200 über »Implikationen des weltweiten Bevölkerungswachstums für US-Sicherheits- und Überseeinteressen«. Ausdrücklich lautete ein Ziel, »den Bedarf an US-Ausfuhren besonders von Nahrungsmitteln und sich aus einer Konkurrenz um knappe Ressourcen für die USA ergebende Handelsprobleme« abzuschätzen.[51]

Schon zwischen den Getreideabkommen mit der Sowjetunion 1971 und 1972 dachte der Nationale Sicherheitsberater darüber nach, ob man nicht wenigstens in geringem Umfang auch einen Handelsabschluss mit der Volksrepublik China erzielen könne, um die gegenseitigen Beziehungen zu verbessern.[52] Kissinger spielte auch eine Rolle, als ein US-Handelsbüro in China eröffnet wurde, und sorgte in diesem Zusammenhang für eine frühe Berücksichtigung der Landwirtschaft.[53]

Als Kissinger im September 1973 Außenminister wurde, forcierte er die Harmonisierung von Ernährungs-, Handels- und Außenpolitik. In seiner ersten öffentlichen Rede am 24. September vor der UNO-Vollversammlung schlug er eine Welternährungskonferenz vor (allerdings hatte der Gipfel der Blockfreien Wochen zuvor bereits einen ähnlichen Vorschlag gemacht). Er regte an, dass sie von der UNO und nicht der FAO veranstaltet würde, damit die UdSSR und die VR China teilnähmen.[54] 1974 fand dann in Rom tatsächlich die Welternährungskonferenz statt. Generalsekretär der Konferenz war Sared Marei, mit dem sich Kissinger Ende 1973 während der Verhandlungen über das arabische Ölembargo angefreundet

---

50 NARA, Nixon files, SF, AG, Box 2, EX AG, September–December 1974 [d.i. 1973], v.a. Seiten 10–11 der Studie und Anhänge A–C.

51 National Security Council, National Security Study Memorandum 200 v. 24. 4. 1974 und Studie v. 10. 12. 1974, http://www.druckversion.studien-von-zeitfragen.net/NSSM%20200%20Executive%20Summary.htm [eingesehen 20. 11. 2002].

52 Vertrauliches Memorandum Peterson für Nixon v. 8. 11. 1971, NARA, Nixon files, CF, Box 62, TA-3 CO# (Exports).

53 Butz an Kissinger v. 6. 3. 1973, »Establishment of a trade office in the People's Republic of China«, NARA, RG 16, USDA Gen.Corr., Box 5635, White House (January 1–April 30, 1973).

54 Dazu etliche Dokumente in FAO Archiv, RG 15, LUNO, Reg.Files, WFC-1; siehe Christian Gerlach, Der Versuch zur globalen entwicklungspolitischen Steuerung auf der World Food Conference 1974, in: *WerkstattGeschichte* 11, 31, 2002, S. 58–59.

hatte, bei denen Marei die ägyptische Delegation leitete.[55] Am Eröffnungstag der Konferenz in Rom hielt Kissinger den Hauptvortrag. Die Konferenz endete mit der Schaffung einer neuen UN-Unterorganisation, dem Internationalen Fonds für landwirtschaftliche Entwicklung, über den OPEC-Gelder für die ländliche Entwicklung in der »Dritten Welt« mobilisiert werden sollten.[56]

Es wäre sicherlich zu vereinfachend zu behaupten, dass ab den 1970er Jahren andere US-Stellen als das Landwirtschaftsministerium die Nahrungsmittel-Exportpolitik in wachsendem Maße bestimmt hätten.[57] Vielmehr hatten das State Department, der Nationale Sicherheitsrat, das Handelsministerium, die U.S. Agency for International Development und andere auf diesem Gebiet seit vielen Jahren eine Rolle gespielt. Doch Henry Kissinger verstand besser als viele andere die Bedeutung von Nahrung als strategische Ressource, die weltweit in vielerlei Hinsicht eingesetzt werden konnte, und versuchte danach zu handeln. Gegen andere Großmächte befürwortete er trotz gewisser Nadelstiche[58] wirtschaftliche Einbindung, nicht Embargos.

Eine stabile Beziehung

Bereits 1972 trachtete die sowjetische Regierung nach einem langfristigen Vertrag mit den USA über Getreidelieferungen. In den folgenden Jahren bekräftigten die Sowjets diese Absicht wiederholt, etwa als KPdSU-Generalsekretär Breschnew Senator Pearch und einer Kongressdelegation sagte, die Farmer in Kansas sollten zu diesem Zweck nur ordentlich viel Weizen erzeugen.[59] In eine ähnliche Richtung deutete auch die Ablösung des erfahrenen Landwirtschaftsministers Matskewitsch durch Dmitri

55 Gerlach, Versuch, S. 66.

56 Text v. 5. 11. 1974 in FAO Archiv, RG 22, UN 43/35; Gerlach, Versuch, S. 73–75.

57 So die Sicht von Raymond Hopkins/Donald Puchala, Global Food Interdependence: Challenge to American Foreign Policy, New York 1980, S. 109–26. Differenzierter Destler, United States Food Policy, S. 619–27.

58 Zu Kissingers Rolle beim Versuch, die Sowjets vor dem langjährigen Liefervertrag vom Oktober 1975 unter Druck zu setzen, siehe Robert Paarlberg, Food Trade and Foreign Policy: India, the Soviet Union and the United States, Ithaca/London 1985, S. 127–131.

59 Protokoll des Treffens v. 23. 4. 1973, NARA, Nixon papers, CF, Box 1, AG 1971–74. Siehe auch Memorandum Shultz für Nixon, »Conclusions From Visit to USSR« v. 6. 10. 1973 und »Schedule for Visit of Soviet Parliamentarians«, 19.–23. 5. 1974, ebenda, Box 9, CO 158 USSR 1971–74.

Polianski, zuständig für Landwirtschaft im Politbüro, am 3. Februar 1973.[60] Trotz sowjetischer Rekordgetreideernten 1973 und 1976, einer guten Ernte 1974, denen nur 1975 ein katastrophaler Ertrag gegenüberstand, setzte sich die sowjetische Nachfrage nach US-Getreide fort. Die amerikanischen Verkäufe beliefen sich auf 2,8 Millionen Tonnen 1971/72, 13,8 Millionen 1972/73, 6,8 Millionen 1973/74, 2,2 Millionen 1974/75 (diesen standen sowjetische Exporte von 7 Millionen Tonnen gegenüber) sowie fast 20 Millionen Tonnen »für kolossale 1,9 Milliarden« US-Dollar 1975/76.[61] Wie der US-Landwirtschaftsattaché in Moskau erläuterte, hatte sich der Direktverbrauch sowjetischer Bürger von Getreide von 1945 bis 1973 bloß von 44 auf 46 Millionen Tonnen erhöht, die Getreideverfütterung dagegen war allein seit 1965 von 65 auf 117 Millionen Tonnen gestiegen.[62]

Doch neben den Konfrontationen des Kalten Krieges und den inkompatiblen Wirtschaftssystemen gab es auch strukturelle Hemmschuhe für einen stabilen Getreidehandel zwischen beiden Ländern. Die UdSSR hatte zwar allgemein Schwierigkeiten mit der landwirtschaftlichen Produktivität und der Steigerung tierischer Produkte, doch ein noch größeres Problem lag in teils klimatisch bedingten erheblichen Schwankungen der Getreideerzeugung und damit in einem völlig ungleichmäßigen Einfuhrbedarf. Ja, das Auf und Ab in der Weltgetreideproduktion und dem internationalen Getreidehandel Mitte der 1970er Jahre war zu keinem geringen Teil auf die sowjetischen Ernteergebnisse zurückzuführen.[63] Die US-Regierungen dagegen mussten kommerzielle Interessen an umfangreichen Exporten gegenüber der Gefahr einer heimischen Lebensmittelinflation abwägen, gegenüber Interessen traditioneller Kunden in Japan und Westeuropa und gegenüber einem Minimum an Nahrungsmittelhilfe, die ver-

---

60 Broehl, Cargill – Going Global, S. 156.

61 Bemerkungen des Präsidenten auf der Oklahoma State Fair v. 19. 9. 1975, Ford Library, Paul C. Leach files, Box 2, Agriculture – Presidential Statements. Zitat: US-Landwirtschaftsattaché Moskau, SS7003, »USSR: Agricultural Situation« v. 18. 2. 1977, NARA, RG 166, Ag.Att. and Counselor Reports, Box 71, SS USSR 1977 DR; Alfred C. Toepfer, Marktberichte v. 14. 8. und 16. 10. 1975, Alfred-Toepfer-Archiv. Höhere Zahlen laut US-Landwirtschaftsattaché Moskau v. 22. 10. 1975, »USSR: The 1975 Grain Harvest In Retrospect«, NARA, RG 166, Ag.Att. and Counselor Reports, Box 55, SS USSR 1975.

62 »USSR: Agricultural Highlights: Reflections on Soviet Grain Policy« v. 21. 11. 1974, NARA, RG 166, Ag.Att. and Counselor Reports, Box 45, SS USSR 1974 DR.

63 UN World Food Council, WFC/34, Assessment of the World Food Situation and Outlook v. 30. 3., S. 5 und 9, FAO-Bibliothek.

schiedenen politischen Zwecken sowie der Etablierung in weiteren Märkten diente. Solange die Welternährungskrise (oder die Getreidehausse) andauerte, lehnten die USA ein langfristiges Abkommen ab; erst zu dem Zeitpunkt, als die hohen Preise wegschmolzen und sich wieder Überschüsse einstellten (während die Sowjets sich einer Missernte gegenübersahen), stimmten sie zu. Der Vertrag vom 20. Oktober 1975 erlaubte der Sowjetunion über fünf Jahre (1976–1981) den Import von jährlich sechs bis acht Millionen Tonnen Getreide zu Marktpreisen ohne Notwendigkeit weiterer offizieller Genehmigungen.[64] Wieder hagelte es innerhalb der USA Kritik, unter anderem wegen Konzessionen an die Gewerkschaften und dafür, dass die USA sich in Richtung »Handelsverträge zwischen Regierungen [bewege]. Die Regierung garantiert den Sowjets Getreide, das ihr nicht gehört.«[65] Die tatsächlichen US-Lieferungen gingen über den 1975 vereinbarten Rahmen weit hinaus. Seit 1978 organisierten die meisten Handelsfirmen ihre Lieferungen von US-Getreide an die UdSSR ohnehin durch ihre westeuropäischen Tochterfirmen und umgingen damit Meldevorschriften ans US-Landwirtschaftsministerium.[66] Jedenfalls ebneten die Welternährungskrise und das sowjetische Viehproduktionsprogramm den Weg für langfristige Regierungsabkommen als Grundlage des amerikanisch-sowjetischen Getreidehandels bis 1991.[67]

Auch andere sozialistische Länder sicherten sich langfristige Getreidehandelsabkommen mit den USA, Polen bereits 1972. Von Mitte 1973 bis 1978 hatte Warschau ein Anrecht auf 7,5 Millionen Tonnen, darunter zu 80 Prozent Futtergetreide. Später versuchte Polen dies auf 2,5 Millionen Tonnen pro Jahr aufzustocken.[68] Laut USDA-Angaben setzte das State Department dies gegen Bedenken des Landwirtschaftsministeriums

---

64 Text des Abkommens und The White House, »Fact Sheet, Grain and Oil Trade Agreements« v. 20. 10. 1975, Ford Library, Paul C. Leach files, Box 4, Grain Sales to the USSR. Teil der Vereinbarung war die Lieferung einer unbedeutenden Menge sowjetischen Rohöls an die USA (bis zu 200000 Barrel täglich). Zur sowjetischen Ernte Morgan, Merchants of Grain, S. 42–52, 346–65.

65 Harold B. Steele an Butz v. 24. 10. 1975 und weitere Korrespondenz in NARA, RG 16, USDA Gen.Corr., Box 5980, Grain 3, September–October 1975.

66 Wessel/Hantman, Getreidefieber, S. 128.

67 Vgl. Charles Benjamin, »Confrontation Analysis of United States-Soviet Grain Negotiations«, in: *Group Decision and Negotiation* 3 (1994), Heft 4, S. 393–411.

68 Geheimes Memorandum Whitaker für Ehrlichman, »U.S.-Polish Agricultural Trade Deal« mit Anlage, NARA, Nixon files, CF, Box 62, TA3-CO# (Exports); Alfred C. Toepfer, Marktbericht v. 16. 10. 1975, Alfred-Toepfer-Archiv.

durch.[69] Diese Einwände waren jedoch kein Hinderungsgrund dafür, dass die tatsächlichen Lieferungen den vereinbarten Umfang noch überschritten, 1975/76 3,2 Millionen Tonnen erreichten und im Folgejahr noch mehr.[70] Noch 1973 hatten die US-Getreideexporte nach Osteuropa insgesamt lediglich 1,8 Millionen Tonnen betragen.[71] Doch nunmehr konnten diese Länder ihren Fehlbedarf für ehrgeizige Programme zur Fleisch- und Milchproduktion nicht mehr in der Sowjetunion decken, sodass sie sich ebenfalls kapitalistischen Geschäftspartnern zuwandten.

Einschränkungen und Embargos

Der Wunsch sowjetischer Vertreter nach verlässlichen Verträgen fußte auch auf den Erfahrungen in den Jahren nach 1972. Wiederholt beschränkten die US-amerikanischen Behörden trotz des Widerstands von Farmerverbänden Getreideverkäufe, annullierten sie, verzögerten Lieferungen oder leiteten sie um, um den Bedarf langfristiger Kunden oder einheimischer Verbraucher zu befriedigen. Im Juni 1973, inmitten wachsender Kritik an hohen Brot-, Fleisch- und Milchpreisen, erlegte Nixon allen Getreidehändlern eine Berichtspflicht über mit dem Ausland getätigte Abschlüsse auf, was in einem Ausfuhrembargo für Sojabohnen mündete[72] (das vor allem Japaner und Westeuropäer beunruhigte, die damit begannen, Brasilien nach und nach zum führenden Exporteur von Sojabohnen aufzubauen). Schon im Mai 1973 hatte Kissinger Landwirtschaftsminister Butz gedrängt, systematisch Informationen über sowjetische Getreideerwerbungen in den USA zu sammeln und an die CIA weiterzuleiten, um »eine Wiederholung der unglücklichen Abwicklung der sowjetischen Getreidekäufe vom letzten Sommer [zu] vermeiden«.[73] 1974 wurden mehr als einmal Getreidetransporte an die UdSSR und andere Länder aufgehalten oder gestoppt, um stattdessen alte Kunden zu beliefern.[74] Auch trug ame-

69 USDA an Kongressmitglied Findley, undatiert (11. 2. 1976?), NARA, RG 16, USDA Gen.Corr., Box 5980, Grain 3, September–October 1975.

70 »Meeting with Wheat Growers« v. 8. 10. 1976, Ford Library, Paul C. Leach Files, Box 4, Agriculture – General, August–November 1976.

71 USDA, Office of Communication, »Who Buys Our Farm Products?«, Ford Library, Paul C. Leach files, Box 3, Export and Import of Agricultural Products.

72 Broehl, Cargill – Going Global, S. 201–202.

73 Schriftverkehr in NARA, Nixon papers, NSC, Box 330, Grain Shippings.

74 Butz an Shultz v. 9. 1. 1974, NARA, RG 16, USDA Gen.Corr. Box 5909, Wheat 3; Abercrombie an Aziz, »World food and agriculture situation – mid-October 1974«, FAO archive 12/UN-43/2B, ESP.

rikanischer Druck dazu bei, dass die Sowjetunion Indien und Bangladesch 1973 und 1974 Getreide lieferte oder US-Lieferungen an die UdSSR dorthin umgeleitet wurden. Anfang 1975 bestellten die UdSSR und China dann selbst vorher geordertes Getreide ab.[75] Zwischen Juli und September 1975 drängten mehrere US-Senatoren – im Namen heimischer Verbraucher, die sich wegen möglicher neuer Preisanstiege sorgten – die eigene Regierung, Getreideverkäufe an die Sowjetunion nicht nur mit einem neuen System zu überwachen, sondern zu begrenzen. Der Führer des Gewerkschaftsverbandes AFL-CIO George Meany wies Hafenarbeiter an, Schiffe nicht mit Getreide zu beladen, was eine scharfe Kontroverse mit Landwirtschaftsminister Butz nach sich zog.[76] Noch nach Abschluss des langfristigen Vertrags mit der UdSSR vom Herbst 1975 befürchteten US-Bauern nicht ganz grundlos neue Handelsbeschränkungen.[77]

Im Januar 1980 verhängte die Carter-Administration wegen des sowjetischen Einmarschs in Afghanistan ein Getreideembargo gegen die UdSSR. Sosehr die potenziellen Folgen eines längeren Boykotts die sowjetische Führung beunruhigt haben mögen, erwies sich das Embargo doch als ineffektiv. Bereits im Sommer 1979 hatten die Sowjets eine große Menge amerikanisches Getreide aufgekauft (im Sommer hätte sie ein Embargo härter getroffen), sie schafften es, aufgrund der Gier der Getreidehändler, den US-Markt weiter anzuzapfen und füllten Importlücken mit Lieferungen aus anderen Ländern. Dies verhalf Kanada nach acht mageren Jahren wieder zu einer führenden Marktposition in der Sowjetunion auf längere Sicht.[78] 1972 hatte sich die Nixon-Administration noch einem abenteuerlichen Vorschlag widersetzt, eine Abgabe auf Getreideverkäufe an die UdSSR zu erheben, dafür Getreide zu hohen Marktpreisen bei US-Farmern einzukaufen, es zu herabsubventionierten Preisen an Israel zu ver-

---

75 Sobel, World Food Crisis, S. 64, 115–116.

76 Destler, United States Food Policy, S. 644–649; Ford Library, Paul C. Leach Files, Box 4, Grain Sales to the U.S.S.R., and »Ford Predicts Grain Sale Solution If All Sides ›Cool It‹«, *Washington Post* v. 21. 8. 1975; NARA, RG 16, USDA Gen.Corr., Box 5980, Grain 3, June–August 1975.

77 »Grain Embargo«, Anlage zu »Meeting with Wheat Growers« v. 8. 10. 1976, Ford Library, Paul C. Leach Files, Box 4, Agriculture – General, August–November 1976; ebenda, Box 2, Agriculture – Presidential Statements; Sobel, World Food Crisis, S. 80–82.

78 Wessel/Hantman, Getreidefieber, S. 130–133; Paarlberg, Food Trade, S. 170–212; siehe die Tabelle in Andrew Schmitz/W. H. Furtan, »Canada«, in: Michael McGarry/Andrew Schmitz (Hg.), The World Grain Trade. Grain Marketing, Institutions, and Policies, Boulder u.a. 1992, S. 357. Für Hinweise auf Besorgnisse in der sowjetischen Führung danke ich Mark Kramer.

kaufen, das dann Weizen an die UdSSR im Austausch gegen »gut ausgebildete Juden« verkaufen könne.[79] *Food power* wurde während der Welternährungskrise viel diskutiert. Earl Butz und der einflussreiche Senator Hubert Humphrey dachten laut darüber nach, welche Macht die Verfügung über die Hälfte allen weltweit exportierten Getreides den USA gab.[80] Wieder einmal bestens orientiert, sagte die CIA eine globale Klimaabkühlung voraus und folgerte: »In einer kühleren und entsprechend hungrigeren Welt hätte die beinahe monopolartige Stellung der USA als Nahrungsmittelexporteur einen enormen Einfluss auf die internationalen Beziehungen, dessen Auswirkungen indes nicht leicht anzugeben sind. Sie könnte den USA eine Macht verleihen, die sie in diesem Ausmaß noch nie hatten [...] In schlechten Jahren [...] hätte Washigton praktisch die Macht, über Leben und Tod zahlloser Bedürftiger zu entscheiden.«[81]

Nüchterne Beobachter wandten ein, dass der internationale Getreidemarkt zu diversifiziert sei, als dass Embargos gegen Großmächte wie die Sowjetunion (oder China und sogar Indien) Erfolg versprächen.[82] Dies hat sich seit den 1960er Jahren immer wieder erwiesen. Wohl konnte *food power* im Fall der Gewährung oder Verweigerung von Nahrungsmittelhilfe an kleinere nicht industrialisierte Länder funktionieren wie im Fall Bangladesch (wo ein US-Nahrungsmittelhilfeembargo, das mit bangladeschischen Jutelieferungen an Kuba begründet wurde, 1974/75 zu einer Hungersnot mit möglicherweise mehr als einer Million Toten beitrug) oder in der Teilfinanzierung diktatorischer Regime am Kongress vorbei durch PL-480-Fonds.[83] Um dagegen auf osteuropäische Gegner im Kalten Krieg Einfluss zu gewinnen, erschien es seit den 1970er Jahren eher viel-

---

79 Memorandum Sonnenfeldt für Kissinger v. 6. 10. 1972, NARA, Nixon papers, NSC, Box 330, Grain Shippings.

80 Siehe North American Congress on Latin America, Weizen als Waffe.

81 CIA, »Potential Implications of Trends in World Population, Food Production, and Climate«, OPR-401 (Official Use Only) v. August 1974, NARA, RG 16, USDA Gen.Corr., Box 5847, Food 2, August 1–September 23, 1974, S. 39–40 des Berichts.

82 Peter Wallensteen, Scarce Goods as Political Weapons. The Case of Food, in: Vilho Harle (Hg.), The Political Economy of Food, Farnborough 1978, S. 47–93; Nau, Diplomacy, S. 775–809; Robert Paarlberg, The Failure of Food Power, in: Richard Fraenkel u.a. (Hg.), The Role of U.S. Agriculture in Foreign Policy, New York 1979, S. 38–55; ders., Food Trade. Eine breitere Perspektive bieten Alain Revel/Christophe Riboud, American Green Power, Baltimore/London 1986.

83 Mitchel Wallerstein, Food for War/Food for Peace. United States Food Aid in a Global Context, Cambridge, Mass. 1980.

versprechend, sie wirtschaftlich einzubinden, das heißt, Getreide zu liefern statt es zurückzuhalten. Übrigens war der Weg zum Friedensvertrag von Camp David 1979 zwischen Ägypten und Israel seit 1974 mit Nahrungsmittelhilfe an alle Beteiligten gepflastert, darunter Ägypten, Israel, Syrien, Jordanien und die Palästinenser in der Westbank.

Schlussfolgerungen

In den 1980er Jahren wurde die UdSSR zum größten Getreideimporteur der Welt; sie kaufte 30 bis 45 Millionen Tonnen jährlich, ungefähr zur Hälfte Weizen und Futtergetreide. Letzteres stammte vor allem aus den USA.[84] Dabei dominierten die Westeuropäer fast alle anderen Sektoren im Handel mit der Sowjetunion (und die Auslandsinvestitionen dort). 1980 betrug der Handel westeuropäischer Länder mit der UdSSR und Osteuropa fast das Zehnfache des US-Anteils.[85] Der sowjetische Außenhandel wuchs insgesamt zwischen 1969 und 1978 von 20 auf 70 Milliarden Rubel, auch der Handel mit sozialistischen sowie nicht industrialisierten Ländern wuchs.[86] Es ist immer noch umstritten, inwieweit die Weltwirtschaftskrise von 1973 bis 1975 auch die sozialistischen Staaten in Mitleidenschaft zog, aber auf jeden Fall öffneten diese sich in den 1970er Jahren für den Handel mit kapitalistischen Ländern. Zwischen 1972 und 1977 – also vor der Ära Deng Xiaoping – begann auch die »Wiedereingliederung Chinas in den Weltmarkt«.[87] Die DDR importierte drei bis vier Millionen Tonnen Futtergetreide pro Jahr aus kapitalistischen Ländern und die Tschechoslowakei zwei Millionen.[88]

Sowjetische oder osteuropäische Getreideeinfuhren mussten keine nennenswerten politischen Folgen zeitigen, soweit dafür entsprechende Exporte stattfanden oder die Importe begrenzt wurden, was beides in der

84 Michael Atkin, The International Grain Trade, Cambridge 1992, S. 69; Stéphane Madaule, Commerce et développement: le cas des céréales, Paris 1990, S. 26–27.

85 James Petras, Capitalist and Socialist Crises in the Late Twentieth Century, Totowa 1984, S. 31.

86 Brian Pockney, Soviet Trade with the Third World, in: E.J. Feuchtwanger/Peter Nailor (Hg.), The Soviet Union and the Third World, London 1981, S. 30, 52–53.

87 Kapitelüberschrift in Ernest Mandel, Die Krise. Weltwirtschaft 1974–1986, Hamburg 1987, S. 157–178; bezüglich der UdSSR und Osteuropa siehe ebenda, S. 128–137.

88 Deutsch, Food Revolution, S. 86, 97.

Volksrepublik China der Fall war. Das Lebensmittelprogramm des ZK der KPdSU von 1982 erkannte zwar die Probleme an, offenbarte aber auch Ratlosigkeit: In der UdSSR oder Osteuropa fand keine *food revolution* statt.[89] Umfangreiche Getreideimporte wurden fortgesetzt, obwohl der Fleischverbrauch in der UdSSR und Polen seit Mitte der 1970er Jahre stagnierte (interessanterweise ungefähr seit dem langfristigen Abkommen mit den USA), in anderen sozialistischen Staaten etwas später.[90] Dies ist ein weiteres Indiz dafür, dass die 1970er Jahre eine Art Gipfel der sozialistischen Konsumgesellschaft darstellten. Einige Länder wie Ungarn, die Tschechoslowakei und Polen überließen die Fleischproduktion in wachsendem Maße privaten einheimischen Kleinproduzenten.[91] Trotz dieses wahren Gulaschsozialismus tappten die meisten sozialistischen Länder in eine Schuldenfalle, unter anderem wegen Getreideimporten, um den Lebensstandard anzuheben und damit die Bevölkerung politisch zufriedenzustellen. Das zeigte sich am offensichtlichsten in der polnischen Krise von 1979 bis 1981; 1981 sah sich Polen gezwungen, 7,2 Millionen Tonnen Getreide zu importieren, davon zwei Drittel direkt für den menschlichen Verbrauch.[92]

In den USA hatte die jähe Neuorientierung auf höhere Exporte ebenfalls Folgen. Die Bundesregierung setzte ihre Interventionen im Agrarbereich fort, wenn auch mit anderen Mitteln. 1970 hatte die US-Landwirtschaft 14 Prozent ihres Umsatzes im Export realisiert, 1980 waren es 30 Prozent. Dies führte zu einer neuen Runde im Sterben kleiner Farmen und Anfang der 1980er Jahre zu einer Landwirtschaftskrise, die manche an die Erfahrung der *dustbowl* in den 1930er Jahren erinnerte.[93] Sowohl für Bürger der USA wie für die der UdSSR verursachte die wachsende globale Einbindung hohe sozioökonomische Kosten.

---

89 Vgl. allerdings unter diesem unangemessenen Titel Deutsch, Food Revolution, v.a. S. 52–55.

90 Ebenda, S. 26, 126–127; Victor Nazarenko, The Impact of Changes in Policies in Centrally Planned Economies on World Food Trade and Consumption, in: John Helmuth/Stanley Johnson (Hg.), 1988 World Food Conference Proceedings, Bd. 2: Issue Papers, Ames 1989, S. 47. Zum deutlichen Rückgang der sowjetischen Fleischproduktion 1976 US-Landwirtschaftsattaché Moskau, »USSR: Agricultural Situation« v. 18. 2. 1977, NARA, RG 166, Ag.Att. and Counselor Reports, Box 71, SS USSR 1977 DR. Die DDR und ČSSR waren von dieser Stagnation weniger betroffen.

91 Deutsch, Food Revolution, S. 81, 97, 100.

92 Ebenda.

93 Wessel/Hantman, Getreidefieber, besonders S. 82.

Christian Th. Müller

Der Erdgas-Röhren-Konflikt 1981/82

Mitten in die Hochphase des sogenannten Zweiten Kalten Krieges fiel 1981/82 eine »ungewöhnlich scharfe handelspolitische Auseinandersetzung« zwischen den USA und ihren westeuropäischen Verbündeten.[1] Sie markierte möglicherweise den Tiefpunkt der transatlantischen Beziehungen zwischen 1945 und 1989. Den Anlass bildete das Projekt einer 4500 Kilometer langen Erdgaspipeline vom nordwestsibirischen Urengoi zum an der sowjetisch-tschechoslowakischen Grenze gelegenen Uschgorod. Im Austausch gegen westliche Pipelinetechnologie sollte die Sowjetunion Erdgas nach Westeuropa liefern. Für die beteiligten westeuropäischen Länder bedeutete dieses Kompensationsgeschäft nicht nur die Ankurbelung des Exportgeschäfts in Zeiten der Rezession und die weitere Diversifizierung ihrer Energieimporte, sondern sie war außerdem ein Beitrag zur Stabilisierung der Ost-West-Beziehungen.

Diese hatten sich seit Ende der 1970er Jahre deutlich abgekühlt. Während die westeuropäischen Staaten an einer Fortsetzung der Entspannungspolitik interessiert waren, setzten die USA gegenüber der Sowjetunion schon unter Präsident Jimmy Carter wieder stärker auf Wirtschaftssanktionen und gingen seit 1981 unter der Reaganadministration zunehmend auf Konfrontationskurs. Die Folge waren amerikanisch-europäische Divergenzen in der Bewertung der Ost-West-Beziehungen im Allgemeinen und der Wirtschaftskooperation mit den Mitgliedsstaaten des Rates für gegenseitige Wirtschaftshilfe (RGW) im Besonderen, die sich anhand der Auseinandersetzung um das Erdgas-Röhren-Geschäft manifestierten. Im zweiten Halbjahr des Jahres 1982, als die USA Sanktionen gegen verschiedene westeuropäische Firmen verhängten, spitzte sich der Konflikt schließlich zu einer transatlantischen Krise bis dahin ungekannten Ausmaßes zu.

---

1 Claudia Wörmann, Osthandel als Problem der atlantischen Allianz. Erfahrungen aus dem Erdgas-Röhren-Geschäft mit der UdSSR, hrsg. v. Forschungsinstitut der Deutschen Gesellschaft für Auswärtige Politik e.V., Bonn 1986 (= Arbeitspapiere zur Internationalen Politik, Band 38), S. 1; Michael Mastanduno, Economic Containment. CoCom and the Politics of East-West-Trade, Ithaca, NY/London 1992, S. 260.

Der Erdgas-Röhren-Konflikt ist daher nicht nur ein Beispiel, wie der Kalte Krieg auf wirtschaftlichem Gebiet geführt wurde, sondern auch dafür, wie die Entwicklung der Wirtschaft durch die Rahmenbedingungen des Kalten Krieges mitgeprägt worden ist. Der vorliegende Aufsatz wird einen Überblick über seine Vorgeschichte, die Implikationen des Urengoi-Uschgorod-Projektes sowie die Austragung des damit verbundenen transatlantischen Konflikts und seine Beilegung geben.

Osthandel und Embargopolitik

Die Grundkonstellation des Erdgas-Röhren-Konfliktes war so alt wie der Kalte Krieg selbst. Seit 1947 setzten die USA gegenüber der Sowjetunion und den Staaten in ihrem Einflussbereich auf Formen des Handelskrieges oder genauer gesagt auf eine »umfassende Handelsverweigerung«,[2] die deren ökonomisches und militärisches Erstarken und damit die Zunahme ihres politischen Einflusses wenn nicht verhindern, so doch deutlich erschweren sollte. Für die wenig außenhandelsabhängige US-Wirtschaft ergaben sich aus diesem strategisch angelegten Embargo kaum Einschränkungen ihrer Geschäftstätigkeit. Anders verhielt es sich jedoch bei den westeuropäischen Verbündeten der USA, die weit stärker von einem funktionierenden Außenhandel abhängig waren und daher ein vitales Interesse an der Wiederaufnahme der traditionell wichtigen Handelsbeziehungen mit den osteuropäischen Staaten hatten. Gegen ein umfassendes Embargo sprachen aus westeuropäischer Sicht jedoch nicht nur die damit verbundenen Handelseinbußen, sondern auch dessen politische Kosten. So zweifelhaft seine Effektivität zur Behinderung der sowjetischen Rüstungsanstrengungen war, so gewiss waren sich die meisten westeuropäischen Regierungen, dass eine Stilllegung des Ost-West-Handels den Einfluss der Sowjetunion in Osteuropa nur weiter steigern und damit zu einer Verfestigung des Sowjetblocks beitragen würde.

Ihre Bereitschaft, das im amerikanischen Export Control Act von 1949 vorgesehene und 1951 mit dem von Senator Laurie Battle initiierten Mutual Defense Assistance Control Act (Battle Act) noch weiter verschärfte Regime von Exportkontrollen mitzutragen, war daher a priori begrenzt. Diesem Umstand war es wohl auch geschuldet, dass das 1949 gegründete Coordinating Committee on Multilateral Export Controls (CoCom) lediglich den Charakter eines Gentlemen's Agreement ohne formale Ver-

2 Vgl. Wörmann, Osthandel, S. 7, sowie zum Handelskrieg den Aufsatz von Frank Cain in diesem Band.

tragsgrundlage hatte. Die nach dem Konsensprinzip einstimmig zu treffenden Beschlüsse des CoCom hatten überdies nur Empfehlungscharakter, sodass ihre Umsetzung den Mitgliedsstaaten überlassen blieb.[3]

Während über das Embargo auf Militär- und Nukleartechnologie weitgehende Übereinstimmung herrschte, bildeten die Exportbeschränkungen für zivile Güter, denen mehr oder weniger auch eine militärische Relevanz beigemessen wurde, einen ständigen Diskussionsgegenstand. Unter diesen Umständen setzten die USA auch auf ökonomische Hebel, um ihre Verbündeten auf Linie zu bringen. So verknüpfte der Battle Act 1951 amerikanische Wirtschaftshilfe im Rahmen des Marshallplanes explizit mit der Bedingung, dass die Empfängerländer sich am strategischen Embargo gegen die Sowjetunion beteiligten. Mit dem Auslaufen des Marshallplanes 1953 fiel dieser Anreiz für die westeuropäischen Verbündeten jedoch fort. Vor dem Hintergrund der aus westeuropäischer Sicht hohen politischen und ökonomischen Kosten bei gleichzeitig wenig überzeugenden Ergebnissen der Embargopolitik sowie der einsetzenden »Tauwetter«-Periode wurden die CoCom-Exportkontrollen 1954 und 1958 entschärft.[4]

Was jedoch blieb und im Erdgas-Röhren-Konflikt der 1980er Jahre einer der Hauptkonfliktpunkte sein sollte, war der im Battle Act ebenso wie in seinen Nachfolgegesetzen formulierte Anspruch, dass der Reexport von amerikanischen Waren ebenso wie der Export von Gütern mit amerikanischen Bauteilen durch andere Staaten auch den Exportbestimmungen der USA unterliegen sollten.[5]

Die Haltung der westeuropäischen Regierungen zur Embargokonzeption der USA differierte dabei je nach Handelsinteressen und dem Grad der Abhängigkeit von amerikanischer Unterstützung. Das illustriert ein Vergleich zwischen Großbritannien und der Bundesrepublik Deutschland. So genehmigte die britische Regierung in den 1950er und 1960er Jahren trotz bestehenden Embargos und Einwänden aus den USA in mehreren Fällen den Export von Luftfahrttechnologie in die Sowjetunion und nach China. Die Premierminister Harold Macmillan und Harold Wilson erwogen sogar, das Kontrollregime von CoCom angesichts der hohen Handelseinbußen für die britische Wirtschaft gänzlich zu verlassen.[6]

---

3 Vgl. den Aufsatz von Hanns-Dieter Jacobsen in diesem Band.

4 Hanns-Dieter Jacobsen, Die Ost-West-Wirtschaftsbeziehungen als deutsch-amerikanisches Problem, Baden-Baden 1986, S. 73f.

5 Wörmann, Osthandel, S. 11; Mastanduno, Economic Containment, S. 256.

6 Vgl. Jeffrey A. Engel, The Surly Bonds: American Cold War Constraints on British Aviation, in: *Enterprise and Society* 6 (2005), Heft 1, S. 1–45, sowie den Aufsatz von Frank Cain in diesem Band.

Demgegenüber fiel der Handlungsspielraum der Bundesrepublik in den 1950er und frühen 1960er Jahren deutlich enger aus. Zu sehr war sie deutschland- und sicherheitspolitisch vom Mentor USA abhängig, als dass sie offen aus der Embargofront hätte ausscheren können. Gleichwohl artikulierten sich die westdeutschen Osthandelsinteressen frühzeitig im 1952 gegründeten Ostausschuss der deutschen Wirtschaft, und die von Washington gewünschte Einbindung der Wirtschaftsbeziehungen zur DDR in das Embargoregime stieß in Bonn auf deutliche Ablehnung. Dementsprechend tolerierte das Bundeswirtschaftsministerium im deutsch-deutschen Handel selbst offensichtliche Embargoverstöße und setzte sich bei sich bietender Gelegenheit für eine Erweiterung der Handelsbeziehungen mit Osteuropa ein.[7] Dies fand einen ersten Höhepunkt 1958 mit dem Abschluss des Handelsabkommens zwischen der Bundesrepublik und der Sowjetunion.

Im Zweifelsfall mussten die handelspolitischen dann aber doch noch hinter den außenpolitischen Interessen zurückstehen. Das zeigte sich in aller Deutlichkeit im Röhrenkonflikt 1962/63: Nachdem 1958 Großrohre von den Embargolisten gestrichen worden waren, erhielt die westeuropäische Stahlindustrie in großem Stil Aufträge für die Lieferung von Rohren für Öl- und Gaspipelines in die Sowjetunion. Für 80 Prozent der Aufträge zeichneten westdeutsche Unternehmen verantwortlich. Parallel dazu vervierfachten sich zwischen 1958 und 1962 die sowjetischen Ölexporte nach Westeuropa, wobei die Exporte in die Bundesrepublik sogar von 0,5 auf 3 Millionen Tonnen erhöht wurden.[8]

Beides war der Kennedyregierung ein Dorn im Auge. Sie strebte – auch im Interesse der amerikanischen Mineralölkonzerne – einen Boykott von sowjetischem Erdöl und ein Embargo zumindest für Ölrohre an. Nachdem sie im CoCom mit dem Ansinnen eines neuerlichen Röhrenembargos vor

7 Peter E. Fäßler, Bonn und das strategische Embargo gegen die Sowjetunion und ihre Verbündeten 1949–1958, in: *Vierteljahrshefte für Zeitgeschichte* 54 (2006), Heft 4, S. 673–700.

8 In den Jahren 1959/60 lieferte die deutsche Stahlindustrie 375 000 Tonnen Großrohre in die Sowjetunion. Im Herbst 1961 kamen dazu Lohnveredelungsverträge über 265 000 Tonnen Roheisen gegen 180 000 Tonnen Großrohre, die bis Sommer 1962 von den westdeutschen Behörden genehmigt wurden. In der Zwischenzeit erhielten Mannesmann, Phoenix-Rheinrohr und Hoesch weitere Aufträge über die Verarbeitung von insgesamt 200 000 Tonnen Roheisen zu Rohren. Vgl. Karsten Rudolph, Wirtschaftsdiplomatie im Kalten Krieg. Die Ostpolitik der westdeutschen Großindustrie, 1941–1991, Frankfurt am Main/New York 2004, S. 158 f., 163 und 166.

allem an der ablehnenden Haltung der Briten gescheitert war, wandte sie sich im Oktober 1962 an den NATO-Rat, der anders als CoCom für einen Beschluss nicht auf Einstimmigkeit angewiesen war. Als Begründung verwies die US-Regierung auf Befürchtungen des Pentagon, dass das sowjetische Pipelinesystem und insbesondere die im Bau befindliche Erdölleitung »Freundschaft«/»Drushba« nach Schwedt an der Oder unter anderem der Treibstoffversorgung der Sowjetarmee dienen und damit deren logistische Situation in Mitteleuropa bedrohlich verbessern könnte. Im Ergebnis verabschiedete der NATO-Rat am 21. November 1962 eine geheime Resolution, wonach die bereits vereinbarten Lieferungen von Großrohren über 19 Zoll unterbunden und der Abschluss derartiger Verträge künftig verhindert werden sollte. Dafür sollten die Mitgliedsländer »on their own responsibility, [...] to the extent possible« sorgen.[9]

Formal ließ diese Formulierung den nationalen Regierungen beträchtliche Handlungsspielräume. Angesichts der noch gärenden Berlinkrise und der amerikanischen Debatte um die Sicherheitsgarantien für West-Berlin sah sich die Bundesregierung jedoch nicht in der Lage, mit den USA einen Konflikt über die Embargopolitik auszufechten. Unter diesen Umständen hatte für Kanzler Konrad Adenauer die Bündnistreue Priorität vor den Osthandelsinteressen. Doch damit begannen die eigentlichen Probleme für seine Regierung erst. Während die USA auf der Einhaltung des Embargos bestanden, drängte die Stahlindustrie, unterstützt auch von namhaften CDU-Politikern, auf Lockerungen. Die sowjetische Seite warf der Bundesrepublik zu Recht den Bruch des Handelsabkommens vor. Im Bundestag drohte Adenauer eine peinliche Abstimmungsniederlage, die nur durch geschicktes Zeitspiel und kreativen Umgang mit der parlamentarischen Geschäftsordnung abgewendet werden konnte. Zu allem Überfluss interpretierten Großbritannien und Italien den NATO-Beschluss lediglich als Empfehlung beziehungsweise weigerten sich, ihn auf bestehende Verträge anzuwenden. In die entstandene Lieferlücke drangen zudem japanische und schwedische Unternehmen ein.[10]

Das Röhrenembargo war damit nach kaum einem Jahr gescheitert und wurde im November 1966 schließlich auch formal aufgehoben. Sein strategischer Effekt konvergierte gegen null. Die Erdölleitung »Freundschaft« konnte ohne nennenswerte Verzögerungen fertiggestellt werden. Die eigentlichen Leidtragenden waren die deutschen Stahlkonzerne, die mit dem Röhrenexport in die UdSSR zum Teil bis zu zwei Drittel ihrer Produk-

---

9 *Times*, 4. 4. 1964, zitiert nach: Wörmann, Osthandel, S. 31f.
10 Wörmann, Osthandel, S. 34; Rudolph, Wirtschaftsdiplomatie, S. 188–196.

tionskapazitäten ausgelastet hatten. Die Stahlliefermengen gingen daher bis 1966 drastisch zurück und konnten sich danach erst wieder allmählich steigern, was auch damit zusammenhing, dass die Bundesrepublik in der Sowjetunion nun für die nächsten Jahre in den Ruf eines unzuverlässigen Handelspartners geraten war.[11]

Weit nachhaltiger waren indes die handels- und bündnispolitischen Folgen des gescheiterten Embargos. Künftig fiel es den USA deutlich schwerer, gegenüber ihren europäischen Verbündeten eine gemeinsame Osthandelspolitik durchzusetzen, und vor allem nahm in der Bundesrepublik die Bereitschaft zu, sich zur Wahrung vitaler politischer Interessen gegebenenfalls dem Druck aus Washington zu widersetzen. Die wichtigste Lehre war jedoch – zumindest für die westeuropäischen Staaten –, dass die in der Frühphase des Kalten Krieges aufgelegte Politik der Handelsverweigerung nun endgültig gescheitert und auch den westlichen Sicherheitsinteressen durch die Rückkehr zu »normalen« Handelsbeziehungen mit den Staaten des Sowjetblocks weit besser gedient war.[12]

In den USA konnte sich diese Sicht der Dinge jedoch nicht durchsetzen. Zwar bemühte sich die Johnsonadministration in der Folgezeit um eine Liberalisierung des Osthandels, aber bereits mit Richard Nixons »Linkage«-Konzept wurde die Gewährung von Handelsanreizen mit der Forderung nach außenpolitischem Wohlverhalten der Sowjetunion verknüpft. Mit Beginn der Entspannungspolitik dominierten zunächst die Anreize, die 1972 im amerikanisch-sowjetischen Handelsabkommen gipfelten. Doch schon bald wurden neben den attraktiven »carrots« die »sticks« gezeigt, um die Sowjetunion nun auch zu einer Liberalisierung in Menschenrechtsfragen zu veranlassen. Der demokratische Senator Henry Jackson setzte Ende 1974 nach einer zweijährigen Kampagne – mit Richard Perle als Koordinator – im Kongress durch, dass die Meistbegünstigung an eine liberale Auswanderungspolitik gegenüber den sowjetischen Juden geknüpft, das Kreditvolumen auf 300 Millionen Dollar begrenzt und Kredite für Projekte in den Bereichen Energieproduktion und -transport grundsätzlich verboten wurden.[13] Die Sowjetunion reagierte prompt. 1975 kün-

---

11 Der Lieferumfang der deutschen Stahlexporte in die UdSSR sank von 1962 ca. 100 Mio. $ auf 1963 32,5 Mio. $ und erreichte 1966 mit 7,5 Mio. $ seinen Tiefststand, um 1967 wieder auf 41 Mio. $ zu steigen. Zahlen nach: Wörmann, Osthandel, S. 33; Jacobsen, Ost-West-Wirtschaftsbeziehungen, S. 81; Karl Wangemann, Deutscher Erdgas-Röhren-Kontrakt mit Moskau, in: *Außenpolitik* 21 (1970), Heft 5, S. 302–308, S. 303.

12 Vgl. Jacobsen, Ost-West-Wirtschaftsbeziehungen, S. 82–85.

13 Wörmann, Osthandel, S. 38–45.

digte sie das Handelsabkommen einseitig auf und beschränkte die Zahl der jüdischen Emigranten wieder drastisch. Damit blieben den USA als »stick« nur noch die Begrenzung der Getreidelieferungen und kaum noch attraktive »carrots«. Stanley Hoffman kommentierte das damit verbundene Scheitern der Linkage-Politik mit den Worten: »We have nibbled at our own carrot with the Stevensen and the Jackson amendment.«[14]

Dennoch wurde die Linkage-Politik von der Carteradministration fortgesetzt. Sie gab im Sommer 1978 bekannt, dass künftig alle amerikanischen Lieferungen für die sowjetische Öl- und Gasindustrie spezieller Exportlizenzen bedürften. Postwendend zog die UdSSR ihre Aufträge an amerikanische Energieunternehmen zurück und vergab sie an die westeuropäische Konkurrenz. Nun wurde auch in der amerikanischen Wirtschaft Protest laut. Der spätere US-Außenminister George Shultz – ein entschiedener Handelsbefürworter – charakterisierte die Linkage-Politik als »Lichtschalterdiplomatie«, die das Verhalten der Sowjetunion kaum beeinflussen, wohl aber die Stellung amerikanischer Produkte und den Ruf der USA als Handelspartner in Mitleidenschaft ziehen würde.[15]

Verglichen mit der schwankenden und innenpolitisch umstrittenen Osthandelspolitik der USA war diejenige der westeuropäischen Staaten und insbesondere der Bundesrepublik durch ein hohes Maß an Kontinuität geprägt und durch einen breiten politischen Konsens getragen. Das zeigte sich gerade im Bereich der Energiekooperation. Seit 1968 lieferte die Sowjetunion Erdgas nach Westeuropa auf Basis langfristiger Verträge, die mit dem kreditierten Export von Großrohren gekoppelt waren. Diesen anerkannt zuverlässigen und daher ständig weiter ausgebauten Geschäftsbeziehungen, die seit der Ölkrise auch dazu dienten, die Abhängigkeit vom arabischen Öl durch Diversifizierung der Energiequellen zu vermindern, stand in den USA die Tendenz gegenüber, jede Energiekooperation mit der Sowjetunion zunächst einmal restriktiv zu handhaben. Mit der aus amerikanischer Sicht ernüchternden Bilanz der Entspannungsphase und der drastischen Abkühlung der amerikanisch-sowjetischen Beziehungen infolge der sowjetischen Invasion in Afghanistan Ende 1979 verstärkte sich diese Haltung immer mehr. Damit war der 1981/82 offen zutage tretende Konflikt zwischen den USA und Westeuropa um das Urengoi-Uschgorod-Projekt bereits im Wesentlichen vorstrukturiert.[16]

---

14 Stanley Hoffman, Primacy of World Order, New York 1978, S. 62.
15 Wörmann, Osthandel, S. 46–48.
16 Wangemann, Erdgas-Röhren-Kontrakt, S. 302. Ebenda, S. 57.

Das Urengoi-Uschgorod-Projekt und seine Implikationen

Die Erschließung und Ausbeutung des riesigen Erdgasfeldes im Umkreis des nordwestsibirischen Urengoi war seit Anfang der 1970er Jahre eines der Großvorhaben der sowjetischen Energiewirtschaft. Zunächst hatte die Sowjetunion 1972 mit Zustimmung der US-Regierung einen Kooperationsvertrag mit einem amerikanischen Firmenkonsortium abgeschlossen. Das Gas sollte über eine 2400 Kilometer lange Pipeline nach Murmansk transportiert und von dort mit Tankern in die USA gebracht werden. Das Projekt scheiterte jedoch, als der US-Kongress 1974 die Vergabe der erwarteten Kredite der Exim-Bank untersagte. Daher betrieb die Sowjetunion die Erschließung und die 1978 aufgenommene Gasförderung zunächst allein. Mit der Kündigung des iranisch-sowjetisch-westeuropäischen Erdgaslieferungs- und Durchleitungsvertrages IGAT II durch die iranische Revolutionsregierung 1979 bot sich der Sowjetunion dann aber die Gelegenheit, in die entstandene Lieferlücke hineinzustoßen. Nach langwierigen Verhandlungen zwischen 1979 und Winter 1981/82 wurde ein westeuropäisch-sowjetisches Erdgas-Röhren-Geschäft bis dahin nicht gekannten Ausmaßes abgeschlossen. Dabei handelte es sich um ein klassisches Kompensationsgeschäft, das sich genau genommen aus einer Fülle von Einzelvereinbarungen zwischen den sowjetischen Außenhandelsorganisationen auf der einen und westlichen Gasversorgern, Stahlproduzenten, Anlagenbauern und Banken auf der anderen Seite zusammensetzte. Im Kern ging es darum, dass westeuropäische Firmen Großröhren, Turbinen und Kompressoren für den Bau einer 4500 Kilometer langen Pipeline von Urengoi nach Uschgorod an der tschechoslowakisch-sowjetischen Grenze lieferten, die dann nach der Fertigstellung der Leitung 1984 von der UdSSR mit Gaslieferungen abgezahlt werden sollten. Der aufgrund der komplexen Vereinbarungen schwer zu beziffernde Gesamtumfang des Geschäfts wird auf 10 bis 15 Milliarden US-Dollar geschätzt.[17]

Für die Sowjetunion war das Geschäft gleich in mehrfacher Hinsicht von essenzieller Bedeutung. Angesichts ihrer wirtschaftlichen Probleme hatte sie ein vitales Interesse daran, die auf ihrem Territorium befindlichen, beträchtlichen Lagerstätten an fossilen Energieträgern als Exportartikel nutzbar zu machen. Anfang der 1980er Jahre vermutete man in der UdSSR 40 Prozent der Weltreserven an Kohle, Erdöl und Erdgas. Allein das Urengoi-Gasfeld machte dabei ein Fünftel der schätzungsweise 32 Bil-

17 Wörmann, Osthandel, S. 84f., 93–96. Mastanduno, Economic Containment, S. 247.

lionen Kubikmeter umfassenden sowjetischen Erdgasreserven aus. In der zweiten Hälfte der 1970er Jahre wurde der Energiesektor daher zum Investitionsschwerpunkt der sowjetischen Wirtschaftspolitik.[18]

Erschließung, Förderung und Transport des Erdgases stellten die sowjetische Energiewirtschaft jedoch vor erhebliche materielle, finanzielle und personelle Herausforderungen. Bereits der Bau der 2750 Kilometer langen »Sojus«-Erdgasleitung von Orenburg im Südural nach Uschgorod zwischen 1975 und 1978 war daher das Ergebnis internationaler Kooperation. Die Finanzierung der sich nach westlichen Schätzungen auf 1,5 Milliarden US-Dollar belaufenden Baukosten wurde durch die Internationale Investmentbank des RGW auch mit zum Teil westlichen Krediten sichergestellt, während der Bau der »Trasse« im Wesentlichen durch Arbeitskräfte der Erdgasimporteure Bulgarien, DDR, Polen, ČSSR und Ungarn realisiert wurde.[19]

Für den Fünfjahrplan 1981 bis 1985 wurden jedoch weit ehrgeizigere Ziele gesetzt. Neben der forcierten Entwicklung des Urengoi-Feldes sollte für den Gastransport ein insgesamt 20000 Kilometer langes Pipelinesystem gebaut werden. Dabei waren die Verhältnisse bei der Urengoi-Uschgorod-Pipeline jedoch deutlich komplizierter als bei der »Sojus«-Pipeline. Hier wurden allein die Kosten für die benötigten Großrohre auf 5 bis 6 Milliarden DM geschätzt, und es bedurfte zusätzlich arktisgeeigneter Ausrüstung, um Bau und Betrieb der Leitung sicherstellen zu können. Ein groß angelegtes Ost-West-Kompensationsgeschäft war daher das Mittel der Wahl, um die notwendigen Kredite und geeignete westliche Technik beschaffen zu können. Zudem sicherten die damit verbundenen langfristigen Erdgaslieferverträge der Sowjetunion jährliche Hartwährungseinnahmen in Höhe von etwa 5,5 Milliarden US-Dollar.[20]

Für Westeuropa, insbesondere die Bundesrepublik, hatte das Geschäft jedoch mehr als nur wirtschaftliche Bedeutung. Als Land, das 60 Prozent

---

18 Alois K. Fischer, Kohle, Erdgas, Erdöl in der Sowjetunion 1965–1985, in: *Osteuropawirtschaft* 21 (1982), Heft 5, S. 83–92, S. 87; Wörmann, Osthandel, S. 95 und 108.

19 Vgl. David R. Stone, CMEA's International Investment Bank and the Crisis of Developed Socialism, in: *Journal of Cold War Studies* 10 (2008), Heft 3, S. 48–77, S. 66–68.

20 Zahlen nach: Wörmann, Osthandel, S. 95. Gasturbinen und Rohrleger sollten die amerikanischen Firmen General Electric und Caterpillar liefern. Die 41 Kompressorstationen sollten von Mannesmann/Creusot-Loire und John Brown gebaut werden, während Thompson/Brandt mit der Lieferung der elektronischen Kontrollausrüstung beauftragt wurde.

seines Primärenergiebedarfes importieren musste, war es für Westdeutschland von geradezu strategischer Bedeutung, die Abhängigkeit vom Erdöl aus dem notorisch unruhigen Nahen Osten zu reduzieren und ihre Energiebezugsquellen zu diversifizieren. Von 1970 bis 1983 stieg der sowjetische Anteil an den bundesdeutschen Gasimporten von 10 auf 20 Prozent. Am Gesamtprimärenergieverbrauch der Bundesrepublik hatten die sowjetischen Lieferungen jedoch nur einen Anteil von 2,5 beziehungsweise 7,5 Prozent. Von einer politisch erpressbar machenden Abhängigkeit konnte unter diesen Umständen kaum die Rede sein. Die außenpolitischen Implikationen des Projektes waren andere. Gerade vor dem Hintergrund der wachsenden Ost-West-Spannungen angesichts der polnischen Krise und der sowjetischen Invasion in Afghanistan setzte die Vertiefung der westeuropäisch-sowjetischen Energiekooperation ein Zeichen für die Fortsetzung der Entspannungspolitik, das zugleich aber auch eine deutliche Absage an die amerikanischen Linkage- und Wirtschaftskriegskonzepte implizierte.[21]

Die volkswirtschaftliche Bedeutung ist indes auch nicht zu unterschätzen. Zwar lag der RGW-Anteil am Ausfuhrgeschäft der Bundesrepublik Anfang der 1980er Jahre bei lediglich 5 Prozent. Für zwei Schlüsselsektoren der westdeutschen Wirtschaft – den Maschinenbau und die Stahlindustrie war der Osthandelsanteil jedoch ungleich höher. 1983 kamen 18 Prozent der Exportbestellungen für Werkzeugmaschinen und 15 Prozent der Auslandsaufträge für den Großanlagenbau aus der Sowjetunion. Einzelne Betriebe wie das Mannesmannwerk in Mülheim waren sogar komplett abhängig von sowjetischen Aufträgen.[22]

Aus der Perspektive der Carter- und erst recht der Reaganadministration war dem Erdgas-Röhren-Geschäft demgegenüber nichts Positives abzugewinnen. Mit dem Ende der Entspannung zwischen den USA und der UdSSR wurde in Washington erneut darauf gesetzt, Moskau durch Formen der Handelsverweigerung ökonomisch zu schwächen und politisch gefügig zu machen. Die aus dem Geschäft zu erwartenden Deviseneinnahmen hätten stattdessen die Mittel für eine technologische Aufrüstung von Industrie und Militär bereitgestellt. Die Osthandelspolitik der Westeuropäer stand zum amerikanischen Kalkül somit in diametralem Gegensatz, sodass in der Folge die Geschlossenheit der NATO infrage gestellt wurde. Die auch in bündnispolitischer Hinsicht größere Sorge ergab sich jedoch

21 Claus Hofhansel, Commercial Competition and National Security. Comparing U.S. and German Export Control Policies, Westport, CT 1996, S. 182; Wangemann, Erdgas-Röhren-Kontrakt, S. 305; Wörmann, Osthandel, S. 90.

22 Wörmann, Osthandel, S. 74–79; Mastanduno, Economic Containment, S. 249.

aus den vermuteten energiepolitischen Implikationen des Geschäfts. In den USA wurde befürchtet, dass der Anteil des sowjetischen Gases am westeuropäischen beziehungsweise westdeutschen Verbrauch bis 1990 auf 18 beziehungsweise 30 Prozent steigen würde. Die damit verbundene wachsende Abhängigkeit von sowjetischen Energielieferungen könnte dann in Erpressbarkeit und eine daraus entwachsende »Finnlandisierung« Westeuropas münden.[23]

Die USA selbst hatten seit der Ölkrise systematisch daran gearbeitet, die Abhängigkeit von Energieimporten zu reduzieren. Eine tatsächliche Energieunabhängigkeit wäre jedoch erst dann gegeben gewesen, wenn auch Japan und Westeuropa als wichtigste Handels- und Bündnispartner in dieser Hinsicht Fortschritte gemacht hätten. Ansonsten drohte die Erpressbarkeit der Verbündeten auch den Handlungsspielraum der USA selbst einzuschränken. Washington schlug daher 1981 als Alternative zum Erdgasgeschäft mit der Sowjetunion vor, den europäischen Energiebedarf durch Kohleimporte aus den USA, verstärktes Engagement der US-Atomindustrie in Europa sowie Gasimporte aus Afrika und Norwegen zu decken. Diese Vorschläge entsprachen jedoch den Wirtschaftsinteressen der USA weit eher als denen Westeuropas. Zudem konnten die USA die Sowjetunion als Markt für den Export von Maschinen, Ausrüstungen und Stahl nicht ersetzen, zumal die Reaganregierung zur selben Zeit versuchte, die europäischen Stahlexporte in die USA massiv zu begrenzen.[24]

Die Regierungen der westeuropäischen Länder, allen voran der Bundesrepublik und Frankreichs, argumentierten daher, dass der Pipelinebau die gegenseitige Abhängigkeit erhöhen und Moskau, das 30 Prozent seiner Maschinenimporte aus dem Westen bezog, diese lukrativen Geschäftsbeziehungen nicht leichtfertig aufs Spiel setzen würde. Zudem verwiesen sie auf die langjährigen guten Erfahrungen mit der westeuropäisch-sowjetischen Energiekooperation. Demgegenüber wurde die Zuverlässigkeit der USA als Lieferant eher skeptisch betrachtet. Der Präzedenzfall war hier vor allem die Kürzung der amerikanischen Ölexporte nach Europa im Zuge der Ölkrise. Bundeskanzler Helmut Schmidt brachte diesen Umstand gegenüber der *New York Times* auf den Punkt: »Sie haben uns keine einzige Gallone Öl geliefert und können es auch nicht, auch kein Gas. Deshalb müssen wir diversifizieren.«[25]

---

23 Mastanduno, Economic Containment, S. 247f.

24 Wörmann, Osthandel, S. 117–123.

25 William Safire, Helmut's Pipeline, *New York Times*, 19. 2. 1982, S. A31. Vgl. Mastanduno, Economic Containment, S. 248–250.

Unter diesen Umständen war es kaum noch vermeidbar, dass die gegensätzlichen Vorstellungen in Westeuropa und den Vereinigten Staaten im Hinblick auf Energiepolitik und Osthandel in einen offenen Konflikt münden würden.

Austragung und Beilegung des Konflikts

Der wohl entscheidende Ausgangspunkt für die Zuspitzung der amerikanisch-westeuropäischen Divergenzen im Hinblick auf den Osthandel und damit auch die politischen Beziehungen zu den Staaten des Sowjetblocks war der sowjetische Einmarsch in Afghanistan. Am 4. Januar 1980 verkündete US-Präsident Carter ohne vorherige Konsultation der Verbündeten ein umfangreiches Sanktionspaket, das von einem Teilembargo auf Getreidelieferungen bis hin zum Boykott der Olympischen Spiele in Moskau 1980 reichte. Dazu gehörte auch die Verweigerung von Ausfuhrgenehmigungen für Anlagen der Öl- und Gasindustrie. Das zu diesem Zeitpunkt noch in Vorbereitung sich befindende westeuropäisch-sowjetische Erdgas-Röhren-Geschäft sollte jedoch noch nicht davon berührt werden.

In Westeuropa wurde die Invasion Afghanistans weit weniger dramatisch gesehen als in den USA. Hier bereitete vor allem die sich zuspitzende Situation in Polen Sorge. Das wichtigste Ziel der westeuropäischen Staaten war dabei, die Sowjetunion von einer militärischen Intervention abzuhalten. Eine Verschlechterung des Verhältnisses zu Moskau infolge von Sanktionen konnte in dieser Hinsicht nur kontraproduktiv sein, weshalb Carters Sanktionspolitik in der restlichen westlichen Welt nur verhaltene Unterstützung fand. Das zeigten vor allem die Ergebnisse des Getreideembargos, das nur höchst lückenhaft durchgesetzt werden konnte und lediglich Mindereinfuhren von etwa 3 Prozent des sowjetischen Gesamtbedarfs nach sich zog – ein »wahrlich enttäuschendes Ergebnis«.[26]

Während in der amerikanischen Öffentlichkeit vor allem die mangelnde Unterstützung durch die europäischen Verbündeten beklagt wurde, warf Herausforderer Reagan dem amtierenden Präsidenten im Wahlkampf ums Weiße Haus 1980 eine zu lasche Haltung gegenüber der Sowjetunion vor und warb für eine deutlich härtere Gangart. Da er den Osthandel als Nullsummenspiel interpretierte, bei dem die Sowjetunion auf Kosten des Westens profitiere, sprach er sich für eine Wiederaufnahme der Politik des *economic containment* aus. Diese Sicht propagierten vor allem auch die

26 Wörmann, Osthandel, S. 137.

osthandelspolitischen Hardliner in der Reaganadministration, wie der nun zum Staatssekretär für internationale Sicherheit im Verteidigungsministerium avancierte Perle und sein als »engagierter Kritiker der europäischen Osthandelspolitik« bekannter Kollege aus dem Außenministerium James Buckley. Zugleich sollten aber die Interessen der amerikanischen Wirtschaft stärkere Beachtung finden. Dementsprechend versprach Reagan den amerikanischen Farmern während des Wahlkampfes, das erwiesenermaßen ebenso uneffektive wie die US-Landwirtschaft belastende Getreideembargo aufzuheben. Dieses Versprechen löste er im April 1981 ein, nur wenige Monate nach seinem Amtsantritt.[27]

Mit der Abkehr vom Getreideembargo rückte die westeuropäisch-sowjetische Energiekooperation immer stärker in den Fokus der amerikanischen Osthandelsgegner. Dieser Aspekt des Osthandels hatte den Vorteil, dass er vor allem die wirtschaftlichen Interessen der Europäer, kaum jedoch die der USA betraf. Nachdem in den USA Ende 1980 erste öffentliche Kritik am Erdgas-Röhren-Geschäft laut geworden war, forderten im Juni 1981 46 Kongressabgeordnete Präsident Reagan in einem Brief dazu auf, die europäischen Verbündeten vom Abschluss des Geschäftes abzubringen, wobei sie auf energiewirtschaftliche und geostrategische Gründe verwiesen. Wenig später trug Reagan die amerikanischen Bedenken beim Weltwirtschaftsgipfel in Ottawa vor. Die Vertreter der westeuropäischen Staaten zeigten sich jedoch wenig einsichtig und machten keine Anstalten, das Geschäft aufzugeben. Auch eine hochrangige US-Diplomatendelegation, die im Herbst 1981 versuchte, die Bundesregierung zu einem Sinneswandel zu veranlassen, blieb erfolglos. Die transatlantischen Divergenzen in Osthandelsfragen mündeten nun in einen offenen Konflikt.[28]

Nachdem bloße Argumente nichts gefruchtet hatten, ließen die USA bei nächster Gelegenheit konkrete Maßnahmen folgen. Nach der Ausrufung des Kriegsrechts in Polen am 13. Dezember 1981 verhängte die Reaganregierung am 29. Dezember Sanktionen gegen die Sowjetunion als den vermeintlich Verantwortlichen für die dortige Krise. Alle bestehenden Exportlizenzen für Hightechgüter sollten aufgehoben und keine neuen mehr erteilt werden. Für sämtliche Ausrüstungen zum Transport und zur Verarbeitung von Erdöl und Erdgas bedurfte der Export nun spezieller Genehmigungen. Insbesondere mit der rückwirkenden Einbeziehung bereits bestehender Verträge gingen die amerikanischen Sanktionen weit über das hinaus, was innerhalb der NATO für den Fall einer direkten militärischen Intervention der Sowjetunion in Polen als Reaktion vereinbart worden

---

27 Ebenda, S. 138–142; Zitat, S. 142.

28 Hofhansel, Commercial Competition, S. 179; ebenda, S. 120 und 142.

war. Davon waren nicht nur die Rohrleger- beziehungsweise Turbinenlieferungen der US-Unternehmen Caterpillar und General Electric betroffen, sondern auch alle am Pipelinegeschäft beteiligten europäischen Firmen, deren Exportgüter für die UdSSR amerikanische Bauteile enthielten.[29]

Während die westdeutsche Bundesregierung öffentlich ihre Bedenken über das Ausmaß der Sanktionen äußerte, zeigte sich der Bundesverband der Deutschen Industrie (BDI) bereit, gegebenenfalls zusätzliche Kontrollmaßnahmen des CoCom zu akzeptieren und darauf zu verzichten, für ausgefallene amerikanische Lieferungen an die UdSSR einzuspringen. Damit sollte einerseits der transatlantische Konflikt entschärft und andererseits sichergestellt werden, dass die bereits eingegangenen Verpflichtungen gegenüber der Sowjetunion erfüllt werden konnten.

Auch US-Außenminister Alexander Haig, der zuvor in seiner Rolle als NATO-Oberbefehlshaber noch strikt gegen das Erdgas-Röhren-Geschäft gewesen war, und sein Stellvertreter Walter J. Stoessel traten nun angesichts der drohenden Verwerfungen im Atlantischen Bündnis für einen Kompromiss ein; zumal die Chancen, den Pipelinebau noch zu stoppen, nur als gering eingeschätzt wurden. Doch die Hardliner konnten sich vorerst noch durchsetzen und erhöhten den Druck auf die Westeuropäer. Im März 1982 reiste Buckley nach Europa, um dort eine drastische Einschränkung der Kredite an die UdSSR durchzusetzen. Die Regierungen der Verbündeten zeigten sich jedoch kaum geneigt, diesem zudem wenig diplomatisch vorgetragenen Anliegen zu entsprechen. In der Folge entschloss sich die Reaganadministration, den Druck weiter zu verschärfen. Am 18. Juni verkündete Präsident Reagan die Ausweitung der im Dezember 1981 verhängten Sanktionen auch auf alle Tochtergesellschaften und Lizenznehmer amerikanischer Firmen in Europa.[30]

Damit drehte sich der Konflikt nicht mehr allein um energie- und handelspolitische Fragen, sondern um die extraterritoriale Ausweitung der US-Jurisdiktion bei gleichzeitigem Eingriff in die Souveränitätsrechte der europäischen NATO-Partner. Die Regierungen in Bonn, London, Paris und Rom reagierten sichtlich verärgert und erklärten das amerikanische Vorgehen für unvereinbar mit internationalem Recht. Fünf Tage nach Ausweitung der Sanktionen monierte der Rat der EG-Außenminister in einer Erklärung, dass »[d]iese Aktion […] ohne irgendeine Konsultation mit der Gemeinschaft unternommen wurde«, den »Prinzipien des Völker-

---

29 Hofhansel, Commercial Competition, S. 179; Wörmann, Osthandel, S. 143f.

30 Wörmann, Osthandel, S. 146–151; Mastanduno, Economic Containment, S. 255.

rechts« widerspräche und »für die Gemeinschaft unannehmbar« sei. Drei Wochen später wurde in einer Verbalnote zusätzlich darauf hingewiesen, dass daraus »nachhaltig schädliche Konsequenzen für die Beziehungen zwischen europäischen und amerikanischen Firmen« resultieren würden.[31]

Doch auch in den USA selbst stieß die Ausweitung der Sanktionen auf deutliche Kritik. Jenseits der Gruppe der entschiedenen Sanktionsbefürworter um Verteidigungsminister Caspar Weinberger, Sicherheitsberater William Clark und Staatssekretär Perle wurde die unilaterale Ausweitung der Sanktionen selbst von Regierungsmitgliedern als Fehler betrachtet, der das amerikanisch-europäische Verhältnis ernsthaft gefährden könnte. Außenminister Haig trat wenig später zurück und gab den Sanktionsbeschluss als einen seiner Gründe an.[32]

Die heftigsten Proteste kamen diesmal jedoch aus der amerikanischen Wirtschaft, so von der Firma Caterpillar, der durch die Sanktionen ein Auftrag in Höhe von 90 Millionen US-Dollar verloren ging. Sie hatte zuvor bereits durch die von Präsident Carter verhängten Handelsbeschränkungen Einbußen hinnehmen müssen. Nun befürchtete Caterpillar, ihre vormals günstige Position auf dem sowjetischen Markt an den japanischen Konkurrenten Komatsu zu verlieren.[33] Die US-Handelskammer gab im Juli 1982 in einer Stellungnahme für den Außenpolitischen Ausschuss des US-Senats zudem zu bedenken, dass die Ausweitung des Embargos den Bau der Pipeline lediglich um sechs bis zwölf Monate verzögern, aber keineswegs verhindern könne. Die Chancen auf einen amerikanisch-europäischen Kompromiss in Sachen Osthandelspolitik würden hingegen noch weiter schwinden. Das aus ihrer Perspektive entscheidende Argument war jedoch die weitere Schädigung des Rufes der USA als Handelspartner. Die europäische Wirtschaft würde nun in Zukunft Lizenzabkommen mit US-Unternehmen vermeiden und – womöglich noch staatlich subventioniert – eigenständig die entsprechenden Technologien entwickeln, was dann für

31 Hofhansel, Commercial Competition, S. 181; Erklärung der EG-Außenminister in: Bulletin der Bundesregierung 66/1982, S. 572; Verbalnote zitiert nach: Wörmann, Osthandel, S. 161f.

32 Vgl. Alexander Haig, Caveat: Realism, Reagan, and Foreign Policy, New York 1984, S. 303–316.

33 Von 1970 bis 1978 hatte Caterpillar 1943 Rohrleger und Traktoren – siebenmal so viel wie Komatsu – in die UdSSR geliefert, Zwischen 1978 und 1981 sank die Zahl jedoch auf 336 Stück, während der Anteil Komatsus auf 1988 Stück anstieg. Nun ging auch dieser Auftrag an Komatsu. Hofhansel, Commercial Competition, S. 187.

den gesamten amerikanischen Außenhandel gravierende Verluste nach sich ziehen würde.[34]

Für Ende August 1982 stand dann die Auslieferung der ersten Kompressoren an die Sowjetunion an. Das betraf auch eine französische Tochtergesellschaft der amerikanischen Firma Dresser Industries. Die französische Regierung drängte bei Dresser France auf eine vertragsgemäße Lieferung und führte damit die europäische Gegenbewegung an, die den Bruch des Embargos nun offen propagierte. Die britische Regierung folgte diesem Beispiel und wies unter anderem bei John Brown die Lieferung der bestellten Turbinen an.

Doch kaum waren aus Frankreich die ersten Kompressoren geliefert worden, verhängten die USA gegen Dresser France und Creusot-Loire Sanktionen. Beide wurden auf die »Temporary-Denial-List« gesetzt, womit sie von allen amerikanischen Waren- und Technologieexporten ausgeschlossen wurden. John Brown und die italienische Firma Nuovo Pignone ließen sich davon jedoch nicht abschrecken und lieferten Anfang September die bestellten Kompressorteile aus. Daraufhin wurden sie umgehend mit einer Liefersperre für Energieausrüstungen belegt. Das war zwar eine weniger harte Sanktion als die gegen Dresser verhängte, bedeutete für die betroffenen Unternehmen aber dennoch, dass sie innerhalb von drei Jahren einen voraussichtlichen Schaden in Höhe von je 70 bis 600 Millionen US-Dollar haben würden. Auch deutsche Unternehmen wie AEG und Mannesmann wurden mit Sanktionen belegt. Zudem zeigten sich die USA entschlossen, sie auch durchzusetzen. So wurden im Oktober 1982 im New Yorker Hafen Gasturbinen beschlagnahmt, die für Nuovo Pignone bestimmt waren.[35]

Die Reaktionen auf das amerikanische Vorgehen waren fast durchweg negativ. Die britische Premierministerin Margaret Thatcher erklärte öffentlich, dass sie sich durch diese Maßnahmen »als Freund ganz besonders verwundet«[36] fühle, und der Sprecher der Labour Party forderte gar, dass nun auch die USA mit Sanktionen belegt werden müssten. Die westdeutsche Bundesregierung verhielt sich im Vergleich zu ihren Kollegen in Paris und London dagegen eher zurückhaltend. Da sie selbst nicht Vertragspartei war und die beteiligten deutschen Firmen Privatunternehmen waren, verfügte sie über keine Rechtsgrundlage, um etwaige Lieferanweisungen erteilen zu können. Das Bundeswirtschaftsministerium bestätigte den am

34 Ebenda, S. 187; Wörmann, Osthandel, S. 158f.

35 Hofhansel, Commercial Competition, S. 181; Wörmann, Osthandel, S. 163f.

36 *Frankfurter Allgemeine Zeitung*, 3. 9. 1982, S. 5.

Geschäft beteiligten Firmen jedoch bei Bedarf schriftlich, dass die amerikanischen Sanktionen völkerrechtswidrig seien und der westdeutschen Außenwirtschaftspolitik zuwiderlaufen würden.[37]

In die Zeit der Sanktionen fiel auch der Wechsel von der sozialliberalen zur liberalkonservativen Bundesregierung. Die in der Reaganadministration verbreitete Erwartung, dass die neue Regierung, den amerikanischen Forderungen eher nachgeben werde, wurde jedoch rasch enttäuscht. Der alte und neue Außenminister Hans-Dietrich Genscher wies umgehend darauf hin, dass mit dem Regierungswechsel kein Kurswechsel in der Osthandelspolitik oder der Haltung im Erdgas-Röhren-Konflikt verbunden sei.[38]

Im Frühherbst 1982 fand sich die Regierung Reagan daher in einem schweren Dilemma wieder. Einerseits wuchs der Druck der Sanktionsgegner in den USA selbst immer weiter an. Andererseits hatte die Entscheidung, die europäischen Verbündeten unbedingt von der Beteiligung am Urengoi-Uschgorod-Projekt abbringen zu wollen und dafür auch vor Zwangsmitteln nicht haltzumachen, in ein transatlantisches »Chicken Game«[39] gemündet. Je länger beide Seiten auf ihren Standpunkten beharrten, desto heftiger wurde der Konflikt ausgetragen und umso nachhaltigere Konsequenzen drohten für den Zusammenhalt des Atlantischen Bündnisses. Denn hier ging es nicht allein um handels- und energiepolitische Fragen, sondern auch um divergierende Ansätze für die Gestaltung der Ost-West-Beziehungen. Am schwersten wog aber schließlich wohl die Frage, in welcher Relation die USA zu ihren Verbündeten standen. Mit den offenkundigen Souveränitätsverletzungen durch die Verhängung des Lizenzembargos sahen die westeuropäischen Regierungen die Grenze des Zumutbaren eindeutig überschritten. Um die transatlantischen Beziehungen nicht grundsätzlich zu gefährden, musste daher möglichst schnell eine politische Lösung gefunden werden, die den USA eine Rücknahme der Sanktionen ohne Gesichtsverlust und den Europäern ein grundsätzliches Festhalten an ihren Osthandelsprinzipien im Allgemeinen und dem Erdgas-Röhren-Geschäft im Besonderen ermöglichte.

Hier spielte der als *pro trader* bekannte neue US-Außenminister George Shultz eine wichtige Rolle. Während er von den westeuropäischen Regie-

---

37 Wörmann, Osthandel, S. 164f.; Hofhansel, Commercial Competition, S. 183.

38 *Tagesspiegel*, 6. 10. 1982, S. 6.

39 Auch »Feiglingsspiel« genannt; ein Modell der Spieltheorie: Zwei Sportwagen auf Kollisionskurs: Wer als Erster ausweicht, hat verloren. Weichen beide aus, können beide immerhin ihr Gesicht waren. Weicht keiner aus und es kommt zur Kollision, werden beide Fahrer getötet.

rungen Zugeständnisse in der Osthandelspolitik als Gegenleistung für die Aufhebung der Sanktionen erwartete, drängte er intern die *anti trader* in der Reaganadministration zum Nachgeben. Bis eine für beide Seiten akzeptable Kompromisslösung vorlag, bedurfte es aber noch wochenlanger Verhandlungen. Schließlich einigte man sich darauf, dass die USA die Sanktionen aufheben und die Westeuropäer im Gegenzug ihre Osthandelspolitik überprüfen würden. Dazu sollten bei OECD und NATO zwei Studien in Auftrag gegeben werden. Bis diese vorlägen, sollten mit der Sowjetunion keine neuen Verträge über Energiekooperationen abgeschlossen werden. Der handelspolitische Schlagabtausch zwischen den USA und den europäischen NATO-Partnern war damit beendet.[40]

Ein Konsens in Osthandelsfragen war damit freilich nicht gegeben. Kaum hatte Präsident Reagan am 13. November 1982 die Aufhebung der Sanktionen verkündet und in diesem Zusammenhang von einem »agreement on a plan of action« gesprochen, beeilten sich die französische und die britische Regierung öffentlich zu erklären, dass sich an ihrer Haltung nichts geändert habe. Die fortbestehenden transatlantischen Divergenzen in Osthandelsfragen führten jedoch vorerst nicht mehr zu offenen Konflikten.

Anders verhielt es sich hingegen in den USA, wo es im Anschluss an den Erdgas-Röhren-Konflikt bis 1985 zu einer heftigen Debatte um die Novellierung des im Herbst 1983 auslaufenden Export Administration Act kam. Zwischen den vor allem im Verteidigungsministerium konzentrierten *anti traders* und den *pro traders* aus dem Handelsministerium ging es dabei um das sinnvolle Verhältnis von Außenhandelsinteressen und der Kontrolle von strategisch relevanten Technologien. Das Prinzip der Extraterritorialität – das gerade zu einer immensen Belastung des westlichen Bündnisses geworden war – spielte in dieser Debatte allerdings kaum eine Rolle und wurde nicht infrage gestellt. Mit dem im Juni 1985 verabschiedeten Export Administration Amendments Act (EAAA) wurden die möglichen Strafbestimmungen gegen ausländische Unternehmen sogar noch verschärft. Bei Verstößen gegen den EAAA drohten nun Importverbote, und auch der Verstoß gegen internationale Absprachen zur Exportkontrolle sollte fürderhin sanktioniert werden.[41]

---

40 Wörmann, Osthandel, S. 162–169.

41 Vgl. ebenda, S. 178–190.

Resümee

Im Streit um das Urengoi-Uschgorod-Projekt überlagerten sich gleich mehrere transatlantische Konfliktlinien. Deren gleichsam kumulative Wirkung erklärt auch die bis dahin ungekannte Heftigkeit der Auseinandersetzung zwischen den USA und ihren westeuropäischen Verbündeten. Die unterste Konfliktebene bildete dabei die seit dem Ende der 1940er Jahre nahezu permanent geführte Diskussion in CoCom und NATO, wie der westliche Grundkonsens, keine militärisch relevanten Exporte hinter den »Eisernen Vorhang« zu tätigen, jeweils konkret interpretiert werden sollte. Beinahe ebenso alt war die zweite Konfliktebene, die immer dann relevant wurde, wenn die Ost-West-Beziehungen in eine akute Krise gerieten und in der Regel die USA Sanktionen, die über diesen Grundkonsens hinausgingen, verhängen und innerhalb des Bündnisses durchsetzen wollten. Spätestens mit dem Disput um das Röhrenembargo von 1962 ging es jedoch nicht mehr allein um Sinn, Effektivität und Folgekosten von Wirtschaftssanktionen, sondern zunehmend auch um divergierende nationale Wirtschaftsinteressen als dritter Konfliktebene. Die europäischen Verbündeten argwöhnten schon damals, dass es bei den gegen den Bau der Erdölleitung »Freundschaft« gerichteten Sanktionen weniger um deren vermeintlich militärstrategische Implikationen ging, als vielmehr darum, der amerikanischen Ölindustrie auf dem westeuropäischen Markt etwaige sowjetische Konkurrenz vom Leibe zu halten. Ein ähnliches Bild ergab sich auch knapp 20 Jahre später, als Präsident Reagan das die US-Landwirtschaft belastende Getreideembargo gegen die Sowjetunion aufhob und sich stattdessen auf die Verhinderung des Urengoi-Uschgorod-Projektes konzentrierte, womit die Kosten der Sanktionen vor allem den europäischen Verbündeten aufgebürdet wurden. Anders als 1962/63 taten sich die USA nun aber deutlich schwerer, ihre osthandels- und embargopolitischen Vorstellungen bei den Verbündeten durchzusetzen. Insbesondere die westdeutsche Bundesregierung hatte dazugelernt und war nicht mehr ohne Weiteres bereit, eigene Handelsinteressen amerikanischen Embargoplänen und der Bündnisräson unterzuordnen.

Dieser Umstand war konstitutiv für die unilaterale Verhängung von Sanktionen durch die USA, wie sie 1980 wegen der sowjetischen Invasion in Afghanistan und 1981 wegen der Verhängung des Kriegsrechts in Polen erfolgte. In beiden Fällen war der Unilateralismus der USA mit der Erwartung verknüpft, dass die Verbündeten der amerikanischen Initiative folgen würden. Angesichts der stetigen Diskontinuität der amerikanischen Osthandels- und Embargopolitik seit den 1960er Jahren, deren ständige Änderungen es dem westlichen Bündnis überaus schwer machten, in diesen

Fragen eine gemeinsame Linie auszuarbeiten und konsequent umzusetzen, war die Bereitschaft dazu nur sehr begrenzt vorhanden. Auf der vierten Konfliktebene standen sich somit die Tendenz der USA zum Unilateralismus und der von den westeuropäischen Staaten favorisierte Multilateralismus gegenüber.

Brachte jede zusätzliche Konfliktebene eine Vergrößerung des Konfliktpotenzials mit sich, so war für die Brisanz des Erdgas-Röhren-Konfliktes von 1981/82 vor allem die durch den Gegensatz von Extraterritorialität der amerikanischen Exportkontrollgesetzgebung und dem Souveränitätsanspruch der westeuropäischen Staaten konstituierte fünfte Konfliktebene entscheidend. Zwar war der extraterritoriale Gültigkeitsanspruch der US-Exportgesetzgebung nicht neu, wohl aber seine tatsächliche Geltendmachung und die Verhängung von Sanktionen gegen Unternehmen aus verbündeten Staaten. Hier ging es nicht mehr nur um außenpolitische Konzepte und wirtschaftliche Interessen, sondern ums Prinzip. Unter diesen Umständen konnten die Europäer nicht klein beigeben, was wiederum den Anspruch der USA auf »Leadership« offen infrage stellte.

Folgerichtig weitete sich der Streit um das Erdgas-Röhren-Geschäft zu einer veritablen Krise des westlichen Bündnisses aus, die mit einer empfindlichen diplomatischen Niederlage der USA endete. Das Konfliktpotenzial von Osthandel und Embargopolitik hatte sich damit jedoch bis zum Ende des Kalten Krieges nicht wirklich reduziert, sondern verharrte lediglich in Latenz.

Wie sich dann aber mit dem unerwartet raschen Zerfall der staatssozialistischen Regime in Mittel- und Osteuropa zeigte, hatte sich die amerikanische Befürchtung, dass der Ausbau des Ost-West-Handels und insbesondere die forcierte Energiekooperation das Sowjetimperium nachhaltig stärken würde, als unzutreffend erwiesen. Stattdessen war wohl eher das Gegenteil der Fall. »Wandel durch Annäherung«, Entspannungspolitik und blockübergreifende Wirtschaftskooperation führten innerhalb des Sowjetblocks zu einer unaufhaltsamen Erosion des westlichen Feindbildes und delegitimierten im Verein mit der ineffizienten Planwirtschaft zusehends den diktatorischen Herrschaftsanspruch der kommunistischen Parteien.

Zu den Autorinnen und Autoren

Ragna Boden, Dr., Historikerin, wissenschaftliche Archivarin am Landesarchiv Nordrhein-Westfalen, Düsseldorf. Arbeitsschwerpunkte: Sowjetunion und die Dritte Welt; Dekolonisation; Kulturgeschichte der sowjetischen Diplomatie; Sozial- und Alltagsgeschichte des russischen Militärs im 19. Jahrhundert.

Neuere Publikationen: Utopie und Alltag. Die Idee der militarisierten Gesellschaft in Russland, in: *Zeitschrift für Geschichtswissenschaft* 57 (2009) 4, S. 315–336; Jakarta, 1965: Zur Rolle kommunistischer Parteien in der Dritten Welt, in: Andreas Hilger (Hg.), Die Sowjetunion und die Dritte Welt: UdSSR, Staatssozialismus und Antikolonialismus im Kalten Krieg 1945–1991, München 2009; Cold War Economics. Soviet Aid to Indonesia, in: *Journal of Cold War Studies* 10 (2008), S. 54–71.

Frank Cain, Dr., Historiker, Lecturer for Australian Political History an der University of New South Wales, Canberra. Arbeitsschwerpunkte: Geschichte des Kalten Krieges; Geheimdienstgeschichte; Arbeitergeschichte; Wirtschafts- und Politikgeschichte Australiens.

Neuere Publikationen: Terrorism and Intelligence in Australia: A History of the Australian Security and Intelligence Organisation and National Surveillance, Melbourne 2008; Economic Statecraft during the Cold War: European Responses to the US Trade Embargo, in: Cass Series: Cold War History, Oxford 2007; Jack Lang and the Great Depression, Melbourne 2005.

Earl Conteh-Morgan, Prof., PhD., Politologe, Professor und Director of Graduate Studies im Department of Government and International Affairs an der University of South Florida, Tampa. Arbeitsschwerpunkte: chinesisch-afrikanische Beziehungen; US-amerikanische Entwicklungshilfe.

Neuere Publikationen: Globalization, State Failure, and Collective Violence: The Case of Sierra Leone, in: *International Journal of Peace Studies* 11 (2006) 2, S. 87–103; The Crisis of Legitimacy, Representation, and State Hegemony, in: Paul J. Kaiser/F. Wafula Okumu (Hg.), Democratic Transitions in East Africa, Aldershot 2004; Collective Political Violence: An Introduction to the Theories and Cases of Political Violence, Oxford 2004.

Martin Dangerfield, Prof., PhD., Inhaber des Jean Monnet Chair in the European Integration of Central and East Europe an der University of Wolverhampton, GB. Arbeitsschwerpunkte: europäische Nachbarschaftspolitik; Erweiterung der Europäischen Union; subregionale Zusammenarbeit; Zentral- und Osteuropa.

Neuere Publikationen: The Visegrad Group in the Expanded European Union: From Pre-accession to Post-accession Cooperation, in: *East European Politics and Society* 22 (2008) 3, S. 630–667; The Impact of European Union Membership on Central European Subregional Cooperation, in: W. Petritsch/C. Solioz (Hg.), Regional Cooperation in South East Europe and Beyond: Challenges and Prospects, Baden-Baden 2008, S. 129–146; The European Union and Post-Communist Europe: One Approach or Several?, in: *Journal of Communist Studies and Transition Politics* 23 (2007) 4, S. 478–500.

Christopher Mark Davis, PhD., Wirtschaftswissenschaftler, Reader in Command and Transition Economics an der Oxford University, GB. Arbeitsschwerpunkte: Transformationsgeschichte; russische Rüstungswirtschaft.

Neuere Publikationen: The Defence Sector in the Economy of a Declining Superpower: Soviet Union and Russia, 1965–2000, in: *Defence and Peace Economics* 13 (2002) 3, S. 145–177; Russia: A Comparative Economic Systems Interpretation, in: James Foreman-Peck/Giovanni Federico (Hg.), A Century of European Industrial Policy, Oxford 1999, S. 319–397; (Hg. zus. mit H. H. Höhmann/H. H. Schröder), Rüstung Modernisierung Reform: Die sowjetische Verteidigungswirtschaft in der Perestrojka, Köln 1990.

David Engerman, Prof., PhD., Historiker, Associate Professor of History an der Brandeis University, Waltham. Arbeitsschwerpunkte: die Sowjetunion in der amerikanischen Politik und Öffentlichkeit; Modernisierungsgeschichte; Geschichte der amerikanischen Außenpolitik; Intellektualitäts- und Kulturgeschichte Amerikas; internationale und amerikanische Geschichte im transnationalen Kontext.

Neurere Publikationen: Ideology and the Origins of the Cold War, 1917–1962, in: Melvyn Leffler/Odd Arne Westad (Hg.), Cambridge History of the Cold War, Cambridge 2010, S. 20–43; The Cold War, in: Abbott Gleason (Hg.), A Companion to Russian History, Oxford 2009, S. 414–428; zus. mit Corinna R. Unger, Introduction: Towards a Global History of Modernization, in: *Diplomatic History* 33 (2009) 3, S. 375–385.

Benjamin O. Fordham, Prof., PhD., Politologe, Professor an der State University of New York, Binghamton. Arbeitsschwerpunkte: der Einfluss der amerikanischen Politik- und Wirtschaftsinteressen auf die Außenpolitik der USA, insbesondere auf Militärausgaben und Interventionen.

Neurere Publikationen: Economic Interests and Public Support for American Global Activism, in: *International Organization* 62 (2008) 1, S. 163–182; The Evolution of Republican and Democratic Positions on Cold War Military Spending: A Historical Puzzle, in: *Social Science History* 31 (2007) 4, S. 603–635; Paying for Global Power: The Costs and Benefits of Cold War Military Spending, in: Andrew J. Bacevich (Hg.), The Long War, New York 2007, S. 371–404.

Christian Gerlach, Prof. Dr., Historiker, Professor für Zeitgeschichte an der Universität Bern. Arbeitsschwerpunkte: globale und transnationale Geschichte; europäische Geschichte der Moderne; deutsche Sozial- und Wirtschaftsgeschichte; vergleichende Studien zur Massengewalt.

Neuere Publikationen: Fortress Europe: The EEC in the World Food Crisis, 1972–1975, in: Kiran Klaus Patel (Hg.), Fertile Ground for Europe? The History of European Integration and the Common Agricultural Policy since 1945, Baden-Baden 2009, S. 241–257; zus. mit Nicolas Werth, State Violence – Violent Societies, in: Michael Geyer/Sheila Fitzpatrick (Hg.), Beyond Totalitarianism: Stalinism and Nazism Compared, Cambridge 2009, S. 133–179; Illusions of Global Governance: Transnational Agribusiness inside the UN System, in: Frank Trentmann/Alexander Nützenadel (Hg.), Food and Globalization, Oxford/New York 2008, S. 193–211.

Monica R. Gisolfi, Prof., PhD., Historikerin, Assistant Professor an der University of North Carolina, Wilmington. Arbeitsschwerpunkte: Geschichte des US-amerikanischen Südens, Umwelt- und Agrargeschichte.

Neuere Publikationen: Leaving the Farm to Save the Farm: The Poultry Industry and the Problem of »Public Work«, 1950–1970, in: Robert Cassanello/Colin J. Davis (Hg.), Migration and the Transformation of the Southern Workplace since 1945, Gainesville 2009, S. 64–79; From Crop Lien to Contract Farming: The Roots of Agribusiness in the American South, 1929–1939, in: *Agricultural History* 80 (2006) 2, S. 167–189.

Paul R. Gregory, Prof., PhD., Wirtschaftswissenschaftler, Professor an der University of Houston, Texas Fellow an der Hoover Institution on War, Revolution, and Peace, Stanford University. Arbeitsschwerpunkte: Wirtschaftsgeschichte; Wirtschaft der Sowjetunion; Transformationsökonomie; ökonomische Demografie.

Neuere Publikationen: Terror by Quota, Yale 2009; Lenin's Brain and Other Tales from the Secret Soviet Archives, Stanford 2008; The Political Economy of Stalinism, Cambridge 2004.

Bernd Greiner, Prof. Dr. phil, Historiker und Politologe, Leiter des Arbeitsbereichs »Theorie und Geschichte der Gewalt« am Hamburger Institut für Sozialforschung, Professor an der Universität Hamburg. Arbeitsschwerpunkte: US-amerikanische Geschichte des 20. Jahrhunderts, unter besonderer Berücksichtigung des Kalten Krieges, der Beziehungen zwischen Militär und Zivilgesellschaft seit 1900 und des deutsch-amerikanischen Verhältnisses; Theorie der Gewalt und internationaler Beziehungen.

Neuere Publikationen: Die Kuba-Krise. Die Welt an der Schwelle zum Atomkrieg, München 2010; (Hg. zus. mit Christian Th. Müller/Dierk Walter), Angst im Kalten Krieg, Hamburg 2009; (Hg. zus. mit Christian Th. Müller/Dierk Walter), Krisen im Kalten Krieg, Hamburg 2008; Krieg ohne Fronten. Die USA in Vietnam, Hamburg 2007; (Hg. zus. mit Christian Th. Müller/Dierk Walter), Heiße Kriege im Kalten Krieg, Hamburg 2006.

Patrick Gutmann, Prof., PhD., Wirtschaftswissenschaftler, Associate Professor of Economics an der Universität Paris I Panthéon-Sorbonne. Arbeitsschwerpunkte: industrielle Zusammenarbeit zwischen Ost, West und Süd; Technologietransfer zwischen Ost und Süd; ausländische Investitionen in Russland und Osteuropa.

Neuere Publikationen: Quelles Perspectives pour la Cooperation Industrielle Tripartite Est-Ouest-Sud?, in: *Revue d'Etudes Comparatives Est-Ouest (CNRS)* 21 (1990) 4, S. 127–137; zus. mit Gerard Ballot, Political Economy of East-West-South Industrial Cooperation, in: Joint Economic Committee/Congress of the United States (Hg.), East European Economies: Slow Growth in the 1980's, Foreign Trade and International Finance, Selected Papers, 2, Washington, DC 1986, S. 115–146; Tripartite Industrial Cooperation and East Europe, in: Joint Economic Committee/Congress of the United States (Hg.), East European Economic Assessment, Part 2 – Regional Assessments: A Compendium of Papers, Washington, DC 1981, S. 823–871.

Hanns-Dieter Jacobsen, Prof. Dr., Politologe, Akademischer Direktor beim Studienforum Berlin e.V. Arbeitsschwerpunkte: internationale Wirtschafts- und Finanzbeziehungen.

Neuere Publikationen: Patient, Arzt und falsche Medizin: Russland und der Internationale Währungsfonds, in: *Osteuropa* 47 (2002) 3, S. 289–309; Außenwirtschaftspolitische Handlungsspielräume der Russischen Föderation, in: *Osteuropa* 43 (1998) 4, S. 357–380; »European Perspectives«, in: Gary K. Bertsch/Steven Elliot-Gower (Hg.), Export Controls in Transition – Perspectives, Problems, and Prospect, Durham/London 1992, S. 73–87.

Dagmara Jajeśniak-Quast, Dr., Historikerin, Dozentin der Geschichte Ostmitteleuropas an der Universität Erfurt. Arbeitsschwerpunkte: westeuropäische Wirtschaftsintegration in Ost- und Mitteleuropa von den 1950er bis zu den 1970er Jahren; Wirtschafts- und Sozialgeschichte Ostmitteleuropas.

Neuere Publikationen: Iron and Steel Permeating through the Iron Curtain: Poland, Czechoslovakia, the GDR and Neutral States, in: Gertrude Enderel-Burcel/Piotr Franaszek/Dieter Stiefel/Alice Teichová (Hg.), Gaps in the Iron Curtain: Economic Relations between Neutral and Socialist Countries in Cold War Europe, Krakau 2009, S. 270–287; Reaktionen auf die westeuropäische Wirtschaftsintegration in Ostmitteleuropa. Die Tschechoslowakei und Polen von den fünfziger bis zu den siebziger Jahren, in: *Journal of European Integration History* 13 (2007) 2, S. 69–84; The »European Coal and Steel Community« of the East. The Comecon and the Failure of Socialist Integration, in: Uwe Müller/Helga Schultz (Hg.), National Borders and Economic Disintegration in Modern East Central Europe, Berlin 2002, S. 223–244.

Paul Josephson, Prof., PhD., Historiker, Professor am Colby College, Waterville. Arbeitsschwerpunkte: Technologie- und Wissenschaftsgeschichte des 20. Jahrhunderts; Umweltgeschichte; Großforschung der Supermächte; Sowjetunion und Arktis 1930–1990.

Neuere Publikationen: Would Trotsky Wear a Bluetooth? Technological Utopianism under Socialism, Baltimore 2010; Red Atom, Pittsburgh 2005; Industrialized Nature, Covelo/Washington, DC 2002.

Roger E. Kanet, Prof., PhD., Politologe, Professor für International Studies an der University of Miami, Professor Emeritus an der University of Illinois in Urbana-Champaign, Mitglied des Council on Foreign Relations in New York. Arbeitschwerpunkte: Außen- und Sicherheitspolitik im postkommunistischen Europa.

Neuere Publikationen: Identities, Nations, and Politics after Communism, London 2008; (zus. mit Edward A. Kolodziej), From Superpower to Besieged Global Power: Restoring World Order after the Failure of the Bush Doctrine, Athens 2008; The Superpower Quest for Empire: The Cold War and Soviet Support for »Wars of National Liberation«, in: *Cold War History* 6 (2006) 3, S. 331–352.

Robert J. McMahon, Prof., PhD., Historiker, Ralph D. Mershon Distinguished Professor of History an der Ohio State University, Columbus. Arbeitsschwerpunkte: USA und Südasien seit dem Zweiten Weltkrieg; Kolonialismus; Kalter Krieg.

Neuere Publikationen: US National Security Policy from Eisenhower to Kennedy, in: Melvyn Leffler/Odd Arne Westad (Hg.), Cambridge History of the Cold War, Cambridge 2010, S. 288–311; Dean Acheson and the Creation of an American World Order, Dulles 2008; The Cold War: A Very Short Introduction, Oxford 2003.

Stephan Merl, Prof. Dr. Dr. h.c. mult., Historiker, Professor für Geschichte an der Universität Bielefeld; Ehrendoktor der Yaroslavl State Pedagogical University und der Mongolian State University of Education, Ulan Bator. Arbeitsschwerpunkte: Wirtschaftssysteme Russlands und der Sowjetunion; sowjetische Konsumgeschichte.

Neuere Publikationen: Konsum in der Sowjetunion: Element der Systemstabilisierung?, in: *Geschichte in Wissenschaft und Unterricht* 58 (2007), S. 519–536; Entstalinisierung, Reformen und Wettlauf der Systeme 1953–1964, in: Stefan Plaggenborg (Hg.), Handbuch der Geschichte Russlands, Band 5: 1945–1991. Vom Ende des Zweiten Weltkriegs bis zum Zusammenbruch der Sowjetunion, Stuttgart 2002, S. 175–318; Sowjetisierung in der Welt des Konsums, in: Konrad H. Jarausch/Hannes Siegrist (Hg.), Amerikanisierung und Sowjetisierung in Deutschland 1945–1970, Frankfurt am Main/New York 1997, S. 167–194.

Christian Th. Müller, Dr. phil., Historiker. Arbeitsschwerpunkte: Deutsche Militärgeschichte des 19. und 20. Jahrhunderts; Militärsoziologie; Theorie, Geschichte, Zukunft militärischer Gewalt; Militär und Gesellschaft in der DDR und ausländische Truppen im geteilten Deutschland.

Neuere Publikationen: (Hg. zus. mit Bernd Greiner/Dierk Walter), Angst im Kalten Krieg, Hamburg 2009; (Hg. zus. mit Dierk Walter), Ich dien' nicht! Wehrdienstverweigerung in der Geschichte, Berlin 2008; (Hg. zus. mit Bernd Greiner/Dierk Walter), Krisen im Kalten Krieg, Hamburg 2008; (Hg. zus. mit Bernd Greiner/Dierk Walter), Heiße Kriege im Kalten Krieg, Hamburg 2006.

Jason C. Pribilsky, PhD., Anthropologe, Assistant Professor am Whitman College, Walla Walla, Projektberater für das New York State Department of Public Health. Arbeitsschwerpunkte: internationale und transnationale Migration; medizinische Anthropologie; politische Ökonomie; Gender Studies.

Neuere Publikationen: La Chulla Vida: Masculinity and Transnational Migration in the Ecuadorian Andes and New York City, Syracuse (im Erscheinen); Examining Youth Culture in the Ecuadorian Andes, in: Cynthia Tompkins/Kristen Sternberg (Hg.), Teen Life in Latin America and the

Caribbean, London 2004, S. 137–154; Living the Chulla Vida, in: Linda Walford/April Sievert (Hg.), Personal Encounters: A Reader in Cultural Anthropology, Boston 2002, S. 174–179.

Thomas Scheben, Dr., Islamwissenschaftler und Journalist, Pressesprecher der Stadt Frankfurt am Main. Arbeitsschwerpunkte: Zeitgeschichte des Nahen und Mittleren Ostens.

Neuere Publikationen: Ein Bündnis mit begrenzter Haftung. Ägypten im Kalten Krieg, in: Bernd Greiner/Dierk Walter/Christian Th. Müller (Hg.), Heiße Kriege im Kalten Krieg, Hamburg 2006, S. 408–441; Security Structures in the Eastern Mediterranean Region and the Near East, Kairo 1995.

Brigitte H. Schulz, Prof., PhD., Politologin; Associate Professor of Political Science am Trinity College, Hartford. Arbeitsschwerpunkte: internationale Wirtschaft und ihre globalen Auswirkungen auf politische und soziale Beziehungen; Entwicklungshilfe und Handelsbeziehungen zwischen Nord und Süd.

Neuere Publikationen: The Cold War, in: Lester Kurtz (Hg.), Encyclopedia of Violence, Peace, and Conflict, Second Edition, Vol. 1, Oxford 2008, S. 310–319; The German Democratic Republic, in: Sabrina Ramet (Hg.), Eastern Europe: Politics, Culture, and Society since 1939, Bloomington 1998, S. 94–125; Development Policy in the Cold War Era. The Two German States and Sub-Saharan Africa 1960–1985, Hamburg 1995.

Judith Shapiro, PhD., Direktorin des Global Environmental Politics Program at the School of International Service an der American University, Washington, DC. Arbeitsschwerpunkte: Umweltpolitik und internationale Beziehungen; politische und soziale Dynamik der Umweltzerstörung in China.

Neuere Publikationen: Mao's War against Nature: Politics and the Environment in Revolutionary China, Cambridge 2001; (zus. mit Liang Heng), After the Nightmare, New York 1987; (zus. mit Liang Heng), Son of the Revolution, New York 1983.

Seth Shulman, M.A., Journalist und Autor, Copeland Fellow am Amherst College. Arbeitsschwerpunkte: Wissenschaftsgeschichte, Technologie- und Umweltgeschichte.

Neuere Publikationen: Undermining Science: Suppression and Distortion in the Bush Administration, Berkeley 2007; Trouble on »The Endless Frontier«: Science, Invention and the Erosion of the Technological Commons, Washington, DC 2002; Owning the Future, Boston 1999.

Claudia Weber, Dr. phil., Historikerin, wissenschaftliche Mitarbeiterin im Arbeitsbereich »Theorie und Geschichte der Gewalt« am Hamburger Institut für Sozialforschung. Arbeitsschwerpunkte: Geschichte der Gewalt in Ost- und Südosteuropa; Gesellschaftsgeschichte des Kalten Krieges; politische Kommunikation von Kriegsverbrechen und Massakern im Kalten Krieg; Erinnerungskultur und Nationalismus auf dem Balkan im 19. und 20. Jahrhundert.

Neuere Publikationen: The Export of Terror – On the Impact of the Stalinist Culture of Terror on Soviet Policy During and After World War II, in: *Journal of genocide research* 11 (2009) 2/3, S. 285–306; Wider besseres Wissen. Das Schweigen des Westalliierten zu Katyn, in: *Osteuropa* 59 (2009) 7/8, S. 227–247; Auf der Suche nach der Nation: Erinnerungskultur in Bulgarien von 1878–1944, Berlin 2006.

Shu-Guang Zhang, Prof., PhD., Historiker, Direktor des Institute for Global Chinese Affairs an der University of Maryland, College Park. Arbeitsschwerpunkte: Geschichte des Kalten Krieges im Hinblick auf chinesische Außenpolitik und chinesisch-sowjetische Beziehungen.

Neuere Publikationen: Economic Cold War: America's Embargo against China and The Sino-Soviet Alliance, 1949–1963, Stanford 2001; (Hg. zus. mit Jian Chen), Chinese Communist Foreign Policy and the Cold War in Asia, 1944–1950: Documentary Evidence, Chicago 1996; Mao's Military Romanticism: China and the Korean War, 1950–53, Kansas 1994.